Cours Elementaire D'Histoire Du Droit Francais V1: A L'Usage Des Etudiants De Premiere Annee

Adhemar Esmein

COURS

ÉLÉMENTAIRE

D'HISTOIRE DU DROIT FRANÇAIS

A L'USAGE

DES ÉTUDIANTS DE PREMIÈRE ANNÉE

PAR

A. ESMEIN

PROFESSEUR A LA FACULTÉ DE DROIT DE PARIS
DIRECTEUR A L'ÉCOLE PRATIQUE DES HAUTES-ÉTUDES
PROFESSEUR A L'ÉCOLE LIBRE DES SCIENCES POLITIQUES

Ouvrage couronné par l'Académie des Sciences morales et politiques.

SIXIÈME ÉDITION

Accompagnée d'une **Table des Matières** analytique et détaillée.

LIBRAIRIE

DE LA SOCIÉTÉ DU RECUEIL GÉNÉRAL DES LOIS ET DES ARRÊTS
FONDÉ PAR J.-B. SIREY, ET DU JOURNAL DU PALAIS

Ancienne Maison L. LAROSE & FORCEL
22, rue Soufflot, PARIS (V⁰ arr.)

L. LAROSE & L. TENIN, Directeurs

1905

COURS ÉLÉMENTAIRE

D'HISTOIRE DU DROIT FRANÇAIS

A L'USAGE

DES ÉTUDIANTS DE PREMIÈRE ANNÉE

PRÉFACE DE LA PREMIÈRE ÉDITION

Le présent ouvrage est destiné à l'enseignement; il s'a-
dresse non aux savants mais aux étudiants de bonne volonté. Voici ce qu'il contient et en même temps ce qu'il
ne faut pas y chercher.

Ce n'est pas, sous une forme abrégée, une histoire complète du droit français : il ne comprend en effet ni l'histoire de toutes les périodes, ni celle de toutes les institutions. J'ai laissé absolument de côté les institutions de la
Gaule indépendante; c'est matière d'érudition pure, et l'on
ne peut démontrer presque sur aucun point l'influence persistante de ces vieilles coutumes dans le développement
du droit postérieur. Je ne présente pas non plus le régime
de la Gaule romaine pendant les trois premiers siècles de
l'ère chrétienne : il appartient beaucoup plus à l'histoire
du droit romain qu'à celle du droit français, et on en trouve
le tableau dans les divers manuels des institutions romaines. Je commence mon exposition par l'étude des institutions romaines, telles qu'on les constate en Gaule aux
iv⁰ et v⁰ siècles; ce sont celles avec lesquelles les barbares
devaient se trouver en contact.

Pour les périodes qu'il embrasse, ce cours ne comprend
pas l'histoire de toutes les branches du droit. De parti
pris, j'ai laissé de côté l'histoire interne du droit privé, ou
plutôt je n'en ai retenu que deux chapitres, qui jusqu'à la
Révolution appartiennent autant au droit public qu'au droit
privé : l'état des personnes et le régime de la propriété
foncière. La raison est que le cours d'histoire du droit,

auquel correspond ce livre, est placé en première année
dans les Facultés de droit : il s'adresse à des élèves qui
suivraient difficilement, dans les détails techniques et nécessaires, l'histoire de la famille, des contrats et des successions en droit français ; ils peuvent, au contraire, parfaitement saisir dans les grandes lignes l'histoire du droit
public et l'histoire des sources, et c'est à cet objet que le
cours a été limité. Le but principal de cet enseignement
me paraît être de dégager, par la méthode historique, la
notion de l'État et ses attributs essentiels.

Étant donnée cette conception, il semble que j'aurais dû
comprendre dans mon exposition le droit de la Révolution
française, car c'est lui qui véritablement a créé l'État moderne, le droit ancien n'en est que la préparation. Cependant je ne l'ai pas fait, je n'ai pas dépassé l'ancien régime
et me suis arrêté en 1788. C'est que je crois le droit de la
Révolution trop important pour la place nécessairement
restreinte que j'aurais pu lui consacrer ici. J'espère d'ailleurs pouvoir un peu plus tard combler cette lacune. Le
cours d'histoire du droit, en première année, est suivi
d'un cours élémentaire de droit constitutionnel, que j'ai
l'honneur de professer. Je compte publier, le plus tôt qu'il
me sera possible, des *Éléments du droit constitutionnel*[1], et
là, j'aurai nécessairement l'occasion d'exposer les principes
essentiels introduits dans le droit public par la Révolution.
Plus tard enfin, si ce n'est pas former de trop vastes pro-
jets, je voudrais relier en quelque sorte ces deux ouvrages
par un troisième, une histoire élémentaire du droit public
en France, depuis la Révolution jusqu'à la chute du second
Empire.

En terminant, j'adresse une prière au lecteur. Je lui de-

---

1. Cet ouvrage a été publié, conformément à la promesse ici faite. *Éléments de droit constitutionnel* par A. Esmein, 1 vol., *Librairie de recueil
des lois et arrêts*, Paris, 1896.

mande de juger les tableaux successifs que contient ce livre, en les prenant pour ce qu'ils sont, c'est-à-dire pour de simples moyennes. En histoire du droit on ne peut arriver à la vérité complète (en tant qu'elle est accessiblé qu'en se restreignant dans l'espace et dans le temps et en descendant aux détails. Lorsqu'on présente des tableaux d'ensemble, embrassant tout un pays et toute une époque, on sacrifie nécessairement une part de vérité. Mon exposition ressemble nécessairement ici à ces cartes géographiques qui, sous un petit format, représentent un continent tout entier : forcément elles donnent aux pays des contours qui, dans le détail, ne correspondent pas à l'exacte réalité. Tout ce qu'on demande, c'est qu'elles soient exactes dans leurs grandes lignes, et qu'elles présentent fidèlement la physionomie générale[1].

Luzarches, 17 *avril* 1892.

---

1. On trouvera dans ce livre d'assez nombreuses références aux ouvrages sur l'histoire du droit français ; mais ce que je signale au cours de l'exposition ce sont seulement les monographies spéciales, ou les études qui me paraissent particulièrement utiles pour le sujet traité. Je n'ai point cherché à fournir une bibliographie générale et complète. Je ne renvoie pas non plus, dans chaque chapitre, aux ouvrages généraux publiés sur l'histoire du droit français. Voici, une fois pour toutes, l'indication des plus importants : Glasson, *Histoire des institutions et du droit de la France*, 7 vol., 1887-1897 ; — Viollet, *Précis sur l'histoire du droit français*, 1884-1886 ; 2ᵉ édition 1893 ; *Histoires des institutions politiques et administratives de la France*, t. I, 1890 ; — J. Flach, *Les origines de l'ancienne France*, t. I, 1886 ; t. II, 1893 ; — Laferrière, *Histoire du droit civil de Rome et du droit français*, 6 vol., 1847-1858 ; — Warnkönig et Stein, *Französische Staats und Rechtsgeschichte*, 3 vol. 1846 ; — Schaeffner, *Geschichte der Rechtsverfassungs Frankreichs*, 1859. Je signalerai enfin un excellent manuel élémentaire : Gasquet, *Précis des institutions politiques et sociales de l'ancienne France*, 1885.

PRÉFACE DE LA DEUXIÈME ÉDITION

Je suis profondément reconnaissant de l'accueil qui a été fait à ce livre.

L'Académie des sciences morales et politiques a bien voulu l'associer à mon ouvrage sur le *Mariage en droit canonique*, en me décernant le prix Kœnigswarter en 1894.

Je puis dire que le public, le souverain juge, m'a également donné ses suffrages, car la première édition est déjà épuisée, et la nécessité s'impose d'en préparer une seconde.

Cette seconde édition est avant tout une réimpression; le plus souvent elle se borne à reproduire le texte primitif. Je n'ai point certes l'outrecuidance de penser que j'aie atteint, et du premier jet, la perfection; nul ne connaît mieux que moi ce qui manque à mon livre. Mais cette exposition, longtemps mûrie, a pris, je crois, la forme la moins imparfaite que je pouvais lui donner, celle qui répond le mieux à la nature de mon esprit et au cours de mes études. Ce que je devais faire, c'était m'efforcer à l'améliorer dans le détail. Le temps ne m'a point permis de faire cette revision impitoyable et minutieuse, aussi complète que je l'aurais désiré. Cependant j'ai retouché bien des passages, ajouté un assez grand nombre d'indications nouvelles, fait disparaître certaines incorrections e rectifié quelques erreurs. Le lecteur attentif pourra aisément constater cet effort vers le mieux.

Paris, novembre 1894.

PRÉFACE DE LA TROISIÈME ÉDITION

Voici, en cinq ans, la troisième édition de ce livre. Le public lui continuant son bienveillant accueil, je devais poursuivre l'amélioration de mon œuvre, telle que je l'avais entreprise en préparant la seconde édition. C'est ce que j'ai tenté dans la mesure où le temps me l'a permis. On pourra constater encore que nombre de passages ont été retouchés, refondus, ou complétés surtout dans la troisième partie. Mais, en outre, cette troisième édition contient une addition, qui lui donne une supériorité marquée sur les éditions antérieures, et dont je puis parler d'autant plus librement que je n'en suis pas l'auteur. C'est une table alphabétique des matières, ample et détaillée, qu'a bien voulu dresser M. Georges Appert. Elle permettra aux travailleurs d'utiliser aisément et sûrement tous les renseignements, nombreux, je puis le dire, qui sont contenus dans le texte et dans les notes.

Luzarches, 23 septembre 1897.

PREMIÈRE PARTIE
LES ORIGINES

CHAPITRE PREMIER

Les institutions en Gaule aux IV⁰ et V⁰ siècles

La Gaule, conquise par les Romains, avait été promptement
et profondément romanisée. Par le fait même de la conquête,
selon le droit de la guerre tel que le connut l'antiquité, elle
avait perdu la jouissance de son droit national, ou plutôt n'en
avait gardé que ce que lui en laissait la tolérance précaire ou
l'administration du vainqueur. Par des concessions émanées de
Claude, de Galba et d'Othon[1], les Gaulois de condition libre
paraissent avoir acquis. le droit de cité romaine, avant l'octroi
général qu'en fit Caracalla à tous les habitants de l'empire.
Dès lors, peuplée de citoyens romains[2], la Gaule, tout en conservant, comme les autres parties de l'empire, d'importantes
coutumes provinciales[3], ne connut plus en principe que le
droit romain : elle en suivit et subit le développement, soit
pour les institutions publiques, soit pour les institutions

---

1. Tacite, *Ann.*, XI, 23 ; *Hist.*, I, 8, 51, 78.

2. C'est pourtant un point délicat que de savoir si l'édit de Caracalla accorda
le droit de cité à tous les hommes libres établis dans l'empire. M. Mommsen
incline à penser qu'il s'appliquait seulement à ceux qui appartenaient à une *civitas* ayant une organisation municipale ; voyez *Schweizer Nachstudien*, dans l'*Hermès*, t. XVI, p. 475. Cf. Girard, *Manuel de droit romain*, p. 111, note 1.

3. Sur l'importance des coutumes provinciales dans l'empire romain, voyez,
il est vrai, pour l'Orient, Mitteis, *Reichsrecht und Volksrecht in den östlichen
Provinzen des römischen Kai erreichs*, 189˙

privées. Que représentait ce droit pour la Gaule, au v° siècle, au moment où les barbares allaient s'établir sur le sol gaulois ?

C'était, pour le droit public et pour le droit privé, une législation savante et bien ordonnée, arrivée à un haut degré de perfection technique. L'administration impériale, en particulier, était un admirable mécanisme. Mais la vie se retirait peu à peu de ce grand corps si bien organisé ; cela venait surtout de ce que toute liberté en était absente.

La liberté politique, qui implique la participation des citoyens aux affaires publiques, à celles qui intéressent l'État tout entier, avait disparu la première. De bonne heure, sous le Haut-Empire, les citoyens romains, disséminés d'ailleurs sur une immense étendue de pays, avaient cessé de participer au vote des lois et des impôts, à l'élection des magistrats supérieurs. Tout pouvoir, à cet égard, avait passé à l'empereur et au sénat ; puis s'était concentré, au Bas-Empire, entre les mains de l'empereur seul : le sénat n'était plus qu'un corps de parade, sans aucune autorité[1] ; le titre de sénateur, accordé à un grand nombre de fonctionnaires et se transmettant héréditairement, n'était plus qu'un titre de noblesse[2].

Les libertés locales avaient persisté plus longtemps, c'est-à-dire celles qui assurent aux habitants d'une circonscription l'autonomie administrative, en leur donnant droit de diriger eux-mêmes la gestion des intérêts locaux. Le régime municipal, qui les représentait, fut libre et florissant pendant les deux premiers siècles de l'ère chrétienne. Mais, dans le cours du III°, la forte organisation municipale de l'empire, sans perdre son importance, perdit, dans une large mesure, son indépendance. Elle devint, en réalité, un rouage de l'administration impériale, le dernier et le plus important, celui qui était en contact immédiat avec la population, et sur lequel portait le poids de toute la machine.

L'empire étant devenu une monarchie absolue et administrative, l'administration impériale prit peu à peu pour tâche d'assurer partout non seulement l'ordre et la justice, mais encore la vie et la prospérité matérielles. Pour arriver à ce résultat, elle tendit à constituer un vaste système de classes et

1. Kuhn, *Die städtische und bürgerliche Verfassung des römischen Reichs*, II, p. 203.
2. Kuhn, *op. cit.*, II, p. 197 et suiv.

presque de castes, de façon que tous les services, nécessaires ou utiles à la vie sociale, eussent toujours un personnel suffisant. Elle s'ingénia à maintenir d'autorité chaque homme dans la fonction ou la profession qu'il avait adoptée ou pour laquelle il était désigné par sa condition sociale, sa fortune ou son éducation[1], et, par une conséquence naturelle, elle tendit à rendre les fonctions et professions légalement héréditaires, en forçant les fils à continuer celles de leurs pères[2]. Sans doute, ce système, dont les origines premières et la formation successive n'apparaissent pas avec une clarté parfaite, n'arriva jamais à une application générale; mais nous en trouvons des applications partielles et très importantes. C'est ainsi que les décurions, membres des sénats municipaux, étaient attachés à leur fonction, et que leurs fils étaient nécessairement décurions à leur tour; les fils des vétérans et soldats étaient tenus d'entrer dans l'armée[3]; les *officiales*, c'est-à-dire les employés des bureaux des fonctionnaires supérieurs, étaient rivés à leur emploi[4], et, souvent, leurs fils devaient suivre la même carrière[5]. D'autre part, les colons étaient attachés, à perpétuelle demeure, à la terre qu'ils cultivaient, et leur condition était héréditaire; les ouvriers et artisans des villes étaient, au moins pour certaines professions, attachés de la même manière à leur métier, et, en général, les marchands et artisans étaient enrégimentés sous l'autorité et la surveillance de l'administration. Celle-ci, on le voit, réglementait la production des richesses.

Cette vaste machine administrative ne fonctionnait point sans nécessiter d'immenses dépenses. De là des impôts très lourds, qui écrasaient la population, en même temps que la production décroissait sous la double influence de la réglementation à outrance et du travail servile, peu productif de sa nature.

L'administration qui régissait l'empire s'était constituée peu à peu, entraînant une centralisation progressive; elle avait

1. Kuhn, *op. cit.*, *passim*, et, spécialement, II, p. 147.
2. Novelles de Majorien, tit. VII, § 7 : « Obviandum est eorum dolis qui nolunt esse quod nati sunt. »
3. L. 8, C. Th., VII, 1 ; L. 7, 9, C. Th., VII, 22 ; — Kuhn, *op. cit.*, II, p. 148.
4. Kuhn, *op. cit.*, II, p. 160.
5. Code de Justinien, XII, 47 et 49 ; spécialement, L. 7, C., XII, 22 ; — Kuhn, *op. cit.*, II, 173.

reçu sa forme dernière, à la fin du IIIe siècle et au commencement du IVe, par les réformes de Dioclétien et de Constantin·celles-ci avaient eu pour but de la simplifier, en la régulari sant, et représentaient en même temps un essai de décentralisation. Voilà les caractères généraux que présentaient le. institutions romaines aux IVe et Ve siècles, pour la Gaule romaine comme pour le reste de l'empire : il faut maintenant pénétrer un peu dans le détail.

§ 1. — ORGANISATION ADMINISTRATIVE ET JUDICIAIRE[1]

Depuis la mort de Théodose Ier, la division du monde romain en deux empires, celui d'Orient et celui d'Occident, était devenue définitive. L'unité n'avait cependant pas été absolument brisée; lorsque l'un des deux empereurs mourait, le survivant redevenait le maître de tout l'empire, à moins qu'il ne donnât lui-même un successeur à l'empereur disparu, ce qui, d'ailleurs, était la règle[2].

Chacun des deux empires se divisait en un petit nombre d'immenses circonscriptions appelées *préfectures du prétoire*, du nom du magistrat qui était placé à leur tête. Il y en avait deux dans l'empire d'Occident, dont l'une se nommait la préfecture des Gaules; elle comprenait d'ailleurs, outre la Gaule, la Bretagne, l'Espagne et la Mauritanie Tingitane. Le préfet du prétoire des Gaules résidait à Trèves, jusqu'au moment où l'avance des barbares l'obligea de se transporter à Arles. Ses pouvoirs étaient très larges[3], et les pays qu'il gouvernait

---

1. Les principales sources de renseignements sont ici :

1° Le Code Théodosien (éd. Hænel) et les Commentaires de Jacques Godefroy sur ce code (édit. Ritter). — 2° La *Notitia dignitatum et administrationum omnium tam civilium quam militarium in partibus Orientis et Occidentis* (édit. Boecking ou Seeck); c'est une liste des principaux fonctionnaires, rédigée entre les années 411 et 413. — 3° La *Notitia provinciarum et civitatum Galliæ* (dans Longnon, *Atlas historique de la France*, texte explicatif, p. 14); cette liste des cités de la Gaule a été sûrement rédigée après l'année 375, et probablement au commencement du Ve siècle.

2. Gaudenzi, *Sui rapporti tra l'Italia e l'impero d'Oriente*, 1886, p. 7.

3. Voyez, dans les *Variæ* de Cassiodore, VI, 3, une formule, inspirée sans doute par les traditions de la chancellerie impériale, et où sont énumérées les prérogatives du préfet du prétoire. On y lit en particulier ceci : « Quid est quod non habeat commissum cujus est vel ipse sermo judicium ? Pene est ut leges possit condere. »

formaient une immense étendue. La position du vice-roi des Indes, pour la couronne d'Angleterre, peut aujourd'hui fournir un point de comparaison, pour se figurer quelle était sa puissance. Les préfectures étaient divisées en diocèses, ayant chacun à leur tête un *vicarius* du préfet du prétoire, sauf celui où résidait le préfet lui-même. La Gaule proprement dite était divisée en deux diocèses, l'un dit *Viennensis*, et l'autre *diœcesis Galliarum*. Le diocèse était lui-même une circonscription très étendue, et il se subdivisait en provinces. Il y en avait, en dernier lieu, dix-sept en Gaule, dix dans le diocèse des Gaules et sept dans l'autre, que, pour cela, on appelait aussi *diœcesis septem provinciarum*. Elles étaient régies par des gouverneurs, portant le nom générique de *præsides* ou *rectores*, et exerçant, en principe, les mêmes pouvoirs : ils portaient pourtant des titres divers et avaient un rang honorifique différent, souvenirs, le plus souvent, d'un état antérieur par lequel avait passé l'administration provinciale. Enfin, chaque province se subdivisait en un certain nombre de *civitates*. Ici, nous arrivons à un élément qui ne représentait pas seulement une circonscription administrative plus ou moins factice, mais un organe essentiel de l'État romain. Les cités avaient été véritablement les unités constitutives de l'empire; et celui-ci, pendant les deux premiers siècles, n'était guère autre chose qu'un État fédératif, où les cités représentaient de petits États, en principe autonomes, et où le pouvoir impérial figurait l'autorité fédérale. Puis, comme cela a été dit plus haut, les cités avaient peu à peu vu décroître leur autonomie; elles étaient devenues surtout des instruments de l'administration impériale, mais elles étaient toujours la base de l'édifice.

Chaque *civitas* comprenait une ville, qui en était le chef-lieu, et un territoire (*territorium*), généralement étendu, qui en formait la circonscription[1]. Mais, bien que ce territoire fût rattaché à la cité pour divers services publics, spécialement pour les impôts, et soumis dans cette mesure à l'autorité des ma-

1. M. Mommsen paraît avoir démontré que tout d'abord, sous la domination romaine, la *civitas* gauloise conserva son ancienne organisation et sa division traditionnelle en *pagi*, les hommes libres répartis sur tout le territoire ayant des droits égaux. Mais il est certain que l'organisation municipale romaine se substitua à cet état de choses, qui ne fut que transitoire (Mommsen, *Hermès*, XVI, p. 447 et suiv.; XIX, p. 316; — Blumenstok, *Entstehung des deutschen Immobiliareigenthums*, Innsbruck, 1894, p. 51 et suiv.).

gistrats de la cité, il ne faisait vraiment pas corps avec elle. La *civitas* avait une organisation municipale complète, qui représentait pour elle un véritable gouvernement propre; le *territorium*, au contraire, comprenant des hameaux ou des bourgs (*vici*, *pagi*) et de grands domaines fonciers, n'avait pas d'organisation municipale[1], et ses habitants n'étaient pas citoyens actifs de la cité dont ils dépendaient, cette qualité paraissant avoir été réservée à la population fixée et établie dans la ville et dans sa banlieue (*suburbanum*)[2]. Les grands domaines du territoire, désignés par les noms de *saltus*, *possessiones*[3], semblent, en particulier, placés en dehors de l'action des cités[4]. Le régime municipal romain avait, par là, un caractère urbain très prononcé; l'organisation municipale était un privilège des villes, et cela établissait une véritable antinomie entre celles-ci et les campagnes. Quelle était cette organisation?

Pendant les deux premiers siècles de l'empire, elle avait re-

1. La question cependant est discutée. Voyez, sur ce point, Houdoy, *De la condition et de l'administration des villes chez les Romains*, p. 204 et suiv. Le texte qui paraît le plus favoriser l'opinion contraire à la nôtre est ce passage de Salvien (ve siècle), *De gubernatione Dei*, V, 4 : « Quæ enim sunt non modo urbes, sed etiam municipia atque vici, ubi non quot curiales fuerint tot tyranni sint? » D'après cela, les *vici* auraient eu des décurions, un sénat municipal. Mais le texte n'a pas cette portée. Salvien ne parle que des *civitates*, comme la suite l'indique : « Quis ergo, ut dixi, locus est ubi non *a principalibus civitatum* viduarum et pupillorum viscera devorentur? » Par le mot *vici*, il veut désigner les plus petites cités municipales. On avait d'ailleurs reconnu aux *vici* la personnalité civile à fin d'acquérir et d'agir en justice, L. 73, § 1, D., *De legat.*, 1 ; L. 1, § 5, C. II, 58 (59) ; et le pouvoir impérial pouvait toujours transformer un *vicus* en *civitas*. Voyez aussi, en sens contraire, et comme attribuant aux *vici* et *pagi* une importance administrative plus grande et une organisation propre : Flach, *Les origines de l'ancienne France*, t. II, p. 31 et suiv. ; — Blumenstok, *Entstehung d. Immobiliareig.*, p. 126 et suiv. ; mais voyez aussi D'Arbois de Jubainville, *Recherches sur l'origine de la propriété foncière et des noms de lieux habités en France*, p. 10.

2. Esmein, *Mélanges d'histoire du droit*, p. 309. Voyez, en sens contraire, Kuhn, *op. cit.*, II, p. 29 et suiv.

3. L. 33, C. Th., XVI, 2 ; L. 3, § 1, C. J., V, 27 ; L. 14, C. J., XI, 62 ; L. 28, § 4, C. J., I, 3 ; — Esmein, *Mélanges d'histoire du droit*, p. 299 et suiv. — A la fin du ive siècle, le recouvrement de l'impôt foncier dû par les grands propriétaires est opéré non plus par les *curiales*, mais directement par l'*officium* du gouverneur de la province ; les grands domaines ne sont plus portés à cadastre de la cité, mais ont un cadastre spécial (H. Monnier, *Études du droit byzantin*, dans la *Nouvelle revue historique de droit français et étranger*, t. XVI, 1892, p. 336).

4. Esmein, *Mélanges*, p. 299, 309 et suiv. ; — Blumenstok, *Entstehung d. mm.*, p. 126.

présenté un gouvernement libre et autonome, reproduisant en petit le gouvernement de la Rome républicaine. Elle comprenait trois organes essentiels : des comices, avec un droit de suffrage plus ou moins étendu suivant les cités ; des magistrats municipaux, élus par les comices ; un sénat ou curie, composé des magistrats sortis de charge, et complété, au besoin, par l'adjonction des citoyens les plus riches et les plus honorables. Les sénateurs municipaux s'appelaient *décurions*; plus tard, ils portèrent fréquemment le titre de *curiales*. Mais, dans le cours du III⁰ siècle, des modifications profondes transformèrent cette organisation. Les comices, dans les cités, cessèrent de se réunir, et le droit d'élire les magistrats municipaux passa à la curie ; en même temps, la règle s'établit que celle-ci ne pouvait les choisir que parmi ses membres [1]. Comment ce changement se produisit-il? Je ne puis le rechercher ici [2]; mais, une fois produit, il en entraîna un autre. Dorénavant, la curie ne pouvait plus se recruter parmi les anciens magistrats, puisque, pour devenir magistrat, il fallait d'abord être décurion. Un nouveau mode de recrutement s'imposait; on le trouva dans l'hérédité : le fils du décurion fut décurion comme l'avait été son père. En établissant cette règle, on suivait d'ailleurs des précédents : la tendance s'était montrée de bonne heure de faire entrer de préférence dans la curie les fils des décurions [3], avant même qu'ils eussent exercé une magistrature. Mais ce qui n'était qu'un fait et une habitude devint une règle de droit précise et impérative. Le fils légitime du décurion fut décurion dès sa naissance et nécessairement, sauf à attendre l'âge compétent pour exercer ses fonctions [4]. Pour ses fils naturels, le décurion put leur assurer la légitimité en les agrégeant à sa curie [5]. Le sénat, d'ailleurs, se complétait par l'*allectio* de nouveaux membres, pris parmi ceux dont la fortune atteignait un certain taux [6]. L'administration des cités était mise

---

1. Voici ce que dit le jurisconsulte Paul, qui vécut sous Septime Sévère, Caracalla et Alexandre Sévère (L. 7, § 2, D., L. 2) : « Is qui non sit decurio duumviratu vel aliis honoribus fungi non potest, quia decurionum honoribus plebeii fungi prohibentur. »

2. Voyez, sur ce point, Kuhn, *op. cit.*, II, p. 236 et suiv.

3. Pline le Jeune, *Epist. X*, 83.

4. L. 122, C. Th., XII, 1 : « Qui statim ut nati sunt, curiales esse cœperunt. »

5. L. 3, C. J., V, 27.

6. L. 13, 33, C. Th., XII, 1.

ainsi aux mains d'une noblesse locale héréditaire, renforcée
par les plébéiens qui arrivaient à la fortune. On ne comprendrait point qu'on fût arrivé à un pareil système, qui devait
souvent fournir un personnel bien peu capable, si l'on ne savait
quelles sont devenues les attributions les plus importantes de
ces curiales du Bas-Empire. Ils sont, avant tout, les instruments
et les esclaves, pour ainsi dire, de l'administration impériale[1] :
c'est d'eux qu'elle se sert pour diriger en bas tous les services
qui assurent le fonctionnement de la machine administrative[2].
Elle les emploie en particulier pour faire, sous leur responsabilité personnelle et celle de la curie, la répartition et la levée
des principaux impôts[3] et pour exécuter ces réquisitions de
personnes et de choses qui jouent un si grand rôle dans le
régime du Bas-Empire. Dans ces conditions, ce qui importe
surtout, c'est d'avoir un corps de décurions suffisamment nombreux et solvables, la curie ayant elle-même un riche patrimoine. Aussi toutes les précautions sont-elles prises pour atteindre ce but. Les curiales ne peuvent point vendre leurs
immeubles sans un décret du juge[4]; ils ne peuvent pas, sous
des peines sévères, quitter la ville pour résider à la campagne[5]. S'ils laissent leurs biens à des héritiers qui ne soient
pas décurions, un quart du patrimoine est attribué à la curie[6].
Lorsque leur héritage va à leurs filles, celles-ci subissent la
même réduction du quart, si elles n'épousent pas des curiales[7].
Au contraire, la capacité propre des curiales importe assez peu.
Aussi admet-on parmi eux, à côté de l'*infans*[8], l'illettré[9] et la
personne notée d'infamie[10]. Mais, en même temps, la qualité
de décurion, au lieu d'être principalement un honneur, est devenue avant tout une lourde charge, et les habitants des cités

1. Dans Salvien, *De gubernatione Dei*, V, 4, ils sont qualifiés *judicibus obse-
quentes*. Les *judices* dont il est ici question sont les gouverneurs des provinces.
2. Voyez, dans Kuhn, *op. cit.*, II, p. 244, la liste des *munera* ou des charges
qui pouvaient leur être imposées.
3. L. 8, 117, C. Th., XII, 1 ; L. 20, C. Th., XII, 6; L. 12, 16, C. Th., XI, 7.
4. C. J., X, 34.
5. L. 1, C. J., X, 38 (37).
6. L. 1, 2, C. J., X, 34.
7. L. 2, § 3, C. J., X, 34.
8. L. 1, C. J., X, 41 (40).
9. L. 6, C. J., X, 32 (31).
10. L. 8, C. J., X, 32 (31) ; L. 4, C. J., X, 58.

sont tentés de s'y soustraire. La loi y pourvoit, comme on l'a dit plus haut. En même temps qu'elle fait entrer de force dans la curie le citoyen qui arrive à la fortune, elle décide que, une fois décurion, on l'est nécessairement et à perpétuité; on est attaché à la fonction. Vainement les curiales cherchent-ils à échapper au joug en entrant dans l'armée[1], dans le clergé[2], dans les fonctions de l'administration impériale[3], même dans la classe des ouvriers de l'État[4] ou dans celle des colons[5] : toujours, sauf de bien rares exceptions, la loi poursuit ces déserteurs[6] et les ramène à la curie. Cette application du système des classes fut, sans doute, l'une des premières[7].

Sous un semblable régime, les abus devaient être très grands, surtout en ce qui concernait la répartition des impôts. Les décurions, talonnés par l'administration impériale, tyrannisaient à leur tour les petites gens; contribuables eux-mêmes, ils cherchaient à faire peser sur le peuple le plus lourd du fardeau de l'impôt, d'autant plus qu'ils étaient, d'autre part, obligés de ménager les hommes puissants, les hauts fonctionnaires en activité ou en retraite qui avaient des biens dans la circonscription de la cité. Ce n'est pas seulement Salvien qui nous expose ces abus dans le tableau si sombre qu'il a tracé de la Gaule dans la seconde moitié du ve siècle[8]; ils apparaissent aussi dans les lois qui cherchent à y porter remède[9]. Le mal était si grand qu'au ive siècle on créa un nouveau magistrat municipal dont la seule fonction fut d'abord de dénoncer et d'empêcher ces injustices: le *defensor civitatis*[10]. On trouve la

1. L. 11, 13, C. Th., XII, 1.
2. L. 3, C. Th., XVI, 2 ; cf. L. 49, 59, 99, C. Th., XII, 1.
3. L. 13, 48, C. Th., XII, 1.
4. L. 32, C. J., X, 32 (31).
5. Novelles de Majorien, tit. VII (édit. Hænel, p. 315).
6. Les lois qui contiennent et appliquent cette règle sont très nombreuses aux titres du Code Théodosien (XII, 1) et du Code de Justinien (X, 32 [31]), *De decurionibus et filiis eorum*. Le mot *desertores* est appliqué aux magistrats municipaux (L. 20, C. J., X, 32). On en arriva à prononcer l'*addictio* à la curie à titre de peine ; les constitutions impériales furent obligées de prohiber cette pénalité singulière (L. 66, 108, C. Th., XII, 1).
7. Ulpien, au Digeste (L. 2, § 8, D., L. 2), parle déjà de ceux qui « ad decurionatus honorem inviti vocantur ».
8. Voyez spécialement *De gubernatione Dei*, V, 4.
9. L. 1, C. J., X, 22; L. 1, C. J., X, 25 ; L. 1, C. J., XI, 58.
10. Sur ce qui suit, voyez Chénon, *Étude historique sur le « defensor civitatis »*, dans la *Nouvelle revue historique de droit français et étranger*, 1889, p. 321

première mention des *defensores* en l'année 364, à propos de
l'Illyrie, et il est probable qu'il n'y en eut d'abord que dans
quelques cités; on en institua ça et là avant de créer un *defensor* dans toutes les *civitates*. Ils furent spécialement chargé
de défendre la plèbe des villes contre les exactions des *poten-
tiores*, et ils portent souvent le titre de *defensor plebis*; cependant ils devaient prêter aussi leur appui aux décurions eux-
mêmes[1]. Mais, ce qui montre combien une telle fonction était
délicate et difficile à remplir, ce sont les variations par lesquelles
passa la législation quant au mode employé pour désigner le
titulaire. Nommés d'abord par le préfet du prétoire, sauf qu'il
ne pouvait les prendre dans certaines catégories de personnes,
celles contre lesquelles vraisemblablement ils auraient à défendre le peuple, les *defensores* furent plus tard élus par les cités,
sauf la confirmation de l'autorité impériale. Mais le principe de
l'élection admis, on varia quant au mode de suffrage. Le suffrage universel, l'élection par tous les habitants de la cité,
paraît avoir été le système d'abord pratiqué, et ce fut lui qui
l'emporta en définitive[2]. Mais, entre temps, fonctionna un collège électoral restreint, comprenant seulement le clergé, les
honorati ou fonctionnaires impériaux sortis de charge, les
curiales et les *possessores* ou propriétaires fonciers[3]. En définitive, l'institution du *defensor* n'atteignit point le but en vue
duquel elle avait été créée. La législation impériale l'en faisait
elle-même dévier, en conférant au *defensor* des attributions
et des fonctions analogues à celles des officiers municipaux,
en faisant du *defensor* jusqu'à un collecteur d'impôts[4].

Cette protection, instituée par la loi, s'était montrée inefficace. D'ailleurs, ceux qui avaient besoin d'être protégés s'étaient
eux-mêmes cherché des protecteurs : ils les avaient trouvés
chez les grands qui possédaient la puissance de fait, par la fortune ou la position sociale. Par une habitude qui n'avait jamais

et suiv., 515 et suiv. La plupart des constitutions]qui concernent le *defensor*
sont réunies au Code Théodosien (édit. Hænel), I, 29.

1. L. 7, C. Th., I, 29: « Plebem tantum vel decuriones ab omni improborum
insolentia tueantur. »

2. *Lex romana Wisigothorum* (édit. Hænel) : L. 1, C. Th., I, 10, *Interpretatio*;
— Novelles de Majorien, tit. III (Code Théodosien, édit. Hænel, p. 300).

3. L. 8, pr., C. J., I, 55.

4. L. 12, C. Th., XI, 7. Il est vrai que, dans ce texte, il est chargé de percevoir l'impôt des *minores possessores* à la place des décurions.

cessé dans la société romaine, mais qui reprenait alors une force nouvelle, ils se faisaient les clients de ces *potentes*, et, moyennant ce dévouement, ils obtenaient leur protection. Ce phénomène se produisait surtout parmi le peuple des campagnes, en dehors des cités : là, des cultivateurs isolés, des hameaux et des bourgs entiers, se mettaient sous la protection du grand propriétaire voisin, qui, souvent, avait rempli de hautes charges dans l'empire. Cela s'appelle alors les *patrocinia vicorum*, et ils nous ont été décrits. pour la Gaule, par Salvien[1] et, pour l'Orient, par Libanius. Mais ce n'étaient pas les seules personnes qui cherchaient et obtenaient protection les curiales en faisaient parfois autant, et nous les voyons chercher asile et *patrocinium* chez un *potens*[2] ou se faire ses *procuratores*[3]. Les lois des ive et ve siècles prohibent sévèrement ces *patrocinia*[4], qui créent des autorités privées en concurrence avec celle de l'État; mais ces défenses sont vaines : ce n'est plus qu'un rappel de principe. J'aurai l'occasion de revenir un peu plus loin sur ce sujet.

Pour terminer avec l'organisation administrative de la Gaule, il faut dire un mot d'une institution, dont on a parfois exagéré l'importance, mais qui introduisait une certaine vie provinciale, à côté du mécanisme administratif. Je veux parler des assemblées de province et de diocèse[5]. Les plus anciennes de ces assemblées remontent aux premiers temps de l'empire et elles tirèrent leur origine, du moins en Occident, du culte païen et officiel de l'empereur, du culte de Rome et d'Auguste, qui fut, dans une certaine mesure, un agent de civilisation et un moyen de gouvernement. Dans chaque province où il était institué, ce culte était représenté par un flamine[6] et donnait lieu

1. *De gubernatione Dei*, V, 8.
2. L. 76, C. Th., XII, 1 ; — Novelles de Majorien, tit. I (édit. Hænel, p. 297)
3. L. 92, C. Th., XII, 1.
4. C. Th., XI, 24, *De patrociniis vicorum*.
5. Voyez sur cette institution : P. Guiraud, *Les assemblées provinciales dans l'empire romain*, Paris, 1887 ; — E. Beurlier, *Le culte impérial, son histoire et son organisation depuis Auguste jusqu'à Justinien*, Paris, 1891, spécialement *deuxième partie*, ch. i.
6. En 1888, il a été trouvé à Narbonne une inscription mutilée contenant un fragment de loi très intéressant sur le *flamen* provincial et la *flaminica*, sa femme. Elle est reproduite au *Corpus inscriptionum latinarum* de Berlin (XII, 6038) avec des notes de MM. Hirschfeld et Mommsen. Voyez aussi, sur ce texte, P. Guiraud, *Un document nouveau sur les assemblées provinciales de l'empire*

périodiquement à des fêtes, où se réunissaient les délégués
des diverses *civitates* de la province. Le flamine était le président naturellement désigné de cette assemblée de délégués.
Celle-ci constituait aussi une association autorisée et protégée
par la loi, mais non un corps administratif proprement dit.
Elle avait des biens, dotation du culte impérial, et délibérait
sur leur gestion; mais là se bornaient ses attributions officielles. Seulement, par la force des choses, ces réunions des
notables de la province amenaient un échange d'idées entre
eux et des communications adressées à l'administration impériale. Celle-ci leur accorda le droit de traduire les vœux de
la population et de faire valoir ses plaintes. Elles pouvaient
faire présenter ces vœux, par des délégués, au préfet du prétoire
ou à l'empereur. Elles contrôlaient aussi, d'une manière indirecte, l'administration des gouverneurs, lorsqu'ils étaient sortis
de charge. Aux uns, elles décernaient des honneurs et des
statues; contre les prévaricateurs, elles pouvaient intenter,
conformément au droit commun, le *crimen repetundarum* et
choisissaient quelques-uns de leurs membres pour soutenir
en leur nom l'accusation. Aux iv et v siècles, ces assemblées
provinciales subsistent; avec le christianisme, elles perdent
leur ancien caractère religieux, le culte de l'empereur étant
aboli, mais elles paraissent devenir un organe régulier de
l'administration romaine. Elles semblent avoir le droit de se
réunir librement [1]; elles ont des réunions ordinaires et extraordinaires [2]. Cela devient une assise solennelle tenue dans un
lieu public où tous peuvent assister; mais seuls ont séance et
voix délibérative les représentants des cités, et, à côté d'eux,
au premier rang, les *honorati*, ou fonctionnaires impériaux
sortis de charge, qui habitent la province [3]. Lorsque fut établie
la division supérieure du diocèse, la législation impériale lui
donna une assemblée du même genre ou du moins en permit
la réunion spontanée [4]. Pour la Gaule, en particulier, lorsque

romain, 1889, et le *Bulletin critique* des 15 mars et 15 mai 1888 (articles d
MM. Héron de Villefosse et Mispoulet); — Mispoulet, dans la *Nouvelle revue
historique de droit français et étranger*, 1888, p. 353 et suiv.

1. L. 1, C. Th., XII, 12. Cette constitution des empereurs Constantin et Cons
tans ne vise, il est vrai, que les provinces africaines.

2. L. 12, 13, C. Th., XII, 12.

3. L. 12, 13, C. Th., XII, 12; — Sidoine Apollinaire, *Epist. I*, 3 (édit. Ba-
ret), *alias*, I, 6.

4. L. 9, C. Th., XII, 12.

le siège du préfet du prétoire eut été transféré à Arles,
le préfet Petronius eut l'idée de donner au *concilium* des
septem provinciæ une périodicité régulière, et, en 418, une
célèbre constitution d'Honorius régularisa cette institution [1].
Ce *concilium* comprenait les *judices*, c'est-à-dire les *præsides* en fonctions, les *honorati*, et des *curiales* des cités ;
d'après un passage d'Hincmar de Reims, reproduisant
sans doute d'anciens documents, il aurait aussi compris les
évêques [2]. Mais son activité paraît avoir été irrégulière et peu
durable.

En décrivant l'organisation administrative, j'ai, en même
temps, décrit dans ses grandes lignes l'organisation judiciaire ;
car, jusqu'au bout, dans le monde romain, les attributions administratives et judiciaires ont été réunies dans les mêmes
mains. Chacun des fonctionnaires que j'ai décrits était, en
même temps, un juge, et, en principe, administrait à la fois la
justice civile et criminelle. Le juge de droit commun était le
gouverneur de la province. Les magistrats municipaux des
cités exerçaient aussi le pouvoir judiciaire, mais leur compétence était limitée de deux côtés, assez étroitement. Ils ne
connaissaient que des litiges peu importants, et, en matière
criminelle, ils procédaient seulement à l'arrestation des accusés
et à une première instruction préparatoire ; d'autre part, ils
n'avaient pour justiciables que les habitants de la cité et de
sa banlieue [3]. Dans ce système, pour beaucoup de personnes,
la justice était éloignée du justiciable, car les provinces
avaient une grande étendue. Il est vrai que les gouverneurs,
suivant une tradition ancienne et non interrompue, faisaient périodiquement des tournées dans la province, tenant
des assises aux principaux lieux de leur ressort [4]. La juridiction du préfet ou du vicaire se manifestait surtout par la procédure de l'appel.

L'appel est le droit pour une personne de porter à nouveau,

1. Hænel, *Corpus legum ante Justinianum latarum*, p. 238 ; — Pardessus, *Diplomata, Chartæ*, p. 3 et suiv.
2. *Hincmari Opera* (édit. Sirmond), II, p. 730 : « Ut de his (septem) provinciis
honorati vel possessores, judices et episcopi præfatarum provinciarum... ad
concilium forense vel ecclesiasticum convenirent. »
3. Esmein, *Mélanges*, p. 309, et *Quelques renseignements sur l'origine des
juridictions privées*, p. 13.
4. L. 11, 12, C. Th., I, 16 ; — Novelles de Majorien. tit. II et IV.

en tout ou en partie, devant un juge supérieur, la cause déjà tranchée par un juge inférieur, dont le jugement peut alors être réformé. Ainsi entendu, l'appel n'existait pas sous la République romaine ; mais il fit son apparition avec l'Empire. Dès le règne d'Auguste, il fut admis que le citoyen pourrait appeler à l'empereur [1]. Puis cette voie de droit se régularisa, en ce sens que l'appel suivit, en la remontant, la hiérarchie des fonctionnaires. C'est ainsi qu'il se présente dans le droit des ive et ve siècles. Du magistrat municipal, on peut toujours appeler au *præses* de la province. Quant à l'appel intenté contre le jugement du *præses,* il faut distinguer. Si la province est située dans un diocèse à la tête duquel est un *vicarius*, on appelle du *præses* au *vicarius* et de celui-ci à l'empereur ; si, au contraire, elle est située dans le diocèse où réside le préfet du prétoire, on appelle du *præses* au préfet, mais ce dernier juge sans appel, comme l'empereur lui-même dont il tient la place [2].

§ 2. — LES IMPÔTS

La fiscalité développée, les lourds impôts sont un des traits distinctifs du Bas-Empire, et, ce qui caractérise encore ce système, c'est la prédominance de l'impôt direct sur l'impôt indirect. Par l'impôt direct, l'État demande, périodiquement et d'ordinaire chaque année, au contribuable, soit une somme fixe, soit une contribution aux dépenses publiques, proportionnelle au capital ou au revenu possédé. Les impôts directs sont naturellement perçus d'après des listes nominatives dressées à l'avance. Il y a impôt indirect, au contraire, lorsque l'État perçoit une certaine somme, fixe ou proportionnelle à la valeur, à l'occasion de l'acquisition, de la consommation ou de la circulation des objets qui représentent la richesse. Ici, c'est un acte volontaire du contribuable, au moins en apparence, qui donne lieu à la perception de l'impôt. Les deux formes d'impôt figuraient dans le système de l'empire romain, mais la première, je l'ai dit, était prédominante.

1. Mommsen, *Römisches Staatsrecht,* II², p. 930 et suiv.
2. Cela résulte des textes réunis au Code Théodosien ; voyez, en particulier, L. 16, C. Th., XI, 30, et le Commentaire de Godefroy.

L'impôt direct permanent, frappant les biens ou les personnes, s'était longtemps présenté chez les Romains comme une conséquence de la conquête, comme un tribut payé par le vaincu au vainqueur; il n'avait porté que sur les provinces. Mais, peu à peu, il s'était régularisé et consolidé, et avait été étendu à l'Italie au commencement du IVe siècle[1]. Il se présentait, sous deux formes principales, la *capitatio terrena* et la *capitatio humana*. La *capitatio terrena* ou *jugatio* était un impôt foncier; elle avait eu pour origine le tribut en argent ou en fruits que le peuple romain levait sur le sol provincial, comme prix de la jouissance perpétuelle qu'il en laissait aux propriétaires de fait, car on sait qu'en droit lui seul en était le véritable propriétaire. Devenu un impôt général, c'était un impôt de répartition, c'est-à-dire que le pouvoir impérial ne déterminait pas directement et d'emblée la somme que devait payer chaque propriétaire d'après l'importance de sa propriété; ce qu'il déterminait périodiquement, c'était la somme totale que devait fournir la *capitatio terrena* pour tout l'empire, et cette somme, par une série de répartitions successives, finissait par être distribuée entre tous les propriétaires. La circonscription dernière pour cette répartition était le *territorium* de la *civitas*, et, pour l'assiette de l'impôt, toutes les propriétés foncières, comprises dans ce territoire[2], étaient, par voie de groupement ou de décomposition, ramenées à une unité imposable appelée *caput* ou *jugum*. Chaque *caput* représentait une même valeur, et, dans la répartition, il devait lui être attribué la même somme d'impôts. Selon la nature et la fertilité du sol, le *caput* comprenait une étendue plus ou moins grande de terrain; il pouvait comprendre plusieurs propriétés distinctes, appartenant à des maîtres différents, tandis que les propriétés importantes contenaient un certain nombre de *capita*. D'ailleurs,

1. Aurelius Victor, *Cæsares*, xxxix; — Lactance, *De mort. persec.*, c. xxiii.
2. Peut-être les propriétés urbaines, *prædia urbana* (et *suburbana*), non comprises dans le cadastre général, payaient-elles un impôt autre que la *capitatio terrena* et distinct de celui-ci. Voyez H. Monnier, *Études de droit byzantin* l'ἐπιβολή, dans la *Nouvelle revue historique de droit français et étranger*, t. XVI, 1892, p. 449 et suiv., 499 et suiv. — Cf. ce passage de Grégoire de Tours, sur l'exemption d'impôt accordé par l'empereur Léon à la ville de Lyon, *De gloria confessorum*, éd. Krusch, c. 63 : « Tributum petitum civitati concedit unde usque hodie circa muros urbis illius in tertio milliario non redduntur in publico. »

à côté de sa part dans l'impôt foncier proprement dit, ou
jugatio, le propriétaire foncier payait aussi un impôt à raison
des animaux ou des esclaves qu'il avait sur son fonds [1].

La *capitatio humana* ou *plebeia* avait eu également pour
origine la conquête. Anciennement, c'était sans doute une capitation proprement dite, c'est-à-dire une somme fixe que
devait payer, dans chaque province, chaque tête de provincial.
Mais, en se généralisant et s'étendant à l'empire entier, elle
prit, elle aussi, le caractère d'un impôt de répartition. Pour former le *caput* ou unité imposable, on réunissait souvent plusieurs personnes en un groupe, en tenant compte du sexe [2]
et peut-être de l'âge [3], et probablement, sur ce point, les règles
différaient suivant les provinces. Cette *capitatio*, comme l'indique l'épithète de *plebeia* [4], qui lui est donnée, devait être
payée par tous ceux qui étaient classés parmi les *plebeii*, et l'on
verra un peu plus loin quels étaient ceux-là. Cependant, on a
soutenu qu'il fallait se rattacher à un autre *criterium*; qu'elle
était payée par tous ceux, mais par ceux-là seulement, qui, n'é-
tant pas propriétaires fonciers, ne supportaient pas la *capitatio
terrena*. La *capitatio plebeia*, bien qu'on ait également soutenu
le contraire [5], existe et persiste dans l'empire romain aux IVe
et Ve siècles. Seulement remise en fut faite à titre perpétuel
par Constantin à la *plebs urbana*, aux plébéiens des villes [6], et,
postérieurement, elle fut également abolie au profit de la plèbe
rurale dans certaines provinces. En dehors de ces deux formes
principales, l'impôt direct était levé également sur les capita-
listes, prêteurs d'argent, et sur les marchands [7]. Dans cette
dernière application, il s'appelait *lustralis collatio*.

1. L. 1, pr., C. J., X, 36 (35): « Jugationibus tantum non humanis vel animalium censibus neque mobilibus rebus jubemus indici. » Il s'agit là d'un supplé-
ment d'impôt, que le législateur veut faire porter sur la *jugatio*. — Cf. Zachariæ, *Zur Kenntiss des römischen Steuerwesens*, 1863. — Matthias, *Die römische Grunds-
teuer*, 1882, spécialement p. 10 et suiv. Quant aux conceptions différentes de la *capitatio terrena* produites par MM. Fustel de Coulanges et Glasson, voyez Esmein, dans la *Nouvelle revue historique de droit français et étranger*, 1889, p. 303 et suiv.
2. L. 10, C. J., XI, 48 (47).
3. L. 3, pr., D., L. 15.
4. Exemple : L. 2, C. Th., XI, 23.
5. Voyez, sur ce point, Esmein, dans la *Nouvelle revue historique de droit français et étranger*, 1889, p. 306.
6. Au moins en Orient. L. 1, C. J., XI, 49 (48) et 52 (51).
7. L. 22, § 7, D., L. 1.

Pour la répartition de ces impôts, la somme totale, que chacun devait produire, était fixée périodiquement par le conseil de l'empereur : au ıv⁰ siècle, l'habitude s'introduisit de faire cette fixation pour quinze années, et cette période de quinze ans s'appela *indictio*. Le conseil faisait la répartition entre les préfectures et probablement aussi entre les provinces et les cités. D'ailleurs, dans le cours de l'*indictio*, pouvaient intervenir des augmentations (*superindictiones*) ou des remises accordées par le pouvoir impérial. Tous les ans, le préfet du prétoire déterminait exactement ce que devait fournir chacune des provinces et chacune des cités [1]. Dans le territoire de chaque cité, c'étaient les curiales qui faisaient la répartition dernière entre les contribuables, et, là, il paraît bien certain que les règles du droit et de la justice n'étaient pas toujours observées. Les petits n'étaient pas épargnés, et il n'était même pas rare qu'ils eussent à payer deux fois [2].

Ce que devaient les contribuables de l'impôt direct, ce n'était pas, d'ailleurs, toujours une somme d'argent. Souvent, ils devaient des objets en nature, des *species* : des céréales (*annonæ*), des fruits secs, des viandes salées, des vêtements, des métaux en lingots, selon les pays [3]. Ces produits, accumulés dans des magasins publics, étaient destinés à l'armée, aux fonctionnaires impériaux, aux libéralités que l'empereur faisait parfois au peuple. On fit fournir ainsi aux propriétaires contribuables jusqu'à des conscrits pour l'armée.

Les impôts indirects avaient joué un grand rôle dans les finances du Haut-Empire : il en existe encore beaucoup au Bas-Empire, bien que leur importance dans le système ait diminué. Les plus notables sont les droits de douane ou de péage (*portoria*), qui étaient perçus sur les marchandises, soit aux frontières de l'empire, soit à l'intérieur, quand elles pas-

---

1. L. 4, C. J., X, 23.
2. L. 2, C. Th., XI, 26.
3. L. 1, C. J., X, 23; L. 6, C. Th., XI, 7; C. Th., XI, 14, *De conditis in publicis horreis*; L. 23, C. Th., XII, 6. — En principe, le contribuable qui devait une *species* ne pouvait se libérer en argent : L. 3, C. Th., XI, 21. — Grégoire de Tours (*Vitæ Patrum*, II, 1, édit. Krusch, p. 669) rapporte, d'après des documents qui remontent à l'époque romaine, une application intéressante de cette règle : Hoc (sanctus Illidius) obtinuit ut Arverna civitas, quæ tributa in specie triticea ac vinaria dependebat, in auro dissolveret, quia cum gravi labore penui inferebantur imperiali. »

E.

saient de certaines régions à d'autres[1]. Ces impôts indirects
étaient ou affermés à des publicains, selon une ancienne tradition de l'administration romaine, ou administrés en régie par
des *procuratores*.

A côté des impôts proprement dits, les habitants de l'empire
étaient soumis, pour le service public, à des réquisitions fréquentes et variées, qui portaient tantôt sur leurs biens, tantôt
sur leurs personnes. Les unes étaient un fardeau des *possessores*
ou propriétaires, les autres, de véritables corvées imposées aux
plébéiens[2] : il s'agissait, par exemple, de fournir les chevaux
pour la poste impériale ou des maisons pour le cantonnement
des troupes; ou il fallait des hommes pour les travaux publics,
et mille autres services de la même nature. Cette sorte de servitude remontait haut dans son principe. L'antiquité romaine avait
toujours tenu que le citoyen était constamment et gratuitement à la disposition de sa cité, qui pouvait à volonté imposer
toutes les tâches, *munera*, qu'exigeait l'intérêt public : c'était
ce principe que l'empire avait invoqué et développé à son profit.

§ 3. — ÉTAT DES PERSONNES ET CONDITION DES TERRES

I

La société que nous étudions n'était point composée
d'hommes égaux en droit : l'égalité, comme la liberté, en était
absente. En premier lieu, l'esclavage existait, et la division la
plus compréhensive des personnes était celle entre hommes
libres et esclaves. Les esclaves étaient nombreux, appartenant
au fisc impérial, aux cités, aux particuliers; ils étaient employés d'ordinaire aux travaux domestiques ou agricoles.
L'affranchissement était possible et les formes étaient celles
du droit romain classique : depuis Constantin s'y était ajouté
l'affranchissement dans les églises. Mais les hommes libres,
eux-mêmes, n'étaient point tous de condition égale en ce qui

1. Les principaux impôts indirects sont énumérés dans une constitution
curieuse de Constantin. L. 1, § 4-7, C. J., XII, 47.
2. On trouve une ample énumération de ces *munera* dans la Loi 15, C. Th.,
XI, 16.

concerne le droit public et administratif. Ils se divisaient, au contraire, en deux grandes classes : les uns étaient dits *honestiores*, et les autres *humiliores, plebeii*[1] ou *tenuiores*. Cette distinction, qui remonte haut[2], n'exista d'abord que dans les mœurs ; mais dès le IIe siècle de l'empire[3], peut-être dès le I[er][4], elle passait dans le droit et produisait des conséquences quant au droit pénal. Au IIIe siècle, elle est nettement précisée par les jurisconsultes[5] ; elle prend une importance de plus en plus grande dans le droit administratif de l'empire.

Les *honestiores* constituaient une véritable noblesse, mais une noblesse de fonctionnaires. Cette noblesse, en effet, dérivait de l'exercice des fonctions publiques : elle était, par suite, attachée à la personne, et ne devenait héréditaire que lorsque la fonction l'était elle-même, ce qui arrivait d'ailleurs assez souvent, par exemple pour les sénateurs et lés décurions. Cette noblesse comprenait plusieurs degrés et formait une hiérarchie. Le degré inférieur était représenté par les décurions des cités ; au dessus s'étageaient les hauts fonctionnaires de l'empire[6], divisés par classes, dont chacune était distinguée par une épithète de dignité spéciale ; il y avait les *illustres*, les *spectabiles*, les *clarissimi*, les *perfectissimi*, les *egregii*[7]. On trouve quelque chose de semblable dans la Russie moderne, où les fonctionnaires supérieurs de tous les ordres sont répartis en quatorze classes, désignée chacune par une épithète honorifique, et constituent par là une noblesse d'un genre particulier[8], tantôt personnelle et tantôt héréditaire. Les nobles du Bas-Empire, les *honestiores*, jouissaient de certains privilèges, spécialement quant au droit criminel ; mais, en droit, ils n'étaient point privilégiés quant aux impôts. Ils avaient, au

---

1. Duruy, *Mémoire sur la formation historique des deux classes de citoyens romains désignées dans les Pandectes sous les noms d' « honestiores » et d' « humiliores »* (*Mémoires de l'Académie des inscriptions*, t. XXIX, p. 253 et suiv.).
2. Pline le Jeune, *Epist. X*, 83 : « Melius *honestorum hominum* liberos quam e *plebe* in curiam admitti. »
3. Gaius, *Instit.*, III, 225.
4. Tacite, *Ann.*, XVI, 5 ; cf. L. 11, § 1, D., IV, 3.
5. Par exemple, Paul, *Sent.*, V, 4, 10.
6. Cette classification est déjà indiquée par Paul, *Sent.*, V, 4, 10. — Cf. C. J. XII, 8 : *Ut dignitatum ordo servetur.*
7. Kuhn, *op. cit.*, II, p. 182 et suiv., et la *Notitia, passim.*
8. Voyez à la fin du Dictionnaire russe-français de Makaroff, le *Tableau synoptique de la hiérarchie russe.*

contraire, du moins les décurions et les sénateurs, un privilège
à rebours, consistant à payer des impôts à eux spéciaux, outre
les impôts ordinaires[1].

La classe des *humiliores*, c'est-à-dire tout le reste de la population libre, comprenait les petits propriétaires fonciers
(*possessores*), dont le nombre diminuait tous les jours[2], et les
marchands[3], mais surtout la masse des prolétaires, de ceux
qui vivaient du travail de leurs bras. Dans la condition que
leur faisait le droit administratif apparaît nettement le système des classes dont il a été parlé plus haut. Voyous quel
était le sort des ouvriers et des marchands, et, d'autre part,
des agriculteurs.

A. — Tous les artisans, ouvriers et marchands des villes
étaient sous la surveillance de l'administration impériale, qui
s'appliquait d'une façon plus ou moins étroite.

1° L'État avait pris à son compte et se réservait la fabrication de certains objets, par exemple les armes, les étoffes
précieuses, certaines orfèvreries. Il y avait là de véritables
monopoles, et, pour les exercer, des manufactures impériales.
Les ouvriers qui y étaient employés, ingénus, affranchis ou
esclaves, étaient obligatoirement attachés à leur service ; leur
mariage était étroitement réglementé, et les enfants qui en
naissaient étaient nécessairement voués à la même profession[4].

2° Parmi les autres métiers, laissés à l'industrie privée, certains faisaient l'objet d'une réglementation toute spéciale[5]. Il
s'agissait de professions qui étaient considérées comme absolument indispensables pour assurer la vie des cités : les bate-
liers ou marins (*navicularii*), qui apportaient les céréales par
mer et par la voie des fleuves, les boulangers (*pistores*), les

1. Kuhn, *op. cit.*, II, p. 219 et suiv.
2. Voir plus loin ce qui est dit de la propriété foncière. — Cf. L. 6, C. Th.,
IX, 27; L. 11, C. Th., IX, 31.
3. L. 6, C. J., XII, 1 ; L. 3, C. J., IV, 63, défendant le commerce aux *nobiliores
notatibus et honorum luce conspicui*, afin que *inter plebeium et negotiatorem
facilius sit emendi vendendique commercium*.
4. C. Th., X, 20, *De murilegulis et gyneciariis et monetariis et bastagariis*;
21, *De vestibus oloveris et auratis*; 22, *De fabricensibus*. — *Notitia*, ch. x, éd.
Bœcking.
5. Sur les corps de métiers dans l'empire romain, voyez spécialement
Kuhn, *op. cit.*, II, p. 75 et suiv.; — Liebenam, *Zur Geschichte und Organisation
des römischen Vereinswesens*, 1890, p. 41 et suiv.; — Bernhard Matthias, *Zur Geschichte und Organisation der römischen Zwangsverbände*. Rostock, 1891.

marchands ou conducteurs de troupeaux, qui fournissaient la
viande nécessaire à l'alimentation. Pour ceux-là, on considéra
leur profession comme un véritable service public, et, par
suite, on commença par exempter ceux qui s'y consacraient
des *munera* ou charges imposées aux autres citoyens ; puis,
on en arriva à les attacher plus ou moins étroitement à leur
métier, comme le curiale était attaché à la curie, et à rendre
la profession obligatoirement héréditaire[1]. Nous en avons la
preuve pour la ville de Rome[2], et les mêmes règles durent
s'établir aussi dans les provinces.

3° Pour les autres métiers, ils furent également réglementés
dans les villes, en ce sens que tous ceux de quelque importance furent successivement organisés en *collegia* ou corporations[3], dont les membres étaient exemptés des *munera*,
comme remplissant un service public, et qui étaient soumis à
la surveillance et à la juridiction de fonctionnaires impériaux[4].
Mais bien que l'intention de l'administration impériale fût de
les attacher par là à leur profession et qu'il lui parût chose
naturelle et normale que le fils suivît la profession du père[5], il
ne semble pas que la loi ait introduit le service forcé et l'hérédité obligatoire[6].

1. Voyez, spécialement, Matthias, *op. cit.*, p. 30 et suiv.

2. C Th., XIV, 3 et suiv.; L. 5, § 3 et suiv., D., L. 6; C. J., XI, 2, *De navi-
culariis*; — Symmaque, *Epist. X*, 34.

3. Dans les grandes villes, à Rome par exemple, l'origine de quelques-unes
de ces *collegia* remontait à la plus haute antiquité.

4. L. 5, § 12; L. 6, Dig., L. 6; — *Scriptores rei Augustæ*, Alex. Sev., ch. xxxiii.
— Cf. Liebenam, *op. cit.*, p. 49 et suiv.; — Matthias, *op. cit.*, p. 35 et suiv.

5. L. 2, C. Th., XIII, 4 (loi de Constantin de 337) : « Artifices artium... per
singulas civitates morantes ab universis muneribus vacare præcipimus... quo
magis cupiant et ipsi peritiores fieri et *suos filios erudire.* »

6. On pourrait, en sens contraire, objecter les textes nombreux qui décla-
rent les *collegiati* ou *corporati* des villes attachés à leur *collegium* ou *corpus*,
si bien qu'on les y ramène de force s'ils l'abandonnent. Voyez, spécialement,
le titre *De collegiatis*, C. Th., XIV, 7, avec le paratitle de Godefroy, et la Loi 1,
C. Th., XII, 19. Mais il est fort probable que les corps dont il s'agit là ne sont
point les corporations d'artisans. Ce sont des corps recrutés parmi les plébéiens de la ville, pour satisfaire certains services municipaux indispensables, par exemple celui des pompiers en cas d'incendie, celui des croque-
morts et celui des bains publics. A ce titre, ils étaient attachés au *collegium*, comme la curiale à la curie. Telle est l'opinion de Godefroy, et aussi
celle de Kuhn, *op. cit.*, II, p. 79. Il est vrai que, sans doute, ces corporations
s'étaient recrutées d'abord parmi les artisans : pour les pompiers, cela paraît
certain (Pline, *Epist. X*, 42) ; mais il dut cesser d'en être ainsi lorsque les arti-

4°. Les marchands (*negotiatores*), dans chaque cité, formaient aussi une corporation soumise au contrôle et à l'autorité de l'administration[1] impériale.

B. — La population agricole était moins libre encore que la population ouvrière. Elle se composait presque entièrement de colons et d'esclaves. Le colon est un homme libre : à la différence de l'esclave, il a la personnalité juridique ; il a donc une famille légitime et un patrimoine propre. Mais il a perdu la liberté de changer de résidence ou de profession. Il est attaché à perpétuelle demeure, et sa race après lui, au domaine d'un propriétaire foncier : agriculteur forcé, il cultive à son profit une parcelle de ce domaine, moyennant une redevance fixée par la coutume des lieux et qu'il paie au propriétaire.

Le colonat romain est ainsi une nouvelle application du système des classes ; il complète logiquement l'organisation que j'ai décrite jusqu'ici. Il ne faudrait pas croire, cependant, qu'il ait été créé de toutes pièces, à un jour donné, par la législation impériale. Il n'apparaît nettement dans les lois qu'à partir de Constantin ; mais les constitutions de cet empereur le supposent déjà existant et ne font qu'en préciser la condition[2]. Il a été établi d'abord par la coutume, et diverses influences ont contribué à ce résultat[3]. Cette attache du cultivateur au sol avait apparu déjà dans certains pays avant qu'ils fussent devenus provinces de l'empire. Il en était ainsi en Égypte depuis des siècles[4], et ce régime se conserva sous l'empire et put servir de modèle et d'exemple. Une autre pratique put aussi constituer l'un des précédents du colonat généralisé ; ce sont les établissements de prisonniers barbares, que, durant les trois premiers siècles, le pouvoir impérial répartit comme cultivateurs forcés dans diverses régions[5]. Mais des causes plus générales durent opérer ; ce sont les conditions toutes particulières où se trou-

fices eurent été exemptés des *munera* ; dans tous les cas, les deux sortes d'associations étaient distinctes.

1. Code Justinien, IV, 63, *De commerciis et mercatoribus* ; — Karlowa, *Röm. Rechtsgeschichte*, I, p. 913.

2. L. 1, 2, C. J., XI, 48 (47) ; L. 1, C. J., XI, 50 (49).

3. Sur le colonat, voyez : Esmein, *Mélanges*, p. 293 et suiv. ; — Kuhn, *op. cit.*, p. 257 et suiv. ; — Karlowa, *Röm. Rechtsgeschichte*, p. 918 et suiv. ; — Fustel de Coulanges, *Recherches sur quelques problèmes d'histoire*, p. 3-145 ; — Girard, *Manuel de droit romain*, p. 125.

4. Revillout, *Cours de droit égyptien*, t. I, p. 129 et suiv.

5. Kuhn, *op. cit.*, II, p. 260 et suiv.

vaient les cultivateurs établis volontairement sur les grands domaines éloignés des cités. Certaines de ces grandes propriétés ou *saltus* appartenaient au fisc impérial, et les cultivateurs qui y résidaient étaient, dès le II* siècle, à la discrétion des agents impériaux, qui, sans doute, ne leur auraient point permis d'émigrer à leur gré[1]. Ainsi se forma la classe des colons fiscaux[2]. Sur les grands domaines des particuliers, il semblerait que la liberté du cultivateur dût être respectée; ici le propriétaire n'était point un représentant de l'autorité publique; mais, en réalité, le paysan qui vivait là, isolé des cités, dans l'organisation desquelles il n'avait point de place, était, en fait, attaché au sol de père en fils, par l'impossibilité presque complète où il se trouvait de changer de profession ou de résidence. Ce fait, la coutume le transforma en droit[3]. On a aussi relevé une autre cause, qui dut contribuer à transformer en colons nombre de petits fermiers ou métayers; c'est la dette arriérée des fermages et l'insolvabilité croissante qui retenait les fermiers à la discrétion du propriétaire[4].

Mais si la législation impériale ne créa pas directement le colonat, elle accueillit avec faveur cette institution coutumière, et créa, par voie d'autorité, des classes entières de colons. En 382, tous les mendiants valides sont changés en colons[5]; à peu près à la même époque, on soumet au colonat tous les cultivateurs de la Palestine, qui, jusque-là, avaient échappé à ce régime[6]. L'empereur Anastase décide que la personne qui a servi trente ans comme colon devient colon par la prescription[7]; enfin, Valentinien III reconnaît explicitement à tout homme libre (pourvu qu'il ne soit pas revendiqué par une curie ou un *collegium*) le droit de se faire colon, par une déclaration de volonté[8]. C'est que cette institution répondait admi-

1. Esmein, *Mélanges*, p. 313 et suiv.
2. C. J., I, XI, 63 (62) et suiv.
3. Esmein, *Mélanges*, p. 309 et suiv.
4. Fustel de Coulanges, *Recherches sur quelques problèmes d'histoire*, p. 9 et suiv. — M. Kovalevsky a depuis insisté sur ce point, en montrant que c'est par la même cause que s'est principalement constitué le servage en Russie (*Nouvelle revue historique de droit français et étranger*, 1889, p. 440 et suiv.).
5. L. 1, C. Th., XIV, 18.
6. L. 1, C. J., XI, 51 (50).
7. L. 18, C. J., XI, 48 (47).
8. Novelles de Valentinien III, tit. XXX, § 5 (édit. Hænel, p. 226); — Salvien, *De gubernatione Dei*. V. 8.

rablement au génie de l'administration du Bas-Empire. C'était
une application du système des classes, qui assurait des bras à
l'agriculture, et, en même temps, elle garantissait, semblait-il,
le paiement des principaux impôts. En effet, la culture des
terres étant assurée par là, le propriétaire pourrait toujours
payer la *capitatio terrena*. Mais, d'autre part, le colon libre
lui-même était un contribuable ; il devait la *capitatio plebeia* ou
humana. Lorsque la *plebs urbana* eut été déchargée de cet impôt, les colons en constituèrent presque les seuls contribuables ;
un grand nombre des qualifications qui leur sont données par
les textes se rapportent à cet ordre d'idées[1]. Or, la loi rendit
le propriétaire responsable de la *capitatio plebeia* de son colon et l'obligea à faire l'avance de celle-ci, en assurant ainsi
la rentrée[2].

L'attache du colon était perpétuelle ; sa condition, héréditaire[3]. Il n'y avait pas d'affranchissement possible pour lui :
car l'affranchissement a pour but de conférer la qualité
d'homme libre, que le colon possède déjà, et l'assujettissement particulier du colon est imposé par le droit administratif
et d'ordre public[4].

Le système qui avait abaissé le cultivateur libre à l'état de
colon eut pour effet d'améliorer la condition des esclaves attachés par leurs maîtres à la culture, et qui composaient encore
la majeure partie de la classe agricole. Ils furent déclarés inséparables du domaine qu'ils cultivaient : ce fut ici la volonté et
la liberté du propriétaire qui furent restreintes, et l'esclavage
en profita. Le point de départ de cette transformation fut, sans
doute, l'intérêt fiscal : ces esclaves étant recensés pour le paiement de l'impôt comme une dépendance du domaine, il était
plus commode, pour les agents du fisc, qu'ils restassent attachés à la terre, et, dès le IIIe siècle, on voit des traces de cette
immobilisation. Au IVe siècle, la loi défendit de vendre ces

---

1. *Censiti, censibus obnoxii, adscripticii, tributarii.*
2. Sur ce point, Esmein, dans la *Nouvelle revue historique de droit français
et étranger*, 1889, p. 309.
3. Quant au droit du colon d'acquérir des biens et de les aliéner, voyez Kuhn,
op. cit., II, p. 267, 268. — Sur le sort des enfants nés d'un mariage mixte
entre un colon et une personne libre non soumise au colonat, L. 13, 16,
C. J., XI, 48 (47).
4. Esmein, *Mélanges*, p. 370 et suiv.

esclaves en dehors de la province[1]; elle défendit enfin de les vendre sans la terre à laquelle ils étaient attachés[2]. On avait ainsi créé des colons esclaves à côté des colons libres[3], et, lorsqu'ils étaient affranchis, ils prenaient la condition de ces derniers[4].

II

La propriété foncière en Gaule, aux IVe et Ve siècles, était d'un type supérieur : c'était, quant aux résultats pratiques, la forme de propriété que nous avons en France depuis la Révolution et qui dérive, en effet, du droit romain.

Les sociétés anciennes ont presque toutes, à leur début, pratiqué la propriété collective du sol, l'État ou la tribu en était le seul propriétaire et les individus ou les familles n'en ayant que la jouissance temporaire. Il semble qu'il y ait là, dans le développement social, une étape nécessaire à laquelle les diverses races humaines s'attardent plus ou moins longtemps. Les Romains s'en étaient dégagés de très bonne heure, si bien qu'il faut l'œil exercé de la critique moderne pour en retrouver chez eux les traces certaines. A l'époque où nous nous plaçons, depuis des siècles, la propriété du droit romain était individuelle. Mais, de plus, la propriété du sol était complètement libre et représentait un droit absolu. Le propriétaire, à condition de respecter les lois et à charge de payer l'impôt, pouvait jouir et disposer de sa chose sans restriction ni limite, sans devoir rien à personne à raison de son droit perpétuel sur la chose. Cela est important à noter parce que, à l'opposé de cette forme supérieure de la propriété foncière individuelle, il en existe une autre, dont le type le plus complet se trouve dans la société féodale et qu'on appelle la *tenure*. Dans ce système, le droit sur la terre apparaît comme un droit dérivé, comme une concession limitée et conditionnelle, grevée de charges au profit du concédant ou de ses successeurs, le plus souvent héréditaire, mais difficilement aliénable par le concessionnaire.

1. L. 2, C. Th., XI, 3.
2. L. 7, C. J., XI, 48 (47).
3. Je crois que c'est là l'*adscripticius*, lorsque les lois entendent, par ce terme, un colon d'ordre inférieur.
4. Esmein, *Mélanges*, p. 373.

Cependant, au point de vue juridique, la propriété foncière dans la Gaule romaine était encore imparfaite, parce qu'elle était *provinciale*. Le vieux principe n'était pas encore abrogé, d'après lequel l'État romain était le seul propriétaire des terres jadis conquises; il maintenait, sur le sol provincial, le domaine éminent de César ou du sénat. Seul, était susceptible du véritable *dominium* le sol de l'Italie, ou la partie du sol provincial auquel la même qualité avait été conférée d'une manière artificielle sous le nom de *jus Italicum* [1]. Mais cette infériorité, à laquelle se rattachait jadis l'impôt foncier des provinces, était devenue dans le cours du temps purement théorique. Il en restait ceci, que les actions protégeant la propriété provinciale étaient autres que celles qui protégeaient le *dominium*, mais elles étaient également efficaces; les modes d'aliénation différaient aussi de part et d'autre, mais ceux qui s'appliquaient à la propriété provinciale étaient les plus commodes et les plus souples.

Envisagée, non plus au point de vue juridique, mais au point de vue économique et social, cette propriété affectait principalement la forme de la grande propriété. En dehors de la banlieue des villes, la petite et la moyenne propriété tendaient à disparaître [2]. C'était un mouvement déjà commencé depuis longtemps [3], mais qui s'accentuait de plus en plus; il avait maintenant deux causes : la fiscalité exagérée et l'insécurité du petit propriétaire.

J'ai dit combien étaient devenus lourds les impôts et comment le petit propriétaire était écrasé dans une répartition trop souvent injuste. Il y a des signes indéniables. On voit le propriétaire appauvrir sa terre en coupant les vignes et les arbres fruitiers pour diminuer la somme de ses impôts [4]; on voit, dernière extrémité, les propriétaires abandonner leurs terres, abdiquer leur propriété pour échapper au fisc, et les lois constatent le fait en réglant le sort des propriétés abandonnées [5]. L'insécurité n'était pas moins à redouter pour les

1. Heitsterbergk, *Das jus Italicum*; — Robert Beudant, Thèse de doctorat.

2. Voyez cependant, en sens contraire, Blumenstok, *Entstehung des d. Immobiliareig.*, p. 138 et suiv.; mais ses arguments ne me paraissent point probants.

3. Fustel de Coulanges, *L'alleu et le domaine rural*, p. 27 et suiv.

4. L. 1, C. Th., XIII, 11.

5. C. J., XI, 59 (58), *De omni agro deserto*; — Salvien, *De gubernatione Dei*, V, 7.

petits. Les grands propriétaires, les *puissants*, cherchaient, en effet, à accroître encore leurs domaines en y joignant les parcelles voisines ou enclavées; et deux moyens étaient à leur disposition. Ils pouvaient audacieusement en prendre possession; ces envahissements (*invasio, pervasio*) reviennent souvent dans les lois de cette époque, et, la justice étant bien peu accessible aux petites gens, ils restaient d'ordinaire impunis [1]; ou bien ils forçaient le petit propriétaire à leur vendre son champ, en dictant les conditions de la vente [2]. Les malheureux ainsi dépouillés n'avaient que la ressource de se faire les colons d'un grand domaine [3]. Aussi, avant d'en arriver à ces extrémités, les petits, le plus souvent, prenaient-ils les devants, et allaient se mettre sous le *patrocinium*, sous la protection d'un *potens*, du grand propriétaire de la contrée [4], comme je l'ai dit plus haut; mais cela n'empêchait point la perte de leur propriété. Le *potens*, en effet, faisait payer le patronage qu'il accordait, et le prix, c'était le champ du protégé [5]. Il y avait une vente consentie, mais pour la forme, et dont le prix n'était pas payé [6]. Salvien nous fait apparaître plus clairement encore l'économie de l'opération : le protégé abandonnait son bien au protecteur en toute propriété, mais celui-ci lui en laissait la jouissance jusqu'à sa mort : à la génération suivante, le pro-

— C'est là un phénomène qu'on a pu revoir dans d'autres temps; mais, chez les Romains, il y avait une raison de plus pour que les malheureux abandonnassent leurs propriétés, c'est que la torture était souvent employée par les agents de recouvrement pour faire payer les récalcitrants (L. 2, C. J., X, 19 ; Salvien, *op.* et *loc. cit.*). Cf. H. Monnier, *Études de droit byzantin*, l'ἐπιβολή.

1. L. 10, C. J., XI, 59 (58) : « Qui per potentiam fundos opimos ac fertiles occuparunt. » — L. 1, C. J., XI, 60 (59) : « Quidquid potentia uniuscujusque elicuit. » —Salvien, *De gubernatione Dei*, V, 8 : « Plerique pauperculorum spoliati resculis suis et exterminati agellis suis... qui privata pervasione nudati sunt. »

2. L. 1, § 1, C. J., X, 34 : « Vel circumventum se insidiis vel oppressum potentia comparatoris queri debeat. »

3. Salvien, *op. cit.*, V, 8 : « Cum domicilia atque agellos aut pervasionibus perdunt aut fugati ab exactoribus deserunt, quia tenere non possunt, fundos majorum expetunt et coloni divitum fiunt. »

4. Salvien, *op. cit.*, V, 8 : « Tradunt se ad tuendum protegendumque majoribus, dedititios se divitum faciunt, et quasi in jus eorum ditionemque transcendunt. »

5. Salvien, *op. cit.*, V, 8.

6. L. 8, C. J., X, 19 : « Si quilibet cujuscumque dignitatis atque fortunæ, revera fundos... non patrocinii gratia sed emptionis jure... possederit. » — L. 1., pr., C. J., XI, 54 (53) : « Si quis in fraudem circumscriptionemque publicæ functionis ad patrocinium cujuscumque confugerit, id quod hujus rei gratia

priétaire n'avait plus devant lui que des colons[1]. Ainsi se formaient, dans l'empire même, des clientèles[2], qui, bien que extra-légales, sont un des précédents lointains de la féodalité[3]. A un autre point de vue, les grands propriétaires prenaient déjà, par avance et en fait, la position de seigneurs. J'ai dit que leurs grands domaines à l'écart des cités étaient soustraits à l'action judiciaire des magistrats municipaux, et que la justice du *præses provinciæ* était bien éloignée. Dans ces conditions, ces domaines constituaient comme des lieux d'asile et de franchise où l'action du pouvoir public se faisait difficilement sentir. On le constate dès le Haut-Empire, quand il s'agit de poursuivre les esclaves qui s'y réfugient[4]; au Bas-Empire, quand il s'agit de traquer les brigands qui s'y retirent[5], ou même d'obtenir le paiement de l'impôt[6]. Là vivait toute une population de petites gens, esclaves, colons, clients libres placés sous le *patrocinium* : il arriva naturellement que ce fut le grand propriétaire seul qui établit la police et administra la justice entre ces résidents de ses terres ; sur quelques-uns, les esclaves, il avait un pouvoir de droit, la puissance dominicale ; sur les autres, un pouvoir de fait[7]. Pour cette administration, les grands propriétaires ont des intendants (*actores, procuratores*) dont les lois parlent souvent, et qui sont presque des personnages officiels. Le sénateur romain du ve siècle, dans sa *villa*, est déjà, en fait, un seigneur féodal. Les étrangers qui ont un litige avec un habitant du domaine lui sou-

geritur sub prætextu venditionis vel donationis, seu conductionis... nullam habeat firmitatem. »

1. *Op. cit.*, V, 8.

2. Le mot même se trouve dans la Loi 1, § 1, C. J., XI, 54 (53).

3. Flach, *Les origines de l'ancienne France*, I, p. 70 et suiv. ; — Schröder, *Lehrbuch des deutschen Rechtsgeschichte*, 2e édit., p. 15 et suiv. Ces auteurs, surtout M. Schröder, insistent sur l'influence qu'aurait exercée en Gaule, pour l'établissement de ces rapports, la tradition de l'ancienne clientèle gauloise. — César *De Bello Gallico*, VI, 15.

4. Dig., XI, 4, *De fugitivis*.

5. L. 2, C. J., IX, 39.

6. Novelles de Majorien, tit. II : « Habenda sane ratio est potentium personarum, quarum actores per provincias solutionem fiscalium negligunt, dum pro sui terrore fastigii minime perurgentur, ac se in prædiis retinent contumaces, ne ad eos præceptum judicis possit aut conventio pervenire. »

7. Esmein, *Quelques renseignements sur l'origine des juridictions privées* (*Mélanges d'archéologie et d'histoire*, publiés par l'École française de Rome, t. XI, 1886).

mettent leur cause au lieu d'en saisir la justice[1]; parfois, il entretient une troupe armée, d'esclaves ou de clients[2]. Aussi, dès cette époque, apparaissent les termes qui serviront plus tard, dans la monarchie mérovingienne et carolingienne, à désigner le propriétaire-seigneur et ses sujets : le premier est désigné par le titre de *potens*[3]; les seconds sont dits *homines sui*[4].

Pour terminer ce rapide exposé sur le régime de la propriété foncière, disons que certaines terres se trouvaient soumises à une législation particulière. C'étaient des terres, d'abord inoccupées ou devenues désertes et situées aux frontières (*agri limitanei*), que l'empire avait attribuées par lots à des colonies de vétérans. Ceux-ci, tenus de garder une sorte de château fort (*castellum, burgus*), étaient attachés à ce poste et leurs fils après eux[5]. Propriétaires de la terre à eux concédée, ils ne pouvaient l'aliéner au profit d'une personne d'une autre condition[6]. Si j'ai rappelé cette institution d'importance secondaire, c'est qu'on a voulu parfois, quoique bien à tort, y voir le prototype du fief, l'origine des devoirs militaires du vassal envers son seigneur. Cette hypothèse ancienne a même été reproduite de nos jours par un écrivain renommé[7].

§ 4. — SOURCES DU DROIT ET DROIT CRIMINEL

I

Les habitants de la Gaule, sujets de l'empereur (*provinciales*), vivaient sous le droit romain, sauf l'application, sur certains

1. Esmein, *Quelques renseignements*, etc., p. 11 et suiv.
2. L. 10, C. J., IX, 12 (a. 468) : « Omnibus per civitates et agros habendi buccellarios vel Isauros armatosque servos licentiam volumus esse præclusam. » — Cf. Grégoire de Tours, *Historia Francorum*, II, 8. Le *buccellarius* se retrouve aussi dans la *Lex Wisigothorum*. — Viollet, *Précis de l'histoire du droit français*, p. 533.
3. L. 1, C. Th., I, 7; L. 146, C. Th., XII, 1.
4. L. 7, § 5, C. J., XI, 58 (57); L. 4, C. J., XII, 1; — Esmein, *Quelques renseignements*, etc., p. 10. — Cf. Wilhem Sickel, *Die Privatherrschaften im fränkischen Reiche*, dans la *Wesdeutsche Zeitschrift für Geschichte und Kunst*, XV, 2, p. 113 et suiv.
5. L. 2, C. Th., XII, 19.
6. C. J., XI, 60, *De fundis limitrophis*, etc. Cf. Blumenstok, *op. cit.*, p. 168.
7. Sumner Maine, *L'ancien droit* (traduction Courcelle-Seneuil), ch. VIII.

points, de coutumes provinciales; et le droit romain se présentait, au v° siècle, sous la forme de la loi écrite. Les
sources d'où étaient dérivées les règles du droit sous la République et le Haut-Empire étaient diverses et nombreuses :
coutume, lois proprement dites, édits des magistrats, séna-
tusconsultes, réponses des prudents et constitutions impériales. Mais, au iv° siècle, toutes ces sources s'étaient successivement taries, sauf une seule : la législation des constitutions
impériales, restait en activité. Dès cette époque, on prit
l'habitude de ramener à deux catégories le fonds ainsi
accumulé au cours des siècles. L'une, dite *jus* ou *jus vetus*,
comprenait tout ce qu'avaient produit les sources anciennes
du droit, jusqu'au moment où les constitutions impériales
avaient commencé à former une législation abondante, c'est-
à-dire jusqu'au iii° siècle environ : mais, pour étudier ou
appliquer les règles appartenant à ce premier fonds, l'école
ni la pratique ne remontaient plus aux sources mêmes, aux
textes originaux ou créateurs : on cherchait l'expression du
jus vetus seulement dans les écrits des jurisconsultes classiques, qui en avaient extrait la substance et dégagé le système. L'autre catégorie, sous le nom de *leges*, comprenait la
législation des constitutions impériales, qui avait pris une valeur spéciale à partir du moment où toute la production du droit
nouveau s'était concentrée en elle[1]. Les constitutions impériales les plus importantes pour la pratique avaient été rele-
vées, dans leurs écrits, par les jurisconsultes classiques; mais
c'est surtout au moment où s'arrête cette littérature qu'elles
devinrent plus nombreuses que jamais, plus utiles à connaître.

Cette législation fragmentaire était difficile à saisir dans son
ensemble. Sans doute les constitutions et les rescrits étaient
conservés à la chancellerie impériale dans des registres tenus
règne par règne. De plus on affichait les édits et même, jusqu'à
Constantin, les rescrits d'une portée générale[2]; les fonctionnaires auxquels ces documents avaient été transmis devaient
aussi en garder copie dans leurs archives. Mais cela ne suffisait

---

1. L. 25, pr., C. Th., XI, 36 : « Satis et jure et constitutionibus cautum est. »
— L. 1, § 1, C. J., I, 17.

2. Voyez, sur ce point, Girard, *Textes de droit romain annotés*, 2° édit.,
p 164, 165, et *Manuel de droit romain*, p. 59.

pas pour que la législation des *Leges* fût bien connue des particuliers et des hommes d'affaires.

Des jurisconsultes furent alors amenés à composer, pour
la commodité du public, des recueils de constitutions qui prirent le nom de *Codices*. Deux de ces recueils acquirent une
grande célébrité. L'un est le Code Grégorien (*Codex Grego-
rianus*), dont l'auteur s'appelait probablement Gregorius :
composé, semble-t-il, sous le règne de Dioclétien, il contenait
des constitutions impériales de Septime Sévère à Dioclétien,
réparties par livres et par titres[1]. L'autre est le Code Hermogénien, composé dans la seconde moitié du IVe siècle (probablement après 365) par un jurisconsulte nommé Hermoge-
nanius, peut-être le même dont les ouvrages ont fourni des
fragments au Digeste[2]. Ces deux codes eurent un succès
considérable et prirent en fait la valeur de recueils officiels[3].

Mais le droit romain, même ainsi concentré dans son expression, formait un ensemble de documents trop vaste pour que
la pratique et même la science, bien réduite, du Ve siècle ne s'y
perdissent pas. Les empereurs Valentinien III et Théodose II
le reconnurent[4] et cherchèrent à y remédier. En 426, Valentinien III donna force de loi aux écrits des cinq jurisconsultes
Papinien, Paul, Ulpien, Gaius et Modestin, ainsi qu'aux passages des autres prudents rapportés dans leurs œuvres[5]; c'é-
tait enlever toute autorité aux autres œuvres juridiques et
restreindre à celles-là les recherches à faire. Le *jus* était, par
là, simplifié. En même temps, Théodose II faisait quelque chose
de semblable pour les *leges*. Il ordonnait la rédaction d'un
nouveau code destiné, non pas à remplacer, mais à compléter les Codes Hermogénien et Grégorien. Il devait comprendre seulement des constitutions ayant le caractère de
lois générales (à la différence des rescrits); il ne devait remonter qu'aux lois de Constantin et présenter, dans chaque titre

---

1. Mommsen, dans la *Zeilschrift der Savigny Stiftung*, X, p. 345 et suiv.
2. Karlowa, *op. cit.*, p. 942 ; — Krüger, *Histoire des sources du droit romain*,
traduction Brissaud, Paris, 1894, § 34, p. 371 et suiv. ; — Girard, *Manuel de droit
romain*, p. 71.
3. Lorsque Théodose II donna l'ordre de rédiger le code qui porte son nom,
il prit pour modèle les Codes Hermogénien et Grégorien (L. 5, C. Th., 1. 1)
4. *De Theodosii Codicis auctoritate*.
5. L. 3, C. Th., 1, 4.

les constitutions dans l'ordre chronologique [1]. Ce plan fut suivi, avec quelques déviations, et le code, ainsi rédigé et divisé en seize livres, approuvé par l'empereur d'Occident, Valentinien III, fut promulgué dans les deux empires en 438. Nous avons le procès-verbal de la séance, dans laquelle il fut communiqué au sénat de Rome. L'unité du monde romain se maintenait ainsi dans la législation. Il est vrai que les deux empereurs et leurs successeurs n'avaient point renoncé au droit de légiférer : ils en usèrent après la promulgation du Code Théodosien, et les constitutions qu'ils rendirent prirent le nom de *Novellæ leges*. Mais il était entendu que les Novelles d'un empereur seraient aussi introduites dans l'autre empire [2].

II

Le droit criminel que pratiquaient les Romains aux IVe et Ve siècles, quoique savant et énergique, était bien inférieur à leur droit civil. Le droit pénal, en particulier, c'est-à-dire l'ensemble des règles déterminant les actes punissables et les peines qu'ils entraînent, était défectueux sous plusieurs rapports. D'abord, au milieu d'une civilisation très avancée, il avait conservé, sur certains points, la trace des conceptions primitives de l'humanité en fait de répression. C'est un fait bien connu que, dans les sociétés, la répression des délits est d'abord laissée à la vengeance privée; mais, le plus souvent, les représailles effectives sont écartées moyennant une indemnité, ou *composition* de valeur pécuniaire, payée par l'auteur à la victime ou à ses représentants; puis, par l'action de la coutume ou de la loi, cette composition dûment tarifée s'impose. La victime du délit n'a plus qu'un droit, c'est d'en exiger le paiement, et elle obtient, à cet effet, une action devant les tribunaux [3]. Le droit romain, dans son dernier état, avait conservé ce système quant à certains délits contre les particuliers : le vol, les coups et blessures et les injures, par exemple. Ces délits s'appelaient *delicta privata*, et les amendes spéciales payées à la victime, qui en étaient la punition, portaient le nom de *pœnæ privatæ*.

1. L. 5, C. Th., 1, 1.
2. Karlowa, *op. cit.*, p. 946.
3. Voyez, sur ce point, Girard, *Nouvelle revue historique*, 1886, p. 284 et suiv.

Pour les autres délits et crimes, ils étaient punis de peines véritables, afflictives; mais le système de cette pénalité était quelque peu incohérent et très vicieux sur certains points; il avait subi des déviations, résultant des transformations politiques et sociales successivement opérées dans le monde romain. Sous la république, pour la répression, le point de départ avait été l'arbitraire du magistrat. Il est vrai que, de bonne heure, cet arbitraire avait été corrigé au profit du citoyen romain, par le droit qui lui fut reconnu d'en appeler à l'assemblée du peuple toutes les fois qu'il était menacé d'une peine afflictive, et cette assemblée devint son seul juge en matière criminelle; mais l'arbitraire avait subsisté, illimité, à l'égard du provincial. A la fin de la république et au début de l'empire, toute une série de lois, qui se rattachent pour la plupart aux noms de Sulla, de Pompée, de César et d'Auguste, avaient précisé les principaux crimes et édicté des peines fixes devant leur être appliquées. Ces *leges judiciorum publicorum* établissaient aussi, pour le jugement, des jurys criminels, remplaçant l'assemblée du peuple; mais cette dernière partie du système n'était applicable qu'aux seuls citoyens romains; les provinciaux profitèrent peut-être de la fixité des peines. Sous l'empire d'ailleurs, avant même que le droit de cité eût été étendu à tous les hommes libres, la condition des uns et des autres s'égalisa quant au droit pénal; les jurys criminels tombèrent en désuétude et cessèrent de fonctionner au iie siècle[1], et tout pouvoir passa aux magistrats impériaux, pour juger au criminel, à Rome comme dans les provinces. Le bénéfice de l'appel fut étendu à tous. Mais, en même temps, reparut le système des peines arbitraires. Le juge put modifier à son gré, en plus comme en moins, la peine portée dans les lois[2]. Le principe s'introduisit même qu'il n'était pas nécessaire qu'une loi eût prévu et puni un délit pour qu'il fût punissable; la jurisprudence en créa ainsi de nouveaux, ce qui permit, d'ailleurs, de punir de peines afflictives certains *delicta privata*[3]. En même temps, s'introduisait une règle plus détestable encore, celle de l'inégalité des peines. Pour le même délit, la peine fut différente selon la condition sociale

1. L. 8, D., XLVIII, 1.
2. L. 13, D., XLVIII, 19.
3. L. alt., D., XLVII, 2.

E.   3

du coupable; et ici reparaît une des conséquences juridiques les plus nettes de la distinction entre *honestiores* et *humiliores*. Les peines réservées aux seconds et épargnées aux premiers étaient, naturellement, plus dures ou plus honteuses[1]. Enfin, les peines appliquées aux esclaves étaient elles-mêmes plus sévères et plus odieuses que celles prononcées contre les hommes libres, même *humiliores*[2]. Les peines étaient d'ailleurs très variées, souvent atroces, et les plus graves condamnations entraînaient la confiscation des biens du condamné. Chose remarquable, la prison n'était pas prononcée à titre de peine ; c'est la peine qui distingue les législations pénales perfectionnées[3].

La procédure criminelle, c'est-à-dire cette partie du droit qui détermine la poursuite, l'instruction et le jugement des procès criminels, présentait aussi de singulières disparates. On distingue, quant à la poursuite, deux systèmes fondamentaux et opposés, la procédure accusatoire et la procédure inquisitoire. Dans le système accusatoire, le procès criminel ne peut s'engager sans un accusateur qui en prenne l'initiative et la responsabilité; dans le système inquisitoire, au contraire, le juge entame les poursuites de son propre mouvement et se saisit d'office de l'affaire. La procédure criminelle des IVe et Ve siècles était à la fois accusatoire et inquisitoire. De la procédure des *judicia publica*, elle avait gardé cette règle que tout citoyen, *quivis ex populo*, pouvait se porter accusateur et susciter un procès criminel, mais elle la tempérait par certaines restrictions, refusant le droit d'accusation à diverses catégories de personnes. A l'ancienne juridiction des gouverneurs sur les provinciaux, elle avait emprunté la règle que le juge pouvait lui-même poursuivre d'office, et elle l'appliquait largement. Cette procédure était d'ailleurs assez rationnelle quant à l'instruction. Elle était publique, sauf que le procès se déroulait dans une salle d'audience, appelée *secretarium,* où n'entraient qu'un petit nombre de privilégiés[4]. La preuve

---

1. L. 9, § 11, D., XLVIII, 19; L. 2, L. 3, § 5, L. 16, D., XLVIII, 8.

2. L. 10, 28, § 2, 16, D., XLVIII, 19.

3. L. 8, § 9, D., XLVIII, 19 : « Carcer ad continendos homines non ad puniendos haberi debet. »

4. Salvien, *De gubernatione Dei*, [III, 9 : « Ecclesias... minoris reverentiæ quidam habent quam cujuslibet minimi ac municipalis judicis domum. Siquidem intra januas non modo illustrium potestatum, sed etiam præsidum ac

se faisait, comme aujourd'hui, par des témoignages et des écrits : les témoins déposaient à l'audience en présence de l'accusé. Mais un mode de preuve odieux s'était introduit et était devenu d'un usage constant et général : la question ou torture, ayant pour but d'arracher par la souffrance des aveux à l'accusé. Sous la république et au commencement de l'empire, le citoyen romain échappait à la torture. Seuls y étaient alors soumis : l'esclave, quand il était accusé ou même appelé à témoigner en justice, car l'antiquité n'a jamais admis le témoignage de l'esclave sans le contrôler, pour ainsi dire, par la torture, — et le provincial, à l'égard duquel tout était permis. La règle s'introduisit, aux premiers temps de l'empire, que le citoyen pouvait être, par exception, soumis à la question quand il était accusé de lèse-majesté. Puis cela devint une règle générale, applicable dans toutes les accusations, une pratique si commune que la loi recommande au juge de ne pas commencer par là l'instruction et de recueillir d'abord des indices[1]. Seulement, certaines catégories de personnes y furent soustraites, les *honestiores* à partir des décurions[2], et les soldats[3]; mais ce privilège cessait de s'appliquer quand il s'agissait du crime de lèse-majesté[4]. L'appel continuait à être admis en matière criminelle, sauf pour certains crimes particulièrement odieux, lorsque l'accusé avait avoué, en même temps qu'il était convaincu[5].

præpositorum non omnes passim intrare præsumunt, nisi quos aut judex vocaverit, aut negotium traxerit, aut ipsa honoris proprii dignitas introire permiserit. »

1. L. 8, § 1, C. J., IX, 41.
2. L. 11, C. J., IX, 41.
3. L. 8, pr., C. J., IX, 41.
4. L. 16, § 1, C. J., IX, 41.
5. L. 2, C. J., VII, 65.

CHAPITRE II

Les coutumes germaniques et les établissements des barbares en Gaule

---

§ 1. — LES COUTUMES GERMANIQUES AVANT LES INVASIONS

Les hommes de race germanique, qui démembrèrent l'empire d'Occident, apportaient avec eux des coutumes dont l'influence, en Gaule, sur certains points, devait être très grande. Ce droit coutumier dérivait en grande partie du fonds primitif, commun aux peuples indo-européens, et, dans son ensemble, il était resté très primitif : on a constaté avec exactitude que le droit germanique, à l'époque des *Leges barbarorum*, était moins avancé dans son développement que le droit romain à l'époque des XII Tables[1]. Il nous est possible de reconstituer ce droit, dans ses lignes principales[2], grâce à trois ordres de documents. 1º Les témoignages des auteurs latins qui ont décrit ces coutumes avant les invasions. Il en est deux principaux : César, dans son livre *De Bello Gallico*[3], qui a la valeur d'un témoin oculaire; Tacite, dans son traité *De situ, moribus et populis Germaniæ*, que l'on prenait jadis pour une sorte de roman philosophique, et auquel la critique moderne a rendu la valeur d'une œuvre d'observation et de pré-

---

1. Sumner Maine, *L'ancien droit*, ch. VIII.

2. Cette reconstruction a été faite, jusque dans les détails, par un grand nombre d'écrivains. Voyez Brunner, *Deutsche Rechtsgeschichte*, § 6-23; — Waitz, *Deutsche Verfassungsgeschichte*, t. I (3ᵉ édit.); — Schröder, *Deutsche Rechtsgeschichte*, 2ᵉ édit., p. 9-87; — Stubbs, *Constitutional History of England*, I, ch. II-IV; — Geoffroy, *Rome et les barbares*; — Glasson, *Histoire du droit et des institutions de la France*, t. III, p. 1-98.

3. Au livre VI, ch. XXI et suiv., il compare les coutumes des Gaulois et celles des Germains; au livre IV, I et suiv., il décrit les coutumes d'une peuplade germanique, les Suèves. L'ouvrage a été écrit au milieu du Iᵉʳ siècle avant l'ère chrétienne.

cision [1]. 2° Les données fournies par les auteurs qui, après la
fondation des royaumes barbares en Occident, ont écrit l'histoire des diverses races qui les avaient fondés [2]. Mais les renseignements qu'ils fournissent, sur l'état de choses antérieur
aux invasions, sont fragmentaires et ne sauraient avoir la valeur de témoignages contemporains des faits. 3° Les coutumes
rédigées des peuplades de race germanique. Il y en a deux
groupes. Le premier comprend les *Leges barbarorum*, c'est-
à-dire les rédactions faites à partir du v° siècle, généralement
en langue latine, dans les divers royaumes fondés par les
barbares sur les débris de l'empire d'Occident. Celles dont
les indications sont les plus précieuses sont naturellement les
plus anciennes; mais toutes, à un degré plus ou moins avancé,
ont subi l'influence de la civilisation romaine [3]. Le second
groupe comprend les vieilles lois ou coutumes danoises,
suédoises, norvégiennes, islandaises [4]. Elles sont fort instruc-
tives, parce que le rameau scandinave de la race germanique
est resté pendant très longtemps à l'état indépendant, soustrait à l'influence de la civilisation romaine. Mais ces rédactions sont relativement bien récentes; elles sont des xii° et
xiii° siècles.

À l'époque de Tacite, la race germanique n'était point organisée en nations proprement dites : elle était si loin de l'unité
nationale qu'il n'existait même point, dans sa langue, un nom
pour la désigner dans son ensemble [5]. Elle se divisait en un
grand nombre de peuplades indépendantes ayant les mêmes
coutumes et parlant la même langue, et pouvant se classer par
leurs affinités les plus proches, mais politiquement tout à fait
distinctes. Chacune de ces peuplades indépendantes, formant
un petit État, porte, dans Tacite, le nom de *civitas*, qu'avaient
de tout temps employé les Romains pour désigner un État

1. L'ouvrage a été écrit à la fin du 1er siècle de l'ère chrétienne.
2. Les principaux sont : Grégoire de Tours, *Historia Francorum* (seconde
moitié du vi° siècle) ; — Jordanès, *De Gothorum origine et rebus gestis* (vi° siècle) ;
— Procope, écrivain grec contemporain de Justinien, *De Bello Vandalico, De
Bello Gothico* ; — Isidore de Séville, *Historia sive Chronicon Gothorum* (vii° siècle) ;
— Paulus Warnefridus, *De gestis Langobardorum* (viii° siècle).
3. Voyez, ci-après, ch. iii, sect. I, § 5.
4. Dareste, *Études d'histoire de droit*, p. 279 et suiv. ; — Beauchet, *La loi de
Vestrogothie*, traduite, annotée et précédée d'une étude sur les sources du
droit suédois. Paris, 1894.
5. Tacite, *Germ.*, 2.

libre. Elle représentait, comme tous les groupes primitivement
agglomérés dans la race indo-européenne, une union de familles, qui, tout en conservant leur individualité propre, vivaient sous un gouvernement communal, de forme démocra-
tique. C'est aussi le type originaire des cités grecques et
italiques, mais la *civitas* germanique s'en distingue par un
trait saillant : elle ne comprend point de *ville* ; l'élément urbain,
qui joue un rôle prépondérant en Grèce et en Italie, fait ici
complètement défaut [1].

A l'époque de Tacite, la forme de l'État, dans la majorité des
civitates, était républicaine [2], et l'on peut affirmer qu'originairement cette forme était générale. Le pouvoir suprême, la
souveraineté, résidait dans une assemblée ou *concilium*, comprenant tous les hommes libres en âge de porter les armes [3],
où chacun pouvait prendre la parole, et qui statuait par des
clameurs favorables ou hostiles, mode primitif de votation,
qui se trouve, au début, chez tous les peuples. Ce *concilium*
décidait seul toutes les affaires importantes, et, en premier
lieu, la guerre et la paix. Il statuait aussi sur les accusations
capitales, qui devaient être intentées devant lui [4]. Enfin, par
suite de sa composition même, cette assemblée, c'était l'armée,
la nation en armes [5]. Mais la *civitas* avait aussi des autorités
locales et inférieures. Elle se subdivisait en cantons que Tacite appelle des *pagi*, à la tête desquels étaient placés des chefs
appelés *principes*, qui étaient élus par le *concilium* [6] ; ils étaient
pris parmi les nobles [7] et probablement nommés à vie [8]. Ils

1. Tacite, *Germ.*, 16 : « Nullas Germanorum populis urbes habitari satis no-
tum est. »
2. *Germ.*, 25.
3. *Germ.*, 11, 12, 13.
4. *Germ.*, 12. Selon certains auteurs, le passage de Tacite · « Licet apud consilium accusare quoque et discrimen capitis intendere », n'aurait pas ce sens.
Il voudrait dire que tout citoyen, au lieu de porter son procès devant l'assemblée de la centaine, dont il sera question plus loin, pouvait en saisir directement le *concilium* (Schröder, *Rechtsgeschichte*, p. 35 ; mais 2ᵉ édit., p. 45). Les
termes de la phrase semblent formels.
5. *Germ.*, 13.
6. *Germ.*, 12.
7. *Germ.*, 12, 13.
8. Une expression de Tacite (*Germ.*, 22), *de asciscendis principibus... consul-
tant*, paraît représenter les *principes* comme une classe permanente, à laquelle
de nouveaux membres sont agrégés.

rendaient la justice dans les *pagi*[1], et, sans doute, commandaient
le contingent militaire que devait fournir le *pagus*[2]. On peut
même préciser un peu plus ce qu'était cette circonscription du
pagus. On voit, en effet, que, lorsque le *princeps* y rend la justice, il est assisté de cent compagnons[3] et que cent hommes
composent également le contingent du *pagus*[4]. C'était donc une
centaine, c'est-à-dire orginairement un groupe de cent chefs
de famille. C'est une division qui se retrouve à peu près partout où se sont établis les hommes de race germanique ; et cette
race semble avoir une tendance naturelle à s'organiser spontanément ainsi[5], comme un certain liquide se cristallise sous
une forme particulière. On voit aussi par là que, dans la centaine, tous les chefs de famille participaient à l'administration
de la justice. Deux traits complètent le tableau : César nous
apprend que les allotissements de terre, dont il sera parlé plus
loin, se faisaient par groupes familiaux[6], et Tacite nous dit
que les guerriers étaient groupés par familles dans le contingent du *pagus*[7] : celui-ci était donc un groupement de familles.
Mais le nombre de cent chefs de famille par centaine ne dut
être exact qu'à l'origine, lors du premier établissement ; il devait varier dans la suite : le nom de la circonscription se conserva cependant[8].

Ce gouvernement avait des finances absolument rudimen-
taires. La *civitas* recevait une partie des compositions en têtes
de bétail, qui constituaient la peine des délits[9]. D'autre part,
les citoyens faisaient aux *principes* des offrandes en bétail ou
en céréales, purement volontaires en droit, mais moralement
imposées par la coutume[10]. Telle était l'organisation politique

1. *Germ.*, 12.
2. *Germ.*, 6.
3. *Germ.*, 12 : « Centeni singulis ex plebe comites, consilium simul et auctoritas, assunt. »
4. *Germ.*, 6 : « Definitur et numerus : centeni ex singulis pagis sunt. »
5. Voyez, dans les *John Hopkin's University Studies in historical and politi-
cal science*, 3e série, les études de M. Edward Ingle, p. 143 et suiv., et de
M. Levis W. Wilhem, p. 342 et suiv.
6. *De Bello Gallico*, VI, 22.
7. *Germ.*, 7.
8. *Germ.*, 6 : « Quod primus numerus fuit jam nomen et honor est. »
9. *Germ.*, 12.
10. *Germ.*, 15 : « Mos est civitatibus ultro ac viritim conferre principibus
vel armentorum vel frugum quod, pro honore acceptum, etiam necessitatibus
subvenit. »

de la *civitas* germanique; mais, à côté des autorités régulièrement constituées qu'elle comprenait, elle en connaissait
d'autres, extraordinaires ou supplémentaires, pour ainsi
dire.

C'était d'abord un chef militaire ou *dux*, qui était élu en
temps de guerre, et dont les pouvoirs, d'ailleurs restreints, devaient cesser avec l'expédition pour laquelle il avait été choisi[1];
c'était, en second lieu, l'institution du *comitatus*. Celle-ci, dont
l'influence devait être considérable dans l'histoire de l'Europe
occidentale, et où l'on voit l'un des précédents lointains de la
féodalité, est nettement décrite par Tacite. C'était une association d'une nature particulière qui intervenait entre un *princeps* et un certain nombre de membres de la *civitas*. Ceux-ci,
qui se faisaient individuellement agréer par lui, étaient dits
ses *comites* et lui devaient un dévouement complet, spécialement dans la guerre. Le chef, de son côté, leur donnait un cheval
de guerre et des armes, les gratifiait selon leurs mérites et les
entretenait dans une chère abondante[2]. Il semble, d'ailleurs,
que ces *comites* se soient recrutés seulement parmi les nobles,
surtout parmi les plus jeunes, et constituassent une classe
qui, repoussant les travaux de l'agriculture, ne voulait vivre
que de guerre et de butin[3]. Il semble enfin, lorsque la peuplade
était en paix, que ces associations, ou leurs membres individuellement, pouvaient se mettre au service d'une autre peuplade. Comment expliquer leur existence? Comment un État
organisé pouvait-il admettre, à côté des cadres arrêtés et des
autorités constituées, ces groupements facultatifs et ces autorités librement choisies? C'est que, dans les sociétés primitives,
pendant longtemps l'État, encore peu développé, n'est point
jaloux ni exclusif. Investi de fort peu d'attributions, il ne réclame pas sans partage le droit de commander aux hommes.
D'ailleurs, dans les *civitates*, une certaine régularisation de ces
formations hors cadre paraît s'être introduite: seuls possédaient
le droit d'avoir un *comitatus*, de se faire les chefs d'un de ces
groupes, le roi, le *dux* et les *principes*, c'est-à-dire des magis-

1. *Germ.*, 7. — Cf. Schröder, *op. cit.*, 2ᵉ édit., p. 29, 36.
2. *Germ.*, 13, 14.
3. Dans César (*B. G.*, VI, 23), le *comitatus* n'apparaît pas comme un groupement permanent; c'est un recrutement volontaire en vue d'une expédition déterminée.

trats élus par la nation[1]. Cette institution du *comitatus* a été souvent présentée comme propre aux Germains. Je crois, au contraire, qu'une semblable organisation se présente naturellement dans les sociétés qui ne sont pas encore pleinement tassées, où la constitution politique est encore flottante, si ce n'est sur quelques points essentiels. Les *ambacti*, les *devoti* ou *soldurii*, que César décrit chez les Gaulois[2], semblent les proches parents des *comites* que Tacite trouve chez les Germains. Les ἑταῖροι des peuplades grecques, dont il est si souvent question dans les poèmes homériques, me paraissent aussi représenter une association similaire et les compagnons d'Ulysse se rapprocher des *comites* germains. Ce qui distingue le *comitatus* germanique, c'est qu'il persiste, en se régularisant, à un âge où la *civitas* a déjà une constitution arrêtée.

La constitution que j'ai décrite avait subi chez un assez grand nombre de peuplades, à l'époque de Tacite, une modification importante : la forme républicaine avait disparu chez elles et la monarchie s'y était introduite. Mais cela n'avait point amené des changements profonds et fondamentaux. La royauté s'était superposée à l'ancienne constitution républicaine, sans la détruire ni même la modifier profondément. Le pouvoir souverain résidait toujours dans le *concilium* qui conservait ses anciennes attributions ; les *principes* étaient toujours les chefs élus des centaines. Les droits et prérogatives de la puissance royale étaient donc fort restreints[3]. Outre l'ascendant moral qu'il exerçait, le roi paraît avoir eu seulement deux privilèges légaux. Il recevait la part des compositions, qui, primitivement, était perçue par la *civitas*[4]. Il est probable qu'il avait le droit de prendre sous sa protection spéciale[5], avec la sanction d'une amende particulière contre

1. Dans ce sens, Stubbs, *Constitutional History*, ch. II; — Schröder, *op. cit.*, 2ᵉ édit., p. 33; il justifie cela par cette idée que, dans d'autres conditions, cet assujettissement du *comes* eût été, dans les idées des Germains, incompatible avec la qualité d'homme libre. — M. Siegel (*Deutsche Rechtsgeschichte*, p. 140) montre aussi le droit d'avoir un *comitatus* comme un privilège du *princeps*; d'après lui, le *comitatus* ne se composait, d'ailleurs, que de jeunes gens, non encore établis comme chefs de famille et, par suite, non astreints au service militaire. — Cf. Brunner, *Deutsche Rechtsgeschichte*, § 19.
2. *De Bello Gallico*, VI, 15 et 20.
3. *Germ.*, 7 : « Nec regibus infinita aut libera potestas. »
4. *Germ.*, 7 : « Pars multæ regi vel civitati exsolvitur. »
5. Cela semble résulter du passage de Tacite (*Germ.*, 25) d'après lequel les

qui la violerait, certaines personnes ou certains lieux. D'autre
part, le roi, sans aucun doute, comme les *principes*, recevait
des présents de la population et avait, comme eux, un *comitatus*, le plus considérable de tous. Les rois paraissent avoir
été électifs, mais toujours choisis dans les familles les plus
nobles[1]. D'ailleurs, la royauté et la création momentanée
d'un *dux* militaire n'étaient point incompatibles; et le *dux*,
ayant la discipline de l'armée, exerçait des pouvoirs plus étendus que ceux du roi : il pouvait prononcer la peine de mort
et des châtiments corporels[2]; il est vrai que, du temps de Tacite, il ne pouvait exercer ce pouvoir que par l'intermédiaire
des prêtres.

La *civitas*, comme toutes les peuplades antiques, comprenait
des hommes libres et des esclaves. Les premiers se divisaient
en *ingenui*, ou hommes simplement libres, et en *nobiles*[3]. La
noblesse ne paraît pas avoir eu d'autres privilèges que de fournir
les rois, les *principes*, et peut-être leurs *comites*. Quant aux
esclaves, ils paraissent s'être divisés en deux classes. Les uns
n'étaient que des objets de commerce, vendus sans doute à
l'étranger; et de ce nombre paraissent avoir été les débiteurs
insolvables, que la coutume germanique, comme beaucoup
d'autres, réduisait en esclavage[4]. Quant à ceux que les Germains gardaient, ils n'étaient pas employés au service domes-
tique; c'étaient des esclaves agricoles, qui avaient leur ménage et leur demeure à part, et qui ne devaient au maître
qu'une part des fruits produits par la terre qu'ils cultivaient[5].
Leur condition, en fait, n'était pas éloignée de celle du colon
romain. L'esclavage pouvait cesser par l'affranchissement;
mais Tacite, parlant des affranchis, dit que leur condition ne

---

affranchis, qui sont à peine au dessus des esclaves dans les *civitates* républi-
caines, peuvent, au contraire, s'élever au dessus même des nobles, dans celles
où la royauté est établie. Cela ne peut provenir que d'une protection spécial··
accordée par le roi. — Cf. Schröder, *Deutsche Rechtsgeschichte*, 2e édit., p. 25 ; —
Lehmann, *Der Königsfriede der Nordgermanen*, 1886 ; — Brunner, *Rechtsg.*,
§§ 65, 66.

1. *Germ.*, 7 : « Reges ex nobilitate, duces ex virtute, sumunt. »
2. *Germ.*, 7 : « Animadvertere, vincire, verberare. »
3. *Germ.*, 25. — Cf. César, *De Bello Gallico*, VI, 23.
4. *Germ.*, 27. Tacite donne pour exemple les joueurs qui finissent par perdre
jusqu'à leur liberté.
5. *Germ.*, 25.

diffère guère de celle des esclaves[1]. A côté des esclaves et des hommes libres, dans la période qui suit les invasions, nous trouvons une catégorie de personnes appelées *liti, lidi* ou *leti*. Il est probable que leur état remontait aux anciennes coutumes; mais quel était cet état à l'origine? Selon les uns, ces *lidi* n'auraient pas été autre chose que les anciens affranchis[2]; selon d'autres, c'étaient, à l'origine, des vaincus, réduits à une sorte de servage au profit de la cité conquérante[3]. On peut invoquer un fait dans ce dernier sens : les Romains avaient concédé en Gaule des terres à certains barbares, moyennant qu'ils paieraient un tribut et fourniraient des contingents de troupes; or, les contingents s'appelaient *leti*, et les terres concédées, *terræ leticæ*[4].

La forme de la propriété foncière qui dominait chez les Germains et qui représentait le droit commun, c'était la propriété collective avec des allotissements périodiques, pour la jouissance privée[5]. La *civitas*, ou peut-être chaque centaine, prenait possession d'un territoire propre à la culture, dont elle était seule propriétaire; et, périodiquement, par les soins des *principes*, des lots étaient fixés et attribués aux familles, qui en jouissaient et en recueillaient les fruits, jusqu'à un nouveau partage; les pâturages et les bois restaient soumis à la jouissance commune. Ces partages, d'ailleurs, se renouvelaient tous les ans; ils se faisaient suivant des règles que nous ne connaissons pas; mais les lots n'étaient point égaux, ils variaient spécialement selon la dignité des personnes, ce qui implique que les *principes* avaient une part avantageuse. Tel était, incontestablement, le régime agraire au temps de

---

1. *Germ.*, 25 : « Libertini non multum supra servos sunt. » M. Schröder (*op. cit.*, 2ᵉ édit., p. 47) explique cela en supposant que le plein affranchissement, accompli devant le *concilium* ou devant le roi et qui seul, d'après certaines *leges*, confère la pleine liberté, n'était pas encore connu à l'époque de Tacite.

2. Siegel, *Deutsche Rechtsgeschichte*, p. 163.

3. Schröder, *op. cit.*, 2ᵉ édit., p. 48.

4. *Notitia* (édit. Boecking), ch. XL, § 4, *Præfecti lætorum et gentium*.

5. Cette question est vivement discutée entre les historiens du droit. Voyez spécialement, pour la France, Fustel de Coulanges, *Recherches sur quelques problèmes d'histoire*, p. 189 et suiv.; — Glasson, *Étude sur les communaux et le domaine rural à l'époque franque*. — Cf. Blumenstok, *Die Entstehung des deut. Immobiliareigenthums.*

César[1]. Tel il était encore à l'époque de Tacite[2]. Cependant, un tel régime n'excluait pas toute propriété individuelle du sol; celle-ci n'existait qu'à l'état d'exception, mais avait deux applications possibles.

D'abord, la maison du chef de famille, ainsi que le sol sur lequel elle était bâtie et l'enclos qui l'entourait. Il est impossible que ces demeures, telles que les décrit Tacite, établies d'après un plan si contraire à toute promiscuité[3], n'aient pas été permanentes et absolument privées. D'ailleurs, la maison familiale et son enclos forment le premier îlot de propriété individuelle qui apparaît dans les coutumes des peuplades indo-européennes[4]. D'autre part, il semble bien que Tacite constate indirectement l'existence de propriétés foncières individuelles, d'une plus grande importance[5]. Comment avaient-elles pu se

1. *De Bello Gallico*, VI, 22 : « Neque quisquam agri modum certum aut fines habet proprios; sed magistratus ac principes in annos singulos gentibus cognationibusque hominum qui una coierunt, quantum et quo loco visum est agri attribuunt atque anno post alio transire cogunt. » Cf. IV, 1.

2. C'est le sens naturel de la phrase célèbre, qui a été traduite cependant de tant de manières : *Germ.*, 26 : « Agri pro numero cultorum in vices ab universis occupantur, quos mox inter se secundum dignationem partiuntur : facilitatem partiendi camporum spatia præstant. Arva per annos mutant, et superest ager. » — On pourrait cependant voir là non les allotissements périodiques faits par voie d'autorité, mais un autre mode primitif d'occupation sur lequel M. Maxime Kovalevsky a récemment appelé l'attention, et qui exclut également la propriété privée (Kovalevsky, *Le passage historique de la propriété collective à la propriété individuelle*, dans les *Annales de l'Institut international de sociologie*, t. II, 1896). Il s'agit de la coutume d'après laquelle chaque famille est autorisée à s'approprier temporairement et à cultiver sur le territoire de la commune la quantité de terrain dont elle croit avoir besoin. Les limites qu'elle se fixe ainsi librement sur un territoire, que la population n'est pas assez dense pour utiliser dans son entier, « ne durent que l'espace d'une ou de plusieurs années, car, la récolte cessant d'être bonne, on passe à d'autres régions. » C'est, dit M. Kovalevsky, « ce système que Tacite nous dépeint d'une façon si exacte en disant : *Arva per annos mutant et superest ager* ». — Sans doute cette interprétation paraît bien s'adapter au texte. Mais dans le texte de César, qui est antérieur, il s'agit bien d'allotissements faits par voie d'autorité (*per magistratus et principes*). Il est donc vraisemblable que ce système subsiste encore au temps de Tacite.

3. *Germ.*, 16.

4. Esmein, *La propriété foncière dans les poèmes homériques* (*Nouvelle revue historique de droit français et étranger*, 1890, p. 835 et suiv.).

5. Tacite (ch. xvii) parle de *locupletissimi*, et il n'est pas probable que la richesse de ceux-ci consistât uniquement en troupeaux. Surtout ce qu'il dit des esclaves agricoles (ch. xxv) paraît impliquer l'existence de propriétés individuelles importantes; c'est seulement sur de semblables domaines que le

constituer? Par un moyen qui fut admis chez les peuples les plus divers. Le terrain, objet de la propriété collective et soumis aux partages périodiques, ne comprenait pas tout le territoire sur lequel s'étendait le pouvoir de la *civitas*. En dehors, se trouvaient des terres incultes et non appropriées : la coutume admettait que celui qui les défrichait et les cultivait en avait la jouissance privative et perpétuelle. Ainsi se constituait la propriété privée à côté de la propriété commune[1]. Ces propriétés foncières individuelles, qui sûrement étaient héréditaires, probablement étaient inaliénables.

Les Germains ne connaissaient point la loi proprement dite; ils vivaient sous l'empire de la pure coutume, résultant du consentement tacite de la population, conservée par l'autorité des anciens[2], non fixée par l'écriture dont ils ignoraient l'usage[3]. Quant au droit criminel, ils en étaient encore à des formes primitives. Tous les délits contre les particuliers donnaient ouverture à la vengeance privée, à la guerre privée de famille à famille[4]. Mais la paix se faisait d'ordinaire moyennant une composition payée par le coupable, et consistant en têtes de bétail, la monnaie primitive. Cette composition se partageait, suivant certaines règles, entre les membres de la famille offensée[5]. Cependant, par rapport au système de la pure vengeance privée, deux progrès avaient été accomplis à l'époque de Tacite. En premier lieu, la coutume avait établi un tarif des compositions à payer pour chaque délit[6]. Secondement, elle ouvrait une action en justice à la victime ou à ses représentants pour faire condamner le coupable au paiement de la composition[7]. Mais elle ne leur imposait point cette voie

maître pouvait les établir à titre de colons et leur donner une demeure fixe (*penates*).

1. Esmein, *La propriété foncière dans les poèmes homériques, loc. cit.*, p. 842 et suiv. ; — Cf. Dareste, *Études d'histoire du droit*, p. 294, 312 et suiv. (Suède et Danemark); — Kovalevsky, dans la *Nouvelle revue historique de droit français et étranger*, 1891, p. 480 et suiv.

2. Siegel. *Deutsche Rechtsgeschichte*, p. 15.

3. *Germ.*, 19.

4. *Germ.*, 21.

5. *Germ.*, 21 : « Luitur etiam homicidium certo armentorum ac pecorum numero, recipitque satisfactionem universa domus. »

6. Cela résulte du texte cité à la note précédente : *certo* numero armentorum ac pecorum. » Cf. *Germ.*, 12.

7. *Germ.*, 12 : « Sed et levioribus delictis pro modo pœna. Equorum pecorumque numero *convicti multantur.* »

et les laissait libres encore de poursuivre la vengeance. Le
pouvoir public n'intervenait que comme médiateur et il se faisait payer le prix de cette médiation ; c'était la part de la composition qui revenait à la *civitas* ou au roi. Cependant, pour
certains crimes, le droit s'était élevé à la répression publique,
par la peine de mort. Mais il s'agissait alors de crimes contre
la *civitas* elle-même, comme la trahison en faveur de l'ennemi,
ou de faits qui, comme les actes contre nature, étaient considérés comme pouvant attirer sur le peuple entier la colère
des dieux [1].

§ 2. — LES ÉTABLISSEMENTS DES BARBARES EN GAULE. — LA PERSON-NALITÉ DES LOIS

Dans le cours du v° siècle, trois royaumes barbares se fondèrent en Gaule, celui des Burgondes, celui des Wisigoths et
celui des Francs, qui devait, dans la suite, absorber les deux
autres. Quels changements ces conquêtes et ces établissements
apportèrent-ils aux institutions qu'avait laissées en Gaule
l'empire romain? En fait, les Gallo-Romains, très civilisés et
polis, souffrirent beaucoup au contact violent des barbares,
grossiers et rudes [2]. Mais, en droit, quelle condition leur fut-
elle faite? C'est là une question qui, au xviii° siècle, pas-
sionna les esprits dans notre pays, car on y mêlait des préoc-
cupations contemporaines ; les défenseurs des privilèges de la
noblesse voulaient les rattacher à la conquête germanique
elle-même. C'est ce que fit en particulier le comte de Boulainvilliers. Dans un livre d'esprit original, mais très superficiel

1. *Germ.*, 12 : « Proditores et transfugas arboribus suspendunt ; ignavos et
imbelles aut corpore infames cœno ac palude, injecta super crate, mergunt. »
— Selon certains auteurs, les vieilles coutumes germaniques auraient même
rangé dans cette classe et puni de mort quelques crimes contre les particuliers, spécialement l'assassinat (à la différence de l'homicide simple), et la
composition pécuniaire n'aurait été que plus tard substituée à la peine de
mort : Ernest Mayer, *Zur Entstehung der lex Ribuariorum*, 1886, p. 85, note 12,
p. 111.
2. Voyez un passage de Salvien (*De gubernatione Dei*, V, 5) où celui-ci, d'ailleurs,
raconte que le sujet romain préfère encore parfois la domination des barbares
à l'administration impériale : « Et quamvis ab his ad quos confugiunt discrepent ritu, discrepent lingua, ipso, ut ita dicam, corporum atque induviarum
barbaricarum fœtore dissentiant, malunt tamen in barbaris pati cultum dissi-
milem quam in Romanis injustitiam sævientem. »

quant à l'érudition [1], il voulut établir que les nobles français étaient les successeurs directs des Francs qui avaient conquis la Gaule, et que les Gallo-Romains avaient tous été réduits en servage [2]. En sens opposé, l'abbé Dubos composa un ouvrage savant et critique [3], où il prétendait établir que les Gallo-Romains avaient conservé, dans la conquête, leur condition et leurs droits antérieurs. Montesquieu, dans l'*Esprit des lois* [4], chercha, en se plaçant exclusivement au point de vue de la science historique, à rétablir la vérité, et c'est un des savants qui ont le plus contribué à éclaircir ce point. Aujourd'hui, la question ne peut plus avoir qu'un intérêt historique. Cependant, elle met encore en présence deux écoles opposées : d'un côté, les *romanistes*, qui, dans la formation des institutions propres aux royaumes barbares, attribuent la prépondérance à l'élément romain [5]; d'autre part, les *germanistes*, qui y font jouer le premier rôle aux coutumes germaniques [6]. Pour élucider ce problème, il faut le décomposer et se demander si les Gallo-Romains ont perdu ou conservé leur liberté, leurs propriétés et la jouissance de leurs lois.

1° Quant à la liberté, la réponse est facile. Dans les invasions, comme dans toutes les guerres antiques, il fut fait un grand nombre de captifs de tout sexe et de tout âge, qui furent réduits en esclavage. Mais, en dehors de cette minorité sacrifiée et très faible, la masse des Gallo-Romains conserva sa liberté dans les royaumes barbares, et même, comme on le verra, elle obtint en principe l'égalité de droits avec les conquérants. En ce qui concerne la propriété, la question est obscure en partie ; mais, cependant, on peut dégager un certain nombre de points certains.

2° Les barbares envahissant l'empire voulaient incontestablement obtenir des terres : c'est ce qu'ils demandaient toujours à l'autorité romaine, quand ils se pressaient aux fron-

1. *Histoire de l'ancien gouvernement de la France*, 1727.
2. T. l, p. 34 et suiv.
3. *Histoire de l'établissement de la monarchie française dans les Gaules*.
4. Livre XXX, ch. vi et suiv.
5. Fustel de Coulanges, spécialement dans son *Histoire des institutions politiques en France*, peut être considéré comme le représentant le plus décidé et le plus illustre de l'école romaniste.
6. M. Sohm, parmi tant d'autres savants allemands, peut être considéré comme un de ceux qui représentent le plus fidèlement l'école germanique. Voyez son ouvrage : *Die fränkische Reichs-und Gerichtsverfassung*, 1871.

tières, avant d'entrer en maîtres. La terre était alors la principale richesse, et la conquête devait être productive. De là dut résulter nécessairement une dépossession partielle des propriétaires gallo-romains; mais elle ne fut ni aussi considérable, ni aussi violente qu'on pourrait le croire tout d'abord. Il faut bien remarquer que le fisc impérial avait, en Gaule, d'immenses domaines, qui, par le fait même de la conquête, passaient au monarque barbare, et au moyen desquels celui-ci pouvait faire des largesses à ses hommes. D'autre part, il paraît établi que la dépossession, dans la mesure où elle se produisit, fut acceptée sans trop de regrets par ceux qui la subissaient. Il est certain que parfois les Gallo-Romains virent les établissements des barbares presque avec satisfaction; ils espéraient que c'était la fin de l'intolérable fiscalité de l'empire, et consentaient à payer leur libération par le sacrifice d'une partie de leurs propriétés[1]. Quant au colon, attaché à la glèbe, peu lui importait que la terre appartînt à un Romain ou à un barbare : sa condition ne changeait pas. Mais, laissant de côté ces considérations générales, il faut voir de plus près ce qui se passa dans chacun des trois royaumes fondés en Gaule[2].

Pour le royaume des Burgondes, nous avons, dans la *Lex Burgundionum*, des indications précieuses quoique incomplètes. Nous savons qu'une dépossession partielle des Romains eut lieu et nous entrevoyons même comment elle s'opéra[3]. Lorsque, après l'année 443, les Burgondes s'établirent d'abord dans la Savoie, puis dans le pays de Lyon, ils se cantonnèrent chez les propriétaires romains, qui durent leur fournir logement et nourriture. Cette première installation, qui avait été à peu près pacifique, se fit régulièrement. Les guerriers burgondes suivirent tout simplement les règles qu'observaient les Romains pour le logement des troupes chez l'habitant, et qui

1. Salvien, *De gubernatione Dei*, V, 8 ; et le texte de la Chronique de Frédégaire restitué par M. Monod, *Bibliothèque de l'École des Hautes-Études*, fasc. 63, p. 58-59.

2. Les résultats que je vais résumer ont été dégagés, dans tout ce qu'ils ont d'essentiel, par Gaupp, dans son livre intitulé : *Die germanische Ansiedlungen und Landtheilungen in den Provinzen des römischen Westreichs*, 1844. Cet ouvrage a servi de base à tous les travaux qui ont été composés depuis sur le même sujet.

3. Sur ce point, voyez Saleilles, *De l'établissement des Burgondes sur les domaines des Gallo-Romains*, Dijon, 1891 ; là, sont indiqués (p. 2, note 1) tous les travaux publiés sur la question.

étaient bien connues des barbares, comme touie l'organisation militaire des Romains. La charge que la loi romaine permettait d'imposer de ce chef à l'habitant ou *hospes* était fort lourde ; le Code Théodosien contient un titre entier sur la matière [1] ; nous y voyons, en particulier, que le soldat avait droit au tiers de la maison pour en user privativement. Mais le cantonnement des Burgondes avait un caractère tout nouveau. Il se présentait comme une mesure non temporaire, mais définitive ; de plus, le Romain n'avait pas seulement, comme autrefois, à loger son hôte, il devait sûrement le nourrir. Cela devait conduire à une liquidation nécessaire. Au lieu de maintenir le Romain indéfiniment soumis à cette charge insupportable, mieux valait, pour les deux parties, attribuer au Burgonde une portion du domaine et laisser au Romain le surplus, franc et quitte de toute servitude. On aboutissait ainsi à un partage, et plusieurs ordonnances des rois burgondes firent en effet cette attribution. Une première paraît avoir partagé la maison et les terres qui en dépendaient par moitié [2]. Puis, une loi nouvelle vint attribuer au barbare la moitié de la maison, les deux tiers des terres arables et un tiers des esclaves, les bois et les prairies restant indivis par moitié entre les deux parties. Enfin, une dernière ordonnance, qui se rapporte à de nouveaux pays occupés ou à de nouveaux contingents, ne donna plus au Burgonde que la moitié de la maison et des terres. Les relations juridiques qui s'établirent, de ce fait, entre le Romain et le Burgonde furent désignées par un nom qui en rappelait l'origine première : cela s'appela l'*hospitalitas*, les barbares possédant les immeubles à eux attribués *hospitalitatis jure* ; mais ils en avaient la pleine propriété, même aliénable par eux, sauf un droit de préemption en faveur du Romain. D'ailleurs, le Burgonde qui avait reçu par donation royale une terre du fisc ne paraît pas avoir eu droit à l'*hospitalitas* [3].

---

1. L. VII, tit. viii, *De metalis.*

2. Sur le point de savoir quelle fut l'unité sur laquelle se fit le cantonnement et plus tard le partage, voyez l'étude de M. Saleilles. On peut hésiter entre le domaine entier et la ferme ou métairie, formant une unité pour l'exploitation.

3 Dans ce sens, Gaupp, *op. cit.*, § 43 ; en sens contraire, Saleilles, *op. cit.* — Les titres de la Loi des Burgondes qui fournissent les renseignements résumés au texte sont les suivants : XXXVIII, LIV, LV, LXXIX, *Constitutiones extravagantes*, XXI, 12, dans la dernière édition de la Loi des Burgondes, donnée par M. de Salis, dans les *Monumenta Germaniæ historica*, p. 70, 88, 100, 121.

E.   4

Chez les Wisigoths établis en Gaule, il y eut aussi une dépossession partielle des propriétaires gallo-romains, ayant pour origine première le cantonnement et l'*hospitalitas* à la romaine. Les détails ici sont moins abondants que pour les Burgondes. Nous savons seulement que les deux tiers des terres furent attribués au guerrier wisigoth ; car les propriétés laissées aux Romains sont appelées par la loi les *tertiæ Romanorum*[1], tandis que, par opposition, elle parle des *sortes Gothicæ*.

Quant au royaume des Francs, nous n'avons pas de documents directs et précis ; on ne trouve pas de traces d'un cantonnement régulier et d'un partage consécutif. Mais il faut distinguer les conquêtes successives des Francs.

Les premières conquêtes des Francs Saliens, celles antérieures à Clovis, et les conquêtes propres des Francs Ripuaires eurent pour conséquence une dépossession totale des Gallo-Romains, par la raison que toute la population romaine fut détruite ou abandonna le pays. Il y a, de ce dernier fait, un indice certain : c'est la disparition du christianisme dans ces régions. Or, au ve siècle, en Gaule, le christianisme et la présence des Romains sont deux choses inséparables. Cela est prouvé par de nombreux témoignages pour les pays occupés par les Saliens ; aux vi[e] et viie siècles, les païens dominèrent ou restèrent seuls[2]. Quant aux Ripuaires, c'est en l'an 464 qu'ils occupèrent définitivement le diocèse de Trèves, et, à partir de ce moment, pendant plus d'un siècle, les inscriptions chrétiennes disparaissent dans ce diocèse, signe certain que la population chrétienne, c'est-à-dire romaine, a elle-même disparu[3]. Quant aux conquêtes de Clovis jusqu'à la Seine, puis jusqu'à la Loire, il est probable qu'elles n'entraînèrent point, en principe et par système, la dépossession des Romains. Il y avait eu déjà de longues relations de voisinage entre conquérants et conquis ; le clergé, si favorable à Clovis, protégeait les Romains, et les vastes domaines du fisc devaient suffire pour lotir les nouveaux maîtres. Peut-être même y eut-il traité

1. Ch. viii, ix, xvi, *Lex Wisigoth.*, X, 1 ; — Blume, *Die Westgotische Antiqua* ch. cclxxvii, cccii.

2. Roth, *Geschichte des Beneficialwesens*, p. 65.

3. Edmond Le Blant, *Inscriptions chrétiennes de la Gaule*, t. I, préface, p. xlv et suiv.

et capitulation consentie, plutôt que conquête proprement dite[1]. Dans tous les cas, il n'y eut point dépossession complète, car la loi salique, rédigée sous le règne de Clovis, parle du *Romanus possessor*[2]. Enfin, la conquête du royaume des Wisigoths par Clovis dut avoir seulement pour effet de substituer, dans cette partie de la Gaule, des Francs aux Wisigoths allotis; les *sortes Gothicæ* furent attribuées aux vainqueurs, et la condition antérieure des Gallo-Romains ne fut pas modifiée; à plus forte raison, l'annexion de la Bourgogne à la monarchie franque, en 533, laissa-t-elle intact, dans ce pays, l'état de choses intérieur.

3° Les Gallo-Romains, dans les royaumes barbares, conservèrent la jouissance de leur droit et de leurs lois, dans la mesure où cela n'était pas absolument incompatible avec la conquête. Ce résultat, étonnant à première vue, s'explique par deux ordres de faits.

En premier lieu, les rois barbares ne songèrent aucunement à renverser de fond en comble l'ordre établi par les Romains Ils cherchèrent plutôt à se substituer à la puissance impériale à l'égard des *provinciales*. Ils se présentèrent d'abord, les uns en réalité, les autres en apparence, comme des délégués ou des concessionnaires de l'empire. Pour les rois wisigoths, ce fut, d'abord et dans la forme, une réalité. Les provinces du midi de la Gaule, qui constituèrent leurs premières possessions dans ce pays, furent cédées par l'empire, à Alaric, dans une donation formelle[3], confirmée plus tard au profit des rois

---

1. Procope. *De Bello Gothico*, I, 12.
2. *Lex. Sal.*, XLI, 6. Selon certains auteurs, la première rédaction de la loi salique, le texte le plus ancien que nous en possédions, remonterait aux établissements antérieurs aux conquêtes de Clovis; ce serait alors à ces établissements qu'il faudrait rapporter les indications que ce texte contient. Voyez en ce sens Blumenstok, *Die Entstehung d. Immobiliareigenthums*, p. 198. — Cependant Gaupp, *op. cit.*, § 58, indique un indice possible d'une dépossession régulière et d'un partage; c'est le *wergeld* (prix de la vie) différent, assigné dans le tarif des compositions de la loi salique en cas de meurtre d'un Franc et d'un *possessor Romanus*. Le *wergeld* du Franc est de 200 *solidi*, celui du Romain seulement de 100. Cela donne une proportion de deux tiers à un tiers; or, c'est la proportion entre la part de propriété donnée au barbare et celle laissée au Romain dans la répartition faite chez les Wisigoths et les Burgondes. La valeur respective des hommes aurait été mesurée sur la valeur respective de leurs propriétés. Mais c'est là un indice bien faible.
3. Jordanès, *De rebus Geticis*, ch. xxx.

Athaulf et Wallia[1]; et, d'après cette concession, les rois wisigoths détenaient ces provinces au nom de l'empire, sur les
terres duquel leurs troupes étaient établis à titre de *fœderati*.
Ce fut seulement le septième roi des Wisigoths, Euric (466-
484), qui répudia ce régime et affirma un droit propre sur ses
possessions[2]. Les Burgondes, de leur côté, lorsqu'ils furent
établis en Savoie, après avoir été vaincus par Aëtius, furent
probablement les concessionnaires de l'empire. A l'époque
d'Euric, Jordanès les présente encore comme des *fœderati*[3].
Jusqu'à la chute de l'empire d'Occident, leurs rois reçurent des
empereurs les plus hautes dignités de la hiérarchie impériale,
les titres de *magister militum* et de patrice. Dans de telles
conditions, les rois barbares ne pouvaient que continuer l'administration romaine autant qu'il était en eux. Il est vrai que
les Francs ne connurent pas, à proprement parler, une condition pareille. Au IVe siècle, lorsque, refoulés par les Saxons,
ils avaient occupé la Toxandrie, entre la Meuse et l'Escaut, l'empereur Julien ayant voulu les repousser, ils avaient
demandé et obtenu qu'on les tolérât, à condition qu'ils fourniraient des contingents à l'armée romaine : en effet, les contingents des Saliens figurent dans la *Notitia*. Mais cette condition de *fœderati*, ils la dépouillèrent dès le ve siècle, et, sous
Clodion, ils sont les maîtres absolus des pays qu'ils conquiè-
rent. Seulement, il faut ajouter qu'un long contact avec la
population romaine les habitua aux usages de celle-ci et que,
peut-être même, ce fut un traité conclu avec elle qui donna
à Clovis le pays entre la Seine et la Loire. Sous le règne
même de celui-ci, des relations allaient s'établir entre lui et
l'empereur d'Orient, qui donneraient encore au royaume des
Francs l'apparence fictive d'une dépendance lointaine de
l'empire. En effet, après la chute de l'empire d'Occident, les
empereurs de Byzance affectèrent de considérer les provinces
anciennement romaines et soumises aux barbares comme faisant toujours partie de l'empire et relevant de leur domination. Sans doute, c'était une pure fiction, une prétention

1. Jordanès, *De rebus Geticis*, ch. XXXI, XXXIII.
2. Jordanès, *op. cit.*, ch. XLV, XLVII : « Euricus ergo Wesogothorum rex crebram
mutationem Romanorum principum cernens Gallias *suo jure* nisus est occupare. »
3. *Op. cit.*, ch. XLV : « Ad Burgundionum gentem vicinam, in eo tempore
Romanis fœderatam advenit. »

théorique, quelque chose de semblable à la suzeraineté affirmée encore aujourd'hui par la Chine sur des pays qui, depuis
des siècles, sont effectivement détachés de son empire. Mais
ces prétentions s'affirmaient quelquefois par des faits précis ;
l'empereur byzantin conférait aux rois barbares d'Occident des
dignités de la hiérarchie impériale. L'empereur Anastase
(491-518) conféra ainsi au roi burgonde Sigismond le titre
de patrice [1] et à Clovis le titre de consul [2]. Les monarques
barbares se prêtaient volontiers à cette sorte de comédie,
qui, sans doute, flattait leur orgueil, et qui, peut-être, leur
était utile pour gouverner leurs sujets romains. Il ne faut
donc point s'étonner de voir les rois francs appeler ceux-ci
provinciales, comme les appelait jadis l'empereur [3].

Même en laissant de côté ces faits historiques, on peut comprendre que les rois barbares devaient nécessairement maintenir aux Gallo-Romains la jouissance de leur droit national.
C'est, en effet, une nécessité qui s'impose au vainqueur de laisser aux vaincus leurs lois, toutes les fois que la conquête jux-
tapose deux races trop différentes par le degré et la forme de
la civilisation. C'est ce que font de nos jours, dans une large
mesure, les Français en Algérie, les Anglais et les Français
dans l'Inde et en Indo-Chine. C'était là une nécessité d'autant
plus impérieuse pour les barbares que la loi romaine était fort
supérieure aux coutumes germaniques. D'ailleurs, les hommes
de race germanique ne connaissaient pas, par leur tradition
propre, la loi proprement dite, qui, étant l'ordre de l'autorité
suprême, se conçoit comme pouvant être imposée; tout le
droit pour eux se résumait dans la coutume : or celle-ci résulte nécessairement, pour chaque homme, du passé de la race
à laquelle il appartient ; chaque homme a, naturellement, dans
ce système, le droit de vivre selon la coutume de ses ancê-
tres. Mais, pour la même raison, il ne pouvait être question

1. Voyez Garnier, *Traité de l'origine du gouvernement français*, 1765, p. 14.
2. Greg. Tur., *Historia Francorum*, I, 38. — Voyez d'ailleurs, sur ce fait,
W. Sickel, *Die Entstehung der fränkischen Monarchie*, dans la *Westdeutsche
Zeitschrift für Geschichte und Kunst*, IV, 3, p. 237. — Cf. Agathias, *Hist.*, I, 2;
et, sur ce passage, Sickel, dans les *Göttingische gelehrte Anzeigen*, juillet 1886,
p. 555 et suiv.
3. *Clotarii II Præceptio* (Boretius, *Cap.*, I, p. 18) : « Usus est clementiæ prin-
cepalis necessitatem *provincialium* vel subiectorum sibi omnium populorum
provida sollecicius mente tractare. »

pour les barbares, dans les nouveaux royaumes, d'abandonner leurs coutumes nationales[1]. Dans ces conditions, la solution qui s'imposait, c'était que les hommes des diverses races vivraient sous leur loi ou coutume d'origine, dans la mesure où cela n'était pas incompatible avec l'unité des nouveaux royaumes. Cela était possible pour le droit privé, même pour le droit criminel. Mais il était impossible qu'il y eût deux formes de gouvernement distinctes et coexistantes, ou deux organisations judiciaires. Il s'établit donc, sur ces points, un seul système, le même pour tous, sans distinction de race; mais il emprunta au fonds romain une portion notable, peut-être prépondérante, de ses éléments constitutifs. Au point de vue du droit public, l'égalité en principe existait entre les barbares et les Gallo-Romains, les uns comme les autres étant également admissibles aux différents emplois[2].

Le système auquel on était ainsi fatalement arrivé, quant au droit privé et criminel, a reçu le nom de système de la personnalité des lois. Il était simple en apparence, très compliqué en réalité et fertile en difficultés. Il s'appliquait aisément, en effet, quand les deux parties appartenaient à la même race; mais il se prêtait mal aux affaires qui mettaient en présence deux parties de race différente. Aussi ne fut-il pas appliqué de la même manière dans tous les royaumes barbares[3].

---

1. Seul le roi ostrogoth Théodoric soumit ses sujets barbares à l'empire du droit romain.

2. Deux inégalités seulement peuvent être signalées. D'un côté, sous les Mérovingiens, les Romains restèrent soumis, en principe, aux impôts du système romain, qui ne purent tous être étendus aux barbares. D'autre part, le *wergeld* du Romain était inférieur, chez les Francs, à celui du Franc.

3. Sur ce qui suit, voyez Brunner, *Deutsche Rechtsgeschichte*, § 34; — L. Stouff, *Étude sur le principe de la personnalité des lois depuis les invasions barbares jusqu'au* XIIe *siècle*, Paris, 1894. MM. Dahn (*Die Könige der Germanen*, t. VII, 3, p. 1 et suiv.), et R. Schröder (*Neuere Forschungen zur fränkischen Rechtsgeschichte*, dans *Historische Zeitschrift*, N. F., t. XLII, p. 193 et suiv.) soutiennent que le système de la personnalité des lois est un principe propre au droit germanique. Il se serait appliqué partout où, des dominations étendues ayant été établies par les hommes de race germanique, les hommes d'une autre race, devenus leurs sujets, ne furent plus traités comme des étrangers dépourvus de tout droit. M. Dahn n'hésite pas à affirmer (*loc. cit.*, p. 2) qu'il s'appliquait dans les pays conquis par Marbod et Ermanrich, et dans ceux sur lesquels s'étendait le pouvoir d'Arioviste. Il est vrai que ces deux auteurs cherchent surtout à établir que le principe de la personnalité des lois n'est pas propre au seul droit des Francs; nous le croyons aussi, comme on peut le

A. — Le royaume des Burgondes ne comprenant que deux races d'hommes, les Burgondes et les Gallo-Romains, le problème y était relativement simple. Il fut décidé que les Romains conserveraient la jouissance des lois romaines dans leurs rapports entre eux : quant aux procès entre Romains et Burgondes, ils devaient être tranchés, quelle que fût la position respective des parties, par la loi burgonde, la *Lex Burgundionum* rédigée sous Gondebaud[1].

B. — Chez les Wisigoths, il n'y eut aussi que deux races en présence, et la solution fut probablement la même. Les Romains conservèrent entre eux la jouissance du droit romain, cela est certain. Mais il est probable que les procès entre Romains et Wisigoths furent tranchés d'après la loi des Wisigoths, au moins quand elle eut été rédigée par écrit sous le roi Euric.

C. — Dans le royaume des Francs, la situation fut d'abord la même; jusqu'à la fin du règne de Clovis, il n'y eut que deux races parmi les sujets de cette monarchie, les Francs Saliens et les Romains, et il est presque certain que la solution fut d'abord celle que nous avons déjà constatée deux fois. Les Romains, dès cette époque, durent conserver entre eux l'usage du droit romain[2]; dans tout litige entre un Romain et un Franc Salien, la loi salique dut s'appliquer[3]. Mais la monarchie

voir au texte. Nous voyons cependant les choses sous un jour tout différent. Pour nous, le système de la personnalité des lois est le *produit naturel* du milieu et s'est constitué progressivement; ce n'est pas l'application d'un principe supérieur et raisonné apporté par les barbares.

1. *Legis Gundobadæ forma*, éd. de Salis, § 2 : « Omnes itaque administrantes ac judices secundum leges nostras quæ communi tractatu compositæ et emendatæ sunt inter Burgundionem et Romanum judicare debebunt... » — § 8 : « Inter Romanos vero... Romanis legibus præcipimus judicari. »

2. Nous n'avons pourtant, sur ce point, que des documents postérieurs; *Præceptio* de Clotaire II, ch. IV (Boretius, *Capit.*, I, p. 19) : « Inter Romanos negotia causarum Romanis legibus præcepemus terminari. »

3. En effet, la partie la plus ancienne de la loi salique (tit. XIV, 1-3) détermine la composition à payer non seulement par le Franc qui a dépouillé un Romain, mais aussi par le Romain qui a dépouillé un Franc. C'est donc que le Romain, poursuivi par un Franc, était jugé, non d'après la loi romaine, mais d'après la loi salique. Cf. Brunner, *Deutsche Rechtsgeschichte*, I, p. 260. — M. Schröder, dans la *Historische Zeitschrift*, N. F., t. XLII, p. 194, 195, cherche cependant à établir que même le texte ancien de la loi salique suppose le droit romain reconnu dans les rapports des Gallo-Romains avec les Francs. Il tire cette démonstration de la disposition qui fixe le *wergeld* du Romain libre à 100 *solidi*, tandis que celui du Salien est de 200 *solidi* (ci-dessus, p. 51, note 2). Voici comment il raisonne, utilisant des données dégagées par

franque ayant reçu, dès la fin du règne de Clovis et dans la suite,
de nouveaux et considérables développements, la situation
changea. Par la réunion sous un même roi des diverses tribus
saliennes et ripuaires, par la conquête de la Bourgogne, par la
soumission successive des Alamans, des Bavarois et d'autres
peuplades germaniques, il arriva que le royaume comprit des
sujets appartenant à un assez grand nombre de races diverses.
Cependant le pli était pris, l'idée de la personnalité des lois s'était
implantée; on admit que chacune de ces races diverses conser-
verait la jouissance de ses coutumes propres ; nous en avons
des preuves certaines[1]. Mais, à partir de ce moment, en cas de
procès mixte entre hommes de race diverse, la solution suivie
jusque-là ne pouvait plus se maintenir : on ne pouvait déclarer
d'avance quelle loi s'appliquerait alors, ni donner à une loi une
prédominance certaine et constante sur toutes les autres. Une
règle s'imposait : suivre, dans tous les cas, la loi du défendeur ;
car, en cas de doute, le bon sens et l'équité indiquent que c'est
lui qu'on doit favoriser. C'est, en effet, le principe qui se fit re
cevoir. La loi du défendeur détermina les règles applicables au
fond, soit pour le droit privé, soit même pour le droit criminel[2].

M. Brunner. Le *vergeld* du Franc, d'après celui-ci, contient en réalité trois
sommes distinctes, trois dettes égales, mais procédant de causes différentes :
66 sol. 2/3 attribués aux héritiers de la victime; 66 sol. 2/3 attribués en bloc
à tous ses parents tenus à la vengeance privée en vertu de la solidarité familiale; 66 sol. 2/3, montant du *friedgeld*. Or la seconde dette n'a pas de raison
d'être, quand il s'agit du meurtre d'un Romain à l'égard duquel cette solidarité
familiale n'existe pas d'après son droit personnel. Voilà pourquoi, en vertu
même et par application du droit romain, le *vergeld* du Romain serait abaissé
à 100 sol. En effet, cette déduction étant faite, le *friedgeld*, qui est toujours de
la moitié de la composition proprement dite, doit être ramené à 33 sol. 1/3,
ce qui donne un total de 100 *solidi*. Il est impossible d'être plus ingénieux.
Mais n'est-il pas permis de croire que, si la vie d'un Romain était payée seulement 100 *solidi*, tandis que celle d'un Franc était payée 200, cela venait directement de ce que, pour la loi salique, la seconde était deux fois plus précieuse et mieux protégée que la première.

1. Voyez, dans les formules de Marculfe (I, 8), la formule de nomination
d'un comte : « Actionem comitie... in pago illo... tibi ad agendum regendum-
que commisimus, ita ut... omnis populus ibidem commanentes tam Franci,
Romani, Burgundiones vel reliquas nationes... recto tramite *secundum lege et
consuetudine eorum* regas. » — *Lex Ripuariorum* (édit. Sohm), XXXI, 3 : « Hoc
autem constituemus ut infra pago Ribuario tam Franci, Burgundionis, Ala-
mani, seu de quacumque natione commoratus fuerit, in judicio interpellatus
sicut lex loci continet, ubi natus fuit, sic respondeat. » Cf. *ibid.*, LXI, 2.

2. La *Lex Rip.* (LXI, 2), parlant d'un homme qui vit selon la loi romaine,
s'exprime ainsi : « Quod si aliquid criminis admiserit secundum legem Romanam judicetur. »

Elle déterminait aussi les modes de preuve qui seraient admis, et, dans les actes extra-judiciaires, pour les contrats et les transferts de propriété, on se rattacha à la même idée : c'était la loi de celui qui s'obligeait ou qui aliénait qui devait déterminer les formes et les éléments essentiels de l'acte. Quant à la procédure proprement dite, il s'établit des formes communes, les mêmes pour tous, de même qu'il n'y avait qu'une seule organisation judiciaire. Dans un pareil système, il était inévitable que les actes extra-judiciaires et les jugements constatassent la race à laquelle appartenaient les parties. Le procès engagé devait même naturellement commencer par cette question adressée au défendeur : *Sub qua lege vivis?* Mais il ne faudrait pas croire, comme on l'a enseigné autrefois, que chacun pût, par une déclaration, choisir la loi sous l'empire de laquelle il lui plaisait de vivre. La loi applicable à chaque homme était nécessairement déterminée par sa naissance, l'enfant légitime prenant la nationalité et la loi de son père, et l'enfant illégitime celles de la mère. Cependant cette règle n'était pas absolue; elle comportait certaines exceptions :

1° Les femmes mariées (au moins quand il s'agissait d'une femme épousant un barbare, sous le *mundium* duquel elle passait) prenaient la loi de leur mari et la conservaient même après la mort de celui-ci.

2° Les affranchis n'avaient pas une loi de naissance; car, au moment de leur naissance, ils étaient esclaves, c'est-à-dire dépourvus de toute personnalité juridique : mais, après leur affranchissement, il fallait leur en attribuer une. La solution simple, celle que le droit romain avait admise à un autre point de vue[1], eût été de leur attribuer la nationalité du maître qui les affranchissait. On en adopta pourtant une autre; on s'attacha à la forme dans laquelle s'était produit l'affranchissement. Il y avait des modes d'affranchissement fournis par le droit romain, d'autres par la coutume germanique. Si l'on avait employé l'un des premiers, l'affranchi était toujours romain[2]; l'un des seconds faisait, au contraire, un affranchi

1. L. 6, § ', D., L. 1.
2. *Lex Rip.*, LXI, 1, 2 : « Si quis servum suum libertum fecerit et civem Romanum... quod si aliquid criminis admiserit secundum legem Romanam ju-

soumis à une loi barbare. Cette solution ne revenait pas à la première, car certains modes étaient accessibles à tous pour affranchir, sans distinction de race.

3° L'Église, considérée comme corps, vivait sous l'empire de la loi romaine dans les royaumes barbares[1]. Cela était parfaitement naturel et logique; car elle représentait alors véritablement ce qui restait de la civilisation romaine. Mais cette règle s'appliquait-elle aux membres du clergé individuellement considérés? Cela a été pendant longtemps l'opinion commune; on croit plutôt, aujourd'hui, que l'homme de race barbare, entré dans le clergé, pouvait revendiquer sa loi d'origine[2].

Ce système de la personnalité des lois, qui fut en vigueur sous les Mérovingiens et les Carolingiens, était singulièrement complexe et gênant pour le commerce juridique. Au IXe siècle, Agobard, évêque de Lyon, écrivait que souvent cinq hommes se trouvaient réunis, qui vivaient sous cinq lois différentes[3]. C'est principalement cette gêne qui amènera la formation des coutumes locales, destinées à supplanter les lois personnelles. Mais, alors même que le système était dans toute sa force, il s'était produit quelques faits généraux qui introduisirent partiellement l'uniformité du droit : de bonne heure, certaines institutions romaines se communiquèrent aux barbares, et les Romains, de leur côté, adoptèrent certaines coutumes germaniques.

Les hommes de race germanique devinrent tributaires du droit romain par des causes très simples et très puissantes, deux en particulier. Ce fut d'abord l'usage des actes écrits destinés à constater les conventions et les aliénations. Cet usage était très répandu chez les Romains, qui ne faisaient aucun acte juridique de quelque importance sans le constater par un écrit. Il était, au contraire, totalement inconnu des Germains. Par sa commodité même, dans les nouveaux

dicetur. » — LVIII, 1 : « Qualiscumque Francus Ribuarius... servum suum secundum legem Romanam liberare voluerit. »

1. *Lex Rip.*, LVIII, 1 : « Secundum legem Romanam, quam ecclesia vivit. »
2. Loening, *Geschichte des deutschen Kirchenrechts*, II, p. 286 et suiv.
3. *Adversus legem Gundobadi*, n° 4 (Migne, *Patrol. lat.*, CIV, p. 16) : « Tanta diversitas legum, quanta non solum in singulis regionibus aut civitatibus, sed etiam in multis domibus habetur. Nam plerumque contingit ut simul eant aut sedeant quinque homines et nullus eorum communem legem cum altero habeat. »

royaumes, il se communiqua promptement aux barbares. Mais, comme les hommes qui faisaient profession de rédiger ces actes, les *notarii*, ne savaient les rédiger que d'après le droit romain, dans des formules traditionnellement reproduites, les barbares prirent forcément l'habitude de contracter, dans ces cas, selon la loi romaine. Dans le même sens agit l'influence de l'Église. Celle-ci s'adressait à tous les fidèles sans distinction de race. Elle conserva ou propagea parmi eux la pratique de certains actes du droit romain, dans lesquels elle jouait un rôle actif ou qui, souvent, devaient intervenir à son profit. C'est ainsi qu'elle ouvrit à tous l'affranchissement *ante Ecclesiam*[1]; de même, elle contribua à conserver parmi les Romains et à répandre parmi les barbares l'usage du testament, qui contenait toujours, à cette époque, des legs pieux en faveur des églises ou des pauvres[2].

En sens inverse, certains usages très rudes et très grossiers des hommes de race germanique se communiquèrent aux Romains, deux en particulier : le système des compositions pécuniaires en cas de délit, substituées aux peines afflictives, et, en cas d'accusation, la disculpation de l'accusé par son propre serment, soutenu par celui d'un certain nombre de *cojurantes*[3]. Ceci, à première vue, ne se comprend pas bien.

On conçoit aisément que les règles du droit romain, représentant un droit raisonnable et excellent, aient exercé leur influence sur les barbares; mais comment les Romains civilisés adoptèrent-ils les pratiques grossières importées par les envahisseurs ? En réalité, cela s'explique. Ces pratiques étaient grossières, incontestablement; mais elles avaient l'avantage d'être simples. Elles avaient répondu aux besoins de l'état social en vue duquel elles avaient été créées, et la société des Gallo-Romains présentait dorénavant un milieu analogue. Cette société se décomposait; la notion de l'État s'y obscurcissait; elle retournait à la barbarie; il est assez naturel qu'elle ait accueilli favorablement des institutions barbares.

---

1. *Lex Rip.*, LVIII, 1 ; — De Rozière, *Recueil général des formules usitées dans l'empire des Francs du v* au x* siècle*, n° 62 et suiv. (*manumissiones in ecclesiis*).

2. Cependant le testament éprouva des difficultés à se faire pleinement admettre; voyez Greg. Tur., *Historia Francorum*, IV, 51 ; V, 36, 46; VI, 3, 45; VII, 7; — Alcuin, *Epist. CXXVII*.

3. Esmein, *Mélanges*. p. 361 et suiv.

CHAPITRE III

Les institutions de la monarchie franque

Ce que je me propose d'exposer ici, ce ne sont point toutes les institutions de la monarchie mérovingienne et carolingienne, dans leur ensemble et leurs détails : car c'est là une étude qui rentre, pour la plus large part, dans l'érudition pure. Je voudrais seulement dégager les principes essentiels et les institutions typiques. Aussi je n'examinerai pas séparément les institutions mérovingiennes et les carolingiennes. Bien que, sur certains points, il existe des différences assez profondes entre les unes et les autres, elles reposent sur les mêmes principes et sont les termes successifs d'une même évolution ; les secondes sont le développement naturel ou la réforme des premières. Je distinguerai, au contraire, dans le droit public, deux groupes d'institutions, pour les étudier séparément, bien qu'elles aient coexisté dans le temps et fonctionné côte à côte. Les unes sont normales, en ce sens qu'elles répondent à la notion de l'État et sont une émanation de la puissance publique ; les autres, au contraire, sont les précédents directs de la féodalité.

SECTION PREMIÈRE

LES INSTITUTIONS PUBLIQUES. — L'ÉTAT DES PERSONNES ET LA PROPRIÉTÉ FONCIÈRE. — LE DROIT CRIMINEL. — LES SOURCES DU DROIT

§ 1. — LE POUVOIR ROYAL ET SES PRINCIPALES MANIFESTATIONS

I

Dès la fondation de la monarchie franque, dès le règne de Clovis, nous trouvons le pouvoir royal largement développé, dégagé du cercle étroit d'attributions où l'avait confiné l'ancienne coutume germanique. La royauté est héréditaire, et le roi, sur tous les points où s'étend son action, exerce, on peut le dire, le pouvoir absolu [1]. Il a sur ses sujets droit de vie et de mort [2]; il a l'*imperium* militaire et fait la guerre et la paix ; il rend la justice, particulièrement dans les accusations criminelles, comme le faisaient déjà l'ancien *concilium* [3]; il peut mettre hors la loi tel ou tel de ses sujets [4]; enfin, il peut émettre des ordres permanents et obligatoires, sous la sanction d'une forte amende contre les contrevenants : c'est ce qu'on appellera le ban du roi (*bannus*) [5]. Il peut prendre aussi des personnes choisies sous sa protection spéciale ou *mundeburdis*. Le pouvoir royal, ainsi entendu, s'est développé entre l'époque de Tacite et celle où se fondent les royaumes barbares. Il est résulté de la transformation de la vieille constitution germanique, et non point de l'influence des institutions romaines, qui ne s'était pas encore fait sentir : ce qui le montre, ce sont les manifestations originales par lesquelles il se traduit. Cette transformation est probablement résultée d'un fait très simple. Si, dans la *civitas* germanique, les pouvoirs du roi étaient très bornés, ceux du *dux*, choisi en temps de guerre,

1. Fustel de Coulanges, *La monarchie franque*, 1888, ch. II ; — W. Sickel, *Die Entstehung der frânkischen Monarchie, loc. cit.*, p. 249 et suiv.; — Schröder, *Deutsche Rechtsg.*, 2ᵉ édit., p. 103 et suiv. ; — Siegel, *Deutsche Rechtsg.*, § 63, 64.

2. Fustel de Coulanges, *op. cit.*, p. 123; l'*Historia Francorum* de Grégoire de Tours abonde en passages qui montrent ce pouvoir; — Dahn, *Die Könige der Germanen*, t. VII, 3, p. 384 et suiv. — Cf. M. Prou, *Examen de quelques passages de Grégoire de Tours relatifs à l'application de la peine de mort*, dans les *Mélanges Havet*, p. 2 et suiv. Notre savant ami conteste le droit arbitraire de vie et de mort chez le monarque mérovingien. Lorsque, dans les divers passages qu'il étudie, il ne voit pas simplement un abus de pouvoir, il les explique en disant que le roi, investi du suprême pouvoir judiciaire, faisait immédiatement et sans forme de procès l'application des lois édictant la peine de mort. Mais le droit arbitraire de vie et de mort existe par cela seul que sans forme de procès et sans défense possible, sur un simple ordre du maître, un homme peut être mis à mort, alors même qu'un crime véritable serait allégué contre lui. Lorsque Henri III faisait assassiner le duc de Guise, il invoquait aussi des crimes d'Etat contre lui.

3. *Lex Sal.*, XVIII ; XXVI, 1 ; XLV.

4. *Lex Sal.*, LVI.

5. Ce pouvoir paraît avoir commencé par le droit de convoquer les troupes et de leur commander (*heribannus*), puis s'être généralisé. — Sickel, *Zur Geschichte des Bannes*, Marburg, 1886, p. 3 et suiv. ; — Schröder, *op. cit.*, 2ᵉ édit., p. 112. Dans la monarchie franque, l'amende du ban du roi est de 60 *solidi* (*Lex Rip.*, LXV, 1).

étaient, au contraire, plus étendus, sauf le contrôle exercé par les prêtres. La période des invasions, tout le v* siècle, fut un temps de guerres continuelles ; il arriva naturellement que le *dux* put rester en fonctions pendant sa vie entière et se délivrer du contrôle sacerdotal. La fonction se consolida ainsi et donna naissance à la nouvelle royauté. Les premiers rois barbares sont les anciens *duces*, devenus permanents, indépendants, et enfin héréditaires[1].

Mais le monarque franc, comme d'ailleurs les autres rois barbares établis en Gaule, en conquérant des pays romains habités par les *provinciales* de l'empire, acquit, par cela même, une nouvelle qualité et des pouvoirs nouveaux. A l'égard de cette classe de sujets il succédait aux droits de l'empereur romain, à la toute-puissance impériale et aux prérogatives nombreuses et savamment régularisées qui en découlaient. De là, un élargissement du pouvoir royal. D'ailleurs, il n'y eut point, en principe, quant au droit public, deux classes de sujets distinctes auxquelles le roi commandait en vertu de principes différents : tous étaient, au même titre, les sujets du roi, et celui-ci prétendait à l'égard de tous exercer les mêmes droits. La monarchie franque, dans ses jours de force, tendit à devenir une monarchie absolue et administrative, sur le type de l'empire romain. Mais, jamais, elle n'arriva à ce résultat. Elle se heurta constamment à une aristocratie de fait, très puissante, à ces *potentes* dont nous avons déjà signalé l'apparition dans l'empire d'Occident. D'autre part, le monarque franc ne put jamais ramener à une véritable unité les deux qualités distinctes qu'il réunissait en lui. Certaines prérogatives de l'empereur romain, telles que l'impôt direct et permanent, ne purent efficacement s'exercer à l'égard des hommes de race germanique et finirent par se perdre à l'égard de tous. A l'inverse, certaines manifestations de la royauté germanique, peu compatibles avec un État régulier, persistèrent dans la monarchie franque, par exemple l'habitude pour le roi de prendre sous sa protection spéciale certaines personnes ou certains établissements[2] ; et c'est la vieille coutume du *comitatus* germanique qui produira l'antrustionat, puis le séniorat

1. Schröder, *op. cit.*, 2* édit., p. 105.
2. De Rozière, form. 9 et suiv., *Cartæ de Mundeburde*

et la vassalité. Mais l'élément le plus dissolvant fut une conception sur la nature même du pouvoir royal que les rois barbares apportèrent avec eux.

Quelle qu'eût été la toute-puissance de l'empereur romain, elle avait été dominée par l'idée de l'État. L'empereur n'était que le représentant de l'État ; c'était au nom et dans l'intérêt de l'État, c'est-à-dire de tous, qu'il possédait et exerçait le pouvoir. Le roi barbare, au contraire, le monarque franc, considéra le pouvoir royal comme sa chose, son bien propre et son patrimoine privé [1]. Cette conception venait peut-être de la coutume germanique, car elle apparaît ordinairement dans les coutumes primitives [2] ; peut-être s'était-elle renforcée par ce fait que les nouveaux royaumes avaient été le produit de la conquête. Toujours est-il qu'il en résulta deux conséquences capitales :

1° La monarchie, sous les Mérovingiens et les premiers Carolingiens, était vraiment héréditaire : il y avait bien, sous les Mérovingiens, une reconnaissance solennelle du nouveau roi par les principaux du royaume, mais ce n'était point du tout une élection ni une confirmation [3]. Le pouvoir royal, étant considéré comme compris dans le patrimoine du roi, se transmettait d'après les règles du droit privé qui réglaient la dévolution des biens dans la famille. Il en résulta que, regardant le royaume en quelque sorte comme les terres du roi, on exclut de la succession au trône les femmes, les filles du roi, que la loi salique et la loi des Ripuaires excluaient de la succession aux terres, tant qu'il y avait des parents mâles ; mais, en revanche, lorsqu'il y avait plusieurs héritiers mâles du même

---

1. Fustel de Coulanges, *La monarchie franque*, p. 45, 125 ; — W. Sickel, *Die Entstehung der fränkischen Monarchie*, loc. cit., p. 249, 331. M. Fustel (p. 118 et suiv.) a très ingénieusement montré ce changement de conception en établissant le changement de signification du mot *publicus*. Dans la langue de l'empire, il signifiait la chose de l'État ; dans la langue de la monarchie franque, il signifie la chose du roi.

2. Elle se traduit nettement dans la haute antiquité grecque : Esmein, *La propriété foncière dans les poèmes homériques*, loc. cit., p. 832, note 2.

3. Fustel de Coulanges, *La monarchie franque*, ch. i ; l'auteur (p. 54) admet, avec assez de vraisemblance, que cette cérémonie était la survivance, dans la forme, d'un droit d'élection primitivement exercé. — Certains auteurs admettent que, quand la monarchie avait été divisée entre plusieurs frères, si l'un d'entre eux mourait, son royaume passait d'ordinaire, non à ses fils, mais à ses frères. — Schröder, *Deutsche Rechtsg.*, p. 108 ; — Paul Viollet, *La tanistry*.

degré, plusieurs fils, on les admit tous à la succession, au partage égal, toujours en suivant les mêmes règles. De là, les partages de la monarchie franque, qui furent une si grande cause de faiblesse, surtout pour la dynastie mérovingienne [1]. Par la même raison, le roi pouvait disposer du pouvoir royal de son vivant [2], et Charlemagne fit de ce droit une application nouvelle en opérant, de son vivant, un partage de ses États entre ses fils, exemple qui fut suivi par Louis le Débonnaire [3].

2° Le roi considérant le pouvoir royal comme sa propriété privée trouva naturel de disposer, à titre gratuit, de ses attributs au profit de certaines personnes ou de certains établissements. De là, ces renonciations aux droits régaliens, ces concessions viagères, puis héréditaires des fonctions publiques, ces chartes d'immunité, qui jouent un si grand rôle dans la préparation de la féodalité. Tout cela, incompréhensible tant que la notion de l'État persiste, devient naturel dès que le pouvoir royal appartient au roi en propre et privativement [4].

On a souvent, enfin, signalé un autre trait comme caractérisant la nature de cette monarchie. C'est le serment de fidélité que le nouveau roi, sous les Mérovingiens, exigeait régulièrement de tous ses sujets adultes [5], et qui apparaît encore, quoique moins régulièrement, sous les Carolingiens. Mais il y a là une pratique qui s'est produite dans d'autres milieux ; peut-être même n'était-ce que l'imitation des usages suivis dans l'empire romain [6].

Voilà comment, dans ses traits généraux, le pouvoir du roi était conçu. Voyons comment il s'exerçait.

1. Fustel de Coulanges et Sickel, *op. et loc. cit.*
2. Fustel de Coulanges, *op. cit.*, p. 45 et suiv.
3. Voyez des exemples de ces *divisiones regni aut imperii* dans Boretius et Krause, *Capitularia regum francorum*, t. II, p. 20, 58, 193.
4. W. Sickel, *op. et loc. cit.*, p. 249, 331.
5. Nous avons dans Marculfe, I, 40 (de Rozière, n° 1), la formule par laquelle le roi ordonnait aux comtes de faire prêter ce serment, appelé *leudesamium*. Voyez aussi dans de Rozière, n° 2 et suiv., les formules du serment de fidélité lui-même.
6. Garnier, *Traité de l'origine du gouvernement français*, p. 103; — Fustel de Coulanges, *op. cit.*, p. 55, note 1. En sens opposé, Flach, *Les origines de l'ancienne France*, t. II, p. 442.

II

Le monarque franc avait autour de sa personne, lui servant comme organes du gouvernement central, un certain nombre d'officiers. Ils se divisent en deux groupes, de provenance diverse. Les uns étaient un legs de l'organisation romaine ; ils formaient une chancellerie destinée à rédiger les diplômes qui contenaient l'expression de la volonté royale, les concessions qu'elle accordait. Pour les constituer, on avait sans doute pris pour modèle la cour impériale, ou plutôt les bureaux du préfet du prétoire ou du *magister militum per Gallias*. Le principal d'entre eux, sous les Mérovingiens, paraît s'être appelé *referendarius*[1] ; sous Charlemagne, c'était le *summus cancellarius*[2]. L'autre groupe était de provenance germanique et présentait un caractère tout particulier. Le roi germanique jouait primitivement un rôle restreint et tout personnel ; il n'avait donc point de ministres, car il n'avait pas de gouvernement proprement dit à exercer, ni de fonctionnaires quelconques ; on ne pouvait même imaginer qu'il déléguât son autorité[3]. Mais il avait, auprès de lui, un certain nombre de serviteurs préposés aux principaux services de sa maison, et probablement pris parmi ses *comites*, car il ne semble pas que servir un chef fût considéré autrement que comme un emploi honorable. Il fut tout naturel que, ses pouvoirs augmentant et ses attributions constituant un vrai gouvernement, il y fît participer ses officiers domestiques, auxquels il délégua ainsi une partie de son autorité. Cela concordait parfaitement avec l'idée qui faisait du pouvoir royal la chose propre du monarque ; ce pouvoir était administré comme la maison même du roi. C'est ainsi que nous trouvons auprès de la personne du roi franc un certain nombre d'officiers qui sont, avant tout, des serviteurs domestiques et des officiers du palais, mais qui constituent en même temps, pour les affaires publiques, ses conseillers ordinaires et comme ses chefs de service. Les principaux sont : le sénéchal (*seneschalcus*) ou intendant, le maréchal (*comes stabuli*) préposé aux écuries, le trésorier (*thesaurarius*) et l'échanson (*pincerna, buticularius*).

1. Greg. Tur., *Historia Francorum*, V, 3, 13, 45.
2. Hincmar, *De ordine palatii*, c. XVI, édit. Prou, p. 43.
3. W. Sickel, *Die Entstehung der fränkischen Monarchie, loc. cit.*, p. 337.

E.   5

Ce sont là des emplois qui se trouvent dans tous les royaumes fondés par les barbares. A côté d'eux, il faut signaler, dans la monarchie franque : le comte du palais (*comes palatii*) qui sera plus spécialement préposé à l'administration de la justice, et le maire du palais (*major domus, major palatii*) qui s'éleva au dessus de tous les autres officiers sous les Mérovingiens.

A côté de ces officiers, le roi franc avait d'ordinaire à sa cour un entourage de fidèles, qu'il hébergeait et qui étaient à sa disposition pour porter ses ordres. Nous en parlerons quand nous étudierons l'antrustionat et la vassalité.

De bonne heure, les rois mérovingiens employèrent, dans des cas extraordinaires, des hommes de confiance, auxquels ils donnaient de pleins pouvoirs pour régler certaines affaires en leur nom. Ceux qui étaient chargés d'une semblable mission recevaient le titre de *missi*, ou *missi dominici*. Mais ce ne fut là, sous la dynastie mérovingienne, qu'une ressource supplétoire du gouvernement royal, dont l'usage devint plus rare avec l'affaiblissement de la royauté. L'institution prit une valeur nouvelle sous les premiers Carolingiens. Sous Charlemagne, elle devint un rouage normal et important de l'administration et conserva ce caractère sous Louis le Débonnaire. Les *missi* devinrent des inspecteurs généraux d'un genre particulier. Le pays était divisé en grandes circonscriptions ou circuits, et à chacune d'elles étaient assignés deux *missi*, ordinairement un comte et un évêque, qui devaient la parcourir à des époques déterminées de l'année. Ils n'inspectaient pas seulement; ils représentaient véritablement partout l'autorité royale, pouvant statuer comme le roi en personne. Aussi, aux assises solennelles qu'ils tenaient, et où devaient se rendre tous les fonctionnaires, ils rendaient la justice comme elle aurait pu être rendue par le roi. Cette institution, manifestation d'un pouvoir central vigoureux, devait se désorganiser et tomber en désuétude avec la décadence carolingienne [1].

III

Le roi franc rend lui-même la justice, et c'est là une de ses attributions essentielles. Pour cela, il tient un tribunal dans son

1. Sur les *missi*, voyez surtout Schröder, *Deutsche Rechtsg.*, p. 133 et suiv.

palais (*in palatio*), dans les différentes résidences où il se transporte, et il siège assisté d'un conseil où figurent ses principaux officiers et les personnages importants présents à la cour. Ce tribunal du roi n'est pas, d'ailleurs, une cour suprême à laquelle on puisse toujours appeler des sentences rendues par les juridictions inférieures ; ce n'est pas non plus, en principe, une juridiction privilégiée à laquelle soient réservées les causes de certaines personnes ; cependant, c'est à la fois une cour d'appel et une juridiction privilégiée, mais dans des conditions toutes particulières. L'appel proprement dit, tel que nous l'avons vu dans l'empire romain, a disparu dans la monarchie franque ; c'était une conception trop savante pour se conserver dans un pareil milieu. Mais le roi accueille les recours des parties lorsque celles-ci accusent le juge, non pas d'erreur, mais d'une injustice proprement dite ou d'un déni de justice. Cette prise à partie, qui se trouve déjà dans la loi salique[1], est maintenue et précisée par les capitulaires[2] et est portée devant le tribunal du roi. En dehors de ce cas, la compétence de ce tribunal est à la fois illimitée et indéterminée ; elle n'a pour règle que la volonté même du roi. Il peut, quand il lui plaît, accueillir toutes les causes, qu'elles aient été ou non déjà tranchées par d'autres juges, mais il peut aussi repousser tous les plaideurs. En général, pour qu'une affaire soit accueillie à son tribunal, il faut que le demandeur présente une autorisation émanant de la chancellerie, *indiculus regalis*. Certaines personnes obtenaient, par une concession générale du roi, le droit ferme de porter leurs causes au tribunal du palais, toutes les fois qu'une décision rendue devant le tribunal du comte leur porterait préjudice. Les puissants étaient toujours accueillis, et, d'ailleurs, cette juridiction était souvent la seule qui pût s'imposer à leur respect[3]. Par là, le tribunal du roi pouvait jouer le rôle d'une cour d'équité, corrigeant la rigueur du droit légal.

Quelle avait été l'origine de cette juridiction royale ? Dans une certaine mesure et pour certaines de ses applications, elle

---

1. *Lex Sal.*, LVII, 3.

2. Esmein, *La chose jugée dans le droit de la monarchie franque* (*Nouvelle revue historique de droit français et étranger*, 1887, p. 549 et suiv.).

3. Sur tous ces points, Esmein, *La chose jugée dans le droit de la monarchie franque*, loc. cit., p. 551 et suiv.

dérivait de la coutume germanique. Lorsque la monarchie s'était transformée et fortifiée par la conquête, le roi avait succédé aux attributions judiciaires de l'ancien *concilium*[1]. Mais elle dérivait aussi, pour une large part, de la tradition romaine. L'empereur, le préfet du prétoire, avaient toujours administré la justice, non pas seulement en statuant comme juges d'appel, mais aussi en attirant devant eux les causes des personnes qui obtenaient cette juridiction privilégiée par des concessions impériales[2].

IV

Le roi franc exerçait le pouvoir législatif. Il faisait des lois ou ordonnances obligatoires pour tous, qui, sous les Mérovingiens, portent les noms de *decretum*, *decretio*, *edictum*, *præceptio*, et, sous les Carolingiens, celui de *capitula*[3]; on les désigne aujourd'hui, les unes et les autres, sous le nom générique de *capitulaires*. Jamais elles ne s'appellent *leges*; ce nom est réservé aux rédactions écrites des coutumes des diverses races. Ce pouvoir législatif est manifestement un emprunt fait au droit romain, comme l'indiquent les termes employés pour désigner ces lois, tous empruntés au vocabulaire romain ; les hommes de race germanique ne connaissaient rien de tel ; toutes les règles du droit étaient, pour eux, fixées par la coutume. Ce qu'ils avaient inventé qui se rapprochât le plus de la loi, c'était le *ban du roi*; mais ces ordres généraux, sanctionnés par une amende, n'étaient que des mesures transitoires, attachées à la vie du roi de qui elles émanaient. Le roi franc exerçait le pouvoir législatif pleinement et sans limite. Sans doute, comme nous le dirons plus loin, les ordonnances étaient rendues habituellement après de grandes assemblées, où étaient convoqués les principaux personnages du royaume, et souvent elles mentionnent l'adhésion que ceux-ci y ont donnée. Mais c'était là une consultation qui, en droit, n'était pas obligatoire, et la nation ne participait pas au pouvoir législatif. Dans le

1. Schröder, *Deutsche Rechtsg.*, 2e édit., p. 112.

2. L. 6, 9, C. Th., II, 1, avec le Commentaire de Godefroy ; *Novellæ Martiani*, tit. I; L. 5, § 1, C. J., III, 13.

3. Ce terme était lui-même emprunté à la langue du droit romain, pour désigner une suite d'articles de loi portant sur des matières différentes. — Voyez: *Pragmatica Sanctio Justiniani imperatoris, continens « varia capitula ».*

cas seulement où il s'agissait de rédiger officiellement ou de
modifier la coutume nationale qui constituait la loi personnelle aux hommes de chaque race, on admettait que la participation de ceux-ci et même leur consentement étaient nécessaires[1]. Les capitulaires étaient donc de véritables lois ayant un
caractère de généralité et de permanence[2]. Cependant, c'est
là un point qui fait l'objet de vives controverses, et d'éminents
germanistes[3] soutiennent, au contraire, que les ordonnances
ou capitulaires des rois francs n'étaient pas des lois véritables
et qu'ils s'en distinguaient par deux traits :

1° Les capitulaires n'auraient eu de force que pendant la vie
et le règne de leur auteur; ils auraient été caducs à sa mort, à
moins que le successeur ne les confirmât[4]. Mais si l'on montre
des ordonnances de ce genre, émanant du roi précédent, con-

1. Cap. de 803, ch. xix (Boretius, I, p. 116) : « Ut populus interrogetur de capitulis quæ in lege noviter addita sunt ; et postquam omnes consenserint,
subscriptiones et manufirmationes suas in ipsis capitulis faciant. » — On
trouve, dans Boretius (I, p. 112), le procès-verbal, pour un comté, de ce consentement donné. On pourrait cependant songer à voir là seulement un mode
particulier de promulgation de la loi. Mais un passage célèbre de l'édit de
Pîtres de Charles le Chauve donne une autre portée à ce consentement. Dans
le chapitre vi, il s'agit de sujets qui avaient leur domicile et leurs propriétés
dans les comtés envahis par les Normands. Dans les comtés où ils se sont
réfugiés, ils n'ont plus ni domicile ni propriétés et prétendent par là échapper aux poursuites qui pourraient être judiciairement intentées contre eux :
« Quia non habent domos ad quas secundum *legem* (la loi salique) manniri
et banniri possint, dicunt quod de mannitione et bannitione *legibus* compro-
bari et *legaliter* judicari non possunt. » Le roi édicte, pour parer à cette
fraude, une modification de la procédure légale, mais il ajoute : « Et quoniam
lex consensu populi fit et constitutione regis, Franci jurare debent quia secundum mandatum nostrum ad justitiam reddendam vel faciendam, *legibus*
mannitus vel bannitus fuit. » — Cependant, voici ce que l'évêque Agobard
demande à l'empereur (*Adversus legem Gundobadi*, c. vii) : « Si autem pla-
ceret domino nostro sapientissimo imperatori ut nos transferret ad legem
Francorum et ipsi nobiliores efficerentur et hæc regio... sublevaretur. » Cf.
Siegel, *Deutche Rechtsg.*, p. 34.

2. Dans ce sens, voyez surtout : Fustel de Coulanges, *La monarchie franque*,
ch. v ; — Löning, *Geschichte des deutschen Kirchenrechts*, II, p. 17 et suiv.

3. Je citerai, comme résumant les autres, Thévenin, *Lex et Capitula* (*Bibliothèque de l'École des Hautes-Études*), et Schröder, *Deutsche Rechtsgeschichte*,
2e édit., p. 117 et 249.

4. Un pareil système d'ailleurs se concevrait très bien. C'est ainsi que dans
notre ancien droit, au xvie siècle encore, on admettait en principe que, la
souveraineté du roi s'éteignant à sa mort, les lois qu'il avait édictées étaient
caduques, à moins qu'elles ne fussent confirmées expressément, ou *tacitement*, par son successeur. Voyez Bodin, *Les six livres de la République*, L. I,
ch. viii, édition, Genève 1629, p. 131-2.

firmées par le nouveau roi[1], le recueil d'Anseg se prouve que,
sous le règne de Louis le Débonnaire, on considérait les capitulaires promulgués par Charlemagne comme ayant conservé
en bloc leurs force et vigueur, sans avoir été confirmés par
son successeur[2].

2° Les capitulaires auraient été des *leges imperfectæ*, en ce
sens que leur violation aurait été seulement punie par l'amende
du *bannus regius* ; leurs règles n'auraient pas eu judiciairement
une sanction directe. Mais cela ne saurait être exact ; car nous
voyons les capitulaires édicter, comme punition de certains
crimes, la peine de mort ou des mutilations ; ils contiennent
aussi des règles sur le mariage, qui, certainement, recevaient
leur application devant les juridictions séculières[3].

V

Dans la *civitas* germanique, là même où la royauté s'était
établie, l'autorité souveraine résidait dans le *concilium*, composé de tous les hommes libres en âge de porter les armes.
Dans la monarchie franque, existe-t-il quelque chose de semblable? On a prétendu en trouver encore des traces au début
du règne de Clovis[4] ; mais cela paraît peu vraisemblable, car,
dans la loi salique, le roi exerce déjà les attributions judiciaires du *concilium*. Dans tous les cas, dans le royaume franc
constitué par les victoires successives de Clovis, il n'apparaît
plus. Il n'en reste qu'une chose : l'habitude, pour le roi, de convoquer au printemps, à ce qu'on appelle le champ de mars, les
guerriers qui lui doivent le service ; cela pouvait constituer des
assemblées fort nombreuses, car tout homme libre devait le
service militaire. Mais c'étaient là, seulement, des revues militaires ; les hommes convoqués n'y figuraient que comme soldats, non comme membres d'une assemblée délibérante, sauf

1. Cap. de 779, ch. xn (Boretius, I, p. 50), *Breviarium missorum Aquitanicum*
(Boretius, I, p. 65).
2. Il pouvait se faire, d'ailleurs, qu'un certain nombre de capitulaires eussent
le caractère de règlements personnels au prince qui les avait rendus ; cela
avait été vrai des actes des empereurs romains ; Herzog, *Geschichte und
System der römischen Staatsverfassung*, II, p. 717.
3. Esmein, *Le mariage en droit canonique*, I, p. 10 et suiv.
4. Schröder, *Deutsche Rechtsg.*, 2ᵉ édit., p. 146 : l'auteur pense même que
la loi salique aurait été approuvée par ce *concilium*.

qu'en fait, dans un tel milieu, le sentiment populaire devait aisément trouver son expression. L'habitude de ces champs de mars paraît, d'ailleurs, s'être perdue en Neustrie, au cours du vii° siècle, tandis qu'elle se conservait en Austrasie; l'institution redevint régulière avec les premiers Carolingiens sous le nom de champ de mai[1]. Mais des assemblées consultatives d'un autre genre, appelées *placita,* apparaissent déjà sous les Mérovingiens, plus nombreuses et plus importantes sous les Carolingiens[2]. Ce n'est point une résurrection des vieilles libertés germaniques; ce sont des réunions d'hommes importants, ecclésiastiques et laïcs, que le roi convoque pour prendre leurs conseils. Sous quelle influence cette institution s'est-elle établie? Il n'est pas probable que les assemblées provinciales de l'empire romain aient servi de modèle ; mais, au contraire. les synodes ou conciles de l'Église ont certainement servi d'exemple, peut-être même de point d'attache[3]. Il paraît également certain que, tant que se conserva la coutume du champ de mars, la réunion du *placitum* coïncidait avec une de ces revues[4]. D'ailleurs, ces assemblées ont eu pour cause et raison d'être principale le besoin de coordonner l'administration d'un vaste royaume. Ce qui le montre bien, c'est leur composition. Sous les Carolingiens, tout au moins, elles sont composées de membres pour qui siéger et délibérer n'est pas un droit, mais un devoir : ils sont convoqués par le roi et tenus de venir l'assister de leurs conseils. Ce sont, à proprement parler, des réunions de fonctionnaires. Elles sont, en effet, essentiellement composées, d'un côté, d'évêques et d'abbés, qui sont réellement des fonctionnaires de la monarchie franque[5], et de comtes, qui sont les représentants du

<hr>

1. Schröder, *Deutsche Rechtsg.,* 2° édit., p. 147.
2. Sur ces assemblées, consulter Fustel de Coulanges, *La monarchie franque,* ch. iii; — W. Sickel, *Die merovingische Volksversammlung,* Brunner, § 76.
3. Les synodes d'évêques dans la monarchie franque se réunissaient avec la permission ou sur l'ordre du roi. Celui-ci y assistait le plus souvent, et, avec lui, d'autres laïcs, grands personnages. M. Schröder (*op. cit.,* 2° édit., p. 148) suppose que le roi saisit naturellement ces occasions pour mettre en délibération, avec les évêques et les grands réunis là, des objets importants.
4. *Decretio* de Childebert II (Boretius, I, p. 15), c. i. : « Antonaco, kalendas marcias anno vicesimo regni nostri convenit. » — C. iv : « Pari conditione convenit kalendas marcias omnibus nobis adunatis. »
5. Sur ces divers points, Hincmar, *De ordine palatii* (édit. Prou), c. xxix, xxx. xxxiv, xxxv.

roi dans les provinces. Probablement y figuraient aussi des *potentes* qui n'exerçaient aucune fonction publique; mais c'étaient alors des *vassi regii*, auxquels le roi pouvait demander, en vertu de leur obligation particulière de fidélité, tous les services qui conviennent à un homme libre[1].

Sous Charlemagne, ces *placita* prirent une périodicité régulière. Il s'en tenait deux par an. L'un, en automne, peu nombreux, comprenant seulement les personnages les plus importants; l'autre, plus nombreux, au printemps, au moment du champ de mai, où l'on réglait le *status totius regni*. Nous sommes exactement renseignés sur cette organisation par un écrit d'Hincmar de Reims, que l'on a intitulé *De ordine palatii*, et qui a été composé en 883, et d'après un petit traité sur le même sujet d'Adalhard, abbé de Corbie et parent de Charlemagne[2]. Après Charlemagne, cette périodicité disparut; mais les *placita* qui furent réunis sous Louis le Débonnaire et Charles le Chauve acquirent peu à peu une importance nouvelle. Avec la féodalité commençante, les comtes étaient devenus maîtres de leurs charges, et l'Église conquérait une presque totale indépendance. Les *placita* étaient, dès lors, composés, non plus de véritables fonctionnaires, mais de seigneurs presque indépendants; ils pouvaient imposer leurs volontés.

§ 2. — L'ADMINISTRATION LOCALE, LA JUSTICE, LES IMPÔTS

1

L'administration des provinces était dirigée par des officiers royaux appelés *comites*, les comtes, qui réunissaient entre leurs mains l'ensemble des pouvoirs, ayant à la fois des attributions administratives, judiciaires et financières. Chacun d'eux était préposé à une circonscription, qui porte habituellement le nom de *pagus*, et dont les habitants sont dits les *pagenses* du comte : le *comitatus* ne fut point, en principe, une circonscription nouvelle, mais bien le *territorium* de la *civitas* romaine[3]. Les comtes avaient sous eux des agents

1. Voyez plus loin, ch. IV.
2. *De ordine palatii*, surtout c. XXIX-XXXV, avec les notes de M. Prou.
3. Greg. Tur., *Historia Francorum*, IV, 42 : « Peonius vero hujus municipii

inférieurs ou des suppléants, dont il sera bientôt question ; mais, en principe, ils n'avaient pas d'autres supérieurs que le roi qui les nommait et les révoquait à son gré. Cependant, sous les Mérovingiens, il arrive assez souvent que plusieurs comtes, tout en ayant chacun leur comté, sont réunis sous l'autorité d'un fonctionnaire supérieur appelé *dux*[1]. D'où vient cette institution des comtes, qui est la cheville ouvrière de la monarchie franque : est-elle d'origine romaine ou germanique? Il est assez difficile de le distinguer ; car, si le titre de *comes* est emprunté à la hiérarchie de l'empire romain, et si le *comes civitatis* se trouve dans tous les royaumes fondés par les barbares établis dans l'empire, chez les Wisigoths, chez les Burgondes et chez les Ostrogoths, le comte franc porte aussi un autre nom d'origine germanique ; il s'appelle encore *grafio* (graf). Cependant, c'est, je le crois, une institution qui, créée sous l'empire romain exceptionnellement pour quelques cités[2],

---

(Audisiodorensis) comitatum regebat. » Dans la suite, il se forma des comtés secondaires, démembrant les anciens territoires.

1. Greg. Tur., *Historia Francorum*, VIII, 18 : « Nicetius... a comitatu Arverno submotus, ducatum a rege expetiit... Et sic in urbe Arvena, Rutena atque Ucetica dux ordinatus est. » — VIII, 26 : « Toronicis vero atque Pictavis Ennodius dux datus est. » — IX, 7 : « Ennodius cum ducatum urbium Tboronicæ atque Pictavæ ministraret adhuc et Vice Juliensis atque Benarnæ urbium principatus accepit. Sed euntibus comitibus Thoronicæ atque Pictavæ urbi ad regem Childebertum obtenuerunt eum a se removere. » Cf. II, 20; VI, 19, 41. — Chez les Wisigoths, il semble qu'il y avait un comte par *civitas* et un *dux* par *provincia*; c. XII, XVII, XVIII, *Lex Wisig.*, II, 1; voyez, d'ailleurs, la hiérarchie entière des fonctionnaires wisigoths, c. XXVI, *ibid.*

2. Esmein, *Mélanges*, p. 387 et suiv. ; — W. Sickel, dans les *Göttingische gelehrte Anzeigen*, 1er juillet 1886, p. 569 et suiv. Mais voyez aussi du même auteur *Beiträge zur deutschen Verfassungsgeschichte des Mittelalters*, dans les *Mittheilungen des Instituts für osterreichische Geschichtsforschung*, Ergänzungsband III, 1894, p. 1 et suiv. du tirage à part. — MM. Brunner, *Deutsche Rechtsgeschichte* (II, p. 163 et suiv.), et Schröder (dans la *Historische Zeitschrift*, N. F., t. XLII, p. 201 et suiv.) admettent dans la monarchie franque, au moins jusqu'au VIIIe siècle, la dualité du *grafio* et du *comes*. Le premier serait propre à l'Austrasie et d'origine purement germanique : l'autre, créé dans la monarchie franque, pour les provinces habitées par les Romains, aurait certains précédents dans les institutions romaines. Ils différeraient aussi par leur mode de nomination, le premier étant nommé à vie et le second à temps; leur compétence judiciaire serait également différente. Cette dualité se compliquerait d'une autre. Le *grafio* aurait eu comme auxiliaire et subalterne, dans chaque centaine, un *centenarius*, nommé d'abord par le peuple, puis par lui-même, qu'il ne pouvait destituer. Le *comes* aurait eu pour auxiliaire un *vicarius*, sans circonscription fixe, qu'il nommait et destituait à son gré. Ce serait seulement au VIIIe siècle que la fusion se serait faite entre ces deux séries d'ins-

a été généralisée par les barbares et étendue à toutes, à raison
de sa commodité et de sa simplicité. En effet, par là, l'unité
administrative qui, dans l'empire, était très vaste, étant représentée par la province, se trouvait heureusement restreinte :
le centre de gravité passait de la province à la cité.

Avec l'établissement de la monarchie franque, l'organisation
municipale n'a point disparu. Sous les Mérovingiens, on voit
subsister les curies, et, avec elles, les défenseurs des cités ;
seulement leur rôle est bien réduit. Ces organes ne paraissent
plus servir pour l'administration proprement dite, qui est
toute aux mains du comte et de ses subordonnés ; les curies
semblent fonctionner seulement pour la réception officielle et
l'enregistrement des actes rédigés conformément à la loi romaine[1]. Mais, sous les Carolingiens, disparaissent les traces
de cette ancienne organisation[2].

Voilà les traits généraux de cette administration ; reprenons
maintenant l'une des fonctions du comte, celle qui consiste à
administrer la justice, et voyons comment elle s'exerçait.

II

C'est une question depuis longtemps et vivement discutée
que celle de savoir quel était au juste le fonctionnement des
tribunaux de la monarchie franque, et si cette organisation
judiciaire avait emprunté ses règles et ses éléments constitutifs aux coutumes germaniques ou aux usages romains[3]. Voici,
rapidement résumé, ce qui me paraît se dégager des textes.

titutions. Mais, pour arriver à ces résultats, les savants auteurs que j'ai cités
nous paraissent tirer des textes anciens des conclusions forcées et trop précises, tout en donnant beaucoup à l'hypothèse et à l'imagination. L'institution
des comtes paraît un organisme essentiel, général et uniforme dans la monarchie franque ; leur titre a seulement une double forme, l'une purement latine, l'autre tudesque et latinisée. Dans ce sens, voyez Dahn, *Die Könige der
Germanen*, t. VII, 2, p. 95, 110 et suiv., 131, 135 ; t. VII, 3, p. 56 et suiv.

1. Waitz, *Deutsche Verfassungsgeschichte*, II, 1e, p. 422 et suiv. ; — De Rozière, form. 259 et suiv.

2. Waitz, *Deutsche Verfassungsgeschichte*, IIIe, p. 407. — Voyez, cependant,
quant à la persistance de l'enregistrement à la curie, Thévenin, *Textes relatifs
aux institutions privées et publiques aux époques mérovingiennes et carolingiennes*, n° 127. — Mais cf. Stouff, dans la *Nouvelle revue historique de droit*,
1887, p. 282 et suiv. ; — Flach, *Les origines de l'ancienne France*, t. II, p. 227
et suiv.

3. Voyez, sur ce sujet "L. Beauchet, *Histoire de l'organisation judiciaire en
France, époque franque*, 1886 ; — Fustel de Coulanges, *La monarchie franque*.

Dans la *civitas* germanique, la justice paraît avoir été véritablement populaire. Elle était rendue dans le *pagus*, ou centaine, par le *princeps*, mais tous les chefs de famille participaient à la décision ; ce sont les *centeni comites* qui, selon Tacite, assistent le *princeps, consilium et auctoritas adsunt*. Dans la loi salique, la justice a encore le caractère populaire, mais à un degré moindre. Elle est rendue également dans une assemblée appelée *mallus*[1] ou *mallobergus*[2], et c'est encore une assemblée de centaine, car celui qui la tient s'appelle *thunginus* ou *centenarius*[3]. Celui-ci n'est point un fonctionnaire royal, mais, sans doute, un magistrat élu par la centaine. Le comte existe déjà dans la loi salique, mais il ne fait qu'exécuter le jugement, il ne le rend pas[4]. Ce n'est pas, d'ailleurs, le *centenarius* lui-même qui arrête la sentence, mais des personnages appelés *rachimburgii*, qui siègent au *mallus*, au moins au nombre de sept, et qui *legem dicunt*[5]. Est-ce à dire que l'assemblée des hommes libres, que comprend le *mallus*, a cessé de donner son approbation à la sentence? Non, sans doute; seulement, ce sont les anciens, les notables, qui seuls

ch. xin; *Recherches sur quelques problèmes d'histoire*, p. 359 et suiv. ; — Beaudoin, *La participation des hommes libres au jugement dans le droit franc* (*Nouvelle revue historique de droit*, 1888).

1. *Lex Sal.*, I, 1 ; XLIV, 1, L. 1 ; LX, 1.

2. *Lex Sal.*, LVII, 1.

3. *Lex Sal.*, XLIV, 1. Après bien des discussions la critique s'était à peu près mise d'accord, pour voir dans le *thunginus* et le *centenarius* un seul et même personnage sous deux noms différents. Mais récemment M. Brunner les a distingués de nouveau. Ce seraient deux fonctions procédant l'une et l'autre de la coutume germanique et supposant déjà une distinction dans la compétence du *mallus*. Pour certaines causes d'importance secondaire, il aurait été présidé par le *centenarius*, tandis que pour les affaires les plus graves il devait être présidé par le *thunginus*; Brunner, *Deutsche Rechtsgeschichte*, II, p. 149 et suiv., 219; — W. Sickel, *Beiträge*, p. 33 et suiv. ; — Schröder, dans la *Historische Zeitschrift*, N. F., t. XLII, p. 196 et suiv. — Mais cette distinction ne me paraît point établie, encore moins la théorie sur la compétence qu'on y rattache. Le *centenarius* me paraît être le nom latin du *thunginus*. M. Schröder (*loc. cit.*, p. 198) relève lui-même, après M. Sickel, ce fait que deux manuscrits de la *loi salique*, dans deux passages où le *thunginus* est seul mentionné par les autres manuscrits, remplacent ce mot par celui de *centenarius* (58, 2 et 60, 1). — Dans ce sens, voyez Dahn, *Die Könige der Germanen*, VII, 2, p 134 et suiv.

4. *Lex Sal.*, L et LI.

5. *Lex Sal.*, LVII. *Legem dicere* veut dire proprement énoncer la règle de droit, et, plus spécialement, le mode de preuve applicable dans l'espèce. Esmein, dans la *Nouvelle revue historique de droit*, 1889, p. 312. — Sur tous ces points, voyez Thonissen, *L'organisation judiciaire et le droit pénal de la loi salique*.

jouent un rôle actif : ils dégagent le droit, et l'assemblée, qui
se tient debout autour d'eux, ne fait que confirmer la sentence
par ses acclamations, ou, peut-être, témoigner par des mur-
mures sa désapprobation[1]. C'est exactement la forme de justice populaire qui est décrite, pour la Grèce antique, sur le
bouclier d'Achille[2] : les γέροντες me paraissent y jouer le rôle
que la loi salique attribue aux *rachimburgii*; d'autre part, la
foule au *mallus* devait, comme elle le fait dans Homère, marquer son sentiment par des clameurs. C'était sans doute la
coutume, l'usage, non pas une élection proprement dite, qui
désignait les hommes notables ayant le droit de siéger[3].

Si nous passons à la monarchie franque, nous constatons
un premier fait. C'est le comte dorénavant qui rend la justice
et siège au tribunal, au *mallus* comme on dit encore[4]. Il rend
la justice au civil et au criminel, et le magistrat populaire de
la loi salique a disparu; on retrouvera bien un officier appelé
centenarius, mais celui-ci sera le subordonné du comte. Cette
transformation probablement s'est opérée sous l'influence du
droit romain. Mais, sur d'autres points, la coutume germanique
paraît avoir communiqué quelques-uns de ses traits au droit
nouveau qui s'est formé.

1° En premier lieu, bien que le comte commande au *territorium* entier d'une *civitas*, ce n'est point là la circonscription
judiciaire. Ce territoire est divisé en cantons que le comte
parcourt successivement pour y rendre la justice[5]. Quelles

---

1. Dans ce sens : Sohm, *Fränkische Reichs-und Gerichtsverfassung*, p. 372 et
suiv.; — Schröder, *Deutsche Rechtsgeschichte*, 2ᵉ édit., p. 164. — Cf. Siegel, *Deutsche Rechtsg.*, § 180.

2. *Iliade*, XVII, v. 497 et suiv.

3. Cependant, c'est bien le comte qui choisit les rachimbourgs, lors de la
prise de gages (*Lex Sal.*, L. 3). — Certains historiens attribuent aux rachimbourgs une tout autre qualité. M. Kovalevsky voit, dans les *rachimburgii* de
la loi salique, des arbitres judiciaires, forme par laquelle commence d'ordinaire l'administration de la justice : *Coutume contemporaine et ancienne loi*
(édit. russe), p. 408 et suiv., traduction française, Paris, 1893, p. 375. M. Fustel
de Coulanges attribue aussi le caractère d'arbitres aux rachimbourgs, soit de
la loi salique, soit de la monarchie mérovingienne : *La monarchie franque*,
p. 350 et suiv.; *Recherches*, p. 423 et suiv.

4. Ce changement se constate dans le premier capitulaire ajouté à la loi salique
(*Lex Salica*, éd. Behrend, c. 1, 7, 9, p. 90, 91) qui sûrement est très ancien
et que l'on s'accorde à regarder comme étant de Clovis. Schröder, *loc. cit.*,
p. 200; — Dahn, *Die Könige der Germanen*, VII, 3, p. 57.

5. Greg. Tur., *Historia Francorum*, VIII, 18 : « Gundovaldus autem comitatum
Meldensim... competiit, ingressusque urbem causarum actionem agere cœpit.

étaientces subdivisions? Elles remontaient probablement, pour la plupart, à l'époque romaine, mais elles prennent le nom usité traditionnellement chez les Germains; elles s'appellent des centaines. Cette dénomination apparaît déjà sous les Mérovingiens, et elle devient d'un usage constant sous les Carolingiens [1]. Ce qui paraît d'ailleurs absolument démonstratif, c'est que le comte a sous ses ordres un officier inférieur qui, au besoin, tient l'assise à sa place et qui se nomme *vicarius* ou *centenarius* [2].

2° Le comte ou le centenier ne siègent pas seuls. Avec eux siègent au *mallus* des personnages désignés par différents noms : *rachimburgii, boni homines, magnifici* ou *illustres viri*, et ce sont ces derniers qui arrêtent les jugements [3]. D'où vient cette institution? Il semble que le doute n'est pas possible, la persistance du nom de rachimbourgs est démonstrative. C'est le système de la loi salique, qui s'est conservé et généralisé; ce sont les notables, admis par le comte, qui disent le droit. Voici encore un fait qui montre bien nettement la filiation : les rachimbourgs de l'époque mérovingienne seront remplacés sous Charlemagne par des auxiliaires permanents de la justice, remplissant les mêmes fonctions et nommés *scabini*; or, dans les régions du nord et de l'est, où cette organisation se conserva intacte pendant des siècles, nous voyons les échevins du moyen âge remplir exactement les mêmes attributions que la loi salique assigne aux *rachimburgii* [4]. Cette organisation,

Ernde dum pagum urbis in hoc officio circuiret, in quadam villa a Werpino interficitur. •

1. Guérard, *Essai sur le système des divisions territoriales de la Gaule*; — Waitz, *Deutsche Verfassungsgeschichte*, II, 1, p. 398 et suiv.

2. *Lex Rip.*, L. 1; *Lex Alam.*, XXXVI, 1. Voyez une formule contenant les instructions d'un comte à son *vicarius* : de Rozière, 886. M. W. Sickel a parfaitement mis en lumière le caractère du *vicarius* ou *centenarius*. Il est nommé par le comte, non par le roi, en vertu d'un large pouvoir de délégation qui appartient au premier. C'est pourtant un véritable fonctionnaire royal, distinct du simple *missus* par lequel le comte, comme d'ailleurs le *vicarius* lui-même, peut déléguer momentanément tel ou tel acte de sa fonction (*Beiträge zur deutschen Verfassung*, p. 2 et suiv., 35 et suiv.). M. W. Sickel montre aussi que tout autre est le *vicecomes*, qui n'apparaît que dans le dernier tiers du VIII° siècle. Le *vicecomes* n'est pas un fonctionnaire subalterne créé par le comte, mais un suppléant général et permanent qu'il se donne en usant de son droit de délégation; *op. cit.*, p. 108 et suiv.

3. Voyez, par exemple, de Rozière, 486, 493, 494, 499, 503, 506, 507.

4. Il y a, on peut le dire, identité complète quant au double rôle attribué

dans la monarchie franque, s'est étendue à tout le royaume ,
et la raison en paraît assez simple : elle était commode et en
quelque sorte naturelle; avec le mélange des races et la personnalité des lois, des notables, pris dans les diverses natio-
nalités, pouvaient seuls dégager pratiquement les règles à
suivre dans chaque cause[2].

Le *mallus* n'avait pas cessé, d'ailleurs, d'être une assemblée
des hommes libres de la centaine. Tous sont même tenus de
s'y rendre, à certaines époques, ou sur la convocation du
comte, sous peine d'amende[3]. Mais, à vrai dire, ce n'est point
pour y rendre la justice ; c'est pour recevoir une réquisition
de l'autorité royale, tantôt pour prêter le serment de fidélité
au roi, tantôt pour écouter la lecture des capitulaires promulgués, tantôt pour recevoir l'ordre de se rendre à l'armée à
telle époque[4]. Cependant, on ne peut pas dire qu'au *mallus*,
où se rend la justice; l'assemblée des hommes réunis en ce
lieu soit absolument inerte et ne joue plus que le rôle de
spectateurs : suivant la tradition, ils manifestent leur sentiment
par des clameurs. Dans Grégoire de Tours et dans les hagio-
graphes, il est assez souvent parlé de ces acclamations de la
foule, et l'on peut même trouver des textes de loi[5] et des documents judiciaires[6] où elle est regardée comme prenant
ainsi part au jugement. Dans la conception de la justice restée encore populaire, il semble que tous ceux qui sont réunis

de part et d'autre aux rachimbourgs et aux échevins : 1° *legem dicere* (*Lex
Sal.*, LVII); 2° intervention dans la saisie des gages (*Lex Sal.*, L. 4). Voyez, en
particulier, *Oude Dingdalen van Waterland* publiés par J. A. Fruin, p. 7 et
suiv.

1. Sohm, *Fränkische Reichs-und Gerichtsverfassung*, p. 115 et suiv.
2. W. Sickel, *Die Entstehung des Schöffengerichts*, dans la *Zeitschrift der
Savigny Stiftung*, t. VI (Germ. Abth.).
3. Cap. de 769-770, c. xii (Boretius, I, 45); cap. de 805, c. xvi (p. 126).
4. Fustel de Coulanges, *La monarchie franque*, p. 236 et suiv.
5. La *Lex Wisigothorum* est certainement, de toutes les *Leges*, celle qui a
subi le plus profondément l'influence du droit romain. Elle permet au juge
de ne point laisser le public entrer au prétoire où il rend la justice ; mais elle
admet aussi, si le juge le veut, l'intervèntion des assistants : c. ii, *Lex Wisig.*,
I, 2 : « Judex autem si elegerit auditores alios secum esse præsentes, aut forte
causam, quæ proponitur, cum eis conferre voluerit, suæ sit potestatis. » Le mot
auditores désigne ici le public; le contexte ne laisse aucun doute à cet égard.
6. *Cartulaire de l'abbaye de Beaulieu* en Limousin, n° 47 (a. 960), p. 86 :
« Judicaverunt memorati Regimundus comes, cæterique ei in circuitu sisten-
tes... judicaverunt iterum dictus comes, cæteraque ei assistens turba. » —
Cf. c. iii, X, *De cons.*, I, 4 : « Quod in tua diœcesi etiam in causis ecclesias-

dans le lieu où elle se rend font partie d'un même corps et concourent, avec des rôles divers, à une œuvre commune. Les uns sont assis (*residentes*) et disent le droit; les autres sont debout (*adstant, assistant*), et c'est le chœur de cette tragédie judiciaire, mais ce sont encore des acteurs.

Dans cette organisation judiciaire, Charlemagne introduisit trois réformes, qui, en réalité, ne furent que des retouches sur des points particuliers :

1° Il remplaça les rachimbourgs, ces notables jugeurs, qui pouvaient changer dans chaque affaire, par un collège permanent d'échevins ou *scabini*, la fonction restant la même. Les *scabini* sont nommés par le comte, avec l'assistance du peuple, c'est-à-dire en assise publique[1]. Ils doivent assister à tous les plaids, tout au moins au nombre de sept[2], ou de douze s'il est possible[3]. Par là, le fonctionnement de la justice était assuré et les notables déchargés d'un service pénible.

2° L'obligation pour l'ensemble des hommes libres de se rendre périodiquement au *placitum*, sous peine d'amende, était restreinte à trois *placita* par an; le comte ne pouvait plus convoquer aux autres que les scabins, les parties et les témoins[4].

3° La compétence du comte et celle du centenier ne s'étaient pas distinguées jusque-là l'une de l'autre; et cela se conçoit, puisque le second n'était, en réalité, que le suppléant du premier. Cela était cependant assez peu raisonnable. Aussi les causes les plus graves, celles qui portaient sur des crimes pouvant entraîner peine afflictive, sur des questions de liberté, de propriété foncière ou de propriété d'esclaves, furent-elles réservées à l'assise du comte[5].

ticis consuetudo minus rationabilis habeatur quod cum aliqua causa tractatur ibidem... a præsentibus litteratis et illitteratis, sapientibus et insipientibus, quid juris sit quæritur, et quod illi dictaverint, vel aliquis eorum, præsentium concilio requisito pro sententia teneatur. » Ce texte, il est vrai, qui concerne la cour de l'évêque de Poitiers, est d'une toute autre époque (a. 1199); mais il me. paraît attester la persistance d'une vieille coutume. — Cf., sur la question, à l'époque carolingienne, Saleilles, *Du rôle des scabins et des notables dans les tribunaux carolingiens* (*Revue historique*, t. XL, 1889).

1. *Cap. Aquisgr.* de 809, c. xi (I, p. 149); — *Cap. missorum primum* de 809, . xxii (I, 151).
2. *Cap. missorum* de 803, c. xx (I, 116).
3. *Cap. de justiciis faciendis*, c. ii (I, 295); — *Cap. francica*, c. iv (I, 214).
4. *Cap. missorum* de 817, c. xiv (I, 290).
5. *Cap. de justiciis faciendis* de 811-813, c. iv (I, 176); — *Primum capitu-*

III

Les Romains avaient établi un système d'impôts très savant et très lourd ; les Germains, au contraire, ne connaissaient pas l'impôt proprement dit ; nous avons vu seulement, chez eux, une portion des compositions attribuée au roi, et des dons coutumiers offerts aux *principes* et au roi. Les monarques francs essayèrent de maintenir à leur profit ces diverses prestations, de faire fonctionner à la fois l'un et l'autre système, sans y réussir, d'ailleurs, complètement. On ne peut pas dire qu'il y eût véritablement à cette époque des finances publiques, mesurées sur les besoins et les forces de l'État ; il y avait seulement les revenus du roi, qui lui appartenaient en propre. Cela résulte de la conception même du pouvoir royal exposée plus haut. Cela était d'autant plus vrai que les services publics n'étaient pas rétribués : les hommes libres devaient le service militaire sans solde et à leurs frais ; les travaux publics étaient exécutés par voie de corvées ; le comte n'avait pas d'appointements proprement dits, mais seulement touchait une part des amendes. Voici quelles étaient les principales sources de revenus du roi :

1º Le produit des grands domaines royaux, ou *villæ*, administrés par des fonctionnaires spéciaux, appelés *domestici* sous les Mérovingiens. Suivant un mode économique, que l'on retrouve souvent dans les civilisations peu avancées, la royauté vivait, autant que possible, sur ses domaines : le roi se transportait avec sa suite de *villa* en *villa* pour consommer sur place les produits. De là, des habitudes ambulatoires, qui persisteront pendant des siècles. Charlemagne régularisa et systématisa l'administration des *villæ* royales [1].

lum missorum Aquisgr. de 810, c. iii (I, 153). — Cf. Nissl, *Der Gerichtsstand des Clerus in fränkischen Reiche*, p. 144. On a vu plus haut que M. Brunner fait remonter à l'ancien état salique le principe de cette distinction, ci-dessus p. 75, note 3. Mais il me paraît reporter sans preuve suffisante cette règle, très compréhensible comme réforme postérieure, dans un milieu trop grossier pour l'avoir connue. Si la coutume germanique a connu une distinction de ce genre, c'est celle généralement admise d'après Tacite (ci-dessus, p. 41, note 4) entre la compétence du *concilium* et celle du *princeps*.

1. Voyez le capitulaire de Charlemagne *De villis* (I, 83), et Guérard, *Explication du capitulaire « De villis »*, dans la *Bibliothèque de l'École des Chartes*, mars 1853.

2° **Les profits de justice.** C'étaient d'abord les prestations pécuniaires édictées au profit du roi par la coutume germanique : le *fredum* (*friedgeld*, argent de paix), ou partie de la composition (le tiers) qui devait être payée au roi[1] ; le *bannus*, ou amende de 60 *solidi*, parfois multipliée, prononcée contre ceux qui violaient les ordonnances ou ordres du roi. A cela se joignait la confiscation des biens des condamnés, en cas de crimes graves, que les rois francs empruntèrent à la législation romaine.

3° Des réquisitions en nature très nombreuses étaient exercées sur les sujets au profit du roi. En particulier, le roi et ceux qui voyageaient en son nom avaient le droit de se faire loger et héberger, eux et leur suite[2], charge qui, d'ailleurs, pesait surtout sur les riches et les établissements ecclésiastiques. Une réquisition plus générale était celle qui fut levée fréquemment sous les Carolingiens, sous le nom de *fodrum*, pour la nourriture de l'armée, hommes et chevaux[3]. Sur ces points, des coutumes germaniques coïncidèrent probablement avec les pratiques analogues constatées dans l'empire romain.

4° **Les dons offerts par les sujets.** Cette habitude des présents coutumiers, apportée de Germanie, se conserva dans la monarchie franque. Sous les Carolingiens, cela devint une obligation véritable pour les grands du royaume et pour les monastères. Sous Charlemagne, le *placitum* du printemps avait en partie pour but l'apport de ces dons[4], et nous avons une pièce de 817, où l'empereur Louis détermine les monastères qui doivent ces prestations et ceux qui en sont dispensés[5].

5° **Les impôts proprement dits.** Les rois mérovingiens cherchèrent à maintenir et même à étendre, dans une certaine mesure, le système d'impôts directs établis par les Romains. Mais

---

1. *Lex Sal.*, L. 4 ; — *Lex Rip.*, LXXXIX.
2. W. Sickel, *Zum Ursprung des mittelalterlichen Staates* (tirage à part, p. 32).
3. Waitz, *op. cit.*, IV², p. 15 et suiv.
4. Hincmar, *De ordine palatii*, c. xxix, *in fine* (édit. Prou, p. 74) : « Cæterum propter dona generaliter danda », et la note de M. Prou.
5. *Notitia de servitio monasteriorum* (I, p. 350) : « Inter cæteras imperii dispositiones statuit quæ monasteria in regno vel imperio suo et dona et militiam facere possunt, quæ sola dona sine militia, quæ vero nec dona nec militiam sed solas orationes. »

ils se heurtèrent à des difficultés presque insurmontables.
D'un côté, les résistances furent très vives; d'autre part, l'organisation des impôts romains était un instrument trop délicat et trop savant pour être manié par des mains grossières[1].
Les tentatives pour soumettre à l'impôt les hommes de race
franque paraissent avoir été vaines; cela est certain, du moins
quant à la *capitatio humana*, qui passait traditionnellement
pour un signe d'infériorité sociale et presque de servitude[2].
Quant à la population romaine, elle ne pouvait, en droit, contester le principe de l'impôt; mais c'était justement à raison
des impôts qu'elle avait vu, presque avec joie, la chute de
l'empire; elle résistait souvent lorsque le monarque franc
voulait reprendre la fiscalité impériale, et, chose notable, elle
était soutenue dans sa résistance par l'épiscopat. Cependant,
malgré ces résistances, les deux impôts directs des Romains,
la *capitatio humana* et la *capitatio terrena*, paraissent avoir été
levés au VIe siècle, avec une certaine continuité, dans la monarchie franque. Mais ils avaient subi une transformation très
importante, surtout pour la *capitatio terrena*, et qui devait
favoriser la désagrégation du système. Ces impôts, sous les
Romains, étaient des impôts de répartition, et, par suite, la
cote de chaque contribuable n'était point arrêtée à une somme
invariable, pouvant varier, au contraire, selon la somme totale
que l'État, d'après ses besoins, demandait à l'impôt. Sous les
Mérovingiens, il est à peu près certain que la *capitatio terrena*, comme la *capitatio humana*, devint un impôt de quotité.
On fixa à une certaine somme, ou à une certaine quantité
d'objets en nature, la contribution de chaque propriété, si bien
que toute augmentation paraissait une injustice. Cela se fit
sans doute tout naturellement, parce que l'administration nouvelle était incapable de manier le système savant de répartition suivi par les Romains; cela concordait très bien, d'ailleurs, avec l'idée qui ne proportionnait plus l'impôt aux besoins
de l'État et en faisait un revenu propre du roi. C'était devenu
une redevance des personnes ou des propriétés. Cela eut une

---

1. Sur cette question des impôts, voyez Greg. Tur., *Historia Francorum*, III,
25, 36; V, 26, 28, 34; VI, 22, 45; VIII, 15, 23; IX, 30; X, 4, 7; — Lehuérou, *Institutions mérovingiennes*, p. 312 et suiv.; — Roth, *Geschichte des Beneficialwesens*,
p. 85 et suiv.; — Dahn, *Die Könige der Germanen*, VII, 3, p. 96-129.

2. Marculfe, I, 19; — Greg. Tur., VII, 15.

conséquence notable. Les impôts romains, péniblement maintenus sous les Mérovingiens, aux vi[e] et viie siècles, disparurent
ensuite, en tant que système général s'appliquant à tous : il
n'y a plus d'impôt direct général sous les Carolingiens[1]. Cependant, ils ne disparurent pas complètement ; ils subsistèrent
localement, transformés en redevances coutumières[2]. Il y
avait un grand nombre de sujets qui payaient un *census* au
roi, soit à raison de leur personne, soit à raison de leurs biens ;
mais c'était devenu déjà le *cens* (personnel ou réel) du moyen
âge.

Quant aux impôts indirects, ils prirent, au contraire, un développement considérable, surtout sous la forme de péages
locaux ; on constate ainsi l'existence de droits nombreux, désignés sous les noms les plus divers, levés sur la vente des marchandises, la circulation des marchandises, des hommes et des
animaux[3].

§ 3. — ÉTAT DES PERSONNES ET CONDITION DES TERRES

I

La société romaine du Bas-Empire présentait une grande
variété de conditions ; cette variété augmente encore dans la
monarchie franque. Aux types romains, conservés pour la plupart, s'ajoutent des états nouveaux, formes du droit germanique ou produits naturels du milieu transformé. La division
capitale des personnes est toujours celle en hommes libres et
esclaves ; mais, entre ces deux classes, se place une classe
intermédiaire, de plus en plus nombreuse, comprenant des
types forts divers, et que l'on a pris l'habitude de désigner
sous le nom de population quasi servile.

1. Waitz, *op. cit.*, IV, p. 112 et suiv. ; — Lehuérou, *Institutions carolingiennes*,
p. 479 et suiv.
2. Ce caractère coutumier apparaît nettement dans le capitulaire *De justiciis
faciendis*, c. iii (I, p. 295) : « Statuendum est, ut unusquisque qui censum
regium solvere debet in eodem loco illum persolvat ubi pater et avus ejus
solvere consueverunt. » — *Edictum Pistense*, a. 864, c. xxviii (Boretius et
Krause, *Capitularia*, II, p. 322) : « Illi Franci qui censum de suo capite vel de
suis rebus ad partem regiam debent. »
3 Waitz, *op. cit.*, IV, p. 55 et suiv.

A. *Hommes libres.* — Les hommes complètement libres
sont ceux qui sont libres de naissance. Il semble qu'entre eux
une certaine égalité s'introduit dans la monarchie franque,
par la disparition de la noblesse. L'empire romain avait une
noblesse très particulière; les coutumes germaniques compor-
taient aussi une noblesse; l'une et l'autre se perdent dans la
monarchie franque. La noblesse romaine, étant une noblesse
de fonctionnaires, logiquement devait disparaître avec les
fonctions d'où elle dérivait, c'est-à-dire avec l'organisation
impériale. Elle survécut cependant pendant un certain temps.
La *Lex Burgundionum* mentionne le *Romanus nobilis*[1]; dans
la deuxième moitié du VIe siècle, Grégoire de Tours parle,
en maint passage, de nobles Romains, de races sénato-
riales. Mais ensuite la tradition disparaît. La noblesse germanique se perd également pendant les invasions; après les
établissements des barbares, on ne la retrouve plus nettement
que dans les lois des Saxons, des Frisons et des Angles[2].
Dans la monarchie franque, on a pu dire exactement qu'en
droit il n'y avait plus qu'une famille noble, celle qui avait le
privilège de fournir les rois. Il y a donc une égalisation apparente entre les hommes libres; mais cette apparence est trom-
peuse. En même temps que les anciennes noblesses disparais-
saient, une nouvelle était en voie de formation; à la place des
anciennes inégalités, il allait s'en établir d'autres. D'un côté,
sous les Carolingiens, l'idée prévaut que celui-là est déchu
de sa pleine dignité et indépendance qui vit sur la terre
d'autrui et pour la cultiver. Cela coïncide avec l'établissement
du séniorat. En même temps il se constitue une noblesse de
fait; elle comprend tous ceux qui ont la puissance, c'est-
à-dire ceux qui exercent une fonction publique importante ou
qui possèdent de grandes propriétés foncières. Ce sont ceux-
là que les documents privés ou même les lois de la monarchie
franque désignent sous le nom d'*optimates, proceres, illustres
personæ.* C'est une noblesse en voie de formation.

1. *Lex Burg.*, XXVI, 1.
2. *Lex Frison.*, tit. I ; *Lex Saxon.*, tit. I ; *Lex Anglior. et Werin.*, tit. I. — La
Loi des Burgondes (XXVI, 1) met sur la même ligne l'*optimas Burgundio* et
le *nobilis Romanus.* — On trouve, dans les *Leges*, quelques traces d'une division
des personnes libres en *meliores* et *minores personæ*, qui fait songer à la
distinction des *honestiores* et des *humiliores* ; voyez Waitz, *op. cit.*, II, 1,
p. 263 et suiv.

B. *Esclaves.* — Ils sont toujours très nombreux, et les *Leges*, en tarifant la composition à payer pour le meurtre d'un esclave, d'après sa fonction ou son métier, nous font connaître les principaux emplois que leur donnaient les maîtres. En droit, leur condition tendait à s'améliorer, principalement sous l'influence de l'Église. Celle-ci, par son action disciplinaire, réagissant contre la loi civile, cherchait à leur assurer l'équi- valent de la personnalité juridique qui leur manquait, en pro- tégeant leur famille et leurs biens[1]. Elle reconnaissait comme légitime le mariage de l'esclave, pourvu qu'il eût été con- tracté avec le consentement du maître[2]; et elle défendait aux maîtres d'enlever à l'esclave ce qu'il avait amassé par son tra- vail et son économie[3]. Elle punissait aussi le maître qui tuait son esclave sans juste cause et sans qu'un jugement fût inter- venu. Mais l'esclave, même marié, pouvait toujours être vendu; tout ce que fit la législation séculière, ce fut qu'elle défendit de vendre les esclaves aux païens, en dehors des fron- tières : elle ordonna aussi que la vente eût lieu en présence de l'évêque ou du comte, ou de leurs suppléants[4]. Mais la coutume devait peu à peu assimiler aux colons les esclaves agricoles, les plus nombreux de tous, et, par là, leur assurer la fixité de domicile et la sécurité.

C. *Population quasi servile.* — Elle formait une classe de plus en plus nombreuse, constituée à la fois par les institutions romaines et germaniques, augmentée par de nouvelles recrues et comprenant des personnes qui avaient la personnalité juri- dique, mais subissaient, comparées aux hommes libres, cer- taines infériorités. Cela impliquait des catégories diverses :

1° Les *colons* du droit romain, dont la condition s'est main- tenue, et qui sont très souvent visés par les textes.

2° Les *liti* ou *lidi*; ce sont des colons d'origine germa- nique, qui figurent souvent dans les *Leges* et dans les docu- ments mérovingiens et carolingiens; leur condition paraît semblable à celle du colon romain[5].

---

1. Esmein, *Le mariage en droit canonique*, t. I, p. 317 et suiv.
2. Concile de Châlon, de 813, au Décret de Gratien, c. viii, C. XXIX, qu. 2. — Cf. Boretius, *Capit.*, I, p. 219.
3. Voyez les textes cités dans mon *Mariage en droit canonique*, t. I, p. 322, note 2.
4. *Cap. Liptinense*, c. iii (I, p. 28) ; — *Cap.* de 779, c. xix (I, 51).
5. Thévenin, *Textes*, n° 74, p. 93.

3° **La plupart des affranchis**[1]. L'affranchissement était fort
répandu dans le droit de la monarchie franque. J'ai déjà eu
l'occasion de dire que fonctionnaient à la fois et parallèlement
des modes d'affranchissement d'origine romaine et d'autres
d'origine germanique; mais tous n'avaient pas la même efficacité. Il en était deux seulement qui faisaient, de l'affranchi,
l'égal d'un homme libre. C'était, d'abord, un mode d'affranchissement germanique qui s'accomplissait devant le roi, et
dans le rituel duquel figurait un denier, sans doute prix symbolique de la liberté donnée : cela s'appelait la *manumissio
per denarium*, et l'affranchi prenait l'épithète de *denarialis*[2],
denariatus. C'était, ensuite, l'affranchissement à la romaine,
soit *in ecclesiis*, soit par acte simplement privé (*carta*), mais
conçu de telle manière que, dans l'acte dressé de part et
d'autre, le *manumissor* donnait expressément à l'affranchi la
qualité de *civis Romanus*[3]. Pour les autres modes, ils ne faisaient pas de l'affranchi l'égal d'un homme pleinement libre,
et cela était bien conforme à la vieille conception germanique :
sur lui continuaient à peser certaines charges, indéfiniment
transmissibles à ses descendants. L'affranchissement pouvait
alors faire de l'affranchi un lite ou un colon[4]; dans tous les
cas, celui-ci avait un patron à qui il devait une redevance annuelle, un *census*, et des prestations ou services. Ce patron,
c'était, en principe, le *manumissor* et, après lui, ses héritiers;
mais le titre d'affranchissement pouvait avoir assigné comme

1. Sur ce point et dans des sens divers, voyez : E. Mayer, *Zur Entstehung
der lex Ribuariorum*, p. 137 et suiv. ; — Roth, *Feudalität und Unterthanenverband*, p 289 et suiv. ; — Marcel Fournier, *Essai sur la forme et les effets de
l'affranchissement dans le droit gallo-franc*, dans la *Bibliothèque de l'École
des Hautes-Études*; — Fustel de Coulanges, *L'alleu et le domaine rural pendant
l'époque mérovingienne*, ch. x et xi.

2. *Lex Rip.*, LVII, 1 ; LXII, 2 ; — de Rozière, form. 55 et suiv.

3. Bien qu'on donne souvent une portée moindre à l'affranchissement romain, ce résultat me paraît établi par deux textes : *Lex Rip.*, LXI, 1 : « Si
servum suum libertum fecerit et civem Romanum portasque apertas con-
scripserit, et sine liberis discesserit, non alium quam fiscum habeat heredem. »
Cf. *Lex Rip.*, LVII, 4; *Ludovici Pii ad Hetti episcop. Trevirensem præceptum*
(Boretius, I, p. 356) : « Modus autem absolutionis et manumissionis illius talis
esse debet : scribatur ei libellus perfectæ et absolutæ ingenuitatis more quo
hactenus hujusmodi libelli scribi solebant, civem Romanum libere potestatis
continens. » V. de Rozière, form. 82, 86.

4. *Lex. Rip.*, LXII, 1 : « Si quis servum suum tributarium aut litum fecerit »;
— de Rozière, form. 128.

patron une autre personne ou donné à l'affranchi le droit de s'en choisir un[1]. Dans ce cas, le patron désigné ou choisi était généralement une église ou un couvent, car l'Église avait pris sous sa protection générale les affranchis. Sous les Mérovingiens, elle revendiqua même la juridiction sur eux[2], et elle obtint deux choses : 1° le droit d'intervenir toutes les fois que l'affranchissement lui-même était mis en question[3]; 2° le patronage et la juridiction sur tous ceux qui seraient affranchis *in ecclesiis*.

4° A ces hommes s'en ajoutent d'autres, qui, pleinement libres de naissance, renonçaient volontairement à leur liberté d'une façon plus ou moins complète. La liberté était alors dans le commerce. C'est un point certain que la coutume germanique en permettait l'aliénation[4]. Dans la monarchie franque, où la notion de l'État s'obscurcissait, il devait en être de même. Les hommes libres se vendaient, et les actes qui contenaient ces ventes portent d'ordinaire le nom d'*obnoxiationes*[5]. Ce qui les poussait, c'était, d'ordinaire, la misère et la faim, comme le constatent les formules[6]; souvent, aussi, c'était l'impossibilité de payer une dette, et surtout une composition : dans ce cas, d'ailleurs, l'homme ne faisait guère que devancer une solution inévitable. L'asservissement du débiteur était alors la sanction possible des obligations[7].

Tous ces hommes vivaient côte à côte sur les domaines des riches, c'est-à-dire des grands propriétaires, et, à côté d'eux, vivaient aussi des hommes libres qui avaient obtenu des concessions de terres. Peu à peu, leur condition devait s'égaliser, et les classes diverses, qui composaient la population quasi servile, devaient se fondre dans le servage.

II

On a vu que la propriété foncière dans l'empire d'Occi-

---

1. Voyez de Rozière, form. 83 et suiv
2. Deuxième concile de Mâcon (a. 585), c. vii, dans Maassen, *Concilia*, I, p. 167.
3. Édit de Clotaire II, de 614, c. vii (Boretius, I, p. 22).
4. *Lex Rip.*, LVIII, 21.
5. Tacite, *Germ.*, 24.
6. De Rozière, form. 44 et suiv.
7. Esmein, *Études sur les contrats dans le très ancien droit français*, p. 154 et suiv.

dent se présentait sous la forme supérieure de la propriété
individuelle, libre et absolue; que les Germains, au contraire,
avant les établissements, pratiquaient principalement la propriété collective du sol, qu'ils admettaient seulement à titre
d'exception la propriété foncière individuelle, héréditaire,
mais probablement non inaliénable. Dans la monarchie
franque, ce fut le type supérieur, le type romain, qui l'emporta. La propriété immobilière, en quelques mains qu'elle se
trouve et sans distinction de race entre les propriétaires, apparaît comme un droit privatif et absolu. Le propriétaire peut
en disposer à son gré; il nous a été conservé des actes et des
formules sans nombre où nous le voyons vendre, donner,
engager la terre[1]; et il est dit expressément que l'acquéreur
aura le droit le plus absolu de disposition sur la chose qu'il a
acquise[2]. D'ailleurs, chez les Burgondes et les Wisigoths, la
propriété foncière, même celle établie au profit des barbares
par le partage initial, apparaît aussi comme individuelle et
aliénable. Cependant, ce serait exagérer que de dire qu'on ne
trouve, dans la monarchie franque, aucune trace de l'influence
germanique dans la constitution et le régime de la propriété
foncière. Dans certaines régions, sûrement les établissements
des Francs gardèrent la marque de l'ancienne communauté
agraire. Non point que celle-ci apparaisse sous cette forme
d'après laquelle les individus n'ont qu'une jouissance temporaire sur certains lots; chacun était propriétaire de son
domaine à titre perpétuel. Mais, dans certaines régions, les
propriétaires formaient des groupes, et le groupe avait gardé
certains droits sur les propriétés individuelles de ses membres :
il pouvait empêcher un étranger de s'y introduire, et, lorsqu'un de ses membres mourait, les autres avaient, dans certains cas, le droit de recueillir sa propriété par droit de succession. Le premier trait nous est indiqué par un passage de
la loi salique qui nous montre plusieurs personnes établies
sur un territoire sans doute subdivisé en parcelles, et qu'il
appelle *villa*; il déclare que si un étranger veut prendre la

---

1. De Rozière, form. 159 et suiv., 267 et suiv., 374 et suiv.

2. « Ut quicquid exinde a die præsente facere volueris liberam et firmis-
simam in omnibus habeas potestatem faciendi. » Voyez les formules citées a la
note précédente.

place de l'une de ces personnes, avec le consentement de celle-ci, ou s'établir chez elle, il pourra cependant être expulsé si toutes les autres, tous les *vicini*, ne donnent pas aussi leur consentement[1]. Le second trait résulte d'un édit du roi Chilpéric. Parlant des lieux où les propriétaires sont constitués par groupes de *vicini*, il décide que si l'un d'eux vient à mourir sans laisser de fils, mais en laissant soit une fille, soit un frère ou une sœur, ce sont ces derniers et non les *vicini* qui recueilleront la terre[2]. C'est donc que les *vicini* avaient un droit de succession, et même qu'avant l'édit de Chilpéric ils n'étaient primés que par les fils. Mais les établissements régis par cette coutume, affaiblissement de l'ancienne coutume germanique, devaient constituer des îlots perdus au milieu d'un pays où la propriété était constituée à la romaine, et ce régime n'a pas exercé une influence notable dans l'histoire de nos institutions.

1. *Lex Sal.*, XLV, 1, *De migrantibus* : « Si quis super alterum in villa migrare voluerit, si unus vel aliqui de ipsis qui in villa consistunt eum suscipere voluerit, si vel unus extiterit qui contradicat, migrandi ibidem licentiam non habebit. » Cependant, ce droit d'expulsion disparaissait au bout d'un an, *ibid.* § 3 : « Si vero quis migraverit et infra XII menses nullus testatus fuerit, securus, sicut et alii vicini, maneat. » M. Fustel de Coulanges a vainement tenté de donner à ces passages un autre sens, *L'alleu et le domaine rural*, p. 187 et suiv., et *Étude sur le titre XLV de la loi salique « De migrantibus »*, dans ses *Nouvelles recherches sur quelques problèmes d'histoire*. Voyez dans notre sens l'étude approfondie de M. Blumenstok, *Entstehung d. deut. Immobiliareig.*, p. 227 et suiv., 250 et suiv., 345 et suiv. M. Blumenstok cependant n'admet pas entre les *vicini* un droit fondamental de copropriété, réduit à un *retrait de vicinité*; les *vicini* agissent comme représentant l'État concédant des terres occupées par les Francs. M. Flach dit de son côté (*Origines de l'anc. France*, II, p. 51) : « Est-ce à dire que ce village soit nécessairement une communauté de propriétaires libres? Nullement et sur ce point je donnerais volontiers raison à M. Fustel : l'expression *villa aliena* qui se rencontre dans plusieurs manuscrits, qui se retrouve dans la *Lex Emendata*, donne à entendre que la loi a en vue des tenanciers. Mais ces tenanciers n'en forment pas moins un village et, à certains égards, une communauté, puisqu'ils ont un droit collectif à la tenure et à ses dépendances. » Mais l'idée même de copropriété me paraît attestée par ce passage de Grégoire de Tours, *H. F.*, VII, 47 : « Domus omnes tam Sicharii quam reliquorum *qui participes hujus villae erant* concremavit abducens secum pecora et quaecumque movere potuit. » Il s'agit de représailles qui atteignent non seulement le coupable Sicharius, mais en même temps ses *vicini* innocents.

2. *Edictum Chilperici*, c. III (Boretius, I, p. 8) : « Simili modo placuit atque convenit, ut si quicumque vicinos habens aut filios aut filias post obitum suum superstitus fuerit, quamdiu filii advixerint terra habeant sicut et lex Salica habet. Et si subito filios defuncti fuerint, filia simili modo accipiant

En même temps que le type romain de la propriété se maintenait dans la monarchie franque, des pratiques s'introduisaient, qui devaient le déformer, pour y substituer la tenure féodale. Mais nous les examinerons en étudiant les institutions de la monarchie franque, qui constituent les précédents de la féodalité.

§ 4. — LE DROIT CRIMINEL[1]

Le système de la personnalité des lois s'appliquait, on l'a vu, au droit criminel aussi bien qu'au droit privé. Par suite, dans la monarchie franque, les Romains continuèrent à être soumis au droit pénal romain et aux peines afflictives qu'il édictait[2]. Les hommes de race barbare, au contraire, étaient jugés d'après leurs coutumes, et les *Leges barbarorum* nous montrent que le système de répression admis par la vieille coutume des Germains subsistait encore dans ses lignes essentielles. Il est vrai, la vengeance privée n'est plus reconnue comme légitime que par quelques-unes des *Leges*; cette guerre de famille à famille, qui porte le nom de *faida*, est encore admise par les lois des Saxons[3], des Frisons[4] et des Lombards[5], tempérée seulement en ce que la vengeance ne doit pas s'exercer à de certains temps et en de certains lieux. Mais le droit de la monarchie franque, la législation des capitulaires ne l'admet plus : elle ne permet pas à la victime du délit ou aux parents qui la représentent de refuser la composition que le coupable est prêt à payer; pour toutes représailles, elle ouvre le droit de demander en justice le paiement de cette composi-

terras ipsas sicut et filii si vivi fuissent aut habuissent; et si moritur, frater alter superstitus fuerit, frater terras accipiant, non vicini. » Le mot *vicini* ne peut vouloir dire simplement *voisins*, car tout propriétaire a des voisins, et le texte suppose, au contraire, que le défunt a ou n'a pas de *vicini*. Blumenstok, *op. cit.*, p. 292 et suiv.

1. L'ouvrage le plus complet à consulter sur cette matière est Wilda, *Das Strafrecht der Germanen*, 1842.
2. *Lex Rip.*, LXI, 2; — de Rozière, form., n°⁸ 241, 48, 49, 465, 511; — Esmein, *Mélanges*, p. 362.
3. *Lex Sax.*, II, 5; III, 4 (édit. Walter).
4. *Lex Frison.*, tit. III, et Add. I, *De pace faidosi*.
5. *Edict. Roth.*, 45, 74, 17-18, 35-38; — *Liutpr.*, 119, 135.

tion[1]. D'ailleurs, dans cette monarchie où régna toujours une anarchie plus ou moins développée, la *faida* ne put point être efficacement éliminée. Les lois et les autres documents montrent qu'elle persiste malgré les défenses réitérées, et que l'on est obligé d'en tenir compte[2]. La composition pécuniaire était donc le moyen normal de répression des délits. Son montant, pour chaque délit, était fixé par la loi, et la plus grande partie des *Leges* les plus anciennes est consacrée à ces tarifs. Il y avait une composition-type, celle payée en cas de meurtre, et, comme elle était plus ou moins élevée selon le sexe, l'âge, la race, la fonction ou le degré de liberté de la personne tuée, elle représentait, en réalité, la valeur pécuniaire de chaque homme. Cela s'appelait le *wergeld* (*weregildus* ou *widrigildus*), et souvent, pour le calcul d'autres compositions, celle-là servait de point de départ. Une part de la composition, appelée *fredum*, était acquise au roi, comme il a été dit plus haut. Ce système, tout grossier qu'il fût, avait une valeur répressive plus grande qu'on ne serait tenté de le croire. Ce qui suffirait à le prouver, c'est que, sous les Carolingiens, le pouvoir royal abaissa le taux des compositions en substituant, pour leur calcul, au sou d'or, qui valait 40 deniers, un sou d'argent, qui n'en valait que 12[3]. En effet, les compositions représentaient souvent des sommes très élevées, étant donné le milieu, et le paiement en était énergiquement sanctionné. Le condamné insolvable était livré au créancier et perdait au moins la liberté[4]. Anciennement, d'ailleurs, ce n'était pas lui seul qui était tenu de cette

---

1. *Cap. Harist.* de 779, c. xxii (I, p. 51) : « Si quis pro faida precium recipere non vult, tunc ad nos sit transmissus, et nos eum dirigamus ubi damnum minime facere possit. Simili modo et qui pro faida pretium solvere noluerit nec justiciam exinde facere. » — Greg. Tur., *Vitæ Patrum*, VIII, 7 (édit. Krusch, p. 697) : « Seditioni quodam loco exorta... unus elevati ensis acumine cum adsultu gravi virum percutit. Post dies autem paucos nanctus ab interempti germano simili exitu trucidatur. Quod cum judex loci illius comperisse, vinctum virum in carcerem retrudi præcepit, dicens : « Dignus est leto hic scelestus ocumbere, qui voluntatis propriæ arbitrio, nec spectato judicet Causus est temere mortem fratris ulcisci. »

2. *Cap. Comp.* de 757, c. xxi (I, p. 39); — *Cap. miss.* de 802, c. xxxii (I, p. 97); — *Cap. Theod.* de 805, c. v (I, p. 123); — *Cap. Carisiac.* de 873, c. iii.

3 Waitz, *op. cit.*, IV, p. 79 et suiv. Sur ce fait et sur les précédents auxquels il se rattache, voyez : Maurice Prou, *Introduction au Catalogue des monnaies mérovingiennes de la Bibliothèque nationale*, Paris, 1892, p. vii et suiv.

4. Esmein, *Études sur les contrats dans le très ancien droit français*, p. 154 et suiv.

dette; sa famille devait aussi y contribuer ou même la payer à sa place, s'il abandonnait sa maison aux parents les plus proches, tenus de contribuer. Mais cette solidarité familiale dans le paiement de la composition [1] fut supprimée par Childebert II [2]. Cependant la valeur répressive des peines afflictives ne fut point méconnue par les monarques francs, et les capitulaires en édictèrent, pour un certain nombre de crimes, contre tous les sujets sans distinction de race; c'est ainsi que furent punis la trahison et l'infidélité envers le roi, la désertion à l'armée, la fausse monnaie, le faux témoignage, le brigandage, le vol dans les églises [3]. Les peines édictées étaient alors cruelles : la peine de mort, surtout par la pendaison, la mutilation de divers membres. Mais si, sur ces points, il s'établissait une loi commune, et si les barbares étaient ainsi partiellement ramenés sous l'empire du système romain, en sens inverse, par l'action de diverses influences, les Romains souvent substituaient, quant à eux, les compositions aux peines afflictives [4].

La procédure criminelle, quant à la poursuite, fut dominée par le principe accusatoire. C'était la règle mise en première ligne par le droit romain; et, pour les délits qui, conformément à la coutume germanique, étaient punis seulement de compositions pécuniaires, on ne concevait pas que le procès fût engagé autrement que par la victime ou par ses représentants. Mais on a vu que le droit romain avait aussi admis largement la poursuite d'office par le juge, et cette poursuite d'office se maintint, dans la monarchie franque, pour les délits qui étaient punis de peines afflictives, soit par application du droit romain, soit par le texte des capitulaires.

La théorie des preuves, je l'ai dit, suivait le système de la personnalité des lois. Pour les Romains, c'était celle indiquée plus haut, simple et raisonnable, mais viciée par l'emploi de

1. *Lex Sal.*, LVIII, *De Chrene Chruda*: — Von Amira, *Erbenfolge und Verwandtschaftsgliederung nach den alt-niederdeutschen Rechten*, p. 80 et suiv.; — Brunner, *Deutsche Rechtsgeschichte*, § 21.

2. *Childeberti II Decretio* (a. 596), c. v (I, p. 16) : « De homicidiis vero ita jussimus observare ut quicumque ausu temerario alium sine causa occiderit vitæ periculum feriatur; nam non de pretio redemptionis se redimat aut componat. Forsitan convenit ut ad solutionem quisque descendat, nullus de parentibus aut amicis ei quicquam adjuvet. »

3. Waitz, *op. cit.*, IV, p. 506.

4. Esmein, *Mélanges*, p. 362 et suiv.

la torture, qui se maintint dans la monarchie franque, et qui apparaît à chaque instant dans les écrits de Grégoire de Tours. Le système des preuves, dans les coutumes germaniques, était, au contraire, très différent et fort extraordinaire en apparence. Le voici, tel qu'il se dégage, dans ses grandes lignes, de l'ensemble des *Leges barbarorum*[1].

L'effort principal de la poursuite devait être de constater le flagrant délit : c'est là, d'ailleurs, un trait commun aux procédures primitives ; le flagrant délit apparaît comme l'hypothèse normale pour la répression, car elle ne donne prise à aucun doute[2]. Lorsque le coupable était surpris, le poursuivant l'enchaînait et le traduisait devant la justice : la condamnation était nécessairement prononcée sur le serment du poursuivant et d'un certain nombre de personnes, venant attester la capture[3]. Mais, hors le cas de flagrant délit, si l'accusé n'avouait pas, mais niait au contraire, c'était à lui qu'incombait la preuve de sa non-culpabilité. Ce renversement de la règle qui semble inspirée par le bon sens, et qui impose le fardeau de la preuve au demandeur, s'explique par la manière dont cette preuve était faite ; elle consistait dans un serment (serment purgatoire), que prêtait l'accusé et par lequel il affirmait son innocence. Ce serment, que jadis, au temps du paganisme, le guerrier prêtait la main posée sur ses armes et qu'il prêta plus tard sur les reliques des saints, ne se présentait point isolé. Il devait être soutenu par le serment d'un certain nombre de personnes, fixé par la coutume (*cojurantes, sacramentales*), qui devaient être en principe de la même condition que l'accusé et dont le chiffre variait selon les divers délits[4]. A l'origine, les *cojurantes* étaient toujours pris dans la famille de l'accusé, éventuelle-

---

1. A proprement parler, on ne trouve ce système, sans altération, dans aucune des *Leges* ; on arrive, cependant, à l'extraire de celles-ci en rassemblant les règles communes qu'elles présentent, et en les complétant, pour le surplus, les unes par les autres, quant à leurs éléments sûrement puisés dans l'ancienne coutume. — Sur ce sujet, voyez principalement : H. Siegel, *Geschichte des deutschen Gerichtsverfahrens*, p. 161 et suiv. — Cf. Fustel de Coulanges, *La monarchie franque*, p. 419 et suiv.

2. Esmein, *Mélanges*, p. 80 et suiv., et *Un contrat de l'Olympe homérique*, p. 6 et suiv.

3. H. Siegel, *op. cit.*, p. 76 et suiv. ; — Mayer, *Zur Entstehung der lex Rib.*, p. 117 et suiv.

4. Sur les *cojurantes*, Konrad Cosack, *Die Eidhelfer des Beklagten nach ältesten deutschen Recht*, 1885.

ment exposée à la *faida* [1] ; mais, dans la monarchie franque, généralement on se relâcha de cette exigence [2]. C'était là le mode de preuve normal qui constituait un droit pour l'accusé, à moins d'être exclu par une règle formelle [3] ; mais il pouvait être écarté dans certaines hypothèses, et alors intervenaient à sa place des épreuves (*judicia Dei*), dans lesquelles on faisait appel au jugement même de la divinité. Ces épreuves, que l'on nomme aujourd'hui fort souvent *ordalies* (de *ordeal*, *urtheil* = jugement), étaient elles-mêmes de deux sortes. Dans les unes, ne figurait qu'une des parties, ordinairement le défendeur ; c'étaient, pour prendre les plus répandues, l'épreuve du fer rouge (*judicium ferri candentis*), celle de l'eau bouillante (*judicium aquæ calidæ*) et celle de l'eau froide (*iudicium aquæ frigidæ*). Elles intervenaient à la place du serment, dans deux hypothèses principales : 1° lorsque l'accusé était, non pas un homme pleinement libre, mais un esclave ou une personne de condition quasi servile, la disculpation par le serment et les *cojurantes* étant considérée comme un attribut de la pleine liberté [4] ; 2° lorsque les parties, quoique pleinement libres, convenaient qu'elles termineraient la querelle par un *judicium* ; mais alors celui-ci était, d'ordinaire, subi par un remplaçant, un *vicarius*, considéré comme représentant l'une d'elles [5]. La seconde catégorie d'épreuves présentait ce caractère que les deux parties jouaient un rôle actif ; c'étaient le duel judiciaire (*pugna duorum*, *campus*) et l'épreuve de la croix, manifestement introduite par l'Église, et consistant à mettre les deux adversaires debout au pied d'une croix et à déclarer vaincu

1. C'est encore la règle dans la *Lex Burgundionum*, VIII, 1 : « Si ingenuus per suspicionem vocatur in culpam... sacramenta præbeat, cum uxore et filiis et propinquis sibi duodecim juret. »

2. Mais, parfois, les *cojurantes* sont choisis en partie par le demandeur.

3. Dans les *Leges* et dans les formules de jugement intervient constamment cette alternative : *aut componat aut juret cum tantis viris.*

4. *Concil. Tribur.* (a. 895), c. xv, C. II, qu. 5 : « Nobilis homo et ingenuus si in synodo accusatur et negaverit, si eum constiterit fidelem esse, cum duodecim ingenuis se expurget ; si antea deprehensus fuerit in furto aut perjurio, aut falso testimonio ad juramentum non admittatur, *sed sicut qui ingenuus non est,* ferventi aqua vel candenti ferro se expurget. »

5. Hincmar de Reims, *De nuptiis Stephani et filiæ Ragemundi comitis* (*Op.* édit. Sirmond, II, p. 651) : « Quæ sacramenti purgatio et in ecclesiasticis et in exteris legibus usitatissima... Judicium autem nonnisi pro pacis caritatisque concordia inter coæquales fieri solet ; fit autem a subjectis ad satisfactionem majorum. »

celui que la fatigue atteignait le premier [1]. Ces épreuves intervenaient parfois d'emblée sur la provocation d'une des parties
mais le plus souvent elles servaient au demandeur à empêcher
la disculpation, par le serment, du défendeur qu'il soupçonnait
de parjure : lorsque ce dernier se présentait pour jurer avec
ses *cojurantes*, et avant qu'il eût posé la main sur l'autel, le
demandeur pouvait le provoquer au duel ou à l'épreuve de la
croix [2]. L'Église intervenait dans les *judicia Dei* pour bénir les
objets ou éléments qui devaient y servir [3]. D'ailleurs, leur opération n'était pas toujours aussi simple qu'elle paraît à première vue. Ainsi, pour le *judicium ferri candentis* ou *aquæ
calidæ*, on n'exigeait point, pour qu'elle réussît, que celui qui
saisissait le fer rouge ou qui plongeait sa main dans l'eau bouillante n'eût pas été brûlé ; mais on mettait sous scellé la main
brûlée, et, au bout de trois jours, on examinait la plaie ; si elle
paraissait en voie de guérison, l'épreuve avait réussi ; si la plaie
présentait une mauvaise apparence, l'épreuve avait tourné
contre celui qui l'avait subie [4]. Pour l'épreuve de l'eau froide,
on était plongé dans une cuve ou fosse remplie d'eau, les pieds
et les mains liés, et, pour triompher, on devait couler au fond ;
si l'homme surnageait, l'eau l'avait rejeté comme impur [5]. Tel
est le système de preuves qu'apportèrent avec eux les barbares :
comment s'explique-t-il ?

Souvent les germanistes ont cherché à l'expliquer par un
sentiment de fierté et d'indépendance propre à l'âme germanique. Toute accusation attaque l'honneur de l'accusé, et
celui-ci n'admet pas qu'on lui demande autre chose qu'une
disculpation par le serment, sinon il en appelle au jugement
de Dieu ; il ne connaît que sa parole, Dieu et son épée [6]. Mais
c'est là une erreur certaine. Le système, en effet, n'est point
propre aux coutumes germaniques ; il caractérise, non une

1. De Rozière, form. 502.
2. *Lex Burg.*, VIII, 2 ; — *Lex Rip.*, LXVII, 5 ; — *Cap.* de 779, c. x (I, p. 49) ; —
Cap., 804-805, c. iii (I, p. 180) ; — *Cap. Rip. Ital.*, 800-810, c. iv (I, p. 208) ; —
Cap. leg. Rip. add., 803, c. iv (I, p. 117).
3. De Rozière, form. 581 et suiv.
4. De Rozière, form. 601.
5. Hincmar, *De divortio Lotharii* (Migne, *Patrol. lat.*, t. CXXV, p. 666 et suiv.).
6. Bethmann-Hollweg, *Der Civilprozess des gemeinen Rechts*, t. IV, p. 28 et
suiv. ; — Brunner, *Die Entstehung der Schwurgerichte*, p. 48 et suiv. : — Sohm,
Fränkische Reichs und Gerichtsverfassung, p. 127 et suiv.

race déterminée, mais un certain degré inférieur de civilisation. On retrouve le serment purgatoire, les *cojurantes*, les ordalies, dans l'antiquité grecque[1] et chez les Indous[2]; on les voit fonctionner de nos jours chez un grand nombre de peuplades sauvages[3]. Ce système s'explique par l'extrême difficulté de la preuve directe et adéquate : en dehors du cas de flagrant délit, comment prouver pleinement et sûrement l'existence d'un délit contre celui qui le nie? Il y a là un problème, dont, après des siècles de civilisation lentement acquise, nous ne sentons plus la terrible gravité, bien que nos lois soient encore pleines de précautions contre les erreurs ou les tromperies possibles dans la preuve judiciaire; mais il devait paraître insoluble aux hommes primitifs. En dehors du flagrant délit ou de l'aveu de l'accusé, tout était incertitude : on ne pouvait qu'en appeler aux divinités, toujours présentes, par un serment solennel qui appellerait leur colère sur le parjure et sur les siens, ou par une ordalie. Ce système grossier, les barbares s'en contentaient encore après les établissements et continuèrent à le pratiquer dans la monarchie franque : ils ne lui substituèrent pas, en général, la preuve par témoins du droit romain. Celle-ci paraît, cependant, avoir passé dans la loi salique, qui veut que l'accusé soit convaincu par des témoignages produits contre lui, et n'introduit qu'à défaut de cette preuve l'ordalie par l'eau bouillante ou les *cojurantes*[4]. Il y a là quelque chose de très remarquable et qu'on ne peut attribuer qu'à l'influence romaine, bien que celle-ci, en général, se soit assez peu exercée sur la loi salique[5]. Mais le système romain ne paraît pas avoir pénétré dans les autres *Leges*. Au ixe siècle, les écrits d'Agobard montrent bien que la preuve

1. Esmein, *Mélanges*, p. 240 et suiv.; — Sophocle, *Antigone*, v. 264 et suiv., et schol.
2. *Lois de Manou*, trad. Loiseleur-Deslongchamps, L. VIII, 109, 113-116.
3. Kohler, *Studien über Ordalien der Naturvölker* (dans *Zeitschrift für vergleichende Rechtswissenschaft*, t. V, p. 368 et suiv., et t. IV, 365 et suiv.); — Post, *Afrikanische Jurisprudenz*, II, p. 110 et suiv.
4. *Lex Sal.*, XXXIX, 2; LIII, 1; II, 12; XXXIII, 2.
5. M. Sohm (*Zeitschrift für Rechtsgeschichte*, t. V, p. 403 et suiv.) a essayé d'établir que le système de la loi salique représente seul la vieille coutume germanique, qui serait altérée dans les autres *Leges*; mais c'est là manifestement un paradoxe. Voyez Brissaud, *La loi salique et le droit romain* dans les *Mémoires de l'Académie des sciences, inscriptions et belles-lettres de Toulouse*, 9e série, t. III, 1891.

par témoins était exclue en Bourgogne dans les accusations criminelles [1] ; et, par un phénomène singulier, c'est la pratique du serment purgatoire, des *cojurantes* et des ordalies, qui gagne du terrain, passant chez les Romains et refoulant la preuve testimoniale. J'ai déjà indiqué plus haut ce fait, et j'ai dit comment peut s'expliquer, en général, cette propagation des grossières institutions apportées par les barbares ; mais le discrédit où tomba la preuve testimoniale a aussi ses causes spéciales. La preuve par témoins, toute simple qu'elle paraisse, ne peut fonctionner régulièrement que dans une société parfaitement policée, où l'État assure efficacement aux individus, qu'il domine, la sécurité et la protection de leurs droits. Son emploi devient impossible là où l'État est rudimentaire ou affaibli et où les individus se constituent en groupes, naturels ou artificiels, pour la défense mutuelle : et nous verrons bientôt que telle était justement la condition de la monarchie franque. Là, en effet, par solidarité forcée, jamais un homme ne témoignera contre un autre homme du même groupe ; il ne témoignera pas non plus par crainte de la vengeance et des représailles contre un homme appartenant à un autre groupe. Dans un pareil milieu, le système du serment purgatoire et des *cojurantes* produira encore de meilleurs résultats que la preuve par témoins, et c'est ce que vient de constater un savant russe, M. Kovalevsky, d'après des faits précis recueillis parmi les populations du Caucase [2].

§ 5. — LES SOURCES DU DROIT

Les sources du droit dans la monarchie franque compren-

1. *Liber adversus legem Gundobadi et impia certamina quæ per eam geruntur*, c. vi (Migne, *Patrol. lat.*, t. CIV, p. 117) : « Propter legem, quam dicunt Gundobadam....non possit super illum testificari alter etiam bonus christianus. Ex qua re oritur res valde absurda, ut si quis eorum in cœtu populi aut etiam in mercatu publico commiserit aliquam pravitatem, non coarguatur testibus, sed sinatur jurare, tanquam non fuerint per quos veritas posset agnosci. » Cf. *ibid.*, p. 220 et 221.

2. *Coutume contemporaine et ancienne loi* (édit. russe), t. II, p. 226; traduction française, p. 440 et suiv.; — *La loi et la coutume au Caucase* (en russe), 1890, t. I, p. 195 et suiv. J'y trouve cette constatation, p. 196 : « Les membres du tribunal montagnard à Naltchika sont unanimes à se plaindre des mensonges des témoins, et, comparant ceux-ci aux *cojurantes*, ils n'hésitent pas à préférer ces derniers. »

E.   7

nent deux catégories de documents : 1° les textes des lois ;
2° les documents de la pratique.

I

Par suite du système de la personnalité des lois, on trouve
autant de lois, ou coutumes, qu'il y avait de races distinctes
parmi les sujets de la monarchie franque. Mais ces coutumes
nationales, qui prennent, une fois rédigées par écrit, le nom de
Leges, se divisent naturellement en deux groupes que nous
allons examiner successivement : les *Leges barbarorum* et les
Leges Romanorum; nous parlerons ensuite des lois communes
à tous les sujets, c'est-à-dire des ordonnances des rois francs
ou capitulaires.

Avant les invasions, les peuplades germaniques vivaient,
on l'a vu, sous l'empire de la simple coutume, fixée seulement
par l'usage et la tradition ; mais, après les établissements, la
plupart de ces coutumes furent rédigées par écrit du v° au
viii° siècle. Les causes qui amenèrent ces rédactions sont multiples. Ce fut d'abord, très certainement, l'exemple et l'influence
des Romains, qui vivaient sous le régime de la loi écrite[1] ; puis
la nécessité de fixer le droit des barbares, exposé à se décomposer dans ce milieu nouveau ; enfin le système de la personnalité des lois lui-même, dont l'application était rendue plus
facile par ces rédactions. Les conditions dans lesquelles elles
se firent sont difficiles à préciser ; il n'est même pas toujours
possible d'affirmer, en présence de certains textes, si nous
avons affaire à une rédaction officielle ou privée. Cependant,
la plupart sont des rédactions officielles, faites par l'autorité
des rois avec la participation du peuple[2]. Mais il ne faudrait
point songer ici à un vote proprement dit de la loi. Un certain
nombre d'hommes sages et expérimentés (*viri sapientes, illustres, antiqui*) étaient choisis par le roi pour arrêter la rédaction[3], puis le texte arrêté par eux était publié dans de

1. Le prologue de la loi salique, dans sa forme la plus brève, énonce expressément cette idée; il dit que la loi a été rédigée « ut... quia (Franci) ceteri-
gentibus juxta se positis fortitudinis brachio praeminebant, ita etiam legum
auctoritate praecellerent ».

2. C'est la formule même de l'Édit de Pîtres : « Lex fit consensu populi et
constitutione regis. » Ci-dessus, p. 69, note 1.

3. Les prologues de la loi salique donnent les nom de quatre sages ayan

grandes assemblées, où la population était convoquée, ou bien encore dans les assises judiciaires, et il était censé accepté par tous. Souvent, en outre, des ordonnances proprement dites des rois étaient intercalées dans la *Lex*. Ces rédactions se firent toutes en latin par la raison que le latin était la seule langue qu'on écrivît alors; mais c'est le latin *vulgaire* ou *populaire* qui était la langue courante; elles contiennent, d'ailleurs, un certain nombre de mots germaniques, soit sous leur forme propre, soit latinisés. Il faut ajouter que, pour une même *Lex*, il nous a souvent été transmis plusieurs textes fort différents. Cela vient, le plus souvent, de ce qu'il y a eu des rédactions successives; parfois, c'est le fait des copistes, qui n'avaient aucun scrupule de retoucher le texte authentique, pour le rendre plus clair, ou d'y insérer des documents étrangers pour le compléter et le rendre plus utile. Toutes les *Leges barbarorum* n'ont point été rédigées dans la monarchie franque ou dans les pays qui en étaient tributaires. Un groupe important appartient à l'Italie, les *Edicta* des rois lombards; d'autres ont été rédigées en Espagne; d'autres en Angleterre, les lois des Anglo-Saxons. Je ne passerai point en revue toutes ces lois ni même tous ces groupes : je prendrai seulement quatre *Leges* pour les décrire, la loi salique et la loi des Ripuaires, la loi des Burgondes et celle des Wisigoths; elles présentent, en effet, des types remarquables et divers, et ce sont elles, du moins les trois premières, qui ont le plus d'importance dans l'histoire de notre droit [1].

II

C'est de nos jours seulement que la critique a nettement dégagé le caractère de la loi salique et débrouillé l'histoire de ses rédactions. Déjà, cependant, au xviie siècle Adrien de Valois [2], au xviiie Montesquieu et Voltaire [3], avaient fixé un

présidé à sa rédaction, Wisogast, Bodogast, Salegast et Windogast; mais ce sont probablement des noms légendaires, comme l'indique leur formation similaire. M. Siegel paraît, cependant, voir là des personnages réels, *Deutsche Rechtsg.*, § 10.

1. Pour les autres, je renverrai aux ouvrages généraux cités, et particulièrement au *Précis* de M. Viollet.

2. *Rerum Franciscarum lib. tert.*, éd. Paris, 1646, t. I, p. 120.

3. *Esprit des lois*, l. XXVIII, et Voltaire, *Commentaire sur l'esprit des lois*.

certain nombre de points. Mais leur critique était forcément
limitée; car, au xviii° siècle, trois textes seulement de la loi
salique avaient été publiés. Ce fut un autre Français, Pardessus, qui fit faire à la science un pas décisif, lorsqu'il publia et
compara, en 1843, tous les textes connus de la *Lex*. Depuis
lors, ce sujet a été constamment étudié, surtout en Allemagne.
Voici les principaux résultats auxquels on est arrivé [1].

Tous sont d'accord pour reconnaître la rédaction la plus
ancienne que nous possédions dans un texte assez court, intitulé *Pactus legis Salicæ*, ne comprenant que soixante-cinq
titres, et dans lequel sont intercalés un assez grand nombre
de mots tudesques précédés du mot *mal* ou *malberg*. On est
convenu d'appeler ces intercalations les *gloses malbergiques*.
Mais, si tous reconnaissent là notre texte le plus ancien, les avis
sont fort partagés, au contraire, sur l'âge et la date de la rédaction première. Les uns admettent que la loi salique aurait été
rédigée tout d'abord en langue tudesque, à une époque où les
Saliens étaient encore sur les bords du Rhin. Cette donnée est
fournie par une pièce qui se trouve dans plusieurs manuscrits, sous des formes différentes d'ailleurs, comme prologue de
la loi, et qui paraît remonter au viii° siècle [2]. Abandonnée généralement par la science, elle a été reprise de nos jours par
M. Kern, qui voit, dans les gloses malbergiques, des restes du
texte primitif conservés dans l'adaptation latine, sans doute
parce que la traduction ne paraissait pas absolument satisfaisante [3]. Mais c'est une hypothèse inadmissible. Une rédaction
aussi développée suppose l'usage de l'écriture que les Francs
ne pratiquaient point [4]; elle suppose plus encore le contact pro-
longé de la civilisation romaine. Il faut donc admettre que la
première rédaction est représentée par le texte latin et qu'elle
a été faite après les établissements. Mais, ici, deux opinions
divergentes se présentent encore. Selon les uns, la loi aurait

---

1. Parmi les ouvrages de langue française, consulter Thonissen, *L'organisation judiciaire, le droit pénal et la procédure de la loi salique*; — Dareste, *Études
d'histoire du droit*, p. 382 et suiv.

2. Gaudenzi, article *Salica legge* dans le *Digesto Italiano*, lettre S, p. 194 et
suiv.; — M. Brunner, *Deutsche Rechtsgeschichte*, p. 298, l'attribue au vi° siècle;
dans le même sens, Schröder, *op. cit.*, p. 298.

3. Dans Hessels, *Lex Salica, the ten texts*, p. 435.

4. Ils avaient pourtant fait quelque usage des caractères runiques; *Fortunati
Carmina*, VII, 18.

été rédigée dès l'époque où les Francs Saliens, encore païens, habitaient la Toxandrie, la Flandre méridionale, après les conquêtes de Clodion; d'après les autres, et c'est l'opinion qui tend à prévaloir, elle l'aurait été seulement sous Clovis, après les victoires qui le rendirent maître de la région romaine jusqu'à la Loire, peut-être après sa victoire sur les Wisigoths. Le principal point de repère, autour duquel la discussion a tourné pendant longtemps, se trouve dans le titre XLVII de la loi. Là, sont fixés des délais de procédure, et ils sont déterminés d'après ce fait que les deux parties habitent ou non en deçà de certaines limites, dont l'une est figurée par un cours d'eau appelé *Legere* ou *Legeris*. Dans ce cours d'eau, les uns voient la Lys, affluent de l'Escaut; les autres, avec raison, y voient la Loire; mais, s'il en est ainsi, et si ce passage appartient au texte primitif, cela nous ramène à une époque où la domination franque avait non seulement atteint, mais dépassé la Loire[1]. D'autres indications fournies par les énonciations du texte doivent surtout être prises en considération. Il suppose, d'abord, chez les Francs Saliens, l'unité et le développement du pouvoir royal; d'autre part, si vainement on y a cherché des traces de paganisme, il ne contient aucune disposition se rapportant à l'Église ou au christianisme. Il contient peut-être, pour le calcul des compositions, un système monétaire autre que celui que comportent les monnaies trouvées dans le tombeau de Childéric I[er][2], et l'on a même supposé

---

1. Cf. Brunner, *Deutsche Rechtsg.*, I, p. 297-298. L'opinion qui fait rédiger la *Lex* en Toxandrie a été reprise récemment par M. Blumenstok, *op. cit.*, d. 198.

2. Sur tous ces points, Brunner, *op. cit.*, I, p. 299-300. C'est surtout M. Soetbeer qui a soutenu cette idée dans les *Forschungen zur deutschen Geschichte*, I, p. 545 et suiv. Il assimile en effet les deniers de la loi salique (40 au *solidus*) aux siliques d'argent du ve siècle, monnaie légère. Or dans le tombeau de Childéric on n'a trouvé, en dehors des *solidi* d'or, que des deniers d'argent anciens et lourds (96 à la livre) : de là M. Soetbeer tire la conclusion que le système monétaire que suppose la loi salique n'était pas encore en usage chez les Francs à l'époque de Childéric. Mais c'est là un raisonnement peu solide qu'avait contesté déjà M. Mayer, *Zur Entstehung der lex Ribuar.*, p, 36 et suiv. Depuis M. Prou, dans son *Introduction au catalogue des monnaies mérovingiennes*, p. v et suiv., a présenté une tout autre hypothèse, qui mérite considération. De ce que « le tombeau de Childéric renfermait un grand nombre de deniers impériaux et même consulaires », il est « amené à conclure que les deniers de la loi salique ne sont autres que les anciens deniers romains taillés pour la plupart sur le pied de 96 à la livre », et qu'alors

que c'était l'adoption de ce système nouveau, qui, exigeant une
revision des tarifs de composition, avait amené la rédaction
de la *Lex* [1]. Enfin, le texte contient des dispositions faites pour
des pays où la culture de la vigne est développée [2]. Tout cela
conduirait à placer la rédaction sous le règne de Clovis,
et postérieurement à la conquête du royaume des Wisigoths. On tend plutôt cependant à la placer après 486, mais
avant 496 [3]. Il faut ajouter que, d'après le prologue et les épi-
logues qui accompagnent le texte dans certains manuscrits,
il y aurait eu, sous le règne de Clovis, une première rédaction,
puis une revision. Quant aux gloses malbergiques, on a supposé ingénieusement que c'était le commencement de la formule en langue tudesque que l'on devait prononcer pour intenter l'action correspondante; cela aurait constitué dans le
texte latin autant de points de repère pour les Francs [4].

Ce texte premier de la loi fut délayé et divisé en un plus
grand nombre de titres (quatre-vingt-dix-neuf ou soixante-dix)
dans des copies postérieures. D'autre part, aux dispositions
qu'elle contenait, des capitulaires mérovingiens ajoutèrent des
dispositions nouvelles, qu'on inséra, dans certaines copies,
de manière à faire du tout une même suite de titres, et l'on
obtint ainsi des textes qui en contiennent jusqu'à cent cinq ou
cent sept [5]. Enfin, à l'époque carolingienne, il fut fait du texte
premier, celui en soixante-cinq titres, un remaniement qui
consista à le rendre plus correct et plus clair et à supprimer
les gloses malbergiques : c'est ce qu'on appelle la *Lex Salica
emendata*, ou *a Carolo Magno emendata*, bien qu'il soit fort
douteux que cette récension soit une œuvre officielle [6]. Sous
Charlemagne et sous Louis le Débonnaire, la loi salique fut

« le rapport de l'or à l'argent chez les Francs différait beaucoup de ce qu'il
était chez les Romains. »

1. Schröder, *op. cit.*, p. 224; — Blumenstok, *op. cit.*, p. 198.
2. *Lex Sal.*, XXVII, 13, 14; XXXV, 6.
3. Siegel, *op. cit.*, § 10; — Schröder, *op. cit.*, p. 224.
4. Sohm, *Procédure de la Lex Salica*, trad. Thévenin, p. 162.
5. Dans cette version, le titre LXXVII ou LXXVIII porte une attribution précise ; c'est un édit de Chilpéric.
6. Les meilleures éditions de la loi salique, surtout parce qu'elles contiennent, rapprochés et intégralement reproduits, les divers textes, sont celles
de Pardessus, Paris, 1843, et de Hessels, London, 1881. Cette dernière présente,
dans une disposition synoptique, titre par titre, les dix versions rapprochées.

retouchée ou complétée par divers capitulaires; mais ceux-ci n'y furent pas incorporés.

La loi salique est surtout connue par le renvoi qu'on y fit, au XIVᵉ siècle, pour exclure les femmes de la succession à la couronne de France. Voltaire écrivait déjà : « La plupart des hommes qui n'ont pas eu le temps de s'instruire, les dames, les courtisans, les princesses mêmes, qui ne connaissent la loi salique que par les propos vagues du monde, s'imaginent que c'est une loi fondamentale par laquelle, autrefois, la nation française assemblée exclut à jamais les femmes du trône. » Mais l'historien du droit de la monarchie franque la considère à un tout autre point de vue. Elle est fort instructive, car, de toutes les *Leges*, c'est celle qui (sauf en ce qui concerne la théorie des preuves) a été le moins influencée par le droit romain. Elle représente assez bien, dans son ensemble, ce qu'était la coutume d'une peuplade germanique dans sa forme première. Elle devait consister simplement dans un tarif de compositions, comme ces *kanouns* que l'on trouve aujourd'hui chez les tribus kabyles, rédigés par écrit, ou simplement conservés par la mémoire [1]. La loi salique en soixante-cinq titres est consacrée, dans la plus grande partie de ses dispositions, au tarif des diverses compositions : c'est là certainement son objet principal. Elle y ajoute les règles notables de procédure au moyen desquelles on peut obtenir la condamnation du coupable et le paiement de la composition qu'il doit [2]. Quant au droit privé proprement dit, celui qui régit la famille, la propriété, les contrats et les successions, elle contient peu de dispositions. Sur soixante-cinq titres, six ou sept seulement se rapportent à ces matières [3]; parmi ceux-là figure le titre LIX, *De alodis*, c'est-

1. Hanoteaux et Letourneux, *La Kabylie et les coutumes kabyles*, t. II, p. 138; t. III, p. 327 et suiv.

2. C'est ce que relève le petit prologue ; l'un des buts que l'on aurait poursuivis en rédigeant la loi serait *ut juxta qualitatem causarum sumeret criminalis actio terminum.* M. Blumenstok, *op. cit.*, p. 210, donne une idée un peu différente de la loi salique. « Cette législation, dit-il, n'intervient que lorsqu'il s'agit d'un point de la vie juridique qui met le peuple en rapport direct avec l'individu, soit pour punir celui-ci, soit pour le protéger et l'assister en vue de faire valoir son droit. »

3. *Lex Sal.*, XLIV, *De reipus* (mariage d'une veuve); XLV, *De migrantibus* (voir ci-dessus, p. 89, note 1); XLVI, *De adfatimire* (l'*afatomie*, ou sorte de donation à cause de mort); L, *De fide facta* ; LII, *De re præstita* (des promesses et prêts) ; LX, *De eum qui se de parentilla tollere vult* (sortie de la famille) ; LIX, *De alodis*.

à-dire des successions [1]; là, est écrite la célèbre règle qui exclut
les femmes, tant qu'il reste des parents mâles, de la succession à la terre [2], et c'est le souvenir vague de cette règle qui
fut invoqué au xive siècle lorsqu'on voulut les exclure de la
succession au trône.

On peut dire de la *Loi des Ripuaires* qu'elle est la sœur
cadette de la loi salique. Elle a été rédigée après celle-ci et,
dans une certaine mesure, elle en présente une copie, une adaptation [3]. Mais, à la différence de la loi salique, la *Lex Ripuariorum* ne présente pas de variétés profondes dans le texte qu'en
fournissent les divers manuscrits; peut-être cela vient-il de
ce que tous reproduisent une récension faite sous les Carolingiens. Seulement, la division par titres n'est pas partout la
même : tantôt on en trouve quatre-vingt-neuf, et tantôt quatre-
vingt-onze; cela vient de ce que, dans les manuscrits de ce dernier type, on a fait trois titres de ce qui, ailleurs, n'en fournit
qu'un seul [4]. Cette *Lex*, dans la forme sous laquelle elle nous a
été transmise, a été rédigée et promulguée, dans son ensemble,
par l'autorité d'un roi franc [5]; mais, malgré cette unité apparente, elle contient, en réalité, des parties distinctes quant à leur
origine et renferme juxtaposés des éléments assez hétérogènes.
Ainsi, du titre Ier au titre XXXI, elle présente un tarif de compositions particulier, calculé autrement que celui de la loi salique;
puis, de XXXII à LXIV, elle suit (sauf une intercalation importante) le texte ancien de la loi salique. Les titres LVII à LXII
sont certainement des ordonnances royales particulières sur
les affranchissements et les ventes d'immeubles. Les titres LXV
à LXXXIX sont des dispositions de nature diverse, qui paraissent être des additions postérieures. Quand et comment ces
diverses parties ont-elles été réunies et soudées ensemble?
Cela est difficile, sinon impossible à déterminer : il y a eu, sans

1. Voyez, sur ce titre, H. Rosin, *Commentatio ad titul. leg. Salicæ « De alodis »*.
2. *Lex Sal.*, LIX, 3 : « De terra vero nulla in muliere hereditas non perti-
nebit, sed ad virilem sexum qui fratres fuerint tota terra pertineat. »
3. Sur cette loi, voir principalement E. Mayer, *Zur Entstehung der lex
Ribuariorum*, München, 1886.
4. Je cite toujours d'après le texte divisé en quatre-vingt-neuf titres.
5. Le titre LXXXVIII commence ainsi : « Hoc autem consensu et consilio
seu paterna traditione et legis consuetudinem super omnia jubemus. »
L'expression *constituimus* se retrouve dans les diverses parties : XVIII, 1 ;
XXXI. 2; LVII: LVIII ; LXXIV; LXXXII.

doute, des sortes de codifications successives, et, seule, la première partie doit représenter la coutume propre et originale des Francs Ripuaires. Un prologue ancien, commun aux lois des Alamans, des Bavarois et des Ripuaires, raconte qu'elles auraient été rédigées à Châlons sous Thierry, fils de Clovis, puis complétées par les rois Childebert et Clotaire et enfin revisées par Dagobert. Mais cette pièce est justement suspecte à la critique[1]. Quant à son contenu, la loi des Ripuaires, comparée à la loi salique, présente un droit plus éloigné du vieux fonds germanique. L'influence romaine s'y fait nettement sentir, surtout par la place et le rôle qu'y tiennent les actes écrits ; l'influence de l'Église n'est pas moins visible par les privilèges qui lui sont accordés ; enfin le pouvoir royal y apparaît plus développé que dans la loi salique. Sur un point, cependant, il semble qu'il y ait un retour en arrière. La théorie des preuves est principalement établie d'après les principes germaniques : le serment purgatoire et les *cojurantes* figurent au premier rang, et le duel judiciaire intervient. Mais j'ai dit[2] comment s'explique cette anomalie apparente. La meilleure édition de la loi des Ripuaires, avec une introduction critique et des notes abondantes, a été donnée par M. Sohm dans les *Monumenta Germaniæ historica* en 1883.

La loi des Burgondes et celle des Wisigoths, bien que fort différentes, présentent cependant un caractère commun. Ce sont des recueils de constitutions royales, et non plus des rédactions de coutumes : cela est vrai surtout de la seconde, qui se présente sous sa forme dernière comme un code méthodique et complet. La *Lex barbara Burgundionum*[3] a été traditionnellement attribuée au roi Gondebaud (474-516), et, sous les Carolingiens, déjà elle est visée couramment sous le nom de *Lex Gundobada*, expression dont on fera plus tard *Loi Gombette*. En effet, une préface, au nom de Gondebaud, placée en tête du texte, indique qu'il a voulu faire un recueil de ses ordonnances et de celles de ses prédécesseurs[4]. Ce *Liber consti-*

1. Esmein, dans la *Nouvelle revue historique de droit*, 1885, p. 689.
2. Ci-dessus, p. 59, 97.
3. Sur cette loi, voir surtout Brunner, *Deutsche Rechtsgeschichte*, § 44.
4. « Vir gloriosissimus Gundebaldus, rex Burgundionum. Cum de parentum nostrisque constitutionibus pro quiete et utilitate populi impensius cogitaremus... mansuris in ævum legibus sumpsimus statuta prescribi. »

tutionum doit avoir été rédigé dans les dernières années du
v° siècle. Mais le texte que nous possédons contient quelque
chose de plus : il renferme, en effet, des constitutions postérieures, dont quelques-unes sont datées et qui émanent soit
de Gondebaud lui-même, soit de son fils et successeur Sigismond. On comprend très bien que la rédaction du code de
Gondebaud n'ait pas arrêté la production législative; mais
comment ces additions y ont-elles été introduites ? Selon les
uns, il y aurait eu des revisions successives de la *Lex*, l'une
par Gondebaud, une autre par Sigismond en l'année 517. Mais
cela est fort douteux : il est plus vraisemblable que ce sont
les copistes qui ont intercalé dans le texte ces lois postérieures
à côté ou à la place de celles qu'elles modifiaient. Quant au
fond, la *Lex Burgundionum* porte dans une large mesure la
trace de l'influence romaine ; celle-ci est particulièrement sensible en ce qui concerne la terminologie légale et la forme des
actes écrits. Mais, d'autre part, cette loi présente très net le
système de preuves qui caractérise la coutume germanique,
l'exclusion du témoignage en matière pénale, le serment purgatoire, les *cojurantes* et spécialement un large emploi du
duel judiciaire[1].

Isidore de Séville († 636) constate que le roi Euric (466-
484) a, le premier, donné des lois écrites aux Wisigoths, qui
vivaient jusque-là sous l'empire de la seule coutume[2]. Le
même chroniqueur rapporte aussi qu'au vi° siècle, alors que
la monarchie wisigothe était transportée en Espagne, le roi
Léovigilde (569-586) revisa la loi d'Euric[3]. Mais ces deux premières rédactions sont perdues, ou, du moins, nous n'en pos-

1. C'est ce qui est spécialement relevé par Agobard, *Liber adversus legem
Gundobadi*, c. vi, vii, x. Les meilleures éditions de la *Lex Burgundionum* ont
été données par Bluhme, dans les *Monumenta Germaniæ historica*, et par
Binding, dans les *Fontes rerum Bernensium* (1880). Une nouvelle édition en
a été donnée dans les *Monumenta* en 1893 par M. de Salis. M. Valentin Smith
a publié en France de 1889 à 1890, en 14 fascicules, les divers textes conservés de la loi : *La loi Gombette, reproduction intégrale de tous les manuscrits
connus*.

2. *Historia seu Chronicon Gothorum* : « Sub hoc rege Gothi legum instituta
scriptis habere cœperunt ; nam antea tantum moribus et consuetudine tenebantur. »

3. « In legibus quoque (Leuvigildus) ea quæ ab Eurico incondite constituta
videbantur correxit, plurimas leges prætermissas adjiciens, plerasque super-
fluas auferens. »

sédons que des fragments, dont même l'identité n'est pas sûrement déterminée. D'une part, on a trouvé dans un palimpseste de Paris, un fragment important d'une rédaction ancienne de la loi des Wisigoths que Bluhme a publié en 1847 sous le nom d'*Antiqua*[1]. Depuis lors, M. Gaudenzi a découvert et publié successivement en 1886[2] et en 1888[3] deux séries de fragments juridiques, dont la seconde au moins appartient à une rédaction de la loi des Wisigoths. Mais les auteurs sont partagés quant à l'attribution de ces divers textes. M. Gaudenzi, et je me range à son avis[4], voit, dans les textes qu'il a publiés, des fragments de l'édit même d'Euric, et, dans l'*Antiqua* de Bluhme, un morceau du texte revisé par Léovigilde. Mais M. Brunner, reprenant une opinion anciennement émise, juge que l'*Antiqua* de Bluhme, que ce dernier, de son côté, attribuait au roi Reccarède I[er][5], n'est pas autre chose que l'édit même d'Euric; quant aux textes publiés par M. Gaudenzi, il les attribue à une compilation privée, composée pour compléter et élucider l'*Antiqua* de Bluhme[6].

Quoi qu'il en soit, la *Lex Wisigothorum* devait encore passer par les mains de plusieurs rois avant d'arriver à sa forme dernière[7]. Elle paraît avoir certainement été retouchée par Reccarède Ier, le premier roi catholique des Wisigoths. Mais ce furent surtout les rois Chindaswind (641-652) et son fils Receswind (649-672) qui imprimèrent une nouvelle direction à

1. *Die westgothische Antiqua oder das Gesetzbuch Reccareds des ersten*, Halle, 1847.

2. *Un' antiqua compilazione di diritto romano e visigoto, con alcuni frammenti delle leggi di Eurico, tratta da un manoscritto della biblioteca di Holkham*, Bologna, 1886. Ces textes sont reproduits dans la *Nouvelle revue historique de droit*, 1886, p. 525 et suiv.

3. *Nuovi frammenti dell' editto di Eurico*, Roma, 1888, reproduits dans la *Nouvelle revue historique de droit*, 1889, p. 430 et suiv.

4. *Nouvelle revue historique de droit*, 1889, p. 423 et suiv.

5. Voyez son Introduction, p. XIII.

6. *Deutsche Rechtsgeschichte*, I, p. 321 et suiv. M. Brunner, p. 325, 326, croit relever dans ces textes des références à la loi des Burgondes et à l'*Edictum Theodorici*. Il a, par là même, pensé que la compilation avait dû être faite dans une région qui aurait appartenu successivement, et dans un court laps de temps, aux Wisigoths, aux Burgondes et aux Ostrogoths. Il trouve cette région dans la Provence, qui, occupée par Euric en 477, passe dans le premier tiers du VIe siècle aux Burgondes et aux Ostrogoths d'Italie. Cette opinion paraît généralement adoptée en Allemagne où l'on désigne ces textes sous le nom de *provençalische Fragmente*.

7. Sur ce qui suit, voyez Brunner, *op. cit.*, p. 326 et suiv.

cette législation. Le premier paraît avoir voulu supprimer le
système de la personnalité des lois, et publia toute une série
de lois sur les matières les plus diverses, applicables à tous,
aux Romains comme aux Goths. Son fils poussa plus loin
son œuvre et fit composer un code systématique et complet:
les éléments constitutifs furent les rédactions anciennes de
la *Lex*, dont les fragments conservés portent la rubrique *Antiqua*, et les constitutions de Chindaswind et de Receswind, qui
portent les noms de leurs auteurs. Receswind, en même temps,
abrogea formellement les lois romaines et en interdit l'usage[1]. Le code de Receswind fut certainement retouché ou,
du moins, complété par ses successeurs, car on y trouve des
lois des rois Wamba (672-680), Erwigius et même Egica
(687-701). C'est sous cette forme que nous possédons au complet la *Lex Wisigothorum*. Elle présente un code divisé en
douze livres, subdivisés en titres, dont chacun contient un
certain nombre de lois ou chapitres (*capituli*). Il a été manifestement construit sur le type des codes romains, et la division en douze livres montre que c'est le code même de Justinien qui a servi de modèle[2]. De toutes les *Leges*, c'est celle
qui a reçu le plus profondément l'influence du droit romain, et
l'influence de l'Église n'y a pas laissé une empreinte moins
profonde.

Des diverses rédactions une seule, celle d'Euric, a été en vigueur pendant un temps assez long dans une portion notable
de la Gaule. Il est possible qu'indirectement elle ait, de plus,
exercé une influence considérable : la première rédigée des
coutumes barbares, elle aurait servi de modèle à celles qui
suivirent. M. Brunner a récemment attiré l'attention sur la
similitude, l'identité partielle même, qui existe entre certains
passages de la loi salique, de la *Lex Burgundionum* et de la *Lex
Wisigothorum*[3] : il l'explique par cette hypothèse que cette dernière loi aurait été copiée par les deux autres. Quant au code de
Receswind, il a surtout de l'importance pour l'histoire du droit
espagnol, dont il forme le premier fonds : il prit en Espagne
le nom de *Forum judicum*, d'où, en vieil espagnol, *Fuero*

1. L. 9, *Lex Wisig.*, II, 1.
2. Voyez, cependant, Conrat, *Geschichte und Quellen des römischen Rechts im
früherem Mittelalter*, I, p. 32, note 4.
3. *Deutsche Rechtsgeschichte*, p. 300 et suiv.

Juzgo[1]. La *Lex Wisigothorum* resta en vigueur cependant dans une partie du midi de la France, spécialement en Septimanie.

III

Les *Leges Romanorum* sont des recueils de droit romain, ou des adaptations des lois romaines, faits par l'autorité des rois, dans les royaumes barbares, pour l'usage de leurs sujets romains, en vue de la personnalité des lois. Deux sont nées en Gaule, l'une dans le royaume des Wisigoths et l'autre dans celui des Burgondes. On a d'abord quelque peine à comprendre l'utilité de ces rédactions. Les Romains avaient déjà des lois écrites, introduites et répandues en Gaule avant la chute de l'empire d'Occident : elles étaient concentrées dans les Codes Grégorien, Hermogénien, Théodosien, et dans les écrits des jurisconsultes de la loi des citations. Mais ces textes ne répondaient plus aux besoins de la pratique. Bien qu'ils représentassent eux-mêmes une simplification et une réduction par rapport à l'état antérieur, ils étaient devenus difficilement utilisables, comme trop volumineux et trop savants. Il était nécessaire d'en extraire la substance, traduite autant que possible en langue vulgaire.

La *Lex Romana Wisigothorum* fut rédigée par ordre d'Alaric II, roi des Wisigoths, et nous connaissons par l'acte de promulgation, ou *auctoritas*, placé en tête, l'histoire abrégée de sa rédaction[2]. Alaric confia d'abord à une commission composée de *sacerdotes* et de *nobiles viri* le soin de faire des extraits et remaniements des lois romaines, afin d'en bannir toute obscurité; puis il fit rédiger un projet de texte par des

---

1. Pendant longtemps la meilleure édition de la *Lex Wisigothorum* a été celle donnée à Madrid en 1815 (*Fuero Juzgo, en latin y castellano*) et reproduite à Lisbonne en 1856, dans les *Portugaliæ Monumenta historica*. M. Zeumer, qui prépare une édition de la *Lex Wisigothorum* pour les *Monumenta Germaniæ historica*, en a donné déjà, en 1894, une première édition, sous le titre : *Leges Wisigothorum antiquiores*. Elle contient la *Lex Recessvindiana*, et l'*Antiqua* publiée par Bluhme que M. Zeumer attribue à Euric, comme M. Brunner. La *Lex vulgata* se trouve dans le *Corpus juris germanici* de Walter.

2. *Lex Romana Wisigothorum*, édit. Hænel, 1848, p. 2. Cette édition est un des monuments de la critique contemporaine. L'introduction très ample, en latin, que M. Hænel a mise en tête, contient tous les renseignements que nous possédons sur la *Lex*. Un nouveau manuscrit partiel de la *Lex Romana* retrouvé en Espagne vient d'être publié : *Lex. rom. wisig. fragmenta*, Matriti, 1896.

prudentes et le soumit à une assemblée composée d'évêques et de *provinciales electi*, qui l'approuva [1]. Il le promulgua ensuite par l'organe de son référendaire Anien : l'*auctoritas* d'Alaric a été donnée à Toulouse dans la vingt-deuxième année de son règne, qui, selon la computation généralement suivie, correspond à l'année 506. Toutes les autres lois romaines étaient abrogées. La *Lex Romana* reflète en plus petit les deux groupes de textes qui, au ve siècle, constituaient la loi écrite des Romains, le *jus* et les *leges* [2]; généralement, ils y figurent sous forme d'extraits, parfois sous la forme d'un abrégé proprement dit. Voici, d'ailleurs, le contenu, dans l'ordre même où se présentent ses différentes parties : 1° le Code Théodosien; 2° les Novelles des empereurs Théodose II, Valentinien III, Marcien, Majorien et Sévère; 3° les Institutes de Gaius, non point sous leur forme intégrale, mais sous la forme d'un abrégé intitulé *Liber Gaii*, et qui ne résume pas toute la matière contenue dans l'ouvrage original; il s'arrête avant la fin du commentaire troisième [3]; 4° les Sentences de Paul; 5° le Code Grégorien; 6° le Code Hermogénien, représenté par deux constitutions; 7° les Réponses de Papinien, représentées par un seul extrait du livre premier. On remarquera que, des jurisconsultes de la loi des citations, il en est deux, Ulpien et Modestin, qui ne sont pas représentés du tout; et, d'autre part, dans l'ordre où ils sont utilisés, les divers recueils ou documents se présentent sous une forme de plus en plus réduite, à mesure qu'on avance vers la fin. Cela vient-il de ce que cet ordre correspondait au degré d'utilité pratique, ou les commissaires d'Alaric ont-ils été pris de lassitude au cours de leur travail? La *Lex* ne contient pas seulement ces textes; ils sont généralement suivis d'une *interpretatio*, qui constitue un bref commentaire, ou souvent une paraphrase en langue courante. On a cru pendant longtemps que cette *interpretatio*

---

1. « Venerabilium episcoporum vel electorum provincialium nostrorum roboravit assensus. » Cette assemblée paraît avoir été constituée sur le modèle des *concilia* provinciaux dont nous avons signalé l'existence dans l'empire, et dont la tradition n'était sans doute pas encore perdue.

2. Édit. Hænel, p. 2 : « Nec aliud cuilibet *aut de legibus aut de jure* liceat in disceptationem proponere... Anianus... hunc codicem de *Theodosianis legibus* atque *sententiis juris* vel diversis libris electum... edidi. »

3. Il s'arrête à la matière du *furtum*, sur lequel il contient quelques règles (édit. Hænel), p. 336.

était l'œuvre des commissaires d'Alaric et destinée à faire connaître comment à leur époque les textes étaient interprétés. Mais il paraît bien acquis aujourd'hui qu'ils n'ont fait qu'utiliser des commentaires antérieurement rédigés, produits dégénérés des écoles d'Occident aux ıv⁰ ou v⁰ siècles [1]. Cependant, il est probable qu'ils y ont apporté quelques retouches [2]. L'*Epitome* de Gaius, qu'ils ont inséré en partie, est aussi une œuvre antérieure de la même nature; il n'est accompagné d'aucune *interpretatio*, ce qu'explique bien sa nature même d'abrégé et d'adaptation.

La *Lex Romana Wisigothorum* ne fut que pendant une année le code en vigueur, pour les Romains, dans une notable partie de la Gaule; car la domination wisigothique en ce pays tomba en l'an 507. Mais elle n'en resta pas moins l'expression officielle du droit romain, et son autorité s'étendit à toute la monarchie franque. Tout imparfaite qu'elle fût, elle répondait aux besoins de la pratique; elle constituait, effectuée d'une façon plus grossière, mais par là même peut-être plus commode, cette concentration des lois romaines que réalisa en Orient la compilation de Justinien. Cette dernière, dûment promulguée en Italie, pénétra sûrement dans la monarchie franque; mais elle ne s'y fit point recevoir dans la pratique : seule, l'Église l'adopta et en invoqua souvent les textes à son profit. La *Lex Romana Wisigothorum* resta l'expression incontestée du droit romain en Occident, tant qu'il continua à s'appliquer comme loi personnelle. Ce n'est qu'après la rénovation scientifique des xı⁰ et xıı⁰ siècles que la compilation de Justinien acquerra cette autorité. Comme toute œuvre devenue populaire, la *Lex Romana* reçut des surnoms : on l'appela le *Breviarium* (l'abrégé) *Alarici*, ou *Breviarium Aniani*. C'est sous ce nom de Bréviaire d'Alaric qu'elle est encore le plus connue. Mais, l'ignorance grandissant, le Bréviaire parut lui-même trop volumineux, et, du vıı⁰ au ıx⁰ siècle, il fut composé un assez grand nombre d'abrégés de cet abrégé, de plus en plus barbares et dénaturés [3].

---

1. Brunner, *Deutsche Rechtsg.*, I, p. 359, 360; — Karlowa, *Röm. Rechtsg.*, I, p. 977; — Krüger, *Geschichte der Quellen*, p. 311; trad. française, p. 416 et suiv.

2. L'*auctoritas* d'Alaric désigne ainsi le texte rédigé par les *prudentes* : « quæ excerpta sunt, vel *clariori interpretatione* composita. » Cela semble indiquer à la fois l'existence et la revision d'une *interpretatio* préexistante.

3. Ils sont reproduits par Hænel dans un ordre synoptique.

La *Lex Romana Burgundionum* est une œuvre d'un tout autre caractère[1]. Elle est due, comme la *Lex barbara*, à l'initiative du roi Gondebaud[2]; mais on ne peut déterminer au juste sa date[3]. Elle suit, pour la plus grande partie, l'ordre des titres de la *Lex barbara*, sans avoir, pour tous, des titres correspondants. Elle est constituée par des extraits des lois romaines, des Sentences de Paul, des Institutes de Gaius; elle comprend aussi quelques constitutions des rois burgondes, rendues spécialement pour les Romains. Ce n'est point, comme le Bréviaire, un résumé de l'ensemble des lois romaines; c'est plutôt une sorte d'instruction officielle rédigée pour l'usage des juges et attirant leur attention sur les points les plus importants. La *Lex Romana Burgundionum* paraît avoir été assez utile et assez populaire, car elle reçut de bonne heure[4] un surnom, qui, en même temps, est une preuve de l'autorité générale qu'avait acquise le Bréviaire d'Alaric : on l'appela *Liber Papiani* ou *Papianus*, le *Papien*. Voici comment une méprise fut l'origine de ce surnom. La *Lex Romana Wisigothorum*, ayant acquis partout, dans la monarchie franque, la valeur du code des Romains, s'introduisit naturellement chez les Burgondes; mais, néanmoins, dans les manuscrits destinés à leur usage, on copia, à la suite, la *Lex Romana Burgundionum*, qui conservait son utilité propre. Or nous savons que le Bréviaire se termine par un extrait de Papinien, sous cette rubrique : *Incipit Papiniani* (en abrégé *Papiani*) *liber I Responsorum*. On prit ce texte, qui constituait la fin de la première loi, pour le commencement de la seconde, c'est-à-dire de la *Lex Burgundionum*, et on appela celle-ci *Liber Papiani*[5].

1. Voir, sur cette loi, Brunner, *Deutsche Rechtsg.*, § 49.

2. Elle est annoncée dans une préface de la loi barbare : « Inter Romanos... Romanis legibus præcipimus judicari : qui formam et expositionem legum conscriptam, qualiter judicent, se noverint accepturos, ut per ignorantiam se nullus excuset. »

3. On ne peut, en particulier, déterminer au juste si la *Lex Romana Burgundionum* a été rédigée avant ou après la *Lex Romana Wisigothorum*. Voyez, sur ce point, Hænel, *op. cit.*, p. xcii et suiv.

4. Brunner, *op. cit.*, I, p. 357.

5. La *Lex Romana Burgundionum* a été éditée par M. Bluhme et, de nouveau, par M. de Salis dans les *Monumenta Germaniæ historica*.

IV

Les *capitulaires* ou ordonnances des monarques francs, à la différence des *Leges*, sont, on l'a vu, des lois générales, applicables à tous les sujets de la monarchie, à moins que leur auteur, de parti délibéré, les ait seulement rédigés pour une partie de son royaume ou pour une classe de ses sujets. D'ailleurs, les capitulaires carolingiens ne sont pas toujours des lois proprement dites, destinées à toujours durer : ils contiennent aussi des règlements provisoires ou des instructions adressées à des fonctionnaires. Enfin, considérés comme lois ou comme règlements, ils se divisent, par leur contenu, en deux classes. Par suite d'un état de droit que je décrirai plus loin, le monarque franc est véritablement le chef de l'Église des Gaules, et il légifère sur la discipline ecclésiastique, en répétant d'ailleurs le plus souvent les décisions des conciles ; il y a donc les *capitularia ecclesiastica* qui contiennent des règlements ecclésiastiques, et les capitulaires séculiers. En prenant seulement ces derniers, nous constatons que, quant à eux, il s'est introduit une division tripartite, qui est devenue classique, et qui répond d'ailleurs à la terminologie contenue dans les textes eux-mêmes. On distingue : 1° les *capitularia legibus addenda* ou *pro lege tenenda*. Ce sont des dispositions destinées à compléter ou à réformer sur certains points les *Leges*, et qui, par suite, font en quelque sorte corps avec elles et en prennent la nature, sauf peut-être la nécessité d'une intervention des populations, dont il a été parlé plus haut [1] ; 2° les *capitularia per se scribenda* ; ce sont les plus nombreux, et ce sont des ordonnances qui constituent des lois ayant leur valeur propre et indépendante ; 3° les *capitula missorum* ; ce sont des instructions, généralement très intéressantes, données aux *missi*, pour la tournée d'inspection qu'ils vont commencer.

Les capitulaires étaient rédigés et mis en forme par la chancellerie royale ou impériale en plusieurs exemplaires ; l'un était gardé dans les archives royales, les autres envoyés aux principaux fonctionnaires. Mais il ne semble pas qu'il en ait été tenu des registres officiels. Il résultait de là, non seulement

---

1. Ci-dessus, p. 69, note 1.

E.   8

pour les particuliers, mais aussi pour l'ensemble des fonctionnaires, une grande difficulté : comment connaître sûrement
cette législation si importante et s'en procurer le texte? La
difficulté était la même que celle qui avait existé aux IIIe et
IVe siècles quant à la législation des constitutions impériales.
Aussi les mêmes besoins amenèrent les mêmes productions; il
fut composé, dans la monarchie franque, des recueils privés
de capitulaires, rassemblés par des particuliers, comme avaient
apparu dans l'empire les Codes Grégorien et Hermogénien.
Le premier fut composé sous Louis le Débonnaire par Anségise, abbé de Fontenelle, personnage qui a joué un rôle assez
important sous ce règne et le précédent. Anségise a fait pré-
céder son recueil d'une préface dans laquelle il donne la date
de publication, l'année 827[1], et les motifs qui l'ont amené à le
composer : il l'a fait par amour pour l'empereur et pour ses
fils et pour être utile à l'Eglise[2]. Il a divisé son recueil en quatre
livres. Comme il l'annonce lui-même, le premier comprend les
capitulaires de Charlemagne *ad ordinem pertinentia ecclesiasticum*; le second, les capitulaires ecclésiastiques de Louis le
Débonnaire; le troisième; les capitulaires de Charlemagne *ad
mundanam pertinentia legem*; et le quatrième, les capitulaires
qu'ont promulgués l'empereur Louis et son fils, le césar Lo-
thaire, *ad augmentum mundanæ legis*. Le recueil contient trois
appendices très courts, qui renferment seulement des nomen-
clatures de pièces, ou des mentions des pièces se répétant. Anségise, d'ailleurs, n'avait pas la prétention de rédiger un recueil
complet; il donne « ce qu'il a pu trouver ». En réalité, on l'a
démontré, il n'a utilisé que vingt-neuf capitulaires. Son livre
n'en eut pas moins un immense succès; tout de suite, il fut
accepté comme un recueil officiel; et, dès l'année 829, Louis
le Débonnaire le cite et y renvoie dans un capitulaire[3].

Vers le milieu du IXe siècle parut un nouveau recueil, qui
ajoutait trois nouveaux livres aux quatre livres d'Anségise. Il

---

1. Boretius, *Cap.* I, p. 394.
2. « Pro dilectione nimia... gloriosissimorum principum et pro amore sanc-
tissimæ prolis eorum sed et pro sanctæ Ecclesiæ statu, placuit mihi prædicta
in hoc libello adunare quæ invenire potui capitula. »
3. *Capit. Worm.*, c. v (Boretius et Krause, *Capitularia*, II, p. 380) : « Ita
enim continetur in capitulare bonæ memoriæ genit r :is nostri in ¹, c. CLVII...
tem in capitulare nostro in libro II, c. XXI. »

était précédé de deux préfaces. Dans la première, en vers latins, l'auteur déclare s'appeler *Benedictus Levita*, le diacre Benoît. Il appartient à l'église de Mayence, et c'est sur l'ordre de son évêque, Otger (Autcarius), qu'il a entrepris de continuer et de compléter l'œuvre d'Anségise[1]. Dans la seconde préface, qui est en prose, il déclare qu'il a puisé surtout ses documents dans les archives de Mayence, où Riculf, prédécesseur d'Otger, en avait réuni un grand nombre; il publie ce qu'Anségise avait ignoré ou laissé de côté[2]. En réalité, ce recueil contient peu de pièces sincères, peu de capitulaires réels et authentiques. La plupart sont des pièces forgées; aussi, les appelle-t-on d'ordinaire les *Faux capitulaires*. La critique a même dans le détail montré les éléments constitutifs de ces pièces et le procédé de composition. Elles sont constituées par des emprunts faits au Bréviaire d'Alaric, à l'*Epitome* des Novelles de Justinien par Julien, aux lois des Wisigoths et des Bavarois, surtout aux documents ecclésiastiques : canons des conciles, décrétales des papes, écrits des Pères de l'Église et *libri pœnitentiales*[3]. Le but évident de l'auteur, c'est d'étendre les droits de l'Église, en particulier la juridiction ecclésiastique[4], et c'est à cela que servent la plupart des morceaux fabriqués par lui. Où et quand ce recueil a-t-il été composé? C'est un point qui n'est pas absolument éclairci. Les données de la préface sont certainement mensongères. Les Faux capitulaires n'ont pas été composés à Mayence, mais sûrement dans la Gaule occidentale. Ils ne constituent pas une production iso-

---

1. « Autcario demum, quem tunc Moguntia summum — Pontificem tenuit, præcipiente pio, — Post Benedictus ego ternos Levita libellos — Adnexi, Legis quis recitatur opus. »

2. « Hæc vero capitula quæ in subsequentibus tribus libellis coadunare studuimus, in diversis schedulis, sicut in diversis synodis ac placitis generalibus edita erant, sparsim invenimus, et maxime in sancta Moguntiacencis metropolis ecclesiæ scrinio a Riculfo ejusdem sanctæ sedis metropolitano recondita, et demum ab Autcario secundo ejus successore atque consanguineo inventa reperimus. »

3. L'étude critique la plus complète se trouve dans Hinschius, *Decretales pseudo-Isidorianæ*, Prolégomènes, § 17-20.

4. Voici, d'ailleurs, ce qu'il dit dans la préface : « Ea quæ ille (Ansegisus) aut invenire nequivit aut inserere fortasse noluit, et illa quæ postmodum a fidelibus sanctæ Dei Ecclesiæ et Pippini atque Karoli atque Ludovici didicimus jam dictis libellis minime esse inserta, pro Dei omnipotentis amore, et sanctæ Dei Ecclesiæ ac servorum ejus atque totius populi utilitate, fideliter investigare curavimus. »

lée; mais, au contraire, ils font partie de toute une série d'a-
pocryphes, qui ont entre eux des affinités étroites, et dont
les plus importants, outre celui dont il est ici question, sont
les *Fausses décrétales* et les *Capitula Angilramni, Metensis
episcopi* : le nom de *Benedictus Levita* est probablement un
nom de fantaisie, comme celui de *Isidorus Mercator*, pris
par l'auteur des Faussés décrétales. Toutes ces œuvres sortent
vraisemblablement d'une même officine : on a pensé pendant
longtemps qu'elles avaient été composées dans la province
ecclésiastique de Reims; on incline, d'après des travaux récents, à croire que l'atelier de fabrication se trouve dans le
diocèse du Mans. Cette énorme production de lois ou règlements supposés peut paraître bien surprenante : ce qui est
plus étonnant encore, c'est leur succès immédiat et à peu près
incontesté. Pour nous en tenir ici aux Faux capitulaires, ils ont
été publiés après l'année 847[1]; or, en l'année 857, ils sont cités
par le capitulaire de Kiersy, comme un texte sûr et officiel[2].
Tout cela s'explique cependant. On est à une époque où la pro-
bité littéraire et scientifique n'existe pas encore; chacun sert,
par tous les moyens, la cause qu'il croit juste; surtout, il n'y a
point de critique littéraire ou juridique, étant données l'ignorance qui grandit et la rareté des manuscrits qui ne permet pas
de comparer les textes. Dans ce milieu, tout livre, quel qu'il
soit, a une immense autorité, et on le reçoit pour tel qu'il se
présente[3].

Voilà les recueils des capitulaires, qui ont été faits dans la
monarchie franque, pour les besoins de la pratique, à l'époque
où ces textes étaient en vigueur. Dans les temps modernes, il
en a été composé de tout différents, en vue des études historiques. Leurs auteurs se sont proposé surtout de rétablir dans
leur texte original et dans leur succession historique les divers
capitulaires qui nous ont été conservés isolément; ils ont, en

---

1. C'est, en effet, la date de la mort d'Otger de Mayence, laquelle est sup-
posée dans la préface en vers.

2. *Capit. Carisiac.*, c. IV (Boretius et Krause, *Capitularia,* tome II, p. 286, 289).

3. Cependant l'auteur des faux capitulaires a pris quelques précautions pour
masquer ses falsifications; voici, en particulier, ce qu'il dit dans la préface :
« Secundo vero in libello, post capitulorum numerum, prima fronte posita
sunt quædam ex lege divina excerpta capitula, sicut ea sparsim in eorum mixta
capitulis reperimus ut omnes hæc capitula legibus divinis regulisque cano-
nicis concordare non ignorent. »

même temps, donné des éditions critiques du *capitularium*
d'Anségise et de celui de Benedictus Levita. Les premières de
ces éditions ont paru en France : en 1623, le Père Sirmond a
publié les capitulaires de Charles le Chauve et de ses successeurs[1]; en 1677, le savant Baluze a donné une édition excellente
et complète des capitulaires[2]. De nos jours, deux éditions ont
été publiées dans la collection des *Monumenta Germaniæ historica*; la première par Pertz; la seconde, très supérieure, par
MM. Boretius[3] et Krause.

<h1 style="text-align:center">V</h1>

Les *documents de la pratique* sont très importants pour
l'histoire du droit de la monarchie franque. Seuls, ils font
connaître le droit réellement appliqué, à une époque où la loi
écrite, quoique impérative, était mal observée : ce sont eux
également qui nous révèlent comment, malgré la personnalité
des lois, le droit romain et la coutume germanique fusionnaient
peu à peu. Ils se classent en plusieurs catégories.

Les *recueils de formules* sont peut-être les plus instructifs.
Ce sont des modèles d'actes, dressés d'avance pour servir aux
praticiens, qui étaient appelés à en rédiger de réels. A toute
époque, on trouve de ces recueils usuels, et nous avons encore
nos formulaires du notariat. Mais, dans la monarchie franque,
ils présentent ce caractère qu'ils fournissent des modèles pour
les jugements et actes judiciaires aussi bien que pour les contrats et actes d'aliénation, pour les titres délivrés par la chancellerie royale aussi bien que pour ceux rédigés au tribunal
du comte ou à la cour de l'évêque. De nombreuses collections
de ces formules sont parvenues jusqu'à nous; mais, pour une
seule, on connaît le nom de l'auteur; ce sont les formules du
moine Marculfe[4]. La date en est d'ailleurs difficile à détermi-

---

1. *Karoli Calvi et successorum aliquot Franciæ regum Capitula*, Parisiis, 1623.

2. L'édition de Baluze a été réimprimée et revue par de Chiniac, Paris, 1780;
c'est cette dernière édition qui est la meilleure.

3. Le premier volume préparé par M. Boretius a paru en 1883. Le second
volume préparé par M. Krause a paru en 1892-1893. Cette édition contient
des tables de concordance avec les éditions de Baluze et de Pertz.

4. *Marculfi monachi formularum libri duo*. Comme l'indique la préface, la
division en deux livres correspond à la distinction des actes qui sont rédigés
à la cour du roi (*in palatio*) et de ceux qui sont rédigés dans la circonscription
du comté (*in pago*).

ner, car le principal point de repère, c'est la dédicace à un évêque *Landericus* ou Landry ; or, on trouve plusieurs évêques de
ce nom. Aussi, tandis qu'en général on place la rédaction des
formules de Marculfe au milieu du vii° siècle, d'autres la placent à la fin du vii° et d'autres à la fin du viii°[1]. Les autres collections sont désignées par le nom de la région pour laquelle
elles ont été rédigées, exemple : *formulæ Andegavenses*[2], *formulæ Arvernenses*, *formulæ Turonenses* ; ou par le nom de leur
premier éditeur : formules de Bignon, de Sirmond, de Baluze.
Il a été publié deux recueils complets et scientifiques des formules usitées dans la monarchie franque. Dans l'un, composé par
M. Eugène de Rozière[3], les formules sont classées par ordre de
matières. Il présente comme autant de traités par les formules
des diverses institutions qui y sont visées. Dans l'autre, publié
par M. Zeumer[4], les diverses collections, composées dans la
monarchie franque, gardent, au contraire, leur individualité et
sont reproduites en bloc et successivement, de manière à représenter l'ordre, dans lequel elles ont fait leur apparition historique, et leur domaine géographique.

Les formules sont des actes fictifs : mais des actes réels,
rédigés à l'époque mérovingienne ou carolingienne, sont par-
venus jusqu'à nous en très grande quantité. Les uns ont été
conservés individuellement, mais il en a été fait des recueils,
soit dans des ouvrages qui constituent par eux-mêmes un choix
de ces documents[5], soit dans les histoires des diverses provinces de l'ancienne France, où ils figurent comme pièces jus-

1. Ad. Tardif, *Étude sur la date du formulaire de Marculfe*, dans la *Nouvelle
revue historique de droit*, 1884, p. 557 et suiv. Voyez, pour une nouvelle hypothèse, M. Bonvalot, *Histoire du droit et des institutions de la Lorraine*, p. 36-42.

2. Les *formulæ Andegavenses* sont particulièrement intéressantes à raison
de leur ancienneté. En effet, les formules 1 et 34 sont datées de la quatrième
année du règne de Childebert, et il ne peut être question là que de Childebert I⁰⁰.
Cependant, on tend à considérer aujourd'hui le recueil comme postérieur à
cette date, car on doit ramener la formule 57 à l'année 678. Il n'en est pas
moins vrai qu'il faut admettre que le rédacteur devait avoir sous les yeux des
actes du règne de Childebert I⁰⁰. Voyez, sur ce point, Brunner, *Deutsche Rechtg.*,
I, p. 404.

3. *Recueil général des formules usitées du v° au x° siècle*, Paris, 1859. C'est
le recueil toujours cité dans le présent livre.

4. *Formulæ Merowingici et Karolini ævi*, 1886.

5. Le principal est intitulé : *Diplomata et cartæ ad res Franco-Gallicas spec-
tantia* ; il a été publié par Bréquigny et La Porte du Theil, et réédité par
Pardessus.

tificatives. Il en est un grand nombre qui ont été réunis, généralement dans l'ordre chronologique, dès l'époque même où ils ont été rédigés[1] : ce sont ceux qui sont contenus dans les *Cartulaires* des églises et des couvents, c'est-à-dire dans les registres que tenaient les administrateurs de ces établissements et où ils avaient soin de transcrire les actes qui constituaient les titres de propriété de leurs biens[2]. D'autres documents très instructifs pour l'histoire de l'état des personnes et de la propriété foncière se trouvent dans les *polyptyques* ou *libri censuales*. Ce sont des registres sur lesquels les grands propriétaires inscrivaient, dans l'ordre où elles étaient groupées pour l'administration, toutes les parcelles qui composaient leurs immenses domaines, avec le nombre, le nom et la qualité des tenanciers et les redevances qu'ils payaient. Les domaines royaux étaient ainsi décrits, et également ceux des églises et des couvents[3].

SECTION II

LES PRÉCÉDENTS DE LA FÉODALITÉ DANS LA MONARCHIE FRANQUE

La féodalité a été le résultat d'un état d'anarchie persistant et grandissant, dont déjà nous avons plus d'une fois relevé les traces : elle en est sortie naturellement et nécessairement. Mais on constate dans la monarchie franque, spécialement sous les Carolingiens, toute une série d'institutions déjà formées ou de faits sociaux nettement accentués, qui constituent les précédents immédiats des institutions féodales. Cette organisation,

---

1. Voyez, dans *Les origines de l'ancienne France*, par M. Flach, t. I, p. 43 et suiv., la liste des principales collections de ce genre.

2. Voyez, dans Flach, *Les origines de l'ancienne France*, t. I, p. 25, la liste des cartulaires et polyptyques manuscrits et imprimés.

3. Édit de Pistes (a. 864), ch. XXIX : « Illi coloni, tam fiscales quam ecclesiastici, qui, sicut in polyptycis continetur, et ipsi non denegant, carropera et manopera ex antiqua consuetudine debent. » — Le polyptyque le plus connu est celui de Saint-Germain-des-Prés, rédigé au IXᵉ siècle, du temps de l'abbé Irminon ; il a été publié par Guérard, en 1843, avec de savants prolégomènes, et, de nouveau, en 1886, par M. Longnon.

qui contient en puissance la féodalité entière, coexiste avec
les institutions normales, que nous avons décrites ; elle s'en-
chevêtre et se combine avec elles, mais elle s'en distingue
pourtant par ses origines et par ses tendances ; et il est logique
de l'exposer à part. Les institutions ou faits qui constituent
ainsi les précédents de la féodalité sont : la vassalité et le séniorat, l'appropriation des fonctions publiques, la transformation
de la propriété foncière, les chartes d'immunités et la formation des juridictions privées.

1

L'institution germanique du *comitatus*[1] ne disparut point
après les établissements des barbares dans l'empire ; elle persista ; mais, dans la monarchie mérovingienne, elle ne paraît
fonctionner qu'au profit de la royauté : le roi seul est le centre
d'un groupe de *comites*. Ceux que l'on peut appeler ainsi, ce ne
sont point les hommes qui sont désignés dans les textes comme
ses fidèles ou ses *leudes* ; car ces mots désignent d'une façon
générique les sujets d'un roi, ceux dont il a exigé ou pu exiger
le serment de fidélité[2]. Mais, sous les Mérovingiens, on trouve
deux classes de personnes qui certainement sont dans des rapports particuliers avec le roi. Ce sont d'abord les *antrustions*[3] ;
ceux-là sont des sujets qui ont juré au roi une fidélité particulière en mettant leurs mains entre ses mains, et Marculfe nous
a conservé l'acte qui constatait cette prestation de serment[4].
Ceux-là forment une classe déterminée[5] et jouissent de certains
privilèges : leur *wergeld* s'élève et devient le triple de celui
d'un autre homme libre[6]. D'autre part, ils avaient sûrement

1. Ci-dessus, p. 40.
2. C'est dans ce sens, en particulier, que le mot est pris dans le traité
d'Andelau. — Greg. Tur., *Historia Francorum*, IX, 20.
3. Voyez Deloche, *La trustis et l'antrustionat royal*.
4. Marculfe, I, 18 (de Rozière, form. 8) : « Ille fidelis... veniens ibi una cum
arma sua in manu nostra *trustem* et fidelitatem nobis visus est conjurasse. »
Le mot « antrustion » vient de *trustis* (trost) qui signifie originairement
fidélité.
5. Marculfe, I, 18 : « Ut deinceps memoratus ille in numero antrustionum
computetur. »
6. Marculfe, I, 18 : « Et si quis fortasse eum interficere præsumpserit noverit
se virgildo suo solidis DC esse culpabilem judicetur. » — Quant aux délais
judiciaires, ils paraissent aussi être sous l'application de règles spéciales, *Edict.
Chilp.*, c. II (I, p. 10) ; cf. Waitz, *op. cit.*, II, 1, p. 339.

l'obligation d'être toujours au service et à la disposition du roi, et, puisqu'ils venaient en armes prendre leur engagement solennel, c'est que, sans doute, ils devaient surtout le servir à la guerre. Nous trouvons aussi auprès du roi mérovingien d'autres personnes, désignées déjà dans la loi salique, et qui jouissent également du triple *wergeld* : elles sont dites les convives du roi, *convivæ regis*; c'étaient des *comites* de la même nature que les antrustions; ils sont désignés là par un autre trait du *comitatus* germanique, l'entretien à la table du chef[1]. Enfin, il y avait des personnes, hommes ou femmes, ou personnes morales, que le roi prenait sous sa protection spéciale, et qui étaient dites *in verbo regis*[2], *in mundeburde regis*[3]; mais, si c'était là peut-être l'effet d'une habitude traditionnelle de la royauté germanique, c'était tout autre chose que le *comitatus*.

Sous les Carolingiens, les antrustions ont disparu. Mais on trouve d'autres personnages qui paraissent remplir un rôle fort semblable. Ce sont les *vassi* ou *vassali* du roi (*regales* ou *dominici*)[4]. Les textes nous disent d'eux qu'ils ont solennellement juré fidélité au roi en mettant leurs mains dans les siennes, ce qui est habituellement indiqué par l'expression *sese commendaverunt*[5]. Par là même, ils sont tenus à un complet dévouement envers le roi. Ils sont tenus de le servir[6] sur sa réquisition; et, en effet, on les voit employés comme ses hommes de confiance, soit au palais, soit au dehors, et chargés des missions les plus délicates. Dans les capitulaires, le roi leur commande souvent, comme il commande aux fonctionnaires royaux. La nature de leurs obligations ne peut être juridiquement déterminée d'une façon précise, comme on a souvent essayé de le faire : ils devaient aider le roi de tout leur pouvoir,

1. Cf. Waitz, *op. cit.*, II, 1, p. 337.

2. Greg. Tur., *Historia Francorum*, IX, 27; on voit aussi des personnes *in verbo reginæ*; Greg. Tur., *Historia Francorum*, VII, 7.

3. Marculfe, I, 24; voyez toute la série des *cartæ de mundeburde*, de Rozière, form. 9 et suiv.

4. Sur cette institution de la vassalité et sur les rapports analogues qui existent dans la monarchie franque, voir spécialement : Roth, *Geschichte des Beneficialwesens*, 1850; *Feudalität und Unterthanenverband*, 1863; — Waitz, *op. cit.*, II, 1, p. 241 et suiv.; — W. Sickel, *Die Privatherrschaften im fränkischen Reiche*, dans la *Westdeutsche Zeitschrift für Geschichte und Kunst*, t. XV, 2, p. 111 et suiv.; XVI, 1, p. 47 et suiv.

5. Waitz, II, 1, p. 246 et suiv.

6. Roth, *Feudalität*, p. 212.

par leurs conseils et leurs actes[1]; le roi devait seulement ne
les employer qu'à des actes compatibles avec leur qualité et
leur capacité. On s'est demandé souvent, en particulier, si leur
obligation de vassal comprenait le service militaire. La question me paraît mal posée : tous les hommes libres devaient ce
service (sauf les atténuations apportées par la législation de
Charlemagne en faveur des plus pauvres); il n'y avait donc
pas besoin d'une obligation particulière pour que les *vassi
regales* en fussent tenus. Mais, d'autre part, ils devaient être
les premiers à prendre les armes pour être fidèles à leur serment, et conduire avec eux leurs hommes, comme on le verra
bientôt; aussi sont-ils souvent visés en première ligne pour
ce service. Il pouvait se faire, au contraire, que, servant le roi
dans quelque autre emploi, ils fussent dispensés par cela même
de se rendre à l'armée[2]. En retour de leurs obligations, les
vassi obtenaient la protection spéciale du roi; mais on ne peut
affirmer qu'ils eussent droit au triple *wergeld* des antrustions[3],
ni qu'ils fussent en droit soustraits à la juridiction des
comtes, bien que leurs procès fussent en fait portés au tribunal du roi. Les *vassi dominici* carolingiens sont-ils les successeurs, les continuateurs, sous un autre nom, des antrustions
mérovingiens? On l'a soutenu avec beaucoup de force[4], et il
est tout au moins vraisemblable qu'il n'y a point eu de solution de continuité entre les deux institutions. Mais, en sens
contraire, on prétend que les *vassi* n'ont rien de commun avec
les antrustions, qu'il faut voir en eux simplement une application spéciale d'une institution plus générale dont il va être
question, la recommandation et le séniorat, laquelle s'est développée dans la monarchie franque, indépendamment des
traditions du *comitatus*[5]. Ce que l'on peut affirmer, c'est que

1. Le serment que Charles le Chauve exigea d'Hincmar de Reims doit reproduire le serment du vassal, puisqu'il est prêté au roi en tant que *senior*. Or,
voici comment il débute (*Hincmari Opera*, édit. Sirmond, II, p. 834) : « Sic
promitto ego quia de isto die in antea isti seniori meo, quamdiu vixero, fideiis
et obediens et adjutor, quantocunque plus et melius sciero et potuero, et
consilio et auxilio *secundum meum ministerium* in ounnibus ero. »
2. *Cap.*, 811, *De rebus exercitalibus*, c. viii (I, p. 165); *Cap. Bonon.*, 811, c. vii
(I, 167).
3. Pour l'affirmative, Roth, *Beneficialwesen*, p. 282. — En sens contraire, Waitz,
op. cit., II, 1, p. 251.
4. Roth, *Feudalität*, p. 249 et suiv.
5. Waitz, *op. cit.*, IV, p. 249 et suiv.

les *vassi dominici* diffèrent en un point des *antrustiones* : tandis que ces derniers paraissent avoir été en nombre restreint, formant un groupe attaché à la personne du roi, comme les anciens *comites*, les *vassi dominici*, au contraire, sont très nombreux, répandus par tout le royaume. L'effort du roi carolingien, c'est d'attirer tous les personnages influents dans les liens de sa vassalité. Il semble puiser là une force nouvelle [1] : en réalité, c'est un affaiblissement, car ces hommes prennent l'habitude d'obéir non point par respect de la puissance royale, mais à raison de la promesse spéciale, du contrat qu'ils ont consenti ; le roi peu à peu disparaît derrière le *senior* [2].

Dans la monarchie carolingienne, le roi n'est plus le seul qui soit ainsi le centre et le chef d'un groupe de fidèles. Non seulement dans les chroniques, mais aussi, à partir du VIIIe siècle, dans les textes de lois, on voit mentionnées des personnes appelées *seniores*, qui exercent une autorité reconnue par la loi sur d'autres hommes, qui sont dits leurs vassaux ou leurs hommes (*vassali, homines sui*). Cependant, ils n'exercent pas cette autorité en qualité de fonctionnaires ; car si, parmi eux, figurent des comtes, des évêques, des abbés, d'autres sont de simples particuliers. On voit que c'est une classe toujours ouverte. Les *vassali* auxquels ils commandent se sont recommandés à eux, *sese commendaverunt*, par le même serment que le *vassus dominicus* a dû prêter au roi, et nous avons les termes mêmes de l'engagement qu'ils contractaient. Ils devaient « servir et assister le *senior* pendant toute leur vie, comme il convient à des hommes libres [3] ». Cela ne comprenait pas d'obligations absolument déterminées, mais cela supposait un dévouement constant du *vassalus* envers le seigneur, en même temps qu'un droit général de commandement chez ce dernier, et la coutume déterminait les cas où un service précis

---

1. Cf. Schröder, *Deutsche Rechtsg.*, p. 156.

2. C'est ce que fait déjà remarquer Hincmar, à propos du serment que Charles le Chauve lui a imposé (*Opera*, édit. Sirmond, II, p. 835) : « Cæterum rationabilius dicitur *isti imperatori* quam *isti seniori meo.* »

3. De Rozière, form. 43, *Qui se in alterius potestate commendat* : « Dum ego in caput advixero, ingenuili ordine tibi servicium vel obsequium impendere debeam, et de vestra potestate vel mundoburdo tempore vitæ meæ potestatem non habeam subtrahendi, nisi sub vestra potestate vel defensione diebus vitæ meæ debeam permanere. »

était dû [1]. C'est ainsi que nous voyons le vassal obligé de venir garder la maison de son seigneur [2], de suivre celui-ci dans une autre région [3]; le seigneur peut, semble-t-il, le forcer à prendre femme [4], à s'obliger par serment [5]. Pour ce qui est d'une obligation au service militaire du *vassus* envers le *senior*, il n'en saurait être question en droit; car les capitulaires défendent aux particuliers d'avoir des troupes de gens armés [6]. Mais, en fait, nous sommes dans un milieu où les guerres privées, bien que défendues, ne sont point rares [7], et, en semblable occasion, en vertu de son devoir général de fidélité, le *vassus* doit sûrement défendre le *senior*. Dans la seconde moitié du IXe siècle, l'obligation au service militaire apparaît formellement comme imposée à un certain nombre de vassaux, qui portent déjà le nom de *milites* [8]. Le *senior*, de son côté, a des obligations envers

1. Hincmar. *Ad Ludovicum Balbum* (*Opera*, II, 183) : « Homo subjectus vadit solliciter cum seniore suo ut ea faciat quæ illi placeant... secundum sæculum ad honorem et profectum, et si in aliquo fecerit quod seniori suo displiceat, hoc statim emendare festinat ut ad gratiam illius reveniat. »

2. Hincmar de Laon (*Hincmari Opera*, II, p. 613) : « Filium suum quem mihi commendaverat, cum præcepissem cum aliis meis qui de eodem pago sunt, meas tenere mansiones. »

3. *Cap Vermeriense*, c. IX (I, p. 41).

4 Voyez mon *Mariage en droit canonique*, t II, p. 68.

5. Hincmar (*Op.*, II, p. 823) : « Pervenit ad nos quia hominem tuum Ratramnum irrationabiliter et inconvenienter sacramentum jurare fecisses; qui licet tibi servitium debeat, tamen sub nostra cura tu et ille de salute vestra esse debetis. »

6. *Cap. Haristal.*, 779, c. XIV (I, 50).

7. Elles apparaissent déjà très nettement dans Grégoire de Tours, *Historia Francorum*, VI, 4; VII, 2, 46, 47; VIII, 20, 32; IX, 9, 35; X, 5.

8. Voyez M. Sickel, dans *Westdeutsche Zeitschrift*, XVI, 2, p. 154. Nous en avons un exemple précis dans la *Chronique de l'abbaye de Saint-Riquier* rédigée par le moine Harulf et publiée par M. F. Lot en 1894 dans la *Collection de textes pour servir à l'étude et à l'enseignement de l'histoire*. La chronique de Harulf a été rédigée en partie à la fin du XIe siècle, en partie au commencement du XIIe (voir p. XVI); mais elle contient des documents beaucoup plus anciens. en particulier un relevé (*descriptio*) de tous les biens et droits de l'abbaye. fait par ordre de Louis le Débonnaire, p 86 et suiv. Là se trouvent, p. 96, 97, les noms de 103 hommes qui devaient le service à l'abbaye de Saint-Riquier, et voici comment les désigne le chroniqueur : « Sed jam illorum nomina recitemus qui ex sancto Richario beneficia retentabant, quique cum sibi subditis militibus nostro abbati et ministris Ecclesiæ nobiliter satis serviebant terra marique, vel ubicumque eorum comitatu cuilibet e sancti loci fratribus indiguisset... Hæc sunt nomina militum monasterio b. Richarii famulantium quos ubique abbas vel propositi secum ducebant, quique consuetudinaliter in die festi sancti Richarii et in Nativitate Domini vel in Resurrectione seu in Pentecoste semper monasterio aderant, accurate, prout quisque poterat,

le *commendatus*; il lui doit sa protection (*tutela, mundeburdis*), prenant en main sa cause; il semble aussi qu'il lui doive l'assistance proprement dite, lui fournissant de quoi vivre[1], par la concession d'une terre ou autrement.

Ces rapports ainsi définis sont reconnus et sanctionnés par la loi carolingienne. Ces deux hommes sont légalement liés pour la durée de leur vie[2] : le *vassalus* ne peut point quitter le *senior* sans la permission de celui-ci, à moins qu'il n'ait été victime de sa part de quelque odieux attentat. La loi admet ce groupement des sujets; on a même pu soutenir qu'elle l'imposait. En effet, un capitulaire de 847 paraît ordonner à tout homme libre de se choisir un *senior*[3]. Mais il y a là une permission et non pas une contrainte; le sujet peut rester sous l'autorité directe du roi.

D'où vient cette organisation? Il n'est pas vraisemblable qu'elle ait pour point de départ le *comitatus* germanique, puisque, sous les Mérovingiens, celui-ci n'est plus représenté que par l'antrustionat royal. Elle dérive plutôt des patronages et des clientèles que nous avons signalés dans l'empire d'Occident[4]. Ces relations et ces groupements ne durent point

ornati. » — Il est vrai que ces phrases sont du chroniqueur lui-même; mais il en a puisé les éléments dans le vieux texte qui lui fournissait la liste des hommes. Il renvoie à l'état détaillé des revenus de Saint-Riquier, qu'il analyse. M. Lot a donné en appendice (n° VII) cet état pour la ville même, et j'y relève ceci, p. 308 : « Vicus militum CX, unusquisque semper equum, scutum, gladium, lanceam, cæteraque arma exhibet. »

1. De Rozière, form. 43 : « Ut me tam de victu quam de vestimento, juxta quod vobis servire et promereri potuero, adjuvare vel consolare debeas. » Il s'agit ici, il est vrai, d'un malheureux qui n'a pas de quoi vivre, et la misère est la cause même de la recommandation. Mais si la nature de l'assistance devait varier selon la condition du recommandé, elle devait toujours exister.

2. *Cap.*, 813, c. XIV (I, p. 172) : « Quod nullus seniorem suum dimittat, postquam ab eo acceperit valente solido uno, excepto si eum vult occidere, aut cum baculo cædere, vel uxorem aut filiam maculare, seu hereditatem ei tollere. » Cf. *Capitula Francica*, c. VIII (I, p. 215).

3. *Conv. ap. Marsnam* (An. Karoli), c. II (II, p. 71) : « Volumus etiam ut unusquisque liber homo in nostro regno seniorem, qualem voluerit, in nobis et in nostris fidelibus accipiat. »

4. Dans ce sens, Flach, *Les origines de l'ancienne France*, t. I, p. 76 et suiv. ; — Schröder, *Deutsche Rechtsg.*, p. 154; — Fustel de Coulanges, *Le bénéfice et le patronat*, p. 187 et suiv. Mais M. Flach, dans le deuxième volume des *Origines de l'ancienne France*, deuxième partie, p. 435, a abandonné sa première opinion pour produire une thèse toute nouvelle. Il admet aujourd'hui que l'institution du *Comitatus* n'a jamais cessé après les invasions de fonctionner librement, avec une portée générale et au profit de tous les puissants. Pour

cesser après la chute de l'empire; ils étaient plus utiles dans
un État plus décomposé, et, nécessairement, leur importance
grandit. Bientôt juridiquement ils changèrent de nature. Dans
l'empire, cela n'avait été qu'un état de fait, et, dans une
certaine mesure, la loi était intervenue pour l'interdire. Dans
la monarchie franque, déjà sous les Mérovingiens, par l'influence de la coutume, cela devient un état de droit. La loi des
Ripuaires vise l'homme libre qui est *in obsequio alterius*[1] ; les
formules de Marculfe, dans l'acte qui contient la concession de
la *mundeburdis* royale, font profiter de celle-ci non seulement
l'impétrant, mais « tous ceux qui sont soumis à son pouvoir et
espèrent en lui[2] ». Sans doute, cette dernière formule comprenait probablement d'autres personnes que les recommandés,
mais elle comprenait aussi ceux-là. Sous les Carolingiens,
l'institution prend des formes précises. D'abord, très probablement, dans une de ses applications, elle fusionne avec l'antrustionat qu'elle remplace : ceux qui jurent fidélité spéciale
au roi ne sont plus considérés que comme une catégorie particulière de recommandés. Puis, dans toute recommandation
de personnes, intervient nettement le serment solennel, l'engagement pris les mains dans les mains : peut-être cette forme
de contracter fut-elle introduite par la coutume germanique;
c'était un serment de ce genre que prêtait l'antrustion *in
manu regis*. Mais c'est aussi une forme de serment très

---

lui, la première vassalité féodale, celle des xe et ixe siècles, est la même institution que le *Comitatus* germanique et le continue directement. Son principal
argument, c'est qu'il retrouve dans les chansons de geste des xie, xiie et
xiiie siècles tous les traits du *Comitatus*. Mais cette thèse me paraît inaccep-
table, et j'ai essayé de la réfuter de près et en détail dans la *Nouvelle revue
historique de droit français et étranger*, 1894, p. 523 et suiv.

1. *Lex Rip.*, XXXI, 1 : « Quod si homo aut ingenuus in obsequium alterius
inculpatus fuerit, ipse qui eum post se eodem tempore retinuit in præsentia
judicis... representare studeat aut in rem responderc. » Le mot *obsequium*
paraît bien technique pour désigner cette attache d'une personne à une autre;
il se retrouve dans la formule 43 de de Rozière (formule de Tours) citée plus
haut. — Cf. *Edict. Rotharis* (c. 225, al. 228) : « Si aliquis in gasindio ducis
aut privatorum hominum *obsequio* donum vel munus conquisierit. »

2. Marculfe, I, 24 (de Rozière, form. 9) : « Illustris vir ille (major domus)
causas ipsius pontificis aut abbatis, aut Ecclesiæ aut monasterii, *vel qui per
eum sperare videntur vel undecunque legitimo reddibit mittio* tam in palacio
nostro sequere debeat. » Sur ces expressions, voyez Brunner, *Mithio und
Sperantes*, Berlin, 1884. Dans les formules postérieures de la *charta de mundeburdis*, ce terme est remplacé par l'expression *homines ejus*.

répandue dans les coutumes primitives ou populaires, que
celle où figure la main du *jurans*[1]. Ce que, dans tous les cas,
la *commendatio* du vassal paraît avoir emprunté à la conception germanique, c'est la dignité de cet état, qui ne fut point
considéré comme avilissant : le *patrocinium* du Bas-Empire
paraît, au contraire, avoir entraîné, pour celui qui le subissait, une idée de dégradation[2].

J'ai dit plus haut que la législation carolingienne ne fit rien
pour entraver la formation des liens de vassalité, qui, cependant,
créaient des autorités privées s'interposant entre le roi et les
sujets ; et cela se conçoit, car elle eût été certainement impuissante à arrêter ce mouvement. Mais elle fit plus, elle le favorisa ;
cela paraît plus singulier, mais se peut comprendre cependant.
En effet, les vassaux des *seniores* continuaient à être soumis à
l'autorité publique ; ils étaient tenus envers elle aux mêmes
services et prestations que les autres sujets, et le séniorat
paraissait même un moyen commode et sûr pour assurer l'accomplissement de ces obligations : cela se voit bien pour deux
services essentiels, la justice et la guerre. Tous les hommes
libres devaient alors le service militaire sans solde et à leurs
frais ; mais lorsque le comte convoquait le contingent de son
pagus, malgré la grosse amende qui frappait les récalcitrants,
il semble qu'il lui était difficile de réunir tous ses soldats. Les
capitulaires imposèrent au *senior,* sous sa responsabilité personnelle, l'obligation de réunir et de conduire ses hommes
à l'armée en cas de convocation[3]. D'autre part, le *senior* pouvait
représenter en justice son vassal ; et lorsqu'un tiers avait une
réclamation à faire valoir contre celui-ci, c'était au *senior* qu'il
s'adressait ; le *senior* était tenu ou de lui faire rendre justice
ou de faire comparaître son homme au tribunal[4]. L'administration royale était, par là, déchargée d'autant. En réalité, par

1. Voyez Esmein, *Études sur les contrats dans le très ancien droit français,*
p. 97 et suiv. ; et le *Serment promissoire en droit canonique (Nouvelle revue
historique de droit,* 1888, p. 239 et suiv.).

2. Quant aux termes par lesquels sont désignées les deux parties, le mot *senior*
est constamment employé aux vi⁰ et vii⁰ siècles pour désigner *un supérieur,*
celui qui a autorité sur un autre, et opposé à *junior,* qui désigne l'inférieur.
Le mot *vassus* dérive peut-être du celtique.

3. Voyez, par exemple, *Capitula de rebus exercitalibus,* 811 (I, p. 164) ; — *Cap.
Bononiense,* 811, c. vii, ix (I, p. 167).

4. Waitz, *op. cit.* (IV, p. 269) ; — Roth, *Feudalität,* p. 225 et suiv.

la création de ces intermédiaires, le pouvoir royal perdait son ressort ; le roi disparaissait peu à peu derrière le *senior*, qui était le plus proche et commandait directement[1]. Il est vrai que le *senior* lui-même entrait dans la classe des *vassi dominici*.

II

Nous avons vu plus haut que, dans la monarchie franque, comme dans les autres royaumes fondés par les barbares, c'était la forme romaine de la propriété qui l'avait emporté. Il semble, d'autre part, qu'à la suite des établissements la petite ou moyenne propriété, qui tendait à disparaître dans l'Empire, se soit reconstituée dans une certaine mesure. Mais ces deux résultats ne devaient pas être définitifs[2].

En premier lieu, la tendance à la reconstitution des grands domaines devait reprendre, dans la monarchie franque, plus énergique que jamais. Le petit propriétaire abdique pour des causes analogues à celles qui ont été signalées au Bas-Empire : l'insécurité et les charges trop lourdes. L'insécurité vient de l'anarchie générale, de la faiblesse du pouvoir : dans cette société, la force prime le droit. Les charges ne proviennent pas, à proprement parler, des impôts, comme dans l'Empire, mais des services personnels, des réquisitions, auxquels est soumis le petit propriétaire, et qui l'obligent fréquemment à payer de sa personne et de sa bourse en même temps : au premier rang, étaient les convocations au *placitum* et les appels à l'armée. Il aimait mieux renoncer à sa propriété pour devenir le tenancier d'un puissant qui le protégerait contre les attaques des particuliers, peut-être même contre les exigences de l'autorité publique. Les capitulaires montrent que souvent les comtes abusaient systématiquement de leurs pouvoirs à l'égard du petit propriétaire et qu'ils l'accablaient de réquisitions, pour le forcer à leur céder sa terre[3].

1. Voyez *Capitula de rebus exercitalibus*, c. VIII (I, p. 165) : « Sunt... qui remanent et dicunt quod seniores eorum domi resideant et debeant cum eorum senioribus pergere, ubicumque jussio domini imperatoris fuerit. Alii vero sunt qui ideo se commendant ad aliquos seniores, quos sciunt in hostem non profecturos. ».

2. Pour ce qui suit, consulter l'étude citée de M. W. Sickel : *Die Privatherrschaften im fränkischen Reiche.*

3. *Capitula de rebus exercitalibus*, c. III (I, 165) : « Dicunt etiam quod quicumque proprium suum episcopo, abbati vel comiti aut judici vel centenario dare

Deuxièmement, la propriété libre et absolue, le *proprium*, comme on dit dans la langue de cette époque, tendait à devenir de plus en plus rare. La plupart des hommes qui avaient la jouissance de la terre ne la tenaient plus que des concessions conditionnelles et limitées, émanées des grands propriétaires. Ces concessions, d'ailleurs, n'étaient pas consenties d'ordinaire moyennant de lourdes redevances pécuniaires. Un assez grand nombre étaient absolument gratuites ; d'autres emportaient des redevances très faibles en argent ou en nature. Toutes se présentent comme ayant pour durée normale la vie du concessionnaire ; ce n'est que par une nouvelle évolution qu'elles tendront à devenir plus tard héréditaires. Ce phénomène, qui contenait en puissance les futures tenures féodales, avait des causes multiples.

La concession des terres n'avait point toujours à cette époque pour but véritable de tirer un profit de la propriété foncière : souvent elle était tout autre chose qu'une simple amodiation et avait pour but de développer l'influence sociale et politique du concédant[1]. Il était alors tout naturel qu'elle fût gratuite ; il était également naturel qu'elle fût simplement viagère, le concédant voulant garder pour lui ou pour son héritier le moyen de s'attacher les fils comme il s'était attaché les pères. Même dans le cas où la concession de la terre avait pour but de lui faire rapporter une rente au profit du propriétaire, les charges pécuniaires exigées du concessionnaire ne pouvaient pas être bien lourdes. En effet, dans cet âge de grande propriété et de peu de sécurité, les terres étaient peu productives ; faute de bras pour les cultiver, beaucoup restaient incultes : le peu que le propriétaire tirait d'une concession était autant de gagné[2].

---

noluerit, occasiones quærunt super illum pauperem, quomodo eum condempnare possint et illum semper in hostem faciant ire, usque dum pauper factus, volens nolens, suum proprium tradat aut vendat ; alii vero qui traditum habent absque ullius inquietudine domi resideant. »

1. M. Blumenstok dans son ouvrage souvent cité, *Die Entstehung des deut. Immobiliareigenthums*, p. 342, fait à ce sujet une remarque très juste : c'est que, à cette époque et dans ce milieu économique, la propriété foncière était un moyen de vivre plus ou moins largement, et non de s'enrichir. Les produits de la terre étaient destinés à la consommation directe, non à former un capital. Le grand propriétaire, qui avait plus de terre qu'il ne lui en fallait pour la complète satisfaction de ses besoins, faisait donc naturellement des concessions libérales.

2. Pour ce qui suit, consulter : Laboulaye, *Histoire de la propriété foncière en*

Enfin, pour une autre raison, souvent le concédant ne pouvait pas en réalité dicter les conditions et devait les faire très douces : il arrivait, en effet, qu'il n'était concédant qu'en apparence, et que c'était lui, au contraire, qui réalisait une acquisition. Nous avons dit plus haut que le petit propriétaire était souvent amené et contraint à se défaire de son bien ; mais alors il ne le vendait pas le plus souvent, car il n'aurait su que faire du prix de vente. Il allait trouver le *potens* du voisinage et lui donnait sa parcelle en toute propriété, mais à condition que celui-ci lui en rendît la jouissance et la lui garantît jusqu'à la fin de ses jours. Il perdait un droit de propriété fort compromis, mais il acquérait un usufruit assuré : c'était alors la manière de faire un placement à fonds perdu. C'est là, d'ailleurs, une combinaison qui se présente naturellement dans un pareil milieu ; nous l'avons constatée aux derniers jours de l'Empire[1]. Dans la monarchie franque, elle est très fréquente : on l'appelle parfois la *recommandation des terres*, par analogie avec la recommandation des personnes[2].

Ces concessions simplement viagères forment d'abord le droit commun ; mais, presque aussitôt, elles tendent à devenir héréditaires, au moins au profit des enfants du concessionnaire. C'est que, par une sorte de loi naturelle, la possession de la terre tend à se consolider entre les mains de ceux qui la détiennent à demeure et qui la font produire : la tenure tend à se transformer en propriété. Dans le système que nous envisageons, le possesseur n'était cependant pas appelé à devenir ou à redevenir propriétaire : il devait nécessairement rester tenancier, car les rapports naissant de la tenure allaient bientôt constituer le lien le plus fort entre les hommes. Mais, quand les devoirs et les droits furent bien fixés entre ceux qui tenaient la terre et ceux de qui ils la tenaient, la

---

Occident ; — Garsonnet, *Histoire des contrats de location perpétuelle ou à long terme.*

1. Ci-dessus, p. 27.

2. Les textes emploient cependant le mot *commendare* pour désigner non pas l'oblation, mais la concession de la jouissance (de Rozière, form. 329). — Sur l'acte même, voyez *Lex Alamannorum*, tit. II ; — *Lex Bajuwariorum*, tit. I, c. 1 ; — Polyptyque d'Irminon (édit. Longnon, n° 61, p. 38) : « Isti homines fuerunt liberi et ingenui ; sed quia militiam regis non valebant exercere, tradiderunt alodos suos sancto Germano. »

tenure put devenir héréditaire, passer aux héritiers sous les
mêmes obligations dont avaient été tenus leurs auteurs.

Les types de concessions qui s'introduisirent dans la monarchie franque furent nombreux et variés ; je n'en détacherai
que deux pour les étudier avec quelques détails : la *precaria*
et le bénéfice.

La *precaria* paraît avoir été introduite par l'Église ; bien
que parfois elle émane de laïcs [1], en genéral elle procède des
établissements ecclésiastiques. Elle s'est présentée, d'ailleurs,
successivement sous deux formes. Dans la première, c'est
une concession faite seulement pour cinq ans et moyennant
le paiement d'un *census* annuel : elle est, d'ailleurs, indéfiniment renouvelable, mais toujours pour cinq années. Il est
convenu que, faute du paiement du *census*, la concession sera
retirée de plein droit [2]. Elle est constatée par deux titres : l'un,
dit *precaria*, constate la demande de concession, la prière
adressée par le particulier à l'Église, et il reste entre les mains
du concédant ; celui-ci, en cas de litige, n'aura qu'à le produire
pour établir que la terre lui appartient, et que le tenancier n'en
est pas propriétaire ; l'autre titre, appelé *præstaria* ou *com-
mendatitia*, c'est l'acte même qui constate la concession, et il
est remis au concessionnaire [3]. Où l'Église avait-elle pris cette
forme de concession ? Tous reconnaissent que c'est un emprunt
aux institutions romaines, mais on n'est pas d'accord quant à
l'institution qui a été copiée. D'après une opinion, jadis commune, et qui compte encore des partisans [4], nous aurions là,
tout simplement, la continuation d'une convention bien connue
des romanistes sous le nom de *precarium* ; c'était l'acte par
lequel une personne cédait gratuitement à une autre, et sur sa
demande (*preces*), l'usage d'une chose, mais en se réservant de
retirer à volonté la concession. C'est surtout la similitude des
noms (*precaria, precarium*) qui a fait soupçonner entre les deux

1. De Rozière, form. 325. Sur cette institution voir un excellent travail de
M. Wiart, *Essai sur la « precaria »*, thèse de doctorat, Paris, 1894.

2. Marculfe, II, 39, 41 ; — de Rozière, form. 323, 325. La durée de cinq ans
nous est surtout connue par les formules ou les actes qui ont pour but de
l'étendre, d'écarter la nécessité du renouvellement quinquennal. De Rozière,
325, 328 ; — Pardessus, *Diplomata*, n° 557 ; — Thévenin, n° 56.

3. Voyez la série des formules de *precariæ* dans de Rozière, n°⁵ 319-367.

4. Fustel de Coulanges, *Le bénéfice et le patronat à l'époque mérovingienne*,
p. 63-187.

institutions un rapport de filiation ; mais le *census* stipulé
dans la *precaria* et surtout la durée ferme de cinq années nous
éloignent de cette origine. Des recherches plus précises font
penser que, si l'Église s'est inspirée du droit romain, ce n'est
pas au droit privé, mais au droit administratif qu'elle a emprunté le modèle à copier. Propriétaire aux immenses domaines,
elle a imité le plus grand propriétaire foncier de l'Empire, c'est-
à-dire le fisc impérial. Or, celui-ci, pour exploiter ses terres,
employait deux sortes de concessions : l'une était une emphy-
téose perpétuelle, et nous savons que l'Église, de bonne heure,
a consenti de semblables baux [1] ; l'autre forme de concession
était un bail temporaire, dont la durée était fixée à cinq années,
par un souvenir vivace du temps où le censeur consentait pour
un *lustrum* toutes les locations fiscales. C'est ce type que l'É-
glise copia tout d'abord dans la *precaria* [2]. Mais j'ai dit que
celle-ci se modifia et prit une seconde forme, qui bientôt re-
foula la première. Elle consista en ce que la concession fut consolidée doublement : 1° on la rendit viagère, en écartant la nécessité du renouvellement quinquennal, ou en tenant d'avance
celui-ci pour accompli [3] ; 2° on écarta la clause en vertu de laquelle, faute de paiement du *census*, la concession était révo-
quée de plein droit et l'on se contenta de frapper d'une amende
le tenancier récalcitrant [4] ; 3° enfin, parfois même, la *precaria*
fut déclarée transmissible aux héritiers du concessionnaire [5].
Cette transformation s'explique par les causes générales indiquées plus haut : ce qui agit surtout dans ce sens, c'est ce fait
que la *precaria* était devenue souvent un moyen d'acquisition
pour l'Église. Parmi les petits propriétaires, qui étaient réduits
à abdiquer leur propriété pour en reprendre seulement la joui-
sance viagère, beaucoup donnaient la préférence à l'Église ; et
c'était alors au moyen d'une *precaria* qu'ils reprenaient la

---

1. Esmein, *Les baux perpétuels des formules d'Angers et de Tours* (*Mélanges*,
p. 393 et suiv.).

2. Esmein, *Mélanges*, p. 394. Il faut d'ailleurs ajouter que le laps de cinq
ans était aussi la durée normale ordinaire des baux privés chez les Romains ;
voyez, dans mes *Mélanges*, l'étude sur *Les baux de cinq ans en droit
romain*.

3. De Rozière, form. 319, 320, 325, 328.

4. C'est d'après ce type que sont rédigées la plupart des formules de *precariæ*;
de Rozière, nᵒˢ 319 et suiv., *passim*.

5. Thévenin, nᵒ 54, — de Rozière, 350 et suiv. ; — Roth, *Feudalität*, p. 159.

jouissance de leur bien [1]. Il y avait de cette préférence plusieurs
motifs. C'était d'abord que les biens de l'Église étaient plus régulièrement administrés que les autres et ses tenanciers souvent mieux traités. Mais, surtout, il y avait un intérêt immédiat
et pécuniaire. En effet, l'Église avait pour coutume de rendre
au donateur, par voie de *precaria*, non seulement l'usufruit du
domaine qu'il avait donné, mais encore la jouissance viagère
d'une quantité égale de terre prise sur le domaine ecclésiastique [2].

Le mot *beneficium*, pris dans un sens large, désigne tout acte
contenant une concession gracieuse et par là même un bienfait ; et, par suite, il peut être employé pour désigner toute concession de terre, et, en particulier, la *precaria* [3], comme il sert à
désigner un prêt d'argent consenti [4]. Mais, dans un sens restreint
(et c'est en ce sens que nous le prenons ici), il désigne, sous
les Carolingiens, une terre concédée gratuitement et à titre
viager, d'ordinaire par un *senior* à son vassal. C'est une institution pratiquée à la fois par la royauté, l'Église et les laïcs
puissants ; mais ce sont les bénéfices royaux qui ont eu le plus
d'importance et qui, peut-être, ont servi de modèle à tous les
autres. L'origine des bénéfices, ainsi entendus, est douteuse.
On les a souvent rattachés, comme la *precaria*, au *precarium*
du droit romain, ce qui impliquerait qu'à l'origine ils auraient
été révocables à la volonté du concédant et qu'ensuite ils se

---

1. C'est ce qu'on appelle d'ordinaire la *precaria oblata* ; voyez de Rozière,
form. 339 et suiv.

2. C'est ce qu'on appelle souvent la *precaria remuneratoria* ; Roth, *Feudalität*, p. 147. — On a parfois donné pour origine à cette pratique les prescriptions contenues dans la compilation de Justinien et défendant aux églises
d'aliéner leurs biens-fonds. On ne leur permettait même pas d'en concéder
l'usufruit, à moins que l'impétrant ne donnât à l'Église, sauf réserve d'usufruit à son profit, une terre d'un revenu égal : L. 14, § 5, C. J., I, 2 ; Novelle,
VII, c. 1 et 11. Seulement, dans la monarchie franque, les rôles furent ren-
versés ; c'est l'Église qui fait l'offre d'un usufruit sur ses terres aux particuliers qui lui abandonneront la propriété des leurs ; c. iv, C. X, qu. 2. Le texte
de Justinien ne paraît pas avoir exercé d'influence en Gaule (Wiart, *op. cit.*,
p. 244).

3. Pardessus, *Diplomata*, n° 557 : « Preco et supplico gracie vestre ut michi
in *unum beneficii* rem ecclesie vestre... concedere deberetis... Unde placuit
vobis ut *duas precarias* absque quinquenii renovacione facte fuissent. » Cf. de
Rozière, form. 322.

4. De Rozière, form. 368 : « Vestra bonitas habuit ut libera de argento de
rebus vestris *nobis ad beneficium præstetistis.* »

seraient consolidés en devenant viagers; comme, d'autre part,
ils finirent par devenir héréditaires, ils auraient, dans cette
hypothèse, passé par trois états successifs, et c'est bien ainsi
que leur histoire est décrite dans un vieux coutumier lombard, au XII° siècle[1]. Mais, en ce qui concerne la France, les
choses se présentent autrement, et les concessions de terres
faites par le roi à ses fidèles ne paraissent avoir jamais eu le
caractère précaire: toute la question est de savoir si le bénéfice
simplement viager apparaît déjà sous les Mérovingiens ou s'il
date seulement des Carolingiens. C'est une question qui a été
et est encore très vivement discutée. Voici ce qui paraît se
dégager des textes et de leur critique[2].

Sous les Mérovingiens, surtout par influence du droit romain, les donations de terres faites par les rois transféraient
souvent la propriété pleinement héréditaire et aliénable[3].
Mais il ne semble pas pourtant qu'en droit tel fût l'effet normal
des donations royales; il fallait, au contraire, une clause formelle pour qu'elles produisissent cet effet[4]. En dehors d'une
concession précise conçue en ce sens, la donation transférait bien la propriété, mais une propriété limitée qui n'était
ni aliénable, ni même nécessairement héréditaire[5]. Cependant, la transmission aux descendants du donataire paraît

1. *Consuetudines* ou *Libri feudorum*, l. I, tit. I, § 1 : « Antiquissimo enim
tempore sic erat in dominorum potestate connexum ut quando vellent possent
auferre rem in feudum a se datam. Postea vero eo ventum est ut per an-
num tantum firmitatem haberent; deinde statutum est ut usque ad vitam
fidelis produceretur. Sed quum hoc jure successionis ad filios non pertineret,
sic progressum est ut ad filios perveniret. » — M. Waitz admet que ces trois
formes ont existé d'une façon concomitante sous les Mérovingiens, *Deutsche
Verfas.*, II, 1, p. 319, note 3.

2. Les travaux principalement à consulter sont : Waitz *op. cit.*, II, 2, p. 306
et suiv.; — Roth, *Beneficialwesen* et *Feudalität*; — et, plus récemment, Brunner,
Die Landschenkungen der Merovinger und der Agilolfinger, et surtout *Deutsche
Rechtsgeschichte*, § 91, t. II, p. 243 et suiv.

3. La formule de ces donations est donnée par Marculfe, I, 14.

4. Les stipulations du traité d'Andelau, en ce qui concerne les donations
faites par le roi Gontran à sa fille Clotilde, sont intéressantes à cet égard. Après
avoir confirmé ces donations, le traité ajoute : « Et si quid de agris fiscalibus
vel specibus atque præsidio pro arbitrii sui voluntate facere aut cuiquam conferre voluerit, in perpetuo, auxiliante Domino, conservetur neque a quocumque ullo nunquam tempore convellatur. » Greg. Tur., *Historia Francorum*,
IX, 20, édit. Arndt, p. 375.

5. Brunner, *Deutsche Rechtsg.*, II, p. 244, 245 et suiv.

s'être établie[1], comme étant de droit, à moins qu'un acte
formel de la volonté royale ne fît rentrer le bien dans le
patrimoine fiscal à la mort du donataire[2]. On voit, il est
vrai, les enfants demander au roi et obtenir de lui la confirmation d'une donation fiscale faite à leur père[3]; mais cet acte
se conçoit très bien; les héritiers allaient au devant d'une
révocation possible et voulaient obtenir une complète sécurité[4].
Enfin ces donations, sans être proprement révocables au gré
du concédant, étaient facilement confisquées par les rois mérovin-
vingiens, en cas de faute grave, en cas d'infidélité du donataire : elles étaient révoquées alors que les biens propres et
patrimoniaux du coupable n'étaient pas confisqués[5]. Mais tout
cela, c'était une conception particulière des donations royales,
d'après laquelle, dans une certaine mesure, le maintien du
bienfait était subordonné à la grâce du roi : ce n'était point
du tout le bénéfice proprement viager, qu'on trouve sous les
Carolingiens[6]. Ce qui produisit ce dernier, ce fut probablement
l'imitation par le pouvoir royal des *precariæ* ecclésiastiques,
et un événement célèbre fournit le point d'attache.

Il se trouva, sous Charles Martel, que le patrimoine royal
était fort épuisé, et cependant le pouvoir royal avait un besoin
pressant, dans des circonstances difficiles, de s'attacher les
grands, les *seniores,* par des bienfaits. Le puissant maire du
palais n'hésita pas à prendre sur les biens de l'Église les terres

1. Chez les Burgondes et les Bavarois, elle fut formellement établie par la
loi; *Lex Burgund.,* tit. I, 1, 3, 4; *Decretum Tassilionis ducis,* c. viii.
2. Greg. Tur., *Historia Francorum,* VIII, 22 : « Hoc anno et Wandelenus, nu-
tritor Childeberti regis, obiit... quæcumque de fisco meruit, fisci juribus sunt
relata. Obiit his diebus Bodygesilus dux plenus dierum, sed nihil de facultate
ejus filiis minutum est. » Cf. VI, 22 : « Nunnichius comes... interiit, resque
ejus, quia absque liberis erat, diversis a rege concessæ sunt. »
3. Voyez la formule de Marculfe, I, 31.
4. Greg. Tur., *Historia Francorum,* IX, 35 : « Explicita igitur tam infelicem
vitam filius ejus ad regem abiit resque ejus obtinuit. »
5. Greg. Tur., *Historia Francorum,* XI, 38, *in fine* : « Sunnegisilus et Gallo-
magnus, privati a rebus quas a fisco meruerant in exilio retruduntur. » — « Ve-
nientibus legatis, inter quos episcopi erant, a rege Guuthchramno et petentibus
pro his, ab exilio revocantur; *quibus nil aliud est relictum, nisi quod habere
proprium videbantur.* »
6. M. Brunner, *Deutsche Rechtsg.,* II, p. 245, parle aussi de donations, qui,
faites par le roi pour servir de dotation à un service ou à un office déterminé,
seraient devenues caduques lorsque le donataire aurait cessé le service ou
perdu l'office. Mais il paraît difficile de dégager des textes cette combinaison,
comme une forme précise, dans la monarchie mérovingienne.

dont il avait besoin pour faire des largesses, et il les donna à ses fidèles, sans doute encore dans les conditions indiquées plus haut. C'était, à cette époque, un principe reçu dans le droit public, que le roi avait la haute main sur le patrimoine ecclésiastique et pouvait en disposer en cas de besoin[1], et, plus tard, sous Louis le Débonnaire et Charles le Chauve, il en sera fait de nouvelles applications. Mais l'Église n'en sentit pas moins très rudement le coup[2] : elle éleva des plaintes énergiques, et, sous les fils de Charles Martel, Pépin et Carloman, elle obtint une satisfaction partielle. Une partie des biens qui lui avaient été pris furent rendus ; les autres furent laissés à ceux qui en avaient reçu la concession, mais dans des conditions nouvelles : ils furent considérés comme tenus de l'Église à titre de *precaria* et moyennant un *census*, payé, semble-t-il, par les cultivateurs qui habitaient ces terres. A la mort du concessionnaire, la *precaria*, selon le droit commun, devait faire retour à l'Église. Il était dit, en outre, que si, à l'avenir, le roi avait besoin de concéder des biens ecclésiastiques à des laïcs, cela se ferait au moyen d'une précaire consentie, *sub verbo regis*, par l'Église elle-même. Telle est la solution qui fut adoptée au synode de Lestinnes en 743[3]. Il est fort probable que c'est à partir de ce moment que le pouvoir royal, employant la *precaria* ecclésiastique pour son propre compte, commença à conférer lui-même des bénéfices viagers. L'Église lui aurait ainsi fourni, à cette époque, non seulement la matière, mais aussi la forme pour ses donations. Mais ce qui donna aux bénéfices royaux une physionomie propre et les différencia de la *precaria*, c'est qu'ils avaient une fonction différente. Tandis que celle-ci avait été souvent un instrument économique, destiné à mettre en valeur le patrimoine de l'Église, les autres étaient, en réalité, un instrument politique. Ils étaient destinés à assurer des vassaux au *senior* et étaient, par suite, naturellement et complètement gratuits[4] : mais ils n'étaient accordés

---

1. Schröder, *Deutsche Rechtsgeschichte*, 2ᵉ édit., p. 143, 160.
2. Sur cet acte célèbre, désigné souvent par le terme *sécularisation des biens ecclésiastiques*, voir : Had. Valesius, *Rerum Francicarum*, lib. XXV, t. III, p. 538 et suiv. ; — Roth, *Feudalität*, p. 71 et suiv. ; — Waitz, *op. cit.*, III, 36 et suiv. ; — Schröder, *op. cit.*, p. 157 et suiv. ; — Brunner, *Deutsche Rechtsg.*, II, p. 246 et suiv.
3. *Capitul. Liptin.*, c. II (I, p. 28). Cf. *Cap. Suessionense*, c. III (I, p. 29).
4. Peut-être, par quelques-unes de ses applications exceptionnelles, la *preca-*

en fait que moyennant un serment de recommandation, dont ils étaient le prix. Par là même, le bénéfice ne fut pas seulement pratiqué par le pouvoir royal, il s'étendit aussi loin que le séniorat lui-même : tous les *seniores* en accordèrent à leurs propres vassaux, et tous ces bénéfices représentèrent des concessions de la même nature.

Le concédant retenait la propriété, et le concessionnaire n'avait sur la terre qu'un droit de jouissance viagère : *usufructuario ordine possidebat*; il ne pouvait aliéner le bien et ne devait pas le détériorer. On s'est demandé souvent si le bénéfice ne mettait pas des obligations et des devoirs à la charge du bénéficiaire. Il ne semble pas qu'il engendrât directement aucune obligation; mais il ne faut pas oublier qu'en fait la concession du bénéfice supposait la vassalité chez le concessionnaire, et il fournissait une sanction indirecte pour les obligations du vassal. Il est certain, en effet, que le maintien de la concession était subordonné à l'accomplissement de ces obligations. Si le vassal manquait d'une façon grave à ses devoirs, le retrait du bénéfice pouvait être poursuivi et prononcé en justice au profit du seigneur[1]; c'était la coutume qui dé-

ria fournit-elle le modèle direct du *beneficium*. Dans certaines *precariæ*, en effet, à raison des conditions spéciales, dans lesquelles elles interviennent, le paiement d'un *cens* est formellement écarté. La concession devient purement gratuite, et les formules, tout en conservant la qualification de *precaria*, disent alors que le concessionnaire *tenet per beneficium, ad beneficium*; de Rozière, n° 345, § 2 (Marc., II, 5) : « Nobis ad beneficium usufructuario ordine excolendum tenere permisistis. » — N° 328, § 2 (Marc., II, 40) : « Per nostro beneficio et successorum nostrorum dum advixeritis amba locella excolere debeatis. » — N° 336 : « Omni tempore vitæ meæ conscriptam rem per vestrum beneficium habebo, tenebo atque possidebo. » M. Brunner dit aussi, *Deutsche Rechtsg.*, p. 251 : « En dehors du cercle des concessions royales le mot *precaria* est employé dans un sens si compréhensif qu'il embrasse aussi le *beneficium*. »

1. Voici la formule employée dans une concession de bénéfice à la fin du VIIIe siècle ou au commencement du IXe (Loersch et Schröder, *Urkunden zur Geschichte des deutschen Rechts*, 2e édit., n° 38, p. 25) : « Ipse Uuldorrich se ipsum tradidit in servitium Attonis episcopi... usque ad finem vitæ suæ, in hoc enim ipsum beneficium accepit ut fideliter in servitio domus sanctæ Mariæ permansisset, *et, si aliquid aliter fecisset, privatus de ipso beneficio permansisset.* » — Nous avons aussi une lettre instructive d'Hincmar de Laon, dans laquelle il raconte pour quelles causes il a fait prononcer le retrait de bénéfice contre un de ses vassaux (*Hincmari Opera*, édit. Sirmond, II, p. 608 et suiv.). Ici, le motif déterminant semble avoir été que le vassal n'a pas suivi son seigneur à l'armée du roi, p. 611 : « Judicaverunt adstantes laici ut sacramento probaretur ex mea parte quod de regis servitio sine mea licentia veniret, et amitteret illud beneficium. »

terminait dans quel cas le manquement était assez grave
pour entraîner cette sanction rigoureuse. Cette privation pouvait, en outre, être prononcée lorsque le bénéficiaire outrepas-
sait son droit sur la terre en vendant ou en détériorant l'im-
meuble[1].

Le bénéfice était une concession viagère qui prenait fin à la
mort du bénéficiaire. Il semble bien qu'il était soumis également à une autre cause de caducité et qu'il prenait fin à la
mort du concédant. Mais, en fait, le *senior* n'avait pas intérêt à
se prévaloir, dans la plupart des cas, de cette double cause de
caducité. Le nouveau *senior* laissait le bénéfice au vassal qui
l'avait possédé, pourvu que celui-ci se recommandât à lui, et,
à la mort du vassal, le *senior* laissait le fief à l'un de ses
enfants, qui devenait son vassal à la place du père. Tout ce
qu'on demandait, c'est que le serment de fidélité fût fourni
au nouveau *senior*, ou fourni par le nouveau vassal. Sous l'influence de cette pratique usuelle, une idée commune s'établissait d'après laquelle il était juste que, dans ces conditions,
le bénéfice se transmît héréditairement. Mais, à la fin du
IXᵉ siècle, on n'était pas allé plus loin dans cette voie; en
équité, le bénéfice était héréditaire, il ne l'était pas encore en
droit[2], et la coutume n'avait pas déterminé les règles de cette
succession. C'est encore à ce point de vue que se place le célèbre capitulaire de Kiersy-sur-Oise de 877. Il suppose la pratique commune que je viens de rappeler : il ne suppose pas et

1. Ces griefs figurent parmi ceux qu'Hincmar de Laon invoquait contre son
vassal, *op. cit.*, p. 611 : « Pervenit autem ad me clamor de eodem Ragenardo
quod suum habuerat destructum beneficium... Invenit missus meus et mansum indominicatum et ipsam ecclesiam penitus destructam ac silvam ven-
ditam. »

2. C'est exactement le point de vue auquel se place Hincmar de Reims à
propos d'une curieuse affaire de bénéfice dans laquelle était impliqué son
neveu Hincmar de Laon : *Expositiones Hincmari Rhemensis ad Carolum regem*
(Migne, *Patrologie*, t. CXXV, p. 1035 et suiv., 1050 et suiv.). Voici quelques
passages notables, p. 1035 : « Filius Liudonis ad vestram dominationem se
reclamavit quia isdem frater noster *ab eo exenium acceperit et patris sui beneficium ei donaverit*, et deinde ab eo irrationabiliter tulerit. » — P 1050 : « Episcopus... de rebus Ecclesiæ propter militiam beneficium donat, aut filiis patrum
qui eidem Ecclesiæ profuerunt et patribus utiliter succedere potuerunt. » —
Remarquons le mot *exenium*, qui figure dans le premier passage : il veut dire
présent, et il en résulte que le *senior* ne concédait point à nouveau le fief au
fils du vassal défunt, sans exiger de lui une certaine offrande. C'est l'origine
du *relief* féodal.

crée encore moins, comme on le disait jadis, l'hérédité proprement dite des bénéfices[1].

III

Sous les Mérovingiens, les officiers royaux, ducs et comtes,
étaient choisis et nommés par le roi et toujours révocables
par lui[2]. Il semble même que leurs pouvoirs leur étaient conférés pour un temps déterminé et très court, sauf un renouvellement toujours possible[3]; en fait, les comtes gardaient
souvent leurs fonctions pendant une longue suite d'années[4].
Ils n'avaient qu'une délégation temporaire de la puissance publique. Mais, sous les Carolingiens, dès la première moitié du
ix⁰ siècle, la situation a changé. Les comtes, quoique toujours
nommés par le roi et responsables envers lui, sont assez ordinairement investis à vie de leurs fonctions, et souvent le fils succède au père dans le même emploi. Dans la seconde moitié du
ix⁰ siècle, c'est devenu la règle générale : le comte possède sa
charge pendant sa vie et — le capitulaire de Kiersy-sur-Oise en
fournit la preuve — la coutume admet, comme chose normale
et équitable, qu'il ait pour successeur un de ses fils[5]. Ces
fonctions publiques ont ainsi été appropriées par ceux qui les
exercent; elles entrent dans leur patrimoine. Cela est résulté
de deux causes principales.

Cela a été parfois le résultat d'une usurpation proprement
dite, que le pouvoir royal n'a pas pu réprimer et que, par suite,
il tolère. C'est ainsi que, de bonne heure, déjà sous les Mérovingiens, les comtes bretons prennent une semblable position[6];
l'Aquitaine, à diverses reprises, dégage également son indépen-

---

1. Émile Bourgeois, *Le capitulaire de Kiersy-sur-Oise*, 1885, p. 127 et suiv.

2. On trouve fréquemment de ces révocations dans Grégoire de Tours ; voyez
par exemple : *Historia Francorum*, IV, 13 ; V, 47 ; IX, 7, 12.

3. Grégoire de Tours rapporte un fait qui le suppose expressément ; *Historia
Francorum*, IV, 42 (édit. Arndt, p. 15) : « Peonius vero hujus municipii comi
tatum regebat. Cumque *ad renovandam actionem* munera regi per filium trans
mississet, ille, datis rebus paternis, comitatum patris ambivit supplantavitque
genitorem. »

4. Grégoire de Tours parle d'un comte qui conserva ses fonctions pendan
quarante ans ; *Vitæ Patrum* (édit. Krusch), p. 687.

5. Roth, *Beneficialwesen*, p. 432.

6. Greg. Tur., *Historia Francorum*, IV, 4 ; V, 16; — Waitz, *op. cit.*, III
p. 364.

dance par l'organe de ses ducs[1]. Mais, somme toute, ce n'est
pas là la principale cause qui a amené l'appropriation des fonctions publiques supérieures ; ce qui a agi surtout dans ce sens,
c'est la théorie du bénéfice royal, telle que je l'ai décrite. La
charge de comte fut considérée comme un bénéfice conféré
par le roi, et, comme le bénéfice, la charge ainsi conférée représenta un droit viager, puis tendit à devenir héréditaire[2].
Cela était d'ailleurs naturel, étant donnée la conception fondamentale du pouvoir royal[3] : la fonction publique était, dans le
patrimoine du roi, comme les *villæ* fiscales, et pouvait en être
détachée de la même manière. La langue juridique du ix* siècle
fournit la preuve très claire de cette assimilation : les mots
honor, qui signifie la charge publique, et *beneficium*, qui désigne le bénéfice, deviennent véritablement synonymes et sont
souvent pris l'un pour l'autre[4]. C'est des *bénéfices-honneurs,*
et seulement de ceux-là, que s'occupe le capitulaire de Kiersy-
sur-Oise[5]. Voilà comment se formèrent les grandes seigneuries féodales, et il en est un assez grand nombre pour l'histoire
desquelles on peut remonter jusqu'à la fin du ix* siècle. Mais
il faut remarquer que, tandis que les comtes acquéraient ainsi
le pouvoir à titre propre, sauf à entrer nécessairement dans
la vassalité du roi, d'autre part, par un procédé semblable, il
se restreignait entre leurs mains : un certain nombre de leurs
inférieurs ou suppléants voyaient aussi s'accomplir à leur
profit l'appropriation de leur charge, et souvent des *seniores*
s'interposaient entre eux et leurs *pagenses.*

1. Waitz, *op. cit.*, III, p. 48, 364.
2. Brunner, *Deutsche Rechtsg.*, II, p. 254 ; — Roth, *Beneficialwesen*, p. 330 et suiv.
M. Roth, il est vrai, ne présente pas cette assimilation comme s'étant directement opérée. Il voit un moyen terme dans les bénéfices en terres que le
roi concédait ordinairement au comte dans sa circonscription. Ceux-ci devinrent la dotation de la charge, et, en voyant celle-ci se transmettre avec ces
bénéfices proprement dits, on en serait arrivé à la considérer elle-même
comme un bénéfice. Voyez aussi M. W. Sickel, *Beiträge zur deutschen Verfassungsgeschichte*, p. 28, sur les concessions analogues de bénéfices que les comtes
faisaient à leurs subordonnés.
3. Ci-dessus, p. 63 et suiv.
4. Roth, *Beneficialwesen*, p. 432 ; — Bourgeois, *Le capitulaire de Kiersy,*
p. 129.
5. *Secus*, M. Bourgeois, *op. cit.*, p. 129 et suiv.

IV[1]

Déjà sous les Mérovingiens, plus fréquemment encore sous les Carolingiens, les établissements ecclésiastiques et parfois aussi les grands propriétaires laïques obtiennent d'étranges concessions appelées *immunitates, chartes d'immunité.* Elles ont pour objet de faire de leurs domaines une sorte d'enceinte réservée, dont l'entrée est interdite aux agents du pouvoir public[2]. Voici, en effet, les principales clauses que contiennent ces chartes. Elles défendent aux *judices*, et, par là, il faut entendre tous les fonctionnaires royaux, de s'introduire sur le territoire de l'immunité : 1° pour y rendre la justice ou tenir des assises[3]; 2° pour lever les impôts ou la part des compositions due au roi (*fredum*)[4]; 3° pour réclamer le gîte ou les vivres dus aux envoyés du roi[5]; 4° pour exercer d'une façon générale aucun acte de contrainte ou d'autorité[6]. Cela jette un jour singulier sur le droit public de cette époque. On y voit qu'on considérait alors comme un précieux avantage d'être soustrait à l'action des agents du pouvoir royal, ce qui montre que l'administration était plus oppressive que tutélaire ; on voit, en même temps, que le pouvoir royal accordait volontiers une semblable exemption, ce qui montre comment il comprenait sa mission. Mais ces textes posent un double problème ; il faut se demander : 1° quelle fut l'origine de ces concessions ; 2, quelle était la situation faite par elles aux habitants de l'immunité.

Quelle que fût la facilité avec laquelle le pouvoir royal

---

1. Sur les immunités, voir : Flach, *Les origines de l'ancienne France*, t. I, p. 91 et suiv. ; — Beauchet, *Histoire de l'organisation judiciaire*, l. I, c. III; l. II, c. V; — Fustel de Coulanges, *L'immunité mérovingienne*, dans la *Revue historique*, 1863; *Le bénéfice et le patronat*, p. 336 et suiv. ; — Prost, *L'immunité*, dans la *Nouvelle revue historique de droit*, 1883, p. 113 et suiv., 262 et suiv.; — Brunner, *Deutsche Rechtsg.*, § 94.

2. Voyez les formules d'immunité : de Rozière, n°s 16 et suiv.

3. De Rozière, form. 17 : « Ad causas judiciario more audiendas vel discutiendas. »

4. De Rozière, form. 24 : « Nec freda aut tributa... aut telonea... tollere. »

5. De Rozière, form. 16 : « Nec mansiones aut paratas... tollere non præsumatis. »

6. De Rozière, form. 20 : « Nec eos de quaslibet causas distringendum. » — Le mot *distringere* désigne tout acte de contrainte, d'autorité, de réquisition.

renonçait alors à ses attributs même essentiels, il dut y avoir
une cause particulière qui provoqua ces concessions et les rendit naturelles. Or, on peut remarquer d'abord que, quant au
droit de juridiction qui en résulta forcément au profit de
l'immuniste sur les habitants, la charte d'immunité ne faisait
guère que confirmer ce qui était devenu le droit commun pour
les grands propriétaires, comme on le verra bientôt[1]. Néanmoins, l'exclusion des *judices*, l'interdiction qui leur est
adressée de pénétrer sur ce territoire défendu, constitue un
privilège particulier. Pour en expliquer l'origine, diverses
hypothèses ont été produites[2]; voici celle qui me paraît la
plus vraisemblable. Les domaines du roi formaient, pour leur
administration, des circonscriptions (*fiscus*) qui étaient placées
sous l'autorité de fonctionnaires ou *judices* particuliers. Le
judex, ainsi placé à la tête d'un *fiscus*, non seulement en était
le régisseur et en recueillait les fruits, mais, en même temps, il
exerçait seul le pouvoir judiciaire sur les habitants et percevait, s'il y avait lieu, les revenus publics[3]. L'action du comte
s'arrêtait à la frontière du domaine fiscal, pour laisser la place
libre à l'intendant royal. Probablement, c'est cet état de choses
qui fournit le modèle de l'immunité[4]. Lorsque le roi faisait
donation de quelque portion de ses domaines, il accorda assez
facilement qu'elle continuerait à être soustraite à l'action des

1. Flach, *Les origines de l'ancienne France*, t. I, p. 105 et suiv.
2. Voyez Waitz, *op. cit.*, II, 2, p. 337. Sur la notion de l'*immunitas* en droit
romain et particulièrement sur l'*immunitas* des terres fiscales et sur la juridiction spéciale à laquelle étaient soumis leurs habitants, voyez Brunner,
Deutsche Rechtsg., II, p. 287 et suiv.
3. Voyez le capitulaire *De villis*, c. IV, 52 et suiv., et le commentaire de
Guérard, p. 96 et suiv. On peut remarquer que le c. XXIX contient justement,
par rapport aux *villæ* royales, une des prohibitions dont profitent les immunités : « Et quando missi vel legati ad palatium veniunt vel redeunt, nullo
modo in curtes dominicas *mansionaticas prendant*. »
4. Schröder, *Deutsche Rechtsg.*, 2° édit., p. 194 et suiv. M. Brunner, qui
expose cette hypothèse avec sa force et sa clarté ordinaires, admet même (II,
p. 254, 292) que l'immunité, propre aux terres fiscales, se maintient toujours
et de plein droit au profit de celles de ces terres qui sont données par le roi
en bénéfice, tandis que la concession expresse de l'immunité serait nécessaire
pour assurer celle-ci aux terres royales données en toute propriété. L'idée
sur laquelle il s'appuie, c'est que les terres données en bénéfice sont toujours
la propriété du roi. Cela est vrai, en un sens; mais ces terres ne sont plus
administrées par des fonctionnaires royaux, et dès lors il faut une défense
expresse pour en interdire dorénavant l'entrée aux *judices*. Les textes cités
par M. Brunner (II, p. 192, note 28) ne me paraissent pas probants.

comtes, comme elle l'avait été quand elle appartenait au fisc. Puis, le type de l'immunité ainsi créé, on put le transporter sur des terres qui n'avaient jamais fait partie des biens fiscaux. Ce qui est certain, c'est que les textes rapprochent souvent, en les soumettant à des règles communes, le *fiscus* et l'*immunitas*[1].

Quant à la condition qui était faite aux habitants de l'immunité, on peut dire en principe qu'ils restaient soumis aux charges, prestations et devoirs que leur imposait antérieurement l'autorité publique ; mais le droit de leur commander et de les requérir pour l'accomplissement de ces obligations passait des officiers publics au maître du domaine ou à son représentant. Il reste à savoir si celui-ci servait seulement d'intermédiaire entre les hommes et le pouvoir royal, ou s'il commandait en son nom propre, pour son propre compte et à son profit personnel. La question est assez obscure et comporte des distinctions. Quant aux profits pécuniaires que percevait le pouvoir royal, *tributa, freda, telonea*, le propriétaire immuniste les perçoit à son profit ; une clause de la charte les lui attribue toujours[2], et, selon certains auteurs, c'est même la clause fondamentale et première de l'immunité, celle dont toutes les autres n'auraient été que la conséquence et la garantie[3]. Le service militaire, au contraire, continue à être dû au roi par les habitants libres de l'immunité : c'est le propriétaire immuniste qui leur transmet la convocation et qui est tenu de les conduire à l'armée. Les évêques et les abbés sont ainsi tenus d'amener leurs contingents : cependant, parfois, une clause formelle de la charte d'immunité fait remise du service militaire[4]. Reste la justice. L'immuniste, à cet égard, paraît avoir eu compétence pour statuer quand il s'agissait d'un procès entre deux hommes de l'immunité, et que la cause

1. Voyez, par exemple, l'édit de Pistes, c. xviii : « Si falsus monetarius... in fiscum nostrum vel in quancumque immunitatem... confugerit. »
2. Marculfe, I, 3 ; — de Rozière, 19 : « Quicquid exinde aut de ingenuis aut de servientibus ceterisque nationibus quæ sunt infra agros vel fines seu supra terras prædicte ecclesie commanentes, fiscus aut de freda aut undecunque potuerat sperare, ex nostra indulgentia pro futura salute in luminaribus ipsius ecclesie per manu agentium eorum proficiat in perpetuum. »
3. Waitz, *op. cit.*, II, 2, p. 339 et suiv. Il est certain que, dans les textes romains du Bas-Empire, le mot *immunitas* désigne l'exemption des impôts ou des charges publiques.
4. Waitz, *op. cit.*, IV, p. 599 et suiv.

n'était pas réservée, à raison de sa nature et de son importance, au tribunal du comte. En dehors de ces cas, il devait
faire comparaître ses hommes au tribunal du comte [1]. Lorsqu'une personne du dehors voulait actionner un homme de
l'immunité, elle s'adressait aussi au propriétaire immuniste,
non que celui-ci fût alors réellement compétent, mais, comme
s'il s'agissait d'un *senior* et d'an *vassalus* [2], il devait ou faire
rendre justice au réclamant ou faire comparaître son homme
au tribunal du comte. L'immuniste exerçait donc, dans une
large mesure, la juridiction, et cela d'ordinaire par l'organe
d'un *judex* ou *advocatus*, qu'il choisissait. On voit en même
temps que cette juridiction avait des bornes, et qu'en particulier elle ne comprenait pas les causes criminelles proprement dites [3]. Mais ces restrictions étaient destinées à disparaître avec l'affaiblissement définitif du pouvoir royal.

Les juridictions des immunistes étaient des juridictions
privées, et elles ont été l'origine d'un grand nombre de justices
seigneuriales; mais ce n'étaient pas les seules de la même
nature. Tous les grands propriétaires, dans les mêmes conditions et dans la même mesure, rendaient la justice aux
hommes qui habitaient sur leurs terres [4]: considérés à ce
point de vue, ils sont désignés par l'expression *potentes*, et
leur domaine est appelé *potestas* [5]. Leurs juridictions sont
nettement reconnues par l'édit de Clotaire II, de 614, et, en
réalité, ce n'était point chose nouvelle. Nous avons signalé,
comme un fait, cette justice des puissants dans l'empire romain [6]; dans la monarchie franque, c'est devenu un droit par
l'effet de la coutume.

Enfin, au cours du ixe siècle, se dégage ainsi une juridiction
du *senior* sur ses *vassali* [7]. Nous avons déjà constaté certains

1. Waitz, *op. cit.*, p. 449 et suiv.
2. Ci-dessus, p. 127.
3. Édit de Clotaire II, c. xv (I, p. 22).
4. Flach, *Les origines de l'ancienne France*, t. I, p. 91 et suiv. ; — Brunner. *Deutsche Rechtsg.*, § 93.
5. Édit de Pistes, c. xviii : « Si falsus monetarius... in fiscum nostrum vel in quancunque immunitatem aut *alicujus potentis potestatem vel proprietatem* confugerit. »
6. C. xix, xx.
7. Ci-dessus, p. 28. Sur la formation d'une juridiction au profit du *senior*, cf. Brunner, *Deutsche Rechtsg.*, II, p. 264, 1.

rapports de droit qui y conduisaient naturellement ; certains textes montrent cette juridiction fonctionnant déjà dans la seconde moitié du ix° siècle [1]. Tout cela, ce sont presque déjà les justices féodales : cependant, elles sont encore dominées par le pouvoir royal, qu'elles ne font que suppléer et qui les contrôle ; mais ces derniers liens de dépendance ne tarderont pas à se dénouer.

1. Hincmar de Laon, dans un passage plus haut cité (137, note 1), raconte comment il a fait citer et juger devant lui son vassal Ragenardus. Un des griefs qu'il avait contre ce dernier consistait en ce que Ragenardus lui-même ne rendait pas la justice à ses hommes ; *Hincmari Opera* (édit. Sirmond), II, p. 611 : « Justitiam de suis qui de illo reclamabant hominibus villanis reddere nunquam voluerit. »

CHAPITRE IV

L'Église dans l'empire romain et dans la monarchie franque

La condition de l'Église demande un chapitre à part dans les origines du droit français, parce que, pendant des siècles, l'Église n'a pas seulement représenté une croyance et un culte, une association religieuse; elle constituait aussi une véritable organisation politique. Par un enchaînement particulier de causes et de circonstances, elle était arrivée, quoique comprise dans un ou plusieurs États, à s'organiser elle-même comme un véritable État et à en exercer les attributs : elle avait, dans son clergé, une hiérarchie complète de magistrats; elle avait acquis d'immenses biens; elle s'était fait une législation propre, qu'elle parvenait souvent à faire adopter par le pouvoir séculier lui-même; elle avait des tribunaux, qui statuaient sur les procès civils ou criminels, qui prétendaient exclure la justice séculière dans certains cas, et, dans beaucoup d'autres, fonctionner en concurrence avec elle. Par là, elle devint un facteur important pour le droit public et pour le droit privé. La cause première de ce développement, cette cause dont les effets devaient être si puissants et si durables, c'est la position qu'elle fut amenée à prendre dans l'empire romain.

§ 1er. — L'ÉGLISE DANS L'EMPIRE ROMAIN [1]

L'État romain, tant qu'il resta païen, avait eu un culte national et un sacerdoce entouré de grands honneurs; mais ce sacerdoce n'avait jamais empiété sur la puissance civile. D'un côté, ces prêtres étaient peu nombreux; d'autre part, on en

1. Sur la condition de l'Église dans l'empire romain, voyez Ed. Loening, *Geschichte des deutschen Kirchenrechts*, 1878, t. I

arriva, sous la République, à les faire élire par le peuple ; et ces sacerdoces étaient brigués par les mêmes hommes qui recherchaient les magistratures civiles : souvent le même personnage était successivement pontife et magistrat. Les sacerdoces et les magistratures dérivaient de la même source et ne pouvaient constituer des pouvoirs rivaux. Mais, lorsque le christianisme fut officiellement reconnu dans l'empire, sous Constantin et ses successeurs, il en résulta un rapport tout nouveau entre le culte et l'État. La religion qui était admise ainsi à la vie légale avait trois siècles d'existence indépendante, pendant lesquels elle s'était puissamment constituée en se donnant des organes qui devaient remplacer pour ses fidèles les organes de l'État. Par la reconnaissance officielle, cette organisation fut maintenue et légalisée et continua à fonctionner, sous le contrôle de l'État, mais en concurrence avec l'action des pouvoirs publics. Cette union singulière fut, en quelque sorte, imposée par les circonstances.

Pendant les trois premiers siècles de l'ère chrétienne, passant par des alternatives de tolérance et de persécution, les communautés chrétiennes s'étaient rapidement développées, cherchant surtout à profiter des lois romaines sur les associations, qui permettaient librement les sociétés de secours mutuels parmi les petites gens, les *collegia tenuiorum*. Elles s'étaient organisées de manière à vivre d'une vie propre, en dehors de l'État païen, aux services duquel elles s'efforçaient de ne jamais recourir ; les chrétiens de plus en plus se désintéressaient de la société civile pour se rattacher uniquement à l'Église, qui, pour eux, remplaçait l'État. Il y avait là, pour l'empire, un immense danger ; le christianisme soutirait ses forces vives : pour faire cesser ce dualisme épuisant et pour reconstituer l'unité de la patrie, Constantin annexa l'Église à l'État, en lui donnant l'existence officielle, en lui conférant des privilèges qui n'étaient d'ailleurs, pour la plupart, que la reconnaissance en droit des pouvoirs que précédemment elle exerçait en fait. Mais il n'absorba point l'Église dans l'État ; il y eut entre eux une union très étroite ; les évêques devinrent des autorités publiques, les conseillers de l'empereur ; l'empereur exerça un pouvoir de contrôle sur l'Église, mais elle conserva son organisation propre et largement indépendante. D'ailleurs, sous Constantin, régna la liberté de conscience : il y

eut, dans l'empire, deux cultes officiels et égaux, l'ancien culte
national et païen, et l'Église chrétienne. Ce n'est qu'au cours
du iv⁰ siècle que cet équilibre fut rompu et que, sous l'influence de l'Église, les lois des empereurs prohibèrent et pros-
crivirent le paganisme⁴. Disons quelle fut, dans l'empire, l'organisation de l'Église et quels furent ses privilèges.

I

Tout en s'organisant à l'écart de l'État, l'Église avait utilisé,
pour son organisation, les circonscriptions administratives de
l'empire. Après une première période de tâtonnements, l'u-
nité constitutive de cette organisation devint l'évêché, et, en
principe, il fut établi un évêque dans chaque *civitas*². Autour
de lui se forma un clergé composé de fonctionnaires ecclésiastiques nommés par lui ³. Mais ce clergé, comme l'évêque, fut
d'abord cantonné dans la ville; l'organisation ecclésiastique,
comme le régime municipal romain, eut ainsi un caractère
urbain très accentué. Cependant, il s'établit ensuite des chapelles ou oratoires dans les petites agglomérations situées en
dehors des villes, avec un prêtre ou un diacre délégué par
l'évêque. On trouve de ces établissements en Gaule dès la fin
du iv⁰ siècle. Les évêchés des diverses *civitates* comprises
dans une même province de l'empire formèrent, par imitation de la hiérarchie civile, une province ecclésiastique, et
l'évêque du chef-lieu de cette province acquit aussi, par la
même cause, sous le nom de métropolitain, une certaine autorité sur les évêques des autres *civitates*⁴. Dès le iv⁰ siècle, l'au-

1. Voyez les lois contenues au Code Théodosien, XVI, 10, *De sacrificiis, pa
ganis et templis*, et au Code de Justinien, I, 11, *De paganis, sacrificiis et templis*.
2. Cette correspondance entre la *civitas*, unité administrative, et l'évêché
était un principe bien arrêté au v⁰ siècle; le concile de Chalcédoine ordonne
que si le territoire d'une *civitas* est démembré par l'autorité impériale, qui
en fait deux *civitates* distinctes, l'organisation du clergé doit être modifiée en
conséquence; c. xvii (Bruns, *Canones*, 1, p. 30). Sur la formation de l'épiscopal, voyez Sohm, *Kirchenrecht*, 1892, t. I, § 13 et suiv., particulièrement
p. 164 et suiv.
3. Ce sont ceux qui formeront la hiérarchie des ordres majeurs et des
ordres mineurs : *presbyteri, diaconi, subdiaconi, lectores, ostiarii, exorcistæ,
acolytæ*.
4. Sur la formation de l'organisation métropolitaine, Sohm, *Kirchenrecht*,
30.

torité des métropolitains était établie en Gaule. Enfin, tandis
que certains métropolitains acquéraient en Orient une dignité
spéciale, sous le nom de patriarches ou primats, l'évêque de
Rome, grâce au prestige de la capitale ancienne du monde
romain, devenait peu à peu le chef reconnu de l'Église entière :
son autorité était pleinement reconnue en Gaule au v° siècle[1].
A côté de ces magistratures permanentes, l'Église avait aussi
ses assemblées délibérantes et législatives, composées d'é-
vêques réunis en *concilium* ou synode. De ces conciles, les
uns étaient généraux, où étaient appelés à siéger tous les
évêques de la chrétienté, et le premier fut celui de Nicée, convoqué en 325 par l'empereur Constantin lui-même. Les autres
étaient particuliers, ne comprenant que les évêques d'une
région déterminée : les plus importants de ceux-là étaient
les synodes provinciaux, où le métropolitain réunissait périodiquement ses évêques suffragants[2].

Toute cette organisation fut reconnue comme une institution
légale par Constantin et ses successeurs. Mais, en même temps,
l'empereur acquit sur elle, en l'annexant à l'État, un pouvoir
de surveillance et de contrôle : il était, comme on dira de bonne
heure, l'*évêque du dehors*[3]. Mais la législation impériale n'intervint que très discrètement pour limiter le libre recrutement
du clergé, ou l'action propre de l'Église. Pour ce qui est de
l'entrée dans le clergé, elle la défendit seulement à deux classes
de personnes, qu'il importait de conserver dans leurs fonctions civiles : les curiales[4] et les colons ou esclaves agricoles[5].
Ils assuraient, les uns l'administration, et les autres le pain de
l'empire. Mais les lois multiples qui statuent sur cette matière,
validant souvent par mesure transitoire les entrées irréguliè-
rement admises, montrent que ces prohibitions étaient mal observées. Quant aux esclaves, quels qu'ils fussent, l'Église avait
pris les devants[6] : elle ne les admettait dans ses rangs qu'avec
le consentement du maître, qui devait alors les affranchir.
Pour le choix des évêques, sans entrer dans l'examen des pra-

1. Sohm, *Kirchenrecht*, § 31.
2. Cf. Sohm, *Kirchenrecht*, §§ 22-27.
3. Eusèbe, *Vita Constantini*, IV, 24 (édit. Turin, 1746), p. 576.
4. L. 3, C. Th., XVI, 2; L. 46, 59, 99, C. Th., XII, 1.
5. L. 4, 12, 16, C J., I, 3.
6. *Canones apostolorum*, c. LXXXI (Bruns, I, p. 12).

tiques suivies à cet égard dans les premiers temps de l'Église,
il faut constater qu'au vᵉ siècle l'évêque de chaque *civitas* était
élu par le clergé et le peuple de la cité, dans une assemblée
présidée d'ordinaire par les autres évêques de la même province[1]. Cette élection, dont les règles et les formes paraissent
avoir été assez peu précises, ne produisait d'ailleurs effet qu'autant qu'elle avait été confirmée par le métropolitain : c'était
alors seulement qu'intervenait la consécration[2]. Le pouvoir

---

1. Voyez les textes rassemblés au Décret de Gratien (1ʳᵉ partie), D. LXIII,
spécialement les c. xi et xix. On est loin d'être d'accord sur l'origine des élections épiscopales; deux opinions principales sont en présence, qui comportent d'ailleurs plusieurs variantes. Selon les uns, l'élection de l'évêque n'ap-
partiendrait pas aux primitives institutions de l'Église : elle se serait introduite relativement assez tard, vers la fin du ivᵉ siècle en ce qui concerne la
Gaule. Elle proviendrait de l'influence du régime municipal romain sur la
société religieuse. L'Église se serait alors confondue avec la cité. Celle-ci « élisait ses magistrats, elle voulut élire son évêque le jour où l'évêque devint en
fait son magistrat; les comices religieux remplacèrent les comices politiques ».
Ces derniers mots sont empruntés à M. Imbart de La Tour, *Les élections épiscopales dans l'Église de France du ixᵉ au xiiᵉ siècle*, Paris, 1891, p. 55 et suiv. ;
dans le même sens, Fustel de Coulanges, *La monarchie franque*, p. 523 et
suiv.; cf. Hatch, *Die Gesellschaftsverfassung der Christlichen Kirchen im Alter-
thum*, Giessen, 1888, p. 129. — Mais cette opinion est peu solide. La primitive
Église pouvait bien emprunter à l'administration romaine ses circonscriptions;
elle ne lui empruntait point ses pratiques. De plus, à l'époque où MM. Fustel
et Imbart placent l'introduction des élections épiscopales, les élections municipales avaient perdu leur vitalité; elles ne se faisaient plus que dans la
curie et se ramenaient le plus souvent à un simple roulement entre les principaux curiales. Elles ne peuvent donc alors avoir servi de modèle; tout au
plus pourrait-on songer à l'élection du *defensor civitatis*; mais il est plus vraisemblable que celle-ci se modela sur l'élection même de l'évêque. Aussi l'autre
opinion considère-t-elle à juste titre cette élection comme tirant son origine
de la coutume des anciennes communautés chrétiennes. Mais les uns l'expliquent simplement par l'idée que ces petites communautés formaient naturellement des groupes autonomes et démocratiques où l'assemblée des fidèles
était l'organe de gouvernement; Loening, *Die Gemeindeverfassung des Ur-
christenthums*, Halle, 1889; Weizäcker, *Das apostoliche Zeitalter der Christlichen Kirche*. M. Sohm au contraire rattache cette élection à la direction religieuse propre à l'ancienne *ecclesia* chrétienne; et il est certain qu'en se plaçant
à ce point de vue il explique avec une logique singulière le développement
et les règles si particulières de ces élections (Sohm, *Kirchenrecht*, § 7, p. 56
et suiv. ; § 23, 24, p. 271 et suiv.). Il faut ajouter que, tandis que l'élection
par le clergé et le peuple, pleinement établie au iiiᵉ siècle, se développait et
se maintenait en Occident, en Orient au contraire une réaction se manifestait
contre elle à la fin du ivᵉ siècle, qui aboutissait à faire nommer l'évêque par
un synode composé seulement d'évêques (Sohm, *Kirchenrecht*, p. 274 et suiv.).
— Cf. Esmein dans la *Revue de l'histoire des Religions*, 1895, p. 44.

2. Au Décret de Gratien, c. i, D. LXIV; c. ix, D. LXIII; c. i, D. LXII. D'abord
c'étaient les évêques voisins qui pro annient l'élection et l'approuvaient

impérial n'entama que faiblement cette liberté. Depuis le règne de Théodose Ier, il nomma directement le patriarche de Constantinople, mais il n'intervenait pas en principe dans les élections des évêques en Occident¹. En cas d'élection contestée, il intervenait seulement pour trancher la difficulté, statuant directement ou déférant à un synode la connaissance du litige. Lorsque des conciles importants se réunissaient, c'était toujours avec l'autorisation impériale, souvent sur une convocation impériale, et l'empereur, lorsqu'il ne présidait pas lui-même, y envoyait ses commissaires avec des instructions expresses.

II

L'Église reçut des empereurs chrétiens de nombreux et importants privilèges. Les uns concernaient les clercs individuellement considérés : c'est ainsi qu'ils furent exemptés des charges personnelles, *personalia et sordida munera*, qui pesaient d'un poids si lourd sur les sujets de l'empire²; mais leurs biens restèrent soumis à l'impôt³. Les autres privilèges concernaient l'Église considérée comme corps et les établissements ecclésiastiques; les deux principaux sont un patrimoine et une juridiction.

Constantin accorda aux églises, ainsi investies de la personnalité civile, le droit d'acquérir des biens. Les temples païens avaient joui de ce privilège, mais dans une mesure restreinte : les églises furent déclarées capables d'acquérir toutes sortes de biens, par disposition testamentaire aussi bien que

avant de procéder à l'ordination; le droit du métropolitain date du IVᵉ siècle (Sohm, *Kirchenrecht*, p. 273, 274).

1. Dans ce sens, Loening, *op. cit.*, t. I, p. 122 et suiv. Voyez aussi la tradition sur l'élection de saint Ambroise et le refus de Valentinien Ier de désigner alors l'évêque, c. III, D. LXIII. — Cependant on peut remarquer qu'après la chute de l'empire d'Occident, dans les divers royaumes fondés par les barbares, le roi se réserve le droit de confirmer les élections d'évêques. Nous le constaterons bientôt pour la monarchie franque; la même chose est constatée chez les Lombards (c. IX, D. LXIII) et chez les Wisigoths d'Espagne (c. XXV, D. LXIII). Cela pourrait faire supposer une pratique analogue dans l'empire romain.

2. L. 2, 8, 10, 36, C. Th., XVI, 2.

3. Eusèbe, *Historia ecclesiast.*, X, 7, p. 432; L. 3, C. J., I, 3. Ils furent seulement exemptés des taxes perçues sur les négociants, quand ils faisaient le commerce; L. 8, 5, 10, C. Th., XVI, 2; mais voyez aussi les lois 11 et 16, C. Th., XIII, 1, qui restreignent, puis supprime cette exemption.

par acte entre vifs [1], et cela sans limitation et sans contrôle
de la part de l'État [2]. C'était pour elles une conquête des plus
précieuses; car, jusque-là, elles n'avaient pu acquérir des biens
en propre et n'avaient possédé que sous le couvert des clercs
ou des fidèles. Constantin fit plus encore : il constitua un premier fonds à l'église de chaque *civitas*, en lui attribuant, à titre
de dotation, une partie des biens ou des revenus de la cité elle-
même [3]; plus tard, ce fonds fut grossi par les biens des temples
païens abolis. Mais, quelle que soit la portée de ce privilège,
il était moins exorbitant que le pouvoir de juridiction, quoique
très limité, qui fut accordé à l'Église. Il y avait là un véritable
abandon d'un des attributs essentiels de la puissance publique ;
mais cela résulta naturellement des conditions dans lesquelles
se fit la reconnaissance de l'Église.

Aucune société ne peut exister sans une organisation de la
justice plus ou moins complète. Les communautés chrétiennes,
qui voulaient vivre, isolées et indépendantes dans le monde
païen, en écartant toute intervention de l'État, avaient dû nécessairement organiser une juridiction propre, pour réprimer
les délits qui se commettraient dans leur sein et trancher les
litiges civils qui s'élèveraient entre des frères : c'était le seul
moyen d'écarter l'action des juges de l'empire. Elles arrivèrent
à ce but de deux façons :

1° Elles établirent une répression disciplinaire énergique
sur leurs membres. Le chrétien qui commettait un délit était
dénoncé à la communauté, qui, s'il était convaincu et ne
s'amendait pas, pouvait l'expulser. Dès les premiers temps,
dans les Épîtres de saint Paul, dans les Évangiles et dans la
lettre de Pline sur les chrétiens, plus tard dans l'*Apologétique*
de Tertullien, on trouve la manifestation très nette de cette
répression [4]. Dans le cours du III° siècle, le pouvoir de répression passa de l'assemblée des fidèles à l'évêque, et ses conditions d'exercice se précisèrent : pour y donner lieu, il fallait

1. L. 4, C. Th., XVI, 2.
2. Mais l'impôt continuait à peser sur les biens de l'Église (L. 2, 3, 11, C. J.,
1, 3; L. 5, *ibid.*, L, 2, L. 11, C. J., I, 2; L. 21, *ibid.*, XII, 51 (52).
3. Esmein, *Mélanges*, p. 398 et suiv.
4. *I Corinth.*, c. v, v. 1-7 ; — *Matth.*, XVIII, v. 15-17 ; — Pline, *Epist. X*,
97 ; — Tertullien, *Apolog.*, c. II ; — cf. Sohm, *Kirchenrecht*, I, p. 33 et suiv.,
226 et suiv.

un péché grave et public [1]. Nous voyons ainsi dans des textes anciens l'évêque administrant cette juridiction disciplinaire, infligeant des pénalités dont la principale était l'excommunication [2].

2° Lorsqu'il s'agissait d'un litige entre deux chrétiens, la tendance, dès les premiers temps, fut de substituer au jugement par le tribunal païen un arbitrage entre frères. C'est là ce que recommandait déjà saint Paul [3]. Ces arbitrages furent portés d'abord devant la communauté réunie, puis devant l'évêque [4], qui, ici encore, succéda au pouvoir de l'assemblée. Ici même, l'intervention de l'évêque pouvait prendre une forme juridique, d'après les règles du droit romain qui reconnaissait l'arbitrage. Mais il fallait pour cela l'accord des deux parties. Il fallait, en outre, pour que le compromis [5] fût reconnu par le droit romain, qu'il se présentât revêtu de certaines formes, dont la plus usuelle était l'emploi de la stipulation. Enfin, la sentence de l'arbitre n'était pas exécutoire par l'autorité publique ; celle des deux parties qui refusait de l'exécuter pouvait seulement être condamnée à une peine pécuniaire, stipulée dans le compromis, ou à des dommages-intérêts [6].

Après la reconnaissance officielle de l'Église, sous les empereurs chrétiens, la juridiction disciplinaire de l'évêque continua à s'exercer comme précédemment, mais en quelque sorte avec un caractère nouveau. Elle gardait bien son caractère ecclésiastique, mais elle n'était plus ignorée de l'autorité publique : elle s'exerçait avec l'autorisation et l'approbation formelle du pouvoir impérial [7]. D'ailleurs, elle ne constituait pas un empiétement sur la justice publique ; elle s'exerçait parallèlement à celle-ci, chacune restant indépendante dans sa sphère propre. Cette juridiction complétait aussi son organisation : l'appel contre les sentences de l'évêque était ouvert devant le synode provincial, et un droit d'appel devait s'élaborer plus tard

1. Tertullien, *De pœnit.*, c. XIX; c. XXII, C. XI, qu. 3 (Origène).
2. Voyez les *Constitutiones apostolicæ* (édit. Pitra, *Juris ecclesiastici Græcorum Historia et Monumenta*, t. I), l. II, c. VII, IX, XVI, XLII.
3. *I Corinth.*, VI, v. 1-8.
4. *Constitutiones apostolicæ*, l. II, c. XLIII.
5. On appelle ainsi le contrat par lequel deux personnes s'engagent à porter un litige devant un arbitre au lieu d'en saisir le juge.
6. L. 11, § 2, 4 ; 13, § 2 : 32, D. IV, 8.
7. Loening, *op. cit.*, p. 284.

au profit de la papauté[1]. Que devenait, en même temps, la juridiction arbitrale de l'évêque? Elle fut consolidée, transformée par Constantin. Nous sommes renseignés à cet égard surtout par les Constitutions dites de Sirmond : c'est une suite de constitutions de Constantin et de ses successeurs, qui nous sont parvenues avec l'indication qu'elles faisaient partie du livre XVI du Code Théodosien, bien que nous ne les trouvions point dans le corps de ce code. Elles ont été publiées par le Père Sirmond en 1631, comme appendice au Code Théodosien[2], et leur authenticité a été vivement discutée[3], bien que l'Église les ait invoquées au moins depuis le IXe siècle; aujourd'hui, la critique tend à les reconnaître comme authentiques. L'une de ces constitutions, attribuée à Constantin, vise l'arbitrage des évêques et donne aux parties le droit d'y recourir en tout état de cause, alors même qu'elles auraient déjà saisi le juge, pourvu que ce dernier n'ait pas encore rendu son jugement[4]. On a soutenu que par ce texte l'empereur faisait des évêques des arbitres privilégiés, en dispensant alors le compromis de toute forme particulière; mais cela ne paraît pas vraisemblable[5]. Ils devinrent, tout au moins plus tard, des arbitres privilégiés en ce sens qu'une constitution des empereurs Arcadius, Honorius et Théodose, de l'an 408, rendit leurs sentences arbitrales exécutoires comme les jugements proprement dits[6]. Il est possible que Constantin ait fait plus encore et qu'en matière civile il ait donné aux évêques une juridiction proprement dite, en concurrence avec les juges séculiers, de telle sorte qu'il aurait suffi, pour les saisir, de la volonté d'une seule des parties et que cette option aurait pu se produire, alors même que la cause avait été portée devant le juge séculier et jusqu'au jugement. C'est ce que dit formellement la première constitution de Sirmond[7], la célèbre

1. Sur les origines de ces appels, Sohm, *Kirchenrecht*, p. 364, 414 et suiv.
2. Hænel les a rééditées à la suite du Code Théodosien, p. 415 et suiv.
3. Voyez surtout Jacques Godefroy, dans son Commentaire du Code Théodosien (édit. Ritter), t. VI, p. 339 et suiv.
4. C. XVII : « Et si quis ad legem christianam negotium transferre voluerit et illud judicium observare, audiatur, etiam si negotium apud judicem sit inchoatum, et pro sanctis habeatur quidquid ab his fuerit judicatum. »
5. Cela ne ressort pas des termes; et, plus tard, la Novelle de Valentinien III, *De episcopali audientia*, exige encore un compromis en forme.
6. L. 8, C. J., I, 4.
7. Hænel, p. 445.

constitution de Constantin au *dux* Ablavius, dont l'Église invoquera l'autorité pendant tout le moyen âge. Mais, si cette loi est authentique, elle ne resta pas longtemps en vigueur, car nous avons une constitution des empereurs Arcadius et Honorius, de l'année 398, qui exige nettement, pour saisir l'évêque, le consentement des deux parties[1]. Les évêques restèrent donc simplement des arbitres privilégiés. Mais, en cette qualité, leur juridiction fut recherchée et prit une grande extension : il suffit de faire remarquer l'importance du titre qui lui est consacré au Code de Justinien[2].

Cette juridiction, d'ailleurs, fut restreinte aux matières civiles. Dans l'empire, l'Église n'acquit point, à l'exclusion des tribunaux de l'État, la juridiction criminelle même sur les membres du clergé. Ceux-ci ne relevaient des évêques qu'au point de vue de la juridiction disciplinaire et quant à leurs manquements aux devoirs ecclésiastiques; pour les crimes et délits de droit commun, ils restaient justiciables des tribunaux ordinaires. Une seule exception peut être admise. D'après une loi de Constantin, les évêques ne pouvaient être mis en accusation que devant un synode[3]; mais l'empereur, parfois, se saisissait directement de semblables accusations[4]. Il faut ajouter, cependant, que certains auteurs, invoquant une constitution des empereurs Honorius et Théodose, de l'année 412, enseignent qu'à partir de cette époque les évêques auraient seuls connu des délits imputés aux clercs[5]. Mais cette loi doit être entendue comme visant seulement leurs délits ecclésiastiques, et une Novelle de Valentinien III exclut toute idée d'une semblable juridiction.

Le clergé intervenait, il est vrai, indirectement dans l'administration de la justice criminelle par l'exercice du droit

---

1. L. 7, C. J., I, 4 : « Si qui *ex consensu* apud sacræ legis antistitem litigare voluerint, non vetabuntur, sed experientur illius (in civili dumtaxat negotio) arbitri more residentis judicium. »

2. l, 4, *De episcopali audientia.*

3. L. 12, C. Th., XVI, 2. — Bien que ce texte soit général dans ses termes, il n'est point absolument certain qu'il ait toute la portée qu'on lui attribue d'ordinaire ; en effet, la Novelle de Valentinien III, *De episcopali audientia,* suppose encore les évêques comparaissant en matière criminelle devant les tribunaux; voyez *Nouvelle revue historique de droit,* 1889, p. 310.

4. Sulpice Sévère, *Historia sacra,* l. II, c. xlix et suiv.

5. Glasson, *Histoire du Droit et des Institutions de la France,* I, p. 568 et suiv. — Mais voyez *Nouvelle revue historique,* 1889, p. 310 et suiv.

d'asile. Les statues des empereurs divinisés avaient constitué des lieux d'asile dans l'État païen; la même faveur fut reconnue aux temples chrétiens, leurs dépendances y comprises [1]. Aucune autorité privée ou publique ne pouvait, en principe, en arracher ceux qui s'y étaient réfugiés. Les lois impériales n'exceptèrent de cette protection que ceux que tenait enserrés un service public : les curiales, les débiteurs du fisc, les ouvriers des manufactures impériales [2]. Pour les esclaves, ils devaient aussi être rendus à leur propriétaire, mais après que l'autorité ecclésiastique avait pu obtenir leur grâce du maître [3]. Les criminels de toute espèce pouvaient, en principe, user de cet asile; cela donnait lieu à une intervention de l'autorité ecclésiastique, qui s'efforçait de les amender et en même temps de faire régler leur sort le plus équitablement possible par l'autorité publique [4]. Le clergé, d'ailleurs, patron des malheureux, se faisait un devoir d'intervenir auprès des juges en faveur des criminels pour obtenir leur absolution ou, tout au moins, pour empêcher qu'ils ne fussent condamnés à mort [5]. Ces interventions étaient si fréquentes que des lois furent rendues pour les prohiber [6].

Jusqu'ici, en traitant de l'Église, je n'ai parlé que du clergé proprement dit. Mais, de bonne heure, une classe intermédiaire s'était formée entre lui et les simples fidèles : ce sont les *religieux* ou *moines*. Sans entrer dans les ordres sacrés, en restant des laïcs, ils vivaient d'une vie particulièrement sainte, d'abord isolés, puis réunis en corps, sous l'autorité d'une règle particulière fixant leur discipline et leurs devoirs. Les premières règles monastiques apparaissent au IVe siècle; dès 360, il se fonde en Gaule des monastères. Ces ordres religieux et leurs monastères furent également reconnus par les lois des empereurs chrétiens. Toute liberté fut laissée pour la fondation des monastères, et ceux-ci constituèrent des personnes morales capables d'acquérir des biens par acte entre vifs. Mais on ne voit point qu'aucune loi (et une loi aurait été

---

1. C. Th., IX, 45, *De his qui ad ecclesias confugiunt*; C. J., *id.*, I, 12.
2. L. 1, 3, C. Th., IX, 45.
3. L. 5, C. Th., IX, 45.
4. L. 6, § 10, C. J., I, 12.
5. Esmein, *Mélanges*, p. 369 et suiv.
6. L. 4, 16, 22, C. Th., IX, 40.

nécessaire) leur ait conféré le droit d'acquérir par libéralité testamentaire [1]. Ils succédaient seulement, *ab intestat*, à ceux de leurs membres, hommes ou femmes, qui mouraient sans laisser d'héritiers [2]. En principe, les ordres monastiques se recrutaient librement; leur entrée, comme celle du clergé, était seulement interdite à certaines catégories de personnes pour un motif d'intérêt public [3].

§ 2. — L'ÉGLISE DANS LA MONARCHIE FRANQUE [4]

L'Église conserva et agrandit dans la monarchie franque la situation et les privilèges qu'elle avait obtenus dans l'empire. Il est facile de saisir les causes principales de ce phénomène. Ce fut, d'abord, une influence d'ordre religieux : l'ascendant de la foi chrétienne, et, par là même, l'autorité de l'Église furent plus grands sur les barbares, naïfs et rudes, qu'ils ne l'avaient été chez les Romains civilisés et sceptiques. Mais ce furent surtout des raisons d'ordre politique. Il y eut, sous Clovis, une alliance véritable entre le roi franc et le clergé catholique. Ce fut ce dernier qui fraya à Clovis le chemin du centre et du sud de la Gaule occupé par les Romains. Il seconda ses entreprises contre les Burgondes et les Wisigoths, qui s'étaient convertis au christianisme, mais étaient des hérétiques ariens : les victoires du roi franc sur ces deux peuples apparurent comme des triomphes du catholicisme sur l'hérésie. Enfin, après la chute de l'empire d'Occident, parmi les ruines des institutions romaines, l'Église était le seul organisme qui fût resté intact; par là même elle représentait une force considérable. Dans chaque cité, l'évêque était le premier personnage et le représentant naturel de la population gallo-romaine, comme le clergé figurait la première classe de la cité. C'était l'Église qui conservait, à peu près

1. L. 13, C. J., I, 2, où l'on suppose une religieuse, ou autre femme spécialement attachée à l'Église, laissant ses biens à un moine, mais non à un monastère.

2. L. 20, C. J., I, 3.

3. Ainsi les curiales, L. 63, C. Th., XII, 1.

4. Consulter le second volume de l'ouvrage de M. Loening, qui ne dépasse pas, il est vrai, la période mérovingienne, et Waitz, *op. cit.*, III, 416 et suiv

seule, la tradition, la science et la civilisation romaine. Pour gouverner les Gallo-Romains, son concours était indispensable au roi barbare : aussi, il l'associa au gouvernement et lui délégua, comme nous le verrons, certains attributs de la puissance publique. Mais, en revanche, le monarque franc prit sur l'Église des Gaules un pouvoir de direction et de contrôle plus énergique et plus complet que celui qu'avait exercé l'empereur romain. Il devint son véritable chef, choisissant ses principaux dignitaires et légiférant pour elle. Cependant, l'Église universelle avait un chef spirituel, le pape; mais il n'eut, pendant longtemps, qu'une action restreinte sur l'Église des Gaules et ne gêna point la dynastie mérovingienne. Sous les Carolingiens, son intervention devint, au contraire, fréquente et efficace; mais, sous les premiers Carolingiens, elle ne contraria en rien l'action du pouvoir royal, car la papauté était alors la cliente et la protégée de la monarchie franque. Après la chute de l'empire d'Occident, la papauté, par tradition, était restée sous la protection et, dans une certaine mesure, dans la dépendance des empereurs d'Orient; mais cette protection devenait, en fait, de moins en moins efficace. Ayant besoin d'un secours plus actif, spécialement contre les rois lombards, la papauté se tourna vers la grande puissance qui s'était élevée en Occident, vers la monarchie franque, avec laquelle déjà elle avait entretenu quelques relations sous les Mérovingiens. Des relations suivies entre les papes et les rois francs commencèrent sous Charles-Martel, après la bataille de Poitiers, et se continuèrent sous Pépin et Charlemagne : sous le règne de ce dernier, a été rédigé, en 791, un recueil officiel des lettres des papes aux rois francs, résultat de ce commerce; c'est ce qu'on appelle le *Codex Carolinus*[1]. Cela amena, sous les règnes de Pépin et de Charlemagne, une intervention armée des Francs en Italie pour secourir la papauté, et cette intervention se termina par la ruine du royaume lombard et par la donation de certains territoires, que les monarques francs firent à l'Église de Rome. En revanche, la papauté consacra la dynastie carolingienne : le pape Zacharie approuva la déchéance du dernier roi mérovingien, et le pape Léon III ressuscita au profit de Charlemagne

1. Il a été édité par M. Jaffé.

l'empire d'Occident. Dès lors se précisa en Occident une conception nouvelle des rapports entre l'Église et l'État : la chrétienté fut conçue comme ayant deux chefs, l'empereur et le pape; chacun d'eux a son domaine distinct, mais l'empereur est cependant supérieur au pape[1]. Cela rendait parfaitement logique un des traits qui depuis longtemp scaractérisaient l'organisation politique de la monarchie franque, à savoir que les dignitaires de l'Église étaient en même temps les fonctionnaires de l'État : on l'a vu plus haut, dans le comté, le comte et l'évêque étaient, en réalité, deux agents égaux, devant se prêter un mutuel appui et se surveiller l'un l'autre; les *missi* allaient d'ordinaire deux par deux, un comte et un évêque, et enfin, dans les *placita*, les évêques et les abbés siégeaient à côté des comtes. Mais c'était là un équilibre instable entre les deux puissances : cette harmonie ne survivra pas à Charlemagne, et déjà, sous Louis le Débonnaire, plus nettement sous ses successeurs, l'Église s'efforcera de conquérir l'indépendance, puis la suprématie. Pour l'instant, voyons ce que devinrent, dans la monarchie franque, son organisation et ses privilèges.

I

L'unité constitutive de l'Église était toujours l'évêché; seulement, le clergé perdait peu à peu son caractère strictement urbain; les paroisses rurales s'étaient développées et multipliées. Les principes antérieurs, quant à la nomination de l'évêque, restaient en vigueur : la règle était qu'il était élu par le clergé et le peuple de la cité. Mais, en même temps, la règle s'établissait que cette élection n'était valable et ne produisait effet que si elle recevait l'approbation (*assensus*) du roi, et même le roi se réservait le droit de nommer directement l'évêque. Cela est dit expressément dans le décret de Clotaire II, de l'an 614[2], et les formules reproduisent les actes par lesquels

1. Sur tout ce développement, voyez Waitz, *op. cit.*, III, p. 59 et suiv., 162 et suiv.
2. C. I (I, p. 21) : « Ita ut episcopo decedente in loco ipsius qui a metropolitano ordinari debeat cum provincialibus a populo et clero eligatur; si persona condigna fuerit per ordinationem principis ordinetur; certe si de palatio eligitur per meritum personæ et doctrinæ ordinetur. »

s'exerçaient l'une et l'autre prérogatives[1]. Dans ces conditions le droit d'élection dégénérait le plus souvent en un simple droit de pétition et de présentation : le clergé et le peuple de la cité demandaient au roi de leur donner pour évêque tel personnage, sur lequel se portaient leurs vœux[2]. Ce régime était plus ancien que l'édit de 614 ; car il apparaît nettement, et à mainte reprise, dans les œuvres de Grégoire de Tours[3] ; il paraît s'être établi dès les premiers temps de la monarchie franque, et il existe également dans les autres royaumes fondés en Gaule par les barbares[4] ; l'Église, sauf quelques protestations[5], s'y soumit sans résistance, et il persiste sous les premiers Carolingiens. Louis le Débonnaire passe pour avoir, dans un capitulaire de 818-819[6], rétabli la liberté des élections épiscopales ; mais tout ce que ce texte peut contenir, c'est une renonciation à la nomination directe par le roi. Pour procéder à l'élection d'un évêque, il fallait, au IXe siècle, que le peuple et le clergé obtinssent du roi la permission d'y procéder ; pour être valable, l'élection devait ensuite être approuvée par le roi, et c'était encore celui-ci qui mettait l'évêque en possession du temporel de son évêché, en exigeant de lui un serment de fidélité[7].

L'évêque recrutait son clergé et en nommait les dignitaires. Mais, sous les Mérovingiens, il fallait, pour entrer dans le clergé, une autorisation du pouvoir royal, constatant que le candidat ne devait point le *census* personnel à la royauté[8]. Cette exigence, maintenue par la législation de Charlemagne[9], tomba en désuétude au cours du IXe siècle. Beaucoup de grands propriétaires avaient fondé sur leurs domaines et à leurs frais

1. Marculfe, I, 6 (nomination directe par le roi); I, 7 (confirmation de l'élection); cf. de Rozière, form. 512 et suiv.

2. Exemple : de Rozière, form. 513, 515 *bis*.

3. Greg. Tur., *Historia Francorum*, III, 2, 17; IV, 3, 6, 7; V, 5, 45, 46; VI, 9, 15, 36, 38, 39; VII, 1, 7, 31; VIII, 2, 7. 22, 23, 39; IX, 18, 22, 24; X, 26; — *Vitæ Patrum*, VIII, 3; IV, 1, VI, 2; XVII, 1.

4. Voyez, pour le royaume des Wisigoths, Greg. Tur., *Historia Francorum*, II, 23; *Vitæ Patrum*, IV, 1; pour le royaume des Burgondes. *Vitæ Patrum*, VIII, 1.

5. Troisième concile de Paris de l'année 556, c. VIII (*Concilia ævi Merovingici*, éd. Maassen, dans les *Monumenta*, I, p. 144; c. V, D. LXIII).

6. *Capitul. ecclesiast.*, 818-819, c. II (I, p. 276).

7. Cela est dit expressément dans un écrit adressé en 881 au roi Louis III par Hincmar de Reims; *Hincmari Opera* (éd. Sirmond), II, p. 189; — Imbart de La Tour, *Les élections épiscopales*, p. 71 et suiv.

8. Marculfe, I, 19; premier concile d'Orléans de 511, c. IV (Maassen, I, p. 4).

9. *Cap. miss.*, 805, c. XV (I, p. 125). — Cf. Anségise, *Capitul.*, I, 114 et 125

des églises et des chapelles; ils réclamèrent bientôt pour eux et pour leurs successeurs le droit de désigner les ecclésiastiques qui devraient desservir ces établissements : ce devait être l'origine du droit de patronage ecclésiastique [1].

L'Église avait toujours ses assemblées délibérantes. Les plus importantes étaient alors les conciles ou synodes nationaux, comprenant tous les évêques d'un royaume, qui se tenaient avec l'autorisation et souvent sur l'ordre du roi. Souvent les rois promulguaient dans leurs capitulaires ecclésiastiques les décisions de ces conciles et leur donnaient ainsi la force de lois du royaume; ils légiféraient aussi dans ces capitulaires, de leur autorité propre, sur la discipline ecclésiastique.

Les ordres monastiques avaient pris un grand développement. L'unité juridique était toujours le monastère, et de très nombreux monastères avaient été fondés par les rois, surtout par ceux de la première race, et par de riches particuliers. Il semble que la fondation d'un couvent, lorsqu'elle n'émanait pas du roi, devait être confirmée par l'autorité royale [2]. A la tête de chaque monastère était placé un abbé, personnage très important: d'après les règles du droit canon il était élu par les moines, sauf confirmation de l'évêque; et, dans la monarchie franque, la confirmation du roi était également nécessaire : souvent, surtout sous les premiers Carolingiens, le roi désignait directement l'abbé. D'ailleurs, le fondateur réservait souvent pour lui et pour ses successeurs ce droit de désignation : là aussi s'exerça le droit de patronage.

II

L'Église consacra et accrut ses deux principaux privilèges : son patrimoine et sa juridiction.

Dans la monarchie franque, tous es établissements ecclésiastiques avaient le droit d'acquérir des biens de toute nature et par tous les modes d'acquisition, sans limite ni contrôle. Les couvents, comme les églises, avaient conquis le droit de recevoir des libéralités testamentaires. L'Église usa largement

1. Loening. *op. cit.*, p. 357 et suiv.; — Thomassin, *Vetus et nova Ecclesiæ disciplina circa beneficia*, part. II, l. I, c. XXIX et suiv.
2. Voyez du moins les formules de confirmation royale : de Rozière, form. 568 et suiv.

de ce droit. Par son influence sur la royauté, par son ascendant sur l'esprit des fidèles, elle obtint des rois et des particuliers d'abondantes donations, consistant surtout en immeubles : elle tendit à devenir le plus grand propriétaire foncier, et la constitution de cet immense patrimoine devait avoir de profondes et durables conséquences. En outre, sous les Carolingiens, elle reçut de la loi le droit de percevoir à son profit un véritable impôt sur toutes les propriétés, c'est-à-dire la *dîme*, le dixième des produits de la terre et parfois du croît de certains animaux. De bonne heure s'était introduite l'habitude pour les fidèles de faire au clergé des offrandes volontaires. L'Église déclara, dans la suite, ces prestations obligatoires sous la forme de la *dîme* : elle invoqua pour cela les textes de l'Ancien Testament qui en prescrivaient le paiement au profit des lévites. Mais, jusqu'au viii° siècle, ce ne fût là qu'une prescription religieuse, édictée par l'Église, et simplement sanctionnée par elle au moyen de pénalités religieuses et disciplinaires[1]. Les capitulaires de Pépin et de Charlemagne en firent une charge publique, reconnue par la loi, dont l'accomplissement au besoin était imposé par l'autorité et par la force publiques[2]. Cette concession résultait naturellement des rapports qui existaient entre l'Église et l'État; le clergé remplissait un service public, sous l'autorité du pouvoir royal.

Cet immense patrimoine de l'Église, les rois francs considéraient cependant qu'ils avaient sur lui un pouvoir supérieur de disposition, dont ils pouvaient user en cas de besoin pressant. Sous le règne même de Clovis, ce pouvoir paraît avoir été invoqué et exercé[3]. On a vu plus haut comment il fut exercé sous Charles-Martel et Pépin le Bref[4]. Au ix° siècle, on en trouve aussi des applications nombreuses sous Louis le Débonnaire et sous ses fils : dans les dissensions et les guerres

---

1. Sur le développement de la dîme, voyez Thomassin, *Vetus et nova Ecclesiæ disciplina*, part. III, l. I, c. IV, VI.

2. Le premier acte du pouvoir royal sanctionnant la dîme paraît avoir été une lettre de Pépin le Bref à Lullus, archevêque de Mayence (Boretius, I, p. 42). Voyez aussi les capitulaires de 779, c. VII (I, p. 48), et de 794, c. XXV (I, p. 76).

3. Troisième concile de Paris de 556, c. I (Maassen, I, 141, 3) : « Accidit etiam ut temporibus discordiæ sub permissione bonæ memoriæ domni Clodovici regis res ecclesiarum aliqui competissent, ipsaque res improvisa morte collapsi propriis hæredibus reliquissent. »

4 Ci-dessus, p. 135 et suiv.

civiles de cette époque, des terres furent enlevées par les
princes aux églises et aux couvents et attribuées par eux à des
laïcs à titre de bénéfice et de précaire]; des monastères même
furent donnés à des laïcs. L'Église, comme précédemment,
chercha à rentrer dans ses biens, et l'on peut relever toute cette
négociation dans les actes du règne de Charles le Chauve[1] ;
mais elle ne niait point, en principe, son obligation de contribuer aux charges de l'État[2]. Cependant, les propriétés de l'É-
glise avaient conquis l'immunité de l'impôt. Cela n'avait point
été accordé d'abord sous les Mérovingiens[3], mais cela était
résulté de deux causes dans la suite du temps. L'impôt proprement dit avait cessé de jouer un rôle véritablement important sous les Carolingiens[4] ; et, surtout, les églises et couvents
avaient obtenu, presque sans exception, des chartes d'immunité : or celles-ci, on le sait, conféraient au propriétaire immuniste l'impôt dû antérieurement au pouvoir royal[5]. Quant
aux clercs, individuellement considérés, ils étaient exempts de
toutes les charges et services personnels, qui étaient si lourds
dans cette organisation politique ; spécialement, ils étaient
exemptés du service militaire[6]. On voit, cependant, sous les
Carolingiens, les évêques et les abbés constamment requis de
se rendre à l'armée et s'y rendant effectivement : mais ils
figurent alors en qualité de grands propriétaires immunistes,
tenus de conduire leurs hommes à l'ost du roi.

III

On a vu que, somme toute, le droit de juridiction conquis
par l'Église dans l'empire romain comprenait seulement deux
choses : le libre exercice de la juridiction disciplinaire et la
fonction arbitrale des évêques. Mais, dans la monarchie fran-

---

1. *Synodus ad Teodonis villam*, a. 844, c. iii-v (Boretius et Krause, *Capitularia*,
t. II, p. 114); — *Concilium Vernense*, a. 844, c. ix, xii (Krause, II, p. 385);
— Synode de Beauvais, a. 845 (Krause, II, 387).
2. *Synodus ad Teodonis villam*, c. iii.
3. Greg. Tur. *Historia Francorum*, III, 25; V, 26. 28; VII, 42.
4. Ci-dessus, p. 83.
5. Ci-dessus, p. 143.
6. Dans Grégoire de Tours, ce sont seulement les *juniores Ecclesiæ*, c'est-
à-dire les hommes ou serviteurs laïcs des églises, ou peut-être les clercs des
degrés inférieurs, pour lesquels l'immunité est contestée par le pouvoir
royal; *Historia Francorum*, V, 26; VII, 42.

que, ces droits se renforcent et s'étendent : l'Église acquiert une véritable juridiction, qui, dans une certaine mesure, exclut l'action des tribunaux séculiers et qui, dans d'autres cas, concourt avec elle. Cela se fit, en partie, par la coutume, mais surtout par des concessions expresses du pouvoir royal, qui devaient paraître naturelles dans un système politique où les dignitaires de l'Église étaient en même temps des fonctionnaires de l'État [1].

La prétention que produisit l'Église fut de réserver aux tribunaux ecclésiastiques le jugement de toutes les poursuites civiles ou criminelles dirigées contre des membres du clergé : c'est le droit que, plus tard, les canonistes appelleront le *privilegium fori*. Déjà, dans l'empire romain, des conciles avaient fait défense aux clercs de citer d'autres clercs devant les tribunaux séculiers, soit au civil, soit au criminel, et leur avaient enjoint de saisir toujours de leurs litiges la juridiction ecclésiastique [2]. Mais, après la chute de l'empire d'Occident, les conciles qui se tinrent en Gaule au vi[e] siècle émirent des prétentions plus hardies. S'adressant, non plus seulement aux clercs, mais aux laïcs et aux juges publics, ils défendirent, sous peine d'excommunication : aux premiers, de citer un clerc devant la justice séculière sans l'assentiment préalable de l'évêque ; aux seconds, d'exercer contre les clercs aucun acte de contrainte ou de répression. Cette législation des conciles suivit d'ailleurs une marche ascendante [3], et elle atteignit son point culminant au cinquième concile de Paris en l'année 614 [4].

1. Sur ce sujet, consulter : Dove, *De jurisdictionis ecclesiasticæ apud Germanos Gallosque progressu* ; — Sohm, *Die geistliche Gerichtsbarkeit im fränkischen Reiche*, dans *Zeitschrift für Kirchenrecht*, t. IX, p. 193 et suiv. ; — Nissl, *Der Gerichtstand des Klerus im fränkischen Reiche*. — E. Ott, *Kirchliche Gerichtsbarkeit*.

2. Troisième concile de Carthage, a. 386, c. XLIII, C. XI, qu. 1 ; douzième concile de Carthage, a. 407, c. XI, C. XI, qu. 1.

3. Ainsi d'abord les conciles défendent seulement aux clercs de citer d'autres clercs devant les tribunaux séculiers, mais leur conseillent d'y comparaître lorsqu'ils sont cités par des laïcs ; concile d'Agde de 506, c. XXXII (Bruns, II, p. 152). De même, on ne voit pas toujours très exactement ce que l'Église réclame : d'après certains textes, il semble qu'elle demande seulement un essai préalable de conciliation devant l'évêque et l'intervention d'un représentant de l'autorité ecclésiastique pour assister le clerc devant le tribunal séculier ; quatrième concile d'Orléans, a. 541, c. XX (Maassen, I, p. 91).

4. C. VI (IV) (Maassen, I, p. 187) : « Ut nullus judicum neque presbyterum neque diaconum vel clerecum aut junioris Ecclesiæ sine conscientia pontefecis per se distringat aut damnare præsumat ; quod si fecerit, ab ecclesia cui injuriam

Cette fois l'Église allait recevoir satisfaction du pouvoir royal. En effet, en cette même année 614, le roi Clotaire II rendait un édit qui accueillait une grande partie des règles posées par le concile de Paris, et spécialement celle qui concernait les poursuites contre les membres du clergé. Cependant l'édit de Clotaire II ne reproduit pas sans modification le canon du concile de Paris : manifestement, il n'accorde pas tout ce que demandait le concile. Il paraît bien admettre pleinement le *fori privilegium* en matière civile, mais, au criminel, ne l'octroyer qu'aux clercs des ordres supérieurs, les prêtres et les diacres [1]. Cet état de droit semble avoir persisté sous les Carolingiens [2], mais en se modifiant encore au profit de l'Église. Sous Charles le Chauve, Hincmar de Reims donne une formule un peu différente du *privilegium fori* : il paraît le regarder comme absolu au criminel et au civil, sauf pour les causes qui mettent en jeu la propriété des immeubles et des esclaves, et pour lesquelles le clerc continuerait à être justiciable des tribunaux publics [3]. Mais deux garanties subsistaient au profit du pouvoir royal. La première concerne les poursuites criminelles dirigées contre les évêques (et sans doute aussi celles

inrogare dignoscitur tamdiu sit sequestratus, quamdiu reato suo corregat et emeudet. »

1. Voici ce texte, c. IV (I, p. 20) : « Ut nullus judicum de qualebit ordine clericus de civilibus causis, præter criminale negucia, per se distringere aut damnare præsumat, nisi convicitur manefestus, excepto presbytero aut diacono. Qui convicti fuerint de crimine capitali juxta canones distringantur et cum ponteficibus examinentur. » Ce passage difficile a reçu des interprétations très diverses ; la plus vraisemblable me paraît être celle que j'ai reproduite au texte, et l'ouvrage le plus clair sur la question est celui de Nissl, plus haut cité, dont j'ai donné l'analyse dans la *Nouvelle revue historique de droit*, 1887, p. 401 et suiv.

2. Certains textes de capitulaires semblent faire de l'évêque le seul juge des clercs ; mais peut-être visent-ils les délits ecclésiastiques proprement dits. D'autres, pour les procès entre clercs et laïques, établissent des tribunaux mi-partie ecclésiastiques et séculiers ; *Cap. Francofurt.*, a. 794, c. xxx (p. 177).

3. *Ad Carolum Calvum* (Migne. *Patrol. lat.*, t. CXXV, p. 1047): « Nec clericus minime autem episcopus publicis judiciis se potest purgare, quia non potes ullius alterius nisi episcoporum et suorum regularium judicum subdi vel teneri judicio. Neque cuiquam licet episcopum vel alicujus ordinis clericum quolibet modo damnare nisi canonico episcoporum judicatum judicio, vel si causa exigit regulari eorum petitione... De sibi autem commissæ ecclesiæ rebus vel mancipiis... advocatum publicis judiciis dare debet. Ex capite autem suo, tam pro crimine quam pro civili causa, aut apud electos judices de quibus et sicut sacræ leges definiunt, aut ipse in synodo coram episcopis debet reddere rationem. »

contre les prêtres et les diacres) : en semblable matière, le jugement est bien rendu par un synode d'évêques; mais la mise en accusation n'a lieu qu'après une instruction préalable conduite et opérée par le pouvoir royal, et c'est au nom du roi que l'accusation est intentée[1]. En second lieu, le procès concernant un clerc peut toujours être porté devant le roi lui-même, soit directement, soit par voie de *reclamatio*; mais cela n'est que l'application des principes généraux. La justice du roi représentait, dans la monarchie franque, non un degré supérieur de la juridiction séculière, mais la plénitude de la juridiction à l'égard du clergé comme à l'égard des laïcs[2].

En même temps qu'elle acquérait cette juridiction proprement dite sur les membres du clergé, l'Église continuait à exercer à l'égard des laïcs sa juridiction arbitrale et disciplinaire. La première n'apparaît pas très souvent dans les textes ; mais on en trouve cependant des traces certaines[3]. Quant à la seconde, elle fonctionne plus activement que jamais, dans des conditions nouvelles, et prépare, sur bien des points, la compétence exclusive qu'acquerra la juridiction ecclésiastique dans la société féodale. Aux VIIIe et IXe siècles, elle reçut une application spécialement intéressante dans les *causæ synodales*.

De bonne heure, ce fut, pour les évêques, un devoir et une habitude, de visiter périodiquement les diverses églises comprises dans leur circonscription épiscopale; et, au témoignage de Sulpice Sévère, dès le IVe siècle, l'évêché était divisé, à cet effet, en plusieurs districts que l'évêque parcourait successivement. Dans ces *visitationes*, il exerçait son pouvoir de juridiction au moyen d'une assise ou *synodus*, où étaient convoqués les ecclésiastiques et les fidèles. Au IXe siècle, cela devint un moyen très énergique de répression, par le fonctionnement d'un véritable jury d'accusation. L'évêque choisissait, parmi les fidèles réunis, un certain nombre d'hommes de confiance et, par un serment particulier, les obligeait à lui dénoncer toutes les personnes coupables, à leur connaissance, de péchés publics. La personne dénoncée était tenue de se disculper par les moyens de preuve des

---

1. Nissl, *op. cit.*, p. 48 et suiv.
2. Nissl, *op. cit.*, p. 214 et suiv.
3. Greg. Tur., *Vitæ Patrum*, VIII, 3 (édit. Krusch), p. 693; — Regino, *Libri duo de synodalibus causis*, II, c. XCVIII.

coutumes germaniques, adoptés ici par l'Église, c'est-à-dire par le serment et les *cojurantes* ou par une ordalie[1] ; sinon elle était tenue pour convaincue et frappée de la peine disciplinaire portée par les canons. Nous connaissons exactement cette institution par un livre que composa, en l'an 906, ou environ, Régino, abbé de Prum, et qui, justement, est destiné à servir de guide pour les *causæ synodales*[2]. Au commencement du xı^e siècle, on trouve encore des détails sur cette institution dans le décret de Burchard de Worms. On ne sait, d'ailleurs, exactement si cette pratique est un produit direct de la discipline ecclésiastique, car, à la même époque, elle est également employée par le pouvoir séculier[3].

La juridiction disciplinaire de l'Église s'exerçait avec l'approbation du pouvoir royal, souvent même sur l'invitation formelle de celui-ci, et dans des conditions qui n'étaient pas toujours les mêmes. Le plus souvent, la répression ecclésiastique devait renforcer et doubler la répression civile ; le délinquant devait être poursuivi successivement par les deux autorités et frappé de deux peines distinctes[4]. Mais, parfois aussi, le pouvoir royal sollicitait et ordonnait l'intervention de la justice ecclésiastique, pour rendre inutile, en faisant cesser le désordre, l'intervention de la justice séculière et pour suppléer, par suite, à celle-ci. Sans doute, la justice séculière n'était pas dépossédée par là ; elle se réservait toujours d'intervenir, s'il était nécessaire ; mais, cependant, elle s'effaçait devant la justice ecclésiastique, et il était fatal que, dans ces cas, cette dernière finît par acquérir une compétence exclusive. C'est ainsi que se prépara, dans la monarchie franque, sur un certain nombre de points, la compétence future des cours de l'Église ; c'est spécialement ce qui se produisit pour les causes matrimoniales. Les capitulaires ayant adopté certaines règles du droit canonique sur le mariage, en particulier la défense de mariage entre proches

---

1. C. **xv**, C. II, qu. 5 ; Regino, II, c. LXXIII, CCCIII.

2. *Reginonis abbatis Prumiensis libri duo de synodalibus causis et disciplinis ecclesiasticis*, édit. Wasserschleben, Lipsiæ, 1840.

3. *Pippini Italiæ regis Capit.* (782-786), c. VIII (I, p. 192) ; — *Hludovici II imperat. conventus Ticinensis*, a. 850, c. III. — Voyez, sur ce point, Esmein, *Histoire de la procédure criminelle en France*, p. 70 et suiv.

4. Voyez, par exemple, l'Édit de Pistes, a. 864, c. IX, XIII, XX.

parents ou alliés, et, dans une certaine mesure, l'indissolubilité
du lien conjugal, ils invitèrent les évêques à surveiller
l'application de ces règles et à obtenir, par leur action propre,
la séparation des conjoints qui s'étaient unis au mépris de
ces principes. Le pouvoir civil n'intervenait que si.la juridiction ecclésiastique s'était montré impuissante[1]. Ce n'était
pas encore la juridiction exclusive de l'Église sur le mariage ;
celle-ci ne s'établira qu'au cours du x° siècle ; mais cela en
était la préparation.

IV

Par la position qu'elle avait prise dans l'empire romain et
dans la monarchie franque, l'Église avait été naturellement
conduite à se faire une législation propre, un système juridique
pour son usage particulier[2]. C'est le droit canonique. Les
règles dont il se composa furent le produit de deux facteurs
principaux. Les unes furent établies par la coutume, et, tout
d'abord, il n'y en eut que de cette provenance. Les autres
furent édictées par les autorités qui représentèrent, dans
l'Église, le pouvoir législatif ; elles sont contenues dans les décrets des conciles, qui, à partir du iv° siècle, fonctionnent comme
assemblées délibérantes et légifèrent, et dans les décrétales
des papes, qui, au moins à partir de la fin du iv° siècle,
exercent le pouvoir législatif concurremment avec les conciles, et dont les lettres ou rescrits imitent, dans la forme, les
constitutions des empereurs romains[3]. Mais si le droit canonique, considéré quant à son mode d'établissement, se ramène
nécessairement, comme tout droit positif, à la coutume ou
à la loi écrite, lorsqu'on analyse ses éléments constitutifs, on
constate qu'ils sont très nombreux et variés. Les principaux
sont les suivants : 1° les textes de l'Écriture, de l'Ancien et

---

1. Esmein, *Le mariage en droit canonique*, I, p. 16 et suiv.
2. Sur ce sujet, consulter Ad. Tardif, *Histoire des sources du droit canonique.*
3. M. Sohm, *Kirchenrecht*, p. 364, 418, rattache à l'autorité de fait qu'acquirent au cours du iii° siècle les évêques des grandes et principales cités de
l'empire, l'origine première de la réglementation par voie de décrétales. Les
églises secondaires, placées dans leur sphère d'influence, s'adressaient à eux
pour obtenir une solution des questions difficiles. Dans la seconde moitié du
iv° siècle, cela se changea en un droit ferme et légal de décision au profit de
l'évêque de Rome, droit qui fut d'ailleurs confirmé par les empereurs, par
Valentinien III en 445.

du Nouveau Testaments, en tant qu'ils contenaient des principes juridiques applicables aux chrétiens ; 2° les écrits des Pères de l'Église, qui fournissaient l'interprétation autorisée de ces textes et contenaient la tradition de l'Église ; les Pères ont été, en quelque sorte, les antiques *prudents* de ce système juridique ; 3° la coutume de l'Église universelle ; 4° les décrets des conciles et les décrétales des papes ; 5° des emprunts très importants faits par l'Église au droit séculier des peuples au milieu desquels elle accomplit son développement. Ces emprunts furent particulièrement considérables en ce qui concerne le droit romain, si bien que, sur beaucoup de points, ce droit est la base même du droit canonique. Cela s'explique aisément pour la période que nous étudions. Dès le début, alors qu'elle s'isolait de l'empire, l'Église avait emprunté au droit romain, pour sa juridiction, les formes et les règles qui n'étaient pas en contradiction avec l'esprit chrétien. Plus tard, les empereurs avaient légiféré à son profit. Après la chute de l'empire d'Occident, elle était devenue le principal représentant de la civilisation romaine, et, dans le système de la personnalité des lois, elle vivait *secundum legem Romanam*. Les emprunts que fit le droit canonique aux coutumes germaniques furent moins importants, quoique notables encore, surtout dans la théorie des preuves. Enfin, dans ce système, s'incorporeront définitivement quelques capitulaires des monarques francs, naturellement des capitulaires ecclésiastiques.

Tous ces éléments si divers n'arrivèrent qu'assez tard à une fusion définitive. Ce n'est que par un travail qui commence au cours du xii° siècle, et qui se fera surtout par l'école, que le droit canonique deviendra un système juridique suffisamment harmonique et complet. Dans l'empire romain, dans la monarchie franque, on est bien loin encore de ce résultat : à plus forte raison ne faut-il pas s'attendre à trouver dans cette période un code complet du droit canonique. Mais, de bonne heure, on composa des recueils partiels, contenant les règles les plus essentielles ou les textes les plus importants. Les premiers apparurent en Orient, et il y en eut de deux sortes. Ce furent d'abord des *coutumiers*, c'est-à-dire des ouvrages composés par des particuliers pour exposer la coutume de l'Église, et, dans les quatre premiers siècles, il en parut un certain nombre, qui prétendaient reproduire la

doctrine des apôtres [1]. Le plus ancien paraît avoir été la Διδαχή Κυρίου διὰ τῶν δώδεκα ἀποστόλων, qui a seulement été publiée
de nos jours [2]. A la fin du IIIe siècle ou au commencement du
IVe, fut composé un autre ouvrage en six livres, auquel, dans
le cours du IVe, furent ajoutés d'abord une adaptation de la
Διδαχή, comme formant un septième livre, puis un huitième
livre : le tout fut désigné sous le nom de *Constitutions apos-
toliques* [3]. Enfin, au IVe siècle encore, fut composé un recueil
très bref appelé *Canons des Apôtres* (Κανόνες τῶν ἀποστόλων),
divisé d'abord en cinquante, puis en quatre-vingt-cinq articles.
Des ouvrages d'une autre nature furent aussi composés en
Orient ; c'étaient des recueils contenant les plus anciens conciles, tenus dans cette portion de l'empire, et dont les canons
étaient donnés en langue grecque. Ces compilations pénétrèrent
ensuite en Occident, mais les coutumiers y acquirent peu d'autorité. Les Occidentaux se mirent aussi à composer des recueils de conciles, traduisant les textes grecs, et y ajoutant
les décrets des conciles postérieurs tenus en Occident, dans
le latin original ; ils y insérèrent en outre des décrétales des
papes. Trois de ces recueils surtout sont intéressants pour
l'histoire de notre droit.

Le premier vient d'Italie. Il fut composé par un moine
d'origine slave, nommé Denys le Petit (*Dionysius Exiguus*), qui
s'établit à Rome à la fin du Ve siècle, après l'année 496, et y
resta jusqu'à sa mort, qui se place entre 526 et 555. Il composa
successivement deux recueils distincts. L'un, le plus ancien,
était un recueil de conciles dont il donna même deux éditions
pour ainsi dire, ayant retouché son œuvre après l'avoir
publiée [4]. Ce recueil comprenait : 1° une traduction latine des
cinquante premiers canons des apôtres ; mais l'auteur indique

---

1. Sur ce point, consulter Friedberg, *Lehrbuch des katholischen und evan-
gelischen Kirchenrechts*, 3e édit., § 33, p. 94 et suiv.

2. La meilleure édition a été donnée dans les *Texte und Untersuchungen
von Gebhardt und Harnarck* (B., II, H. 1) ; — Harnack, *Die Apostellehre*, Leipzig,
1886.

3. Διατάγαι τῶν ἁγιῶν ἀποστόλων, dans Pietra, *Juris ecclesiastici Græcorum
Historia et Monumenta*, t. I.

4. Voir la préface de la première édition dans Maassen, *Geschichte der
Quellen und Literatur des canonischen Rechts*, I, p. 960 (cf. p. 425) et le texte
de la seconde édition dans Justel, *Bibliotheca veterum Patrum*, I, p. 101 et
suiv.

qu'ils ne sont pas acceptés par tous [1] ; 2° des conciles, pour la plupart traduits du grec. Denys composa ensuite sur le modèle de son recueil de conciles un recueil de décrétales qu'il rédigea probablement sous le pontificat du pape Symmaque (498-514) [2]. Il faut remarquer que Denys ne donne aucune décrétale des papes des trois premiers siècles. Les plus anciennes qu'il reproduit sont du pape Syrice (385-398) [3], et les plus récentes du pape Anastase II (496-498). Ces deux recueils, réunis en un seul et augmentés de quelques additions, furent, au VIIIe siècle en 774, adressées officiellement [4] à Charlemagne par le pape Adrien Ier. Cette compilation devint en France l'expression traditionnelle et autorisée du droit canonique; on lui donna le nom de *Codex canonum Ecclesiæ Gallicanæ*.

En Espagne on avait adopté un autre recueil qui a été faussement attribué à Isidore de Séville († 636). Cette collection était établie sur le même plan que celle de Denys le Petit, mais contenait un plus grand nombre de documents. On l'appelle la *Collectio Hispana*, ou l'*Hispana*; elle a aussi reçu le nom de *Codex canonum Ecclesiæ Hispanæ*. Elle pénétra en France, probablement à la suite des expéditions que Charlemagne fit en Espagne.

Au milieu du IXe siècle, apparut une collection nouvelle, dont l'auteur, dans une préface, déclarait s'appeler *Isidorus Mercator* [5]. Elle reproduisait, en grande partie, les recueils précédents, suivant principalement l'*Hispana* [6]; mais elle s'en distinguait par deux traits remarquables. D'abord, elle contenait une riche collection de décrétales du IIe et du IIIe siècle, depuis le pape Clément († 101) jusqu'au pape Melchiadès († 314),

1. *Epistola Dionysii Exigui Stephano episcopo* : « In principio itaque canones qui dicuntur apostolorum de Græco transtulimus, quibus... plurimi consensum non præbuere facilem. »

2. *Dionysius Exiguus Juliano presbytero* : « Præteritorum sedis apostolicæ præsulum constituta, qua valui cura diligentiaque collegi, et in quemdam redigens ordinem titulis distinxi compositis. » Le recueil de décrétales est dans Justel, *Bibliotheca*, p. 183.

3. M. Sohm, *Kirchenrecht*, p. 418, estime qu'en effet la série des décrétales, qui constituent une véritable législation, commence avec le pontificat de Syrice en l'année 385.

4. Maassen, *Geschichte der Quellen*, I, p. 680 et suiv.

5. Hinschius, *Decretales pseudo-Isidorianæ*, p. 17; — Friedberg, *op. cit.*, p. 97.

6. Ou plutôt une forme déjà altérée et remaniée de l'*Hispana*, Maassen, *Geschichte der Quellen*, I, p. 711 et suiv.; *Pseudo-Isidorische Studien*, I, p. 22 et suiv.

lesquelles paraissaient pour la première fois. De plus, ces
décrétales tranchaient la plupart des points de discipline
ecclésiastique qui étaient discutés au ix⁰ siècle. Une double
tendance, en particulier, s'y manifestait : d'un côté, protéger les
évêques et les clercs en général contre les accusations intentées
par des laïcs ; d'autre part, augmenter l'autorité directe du
pape sur les évêques, et diminuer, dans la même mesure,
l'autorité de leur métropolitain. En réalité, ces décrétales
étaient des pièces fabriquées, comme les faux capitulaires.
La critique moderne a montré en détail les éléments à l'aide
desquels ces textes avaient été composés et dégagé les
procédés de fabrication [1] : on les appelle *Fausses décrétales*
ou *Décrétales pseudo-isidoriennes*, et le nom d'*Isidorus Mercator*
est un nom de fantaisie, comme celui de *Benedictus Levita*.
Un seul point reste discuté : dans quelle partie de la France
cet ouvrage a-t-il été composé? Jusqu'à ces derniers temps,
l'hypothèse généralement admise était que les Fausses décrétales avaient vu le jour dans la province ecclésiastique
de Reims, et qu'elles avaient été composées pour servir
d'arme contre Hincmar de Reims, spécialement dans sa lutte
contre Hincmar de Laon. Mais, au fond, cela est peu vraisemblable, car Hincmar de Reims se vante de les avoir connues
un des premiers [2] ; et, en effet, jusqu'à présent, la plus ancienne citation qu'on en ait relevée se trouve dans un de ses
écrits [3]. Des travaux récents en placent la composition dans le
diocèse du Mans, sous l'inspiration de l'évêque Aldric [4]. On peut
remarquer, dans ce sens, qu'elles ont des affinités certaines,
une parenté indéniable, non seulement avec les faux capitulaires et les faux *Capitula Angilrammi Metensis episcopi*,

1. Voyez la belle édition critique donnée par M. Hinschius, *Decretales
pseudo-Isidorianæ et Capitula Angilramni. Ad fidem librorum manuscriptorum
recensuit, fontes indicavit, commentationemque de collectione pseudo-Isidori
præmisit Paulus Hinschius.*
2. *Hincmari Opera*, édit. Sirmond, II, p. 436 et 320.
3. *Capitula synodica*, a. 852, c. XI, édit. Sirmond, I, p. 713 ; le passage cité
est tiré d'une épître de *Stephanus ad Hilarium* (Hinschius, p. 183).
4. Simson, *Die Entstehung der Pseudo-Isidorischen Falschungen in Le Mans*,
Leipzig, 1886 ; — du même, *Pseudo-Isidor und die Geschichte des Bischöfe von Le
Mans*, dans la *Zeitschrift für Kirchenrecht*, XXI, p. 151 et suiv. Voyez, sur ces
travaux, deux articles de M. Paul Fournier : *La question des Fausses décrétales*, dans la *Nouvelle revue historique de droit*, année 1887, p. 70 et suiv., et
année 1888, p. 103 et suiv.

mais aussi avec deux autres apocryphes, composés certainement dans l'entourage de l'évêque du Mans, les *Acta ponti-
ficum Cenomanensium* et les *Gesta Aldrici*. Quoi qu'il en soit,
tous ces textes factices forment un ensemble, se répétant
souvent les uns les autres, et, sans doute, ils sortent tous de
la même officine. Ils trompèrent d'ailleurs les contemporains
sans difficulté et d'emblée. Seul, Hincmar de Reims a signalé
des contradictions et des invraisemblances dans les *Capitula
Angilrammi* et même dans les Fausses décrétales [1]. Mais, malgré
sa sagacité, il a accepté celles-ci comme authentiques dans leur
ensemble. Dès 857, elles sont citées dans un appendice à un
capitulaire de Kiersy [2]. Pendant tout le moyen âge, la papauté
les invoquera à son profit.

1. *Opera*, édit. Sirmond, II, p. 475-477 ; cf. p. 460-461, p. 793.
2. *Capitulare Cariacense, Admonitio* (Boretius et Krause, *Capitularia*, II,
287).

DEUXIÈME PARTIE
LA SOCIÉTÉ FÉODALE

CHAPITRE PREMIER

Les principes du système féodal

La féodalité est une forme d'organisation sociale et politique qui, au moyen âge, s'est établie non seulement en France, mais dans toute l'Europe occidentale. C'est, d'ailleurs, un type qui s'est reproduit dans d'autres pays et à d'autres époques. Il a existé une féodalité musulmane, originale et puissante[1]. Une féodalité très développée a vécu au Japon pendant des siècles ; son abolition, aujourd'hui complète, n'a commencé qu'après 1867. La Chine a anciennement connu le régime féodal. Il semble donc que c'est là un des types généraux d'après lesquels les sociétés humaines tendent à se constituer spontanément dans des milieux déterminés. Mais ici je n'ai à parler que de la féodalité chrétienne et occidentale ; je voudrais en dégager l'esprit et les éléments essentiels.

Ses éléments constitutifs sont au nombre de deux : le groupement féodal et la seigneurie.

1

Le groupement féodal a pour point de départ le fief, qui en

[1]. Tischendorf, *Das Lehnwesen in den moslemischen Staa'en*, 1872.

est l'unité constitutive et comme la cellule de cet organisme[1]. Le fief, réduit à sa plus simple expression, est une terre ou un droit immobilier concédé à charge de certains services par un homme, qui prend le nom de seigneur de fief, à un autre homme, qui prend le nom de vassal. Un contrat est ainsi intervenu entre ces deux hommes; mais sa portée dépasse de beaucoup le domaine et les bornes du droit privé, tel que nous le concevons. Ce que le vassal promet au seigneur dans un *hommage* solennel, ce n'est point une somme d'argent ou une redevance ayant une valeur pécuniaire : il lui promet, avant tout, une fidélité absolue; il lui promet, en outre, certains services, qui rappellent, en les imitant, les obligations normales du citoyen envers l'État. On les ramène à trois principaux : le vassal doit venir combattre pour son seigneur, lorsqu'il en est requis; il doit se soumettre à la justice de son seigneur, ou siéger comme juge sous sa présidence; il doit, lorsqu'il en est requis, conseiller son seigneur et l'assister de ses avis. Enfin, s'il ne doit, à raison de son fief, aucune redevance pécuniaire périodique et forcée, dans un petit nombre de cas déterminés par la coutume et où le seigneur a un besoin pressant d'argent, il devra l'assister de sa bourse par l'aide féodale. Le seigneur, de son côté, contracte des obligations envers son vassal; il lui doit fidélité, justice et protection.

Ce singulier contrat d'assurance mutuelle atteste à tous les yeux que, dans la société féodale, la notion de l'État s'est profondément altérée. Ces deux hommes, en s'associant, ont suppléé tant bien que mal à l'inertie ou à l'absence de la puissance publique. Ils ont conclu en petit un véritable *contrat social*, au sens que Rousseau donnait à ce mot, quoique dans des conditions bien différentes de celles qu'il a rêvées. Par la force des choses, le groupement ne sera pas restreint à ces deux hommes.

---

1. M. Flach, dans le second volume de son beau livre *Les origines de l'ancienne France*, a produit une tout autre conception de la féodalité primitive. Dans les groupes féodaux des xe et xie siècles il ne voit que des rapports personnels, l'ancien *comitatus* germanique : dans cette organisation, la concession du fief ne serait qu'un élément accidentel et secondaire, non capital et générateur. J'ai essayé de réfuter cette thèse dans ce qu'elle présente de faux ou d'exagéré : voyez mon article intitulé : *Nouvelle théorie sur les origines féodales*, dans la *Nouvelle revue historique de droit*, 1894, p. 523 et suiv.

Celui qui est devenu ainsi seigneur de fief, d'ordinaire, n'a pas concédé de fief qu'à un seul homme; il a fait de ces concessions à plusieurs personnes et réuni ainsi sous sa puissance, un certain nombre de vassaux. Cela est venu tout naturellement de ce que, dans l'âge de la force et de la violence, il faut être riche et puissant pour se faire chef et protecteur. Ces divers vassaux d'un même seigneur, tous unis à lui par les mêmes devoirs, forment le groupe féodal[1]; et celui-ci est l'âme même de la société féodale. Il forme, en effet, comme un petit État, muni d'un gouvernement propre et capable d'accomplir toutes les fonctions essentielles de l'État. Par le service de guerre des vassaux, le groupe féodal est une armée; par le service de justice, c'est une cour judiciaire; par le service de conseil, c'est un conseil de gouvernement. Mais cela suppose aussi que le grand État, dans lequel se sont développés ces petits États, n'assure plus aux hommes la justice, la sécurité et la paix intérieure.

Le groupe féodal ainsi constitué n'est pas encore complet. D'autres personnes y sont encore rattachées, mais pour y jouer un rôle secondaire et subordonné. Ceux-là, ce sont des cultivateurs, des vilains et des serfs. Ce sont souvent des vilains de franche condition, qui ont reçu des concessions de terre, soit du seigneur, chef du groupe, soit de ses vassaux; mais ces concessions sont d'une tout autre nature que le fief; elles sont faites moyennant des prestations de valeur pécuniaire, en argent ou en nature. Ce sont aussi des serfs qui sont attachés aux terres du seigneur ou à celles de ses vassaux. Toutes ces personnes ne sont point des membres actifs du groupe féodal, tel que je l'ai décrit. Elles n'ont de rapports directs qu'avec celui dont elles sont les tenanciers ou à la terre de qui elles sont attachées, et leur état comporte plus de devoirs que de droits. Mais elles gravitent dans l'orbite du groupe féodal, car elles se rattachent soit au seigneur, soit aux vassaux qui le composent. Ce sont elles qui, par leur travail et leurs redevances, fournissent aux besoins économiques du groupe tout entier[2]; et la protection contre les violences du

1. Ils sont égaux entre eux et membres d'une même société; aussi la langue de la féodalité les appelle-t-elle *pares*, les pairs.
2. Voici ce que dit encore au XVIᵉ siècle Guy Coquille, *Institution au droit des François*, édit. 1632, p. 153 : « Chascun doit service au public ou de sa

dehôrs, elles la trouvent dans la force militaire et sociale dont dispose ce groupe, celui dont elles relèvent ayant le droit d'en invoquer l'appui.

Tous ces hommes ainsi constitués en groupe organique, seigneurs, vassaux, tenanciers et serfs, quel est le lien qui les unit? C'est la terre : les uns l'ont concédée, les autres l'ont reçue à de certaines conditions. Mais, par là même, la propriété foncière a pris une forme nouvelle, appropriée aux besoins sociaux. A la propriété libre et absolue, qui ne s'est conservée qu'à titre d'exception, s'est largement substituée la tenure; presque tous tiennent la terre de quelqu'un en vertu d'une concession conditionnelle et limitée.

Le groupe féodal, je l'ai dit, est organisé pour se suffire à lui-même; cependant, il n'est pas nécessairement isolé dans la société féodale; régulièrement, il ne doit pas l'être. Le seigneur, chef du groupe, a pu lui-même entrer, à titre de vassal, dans un autre groupe de même nature, dont le seigneur-chef sera d'ordinaire plus puissant que lui-même. Dès lors, ses propres terres relèvent directement de ce seigneur à titre de fief, et les terres de ses vassaux en relèvent indirectement, en arrière-fief, comme diront les feudistes. Le premier groupe est ainsi rattaché à un second; le second pourra se rattacher à un troisième, et ainsi de suite jusqu'à ce qu'on arrive à un seigneur qui ne reconnaîtra pas de supérieur, qui ne tiendra ses droits de personne, c'est-à-dire au roi de France. Le roi, quand ce rattachement sera complet, aura ainsi sous lui, étagés par échelons, tous les fiefs et toutes les tenures féodales du royaume, qui seront censés être une émanation directe ou indirecte de sa puissance. Cette hiérarchie permettra de conserver, au moins fictivement, l'unité nationale dans la France féodale; et, de là, pour le roi, cette qualité de *souverain fieffeux du royaume*, que lui attribueront les juristes, et dont, en la dénaturant parfois, ils sauront tirer un profit merveilleux au profit de la royauté. Mais, remarquons-le, selon les principes féodaux, chaque vassal n'a de devoirs et d'obligations qu'en-

personne, comme sont les nobles à cause de leurs fiefs, ou de sa bourse comme les roturiers... selon ceste grande ancienneté, quand les tailles n'estoient point, les cens ou autres redevances foncières estoient payées au roi ou à ceux qui tiennent en fief du roi, qui doivent service personnel à leurs fiefs : qui estoit l'ayde que chascun faisoit de ses biens. »

vers son propre seigneur; il n'est pas l'homme du suzerain supérieur[1], il ne lui doit rien; parfois, seulement, son propre seigneur pourra le requérir, en vertu de son droit personnel, au profit du suzerain supérieur. Dans le cours du temps, il est vrai, ce principe s'affaiblira, et certains rapports s'établiront entre le seigneur supérieur et l'arrière-vassal, mais en passant toujours par l'intermédiaire du seigneur moyen.

Cette ordonnance savante n'est pas en France aussi ancienne que la féodalité elle-même : elle fut, sur certains points, très lente à s'établir. La féodalité, chez nous, s'était formée spontanément, dans une période d'anarchie profonde : il en résulta tout naturellement qu'au début nombre de seigneurs furent absolument indépendants, nombre de groupes féodaux absolument isolés. Ce n'est que peu à peu que la hiérarchie s'établit par un second travail de régularisation et de tassement. Les seigneurs les plus forts amenèrent à leur hommage les seigneurs les plus faibles : le roi ramena au sien les seigneurs supérieurs. Mais la royauté capétienne eut anciennement bien du mal à obtenir certains hommages, et les obligations féodales de ces grands vassaux, aussi puissants que le roi, restèrent bien souvent lettre morte.

Dans d'autres pays, au contraire, cette hiérarchie complète et régulière est née en même temps que la féodalité : c'est ce qui s'est passé en Angleterre. Mais c'est que, dans ce cas, le système féodal a été importé, tout formé, et implanté par le vainqueur dans la terre conquise.

II

Le second élément constitutif du système féodal, c'est la *seigneurie*.

---

1. Durantis, *Speculum juris* (xiiie siècle), tit. *De feudis*, n° 28, édit. Francfort, 1592, p. 309 : « Quæritur utrum homo hominis mei sit homo meus. Responde quod non. Ex quo patet quod licet magni barones... duces et alii similes sint immediate vasalli sive homines ligii regis, in cujus regno sunt... tamen homines baronum non sunt homines ipsius regis. » — Joinville, *Histoire de saint Louis*, ch. xxvi, édit. de Wailly, p. 61 : « Li roys manda tous ses barons à Paris, et lour fist faire sairement que foy et loiautei porteroient à ses enfants, se aucune chose avenoit de li en la voie. Il le me demanda; mais je ne voz faire point de sairement, car je n'estoie pas ses hom. » Joinville était le vassal du comte de Champagne. — Voyez une conséquence de ce principe dans le *Livre de Justice et de Plet* (xiiie siècle), l. XII, ch. xxvi, § 4, édit. Rapetti, p. 258.

Le droit de commander aux hommes ne dérive pas seulement des contrats et des concessions de terre qui ont donné naissance aux groupes féodaux. L'autorité publique, jadis incarnée dans le pouvoir royal, n'a pas disparu, pas plus que les droits qui en forment les attributs essentiels, bien que les droits dérivant des associations féodales lui fassent une rude concurrence : mais elle s'est dénaturée et démembrée, elle est devenue la seigneurie. La seigneurie n'est pas autre chose que la souveraineté, ou un démembrement de la souveraineté, qui a passé dans la propriété privée, dans le patrimoine de certains individus. Cette acquisition, comme on l'a vu, s'est produite, tantôt par suite des concessions émanant du pouvoir royal lui-même, tantôt par une simple usurpation, consolidée par une longue possession et confirmée par la coutume. Tantôt ce démembrement de la souveraineté, s'exerçant sur un certain territoire, a été rattaché comme une qualité ou un appendice à certaines propriétés foncières avec lesquelles il se possède et se transmet ; tantôt il constitue une propriété distincte et ayant une existence propre. Mais toujours, dans la féodalité pleinement hiérarchisée, cette propriété revêt la forme féodale : elle est toujours tenue en fief, soit d'un seigneur, soit du roi. L'autorité publique s'est ainsi pliée au génie et à la hiérarchie du système féodal.

Toutes les seigneuries se ressemblent quant à leur nature ; mais elles diffèrent au contraire grandement quant au territoire qu'elles embrassent et quant aux attributs qu'elles confèrent. Il en était d'abord une classe supérieure, qui représentait la pleine souveraineté sur un territoire, autant qu'on peut parler de souveraineté dans la société féodale. Elles donnaient à celui qui en était le titulaire le droit d'exercer dans une région, parfois très vaste, tous les droits régaliens qui n'avaient pas été absorbés par les seigneurs inférieurs. Le plus souvent, elles constituaient des fiefs tenus directement de la couronne et donnaient à la France féodale l'aspect d'une fédération particulière dont le roi était le président. Ce sont ces seigneuries que l'on appelle d'ordinaire les grands fiefs ; ce sont leurs titulaires que les anciens textes désignent souvent comme les barons du royaume de France [1]. Ces seigneuries supérieures portent toutes

---

1. Sur la géographie politique de la France féodale, consulter Freeman,

des titres spéciaux, des titres de dignité[1]. Ce sont d'abord les duchés et les comtés, et ici l'origine de la seigneurie et du titre est facile à discerner: ce sont les grandes divisions administratives de la monarchie carolingienne qui leur ont donné naissance, par l'appropriation des fonctions publiques au profit des ducs et des comtes[2]. Au dessous (en ordre de dignité) sont les baronnies[3] : celles-là sont une création nouvelle, un produit de l'âge où s'est formée la féodalité. Elles ne correspondent point à une fonction publique de la monarchie carolingienne : elles ont, sans doute, pour point de départ, le séniorat ; elles ont d'abord été une puissance de fait, puis sont devenues la forme principale de la pleine seigneurie féodale. La liste des fiefs titrés, d'ailleurs, ne s'arrête pas là : elle comprend aussi des seigneuries de moindre importance, les vicomtés et les châtellenies. Ici, nous avons affaire à deux fonctions inféodées, à deux suppléants devenus titulaires. Le vicomte, dans la monarchie franque, était le suppléant du comte : le châtelain était, à l'origine, un délégué du baron, chargé d'administrer pour lui un ou plusieurs châteaux avec le territoire qui en dépendait. D'ailleurs, certains vicomtes féodaux, devenus indépendants ou vassaux directs de la couronne, égalèrent en puissance les comtes et les ducs. Au dessous enfin, ou plutôt à côté des seigneuries titrées, étaient celles qui ne conféraient que la qualité de seigneur justicier, divisées en hautes et basses justices selon l'étendue de leur compétence.

Quelle était la mesure des droits de ces seigneurs, quels attributs de la puissance publique chacun d'eux pouvait-il exercer dans les limites de son territoire? Il est bien difficile de le déterminer en termes généraux ; car c'est la coutume

---

Histoire générale de l'Europe par la géographie politique, trad. G. Lefebvre, p. 334 et suiv. ; cartes 21-33, 36.

1. Loyseau, *Des seigneuries*, ch. iv et v ; — *Livre de Jostice et de Plet*, I, 15, 21 . « Duc est la première dignité, et puis comte, et puis vicomte, et puis baron, et puis chastelain, et puis vavassor, et puis citaen, et puis vilain. »

2. Sur les marquis, voyez Loyseau, *Des seigneuries*, ch. v, nᵒˢ 28 et suiv.

3. Le mot *baro, baron*, a eu successivement plusieurs significations : il a d'abord voulu dire seulement celui qui a autorité sur quelqu'un ; ex. : la femme et son baron, c'est-à-dire son mari. Ce n'est que relativement assez tard qu'il apparaît pour signifier un seigneur féodal d'un certain rang. On ne trouve point le mot *baronia*, avec un sens technique, dans les pièces anciennes, à moins qu'il ne s'agisse de pièces apocryphes; voyez par exemple Sickel, *Acta regum et imperatorum Karolinorum*, II Theil, 2 Abth., p. 401.

qui fixe, avant tout, le droit public de la société féodale, et la coutume varie selon les lieux. Mais il est possible de dégager deux règles générales. En premier lieu, la seigneurie qui représente, de droit commun, la plénitude de la souveraineté, c'est la baronnie[1]. Secondement, le seigneur qui exerce les attributs les plus précieux de la puissance publique, c'est le seigneur haut justicier. Sur son territoire, il rend la justice au criminel et au civil, avec une compétence illimitée, et pendant longtemps ses arrêts seront souverains ; lui seul a le droit de lever des impôts sur ses sujets. Il a, à l'exclusion de tout autre, ces deux droits essentiels : la justice et le fisc. C'était donc la haute justice qui représentait véritablement la puissance publique dans la société féodale. Les droits qu'exerçaient les seigneurs supérieurs, là où ils n'avaient pas conservé eux-mêmes la haute justice, se réduisaient à peu de chose : leur puissance dérivait surtout de leurs domaines propres et du nombre de leurs vassaux. D'ailleurs, les pouvoirs du haut justicier lui-même ne doivent pas être exagérés ; ils étaient limités, soit quant au fisc, soit quant à la justice, par d'autres principes féodaux.

La société féodale se divise en trois classes d'hommes : les nobles, les vilains ou *homines potestatis* et les serfs[2] ; la puissance du haut justicier ne s'exerce pleinement que sur les vilains et les serfs, les gentilshommes y échappent presque complètement. En effet, les nobles sont exempts, en principe, des impôts directs ou indirects que lève le haut justicier sur

---

1. Beaumanoir, *Coutumes de Beauvoisis* (xiii⁰ siècle), ch. xxxiv, n⁰ 41, édit. Beugnot : « Porce que nous parlons en cest livre, en plusors liex, du sovrain et de ce qu'il pot et doit fere, li aucun porroient entendre, porce que ne nous nommons ne duc ne comte, que ce fust du roy ; mais en tous les liex que li rois n'est pas nommés noz entendons de cix qui tiennent en baronie, *car cascuns barons est souvrains en se baronie*. » — *Établissements de saint Louis*, I, 26, édit. Viollet : « Bers (baron) si a toutes joutises en sa terre ne li rois ne puet mectre ban en la terre au baron sanz son assantement. » — *Coutumier d'Artois* (vers 1300), édit. Ad. Tardif, XII, 1 : « Et qui a marchiet et chastelenie et paiage et lige estaige, il tient en baronie à proprement parler » ; XLVII, 6 : « en le court souveraine, c'est-à-dire dou baron. »

2. Beaumanoir, xlv, 30. Cf. xii, 3. Il y a, en réalité, dans cette société encore deux autres classes de personnes, les ecclésiastiques et les bourgeois ; mais, avant d'avoir ces qualités particulières, ils sont nobles, roturiers ou serfs. La condition spéciale des ecclésiastiques et des bourgeois consiste dans certains privilèges, que nous exposerons en étudiant l'Église et les villes dans la société féodale.

ses sujets. D'autre part, le noble est toujours un vassal, un homme de fief : en cette qualité, il ne reconnaît pour juge que le seigneur auquel il a fait hommage, auprès duquel il trouve un tribunal composé de ses pairs[1]. En principe, il échappe par là à la compétence de la justice fondée sur l'autorité publique il n'est point le justiciable du seigneur haut justicier, à moins que celui-ci ne soit en même temps son seigneur de fief et n'a pas reçu son hommage, et alors c'est cette dernière qualité et non pas la première qui fonde la compétence. Même en ce qui concerne le vilain, le seigneur justicier peut voir certaines causes échapper à sa justice. Je montrerai plus loin qu'originairement tout homme qui avait concédé valablement une tenure à un autre homme acquérait, par là même, le droit de statuer sur les procès auxquels cette tenure pouvait donner lieu.

Voilà les éléments essentiels du système féodal dans toute sa force. Il faut maintenant étudier en détail les principales institutions féodales. Mais deux observations préliminaires doivent être faites.

Le régime féodal a eu une existence des plus longues. Peu à peu constitué au cours des ixe et xe siècles, il est complet dès le xie et, d'autre part, il vivra, par certains côtés, jusqu'à la Révolution française. Dans cette partie de mon livre, je n'ai point l'intention de le suivre dans toute son histoire et d'exposer, après sa période de force, sa décadence et enfin son abolition. Ce que je veux étudier ici, ce sont les institutions féodales dans leur originalité et leur complet épanouissement. Je les prends dans la période où elles représentent vraiment l'organisation politique de la société française, où elles en sont le ressort principal et essentiel, et cette période s'étend du commencement du xie siècle à la fin du xive[2]. D'autre part, dans ce tableau des institutions féodales, je ferai presque abstraction du pouvoir royal. Il n'a jamais disparu cependant de la France féodale ; dès le xiie siècle, il joue un grand rôle politique ; aux xiiie et xive siècles, il a accompli d'immenses progrès à l'encontre des pouvoirs féodaux. Mais ce développement et ces progrès feront dans la suite l'objet d'une étude spéciale. Pour

---

1. Voyez, par exemple, *Établissements de saint Louis*, I, 76.
2. C'est le point de vue auquel s'est placé Brussel, dans son livre remarquable : *Nouvel examen de l'usage général des fiefs en France pendant les* xiie, xiiie *et* xive *siècles*, 2 vol., Paris, 1750.

le moment, j'expose les institutions féodales dans leur logique, comme un système juridique original, et le pouvoir royal n'y apparaîtra qu'autant qu'il joue un rôle et revendique des droits qui sont conformes au génie de ce système et dérivent de cette logique.

J'étudierai successivement dans la société féodale : 1° la condition des terres et l'état des personnes; 2° le droit de guerre, la justice et les droits fiscaux; 3° l'Église; 4° les villes.

CHAPITRE II

La condition des terres et l'état des personnes

Les tenures féodales sont la clef de voûte de l'édifice tout entier. C'est par elles que s'est organisé le groupe féodal et que la hiérarchie des seigneuries s'est constituée; d'autre part, dans une large mesure, elles déterminent la condition même des personnes, car cette condition dépend souvent du titre auquel la personne tient la terre. Aussi, par une symétrie logique, trouvons-nous trois classes de tenures féodales : les tenures nobles, les tenures roturières et les tenures serviles, et trois classes de personnes : les nobles, les roturiers et les serfs.

SECTION PREMIÈRE

LES TENURES FÉODALES

I. — LE FIEF

§ 1. — LA NATURE DU FIEF ET LES RAPPORTS QU'IL ENGENDRE

Le fief est une terre ou une seigneurie (parfois un autre droit réputé également immobilier)[1] concédée par une personne, qui prend le nom de seigneur de fief, à une autre personne, qui prend le nom de vassal : la concession est faite moyennant certaines obligations imposées au vassal, dont la première et la principale, celle d'où dérivent toutes les autres, est un devoir absolu de fidélité envers le seigneur.

---

1. *Libri feudorum* (XIIe-XIIIe siècle), II, 1, § 1 : « Sciendum est autem feudum sive beneficium nonnisi in rebus soli aut solo cohærentibus, aut in iis quæ inter immobilia connumerantur... posse consistere. »

Cependant tous les fiefs n'eurent pas pour origine une concession réelle et libérale de la part du seigneur ; dans les temps
qui virent la formation du système féodal, la concession fut
souvent fictive et seulement pour la forme. Dans le mouvement
qui produisit la hiérarchie complète de la féodalité, plus d'un
homme se fit le vassal d'un seigneur par nécessité et déclara
tenir de lui, à titre de fief, des terres ou des seigneuries
dont, jusque-là, il avait été le libre propriétaire et le maître
absolu[1]. C'est un phénomène analogue à ces recommanda-
tions, qui ont été précédemment signalées dans la monarchie franque. Nos anciens feudistes appelaient *fiefs de reprise*
les fiefs ainsi créés.

Que le fief ait eu pour origine une concession réelle ou
feinte, cela ne change en rien la nature de l'institution, et celle-
ci se dégage de cette idée, que le fief établit entre le vassal et le
seigneur, non pas seulement des rapports *réels*, de concédant
à tenancier, mais aussi et surtout des rapports *personnels*. Cet
élément personnel est celui qui domine[2] : le fief suppose avant
tout un contrat véritable, la prestation d'hommage, entre le
vassal et le seigneur, impliquant d'une part la fidélité et, de
l'autre, la justice et la protection ; la concession vraie ou feinte
de la terre ou de la seigneurie n'est que la conséquence et
l'accessoire de ce contrat, qui lui sert de cause et de support.
Cela s'explique bien quand on remonte à l'origine même de la
tenure en fief ; celle-ci a été produite par la combinaison de
deux institutions antérieures, la vassalité et le bénéfice de la
monarchie franque, dont l'une engendrait seulement des rapports personnels et l'autre seulement des rapports réels. Déjà
au ixe siècle, les deux institutions, distinctes en droit, étaient
toujours associées en fait l'une à l'autre, en ce sens que le prince

---

1. Durantis, *Speculum juris, De feudis*, n° 12, p. 307 : « Quod si jam subjecit
mihi bona sua, accipiendo illa a me in feudum... videtur ea mihi tradidisse et
in me dominium transtulisse, iterum a me in feudum recepisse. » —Hostiensis,
Summa decretalium (xiiie siècle), tit. *De usuris*, édit. Lyon, 1517, p. 445 : « Non
semper transfertur feudum in vassallum : immo plerumque is qui possidet et
a nemine recognoscit, recipit illud ab illo propria voluntate, vel ut a tyran-
nibus defendatur. »

2. M. Flach a très nettement dégagé le caractère personnel de la vassalité
quoiqu'il en exagère les effets ; *Origines de l'ancienne France*, II, p. 518 et suiv.
Voyez les observations que j'ai présentées sur cette partie de son livre, sous
ce titre : *Nouvelles théories sur les origines féodales*, dans la *Nouvelle revue
historique de droit français et étranger*, t. XVIII, 1894, p. 523-544.

ou le *senior* ne concédaient de bénéfice qu'à ceux qui leur prêtaient le serment de vassalité. Dans le fief, les deux choses sont devenues en droit inséparables; le serment de vassalité est devenu juridiquement la condition nécessaire et préalable de la concession. Une fois cette conception formée, on y est resté fidèle dans tout le développement historique des fiefs. L'engagement personnel du vassal a paru chose si nécessaire que, lorsque le fief, viager à l'origine, est devenu héréditaire, il a fallu que l'héritier renouvelât ce contrat pour obtenir la possession[1]; en vertu d'une règle générale, il a fallu renouer, par l'hommage, le lien personnel entre le seigneur et le vassal à tout changement de vassal ou de seigneur[2]. Le principe a même été si puissant qu'il a survécu aux besoins qui l'avaient fait introduire. Lorsque, dans les derniers siècles de l'ancienne monarchie, le système féodal eut perdu, dans une large mesure, son importance politique, les effets du contrat féodal, très énergiques autrefois, devinrent presque nuls : le droit féodal n'en maintint pas moins, comme une règle essentielle, la nécessité de l'hommage renouvelé à tout changement de vassal ou de seigneur. Mais, ici, nous devons étudier ce contrat à l'époque où il possédait encore toute son énergie, et, pour cela, il faut nous demander quelle était sa forme, quelles obligations il engendrait, et quelle en était la sanction.

A. Le contrat féodal ou hommage (*hominium*, *homagium*)

1. Anciennement, cette mise en possession renouvelée a été parfois qualifiée confirmation du fief. Durantis, *Speculum*, tit. *De feudis*, n° 3, p. 304 : « Porro si feudum a prædecessoribus concessum successor confirmet, hoc modo conficitur instrumentum. » — Ou encore, on a employé le terme de *reprise* : *Ancienne coutume de Bourgogne* (xive siècle), ch. xxxv, dans Giraud, *Essai sur l'histoire du droit français*, II, p. 275 : « Li sires puet mettre et asseoir sa main à la chose de son fié, pour deffault de servenz et de *reprise*. » — Guy Coquille, *Institution au droit des François*, p. 63 : « De cette très ancienne usance est venu le mot *reprise*, qui signifie le renouvellement d'hommage, comme si le fief étoit failly et retourné au seigneur par le décès du vassal et que le vassal le reprist du seigneur comme par une nouvelle concession. »

2. On peut remarquer que Durantis considère l'obligation même résultant de l'hommage, comme transmise à l'héritier. Il en tire cette conséquence : à la mort du vassal, si son fils ne vient pas renouveler l'hommage, le seigneur peut l'y forcer, au moins s'il ne s'agit pas d'un fief de reprise; *Speculum*, tit. *De feudis*, n° 12, p. 307 : « Si autem aliquis se constituat hominem meum ligium quia dedi sibi aliquam rem in feudum et quia vult sibi providere ut eum defendere debeam .. Quia præsumitur ita velle filio providisse sicut ipsi sibi, persona filii adstricta est jure homagii, licet ipse velit abstinere a re quam pater habuit in feudum. »

était un contrat formaliste[1]. Il rappelait les formes du serment de vassalité ou *commendatio* de la monarchie franque; l'un et l'autre, d'ailleurs, étaient des applications d'un mode général pour créer les obligations, la *fides facta* ou *fidei datio*[2]. Le vassal, tête nue et sans épée, s'agenouillait devant le seigneur, et, mettant les mains entre les siennes, il prononçait une formule solennelle par laquelle il déclarait devenir son homme à partir de ce jour et s'engageait à le défendre envers et contre tous[3]. Le seigneur le relevait alors, l'embrassait sur la bouche et déclarait le recevoir pour son homme[4]. Bien que la *fidei datio*, dont l'hommage était une application, fût considérée, au moyen âge, comme un serment ou comme l'équivalent d'un serment, l'habitude s'introduisit de la faire suivre d'un serment proprement dit de fidélité, que le vassal prêtait sur l'Évangile[5]. Ce qui fit probablement introduire cet usage,

1. Durantis, *Speculum*, tit. *De feudis*, n° 8, p. 306 : « In plerisque autem locis stipulatio hujusmodi sic concipitur : Is qui facit homagium stans flexis genibus ponit manus suas inter manus domini et homagium sibi facit, per stipulationem fidelitatem promittit. » — *Grand Coutumier de Normandie* (xiii° siècle), texte latin, édit. J. Tardif, c. xxvii, p. 94 : « Homagium est fidei promissio observandæ... quod fit expansis ac conjunctis manibus inter manus recipientis in hæc verba. » — Boutillier, *Somme rurale* (xiv° siècle), édit. Charondas, Paris, 1603, tit. LXXXII, p. 478. — L'hommage, d'ailleurs, ne servait pas qu'à engager un homme de fief envers son seigneur; il avait encore d'autres applications, que signalent d'une façon concordante Durantis (*loc. cit.*, n° 12, p. 307), le *Grand Coutumier de Normandie*, c. xxvii, et Boutillier, l. I, tit. LXXXII, p. 478.

2. Esmein, *Études sur les contrats dans le très ancien droit français*, p. 98 et suiv., 104 et suiv. Sur l'hommage servant à créer d'autres liens que ceux qui accompagnaient la concession du fief; voyez mon article : *Nouvelles théories sur les origines féodales*, dans la *Nouvelle revue historique de droit*, 1894, p. 538.

3. Sur les formes de l'hommage, voyez *Assises de Jérusalem, Livres de Jean d'Ibelin*, ch. cxcv, édit. Beugnot, I, p. 313 ; — *Livre de Jostice et de Plet*, XII, 22, § 1; — Boutillier, *Somme rurale*, l. I, tit. LXXXII, p. 478.

4. Durantis, *Speculum*, tit. *De feudis*, n° 3 : « Post hoc in continenti in signum mutuæ et perpetuæ dilectionis pacis osculum intervenit »; — n° 8 : « Et dominus in signum mutuæ fidelitatis illum osculatur. » Le baiser intervenait d'ailleurs dans d'autres actes pour corroborer une promesse. Voyez un cas où il confirme une transaction, dans le *Livre des serfs de Marmoutiers*, édité par Salmon et Grandmaison, *Appendice*, n° xxx, p. 152 : « Et de his affiduciavit nos per fidem, osculans inde, ob signum fidei, priorem nostrum. »

5. Durantis, *Speculum*, *loc. cit.*, n° 1, p. 304 : « Dictus vero P. ibidem et in præsentia sibi promisit et corporaliter juravit ad sancta Dei Evangelia ex nunc in perpetuum sibi suisque heredibus se fidelem esse vassallum. » — Déjà, dans Yves de Chartres, *Ep. LXXI, Gulielmo glorioso regi Anglorum* : « Quæsivit...

c'est l'importance extrême que le droit du moyen âge, spécialement le droit canonique, donnait au serment prêté sur une
res sacra[1]. Après la foi et hommage, venait l'*investiture* du
fief, c'est-à-dire la tradition que le seigneur en faisait au vassal,
tradition d'ordinaire symbolique, conformément à l'esprit des
coutumes médiévales[2].

B. Ce contrat formaliste entraînait des obligations précises
à la charge du vassal et à la charge du seigneur.

Le vassal contractait d'abord l'obligation générale d'être
fidèle à son seigneur; mais, de plus, il lui devait certains
services déterminés qui répondaient aux besoins organiques
du groupe féodal et qui se ramènent à trois chefs principaux :

1° Il lui devait d'abord le service militaire (service d'host
ou de guerre), dans des conditions qui seront indiquées plus
loin[3]. Ce service, dû à un particulier, suppose nécessairement
la théorie des *guerres privées*, et c'est grâce à lui que le groupe
féodal représentait une petite armée.

2° Il lui devait le service de *conseil*, c'est-à-dire que toutes
les fois qu'il en était requis par le seigneur, il devait venir
l'aider de ses conseils et délibérer, avec lui et les autres vassaux, sur leurs intérêts communs. Dans les textes anciens, on
ne voit guère ces délibérations, ces parlements féodaux, qu'auprès des puissants seigneurs; mais ils durent fonctionner,
inaperçus de l'histoire générale, partout où il se forma un
groupe féodal de quelque importance : par là, celui-ci figurait
un conseil de gouvernement[4].

Vestra Excellentia qua ratione exsolverim Nivardum de Septolio a *fiduciis et
sacramentis* quibus se Vestræ Magnitudini obligaverat. »

1. Ce fut, en définitive, le serment de fidélité qui fut considéré comme essentiel; car, parfois, l'hommage proprement dit n'avait pas lieu, mais seulement
la fidélité. Voyez de Laurière, sur l'art. 3 de la Coutume de Paris. Les deux
choses étaient rappelées dans l'expression courante *faire foi et hommage*.
Esmein, *Nouvelles théories sur les origines féodales, loc. cit.*, p. 541.

2. Durantis, *Speculum*, tit. *De feudis*, n° 1, p. 304 : « Idem *A.* in robur et
confirmationem concessionis præfatæ ipsum *P. cum baculo vel chirotheca* de
dicto feudo legitime investivit. » Ibid., n° 2 : « Ipsum *H.* de dicto feudo cum
virga vel pileo legitime investivit. » — *Assises de Jérusalem, Livre de Jean
d'Ibelin*, ch. cxliv.

3. Boutillier, *Somme rurale*, I, tit. LXXXIII, p. 486 : « Sçachez que mander peut
son homme de fief qui est tenu de venir en armes et en chevaux selon que
le fief le doit et en ce le servir. »

4. Voyez la formule très énergique et très remarquable que donne des devoirs
du vassal Fulbert de Chartres, *Ep. LVIII* (a. 1020), c. xvii, C. XXII, qu. 5 :
« Restat... ut consilium et auxilium domino suo fideliter præstet, si beneficio

3° Il lui devait le service de justice ou de *cour*, ce qui comprenait deux choses. En premier lieu, le vassal, par son hommage, se soumettait, pour toutes les poursuites dirigées contre lui, au jugement du seigneur et de *ses pairs*, c'est-à-dire des autres vassaux soumis au même seigneur : cela sera expliqué plus loin. Secondement, le vassal était obligé de venir siéger comme jugeur, lorsqu'il en était requis, à la cour du seigneur, pour juger les vassaux ou les sujets de ce dernier[1]. Par là, le groupe féodal se présentait comme une cour de justice.

En principe, le vassal ne devait pas au seigneur de prestations pécuniaires : c'est à raison de cela que ses services, et la tenure qui les entraînait, furent considérés comme nobles. Cependant, exceptionnellement, il lui devait une contribution pécuniaire, proportionnée à l'importance du fief ; mais cela se produisait dans un petit nombre de cas, dans des circonstances extraordinaires ; et alors, aider le seigneur de sa bourse, c'était simplement, pour le vassal, la conséquence naturelle du devoir général de fidélité et de dévouement qu'il avait contracté envers lui. Ces contributions extraordinaires et honorables furent appelées les *aides féodales*. La coutume les limita à un petit nombre d'hypothèses déterminées, dont les principales furent[2] : le cas où le seigneur était fait prisonnier et où il fallait payer sa rançon, celui où le fils aîné du seigneur était armé chevalier, enfin le mariage de la fille aînée du seigneur. Avec les croisades, l'expédition du seigneur en Terre Sainte prit place sur la liste des aides féodales.

Le seigneur contractait aussi des obligations envers le vassal[3], lesquelles, toutefois, dérivaient plutôt de la coutume

---

dignus videri vult et salvus esse de fidelitate quam juravit. » Yves de Chartres, *Ep. CCIX* : « Nullus quippe qui fidelitatem fecerit regi præsumet illud dare consilium quod sit contra fidelitatem suam et regni minuat majestatem. »

1. Boutillier, *Somme rurale*, p. 485 : « Quiconques tient fief... sçachez qu'il est tenus de servir son seigneur... C'est à savoir en ses plais pour justice faire et tenir. »

2. Voyez *Assises de Jérusalem, Livre de Jean d'Ibelin*, ch. CCXLIX ; — *Grand Coutumier de Normandie*, ch. XXXIII, XLIII ; — Boutillier, *Somme rurale*, I, 86, p. 500 ; — Loisel, *Institutes coutumières*, l. IV, tit. III, 54 et suiv.

3. Fulbert de Chartres, *loc. cit.* : « Dominus quoque fideli suo in omnibus vicem reddere debet. » — Durantis, *Speculum*, tit. *De feudis*, n° 2 : « Et nota quod qua fidelitate tenetur vasallus domino, eadem tenetur dominus et vasalio. »

que du contrat; car l'hommage dut présenter d'abord le caractère strictement unilatéral des anciens contrats formalistes : le
vassal seul y prenait des engagements. Ces obligations du seigneur étaient au nombre de deux : il devait la justice à son
vassal; il lui devait aussi garantir la possession du fief dont il
l'avait investi, en employant au besoin, pour le défendre, toute
la force du groupe féodal [1].

C. La sanction de ces obligations réciproques était des plus
simples et des plus énergiques, quoique seulement indirecte.
Pour les obligations du vassal, c'était la perte du fief, le retrait
de la concession prononcé par la cour féodale, la *commise*,
comme diront les feudistes en empruntant un de ses termes au
droit romain remis en honneur [2]. La commise intervenait de
deux façons. Tantôt elle était prononcée directement et d'emblée, lorsque le vassal commettait envers le seigneur un acte
grave, par lequel on considérait qu'il avait *brisé sa foi*, c'est-
à-dire manqué gravement à la fidélité qu'il devait au seigneur ;
les principaux cas étaient lorsqu'il désavouait son seigneur,
lorsqu'il prenait les armes contre lui sans que celui-ci lui eût
dénié la justice, lorsqu'il refusait de se soumettre à la justice
du seigneur [3]. En cas de manquement simple à l'un des services, le seigneur se contentait de saisir le fief du vassal né-
gligent [4] et d'en percevoir les fruits : la commise intervenait
seulement, si cet état de choses se continuait pendant un certain temps, généralement pendant un an et un jour, sans que
le vassal fût rentré dans l'ordre [5]. La même saisie, avec les

1. Durantis, *loc. cit.*, n° 1 : « Promittens (dominus)... ipsam rem ab omnibus, persona et universitate, legitime defendere, authorizare et defendere. »
— Beaumanoir, *Coutumes de Beauvoisis*, XLV, 4 : « Li segneur sunt tenu à
garantir à lor homes ce qu'il tienent d'aus. »

2. L. 14, 15, 16, D. *De public. et vect. et commissis*, XXXIX, 4.

3. *Libri feudorum*, II, tit. V, XXII, XXIV; — *Assises de Jérusalem, Livre de
Jean d'Ibelin*, ch. cxc; — *Établissements de saint Louis*, I, 52, 54, 55, 86 ; —
Grand Coutumier de France (xiv° siècle), édit. Laboulaye et Dareste, l. II,
ch. xxvi, p. 284.

4. C'était certainement, à l'origine, une saisie privée faite par le seigneur
sans autorité de justice. Durantis, *loc. cit.*, n° 34, p. 310 : « Quæritur quid si
homo meus tenens feudum a me non vult mihi servitia præstare, numquid
possum feudum propria auctoritate invadere et mihi ipsi facere jus de illo ?
Videtur quod non. Argumentum contra quod possum ad instar locatoris. »

5. *Grand Coutumier de Normandie*, ch. xxiii, 4, p. 75 : « Feodum ad dominum
revertitur, de quo tenetur... ex condemnatione possidentis. Cum enim aliquis
condemnatur, *anno elapso*, feudum ad dominum redit de quo immediate te-

mêmes conséquences, se produisait lorsque l'irrégularité c
sistait en ce que le fief était ouvert et qu'il y avait *faute d'homme*,
c'est-à-dire lorsqu'on se trouvait dans l'une des hypothèses où
l'hommage devait être renouvelé, et où cependant le vassal ne
l'avait pas prêté dans les délais fixés par la coutume[1]. La saisie
féodale, telle que je viens de la décrire, ne peut d'ailleurs être
reconstruite que grâce à quelques indications éparses, car de
bonne heure elle s'affaiblit, n'eut plus jamais la commise pour
conséquence, et même, dans la plupart des cas, le seigneur ne
gagna plus les fruits perçus pendant la saisie[2].

Quant aux obligations du seigneur, par la même logique,
leur sanction consistait dans la rupture du lien féodal. Le
vassal était alors délié de son hommage envers le seigneur;
cependant il gardait le fief (sauf, bien entendu, le cas où un
tiers avait revendiqué celui-ci avec succès), mais il le tenait
dorénavant du suzerain immédiatement supérieur dans la
hiérarchie féodale[3].

netur. » — *Établissements de saint Louis*, ch. I, 72 : « Li sires... Il doit fere
metre terme d'un an et d'un jour o jugemant, et se il ne vient au terme li
sires le puet bien esgarder en jugement que il a le fié perdu. » Boutillier
rapporte comme étant localement en vigueur un système plus énergique encore
pour sanctionner le service de guerre, *Somme rurale*, I, 83, p. 486 : « Selon
aucuns il y aurait trois semonces. La première si est d'aller en l'ost quand le
seigneur y doit aller, lors y a amende telle que le relief est. Item puisque le
seigneur est en l'ost aux champs, qui ne vient à cette semonce il y a soixante
livres (d'amende). Item à la tierce semonce qui n'y vient il perd le fief. Et
ainsi fust-il jugé par les coustumiers de l'Isle en l'an mil trois cent quatre-
vingt-six. »

1. *Libri feudorum*, I, tit. XXII ; — *Assises de Jérusalem, Livre de Jean d'Ibelin*, ch. cxci. — Cf. *Livre de Justice et de Plet*, XXII, 17, § 3 ; — Guy Pape
(xv⁰ siècle), qu. 164 et suiv.

2. *Assises de Jérusalem, Livre de Jean d'Ibelin*, ch. cxci; on y voit que, faute
de service, le droit commun n'édictait plus qu'une perte de jouissance d'an et
jour : c'est un état intermédiaire. Voyez aussi les coutumes générales données par Simon de Montfort en 1212 aux pays qu'il occupait, dans Galland,
Contre le franc alleu sans titre, Paris, 1629, p. 220 : « Barones, milites et alii
domini terrarum qui debent servitium comiti, et citati ad quindenam non
venerint ad locum præfixum a comite ad exercitum (ita quod infra quindenam iter acceperint) quinta pars reditum, unius anni scilicet, terræ illius
quam tenent a comite, erit pro emenda in manu et voluntate comitis. » Mais
dans un autre cas, lorsqu'il s'agit de vassaux partis en France avec la permission du comte, pour un séjour limité, et qui ne reviennent pas au jour dit,
ces coutumes connaissent encore la commise, p. 218 : « Tantum tenetur comes eos expectare post terminum elapsum, salvo servitio suo, usque ad quatuor menses, sed extunc, sine omni reclamatione, poterit terram eorum comes
recipere in manu sua et inde facere libere voluntatem suam. »

3. Boutillier, *Somme rurale*, I, 39, p. 276 : « Sçachez (dans ce cas) que

Une forte et simple logique présidait à ces rapports de vassal
et de seigneur; cependant une complication était possible. Bien
que l'esprit de la féodalité voulût que chaque homme appartînt
à un seul groupe féodal, aucune règle juridique n'assurait
ce résultat. Au contraire, il était parfaitement licite que le
même homme reçût des fiefs de plusieurs seigneurs et devînt
ainsi le vassal de chacun d'eux[1]. Mais, par là, il contractait des
obligations inconciliables entre elles. Supposons en effet que
tous ces seigneurs fussent en guerre l'un contre l'autre, lequel
d'entre eux devait suivre et servir le commun vassal? Pour
couper court à ces difficultés, on inventa une forme spéciale d'hommage, l'*hommage lige*. C'était la promesse par le
vassal de défendre et de servir le seigneur envers et contre
tous, même contre ceux dont il recevrait postérieurement des
fiefs. Celui qui s'était ainsi engagé ne pouvait plus ensuite
consentir un autre hommage envers un autre seigneur que
sous la réserve du premier[2]. Par là même, les seigneurs supérieurs tendirent à réserver pour eux cette forme d'hommage[3],
qui seule, dans la suite, conservera le rituel primitif. Il faut
ajouter, d'ailleurs, que cette interprétation de l'hommage lige

l'homme féodal doit à toujours estre exempt de son seigneur et retourner à
son chef lieu et seigneur souverain de toute la terre. » — Loysel, *Inst. cout.*, l. IV,
tit. III, 98 : « Fidélité et félonie sont réciproques entre le seigneur et le vassal;
et comme le fief se confisque par le vassal ainsi la tenure féodale par le seigneur. »

1. Durantis, *Speculum, loc. cit.*, n° 23, p. 309 : « Quæritur utrum quis potest
esse homo ligius duorum. Et dicunt quidam quod non, quia duo non possunt
esse domini ejusdem rei in solidum. Sed bene potest esse quis homo non ligius duorum. »

2. Durantis, *Speculum, loc. cit.*, n° 3, p. 305 : « Nota quod est homagium
ligium quod videlicet fit imperatori vel regi, nullius alterius fidelitate salva.
Illud vero quod fit aliis non dicitur ligium quod fit seu juratur salva imperatoris vel regis auctoritate... Alii dicunt quod duplex est homagium. Unum
dicitur ligium, in quo nullus excipitur quantum ad verba; quantum tamen
ad mentem illi qui supremam et generalem habent jurisdictionem, puta imperator vel rex, intelliguntur excepti, contra quos non tenetur quis dominum
juvare... Aliud vero non est ligium, quando videlicet aliquis excipitur . puta
facio tibi homagium excepta fidelitate qua tali domino meo ligio teneor, vel
salvo quod possim quem voluerim dominum meum ligium mihi constituere,
quia nolo te contra talem juvare. Sed prius dictum verius est, licet hoc ultimum communis usus loquendi approbet. » — Cf. Ad. Beaudoin, *Homme lige*,
dans la *Nouvelle revue historique de droit*, 1883, p. 659 et suiv.

3. Voyez le passage de Durantis cité à la note précédente; *Assises de Jérusalem, Livre de Jean d'Ibelin*, ch. cxcv.

E.

n'est pas admise par tous [1] : beaucoup y voient, à tort selon moi
une obligation du vassal, particulièrement étroite quant au
service de guerre, le vassal ne pouvant pas alors invoquer la
coutume qui limitait à une durée précise le service militaire
que l'homme devait à son seigneur [2].

§ 2. — LA PATRIMONIALITÉ DES FIEFS

Le fief, à l'origine, dans sa forme première, fut une tenure
strictement attachée à la personne du vassal, c'est-à-dire viagère et inaliénable. Cela était parfaitement logique ; la concession du fief, nous l'avons vu, n'était que l'accessoire d'un contrat éminemment personnel entre le seigneur et le vassal ; sa
portée était exactement limitée par là même. Mais ce premier
état ne dura point. Le fief devint promptement héréditaire ; il
devint, quoique plus tard, librement aliénable, et c'est ce que
constataient les auteurs des xiiie et xive siècles en disant que
tous les fiefs en France étaient patrimoniaux [3]. Cette transformation n'était, d'ailleurs, que le résultat d'une loi naturelle,
déjà signalée, qui agit partout et toujours là où aucune restriction législative ne vient arrêter son action. Le droit sur la terre
tend naturellement à se rapprocher de la propriété pleine, c'est-
à-dire à conquérir la perpétuité et la liberté ; la tenure tend in-
sensiblement à se transformer en propriété libre et absolue.

I

Le fief se présenta d'abord simplement comme une tenure
viagère : elle prenait fin nécessairement à la mort du vassal,
peut-être même à la mort du seigneur. Le bénéfice de l'époque carolingienne n'était jamais arrivé à l'hérédité légale : la coutume

1. Déjà, au xiiie siècle, Durantis en signale une autre assez répandue, *loc.
cit.*, n° 3 : « Multi tamen putant ligium homagium esse quando vasallus mittit
manus suas intra manus domini et sibi homagium facit et fidelitate promittit, et ab eo ad osculum recipitur : quod tamen non est, ut dixi. »

2. Brussel, *Usage des fiefs*, I, p. 94 et suiv. ; — Boutaric, *Histoire des institutions militaires en France avant les armées permanentes*, p. 120 et suiv.

3. Boerius, *Decisio*, 113, édit. Francfort, 1599, p. 205 : « In hoc regno de
generali consuetudine feuda sunt redacta ad instar patrimoniorum quæ vendi
et alienari ac donari possunt irrequisito domino ac eo invito, ut voluit Johannes Faber (xive siècle)... Petrus Jacobi (xive siècle). »

reconnaissait seulement comme équitable la prétention du fils à conserver le bénéfice obtenu par son père, et le *senior* était, à moins de circonstances extraordinaires, moralement obligé de lui en maintenir la jouissance moyennant un serment de vassalité[1]. Mais on n'était pas allé plus loin, et telle fut encore la condition première du fief proprement dit. Il semble même que le caractère strictement personnel de la concession se soit d'abord plus rigoureusement accentué dans le fief que dans le bénéfice, ce qui se comprendrait bien, étant donné l'importance nouvelle des obligations du vassal. Il fallait, pour la transmission héréditaire, la confirmation du seigneur qui intervenait librement, choisissant même l'héritier, le nouveau vassal, entre plusieurs enfants[2]. Les recueils anciens de droit féodal ont conservé la tradition de cet état de droit, et c'est la règle que les rois de France cherchent à maintenir à leur profit au Xe siècle et pendant une partie du XIe, soit quant aux *honores*, soit quant aux simples fiefs relevant d'eux[3]. Mais la coutume peu à peu consolida partout en France la transmission héréditaire des fiefs; elle donna aux héritiers un droit ferme et légal, qui ne dépendit plus du bon vouloir du seigneur. Il est vraisemblable que chaque fief acquit individuellement le caractère héréditaire, par une possession prolongée, par une sorte de prescription; au cours du XIe siècle c'est devenu une coutume générale[4]. Mais lorsque l'hérédité est pleinement établie, l'intransmissibilité première a laissé pourtant des traces qui dureront aussi longtemps que le régime féodal lui-même.

1° L'héritier désigné par la coutume eut désormais un droit ferme à recueillir le fief; mais il dut, non seulement faire au seigneur foi et hommage, mais encore recevoir de lui la possession du fief. Aux yeux des anciens feudistes, cela se présen-

---

1. Ci-dessus, p. 138.

2. *Libri feudorum*, I, 1, § 1 : « Sed cum hoc jure successionis ad filios non pertineret, sic progressum est, ut ad filios deveniret, in quem scilicet dominus hoc vellet beneficium confirmare. »

3. Luchaire, *Histoire des institutions monarchiques sous les premiers Capétiens*, tome II, ch. II.

4. Yves de Chartres, *Ep. LXXI* : « Prædictus Nivardus testatus est mihi fiducias et sacramenta quæ Sublimitati Vestræ fecerat prioribus sacramentis fuisse contraria, quæ fecerat naturalibus et legitimis dominis suis *de quibus manibus susceperat hereditaria sua beneficia.* »

tait réellement en droit comme une confirmation de la concession, à la fois nécessaire pour l'héritier et forcée pour le
seigneur, comme une nouvelle investiture [1]. Lorsque la saisine
héréditaire s'introduira au profit des héritiers, elle n'agira pas
dans les rapports entre le seigneur et l'héritier du vassal : celui-
ci devra toujours recevoir des mains du seigneur la possession
du fief auquel il succède [2].

2° Le seigneur ne subit point cette hérédité sans une compensation pécuniaire et coutumière. L'héritier dut lui payer
un droit qui prit ordinairement le nom de relief (*relevium*),
parfois celui de rachat. Les deux expressions, d'ailleurs,
étaient parlantes : d'un côté, on voulait dire que le droit du
vassal défunt était tombé, et qu'il fallait le relever au profit
de l'héritier; d'autre part, que celui-ci devait racheter au
seigneur le fief qui lui avait fait retour. Le terme et la chose
figurent de bonne heure dans les textes; mais, d'abord, la
somme du relief dut être, dans chaque cas, débattue entre les
parties et fixée par un accord entre l'héritier et le seigneur; cela
suppose une époque où l'hérédité n'était pas encore un droit
ferme, et alors le mot *relief* ou *rachat* ne contenait pas une
métaphore, il exprimait exactement l'acte qui s'accomplissait.
Lorsque la coutume reconnut le droit de l'héritier à la succession, elle reconnut aussi le droit du seigneur au relief, et en
fixa le montant. La commune mesure du droit de relief fut le
revenu d'une année du fief; mais il y eut diverses combinaisons
pour rendre moins aléatoire et plus commode à déterminer le
montant de cette prestation [3].

Dans certaines coutumes, le droit de relief était dû non seulement à la mort du vassal, par l'héritier du vassal au seigneur,
mais aussi à la mort du seigneur, par le vassal investi au nouveau seigneur; on disait alors que le fief relevait de toutes
mains [4]. Ces coutumes gardaient fidèlement le souvenir d'un

1. Voyez ci-dessus, p. 187, note 1. Cf. Durantis, *loc. cit.*, n° 47, p. 312.
2. *Décision de Jean Des Mares* (xive siècle), à la suite du commentaire de
Brodeau sur la Coutume de Paris, *Décis.* 177 et 285; — *Grand Coutumier de
France*, p. 305, 306. — Mais cf. Masuer (xve siècle), *Practica forensis*, édit. Lug
duni, 1576, tit. XXVII, De ,eudis, n° 17; — Loisel, *Inst. cout.*, IV, 3, 1.
3. Beaumanoir, *Coutumes de Beauvoisis*, XXVII, 2; — *Grand Coutumier de
France*, p. 311; — Loisel, *Inst. cout.*, IV, 3, 13.
4. Le *Grand Coutumier de Normandie*, éd. Tardif, ch. xxxii, p. 107, contient
un adage qui parait bien impliquer que cette règle formait le droit commun à

état très ancien où le contrat de fief était considéré comme si personnel qu'il ne pouvait durer qu'autant que les deux hommes, le vassal et le seigneur, étaient l'un et l'autre en vie. Mais elles formaient une rare exception; le droit commun fut qu'en cas de mort du seigneur, le vassal devait bien l'hommage, mais non le relief : il ne devait que les mains (pour l'hommage) et la bouche (pour l'*osculum*)[1].

Originairement tout héritier, quel qu'il fût, devait le relief; mais, sur ce point encore, le droit du seigneur s'affaiblit. Les héritiers en ligne directe en furent dispensés. Cela s'appliqua en premier lieu aux descendants, les seuls héritiers en ligne directe qui furent d'abord admis; et sans aucun doute, les textes du droit romain, sur les *sui heredes* et la *continuatio dominii* à leur profit, exercèrent ici une grande influence. Puis l'exemption du relief fut étendue aux ascendants, et il ne resta dû que par les héritiers en ligne collatérale. C'était le droit commun de la France au XIIIᵉ siècle[2].

Le fief était devenu héréditaire alors que la féodalité politique était encore dans toute sa force, alors que les services qu'il entraînait étaient pleinement effectifs et constituaient le principal ressort de la vie publique. Il devait, par là même, s'établir pour lui des règles spéciales de succession; il devait suivre une dévolution particulière, qui empêchât, autant que possible, l'hérédité de troubler l'harmonie du système féodal[3].

l'origine : « Unde patet quod homagio inhæret relevium. » Il ajoute, il est vrai : « Ubicumque enim sit relevium, necessarium est hommagium concurrere, sed non e converso. » Mais, comme l'indique la suite, l'auteur veut seulement viser certaines exemptions de relief exceptionnelles. Cf., il est vrai, pour la tenure roturière, *Livre de Justice et de Plet*, XII, 15, § 6. — Le *Grand Coutumier de France* emploie l'expression *relever de toutes mains*, mais dans un sens différent, p. 313.

1. Guy Coquille, *Institution*, p. 64.

2. *Livre de Justice et de Plet*, XII, 6, § 1, 2; — Beaumanoir, *Coutume de Beauvoisis*, XIV, 8.

3. Durantis, très exactement, faisait observer que la succession aux fiefs formait une succession distincte de la succession ordinaire, qui, elle, comprenait le reste du patrimoine, *loc. cit.*, nᵒ 25, p. 312; cependant, dès son époque, on tendait à rétablir l'unité, car on décidait que l'héritier appelé à la fois aux deux successions ne pouvait pas accepter l'une et répudier l'autre. Durantis pose aussi une règle très importante, qui est la clef même des difficultés que présentent les divers systèmes de dévolution féodale. Ce sont, dit-il, les termes des concessions originaires faites par le seigneur qui règlent ici la dévolution : « Breviter scias quod in successione feudi certa non potest regula dari, propter diversas locorum consuetudines *et propter diversa pacta et conventiones.*

Les traits principaux de cette dévolution furent le droit d'aînesse et le privilège de masculinité.

Le droit d'aînesse s'établit comme un moyen pour assurer l'indivisibilité du fief, que le droit féodal chercha aussi à garantir par d'autres règles. C'était là, en effet, un intérêt de premier ordre pour le seigneur, à raison du service militaire attaché au fief. On pourrait croire, d'abord, que l'intérêt seigneurial était en sens contraire ; par la division du fief entre tous les enfants du vassal, il aurait augmenté le nombre de ses vassaux, il aurait eu, pour ses guerres, plusieurs combattants au lieu d'un seul. En réalité, c'eût été là une cause d'affaiblissement. Ce qui faisait la force des petites armées féodales, c'était la qualité, non la quantité ; l'élément vraiment utile, c'était le chevalier, armé de toutes pièces, exercé et bien servi par une suite d'hommes suffisante. Mais, pour avoir et garder cette qualité, l'homme de fief devait être suffisamment riche, trouver dans les revenus de sa terre de quoi subvenir à son entretien. Il fallait donc que le fief restât entier aux mains d'un seul héritier. Celui que l'on choisit fut naturellement un fils, non une fille, — car l'admission des femmes à la succession féodale souffrit, on le verra bientôt, de sérieuses difficultés ; — ce fut le fils aîné, car, à la mort du père, celui-là, selon toute probabilité, serait mieux que les autres en état de servir le fief. Voilà comment s'établit le droit d'aînesse ; par une formation indépendante et spontanée, il se développa de bonne heure dans la plupart des pays où s'était implanté le régime féodal. Il y eut pourtant quelques déviations ; parfois le partage égal entre les fils du vassal défunt s'introduisit en même temps que l'hérédité ferme. C'est la règle qu'enregistrent encore les *Libri feudorum*[1] ; mais, en général, la coutume tourna d'elle-même vers le droit d'aînesse. Celui-ci s'établit, semble-t-il, sur des précédents que créèrent soit un accord intervenu entre le seigneur et le vassal, du vivant même de celui-ci, soit la dernière volonté du vassal[2] ; et, si la légis

quæ *in eis apponi consueverunt*; nam contractus ex conventione l·gem accipiunt.

1. *Libri feudorum*, I, 1, § 1 : « Sic progressum est ut ad filios deveniret, in quem scilicet dominus hoc vellet beneficium confirmare. *Quod hodie ito stabilitum est ut ad omnes æqualiter veniat.* »

2. Voyez des exemples dans Orderic Vitalis, *Historia ecclesiastia* (édit. de la Société de l'Histoire de France), t. II p. 26, 48, 86, 129. Cf. *ibid.*, p. 76.

lation intervint quelquefois pour l'établir[1], elle ne l'imposa
point et ne fit que préciser et consolider la coutume.

Le droit d'aînesse s'établit donc dans l'intérêt du seigneur, pour assurer l'indivisibilité du fief, non pas dans l'intérêt du vassal et de son fils aîné, pour assurer à celui-ci un
avantage sur ses frères. Ce qui le montre bien, c'est que, lorsque
le vassal laissait à la fois plusieurs fiefs et plusieurs enfants,
on répartissait les fiefs, un par enfant, et tant qu'il y en avait,
en suivant le rang d'âge dans la distribution, de sorte que
l'aîné avait seulement l'avantage d'être loti le premier et le
choix du meilleur fief, Ce système, que l'on peut considérer
comme représentant l'état premier du droit, se retrouve dans
les sources les plus diverses. Il figure dans les assises de Jérusalem[2] et dans le Grand Coutumier de Normandie[3]. C'est lui
que donne encore Boutillier au xiv° siècle[4], pour les coutumes
d'Artois, Flandre et Picardie[5] ; il paraît aussi avoir été d'abord
pratiqué en Angleterre[6]. En revanche, lorsqu'il n'y avait qu'un
fief dans la succession, il était intégralement attribué à l'aîné.

1. Voyez, pour la Bretagne, Planiol, *L'assise au comte Geffroi*, dans la *Nouvelle revue historique de droit*, 1887, p. 117 et suiv., 652 et suiv.

2. *Assises, Livre de Jean d'Ibelin*, ch. cxlviii, p. 223-24.

3. *Grand Coutumier de Normandie*, éd. Tardif, ch. xxiv, p. 79-80 : « Impartibilis
dicitur hereditas in qua divisionem nullam inter fratres consuetudo patriæ pati-
tur sustineri, ut feoda loricæ, comitatus et baroniæ et sergenteriæ... Cum autem
aliquis patri suo successerit... ultimo nato debet tradi feodum ut de eo tot
faciat portiones quot participes in eo fuerint principales... Postnatus ergo
debet ita facere portiones quod feoda loricæ vel alia, quæ custodiam retinent,
non dividat... factis autem portionibus... debet postnatus eas offerre in curia
et dare de eis copiam fratribus primogenitis ut eligant. »

4. *Somme rurale*, I, tit. LXXVI, p. 448 : « S'ils sont plusieurs frères demeurant
après le trépas du père, lequel père tint en son vivant plusieurs fiefs... sçachez que si tous les fiefs estoient tenuz tout d'un seigneur, lors se partiroient
par ceste manière, c'est à sçavoir l'aisné hoir partiroit premier et choisiroit
pour luy le meilleur fief, et l'aisné après le meilleur ensuivant; et le tiers
aisné après le meilleur ensuivant. Et ainsi de fief en fief et d'enfant en enfant,
tant que fief y aura. Et s'il convenoit retourner et que tant de fiefs eust, si re-
commenceroit l'aisné fils devant aux fiefs demeurans, tant que fiefs y auroit. »
Mais Boutillier n'admet ce système que lorsque les divers fiefs sont tenus du
même seigneur.

5. Note de Charondas (note c), p. 450.

6. Stephen, *Commentaries on the laws of England*, édit. 1879, t. I, p. 404 :
« By the laws of king Henry the First, the eldest son had the capital fee or
principal feud of his father's possessions and no other preeminence (*Leges
Henr.*, I, c. x); and the eldest daughter had afterwards the principal mansion,
when the estate descended in coparceny » (*Glanville*, l. VII, ch. iii).

à l'exclusion des puînés et des filles [1]. Cela était d'une logique parfaite. De part et d'autre, on obtenait le résultat voulu : le fief n'était pas divisé. Mais ce système répondait mal au principe, toujours plus influent, de la patrimonialité du fief. Lorsqu'il y avait plusieurs fiefs et plusieurs enfants, il laissait entièrement au hasard la question de savoir si tous seraient lotis; lorsqu'il n'y avait qu'un seul fief, il sacrifiait totalement les puînés à l'aîné. Une règle uniforme, donnant aux enfants les mêmes droits dans tous les cas, devait s'introduire. Dans certains pays, en Angleterre par exemple, ce fut un droit d'aînesse absolu qui se dégagea : tous les immeubles, quel que fût leur nombre, furent attribués à l'aîné [2]. En France, le résultat fut différent. Si quelques coutumes maintinrent aussi le droit d'aînesse absolu, sauf parfois un usufruit accordé aux puînés [3], ce fut généralement l'admission assurée des puînés et des filles qui l'emporta ; mais, en même temps, la coutume assurait à l'aîné une part plus forte, un préciput. Pour cela, il fallait sacrifier l'indivisibilité héréditaire du fief. Tantôt le préciput de l'aîné consista simplement dans le principal manoir ou château, avec quelques dépendances, tout le reste des fiefs compris dans la succession devant être également partagé entre les enfants; tantôt l'aîné eut, en outre, la plus grosse part de chaque fief, et ce furent seulement, selon les coutumes, le tiers ou le cinquième au partage desquels les puînés furent admis, le surplus formant le préciput de l'aîné [4]. Il semble que ce *quintement* [5] ou *tiercement* au profit des puînés et des filles

1. C'est la règle, d'après Boutillier, lorsque les fiefs laissés par le père sont tenus de différents seigneurs, p. 448 : « Et si les fiefs estoient tenus de divers seigneurs, lors les auroit et emporteroit tous l'aisné fils, par raison de son aisneté. »

2. Stephen, *Commentaries*, p. 404, 405.

3. Boutillier, *Somme rurale*, I, tit. LXXIX, p. 469 : « En Vermandois n'a droict de quint avoir sur fiefs, fors à vie tant seulement et à compte d'hoirs. Et en pays de Hainault n'a nul quint et n'y a qu'advis d'assenne que peuvent faire le père et la mère par advis des prochains d'un costé et d'autre. » — *Coutumes du Maine*, art. 242 : « Si ne sont fondez tous les puisnez d'avoir leurs tierz qu'en bienfait ou usufruit leur vie durant, qui retournera audit aisné ou à sa représentation après leur décès. » — *Coutume d'Anjou*, art. 238.

4. *Coutumier d'Artois*, tit. XXVI, § 1, 5.

5. Beaumanoir, *Coutume de Beauvoisis*, XIV, 5 : « Se eritages descend as enfans et il i ait hoirs male, li hoirs male aîné emporte le cief manoir hors part, et après les deux parts de çascun fief. » — Pierre de Fontaines, *Conseil à un ami* (XIIIe siècle), XXXIV, 2 : « Par nostre usage puet li fraus doner a

se soit produit d'abord, comme un tempérament équitable en leur faveur, lorsque le nombre des fiefs ne permettait pas de les lotir tous et au profit de ceux-là seulement qui n'avaient pas été lotis [1]; mais cela devint une règle générale applicable à tous les fiefs compris dans la succession. Le droit de l'aîné fut ainsi fixé d'une façon uniforme et constante. D'ailleurs, cette transformation du droit d'aînesse ne se produisit point sans soulever des difficultés juridiques; avant d'abroger le principe de l'indivisibilité héréditaire, on le tourna, par le moyen de la tenure, en *parage*. Celle-ci consista en ce que l'aîné seul et pour la totalité du fief venait à l'hommage du seigneur, comme si aucun partage n'était intervenu : les puînés et les sœurs tenaient leurs parts du frère aîné [2]. Manifestement cette combinaison, qui ne souffrait aucune difficulté dans la mesure où la coutume permettait au vassal de sous-inféoder son fief, eut pour but, tout d'abord, de maintenir en apparence le fief intact et d'écarter toute objection de la part du seigneur ; mais elle était également avantageuse aux puînés. Ceux-ci, en effet, ne devenaient pas les hommes du seigneur; et si l'aîné, seul tenu envers lui, pouvait les requérir de contribuer aux divers services et prestations dus par le fief, ils n'en étaient pas directement tenus. Ils n'étaient même pas, à proprement parler, les hommes de l'aîné, car ils tenaient de lui non en

---

ses enfants le tierz de son franc-fié em partie, et si départir entre ses enfans, combien qu'il eu ait. que les li parz remaigüent tozjors à l'aîné. » — *Livre de Jostice et de Plet*, XII, 6, § 10 : « Li ainznez des frères... a les deux parz de la terre; et si sont plus, la moistié ; il a la mellor herbergerie (maison) et un arpent por tot, et li autre ont tuit ensemble un herbergerie. Et se plus i a herbergages ilz sont partiz iuéement (également) as autres frères; et s'il i a plus, il vient em partie as autres frères et à l'enné, sau l'ennéence. » — Boutillier, *Somme rurale*, p. 469 : « En la conté de Flandre n'y a que tiercement de fief, pour les maisnez enfans, c'est à sçavoir comme en France que les maisnez ont le quint ou fief demeuré de leur père contre l'aisné hoir, tout ainsi que les maisnez en Flandres ont le tiers ou gros du fief demeuré de leur père » — *Grand Coutumier de France*, p. 290.

1. Boutillier, *Somme rurale*, I, tit. LXXX, p. 472 : « Lors n'y auroit nul quintiage quant aux frères pour ce que chacun emporteroit son fief. Mais si tant n'y avoit de fiefs qu'il y auroit des frères, le demeurant des frères qui n'auroient fiefs auroient quint contre les autres fiefs et frères, et ainsi seroit-il des sœurs s'elles y estoient. » Cf. p. 458, 448.

2. *Grand Coutumier de Normandie*, éd. Tardif, ch. xxviii, p. 97; ch. xxxiv, p. 112. D'après le Grand Coutumier, c'est l'aîné qui a la saisine du fief. — *Établissements de saint Louis*, I, 10, 12, 25; — *Livre de Jostice et de Plet*, XII, 6, § 5, 6, 9. — Boutillier, *Somme rurale*, I, tit. LXXXIX, p. 488.

hommage, mais en parage, et ne lui devaient en principe que la *fidelitas*. Ce rapport entre la branche aînée et les branches cadettes pouvait même se prolonger très longtemps, jusqu'à l'épuisement de la parenté canonique, c'est-à-dire jusqu'au septième degré. Alors le représentant de la branche cadette devait rentrer dans l'ordre et faire hommage au représentant de la branche aînée.

Somme toute, la tenure en parage était désavantageuse au seigneur : la division héréditaire s'étant en fait introduite, mieux valait pour lui avoir les puinés pour vassaux directs. Aussi une réaction se produisit-elle. Une ordonnance de Philippe-Auguste, de 1209, rendue d'accord avec un certain nombre de grands feudataires, prohiba pour l'avenir la constitution de tout nouveau parage, décidant que tous les héritiers venus au partage du fief tiendraient directement leurs parts du seigneur[1]. Néanmoins, la tenure en parage subsista non seulement dans les pays que n'avait pas atteints cette ordonnance, mais même dans la France proprement dite; mais elle constitua une exception de plus en plus rare[2].

Le droit d'aînesse, je l'ai dit, supposait un homme comme sujet : le fils, quel que fût son rang d'âge, était toujours l'aîné par rapport aux filles. Cependant, lorsqu'il n'y avait que des filles du vassal en présence, la question dut se poser de savoir si le droit d'aînesse recevrait son application. Quelques coutumes l'admirent[3]; mais la règle commune fut en sens contraire, et, lorsque les seuls héritiers du vassal étaient des filles, le fief se partageait également entre elles[4].

La transmission héréditaire du fief fut d'abord restreinte à la ligne directe descendante; ce n'est qu'après coup qu'on

---

1. *Ordonnances des rois de France*, t. 1, p. 29.

2. En 1304, on constate dans le registre criminel de Sainte-Geneviève, comme une exception à la coutume féodale de la vicomté de Paris, que les fiefs de la châtellenie de Montmorency suivent le régime du parage. Tanon, *Histoire des justices des anciennes églises et communautés monastiques de Paris*, p. 411.

3. *Établissements de saint Louis*. I, 12; — *Assises, Livre de Jean d'Ibelin*, ch. cl; — *Livre des droitz et des commandemens d'office de justice* (xive siècle), édit. Beautemps-Beaupré, no 125. — Cf. *Coutume de Touraine*, art. 273.

4. *Livre de Jostice et de Plet*, XII, 6, § 14 : « Entre femelles n'a point de ennéance. » — Cf. Guy Coquille, *Institution*, p. 112 : « Presque toutes les coustumes disent que, quand il n'y a que filles venans à la succession, il n'y a droict d'aisnesse, ains succèdent toutes esgalement. »

admit les collatéraux, à défaut de descendants[1]. C'est sans
doute pour cela qu'en succession collatérale il n'y eut point de
droit d'aînesse[2]; il n'y figure du moins qu'à titre d'exception.
Mais ici apparaît une autre règle de dévolution, qui fut également dictée par les besoins féodaux, le *droit de masculinité*. La
coutume féodale hésita à permettre aux femmes la possession
des fiefs[3]; et, en effet, elles paraissaient impropres à rendre les
services, qui en étaient la condition même : la femme ne pouvait
aller à la guerre, et, en général, elle aurait figuré peu utilement
à la cour de justice ou au conseil[4]. Cependant, en France, on
ne voit pas que la coutume l'ait jamais exclue de la succession
féodale : somme toute, les services qu'elle ne pouvait rendre
par elle-même, elle pouvait les accomplir par un représentant[5]. Mais l'accession d'une femme à un fief était cependant
une cause de trouble dans l'organisation féodale. Aussi la coutume, sans l'exclure absolument, chercha à l'écarter au profit

1. Dans les *Libri feudorum*, on voit comment la succession en ligne collatérale fut d'abord seulement admise au profit des frères (I, 1, § 2), puis au profit
des cousins germains et en dernier lieu au profit de tous les collatéraux, I, 1, § 4 :
« Hoc quoque sciendum est quod beneficium ad venientes ex latere ultra fratres patrueles non progreditur successione, secundum usum ab antiquis sapientibus constitutum, licet moderno tempore usque ad septimum geniculum
sit usurpatum. » — Il est vrai que, dans d'autres régions, la succession collatérale apparaît de bonne heure ; voyez, pour la Normandie du xie siècle, Orderic
Vitalis, *Historia ecclesiastica*, t. II, p. 92, 104. — A vrai dire, une certaine succession collatérale dut souvent s'introduire d'emblée ; c'est celle qu'on trouve
dans nos anciennes coutumes *souchères* et dans l'ancien droit anglais, et d'après
laquelle, pour recueillir le bien, il est nécessaire et suffisant de descendre du premier concessionnaire : qu'on soit le descendant ou le collatéral du dernier vassal,
peu importe alors ; car, en réalité, on se présente toujours comme descendant
du vassal originaire. Ce système fut un produit de l'interprétation stricte des
concessions féodales, qui accordaient un fief à un tel et à ses descendants.

2. *Livre de Jostice et de Plet*, XII, 16, § 15 : « En eschéete de costé n'a point
de ennéence, tuit sont inel (égaux). » — Guy Coquille, *Institution*, p. 114 :
« Presque toutes les coustumes disent qu'en succession collatérale n'y a droict
d'aisnesse. »

3. Les *Libri feudorum* les excluent de la succession, I, 1, § 4.

4. *Très ancienne Coutume de Bretagne* (xive siècle), éd. Planiol, ch. ccxxxiii:
« Pource qu'il n'apartient pas à la feme à aller en ost, ne en chevauchée où il
auroit fet d'armes, car son poair n'est rien ; ne ne doit aller à plez ne à jugement, comme droit dit, et ainsi le seigneur seroit deceu de la recepvre; car
il auroit poay (peu) de conseil et d'aide d'elle. »

5. *Livre de Jostice et de Plet*, XII, 7, § 3 : » L'on doit prendre feme à terme ; car
ele pot fere par autrui ce qu'elle ne pot fere de soi. » — Durantis, *Speculum, loc.
cit.*, p. 341 : « Quæritur quomodo serviet feudum. Dic quod ipsa erit vasalla et
jurabit per se fidelitatem sed serviet feudum per substitutum, nam hæc opera
non potest dividi. » — *Très ancienne Coutume de Bretagne*, ch. ccxxxiii.

des mâles. En ligne directe, le droit d'aînesse suffisait, tel qu'il a été décrit[1]; en ligne collatérale, où il n'y avait pas de droit d'aînesse, la règle s'établit qu'à degré égal l'héritier du sexe masculin excluait la femme[2]; c'est là ce qu'on entendit par privilège de masculinité.

On le voit, le côté patrimonial l'emportant, l'ancienne indivisibilité du fief avait été entamée par des partages. Mais elle n'avait cédé que peu à peu. Tout d'abord, on subordonna la possibilité du partage à cette condition, que chaque part du fief serait suffisante pour assurer l'entretien d'un chevalier[3]. Puis on admit la pleine divisibilité des fiefs non titrés[4], la baronnie et les fiefs de dignité supérieure demeurant indivisibles. Cette règle, posée au XIIIe siècle[5], resta définitive, et ces grandes seigneuries conservèrent jusqu'au bout l'indivisibilité héréditaire[6] : le côté politique l'emporta ici sur le côté patrimonial.

1. Guy Coquille, *Institution*, p. 113 : « La masculinité est spécialement et directement considérée au droit d'aînesse. »

2. *Livre de Justice et de Plet*, XII, 6, § 28 : « Uns hom si a sa tere qui mot de fié, et muert sans enfanz de sa feme esposée. Sa terre doit eschéer au plus près... fort en ce, se il i a en eschéete de costé masle et femelle iuves (de même degré) li masles prent et la femele non. Et se la femele est plus près que li masle, ele prant avant que li masle. »

3. *Assises de Jérusalem*, Livre de Jean d'Ibelin, ch. CL; — *Clef des assises de la Haute-Cour*, ch. XCVII : « Fié qui ne doit service que d'un chevalier ne se doit partir. » — Pierre de Fontaines, *Conseil*, XXXIV, 8, 9 : « Ne me semble que fiez puisse estre partiz ne doie, dont chascune partie n'est sofisanz à servir. »

4. Le *Grand Coutumier de Normandie* divise les fiefs en partageables (ceux des vavasseurs) et impartageables (tous les autres), éd. Tardif, ch. XXIV, p. 79-80. Cependant il admet qu'entre sœurs le *feudum loricæ* se partage, p. 86.

5. *Livre de Justice et de Plet*, XII, 6, § 16 : « Des baronies et des contier vet autrement : car la sole baronie n'est pas desmembrée, mès len fet l'avenant as menuez (puînés) sor rentes o sor terres, et la dignité remaint à l'aînzné ou à l'aînznée. Et s'il i a dui ou trois baronies, es sont départies senz desmembrer. » — *Établissements de saint Louis*, I, 26. — *Coutumier d'Artois*, tit. XI, § 13. — Coutumes générales données par Simon de Montfort en 1212, *loc. cit.*, p. 216 : « Item cuilibet sive militi sive rustico licitum erit legare in eleemosyna de hæreditate propria usque ad quintam partem ad consuetudinem et usum Franciæ circa Parisius, *salvis tamen baroniis et fortiis* et jure alieno, et salvo integro servitio superioris domini, quod debet habere dominus in reliqua terra, quæ remanet pro hæreditate hæredibus. »

6. Lebrun (XVIIe siècle), *Traité des successions*, l, II, ch. II, sect. 1, n° 70 : « L'aîné a le total, parce que ces sortes de fiefs ne sont pas sujets à division... Ce qui est fondé sur deux raisons : la première, que le service à la guerre, qui est attaché à ces grandes seigneuries, se rend beaucoup mieux par celui qui les possède dans leur intégrité ; la seconde, que les reliefs et autres droits s'en exigent plus aisément... Mais il est dû en ce cas une récompense aux autres enfants. »

La succession des fiefs se distingua encore par d'autres règles; la seule que je signalerai, c'est le droit de réversion. Lorsque le vassal mourait sans laisser d'héritiers et sans avoir disposé de ses biens, le fief n'allait point à l'autorité qui avait, en général le droit de recueillir les biens sans maître ; il faisait retour au seigneur de qui il relevait. La concession faite au vassal originaire et à ses successeurs étant épuisée, le fief était éteint.

Enfin, deux règles, qui se rattachent à l'hérédité des fiefs et à la féodalité politique, restent à signaler : l'une concerne le *mariage féodal*, l'autre la *garde*. On a dit plus haut que la femme, propriétaire d'un fief, faisait accomplir les services par un représentant. Un homme était tout naturellement désigné pour cela; c'était son mari : aussi la coutume voulait-elle que le mari de la vassale vînt, pour les fiefs de celle-ci, à l'hommage du seigneur [1]. Mais cela n'était pas tout. Le seigneur, dans ces conditions, était directement intéressé à ce que sa vassale ne restât pas fille et à ce qu'elle épousât un bon chevalier : la conséquence fut qu'il eut, à ce point de vue, voix au chapitre. Nous constatons, dans divers documents anciens, que la femme féodale ne peut se marier sans le consentement du seigneur [2], et parfois celui-ci peut la forcer à se marier, en lui présentant plusieurs prétendants à choisir [3]. Bien entendu, la femme restait libre, dans le premier cas, de contracter un mariage valable, et, dans le second, de ne point se marier ; mais la sanction était alors la commise du fief au profit du seigneur.

Quand la succession du fief s'ouvrait au profit d'un mineur,

---

1. *Très ancienne Coutume de Bretagne,* éd. Planiol, ch. ccxxxiii.

2. *Grand Coutumier de Normandie,* éd. Tardif, ch. xxxi, p. 105 : « Femina... cum ad nubiles annos pervenerit, *per concilium et licentiam domini sui*... prout generis nobilitas et feudorum valor requisierint, debet maritari. » — *Assises de Jérusalem, Livre de Jean d'Ibelin,* ch. clxxvii et clxxi; — *Établissements de saint Louis,* I, 67; — *Cartulaire de Saint-Père de Chartres,* édit. Guérard, p. 472. Simon de Montfort, dans ses Coutumes générales, défendait seulement aux femmes féodales, pendant dix ans, de se marier à des gens du pays sans son consentement, *loc. cit.,* p. 227 : « Nullæ viduæ magnates aut hæredes mulieres nobiles habentes munitiones et castra audeant nubere, usque ad decem annos, sine licentia comitis pro voluntate sua indigenis istius terra, propter periculum terræ; sed Francigenis quibus voluerint poterunt nubere, non requisita licentia comitis vel ulterius; sed termino elapso poterunt nubere communiter. »

3. *Livre de Jean d'Ibelin,* ch. clxxi. ccxxvii et suiv.

le service féodal était arrêté dans son fonctionnement. L'enfant en bas âge ne pouvait servir le fief, et les coutumes déterminaient même un âge au dessous duquel le vassal ne
pouvait être reçu à l'hommage : c'était d'ordinaire vingt et un
ans pour les hommes et quinze ans pour les filles. Tant que
l'hérédité des fiefs ne fut pas légalement établie, mais seulement dans les mœurs, la minorité de l'héritier laissé par le
vassal fut certainement, pour le seigneur, un motif suffisant
de ne point maintenir la concession. Mais quand le fief fut
devenu pleinement héréditaire, il passa héréditairement au
mineur comme au majeur, et il fallut un remède aux inconvénients résultant de la minorité : on le trouva dans l'institution de la garde seigneuriale. Celle-ci consistait en ce que le
seigneur reprenait la jouissance du fief pendant la minorité de
l'héritier, sauf à assurer l'entretien de ce dernier [1]. Mais la
patrimonialité demandait plus encore, et, dans la plupart des
coutumes, la garde seigneuriale fut, de bonne heure, remplacée
par le *bail*, qui forme le droit commun au XIIIe siècle. Il consista en ce que la jouissance du fief, au lieu de retourner au
seigneur, pendant la minorité de l'héritier, resta à la famille
de celui-ci ; un parent, en qualité de baillistre, eut la jouissance du fief, à charge d'en faire les services. Le bail ainsi
conçu appartint, suivant les cas, au père, à la mère, ou au
parent qui eût recueilli le bien à défaut du mineur [2]. Il cessait à la majorité de l'héritier, qui venait alors à l'hommage
et prenait possession. Cependant, anciennement, il semble
que, pour les femmes féodales, une fois établi, il ne cessait que
par leur mariage [3]. Cela était fort logique, car cela diminuait

---

1. *Grand Coutumier de Normandie*, éd. Tardif, ch. XXIV et XXXI. C'est, de nos
anciennes sources, celle qui a le mieux conservé la théorie de la garde féodale.
— Cf. Tanon, *Histoire des justices*, p. 412.

2. *Assises de Jérusalem, Livre de Jean d'Ibelin*, ch. CLXXI, CCXXVII ; — *Livre de
Jostice et de Plet*, XII, 6, 12 ; — Beaumanoir, *Coutumes de Beauvoisis*, ch. XV;
ch. XXI, nos 12-16 ; — Ordonnance de Louis IX de 1246, *Ordonn.*, I, 58 ; —
Somme rurale, I, 93 ; — Jean Des Mares, *Décis.*, 281.

3. *Grand Coutumier de Normandie*, éd. Tardif, p. 103 : « Femina tamen nisi per
matrimonium custodia non egreditur. » —*Livre de Jostice et de Plet*, XII, 6, § 7,
p. 233 : « Quant feme a douze anz, et ele est mariée, le bal mort, et véez la
raison : li ancienz droitz si est tex que feme n'est à âge à terre tenir devant
qu'elle fût mariée ; et por ce que li ami la tenoent tant à marier, pour avoir le
preu (profit) de la terre, mainz maus en sordoent. Et li rois Loys vost ci fere
amendement, et establi, par general concire, que feme puis qu'ele aroit quinze
anz fust hors de baill et tenist sa terre. »

les chances, pour elles, d'accéder à la jouissance personnelle
des fiefs. La coutume féodale avait ainsi établi une sorte de
tutelle perpétuelle des femmes.

II

Le fief se présenta d'abord comme étant inaliénable ; le vassal ne pouvait céder son droit sur lui ni à titre onéreux ni à titre
gratuit. Cela était parfaitement logique, et pour deux raisons.
D'abord, lorsque la concession était viagère en droit, cela
allait de soi : l'usufruit se présente naturellement comme strictement attaché à la personne. Puis l'hommage créait un lien
individuel entre le seigneur et le vassal, et l'on ne concevait
pas que l'une des parties pût se substituer un tiers dans ces relations si personnelles. Permettre au vassal de céder son fief,
c'eût été, en particulier, l'autoriser à se choisir un remplaçant
dans le service féodal [1]. Cette raison garda sa force alors même
que le fief fut devenu pleinement héréditaire ; le seigneur avait
à l'avance agréé une famille et une race, mais non point n'importe quel étranger. Cependant l'aliénation était possible, si le
seigneur y donnait son consentement : c'était, en quelque sorte,
une concession nouvelle qu'il faisait au profit de l'acquéreur.
Mais il fallait que le consentement du seigneur fût donné préa-
lablement à la cession : si le vassal aliénait, sans l'avoir obtenu,
la sanction était la commise même du fief. Ce droit est celui
qui s'est conservé dans les *Libri feudorum*, après quelques
fluctuations et malgré certains adoucissements momentanés [2].
C'est le principe que reproduit encore le Grand Coutumier de
Normandie au xiiie siècle [3], et l'ancienne coutume de Bourgogne au xive [4]. Mais cette logique rigoureuse ne pouvait se

1. Durantis, *Speculum, loc. cit.*, n° 30, p. 313 : « Derigore tamen juris videtur quod invito domino... non potest feudum alienare. Si enim hoc posset
per consequens posset alium in homagium subrogare, quia emptor feudi in
homagium subrogatur, cum res in eum transeat cum onere suo ; quod esse
non debet. Nam tenetur præstare opera quæ in faciendo consistunt, scilicet
juvare dominum contra inimicos et similia, in quibus non videtur quod alium
valeat subrogare. »

2. *Libri feudorum*, I, 13 ; II, 9, 34, 39, 40.

3. Éd. Tardif, c. xxvii, 9, p. 96 : « Notandum etiam est quod nullus terram
quam tenet de domino per hommagium potest vendere vel invadiare sine assensu domini speciali. »

4. Édit. Giraud, p. 275 : « Len ne puet vendre simplement la chose de fié

maintenir. Ici encore la patrimonialité l'emporta, et la coutume admit que le vassal pouvait vendre le fief, sans le consentement du seigneur : c'était déjà le droit commun en France au xiii° siècle. Mais, comme compensation, le seigneur obtint deux droits importants :

1° Dans le cas le plus usuel d'aliénation, c'est-à-dire en cas de vente, il perçut un droit pécuniaire assez élevé, représentant une portion notable du prix, généralement le cinquième. Cela s'appela ordinairement le droit de *quint*[1], parfois le droit de *lods et ventes*[2]. En cas d'aliénation à titre gratuit par le vassal, la coutume accorda d'ordinaire au seigneur le droit de *relief* ou *rachat*, comme en cas de succession.

2° L'acquisition ne fut parfaite que par l'intermédiaire du seigneur. L'aliénateur, pour cela, venait se dessaisir entre les mains de son seigneur et demander à celui-ci d'investir l'acquéreur en le recevant à son hommage. En cas de vente, d'ailleurs, le seigneur n'était pas obligé d'investir le vendeur, en percevant le droit de quint; il pouvait l'écarter, au contraire, mais en lui remboursant le prix d'acquisition, et ramener ainsi le fief à lui[3]. Cela s'appela la *retenue* ou retrait féodal. Ce droit se présenta même d'abord sous une forme plus déférente pour le seigneur : le vassal, qui voulait vendre son fief, devait tout d'abord offrir l'acquisition à son seigneur, et ce n'était que sur le refus de celui-ci qu'il pouvait l'offrir à un étranger[4].

sans le consentement du seigneur de fié, car qui fait, la chose est acquise et commise au seigneur dudit fié. »

1. Guy Coquille, *Institution*, p. 86 : « Quint denier... qui est la composition qui autrefois a esté faicte par le consentement des Estats afin de se rédimer du droit de commise, qui estoit quand le vassal vendoit sans congé du seigneur. »

2. *Livre de Jostice et de Plet*, XII, 13, § 1 : « Los si est une chose que len doit a seignor quant aucun vent sa terre. Et est appelez loz de loer: quar la vente n'est pas parfeite devant que li aires l'ait loée. Et li los si monte le quint denier... et li aires de qui fié ce est, si le doit avoir. » Le *Livre de Jostice* distingue d'ailleurs du los les *ventes*, qui représentent un second droit plus faible perçu par le seigneur en même temps, XII, 14.

3. Beaumanoir, *Coutumes de Beauvoisis*, LI, 20 : « Çascuns doit savoir quant uns héritages est vendus soit en fief.., et li venderes se dessaisist en la main du seigneur de qui li héritages muet et li requiert qu'il en saisisse l'aceteur... li sires pot retenir le sesine por soi par le bourse paiant au vendeur; car li sires est plus pres de ravoir par le bourse ce qui muet de li que n'est personne estrange. »

4. Durantis, *loc. cit.*, n° 30, p. 313 : « Quæritur utrum homo sive vassallus possit vendere feudum domino irrequisito. Dic quod non. Si autem dominus

Avant même que l'aliénation directe eût été ainsi ouverte au vassal, a coutume lui avait permis une aliénation indirecte, par voie de sous-inféodation. Le vassal, dans ce cas, sans abandonner sa place dans la hiérarchie féodale et sans déserter l'hommage, concédait tout ou partie de son fief, à titre de fief ou de tenure roturière, à une personne, qui devenait ainsi son propre vassal ou tenancier. La coutume féodale n'eut d'abord aucune défiance quant à cet acte, qui, en apparence, ne dérangeait en rien l'harmonie préétablie[1]. En réalité, il était ou pouvait être fort dangereux pour les seigneurs. En effet, le vassal, en sous-inféodant, surtout à titre de fief, s'appauvrissait et pouvait mal servir un fief dont il ne jouissait plus en réalité; et le vassal qu'il s'était créé n'était point l'homme de son seigneur. Aussi une réaction se produisit-elle. En Angleterre, sous Édouard Ier, fut édicté un statut (le statut *Quia emptores*) qui, complété par d'autres, rendit à l'avenir impossibles les sous-inféodations[2]. En France, les coutumes limitèrent la possibilité de la sous-inféodation à une partie du fief[3], ou ne l'admirent que dans certaines conditions, par exemple à titre de tenure roturière, non à titre de fief.

Si le vassal ne pouvait pas, au début, aliéner le droit qu'il avait sur le fief, le seigneur ne pouvait point non plus aliéner les prérogatives de sa seigneurie féodale; c'eût été, en quelque sorte, aliéner les vassaux qui en dépendaient, en transférant

---

post requisitionem emere nolit, tunc poterit alteri vendere et sic in plerisque locis servari videmus. » — Guy Coquille, *Institution*, p. 86, rappelle aussi qu'anciennement le vassal qui voulait vendre son fief devait faire le seigneur « le premier refusant ».

1. Durantis, *loc. cit.*, n° 38, p. 314 : « Quæritur an vasallus possit alii dare in feudum quod ipse habet in feudo. Et dicunt quidam quod sic. Tamen secundus vasallus tamdiu habebit feudum quamdiu vixerit primus vasallus vel ejus filii, quia vasallus non aliter potest alteri dare in feudum quam ipse habet. Et quod feudatarius possit alii infeudare probatur... alias autem non potest dare vel alienare. » — J. Saison, sur la Coutume de Tours (édit. Francf., 1573), p. 69 : « Licet regulariter vasallus feudum vel feudi partem non possit alienare sine domini consensu, poterit tamen infeudare sine ipsius domini consensu. » Selon Brunner, *Deutsche Rechtsgeschichte*, II, p. 251, le concessionnaire d'une terre à titre de bénéfice sous les Carolingiens avait déjà le droit de la sous-concéder lui-même au même titre, en tout ou en partie.

2. Pollock et Maitland, *The history of the english law*, I, p. 318.

3. Beaumanoir, *Coutumes de Beauvoisis*, XIV, 25 : « Selonc le coustume de Biavoisis, je puis bien fere du tiers de mon fief arrière-fief, et retenir ent l'hommage... Mais se j'en oste plus du tiers li hommages du tiers et du sorplus vient au seigneur. » — Guy Coquille, *Institution*, p. 103.

E.   14

leur hommage à un autre seigneur. Mais, à ce point de vue encore, la patrimonialité prit le dessus, non toutefois sans difficulté[1] : l'aliénation put avoir lieu du côté du seigneur, comme
du côté du vassal.

Le fief s'étant ainsi pleinement développé, lorsque les juristes
cherchèrent à en faire la théorie, ils virent très bien que, sur la
même terre, par cette forme de concession, portaient à la fois
deux droits distincts. Le vassal avait, semble-t-il, tous les avantages de la propriété, l'*usus* et même l'*abusus* ; mais, d'autre part,
le seigneur n'avait point abdiqué tout droit sur la terre. Non
seulement la possession du vassal était grevée des services ;
non seulement le seigneur retirait du fief des *profits* pécuniaires et casuels (droits de relief et de quint) ; mais encore il
pouvait éventuellement rentrer dans la pleine propriété par
l'exercice de la commise, du retrait, de la réversion. Les jurisconsultes, formés à l'école du droit romain, furent assez
embarrassés pour caractériser et analyser juridiquement une
situation si nouvelle. Ils eurent, d'abord, l'idée de rapprocher
le droit du vassal de celui de l'usufruitier, mais les différences
étaient trop sensibles. Ils en arrivèrent à déclarer que, par la
concession du fief, le domaine, la propriété avaient été divisés
en deux fractions, représentant l'une le droit du seigneur et
l'autre celui du vassal. Ils appelèrent la première *domaine
direct* (on dira plus tard aussi *domaine éminent*) et la seconde
domaine utile. C'étaient des expressions fournies par la langue
du droit romain, qui montrait parfois le même droit invoqué
par deux personnes, avec une efficacité diverse : d'un côté,
par la voie de l'*action directe* et, de l'autre, par celle de l'*action
utile*[2]. Le domaine éminent d'un fief était, le plus souvent,
rattaché comme qualité et appendice à un autre fief, dont le

---

1. Guy Pape, *Decisiones Gratianopolitanæ*, qu. 560. — Après 1360, divers
seigneurs résistèrent à l'exécution du traité de Brétigny, en Languedoc et en
Poitou, en invoquant ce principe, Froissart, *Chroniques*, l. I, ch. CXLI : « Si ne
fut mie sitost fait, car plusieurs seigneurs en la Languedoc ne voulurent mie
de premier obéir, ne eux rendre au roi d'Angleterre, combien que le roi de
France les quittât de foy et d'hommage... et disoient les aucuns qu'il n'appartenoit mie à lui à quitter, et que par droit il ne le pouvoit faire. »

2. Ce sont les docteurs italiens, légistes et canonistes, qui firent les premiers
cette analyse et introduisirent cette terminologie. Voyez un bon résumé de leur
doctrine et de leurs controverses sur ce point dans Hostiensis (XIIIe siècle),
Summa decretalium, tit. *De feudis*. p. 270-271.

seigneur, vassal à son tour, avait le domaine utile. On disait alors que le premier fief était dans la mouvance du second, dont il constituait l'arrière-fief. Mais le domaine éminent pouvait aussi constituer une propriété distincte, isolée ; on appelait cela parfois un *fief en l'air*.

II. — LES TENURES ROTURIÈRES ET LES TENURES SERVILES

Les tenures roturières étaient des concessions de terre faites aux membres inférieurs du groupe féodal. Anciennement, on les appelait d'ordinaire les *vilenages*[1] ou les *rotures*[2] ; elles avaient pour origine les *precariæ* et *dationes sub censu* de la monarchie franque, et c'étaient des terres qui, à la différence des fiefs, n'avaient pas la qualité de nobles. La concession, en effet, n'avait pas eu pour but, comme le fief, de créer une association politique, dont les membres étaient égaux ; elle servait surtout à l'exploitation économique des fonds. Juridiquement, les tenures roturières se distinguaient des fiefs par deux caractères principaux :

1° Les services dus par les tenanciers consistaient en prestations de valeur pécuniaire : une somme d'argent ou des fruits

---

1. Beaumanoir, *Coutumes de Beauvoisis*, XIV, 7 : « Nous appelons villenage héritage qui est tenu de seigneur à cens, à rente et à champart. »

2. Parfois, pour désigner ces tenures, le mot « fief » était également employé par les textes, parfois avec l'épithète *fief vilain*: mais la différence de nature entre les deux sortes de concessions n'était pas moins certaine. Voyez, cependant, Viollet, *Précis*, 2ª édit., p. 644 et suiv. M. Flach, *Origines de l'ancienne France*, II, p. 514 et suiv., paraît même avoir démontré que tout d'abord le terme *feodum* désigna proprement et d'ordinaire la tenure roturière, la terre concédée à charge de cens. En effet, dans les textes les plus anciens, ceux des 1ᵉ et xiᵉ siècles, le fief proprement dit est généralement désigné par le terme *beneficium*; c'est une preuve nouvelle de l'origine que nous lui attribuons. Mais de ce que le fief ne s'appelle pas encore *feodum*, M. Flach a tort de conclure qu'il n'existe pas encore. D'ailleurs, dans certaines régions, le mot *fevum* désigne de bonne heure le fief proprement dit. Voyez dans ce sens les actes du xiᵉ siècle publiés par MM. Salmon et de Grandmaison dans le *Livre des serfs de Marmoutiers*, nᵒˢ 6, 7, 14, 23, 48, 51, 52, 56, 58, 69, 70, 75, et appendice, p. 122, 131, 139, 162. Les termes *tenere in fevum* et *tenere in beneficium* y sont employés indifféremment et comme synonymes; le plus souvent, il s'agit de tenures dont les titulaires sont des *milites*.

de la terre périodiquement fournis[1]. Dans le fief, au contraire, nous avons signalé, comme caractéristique, l'absence normale de toute prestation pécuniaire.

2 Le lien qui unit le tenancier au seigneur est ici réel, et non personnel; c'est la terre qui doit, plutôt que l'homme[2]. De là, cette conséquence, qu'il n'intervient pas de contrat personnel impliquant fidélité réciproque entre le tenancier et le seigneur. Il n'y a pas, dans la tenure roturière, de prestation de foi et d'hommage; l'hommage est le signe distinctif du fief[3].

D'ailleurs, pour le reste, la tenure roturière copie le fief. Le concédant, ou son successeur, porte le titre du seigneur; il a comme voie d'exécution contre le tenancier une sorte de saisie privée, qui rappelle la saisie féodale; viagères et inaliénables à l'origine, ces tenures devinrent patrimoniales, comme le fief et à peu près aux mêmes conditions; le domaine enfin est divisé en deux fractions, *domaine direct* et *domaine utile*. Les tenures roturières présentent des combinaisons nombreuses et variées; les principales sont la *censive*, le *champart*[4], la rente féodale. Je détacherai seulement la censive pour l'étudier d'un peu plus près; c'était la plus usitée, et traditionnellement on la prenait comme type des tenures roturières[5].

La censive était une terre concédée moyennant le paiement annuel d'une somme d'argent, *census*; le tenancier prenait le nom de censitaire, le concédant celui de seigneur censier; le contrat de concession s'appelait *contractus censuarius* ou *bail à cens*. Mais, dans le droit coutumier classique, à partir du xvie siècle, les auteurs relevaient, quant au *census,* une particularité étrange : c'était sa modicité. Il était loin de représenter le revenu de l'immeuble-censive, et ne constituait, la

1. Guy Coquille, *Institution*, p. 151 : « Autres héritages sont, dont le devoir est appelé roturier, pour ce qu'il consiste en prestations de deniers, grains et autres espèces estimables en argent. »

2. *Livre de Justice et de Plet*, XII, 11, § 2 : « Cil (services) qui sont deu par la reson des terres sont cens, obliez, gelines, corvées, et plusors autres choses, qui plus doivent par la reson des terres que par autres. »

3. *Grand Coutumier de Normandie*, éd. Tardif, ch. xxvi, p. 91 : « Per homagium autem tenentur feoda, de quibus fides inter dominum et hominem expresse promittitur. »

4. Voyez cependant Dumoulin sur la Coutume de Paris, art. 73, n° 2.

5. Guy Coquille, *Institution*, p. 131 : « Le plus commun et le plus ancien est le cens »

plupart, du temps, qu'une somme insignifiante ; les jurisconsultes déclaraient qu'il était surtout *recognitif* du domaine éminent[1] ; par le paiement annuel, le censitaire reconnaissait qu'il n'était point pleinement propriétaire. Les seuls profits sérieux du seigneur censier consistaient dans les droits qu'il percevait, comme on le verra bientôt, en cas de mutation de la censive. Comment expliquer ce caractère? Deux causes ont contribué à le produire. En premier lieu, beaucoup de censives étaient d'origine très ancienne : à l'époque de leur constitution, le cens alors fixé représentait une somme sérieuse, en proportion avec le revenu de la terre; mais, dans le cours des siècles, l'argent perdit considérablement de son pouvoir; le cens restant le même, tel qu'il avait été fixé à l'origine, ne représenta plus qu'une valeur insignifiante. D'autre part, il arriva souvent que, de parti pris, le concédant imposa un cens purement nominal ; il cherchait surtout à se faire des clients.

La censive, comme le fief, se présenta d'abord sous la forme d'une tenure viagère et inaliénable. Mais la patrimonialité s'introduisit également en ce qui la.concerne, et même plus complètement que pour le fief. Lorsque l'hérédité s'établit au profit des descendants, puis des autres parents du censitaire, aucune règle de dévolution spéciale ne fut édictée par la coutume ; il n'y eut ici ni droit d'aînesse ni privilège de masculinité[2]. Il n'y en avait aucunement besoin. Pour payer de l'argent, une femme valait un homme, et la division de la censive ne causait pas un préjudice sensible au seigneur. Cela divisait le cens entre plusieurs débiteurs ; mais la terre était toujours là pour en répondre, et la coutume pouvait établir. comme elle le fit souvent, la solidarité entre les divers censitaires. L'aliénabilité suivit l'hérédité ; mais, comme pour le fief,

---

1. Guy Coquille, *Institution*, p. 131 : « La prestation ordinairement est petite et payée par reconnaissance de supériorité et non pas pour avoir profit qui ait quelque proportion aux frais de l'héritage chargé de cette redevance. » Dumoulin, sur la Coutume de Paris, art. 73, glose 1, n° 16 : « Et quamvis hujusmodi tensus ut plurimum in modico ære consistat et consistere debeat, utpote in quo non id quod solvitur (quod est parvum), sed qualitas solutionis, quæ est magna, et recognitionem dominii et reverentiam implicat, consideratur, tamen quandoque ex tenore investituræ magna penditur summa. »

2. *Livre de Justice et de Plet*, XII, 25, § 7 : « Femes et homes prenent iuément en achaeste en villenage. » — Beaumanoir, *Coutumes de Beauvoisis*, XIV, 6 ; — Des Fontaines, *Conseil*, XXXIV, 12 : « Del eritage au vilain doit avoir li uuz de ses enfanz autretant comme li autres. »

l'une et l'autre ne s'introduisirent que moyennant des profits pécuniaires payés au seigneur. Ces droits paraissent même tout d'abord avoir été plus nombreux, plus lourds que pour le fief. En cas de transmission héréditaire, le relief était dû, et souvent la censive relevait de toutes mains[1]. En cas de vente, les *lods* et *ventes* étaient perçus, souvent augmentés de divers accessoires[2], et, pour les aliénations à titre gratuit, des droits semblables s'étaient établis[3]. Ce n'est pas tout : dans tous les cas, il fallait que le nouveau censitaire se fît mettre en possession, ensaisiner par le seigneur, et la saisine n'était accordée que moyennant le paiement d'un nouveau profit[4]. Mais tout cela s'atténua peu à peu. L'obligation de l'ensaisinement disparut pour le censitaire. En cas de transmission héréditaire, l'héritier légitime fut saisi de plein droit, par l'effet de la maxime : « Le mort saisit le vif », qui ne subit point ici de restriction, comme en matière de fiefs[5]. En cas de vente ou autre aliénation entre vifs, l'acquéreur put aussi recevoir la possession de l'aliénateur sans avoir besoin de se faire ensaisiner par le seigneur, ce qu'on exprima par la maxime : « Ne prend saisine qui ne veut[6] ». Quant aux droits de mutation proprement dits, ils s'affaiblirent également. Déjà Beaumanoir montre qu'il n'est point dû de rachat en cas de donation; et la plupart des coutumes abolirent aussi le relief au profit des censitaires, en ligne collatérale comme en ligne directe. Resteront seulement, en cas de vente, les lods et ventes. De même, en cas de vente, le seigneur, qui avait eu d'abord le droit de *retenue* ou de *retrait*, comme pour le fief, perdit ce privilège dans le droit commun : le retrait se présenta comme un avantage exceptionnel[7].

1. *Livre de Jostice et de Plet*, XII, 15, § 6 : « En totes les manières que la censive mue seignor, de quelque partie que ce soit, soit par le seignor qui tient le fié, soit de par celui qui tient le villenage, a relief. »

2. Beaumanoir, *Coutumes de Beauvoisis*, XXVII, 6, 7; — *Livre de Jostice et de Plet*, XII, 13, § 1.

3. Guy Coquille, *Institution*, p. 133.

4. Beaumanoir, XXVII, 6; — *Livre de Jostice et de Plet*, XII, 15, § 8.

5. *Grand Coutumier de France*, p. 234.

6. *Grand Coutumier de France*, p. 265, d'après le texte rapporté à la note 5 : « Si ainsi est que ledict vendeur se veuille faire ensaisiner, car, par la coustume de ladicte prevosté, *il ne prent saisine qui ne veult*, et adonc ledict seigneur ne reçoit que ses ventes. »

7. Jean Des Mares, *Décision*, 204 : « Quant aucun vent aucune chose tenue en

Le censitaire avait acquis le droit d'aliéner librement sa terre ; mais pouvait-il la donner lui-même à cens par une sous-inféodation ? Il semble que, dans un premier état du droit, il le pouvait, et ce nouveau cens, qui s'ajoutait au premier, portait spécialement le nom de *surcens* ou cens de côté [1]. Mais cette faculté fut supprimée dans la suite : ce devint une règle certaine et générale que le censitaire ne pouvait pas plus accenser sa tenure qu'il ne pouvait l'inféoder [2]. C'est ce que dit la maxime : *Cens sur cens ne vaut* [3]. Deux causes contribuèrent à ce revirement. En premier lieu, l'intérêt du seigneur censier, qui ne gagnait rien et ne pouvait que perdre à cette opération [4]. En second lieu, un principe qui s'introduisit assez naturellement dans la féodalité pleinement hiérarchisée : c'est que celui-là seul qui tenait une terre noble, ou libre, pouvait conquérir, par une concession de cette terre, la qualité de seigneur féodal. C'est une idée qui apparaît dès le xiiie siècle [5]. Elle se précisa à partir du xive siècle, en ce que, sur la tenure roturière, il n'y eut jamais place que pour un seul seigneur direct [6]. Ce qui montre que là fut la raison déterminante, c'est que le censitaire put, au contraire, établir sur sa terre une charge simplement foncière, n'emportant pas la seigneurie féodale, la céder, par exemple, par un bail à rente foncière.

Les tenures serviles, ou terres concédées par un seigneur à

censive, le seigneur de qui elle est tenue ne puet icelle retenir pour le prix : autrement est du seigneur duquel le fief vendu est tenu. »

1. Beaumanoir, *Coutumes de Beauvoisis*, XXIV, 20.

2. Guy Coquille, *Institution*, p. 151 : « Cens ni autre redevance emportant seigneurie directe ne peut estre mise sur le premier cens au préjudice du seigneur premier. »

3. Loisel, *Institutes*, IV, 2, 4.

4. Voyez dans le *Cartulaire de Saint-Père de Chartres*, édit. Guérard, p. 345, un acte du xiie siècle portant concession d'une censive, et limitant chez le censitaire la faculté d'accenser : « Si vero voluerit eam aliis ad censum tradere, totum incrementum censue nostrum erit. » Dans les coutumes générales données par Simon de Montfort il est dit, *loc. cit.*, p. 226 : « Possessiones censuales non dentur vel vendantur cum diminutione domini superioris. »

5. *Livre de Jostice et de Plet*, XII, 15, § 10 : « Nus ne se doit fere sire de ce dont il doit estre sogiez. »

6. Johannes Faber (xive siècle), *Ad Instituta, De locat.*, § 2, n° 6 : « In censuaibus servatur de consuetudine quod primus et directus dominus investit, et vocatur primus et directus dominus ille qui primo tradidit ad censum quamvis forte teneat ab alio in feudum. » Cf. Dumoulin, sur la Coutume de Paris, art. 73, glose 1, n° 20.

ses serfs, présentent une grande analogie avec les tenures roturières. Ce sont, de part et d'autre, des services de même nature qui sont dus par le tenancier. Mais elles en diffèrent cependant par deux traits importants. Dans la tenure roturière, l'origine de la concession, c'est un contrat, et, par suite, les prestations sont fixes, arrêtées par la convention. Dans la tenure servile, au contraire, il y a une simple grâce du concédant, et souvent la coutume admettait que l'autorité seigneuriale pouvait arbitrairement imposer la tenure comme la personne du serf. D'autre part, tandis que la tenure roturière devint promptement héréditaire et aliénable, la tenure servile ne conquit ni l'une ni l'autre de ces qualités[1]. L'hérédité ne s'établit point en droit pour la tenure, pas plus que pour les autres biens du serf; et le consentement du seigneur restera nécessaire pour que la tenure servile puisse être aliénée par le tenancier au profit d'un autre homme également de condition servile.

III. — LE FRANC ALLEU

Les tenures féodales, que l'on vient de décrire, représentaient la forme commune de la propriété foncière[2]. La propriété libre et absolue n'avait cependant point disparu; plus ou moins rare, selon les régions, elle avait subsisté sous le nom de *franc alleu, francum allodium*. Ce terme dérivait du mot *alodis*, qui, dans la langue des *Leges* et des documents contemporains, désignait la succession; il en était arrivé à désigner la propriété libre, parce que, au milieu des tenures viagères, celle-ci avait seule représenté d'abord le domaine héréditaire.

Dans le droit féodal, l'alleu se distinguait des tenures par trois traits essentiels : 1° le propriétaire, en cette qualité, ne

------

1. *Grand Coutumier de Normandie*, éd. Tardif, ch. xxvi, p. 92 : « Cum aliqua borda tra ditur alicui ad servilia opera facienda, quam nec potest dare ne vendere nec invadiare. »

2. Johannes Faber, *Ad Instituta, De action.*, § 1, n° 13 : « In regno Franciæ ubi omnes terræ vel quasi sunt feudales, vel aliis pensionibus seu censibus affectæ. itaque possessores quasi omnes sunt utiles domini. »

devait de service ni de prestation à personne ; 2° il transmettait
et aliénait librement sa propriété, sans avoir besoin de demander aucun consentement et sans payer de droits à personne ;
3° le domaine restait intégral entre ses mains ; il n'y avait point
ici de division en domaine direct et domaine utile[1]. Il se trouvait même que, dans la pure société féodale, l'alleu représentait
une propriété plus franche encore que le *dominium* de l'empire romain ou que notre propriété moderne, issue de la Révolution. Dans l'empire, comme dans notre État moderne, la
propriété immobilière doit à l'État l'impôt foncier : dans la
pure société féodale, l'impôt foncier proprement dit n'existe
pas ; la terre qui ne doit pas de redevances féodales échappe
à tout impôt. Bien plus, tout en gardant sa liberté, l'alleu
pouvait devenir le centre d'un groupe féodal, le support d'une
seigneurie. Le propriétaire pouvait, en tout ou en partie,
concéder sa terre à titre de fief ou de censive : il devenait, par
ce fait, seigneur féodal ou censier, et c'était un seigneur qui
n'avait pas de suzerain. A l'alleu avait pu, par la coutume
ou la prescription, se rattacher le droit de rendre la justice
dans un certain territoire, et alors, dans la pure société féodale, il constituait comme un petit État souverain. Ce dernier résultat était si exorbitant qu'il ne put se maintenir très
longtemps. Dès le XIIIᵉ siècle, tout en maintenant l'alleu,
comme propriété, en dehors du réseau des tenures, on fit rentrer dans la hiérarchie féodale la justice qui en dépendait.
Toute justice fut considérée comme nécessairement tenue en
fief par son titulaire : le justicier qui ne relevait pas d'un autre
seigneur (et c'était le cas de l'alleutier) releva nécessairement
du roi quant à sa justice[2]. De même, il fut admis que le pro-

---

1. Boutillier, *Somme rurale*, I, 84, p. 490 : « Tenir en franc alleu si est tenir
terre de Dieu tant seulement. Et ne doivent cens, rentes, dettes ne servage
(service ?), relief, n'autre nulle quelconque redevance à vie n'a mort, mais les
tiennent les tenans franchement de Dieu. »
2. Beaumanoir, *Coutumes de Beauvoisis*, XI, 12 : « Toute coze qui est tenue
comme justice laie doit avoir respect de seigneur lai... car toute laie juridictions du roiaume est tenue du roy en fief ou en arriere fief. » — Dumoulin,
sur la Coutume de Paris, art. 68, n° 3 : « Jurisdictio competens inferiori a rege
in hoc regno nunquam est alaudialis et hoc esset impossibile, sed necesse est
quod recognoscatur a rege tanquam a supremo directo domino ; et sic quan-
tumcunque sit unita castro vel latifundio alaudiali, tamen feudalis est et in
feodo recognoscenda a rege. »

priétaire d'un alleu, auquel la justice n'était pas annexée, était
le justiciable du seigneur dans le territoire duquel était situé
son bien[1].

L'alleu était une véritable anomalie dans la société féodale ;
aussi cette dernière, réagissant comme tout organisme vivant,
chercha-t-elle à éliminer cet élément hétérogène. En Angleterre, elle y réussit ; la propriété libre du sol disparut complètement, et, aujourd'hui encore, dans ce pays où la forme féodale
subsiste, les jurisconsultes reconnaissent que nul ne peut avoir
l'entière propriété du sol ; le droit le plus fort que l'on puisse
avoir sur la terre anglaise, c'est de la tenir en fief simple de la
couronne[2]. En France, il n'en fut pas ainsi. En fait, dans certaines provinces, la propriété allodiale disparut complètement[3].
En droit même, aux xiiie et xive siècles, on trouve des coutumes
qui excluent la possibilité de l'alleu, permettant au seigneur
justicier ou souverain de confisquer la terre qui, dans son territoire, prétendrait à cette qualité[4]. Mais cela ne fut jamais
qu'une règle exceptionnelle et qui ne se maintint pas. Le résultat général, c'est qu'à toute époque, d'un bout de la France à
l'autre, la propriété allodiale put exister. Mais quant à la
preuve de l'allodialité, des difficultés très sérieuses se présen-

---

1. Coquille, *Institution*, p. 164 : « Et est dit franc parce qu'il n'est mouvant
d'aucun seigneur foncier, mais recognoist la justice du seigneur du lieu où il
est assis, ou s'il y a justice, il recognoist la supériorité de la justice royale. »

2. J. Williams, *Real property*, 11e édit., 1875, p. 118 : « It is a fundamental
rule that all lands within this realm were originally derived from the crown...
and therefore the queen is sovereign lady or lady peramount, either mediate
or immediate, of all and every parcel of lands within the realm. » — Blak-
stone, *Comment.*, B. II, ch. v, p. 60 : « In this manner are all the lands of the
kingdom holden, which are in the hands of the subjects : for according to sir
Edward Coke, in the law of England we have no properly *allodium.* »

3. D'Argentré, sur la Coutume de Bretagne, art. 277, glose *g* : « Nam si ali-
cubi talia alaudia sunt, in Britannia certe nulla sunt, imo vulgatum ubique
axioma omnia omnium possessorum dominia et possessiones in feudum teneri, undecumque habeantur. »

4. Beaumanoir, *Coutumes de Beauvoisis*, XXIV, 5 : « Quant li sires voit au-
cuu de ses sougès tenir heritage, duquel il ne rent a nului chens, rentes ne
redevances, li sires y pot geter les mains et tenir le come sole propre ; car
nus selonc nostre coustume ne pot pas tenir d'alues ; et on apele alues ce
c'on tient sans rendre à nului nule redevance. Et se li quens s'aperchoit, avant
que nus de ses sougès, que tix alues soit tenus en se conté, il les pot penre
comme siens, ne n'en est tenus à rendre n'a respondre a nus de ses sougès,
por ce qu'il est sires, de son droit, de tout ce qu'il trueve tenant en alues. »
— *Très ancienne Coutume de Bretagne*, éd. Planiol, ch. ccxxv p. 228 : « Nul ne
pout ne ne doit avoir terres, ou autres héritages, sans en avoir seigneur. »

lèrent de bonne heure ; et, à cet égard, lorsque dépassant la période que j'examine actuellement, on arrive au droit coutumier du xvi° siècle, on trouve que les provinces, quant à cette question, se divisent en deux groupes suivant des principes opposés. Dans les unes, les plus fidèles à l'esprit féodal, règne la maxime : *Nulle terre sans seigneur*, et là existe une présomption légale en faveur de l'inféodation des terres, dont voici la conséquence. Le seigneur justicier, dans le ressort duquel se trouvent des terres prétendues allodiales, a le droit, sans produire aucun titre, d'exiger des possesseurs soit un hommage, soit les prestations que doivent les héritages roturiers voisins[1]. Cependant, cette présomption n'était pas invincible ; elle pouvait céder devant la preuve contraire ; mais toutes les coutumes n'admettaient pas toutes sortes de preuves pour établir l'allodialité : il en était qui exigeaient un titre ou une possession immémoriale. Dans les autres provinces, régnait au contraire la maxime : *Nul seigneur sans titre*. Là, la présomption était en faveur de la franchise des terres, de l'allodialité : aucun seigneur ne pouvait exiger de devoirs féodaux qu'en produisant un titre d'inféodation. C'était l'influence du droit romain, qui avait surtout agi dans ce sens, toute inféodation étant considérée comme une servitude : aussi les pays de droit écrit se rattachaient à ce système[2]. Cependant, l'effet de cette maxime libérale était quelque peu atténué par une restriction : on admettait que si une terre était enclavée au milieu d'autres, sur lesquelles un seigneur avait non pas seulement la juridiction mais le domaine direct, il était fondé à lui imposer, sans titre et jusqu'à preuve contraire, les devoirs féodaux[3].

L'alleu était en dehors de la hiérarchie féodale ; on finit cependant par l'y fait rentrer par un certain côté. On distin-

1. Coutume de Poitou, art. 52 ; Coutume de Touraine, art. 5 ; Coutume de Blois, art. 33, 35, 108 ; Coutume de Senlis, art. 262. A prendre au pied de la lettre quelques-uns de ces textes, ils excluraient complètement la possibilité de l'alleu, et certainement tel doit avoir été le sens originaire de l'article 51 de la Coutume de Poitou.

2. Du Moulin, sur la Coutume de Paris, art. 68, n°° 12, 13.

3. Dominicy, *De prærogativa allodiorum in provinciis quæ jure scripto reguntur*, c. xx, n° 6. — Sur le sens exact que l'on donnait aux deux maximes à la fin de l'ancien droit, voyez : Argou, *Institution du droit françois*, l. II, ch. iii ; — Prévot de la Jannès, *Les principes de la jurisprudence françoise*, t. I, p. 229 et suiv.

gua les alleux qui avaient dans leur mouvance des tenures
féodales ou qui étaient assortis des droits de justice, et ceux
qui ne présentaient point ce caractère. On appela les premiers
alleux nobles, et, dans leur dévolution héréditaire, on les soumit
aux règles qui régissaient les fiefs; on appela les seconds *alleux
roturiers*, et ils se transmirent sans application des droits d'aînesse et de masculinité[1]. Mais cette sorte de régularisation ne
fut pas faite par le pur droit féodal; elle appartient au droit
postérieur.

SECTION II

L'ÉTAT DES PERSONNES

Dans la société féodale, il y a, nous l'avons dit, une symétrie
marquée entre la condition des terres et l'état des personnes.
Nous avons trouvé trois classes de tenures; nous trouvons
(en laissant de côté les ecclésiastiques et les bourgeois) trois
classes de personnes correspondantes : les nobles, les roturiers
et les serfs. J'insisterai surtout sur les deux classes extrêmes
et opposées : les nobles et les serfs. La condition des roturiers
se dégagera alors presque d'elle-même : elle résultera de ce
que le roturier n'a pas les privilèges des nobles, mais ne subit
pas les incapacités ou les charges propres aux serfs.

§ 1. — LES NOBLES

Dans la monarchie franque, où avaient disparu, à la fois, la
noblesse romaine et la noblesse germanique, nous avons vu
une nouvelle noblesse en voie de formation. Elle est toute
formée dans la société féodale; elle a été créée par la coutume,
et sont devenus nobles tous ceux qui, au plus fort de l'anarchie,

------

1. Ces droits originairement n'avaient eu aucune raison d'être pour la succession allodiale; *Li droit et li coustumes de Champaigne et de Brie* (xiiie siècle),
ch. viii : « Et d'échanse qui mueve d'aluef ou de censives, une suers preut
contre un frère. »

ont pu se consacrer au métier des armes, défendre leurs biens et leurs clients. Cela supposait en eux deux choses : le courage et la fortune, c'est-à-dire la possession de la terre, qui représentait alors presque la seule richesse. La noblesse féodale a conservé de cette origine deux traits distinctifs : elle est à la fois terrienne et militaire, et cela se voit bien par ses deux principales manifestations.

Elle se manifestait d'abord par la possession des fiefs. « Les fiefs doivent estre as gentix homes par ancienne coutume », dit Beaumanoir[1]. En effet, les services qu'ils emportent sont nobles : c'est, avant tout, le service militaire, et, par le fief, le noble tient à la terre en même temps qu'au métier des armes.

La noblesse se manifestait en second lieu par l'entrée dans la chevalerie. La chevalerie est l'une des institutions les plus importantes du moyen âge : elle a son côté juridique, comme son aspect politique et religieux[2]. Elle se ramenait à une vaste confrérie, sans cadres fixes et sans organisation précise, mais avec des règles de conduite et des devoirs professionnels ; en d'autres termes, c'était une noblesse féodale considérée dans l'accomplissement de ses devoirs militaires. Dans le latin du moyen âge, le mot *miles* signifie à la fois noble et chevalier, attestant ainsi la correspondance exacte de ces deux qualités. Tout noble était naturellement destiné à entrer dans la chevalerie, et c'était une nécessité juridique pour le mâle, qui, mineur, avait hérité d'un fief, lorsqu'il arrivait à la majorité féodale[3]. C'était pour le noble-vassal ce que la prise de la toge virile était jadis pour les fils des patriciens romains ; plus encore, la constatation de son aptitude à remplir les devoirs de son état. On n'arrivait normalement à la chevalerie qu'après un long stage, après une éducation toute particulière, qui se donnait dans le monde des châteaux féodaux,

1. *Coutumes de Beauvoisis*, XLVIII, 7.

2. Sur la chevalerie, voyez : La Curne de Sainte-Palaye, *Mémoires sur l'ancienne chevalerie*, 1759 ; — Léon Gautier, *La Chevalerie*, 1884 ; — Flach, *Les origines de l'ancienne France*, II, p. 561-577.

3. *Grand Coutumier de Normandie*, éd. Tardif, ch. xxii, p. 71 : « Omnes feodum loricæ possidentes equum et arma habere tenebantur. Et quum ad ætatem triginta (?) annorum devenissent tenebantur in militibus promoveri, ut prompti et apparati ad mandatum principis vel dominorum suorum invenirentur. » — Cf. Cherbuliez, *Le grand œuvre*, p. 181 et suiv.

qui prenait l'enfant de bonne heure et le gardait longtemp
stagiaire.

La noblesse féodale était héréditaire; elle se transmettait
du père aux enfants[1]; mais, sauf exception, la noblesse maternelle n'était pas prise en considération[2]. Cette noblesse était
privilégiée; mais ses privilèges proprement dits, distincts des
avantages conférés par la possession des fiefs, n'étaient pas
très étendus. Ils consistaient essentiellement en deux choses.
D'un côté, les règles pour l'administration de la justice n'étaient
pas les mêmes quand il s'agissait d'un noble ou d'un roturier :
la composition du tribunal et surtout les délais de comparution étaient différents[3]. D'autre part, les nobles étaient exempts
des impôts proprement dits que connaissait encore la société
féodale et que l'autorité seigneuriale levait sur les roturiers
et sur les serfs. La taille n'atteignait point les gentilshommes,
et ils ne payaient pas non plus les droits fiscaux qui représentaient des contributions indirectes[4]. Mais cette exemption
d'impôts n'avait pas encore l'importance qu'elle devait prendre
plus tard, sous la monarchie tempérée et sous la monarchie
absolue, lorsque les impositions générales se furent établies
au profit de la royauté.

La noblesse féodale n'était point un corps fermé; elle était,
au contraire, largement et librement ouverte. Les roturiers y
pénétraient de deux façons. 1° Ils y entraient par l'acquisition
des fiefs. C'étaient, on l'a vu, deux choses qui naturellement
allaient de pair que la qualité de vassal[5] et celle de noble, et,
d'autre part, dans les temps anciens, aucune règle n'empêchait
un seigneur de concéder un fief à un roturier. C'est seulement

1. Beaumanoir, *Coutumes de Beauvoisis*, XLV, 30.
2. Cf. Guilhiermoz, *Un nouveau texte relatif à la noblesse maternelle en Champagne*, dans la *Bibliothèque de l'École de Chartes*, 1889, p. 509 et suiv.; — Beaumanoir, *Coutumes de Beauvoisis*, XLV, 30.
3. Beaumanoir, I, 15; ch. II en entier; — Pierre de Fontaines, *Conseil*, ch. III.
4. *Établissements de saint Louis*, I, 63 : « Nuns gentis hom ne raut cos-tumes ne paages de riens que il achate ne qu'il vande se il n'achate por re-vaudre. » — Cependant, d'après Beaumanoir (XXV, 15), les nobles étaient tenus de contribuer aux impositions que levaient les seigneurs justiciers pour la réparation des chemins; Loisel, *Inst. cout.*, VI, 6, 8.
5. Beaumanoir, *Coutumes de Beauvoisis*, XLVIII, 7 : « Le francise des per-sonnes n'afranquist pas les héritages vilains; mais li frans fiés franquist la persone qui est de poeste. »

par un revirement, qui sera bientôt indiqué, que l'acquisition des fiefs cessa par elle-même de conférer la noblesse : et l'introduction de cette nouvelle règle établit, par là même, l'existence de l'ancienne. 2° Les roturiers entraient dans la noblesse en entrant dans la chevalerie. Souvent un baron avait à son service des hommes d'armes roturiers, et tout bon compagnon d'armes pouvait être fait chevalier, ce qui nécessairement le rendait noble. Cet anoblissement par la chevalerie ne se présentait point anciennement comme un acte de souveraineté ; car, selon la tradition, tout chevalier pouvait conférer la chevalerie [1].

Mais ce libre recrutement de la noblesse féodale cessa dans le cours du XIII° siècle. Les deux portes qui en ouvraient l'accès aux roturiers se fermèrent simultanément. La chevalerie, bien que ses plus beaux jours fussent passés, devait subsister longtemps encore. Mais, au XIII° siècle, cette règle se fit recevoir, que, pour avoir le droit d'être fait chevalier, il fallait être noble de noblesse paternelle [2]. Cependant, la possibilité de faire d'un roturier un chevalier et, par suite, un noble ne disparut pas complètement ; mais cela devint un acte de souveraineté qui ne put émaner que des barons [3], puis

1. Une anecdote, que rapporte Beaumanoir, montre que cet état de droit n'était pas encore oublié, quoiqu'il fût abrogé, dans la seconde moitié du XIII° siècle. Beaumanoir raconte (XXXV, 26) qu'un jour, dans un procès suivi en Normandie, il s'agissait de procéder à une *vue* ou *montrée*, pour la validité de laquelle la coutume exigeait la présence de quatre chevaliers. Or, il n'y en avait que trois sur les lieux ; ils étaient fort en peine, lorsqu'ils virent arriver un roturier, un « homme de poeste, qui passoit à ceval qui aloit en se besongne... Adont li dirent li les trois chevaliers, qu'il lor faloit un chevalier por estre à une veue fere, et qu'il le feroient chevalier, si venroit avec eus à le veue fere, et li dirent qu'il deist qu'il fust chevaliers ; et li dona uns une colée (accolade) et dist : « Chevaliere soyés, » et adont alèrent là ou le vene devoit estre fete, et fu le veue fete. » Sans doute, tout fut annulé ; mais un demi-siècle un ou siècle auparavant, cela eût constitué un acte fort régulier.

2. *Établissements de saint Louis*, I, 134 : « Se aucuns home estoit chevaliers et ne fust pas gentis hom de parage, tout le fust-il de par sa mère, si ne le poveroit-il estre par droit ; ainz le povroit prandre li rois ou li bers (baron) en qui chastelerie ce seroit et [li feroit] par droit ses esperons tranchier sus l'emier. » — Beaumanoir, XLV, 30 : « Nus combien qu'il soit gentix hom de par la mere ne pot estre chevalier, se li rois ne li fet especial grâce. » — *Idem*, XLV, 15 : « Tout soit-il ainsi que le gentillece, par lequel on puist estres chevaliers, doie venir de par le père, c'est coustume el roiaume de France que cil qui sont gentil hom de par le père, tout soit leur mère vilaine, poent estre chevalier, ce excepté qu'ele ne soit serve. »

3. Bien que Beaumanoir enseigne déjà que c'est là un droit royal (XLV, 3.)

un attribut exclusif de la royauté[1]. Quant à l'acquisition
des fiefs, il était très logique qu'elle anoblît le roturier,
lorsque le fief n'était pas librement aliénable par le vassal.
Alors, en effet, on ne pouvait en acquérir que par la concession
gratuite d'un seigneur, ou par l'acceptation volontaire qu'il
faisait d'un nouveau vassal. Le roturier qui méritait cette faveur était reconnu par là même comme capable de remplir
les devoirs de noblesse; c'était le *dignus es intrare* qui lui ouvrait les portes de ce corps privilégié. Mais, lorsque le vassal
put librement aliéner son fief, sans consulter son seigneur et
même contre la volonté de ce dernier, qui fut obligé de recevoir l'acquéreur à hommage s'il n'exerçait pas le retrait
féodal, la situation devint tout autre. Maintenir le droit antérieur, c'eût été faire du marché des fiefs un marché de noblesse, et l'une des deux solutions suivantes s'imposait : ou
l'on interdirait aux roturiers l'acquisition des fiefs, ou bien
on la leur permettrait, mais en établissant qu'elle ne les ano-
blissait pas. Ce fut d'abord la première solution qui prévalut.
La coutume, dans certains lieux, décida très logiquement que
le vassal, noble par là même, ne pourrait librement aliéner
son fief qu'au profit d'un homme de sa condition[2]. En France,
il y eut quelque chose de plus : la loi intervint, et une ordonnance perdue du XIIIe siècle, dont parle longuement Beaumanoir[3], et que l'on a attribuée soit à Philippe-Auguste, soit à
saint Louis, soit à Philippe le Hardi, défendit expressément
aux roturiers l'acquisition des fiefs. Mais c'était là chose impossible : les fiefs étant devenus librement aliénables, il fallait
bien admettre à leur marché ceux qui pouvaient le mieux les

il cite un cas où un simple seigneur fit chevalier un de ses serfs qu'il croyait
noble, et, d'après un jugement de l'hôtel du roi, il donne à cet acte une certaine valeur, celle d'un affranchissement, *Coutumes de Beauvoisis*, XLV, 29.

1. *Olim*, édit. Beugnot, II, p. 186, n° 34 (arrêt de 1280); — Du Tillet, *Recueil
des rois de France*, p. 310; — Pithou, sur la Coutume de Troyes, édit. 1609,
p. 4; — Loyseau, *Traité des ordres*, ch. VI, n° 38.

2. Durantis, *Speculum*, tit. *De feudis*, n° 30 : « Poterit alteri vendere dum
tamen vendat homini suæ conditionis vel meliori, ut si sit nobilis vendat no-
bili. Si enim vendit burgensi sive ignobili, non tenetur dominus illum recipere in hominem suum, præsertim si feudum sit nobile; imo poterit occupare
feudum vel saltem poterit eligere venditorem adhuc esse hominem suum;
nam per subrogationem burgensis non videtur ab homagio liberatus. »

3. *Coutumes de Beauvoisis*, XLVIII. Sur cette ordonnance et sur ce qui
suit, voyez Langlois, *Le règne de Philippe III le Hardi*, p. 260 et suiv.

payer, c'est-à-dire souvent les riches bourgeois. L'ordonnance
fut mal observée, et d'ailleurs le pouvoir souverain, le pouvoir
royal, pouvait en accorder la dispense [1], et il l'accordait moyennant finance. Philippe le Hardi entra dans une nouvelle voie ;
il sanctionna les acquisitions indûment faites dans le passé
par des roturiers, moyennant le paiement d'un droit au trésor
royal [2]. Cet acte, qui n'était qu'une mesure particulière, destinée à régulariser des faits accomplis, devint une solution définitive. Philippe le Bel, Philippe V, Charles IV statuèrent dans
le même sens, et cela aboutit à un système : les roturiers
acquéraient des fiefs sans autorisation préalable du pouvoir
royal, puis celui-ci, tous les quinze ou vingt ans, levait une
finance sur tous ceux qui en avaient acquis depuis la dernière
perception. Cela s'appelait le droit de *francs-fiefs* ou *nouveaux
acquêts*. Cette jurisprudence, s'étant établie, avait pour conséquence forcée l'abrogation de l'ancienne règle d'après laquelle
le roturier devenait noble en acquérant un fief. Le droit se
fixa en effet en ce sens, mais lentement, non sans résistance [3] ; cela ne devint une loi précise et générale qu'au
xvie siècle, par l'ordonnance de Blois de 1579 [4].

§ 2. — LES SERFS

La classe des serfs était très nombreuse dans la pure société féodale ; elle comprenait, au début, la plus grande partie
de la population agricole et même de la population ouvrière.
En elle s'étaient concentrées et fondues les classes serviles
et quasi serviles de la monarchie franque. L'esclavage avait
disparu, non point supprimé par la loi, mais transformé en
servage par la coutume au cours des xe et xie siècles. Les descendants des anciens colons, lites et affranchis, étaient également devenus des serfs. Enfin, beaucoup d'hommes libres de

---

1. Beaumanoir, XLVIII, 3 : « S'autre grace ne li est fete du roi ou du conte
de qui li fief muet. »

2. Ordonnance de 1275, art. 6 (*Ord.*, I, p. 303, 304).

3. Guy Pape, *Decisiones*, qu. 385, 386. — Cf. Chopin, *De domanio Franciæ*,
édit. 1588, p. 150.

4. Art. 258 : « Les roturiers et non nobles achetans fiefs nobles ne seront
pour ce anoblis, n'y mis au rang et degré des nobles, de quelque revenu et valeur que soient les fiefs par eux acquis. »

naissance, établis sur les grands domaines féodaux, avaient reçu de la coutume la même condition[1]. Quelle que fût leur origine ou leur dénomination locale, la condition de tous les serfs était la même en un point juridiquement essentiel : ils avaient la personnalité juridique, pouvaient avoir, par conséquent, une famille et un patrimoine. C'est là ce qui distingue le serf de l'esclave. Mais, à d'autres égards, la condition de serfs présentait une variété infinie. Je voudrais indiquer seulement, en traits généraux et en prenant les principaux types, quel était le lien qui rattachait le serf à la terre, quelles étaient les charges et les incapacités qui pesaient sur lui; j'indiquerai en dernier lieu comment on naissait ou devenait serf et comment on sortait du servage.

I

On dit communément que le serf était attaché à la glèbe à perpétuelle demeure. Cette définition, très juste en ce qui concerne le colon, ne s'applique pas exactement au serf. C'est à une seigneurie, au territoire d'une seigneurie[2], non à une parcelle de terre déterminée qu'il était attaché[3]; et le lien qui le tenait ainsi était plus ou moins étroit suivant les cas; il faut,

---

1. Beaumanoir, *Coutumes de Beauvoisis*, XLV, 19.
2. Le lien qui attachait le serf à la seigneurie n'était pas d'ailleurs indissoluble : il existait contre le serf et non en sa faveur. En d'autres termes, le seigneur, sans affranchir le serf, pouvait le transférer de sa seigneurie à une autre. Le *Livre des serfs de Marmoutiers* abonde en donations, achats ou échanges de serfs, consentis par leurs seigneurs. Quelquefois ils sont cédés avec la terre, mais le plus souvent ils le sont isolément. Quelquefois un contrat d'asservissement ou une donation de serf contiennent cette clause que le monastère ne pourra pas dans la suite aliéner au profit d'un autre seigneur le serf ou ses descendants (par ex. n°ᵈ 5, 6, 8). Les principes du droit postérieur ne répugnaient même pas à des cessions semblables : ce n'était pas un homme qui était aliéné, c'était simplement un droit seigneurial qui était cédé. L'immobilisation complète du serf adhérant à la seigneurie devait seulement résulter de ce qu'on le considéra comme une qualité du fief, qui ne pouvait pas plus en être détachée que ne pouvait l'être une servitude prédiale.
3. On pourrait appliquer ici ce que dit Hostiensis, comparant la condition du *colonus* et celle de l'*inquilinus, Summa*, tit. *De natis ex libero ventre*, p. 366 : « Proprie colonus conditionalis est qui cum sua familia in fundo inhabitat, nec a fundo recedere potest; inquilinus vero est qui, etsi in fundo teneatur, in suburbio tamen commoratur, et in eo minus est astrictus quod in aliqua parte suburbii domum conducendo inhabitare possit; hoc enim colono non licet. »

à cet égard, distinguer plusieurs catégories de serfs. Les uns étaient dits *serfs de corps et de poursuite*, et ceux-là tenaient en effet au territoire de la seigneurie ; ils avaient perdu le droit de se choisir ailleurs un domicile. S'ils allaient résider au dehors, le seigneur pouvait les poursuivre et les ramener, les revendiquer au besoin contre ceux qui les auraient accueillis[1]. Il en était d'autres qui n'étaient pas immobilisés de la même manière ; ils avaient conservé la liberté de se mouvoir et de se déplacer ; ils pouvaient choisir un domicile en dehors de la seigneurie : mais, quelque part qu'ils résidassent, ils continuaient à supporter, au profit du seigneur, les charges et incapacités résultant de la condition servile. Ceux-là étaient *serfs de servitude* simplement *personnelle*[2]. D'autres, enfin, étaient mieux traités encore. Ils étaient serfs de *servitude réelle*, c'est-à-dire que leur servage était seulement la conséquence d'une tenure servile qu'ils possédaient. D'où cette autre conséquence qu'en abandonnant cette tenure ils dépouillaient par là même la condition servile et pouvaient désavouer le seigneur[3]. Mais

---

1. Beaumanoir, XLV, 36 : « En autre païs, li seigneur... les poent contraindre de tos jorz manoir de soz eus. » — Ordonnance de saint Louis de 1230, art. 2 (*Ord.*, I, p. 53) : « Ubicumque aliquis invenerit judeum suum *licite capere poterit tanquam proprium servum.* » — *Livre des serfs de Marmoutiers*, n° 49 : « Quod si se subtraxerit, revocetur ut fugitivus et repetatur ut servus, ubicumque fuerit. » — Charte de Louis VII pour Orléans de l'année 1180 (*Ord.*, XI, 214) : « Omnes servos nostros et ancillas, quos homines de corpore appellamus. »

2. Beaumanoir, XLV, 36 : « Mès on les a plus debonerement menés en Biauvoisis, car puisqu'il paient a lor segneurs lors cens et lor cavages, tex comme ils ont acoustumé, il poent aler servir ou manoir hors de la juridicion à lor segneur. » — Charte de l'évêque de Cambrai (1012-1048), dans Wauters, *De l'origine et des premiers développements des libertés communales en Belgique et dans le Nord de la France*, Preuves, p. 1 : « Instituit ut ubivis terrarum extra Cameracensem episcopatum vel sub qua potestate principum vir pro capitis sui censu duos denarios persolvat. »

3. Durantis, *Speculum*, tit. *De feudis*, n° 36, p. 311 : « Est autem mansata quando dominus dat alicui mansum cum diversis possessionibus et propter hoc ille se facit hominem domini et ad certum servitium tenetur, et talis dicitur homo de mansata, qui est homo ratione possessionum, persona tamen ejus libera erit secundum consuetudinem Franciæ, si, dimissa mansata, alio se transferat. » — *Livre des serfs de Marmoutiers*, n° 76 (22 janvier 1069) : « Otbertus, qui fuit major sancti Martini, tenuit quamdam terram de sancto Martino, propter quam etiam ipse erat servus sancti Martini. » Dans la suite du texte la fille d'Otbertus est en effet affranchie, en abandonnant la terre, mais cela paraît être encore une grâce que concède le seigneur, et il soumet à certaines conditions. Cela devient un droit pour le serf, parfois stipulé à l'avance ; *Livre des serfs*. App. n° 7.

pour ce désaveu, la coutume souvent se montrait plus exi-
geante et n'ouvrait la liberté au serf que si, outre sa tenure
servile, il abandonnait au seigneur tout ou partie de ses
autres biens meubles et immeubles[1].

II

Les redevances que devait le serf étaient extrêmement variées; mais les trois principales étaient le chevage, la taille et
la corvée.

Le chevage (*capitalicium, cavagium, census capitis*) était
une capitation, une somme fixe que le serf payait tous les ans
au seigneur à une date déterminée[2]. C'était une somme peu
importante, ordinairement deux ou quatre deniers, ou quelques
livres de cire[3], et, comme le *census* dans la censive, ce *census capitis* était surtout recognitif : c'était la reconnaissance
périodique et solennelle de la servitude par le serf.

La taille était un véritable impôt direct que le seigneur levait
sur le revenu et les économies du serf. Il se présentait soit sous
la forme d'une taille personnelle, portant sur l'ensemble du revenu, soit sous la forme d'une taille réelle, portant seulement
sur le revenu de la tenure servile[4]. C'était, d'ordinaire, un

1. *Cartulaire de Saint-Père de Chartres*, p. 346, 347, 423, 457; — Coutumes
générales données par Simon de Montfort, *loc. cit.*, p. 222 : « Licitum erit
omnibus hominibus, qui possunt talliari, transire a dominio unius domini in
dominium alterius pro voluntate sua; ita tamen quod illi qui dicuntur liberi,
cum mobilibus suis poterunt transire sine aliqua contradictione ad dominium
alterius, relicta hereditate et hostisia priori domino cum omnibus iis quæ
tenent ab aliis; alii vero qui dicuntur proprii homines sive servi poterunt similiter transire ad dominium alterius, non solum hereditate relicta et hostisia sed mobilibus priori domino. »
2. Beaumanoir, dans plusieurs passages, rapproche le *quevage* des rentes et
cens que le serf doit (XLV, 31, 36); il s'agit là des prestations annuelles dues
à raison de la tenure servile; et le caractère commun, c'est la périodicité régulière.
3. Wauters, *op. cit.*, Preuves, p. 3 : « Singulis annis in die sancti Trudonis
duorum denariorum ceram pro censu capitis... persolvant. » — Cf. Flach, *Les
origines de l'ancienne France*, t. I, p. 456 et suiv. Le chiffre de quatre deniers
paraît avoir été le droit commun. Pour se faire serf ou se reconnaître tel,
l'homme posait, dans beaucoup de coutumes, quatre deniers sur sa tête; voyez
le *Livre des serfs de Marmoutiers*, *passim* et spécialement n° 124. Souvent celui qui revendiquait un homme comme serf lui plaçait aussi quatre deniers
sur la tête, dans le rituel de l'ancienne procédure.
4. Enquête du xiii° siècle entre l'abbaye de Saint-Germain-des-Prés et les
hommes de poeste d'Esmans, citée par M. Guilhiermoz, dans ses *Enquêtes et*

impôt de répartition, le seigneur fixant la somme totale que devaient payer soit tous les serfs de la seigneurie, soit tous les serfs d'un village : alors les serfs étaient représentés par quelques-uns d'entre eux à la répartition[1]. Tous les serfs n'étaient pas d'ailleurs de même condition quant à la taille. Les uns, et c'était au début le sort commun, étaient *taillables à merci, taillables haut et bas*[2]. Cela voulait dire qu'ils étaient à l'entière discrétion du seigneur, qui pouvait fixer arbitrairement le chiffre de la taille et la lever aussi souvent qu'il lui plaisait. Mais, dans l'intérêt bien entendu des seigneurs[3], ce régime fut adouci dans beaucoup de lieux. Tantôt cela se fit au moyen d'un contrat intervenu entre le seigneur et ses serfs, et dans lequel celui-là, moyennant un sacrifice immédiat, fixait le chiffre et le nombre des tailles qu'il lèverait à l'avenir : on appelait cela la taille abonnée[4]. Tantôt ce fut l'action de la cou-

---

procès, 1892, p. 295 : « Requisitus (abbas) utrum homines de potestate de E ranto possint ire sub quocumque domino velint, dixit quod sic, sed tamen habebant manum mortuam, *et non habent talliam nisi super suam terram.* »

1. Coutume de Nivernois, *Des servitudes personnelles*, art. 2 et 3, avec le commentaire de Guy Coquille. — Cf. Coutume de Chastelet en Berry (1534), art. 3, dans Bourdot de Richebourg, *Coutumier général*, III, 2, p. 1014.

2. Guy Coquille, sur la Coutume de Nivernois, tit. *Des servitudes personnelles*.

3. Beaumanoir, XLV, 36, 37 : « En autre païs li segneur poent penre de lor sers, et à mort et à vie, totes les fois qu'il lor plet et tant qu'il lor ple... Et si dist ou un proverbe que cil qui a une fois escorche deus ne ois ne tont; dont il apert, es païs où on prent çascum jor le lor, qu'il ne volent gaaigner fors tant comme il convient çascum jor a le sostenance daus et de lor mesnie. » — Hostiensis ne protestait pas moins énergiquement, *Summa*, p. 335 v° : « Quid ergo de militibus nostri temporis qui cum violentia faciunt tallias semel vel secundo vel quotiens eis videtur, nunc plus nunc minus? Respondeo : prædones et latrones sunt et ad restitutionem tenentur, nec aliqua consuetudo sive abusus excusat. Est et ratio cum incerta sit consuetudo quam allegant, quia nunc plus nunc minus non habet locum consuetudo. » — Dans ses Coutumes générales, Simon de Montfort essaya de donner un recours aux hommes contre les abus des seigneurs, *loc. cit.*, p. 223. « Si homines principum et dominorum indigenarum in hac terra super talliis et exactionibus nimis aggravati fuerint et conquesti comiti, comes debet convenire dominos et milites ut super talliis et exactionibus mensuram conservent competentem et rationabilem; et si necesse fuerit, poterit eos compellere ad hoc conservandum ne eorum subditi nimis aggraventur propter nimiam malitiam dominorum suorum. »

4. Chassanæus, *In consuetudines ducatus Burgundiæ*, édit. Lyon, 1574, p. 1285 : « Abonnati sunt qui omnes de uno vilagio debent certam summam determinatam et taxatam domino, et per ipsos de villagio cuilibet imponitur portio secundum magnitudinem prædiorum. »

tume qui opéra cette transformation ; elle limita le nombre des
tailles que le seigneur pourrait lever dans une période déterminée, et elle en fixa le montant, ou, tout au moins, elle posa
cette règle que la taille serait raisonnable[1].

Les corvées étaient des journées de travail que le serf devait
gratuitement au seigneur, dans des conditions déterminées
par l'usage des lieux. Pour la corvée, comme pour la taille,
certains serfs, les plus nombreux à l'origine, étaient complètement à la discrétion de leur seigneur, *corvéables à merci*.
Mais, ici aussi, très souven' la fixité s'introduit, soit par voie
d'abonnement, soit par l'effet de la coutume. Il faut d'ailleurs
faire remarquer que ces charges, la taille et la corvée du
moins, n'étaient pas nécessairement un trait de la condition
servile; elles pouvaient peser également sur les roturiers[2].

III

Ce qui caractérisait surtout la condition du serf, outre l'attache à la seigneurie, c'étaient les incapacités qui pesaient sur
lui. Elles étaient au nombre de deux principales, représentées
par le droit de *formariage* et le droit de *mainmorte* : l'une concernait les droit de famille et l'autre le patrimoine.

Le serf, ayant la personnalité juridique, pouvait contracter
un légitime mariage, et l'Église, qui avait acquis la juridiction matrimoniale, reconnaissait pleinement son droit à cet
égard. Elle avait d'abord exigé, pour la validité de ces mariages, le consentement du seigneur; puis, tout au moins au
xii° sièle, elle les avait reconnus valables, sans réserve. La
personne de condition servile contractait un mariage légitime, alors même que le consentement du seigneur n'aurait
pas été demandé ou aurait été refusé; elle pouvait épouser non
seulement une personne de son état, mais même, pourvu qu'il
n'y eût point d'erreur, une personne franche ou noble[3]. Mais

1. *Coutume du Nivernois*, tit. *Des servitudes personnelles*, art. 3 et suiv.; —
Coutume du Chastelet en Berry, *loc. cit.*
2. Coutumes générales données par Simon de Montfort, *loc. cit.*, p. 223 :
« Secundum antiquam consuetudinem terrarum et villarum recipiant domini
ab hominibus suis *jornalia* in operibus suis, et secundum consuetudinem dent
eis ad comedendum. »
3. Sur tous ces points, voyez Esmein, *Le mariage en droit canonique*, I, p. 318
et suiv.

la coutume séculière était moins libérale ; elle exigeait parfois le consentement du seigneur pour le mariage du serf. Il semble même que, dans certains lieux, ce consentement était toujours exigé[1], mais tel n'était pas le droit commun ; d'après celui-ci, le consentement seigneurial n'était nécessaire que dans le cas de *formariage*. Le mot par lui-même (*foris maritagium*) indique un mariage que le serf voulait contracter en dehors de sa sphère propre, en dehors de la population servile de la même seigneurie : il voulait épouser soit une personne de franche condition, soit une personne de condition servile, mais dépendant d'un autre seigneur. La coutume défendait de semblables mariages, sauf autorisation du seigneur, parce qu'ils pouvaient être préjudiciables à celui-ci : les enfants qui en naîtraient pouvaient, en effet, échapper à son exploitation, n'étant pas ses serfs, et de là un dommage pécuniaire. Dans ces unions entre serfs ou entre serfs et francs, cela avait été, d'ailleurs, un point délicat que de déterminer si les enfants suivaient la condition du père ou celle de la mère[2]. En faveur de la première solution, on pouvait dire qu'il s'agissait d'un mariage légitime, et que, par suite, l'enfant, conformément aux principes ordinaires, devait prendre la condition paternelle : et de fait un certain nombre de coutumes statuèrent dans ce sens[3]. Mais la solution opposée put se rattacher aux règles

1. Voyez, par exemple, la charte de l'évêque de Cambrai (xi° siècle), publiée par Wauters, *op. cit.*, Preuves, p. 1 : « Et si vir legitima copulatione mulieri nupserit aut mulier viro XII denarios persolvat. » — Enquête du xiii° siècle, citée par M. Guilhiermoz : « Dicit (abbas) quod ipsi non possunt contrahere matrimonium ad voluntatem suam. »

2. Durantis, *Speculum*, tit. *De feudis*, n° 5, p. 307 : « Homo meus, cum non sit servus, bene potest contrahere matrimonium. Unde filius ex legitimis nuptiis natus patris conditionem sequetur. Argumentum contra quod iste sequatur matris conditionem, C. *De liber. causa.*, l. fin., et idem est in servo et in ascriptitio et censito... Si vero natus est ex homine jam facto meo, secundum communem usum, homo meus est et paternam fortunam agnoscit. Secundum jus tamen videtur distinguendum ; nam, si ex matre libera nascitur, liber erit. Si vero mater sit tua femina, pater vero meus homo sit, plus favent mihi jura, qui sum dominus patris, quam tibi ; unde filius erit homo meus. »

3. Chassanæus, *In consuetudines ducatus Burgundiæ*, sur l'art. 3, tit. IX, ainsi conçu : « En lieu et condition de mainmorte l'enfant suit la condition du père et non de la mère » : « In comitatu Burgundiæ et in multis locis regni Franciæ est hæc consuetudo. Contrarium est in comitatu Campaniæ, quia partus sequitur ventrem. »

grossièrement interprétées du droit romain. Celui-ci, en effet, disait que les enfants, dès que l'un des parents était *servus* ou *ancilla*, devaient suivre la condition de la mère. Il est vrai que le *servus* romain, c'était l'esclave, incapable de contracter aucune union légitime. Mais le serf s'appelait aussi *servus* dans le latin du moyen âge, et, dans la période où l'esclavage se transforma en servage, on ne dut pas distinguer nettement le serf et l'esclave. Aussi, dans la plupart des régions, on attribua toujours à l'enfant, né de ces mariages, la condition maternelle[1]. D'après cela et selon les coutumes, tantôt il y avait formariage seulement lorsqu'une femme serve épousait un homme franc ou un serf appartenant à un autre seigneur[2]; tantôt, et c'était le droit le plus répandu, dans le cas seulement où un homme serf épousait une femme de franche condition ou une serve dépendant d'un autre seigneur[3].

En cas de formariage, si le seigneur donnait son consentement, d'ordinaire il le faisait payer. S'il le refusait, au contraire, le mariage n'était pas nul, car l'Église, qui en était le seul juge, le tenait pour valable ; mais la désobéissance du serf avait une sanction pécuniaire. C'était la confiscation de tous ses biens au profit du seigneur ou une amende infligée par celui-ci ;

1. Hostiensis, *Summa*, tit. *De natis ex libero ventre*, p. 366 : « Cujus conditionem sequantur nati seu liberi? Et quidem matris ; nam si venter liber est partus liber erit... Aliquando tamen partus sequitur conditionem patris, scilicet de speciali consuetudine approbata. » — Beaumanoir, XLV, 15 : « Voirs est que servitude vient de par les mères, car tout li enfant que cele porte qui est serve sont serf, tout soit que li pères soit frans hons... Et encore apert-il por ce que quand il avient que uns hons est sers et il prent une fame franche, tuit li enfant sunt franc. » — C. 8, X, *De serv. non ord.*, I, 18.

2. *Ancienne Coutume de Bourgogne*, édit. Giraud, p. 276 : « Nota que feurmariage a lieu, et si *femme* feurmariée tient ses heritages au lieu de sa nativetez et après son mariage paioit les tailles et servitudes au seigneur qui les reçoit, ne puet icelluy seigneur... demander feurmariage. » — Coutume du duché de Bourgogne, tit. IX, art. 21. — Coustume du Chastelet en Berry (Bourdot de Richebourg, III, 1, p. 1015), art. 16 : « Les *femmes* mariées à autre que la condition de leur seigneur... ne doivent par chascun an que deux deniers tournois de commande. » — Cf. Coustume de la franchise et bourgeoisie de Boussac (*ibid.*, p. 1011): « Qu'ils puissent... *marier leurs filles* en quelque part qu'il leur plaira sans licence de nous ni des nôtres... sans danger quelconque. »

3. Beaumanoir, XLV, 31. — *Liber practicus de Consuetudine Remensi* (fin du XIIIᵉ siècle), édit. Varin, nᵒ 392, p. 305 : « Peticio super forismaritagio... Cum reus esset et sit homo de corpore dictæ ecclesiæ et eidem servili conditione forismaritagii astrictus, ipse reus contraxit matrimonium cum tali alienigena non subdita dictæ ecclesiæ sine licentia abbatissæ ipsius ecclesiæ. »

cette amende se présentait le plus souvent comme arbitraire, à la volonté du seigneur[1]; parfois elle était fixée par une charte seigneuriale ou par la coutume[2].

D'ailleurs, parfois, les difficultés que soulevait le formariage ne se présentaient pas, ayant été écartées par la coutume. En cas de mariage entre une personne de condition servile et une personne de franche condition, parfois elle décidait que toujours les enfants étaient serfs, suivant ainsi la condition du parent de condition servile, que ce fût le père ou la mère. Telle était, sans doute, la règle d'abord suivie, car on la trouve dans des textes très anciens[3]; là où elle se conserva, elle s'exprima par la maxime : « En formariage, le pire emporte le bon[4]. » Dans d'autres régions, une autre règle écartait la difficulté : la personne franche, qui épousait une personne serve et venait demeurer avec elle, au milieu des serfs de la seigneurie, était, par là même, réduite en servage, ce qui égalisait la condition des deux époux[5]. Enfin, pour les mariages entre serfs, les seigneurs voisins faisaient des échanges, l'un permettant qu'une

1. Beaumanoir, XLV, 31 : « Quant il se marient en franques femes, quanques il ont eschiet à lor seigneur, muebles et heritages, car cil qui se formarient il convient qu'il finent (paient l'amende) à la volonté de lor seigneurs. » — *Liber practicus de Consuetudine Remensi, loc. cit.* : « Propter quod dicta ecclesia debet habere medietatem omnium bonorum quæ habebat dictus reus tempore quo contraxit matrimonium predictum. »

2. Coutume de Vitry, art. 144.

3. *Lex Rip.*, LVIII, 11 : « Generatio eorum semper ad inferiora declinentur. »

4. Loisel, *Inst.*, I, 1, 25; — Coutumes de Nivernois, tit. VIII, art. 22; de Bourbonnois, art. 199. C'est la règle que l'on voit constamment appliquée dans le *Livre des serfs de Marmoutiers*, où le *formariage* n'apparaît pas. On reconnaissait là deux catégories de serfs : le *servus* proprement dit (ou *ancilla*), et le *colibertus* (ou *coliberta*) qui était probablement un descendant d'affranchis, mais dont la condition était meilleure, en ce sens au moins qu'il pouvait épouser une personne de franche condition, tandis que le *servus* ne le pouvait pas (n°s 66, 76, 101). Lorsqu'un des deux parents était colibert, l'autre étant franc, les enfants étaient toujours coliberts (n° 66); lorsque l'un était *servus* et l'autre *colibert*, les enfants suivaient toujours celui qui était *servus* (n° 101, Append. n° 29, p. 151). Si les deux parents étaient de condition égale, tous deux *servi* ou tous deux *coliberti*, et dépendant de seigneurs différents, les enfants étaient communs aux deux seigneurs, qui se les partageaient.

5. Esmein, *Le mariage en droit canonique*, I, p. 326 et suiv. C'est la règle suivie dans le *Livre des serfs de Marmoutiers*, Append. n° 6, p. 125 : « Stephanus Gambacanis de Ferraria accepit in conjugio ancillam sancti Martini, per quam servus est. » N°s 96, 106, p. 89, 100. La servitude dans ce cas ne cesse point quand le mariage est dissous.

de ses serves ou l'un de ses serfs se mariât sur la seigneurie voisine, mais à condition de réciprocité[1].

Le serf, en vertu de sa personnalité juridique, pouvait librement acquérir des biens, sauf les tenures nobles ou même parfois les roturières. En principe même, il pouvait librement aliéner entre vifs les biens qu'il avait acquis, sauf la tenure servile[2]. Mais il était incapable de transmettre à cause de mort; c'est ce qu'on exprimait en l'appelant *homme de mainmorte*, car la main était prise, dans le vieux langage, comme l'organe de la transmission. Il ne pouvait pas faire de testament valable, ou, du moins, la coutume lui permettait seulement de faire quelques-uns de ces legs pieux que l'Église exigeait souvent au moyen âge pour accorder aux défunts la sépulture ecclésiastique[3]. Dans la rigueur du droit, il n'avait pas non plus de successeurs *ab intestat*, pas même ses enfants[4]. La conséquence juridique était forcée ; à sa mort, tous ses biens revenaient à son seigneur, qui en était saisi de plein droit[5]. Cependant, celui-ci n'exerçait pas le plus souvent, dans toute sa rigueur, ce droit de mainmorte; il laissait aux proches parents du serf la manse servile et les autres biens possédés par lui,

1. *Assises de Jérusalem*, *Livre de Jean d'Ibelin*, ch. CCLIII ;— Coutume de Nivernois, tit. VIII, art. 23, 31.

2. Beaumanoir, XLV, 37: « Encore par nostre coustume pot li sers perdre et gaaigner par marceandise, et se pot vivre de ce qu'il a largement a se volenté. Et tant poent il bien avoir de segnorie en lor cozes qu'il aquierent a grief paine et a grand travail. » — *Ancienne coutume de Bourgogne*, p. 276 : « Li homme taillable puet vendre son acquest à sa vie. » Cependant, certaines coutumes incorporaient les acquisitions du serf à sa tenure servile, l'empêchant ainsi d'en disposer. Durantis, *Speculum*, tit. *De feudis*, p. 311 : « In plerisque autem locis provinciæ et diœcesis Narbonensis homo de mansata quidquid acquirit post acquisitam mansatam ipsi mansatæ adquirit et quod acquirit ejusdem naturæ est cujus et ipsa mansata et de ipsa mansata efficitur. Est autem natura seu conditio mansatæ ut alienari non pussit. » Dans le *Livre des serfs de Marmoutiers*, la tenure concédée au serf est parfois déclarée aliénable par une concession spéciale, mais seulement au profit d'autres serfs de l'abbaye, et celle-ci se réserve un droit de préemption, nos 104, 120 et App., p. 164.

3. Beaumanoir, XII, 3 : « Li sers ne puet laissier par son testament plus grande somme que cinq sous. »

4. Beaumanoir, XLV, 34 : « Et s'il muert il n'a nul oir fors que son seigneur, ne li enfant du serf n'i ont rien, s'il ne le racatent au seigneur, aussi comme feroient estrange. »

5. *Grand Coutumier de France*, II, 26, p. 287 : « Consuetudo *mortuus saisit vivum*... habet locum inter dominos et servos, quia servus mortuus saisit dominum viventem. »

à condition que l'on rachèterait la mainmorte par une somme
d'argent qu'il fixait[1]. Sans doute, pour la transmission héréditaire des fiefs et des censives, le droit de relief avait représenté originairement quelque chose de semblable : mais le
relief avait été taxé à une valeur précise et correspondait à
une hérédité assurée ; pour le serf, tout restait à la volonté du
seigneur.

Ce droit si rigoureux ne se maintint pas : il subit de bonne
heure, au moins dès le xiiie siècle, des atténuations. Dans
certaines régions, particulièrement dans les pays du Midi, on
admit que le serf pourrait tester au profit de ses enfants, parfois au profit d'une personne quelconque de sa condition[2]. Là
on admit aussi que ses enfants, parfois même ses autres parents de condition servile, lui succéderaient *ab intestat*[3]. Mais
la plupart des coutumes furent moins libérales ; elles créèrent
seulement pour les serfs un équivalent grossier du droit de
succession, au moyen des communautés serviles.

Par suite des conditions économiques et sociales au milieu desquelles ils se trouvaient, beaucoup de familles de serfs vivaient
dans une communauté de fait. Le père gardait auprès de lui
ses enfants adultes et mariés ; les frères, après la mort du père,
continuaient la vie commune. Tous vivaient dans la même
maison et à la même table, dans la même *celle* et *à un même
pain et pot* : ils ne formaient qu'un seul ménage. De ce fait,
la vie commune, la coutume avait tiré une conséquence juridique, la communauté des biens. Elle admettait que, de plein
droit, ces associés de fait, ces *parçonniers*, contractaient entre
eux une société civile ; et l'on appela *communautés taisibles* ces

---

1. Voyez Beaumanoir, XLV, 31, ci-dessus, p. 234, note 4 ; — Loisel, *Inst.*, I, 1, 74.

2. Hostiensis, *Summa*, tit. *De agricolis*, p. 366 : « Et numquid tales testari
possunt ? Quidam dicunt quod non, cum servi dicantur. Azo dixit quod inter
servos possunt, id est inter eos qui sunt de familia sua, sed non inter
alienos. » — Johannes Faber, *Ad instituta*, I, 3, 2, no 2.

3. *Livre de Jostice et de Plet*, XII, 25, § 2 : « A serf puet eschéer (échoir) de
serf, non de franc, et convient qui soit sers a celui seignor. » — Benedicti
(fin du xve siècle) *Repetitio in cap. Raynutius*, édit. Lyon, 1544, I, p. 144 : « Si
autem extarent liberi vel alii parentes, ejusdem conditionis homines, illi
defuncto succederent ex testamento, si testamentum fecisset, vel ab intestato...
Sed dominus jure manus mortuæ, si defunctus suæ conditionis parentes
hæredes non haberet, de bonis et hereditate illius remaneret saisitus, quia
ubi est talis consuetudo manus mortuæ, liberi et franchi homines homini
conditionato succedere non possunt. »

sociétés qui se formaient sans contrat exprès, et qi i uni joué
un rôle important dans le droit du moyen âge. On partit de
là pour écarter la mainmorte du seigneur. Lorsque, des serfs
parents vivant ainsi en communauté taisible, l'un d'eux venait à mourir, on admit que, si la vie commune se continuait
entre les survivants, la communauté ne serait pas considérée
comme dissoute : elle subsistait, au contraire, et la part de
chacun des associés se trouvait simplement augmentée d'autant par le prédécès de l'un d'eux. La part du prédécédé restant
ainsi confondue dans la masse, le droit de mainmorte n'avait
plus d'objet auquel il pût s'appliquer. En réalité, c'était ouvrir
la succession aux serfs ; mais ce droit de succession était subordonné à une double condition, à savoir que les héritiers
fussent serfs comme le défunt, et que, jusqu'à son décès, ils
eussent vécu en communauté de biens avec lui[1]. C'est bien sous
cette forme que les textes des xiii°, xiv°, xv° et xvi° siècles
présentent le droit créé au profit des serfs[2]. Mais ce droit, tout

---

[1]. Le *Livre des serfs de Marmoutiers* (xi° siècle) ne semble pas subordon-
ner à la condition de la vie commune le droit de succéder aux biens laissés
par un serf ; mais ce droit de succession ne paraît être ouvert qu'au profit
des descendants et à la condition qu'ils soient serfs du même seigneur que le
défunt ; n° 116 ; App. n° 24, p. 145 ; n° 40, p. 164. Cependant la communauté
apparaît dans un passage (App. n° 21, p. 143). Il s'agit d'un homme libre qui
se fait serf de l'abbaye et qui lui donne en même temps tous ses biens, à son
décès. Mais il stipule que s'il prend femme et qu'il ait des enfants, c'est
seulement sa propre part (dans la communauté) que le convent recueillera à
sa mort, la femme et les enfants gardant les leurs : « Nosse debetis... Lan-
dricum servum postea perpetuum devenisse sancti Martini et nostrum om-
niaque sua delegasse nobis habenda post obitum suum, nisi forte uxorem
jussu quidem nostro acceptam habuerit, aut etiam filios, quibus suas acci-
pientibus partes, non illam accipiemus quæ ipsi continget. »

[2]. *Li droit et li coustumes de Champaigne et de Brie* (à la suite du commentaire de Pithou sur la Coutume de Troyes), ch. LX : « Il est coustume en
Champaigne que se aucuns homs de mainmorte se muert senz hoirs de son
corps, ou il *ait été partiz de ses hoirs*, que li sires emporte l'eschoite en meubles
et héritages, pour cause de la main morte. » D'après ce coutumier du
xiii° siècle, le bénéfice de la communauté servile n'excluait la main morte qu'en
ligne directe, non en collatérale. *Ibid.*, ch. xxix : « Es lieux des mains mortes,
se uns homs se muert de qui il demeure enfans, tout soit ce qu'il soient parti
ou qu'ils ne le soient pas li uns des autres, et li uns des enfans se muert, li
sires emporte la main morte, c'est assavoir tel porcion, comme il appartient
à l'enfans mort. Et ainsis en use l'en généralement. » — Masuer (xv° siècle),
Practica forensis, tit. XXXIII, n° 20 : « Quidam tamen sunt conditionati et de
manumortua, quorum frater non succedit fratri, nisi fuerint conjuncti re et
verbis, id est nisi fuerint communes in bonis et ejusdem domicilii, *car le*

d'abord, fut très fragile. Il avait pour base, en effet, la communauté taisible ; mais, de même qu'un fait, la vie commune, avait créé celle-ci, un fait contraire, la séparation, pouvait la détruire[1]. Le départ d'un des communistes avait même des effets définitifs et à l'égard de tous. Non seulement le partant sortait de la communauté, mais encore celle-ci était dissoute à l'égard de tous, à l'égard de ceux même qui continuaient la vie commune[2], et, une fois dissoute ainsi, elle ne pouvait plus se reformer valablement, si ce n'est par l'autorisation formelle du seigneur[3]. Mais on se départit de cette rigueur[4]. On admit d'abord que, si la séparation avait une juste cause, comme le mariage d'une fille, l'établissement d'un fils pour l'exercice de son métier, ou encore le mauvais caractère d'un des associés « qui est homme mal gisant et fascheux »[5], les enfants, séparés, perdaient bien leur droit de succession, mais les autres, restés communs, le conservaient entre eux. Puis, dans ce cas, le seigneur étant désintéressé, écarté qu'il était par les enfants restés au foyer, on admit à la succession et au partage même les enfants séparés, par esprit d'équité[6]. Dès lors, pour conserver à tous les enfants du serf leur droit de succession, il

chanteau part le vilain. » — Chassanæus, _In consuetudines ducatus Burgundiæ_, IX, art. 18 : « Alii sunt homines manus mortuæ, et sunt hi quibus de consuetudine domini succedunt quando moriuntur sine liberis vel parentibus existentibus in communione cum eis. » — Loisel, _Inst._, 1, 1, 74.

1. Chassanæus, _loc. cit._, art. 20 : « Pone quod pater aliquis habeat filium legitimum et naturalem, qui tamen non habitat secum sed seorsum et separatim : an succedat patri an vero dominus ? Videtur per textum nostrum quod non succedat, eo quod est partitus, divisus et separatus a patre, et ita tenet communis practica hujus patriæ. » — Loisel, _Inst._, 1, 1, 75 : _Le chanteau part le vilain_ ; 76 : _Le feu, le sel et le pain partent l'homme morte main. Le chanteau_, c'est le pain du paysan, une fois entamé ; pour rester en communauté il faut « tailler au même chanteau ». — Coutume du Chastelet en Berry, _loc. cit._, art. 16 : « En la coustume de ladicte terre le chanteau et le feu séparent et départent le vilain. »

2. Loisel, _Inst._, I, 1, 75 : « Un parti, _tout est parti._ » — Coutume de Nivernois, tit. VIII, art. 9, avec le commentaire de Guy Coquille.

3. Coutume de Nivernois, tit. VIII, art. 15 ; — Coutume de Bourgogne, tit. IX, art. 10 ; — Coutume du Chastelet, art. 14.

4. Guy Coquille, sur la Coutume de Nivernois, tit. VIII, art. 9 : « Cet article est fort rude, s'il est entendu selon sa première apparence, en tant que la faute de l'un nuirait à tous les autres qui n'ont failli. »

5. Coutume de Nivernois, tit. VIII, art. 15 et suiv. ; — Coquille, sur l'art. 9.

6. Coutume de Bourgogne, tit. IX, art. 17, et Chassanæus, sur cet article : « Sic quis consequitur per alium quod per seipsum consequi non potest. »

suffit que l'un d'eux restât, jusqu'au dernier jour, dans la maison du père ou de la mère[1].

IV

La source la plus abondante du servage, dans la société féodale définitivement constituée, était l'hérédité. On était alors serf de naissance, d'*ourine* (*origine*), comme disent les vieux textes. Nous savons dans quel cas la naissance en légitime mariage faisait un serf. Ajoutons cette règle remarquable, que, d'après Beaumanoir, l'enfant naturel d'une serve n'est pas serf, bien que sa mère le soit; le bâtard est en dehors de la famille, il n'en hérite à aucun point de vue[2]. Mais les causes, qui avaient constitué la classe servile antérieurement, opéraient encore, quoique moins actives : il y en avait deux principales. La première, c'était la convention. On pouvait se faire serf par contrat, et entraîner ainsi dans le servage toute sa descendance future. Il y avait, dans ce sens, une tradition constante[3], et, malgré quelques résistances[4], le principe se maintint : on ne s'éleva pas à l'idée de l'inaliénabilité de la liberté humaine, ou plutôt on l'écarta en considé-

---

1. Loisel, *Inst.*, I, 1, 83 : « Un seul enfant estant en celle resqueut le droit des autres. »

2. *Coutumes de Beauvoisis*, XLV, 16 : « Le resons est que li bastart ne suit ne le condition du père, ne de la mère, n'en lignage, n'en héritage, n'en autre cose; et aussi comme il ne partiroit de rien a lor biens ne à lor bones conditions, il ne doit pas partir a lor malveses conditions, ne aus redevances que il doivent à lor seigneurs. »

3. Le *Livre des serfs de Marmoutiers* contient un grand nombre de ces actes d'asservissement, la plupart du XIe siècle, quelques-uns du XIIe et du XIIIe. Le plus souvent ils sont présentés comme des œuvres pies, méritoires pour l'obligé; parfois cependant on trouve des raisons d'un autre ordre. Un homme se fait serf, parce qu'il ne peut pas payer l'amende due au couvent (no 127), un autre parce qu'il ne peut pas rendre les choses qu'il a volées. Bien plus, un père à son lit de mort donne un de ses enfants comme serf à l'abbaye (no 98); un mari et une femme, qui se font serfs, donnent également en cette qualité leurs enfants déjà nés (no 110); un autre couple, il est vrai, en s'asservissant, conseillent seulement à leurs enfants de suivre leur exemple (no 111). — Durantis, *Speculum*, tit. *De feudis*, no 6, p. 306 : « Hinc est quod per pactionem scriptura interveniente potest quis se constituere ascripticium. » — Johannes Faber, *Ad instituta*, I, 3, 4, no 4 : « In aliis conditionibus hominum constituendis, sicut in adscripticiis, censitis et colonis et aliis conditionibus quæ plures sunt, dic... quod tales fiunt per pactum si cum scriptura se obligent et constet. »

4. Baldus, sur la loi fin. C., *De transactionibus.*

rant le servage non comme une servitude proprement dite,
mais comme un service féodal[1]. Le second mode d'asservissement, c'était la prescription, dont la puissance était
presque sans bornes dans la société féodale. On devenait serf
par le seul fait qu'on avait, pendant un temps plus ou moins
long, fixé par la coutume, subi les charges et les conséquences
de la condition servile. Dans certains lieux, cette prescription
était très courte; il suffisait, pour la fonder, qu'une personne
eût vécu pendant l'an et jour mêlée aux serfs d'une seigneurie[2].

Le servage pouvait cesser et disparaître de diverses façons.
D'abord, par l'affranchissement que consentait le seigneur.
Pour cet acte, le droit féodal n'imposait aucune forme[3], bien

---

1. Guy Pape, *Decisiones Grat.*, qu. 314, 315 : « Etiam pacto vel stipulatione
potest se quis hominem alterius constituere vel ligium, aut talliabilem vel
francum, attento etiam quod et hoc libertas sua non minuitur, imo tenetur
dominus eum contra alios in persona et bonis defendere ; et tales homines
talliabiles proprie possunt æquiparari hominibus ascriptis glebæ. » C'est bien
là d'ailleurs l'idée ancienne. C'est elle, comme je l'ai dit plus haut, qui permettait de valider juridiquement les cessions de serfs consenties par leurs
seigneurs. Elle explique aussi comment on trouve des chevaliers, *milites*, qui
sont en même temps des serfs (*Livre des serfs de Marmoutiers*, App. n° 42,
p. 167; cf. n° 7, p. 126). Ce sont des hommes qui concilient encore des services que le droit postérieur considérera comme incompatibles, des qualités
(noble et serf) qui seront jugées comme inconciliables.

2. Beaumanoir, XLV, 19 : « Encore y a il de tix terres quant une frans hons
qui n'est pas gentix hons de lignage y va manoir et il y est residens un an et
un jour, qu'il devient, soit hons, soit feme, sers au segnor desoz qui il veut
estre residens. » — Coutume de Bourgogne, tit. IX, art. 6; — Coutume du Chastelet en Berry, art. 1.

3. Cela résulte bien de ce que Beaumanoir fait dériver l'affranchissement
d'actes, qui n'avaient pas ce but direct, mais qui impliquaient chez le seigneur
l'intention de traiter le serf comme une franche personne. Beaumanoir, XLV,
29, 34. Parmi les nombreux affranchissements que contient le *Livre des
serfs de Marmoutiers*, il en est un accompli devant le roi Henri d'Angleterre en 1056 qui se fait encore *per denarium* (App. n° 17, p. 139). Mais, c'est
là une exception; les autres sont dénués de forme; mais ils se divisent en
deux classes. Les unes sont absolus, donnant à l'affranchi une liberté entière
et rompant tous les liens qui l'attachaient au seigneur. Les autres sont con-
ditionnels et limités, laissant subsister des obligations envers le seigneur (par
ex., n° 71, 75). Parfois il est difficile de distinguer l'affranchi du serf, la condition de l'un et de l'autre paraissant la même, n° 49 : « Domnus abbas Albertus
et majoris monasterii fratres quemdam servum sancti Martini nomine Radul-
fum liberum fecerunt et clericaverunt, tali ratione et convenientia ut nunquam se a sancti Martini servitio ad alios transiens transferat sed sicut prius
omni famulatu monachis ejus subjiciatur. Quod si se subtraxerit revocetur
ut fugitivus et repetatur ut servus ubicunque fuerit. »

que, à raison de son importance, il fût toujours constaté dans un titre scellé, dans une charte seigneuriale[1]. Mais le consentement du seigneur dont le serf dépendait ne suffisait pas pour opérer l'affranchissement valable. En affranchissant un serf, le seigneur, en effet, diminuait la valeur de son fief, du domaine utile qu'il possédait et auquel le serf tenait comme une dépendance : mais, par là même, il diminuait la valeur du domaine éminent entre les mains de son propre seigneur. La conséquence, c'est qu'il fallait aussi le consentement de ce seigneur supérieur, comme pour tout abrégement de fief[2]; sinon, l'affranchi n'acquérait point la liberté, mais devenait le serf de ce seigneur supérieur[3]. A l'égard de ce dernier, d'ailleurs, lorsque lui-même il était vassal, le même raisonnement pouvait être reproduit; d'où, en bonne logique, pour affranchir valablement un serf, il fallait le consentement de tous ceux qui, dans la hiérarchie féodale, étaient superposés au dessus du seigneur direct[4]. On n'alla jamais jusque-là. Dans la pure société féodale, on s'arrêta au chef seigneur (*capitalis dominus*), c'est-à-dire à celui, baron, comte, duc ou roi, qui représentait la souveraineté régionale[5]. Plus tard, la royauté, faite de la hiérarchie féodale, interviendra toujours pour autoriser l'affranchissement, c'est-à-dire en

1. Mais cela n'était point nécessaire, même pour la preuve, qui pouvait être faite par témoins (Beaumanoir, XLV, 14).

2. Beaumanoir, XLV, 18, 25, 26. Dans le *Livre des serfs de Marmoutiers* ces autorisations du seigneur supérieur apparaissent dès le x⁰ siècle (n⁰ 73), non pas à propos des affranchissements (ceux consentis par le couvent portent sur des biens allodiaux), mais à propos des cessions de serfs émanant des seigneurs; c'est toujours le même principe.

3. Beaumanoir, XLV, 18, 26; — *Li drois et li coustumes de Champaigne et de Brie*, ch. xvii; dans ce dernier texte, il s'agit d'un abonnement ou affranchissement partiel.

4. Beaumanoir, XLV, 26 : « Ne pot nus donner abrégement de servitutes de fief, ne francises d'eritage, *sans l'auctorité de ses pardessus.* »

5. Beaumanoir, XLV, 18 : « Bone coze est a cix qui voelent porcacier fran cise de lor servitute qu'il facent confermer lor francise qui leur est pramise, *par les sovrains* de qui lor sires tient. » — Cf. XLV, 26 : « Aucuns ne pot francir son serf sans l'autoricte de son serain. » Voyez dans le *Livre des serfs de Marmoutiers*, App. n⁰ 1, p. 121 (a. 1032-1064), un cas où l'on remonte jusqu'au comte, quatrième seigneur : « Annuit ad hoc Ivo de Curbavilla, dominus ejus... de quo ipso Nivelo (le donateur) prædictam terram in fevum tenere videbatur. Guanilo quoque thesaurarius de quo Ivo tenebat, et ipse nihilominus annuit. Tetbaldus comes, horum omnium dominus, sua etiam auctoritate confirmavit. »

réalité pour percevoir un droit pécuniaire[1]; mais le droit des seigneurs intermédiaires disparaîtra. Autoriser et confirmer l'affranchissement sera alors un droit strictement régalien.

De même que la prescription créait le servage, elle le faisait disparaître et transformait en franche personne le serf qui vivait pendant un certain temps en répudiant toutes les conséquences de l'état servile. Mais, sur les conditions de cette prescription libératoire, sur son admission même, les coutumes étaient très variables. Parfois elle était des plus courtes; un assez grand nombre de villes émancipées avaient, au moyen âge, le privilège de conférer la liberté au serf qui y résidait pendant l'an et jour[2].

D'après une règle très ancienne, édictée d'abord pour l'esclave, puis appliquée au serf, celui-ci ne pouvait point entrer dans le clergé ou dans les ordres religieux, sans le consentement de son seigneur, qui devait alors l'affranchir[3]. Mais, si cette prohibition avait été violée et que le serf eût reçu, sans cette autorisation, les ordres sacrés, la question se posait de savoir si, par le fait même de sa dignité nouvelle, il n'était pas affranchi. Le cas était discuté : en général, on admettait que la franchise était acquise, mais que les redevances pécuniaires devaient encore être fournies au seigneur par le clerc ou par quelqu'un en son nom[4].

V

Il reste à dire un mot des roturiers ou vilains. Leur condition a été indirectement dégagée par ce qui précède. Ils ne pouvaient pas invoquer les privilèges des nobles, et, à beaucoup d'égards, ils étaient traités comme les serfs, si bien que le mot *vilain*, dans les textes du xiiie siècle, désigne tantôt les roturiers des campagnes et tantôt les serfs. Il faut en dire autant de

1. Loisel, *Inst.*, I, 4, 78.
2. Beaumanoir, XLV, 36 : « Les lieux où il porroient aquere francise por demorer; si comme en aucunes villes es quels tout li habitants sunt franc par privilège ou par coustume. Car sitost comme aucun set que ses sers va manoir en tel liu, s'il le requiert comme son serf dedens l'an et jor, il le doit ravoir, ou dedens tel terme come le done le coustume du lieu où il est alés manoir. »
3. Beaumanoir, XLV, 17, 28; — *Registre criminel de Saint-Maur-des-Fossés*, dans Tanon, *op. cit.*, p. 342-344.
4. Beaumanoir, XLV, 17, 28; — *Liber practensis de Consuetudine Remensi*, n° 85, p. 55. Cf. Johannes Gallus (édit. Du Moulin), qu. 164.

E. 16

certaines autres dénominations qui sont également employées pour désigner les roturiers, par exemple les termes *hommes de poeste* (*homines potestatis*[1]) et *hommes coutumiers*[2].

Les tailles seigneuriales, les corvées pesaient sur les roturiers comme sur les serfs; mais, juridiquement, ce qui les distingue de ces derniers, c'est qu'ils n'étaient pas frappés des incapacités qui visent le serf, le formariage et la mainmorte : celles-ci peuvent être considérées comme caractéristiques de la condition servile[3]. Il faut ajouter que le roturier pouvait toujours se choisir librement un domicile, ce que ne pouvaient pas faire certains serfs. Il pouvait enfin librement acquérir des tenures roturières, qui, naturellement, étaient faites pour lui, tandis que souvent la coutume défendait au serf de posséder des terres autres que les tenures serviles.

---

1. Cela veut dire exactement les hommes d'un seigneur, les hommes d'une *potestas.* Voyez ci-dessus, p. 144.

2. Les *coutumes* dont il s'agit ici, ce sont les *redevances*, surtout les droits levés sur les personnes ou sur la vente des marchandises. En anglais, le mot *custom* a conservé ce sens ; la douane se dit *custom house*.

3. *Registre criminel de Saint-Germain-des-Prés* (a. 1272), dans Tanon *op. cit.*, p. 421 : « Et dist que pour ce que le Juif se pooit marier sans le congié du roi et donner ses biens et à mort et à vie, qu'il n'étoit pas de condition à serf quar serf ne puet tele chose feire. »

CHAPITRE III

La guerre, la justice et le fisc

§ 1. — LES GUERRES PRIVÉES

Le droit de la guerre, dans les temps modernes, appartient au droit inte national, car la guerre n'existe que de nation à nation. Dans la société féodale, il fait partie du droit national ou intérieur, presque du droit privé, car la guerre a lieu d'individu à individu. Toute personne, au moins toute personne noble, peut recourir à la force et aux armes pour défendre son droit ou venger ses injures. C'est l'époque des guerres privées. Celles-ci, qu'on le remarque bien, n'étaient pas seulement des violences de fait contre lesquelles l'autorité publique était impuissante à réagir; c'étaient des voies de droit, et les meurtres, les pillages, les incendies[1], qui en étaient la conséquence, étaient parfaitement légaux, comme aujourd'hui les actes accomplis en état de légitime défense. Ce droit était encore pleinement en vigueur au cours du XIII° siècle, et Beaumanoir décrit tout au long et *ex professo* les règles des guerres privées[2].

Cependant, la société féodale n'était pas dépourvue de tribunaux; la justice y était organisée, et deux hommes y trouvaient toujours une cour compétente pour trancher leur querelle. Mais la partie lésée avait le choix, en principe, entre deux voies parallèles, la procédure judiciaire et la guerre privée, plaider ou combattre[3]. D'ailleurs, les deux voies n'étaient pas

---

1. *Livre de Justice et de Plet*, XIX, 28, § 2 : « An ville nus ne doit ardoir par nule guerre, se la guerre n'est tele que droiz la doie soffrir ; ne hors de ville ausit. »

2. *Coutumes de Beauvoisis*, LIX, *Des guerres* ; LX, *Des trêves et assuremens.*

3. *Petri exceptiones legum Romanorum* (édit. Savigny), III, 69 : « Unius sororis filii quæstionem suæ partis silentio dederunt ; alterius autem sororis filii partem suam *per placitum et guerram exegerunt.* » — *Cartulaire de Saint-*

alors aussi dissemblables qu'elles le paraissent; étant donnée
la place que tenait le duel judiciaire, la *bataille*, dans la procédure, un procès n'était souvent qu'un combat restreint aux
deux adversaires. De tels principes révèlent une société où
la notion de l'État a disparu ; c'est là ce qu'a produit l'anarchie
d'où est sortie la féodalité. Mais, en même temps qu'elle est
un fruit naturel du monde féodal, la guerre privée rappelle, par
quelques-uns de ses traits, des institutions plus anciennes,
des institutions primitives, qui ont ainsi une renaissance sociale. Elle est, comme la *faida* germanique, comme la vengeance des coutumes primitives, une guerre, non pas d'individu
à individu, mais de famille à famille. Étaient, en effet, nécessairement compris dans la guerre tous les parents des deux
adversaires principaux, jusqu'au degré où le mariage devenait
licite entre parents[1].

Le droit de guerre privée était-il ouvert à tous? Oui, sans
doute, au début, et ce principe est encore affirmé au cours du
xiiiᵉ siècle[2]. D'après Beaumanoir, le droit de guerre avait
été restreint aux nobles et refusé par la coutume aux roturiers[3]. Mais entre nobles il était presque illimité : tout noble
pouvait déclarer la guerre à un autre; tout seigneur pouvait
la déclarer au roi. Seul le vassal ne pouvait faire la guerre
à son seigneur, à moins qu'il n'y eût de la part de celui-ci infidélité ou déni de justice constaté[4]. Au xiiiᵉ siècle, une tendance se manifestait à défendre les guerres contre le roi, ou
du moins à les rendre plus difficiles[5]. C'était en vue de ces

Père de Chartres, charte du commencement du xiiᵉ siècle, p. 417: « Posuerun
etiam in sacramento quod si quis, quicunque esset, nobis de terra illa calum-
pniam moveret, *ipsi placito, et, si necessitas postularet, bello nos quantum possent adjurarent.* » — *Livre des serfs de Marmoutiers*, App. nᵒ 30, p. 15
(xiᵉ siècle) : « Ipse adjuvabit nos acquietare calumniam illam, omnibus mo-
dis quibus poterit, excepto per pecuniam dando et per guerram faciendo. »
1. Beaumanoir, LIX, 20, 21 ; LX, 13.
2. Innocent IV, *Lectura super Decretales*, sur le ch. xii, *De rest. spol.*, II, 13,
nᵒ 8 : « Respondemus omnibus licitum esse movere bellum pro defensione
sua et rerum suarum nec dicitur proprie bellum sed defensio. »
3. Beaumanoir, LIX, 5.
4. *Établissements de saint Louis*, I, 52 ; — *Livre des drois et commandemens*,
§ 435 ; — Boutillier, *Somme rurale*, I, 83.
5. Durantis *Speculum*, tit. *De feudis*, nᵒ 28, p. 309 : « Quid igitur si aliquis
baro regis Franciæ facit guerram ipsi regi : baro ipse præcepit ex debito sacramento fidelitatis hominibus suis quod ipsum juvent; numquid tenentur
eum contra regem juvare ? Videtur quod sic. nam grave est fidem fallere. Di-

guerres privées qu'avait été établi et organisé le service militaire attaché aux fiefs : aussi ne répondait-il vraiment qu'à ce besoin et était-il manifestement insuffisant dans les guerres nationales. Examinons quelles étaient les règles de ces guerres privées, et comment la société féodale elle-même réagit contre elles.

I

Tout chef de guerre, c'est-à-dire c acun des adversaires principaux, entraînait avec lui certaines classes de personnes, obligées de marcher en campagne, ou légalement exposées aux coups. — 1° Les parents, comme il a été dit plus haut, attachés à sa cause par la solidarité familiale. Cependant, d'après Beaumanoir, ils pouvaient, par une abstention formelle, se tenir à l'écart de la lutte[1]. — 2° Les vassaux, astreints au service de guerre. Mais tous ne le devaient pas dans les mêmes conditions: cela dépendait des conventions et de l'importance du fief. Tantôt le vassal n'était tenu que de venir seul, tantôt il devait amener avec lui un certain nombre de chevaliers[2]. Ce service était en principe fourni par le vassal gratuitement et à ses frais[3]; mais il avait une durée préfixe, que la coutume arrêtait d'ordinaire à quarante jours[4]. On a

cendum tamen est contra; nam baro insurgens contra dominum videtur incidere in legem Juliam majestatis. » — Cf. *Établissements de saint Louis*, I, 53.

1. Beaumanoir, LIX, 2, 18.

2. *Livre de Justice et de Plet*, XII, 8, § 3 : « Après un autre servise est que doivent senez, c'est à savoir servise d'ost; et chacun le doit si come coustume est... Et est deuz en plusors manières : li uns le doit sels, li uus le doit soi et autre, li autres le doit soi quinz, li autres le doit soi dizèmes. Et ce servise est deuz segont la coustume de la region et est acostumé par nombre d'anz. » — *Grand Coutumier de Normandie* (texte latin), ch. xxv, xliv, lxxxv; — *Coutumier d'Artois*, LVI, 8; — Boutillier, *Somme rurale*, I, 83; — Coutumes générales données par Simon de Montfort, *loc. cit.*, p. 217 : « Barones Franciæ et milites tenentur servire comiti, quando et ubicunque guerram habebit contra personam suam, ratione hujus terræ acquisitæ vel acquirendæ, in hac terra, et hoc cum numero militum ad opus quorum comes dedit eis terram suam et reditus. »

3. Durantis, *loc. cit.*, p. 311 : « Quæritur utrum homo ligius teneatur sequi dominum ad exercitum suis sumptibus ? Dic quod si habeat pingue feudum, vel est dives, dominus non tenetur sibi facere sumptus. Secus si feudum est modicum et ipse est pauper. Non enim propter modicam rem tenetur sufferre magnam exactionem. »

4. *Établissements de saint Louis*, I, 65, p. 95 ; — *Grand Coutumier de Normandie* (texte latin), ch. xxv.

prétendu parfois, mais à tort, que la force de l'hommage-lige
consistait à obliger le vassal de continuer indéfiniment son
service jusqu'à la fin de la guerre. — 3° Les roturiers, les
vilains, figuraient eux-mêmes dans ces guerres. Ils en étaient
d'abord les premières victimes, lorsque les ennemis de leur
seigneur venaient piller et ravager ses terres[1]. De plus, ils
étaient tenus de marcher comme combattants[2]. Cependant ce
n'était point en qualité de tenanciers qu'ils devaient le service militaire ; leurs tenures n'emportaient pas une semblable charge, et par conséquent ils ne devaient pas le service
militaire au seigneur foncier en cette qualité[3]. Mais ils le devaient, en qualité de sujets, au seigneur justicier, à celui dans
la haute justice duquel ils résidaient. Ce droit de requérir les
roturiers pour la guerre, ancien privilège du pouvoir royal,
s'était rattaché à la haute justice[4]. Il était d'ailleurs assez peu
lourd, car la plupart des coutumes interdisaient au seigneur
d'emmener ses hommes à plus d'une journée de marche de
leur domicile : dans bien des lieux il dégénéra promptement en
un simple droit de guet et de garde du château seigneurial.

Pour conserver leur légitimité, les guerres privées devaient
suivre certaines règles. Elles devaient d'abord être régulièrement ouvertes, ce qui avait lieu de deux façons : par *parole*,
c'est-à-dire par une déclaration formelle, et par *fait*, c'est-
à-dire par suite d'une rixe où avaient été échangées entre nobles des violences ou des injures caractérisées[5]. Il fallait

1. Voyez le *Sacramentum pacis* rédigé par Warin, évêque de Beauvais, sous
le règne du roi Robert, publié par M. Pfister, *Études sur le règne de Robert
le Pieux*, p. LX, art. 4 : « Villanum et villanam, servientes aut mercatores
non prendam, nec denarios eorum tollam nec redimere eos faciam nec suum
habere eis tollam, ut perdant propter werram senioris sui, nec flagellabo eos
propter substantiam suam. »

2. Boutaric, *Institutions militaires*, p. 141.

3. Boutillier, *Somme rurale*, I, 84, p. 489 : « Terre... qui n'est tenue en fief,
que ruralement on appelle entre les coustumiers terre vilaine, ne doit hommage, service, *ost ni chevauchée*, fors la rente au seigneur aux termes accous-
tumés. »

4. *Établissements de saint Louis*, I, 65 ; — *Livre des Droiz*, § 443 ; — *Registre
crimine de Saint-Maur-des-Fossés* (a. 1274), dans Tanon, *op. cit.*, p. 323 ; *ibid.*,
Registre de Saint-Germain-des-Prés (a. 1295), p. 438 ; cf. p. 441, 433. — On
trouve, il est vrai, des textes où l'on voit un seigneur requérir pour
la guerre ses tenanciers roturiers ou serfs (hôtes ou *hommes de corps*) aussi
bien que ses hommes de fief (Beaumanoir, LIX, 21) ; mais sûrement il s'agit
alors de seigneurs, qui sont en même temps haut justiciers.

5. Beaumanoir, LIX, 9, 11, 8.

de plus que la guerre ouverte n'eût pas été régulièrement
terminée par une paix ou suspendue par des trêves[1]. Au
xiiie siècle, les actes de guerre devenaient également illégi-
times lorsqu'ils intervenaient après que la justice avait été saisie de l'affaire par une des parties[2] : avait-on choisi l'une des
deux voies parallèles, la voie pacifique, on ne pouvait plus revenir à l'autre. Mais cette règle était un progrès réalisé : au
xiie siècle, on pouvait encore, après un jugement rendu, recourir à la guerre[3].

II

Les guerres privées étaient un tel fléau que de bonne heure
la société féodale chercha à réagir contre elles. Souvent, dans
les villes, ce furent des associations populaires, qui se formèrent pour réprimer par la force les violences individuelles.
Mais la réaction vraiment efficace, quoique restreinte, devait
venir de l'Église et de la souveraineté civile.

L'Église, qui avait alors à elle seule la direction morale des
peuples, usa de son influence pour tempérer un mal qu'elle
ne pouvait supprimer. Elle établit la paix de Dieu et la trêve
de Dieu. La paix de Dieu consistait à soustraire en tout temps
aux ravages des guerres privées certaines personnes et certains objets, qui étaient déclarés en quelque sorte toujours
neutres et inviolables. C'étaient, pour les personnes : les clercs,

1. Beaumanoir, LIX, 11-14 ; LX, *passim* ; — *Grand Coutumier de Normandie*,
ch. v, lxxv.
2. Beaumanoir, LIX, 16 : « La tierce manière comment guerre faut, si est
quant les parties plèdent en cor par gages de bataille, d'un fet duquel il
tenoient ou pooient tenir l'un l'autre en guerre. Car on ne pot pas ne ne doit
en un meesme tems querre vengence de son ennemi par guerre et par droit
de cort. »
3. Yves de Chartres, *Ep. CLXVIII* : « Sicut judicatum erat, venerunt utrique
in curiam comitissæ et actionibus utrinque ventilatis nescio quibus de causis
comes a causa cecidit. Postea cœperunt... adversum se guerram facere et
alterius bona diripere. » — Yves de Chartres ne paraît pas considérer ce procédé comme irrégulier. La guerre intervient même après un jugement rendu,
qui n'est pas accepté par l'une des parties ; *Livre des serfs de Marmoutiers*
(n° 116, a. 1064-1100) : « Ipsi tantorum virorum judicio non credentes, multa
contradicentes, et quod sibi aliquando justitiam quærerent comminantes, illos
audierunt... Ad ultimum post minas, post dicta, post multa facta illorum...
pax cum illis et concordia facta est. » On était revenu à un état social où la
justice ne pouvait plus imposer le respect de ses décisions aux parties qui ne
les acceptaient pas.

les agriculteurs, les voyageurs, les marchands, les femmes et les hommes qui les accompagnaient sans armes ; — pour les choses : les biens des clercs et des moines, les animaux de labour et les moulins. La trêve de Dieu était une suspension d'armes édictée d'autorité dans les guerres privées, d'après laquelle les hostilités étaient défendues, du mercredi soir au lundi, ou, tout au moins, du samedi au lundi de chaque semaine, et à certaines époques de l'année particulièrement sanctifiées. Le mouvement qui aboutit à ces règles paraît d'ailleurs avoir été populaire autant que religieux. D'après un historien de la première moitié du xie siècle[1], l'impulsion serait venue du sentiment de rénovation qui suivit l'an mille. Il se serait alors tenu en Aquitaine, sous la direction des évêques, abbés et religieux, des réunions où tout le peuple était convoqué, afin de rétablir la paix entre les hommes ; puis, de proche en proche le mouvement aurait gagné toute la France, et alors aurait été établie la paix de Dieu proprement dite[2]. Mais cette première tentative n'aurait pas produit des résultats définitifs ; le mouvement aurait été repris un peu plus tard, encore en Aquitaine, en 1041, et alors la trêve de Dieu aurait été ajoutée à la paix de Dieu[3]. En réalité, cet exposé, exact dans ses grandes lignes, doit être quelque peu rectifié quant aux détails. Le mouvement de réaction contre les guerres privées dont les Églises de France prirent l'initiative remonte aux dix dernières années du xe siècle. Il commença par des prohibitions particularistes édictées par des conciles locaux et tendant à la paix de Dieu. Puis cette paix, dont le principe se répandait, prit la forme de pactes locaux, auxquels les seigneurs accédaient, sur l'invitation des évêques. La trêve de Dieu apparut dans la période qui va de 1030 à 1040 ; la sanction de ces règles se fit plus énergique ; et, en 1041, quelques représentants de l'Église de France proposaient au clergé italien d'accepter la paix et la trêve de Dieu, devenues le droit commun de notre pays[4].

1. Raoul Glaber, qui termina son histoire entre 1046 et 1049.

2. Raoul Glaber, *Les cinq livres de ses histoires*, éd. Prou, l. IV, ch. v, n°s 14, 15, 17.

3. Raoul Glaber, l. V, ch. i, n° 15. Dans Manen, *De concordia sacerdotii et imperii*, l. IV, c. xiv, *in fine*, sont rapportés divers conciles particuliers tenus à cette époque en Roussillon.

4. Sur ce développement, voyez Pfister, *Études sur le règne de Robert le Pieux*, p. 160 et suiv. ; — Huberti. *Studien zur Rechtsgeschichte des Gottesfrieden*

En 1095, ces deux institutions furent édictées comme loi générale par le concile œcuménique de Clermont; mais les règles spéciales déjà établies dans les divers diocèses restèrent en vigueur. Enfin cette réglementation fut renouvelée au deuxième et au troisième concile de Latran en 1139 et en 1179[1]. Pour l'application de ces règles, dans chaque diocèse de France, le clergé s'efforçait de faire jurer la paix et la trève par tous les seigneurs, et il était constitué un tribunal spécial, dit *justicia pacis*, composé de laïcs et d'ecclésiastiques, pour juger les infractions[2]. La sanction consistait dans l'excommunication; il y avait aussi des peines séculières, lorsque l'Église faisait adopter le règlement par les seigneurs souverains[3].

Le pouvoir civil pendant longtemps fut impuissant à rien entreprendre de son chef contre les guerres privées. Mais au xiiie siècle, déjà bien plus fort, il s'efforça de les restreindre par divers moyens. Le principal fut l'*asseurement*, ou *sauve-garde*, imposé par la justice. L'asseurement n'était pas autre chose que la promesse solennelle qu'une personne donnait à une autre de s'abstenir de toutes violences envers elle. Cette promesse une fois donnée ne pouvait plus être retirée, et, si elle était violée, la violation constituait un crime capital[4]. Pendant longtemps l'asseurement ainsi compris ne put résulter que du libre consentement ; mais au xiiie siècle, lorsqu'une guerre était imminente entre deux parties, le principe s'introduisit que le seigneur souverain, roi, duc, comte ou baron, pouvait citer les adversaires devant lui et les forcer à se donner asseurement, par la saisie de leurs personnes ou de leurs biens[5]. C'était faire du souverain le représentant de la paix publique ;

---

und Landfrieden, I, *Die Friedensordnungen in Frankreich*, 1892. Ce dernier ouvrage vaut surtout en ce qu'il reproduit tous les textes utilisés dans la question et contient une bibliographie complète de celle-ci.

1. C. un., X, *De treuga et pace*, 1, 34.

2. Voyez sur tous ces points Yves de Chartres, *Ep. XLIV, L, LXXXVI, XC, CLXVIII, CLXIX, CLXX, CLXXIII.*

3. Voyez l'Établissement de Louis VII de 1155, acceptant pour dix ans la paix de Dieu (Isambert, *Anciennes lois françaises*, I, p. 152) : « Et si qui essent violatores ordinatæ pacis, de eis ad posse nostrum justitiam faceremus. »

4. Beaumanoir, LX, 4; LIX, 7, 8.

5. Beaumanoir, LX, 12, 18; LIX, 3; cf. *Livre de Jostice et de Plet*, II, 6, § 2. IV, 12, § 1. Voyez aussi l'ordonnance sur les trèves donnée en 1275 à la ville de Valenciennes par la comtesse Marguerite; Wauters, *Libertés communales* Preuves, p. 230; — Hegel, *Städte und Gilden*, II, p 146.

c'était un premier effort vers la reconstitution de l'État. On
n'était pas arrivé d'emblée à ce résultat; on avait commencé
par admettre seulement que la justice pourrait ordonner l'asseurement lorsqu'il serait requis par l'une des parties[1], puis on
lui donna le droit de l'imposer d'office.

Les premiers efforts du pouvoir législatif de la royauté se
tournèrent du côté des guerres privées, et ainsi fut édictée la
quarantaine le roi. On a vu précédemment qu'en principe la
guerre englobait de plein droit tout le lignage des parties en
cause, et que d'autre part la guerre était ouverte par un simple
fait, une rixe ou une dispute. Il en résultait que les parents,
qui n'avaient pas assisté au différend, étaient néanmoins immédiatement exposés aux coups et pouvaient être attaqués
sans avoir été prévenus et sans être sur leurs gardes. Un
établissement royal du XIIIᵉ siècle apporta un remède à ce mal,
en décidant que les actes de guerre, dans ce cas, seraient licites
seulement quarante jours après la rixe contre ceux des parents
qui n'auraient pas été présents[2]. Beaumanoir attribue cette
ordonnance « au bon roi Philippe », c'est-à-dire à Philippe-Auguste; d'autres l'attribuent à saint Louis; il est probable qu'elle
fut plusieurs fois renouvelée. Un mandement de saint Louis
de 1257 alla plus loin[3] : il défendit absolument toutes guerres
privées sur le domaine de la couronne. Mais c'était là une
mesure prématurée; bien que souvent renouvelée au cours du
XIVᵉ siècle, elle sera inefficace[4], et ce n'est qu'à la fin du XVᵉ
que la prohibition pourra effectivement s'introduire. D'ailleurs,
prise dans son ensemble, la législation des XIIIᵉ et XIVᵉ siècles
sur les guerres privées est beaucoup moins impérieuse. En
général, elles ne sont défendues que momentanément, en
particulier pendant que le roi soutient lui-même, au nom du
royaume, une guerre nationale[5]. En 1367, une ordonnance de

1. *Établissements de saint Louis*, I, 31 ; — Beaumanoir, LX, 10.
2. Beaumanoir, LX, 13.
3. *Ord.*, I, 84.
4. Langlois, *Le règne de Philippe le Hardi*, p. 200 et suiv.
5. C'est d'ailleurs l'application d'une théorie déjà exposée par Durantis,
Speculum, tit. *De feudis*, nº 16 : « Pone aliquis baro regni Franciæ habet
guerram cum alio barone; rex vero habet guerram cum alio, puta cum rege
Alemaniæ qui vult sibi subjugare regnum Franciæ. Baro præcipit hominibus
suis quod juvent eum contra alium baronem, rex vero præcipit eisdem quod

Charles **V** reconnaît encore la guerre privée comme légitime entre nobles, lorsqu'elle a lieu du consentement des deux adversaires. Il ne la prohibe absolument que lorsque l'un d'eux est prêt à ester à droit [1].

§ 2. — LA JUSTICE

Comme le droit de faire la guerre, le droit de rendre la justice s'était démembré et altéré dans la société féodale. Le pouvoir judiciaire s'était partagé entre les seigneurs féodaux, la royauté, l'Église et les villes privilégiées, chacune de ces autorités l'exerçant à son point de vue et souvent d'après des principes différents. Nous parlerons un peu plus loin des justices ecclésiastiques et municipales ; dans la troisième partie de ce livre nous étudierons l'histoire de la justice royale ; pour l'instant, nous nous bornerons à la justice rendue par les seigneurs. Celle-ci se présentait sous deux formes distinctes que j'appellerai, l'une la *justice seigneuriale*, et l'autre la *justice féodale*.

La *justice seigneuriale* était un démembrement inféodé de la puissance publique, jadis concentrée dans la personne du roi. C'était devenu une propriété possédée à titre de fief, le plus souvent rattachée à une terre, dont elle formait l'accessoire, et celui qui en était le titulaire, le *seigneur justicier*, avait, en principe, le droit de juger tous ceux qui habitaient dans un certain rayon, que l'on appellera le territoire ou le détroit de sa justice [2]. Tous les seigneurs justiciers n'avaient pas d'ailleurs une compétence également étendue, dans leur territoire plus ou moins grand : de bonne heure on distingua à ce point de vue deux degrés, la *haute* et la *basse justice* [3].

juvent eum contra regem Alemaniæ : quæritur cui magis obedire tenentur... Argumentum quod potius debeant obedire regi, cum vocati sint ad majus tribunal. Et hoc verum est, nam rex qui habet administrationem regni, voca¹ eos pro communi bono, scilicet pro defensione patriæ et coronæ, unde sibi *jure gentium* obedire tenentur. » Cf. Huberti, *op. cit.*, § 17-20.

1. Ordonnance du 20 juillet 1367, rendue après une assemblée d'États généraux à Sens, *Ordonn.*, V, p. 19, art. 10.

2. Beaumanoir, LVIII ; — Pierre de Fontaines, *Conseil*, III, 7.

3. Lettres de Philippe-Auguste de 1220 en faveur des marchands de l'eau de Paris (Delisle, *Catalogue des actes de Philippe-Auguste*, n° 1959) : « Justitia sanguinis de armis, ut baculo seu lapide vel alia re, qua ledi possit, et justi

La haute justice seule pouvait connaître de toute accusation criminelle entraînant une peine afflictive, la peine de mort ou une mutilation, et de tous les procè s civils où pouvait intervenir le duel judiciaire, ce qui dans la procédure féodale était le cas de tous les procès quelque peu importants [1]. A la basse justice appartenaient les autres causes [2]. Il pouvait très bien se faire que dans le même lieu un seigneur eût la basse justice et un autre la haute [3]. Au xive siècle apparaît un degré intermédiaire, la *moyenne justice*, qui n'est pas autre chose que la basse justice enrichie de quelques-uns des droits réservés auparavant à la haute.

Mais la seigneurie ainsi comprise n'était pas la source unique de la justice. Il était une autre justice non moins importante, qui résultait, non de l'autorité publique, mais des contrats féodaux et des tenures, et des rapports qu'ils créaient entre les hommes; c'est celle que j'appelle proprement féodale [4]. Elle avait deux applications.

En premier lieu, le vassal, par l'hommage, s'était soumis à la juridiction du seigneur de fief qu'il avait accepté, et c'était lui seul qu'il reconnaissait pour juge, quand il était actionné au civil ou au criminel [5]. Auprès de lui il trouvait une garantie précieuse, le jugement par les pairs, dont il va bientôt être parlé. Mais cette compétence générale et absolue, créée par la volonté des hommes, supposait le lien féodal dans toute sa force : aussi la restreignit-on à l'hommage-lige, et si le sei-

---

tia latronis et magna justitia nobis remanent. Alia autem parva eri mercatorum. » — Beaumanoir, LVIII, *Des hautes et basses justices;* — *Établissements de saint Louis,* I, 34; — *Livre de Jostice et de Plet,* II, 5, § 1.

1. Esmein, *Études sur les contrats dans le très ancien droit français,* p. 48.

2. Beaumanoir, LVIII, 2; — Loisel, *Institutes,* II, 2, 47 : « Pilory, eschelle, carquant et peintures de champions en l'auditoire sont marque de haute justice. »

3. Beaumanoir, LVIII, 1; — *Établissements de saint Louis,* I, 115.

4. Voyez, sur ce qui suit, Flach, *Les origines de l'ancienne France,* I, p. 219 et suiv.

5. Durantis, *Speculum,* tit. *De feudis,* n° 17 : « Quæritur quid juris habeo in homine meo ejusque bonis... In primis siquidem ratione homagii vendicat sibi (dominus) jurisdictionem in eo, non dico merum vel mistum imperium. Eo enim quod aliquis est homo meus ligius, hoc ipso est jurisdictioni meæ subjectus et sum ejus judex. Et omnia bona ejus, quæ non habet alio in feudum non ligium, sunt mihi subjecta ratione jurisdictionis, licet illa non teneat a me in feudum. Eo enim quod personam suam mihi principaliter subjecit, videtur per consequens omnia bona subjecisse. »

gneur conserva, dans une certaine mesure, juridiction sur le
vassal qui n'était pas son homme-lige, ce fut en vertu de la
seconde application de la justice féodale.

Cette seconde application se formule dans cette règle : Tout
seigneur, de qui relevait une tenure féodale, avait qualité et
compétence exclusive pour trancher tous les litiges, mais ceux-
là seulement, auxquels donnait lieu cette tenure, pour connaître de toutes les actions qui étaient dirigées de ce chef contre
le tenancier. C'est ainsi que nous voyons le seigneur de fief juge
naturel et nécessaire de toutes les actions intentées contre le
vassal à raison du fief[1]. De même le seigneur censier connaît
des causes concernant la censive[2]. Mais cette juridiction, que
l'on appelle souvent foncière, se bornait, nous l'avons dit, à
ce qui concernait la tenure, et elle n'existait que pour les
tenures féodales : les tenures, simplement foncières, que même
un censitaire pouvait constituer sur son domaine utile, n'y
donnaient pas lieu[3].

---

1. *Livre de Justice et de Plet*, XIX, 26, § 2 : « Premièrement len dit que sires
puet prandre les choses à celui qui sera de sa juridiction... Et se je ne suis de
sa juridiction, fors de la propriété del foiz (fief), de la chose pot il prandre
por le fet de mon cors? Nenil. » — *Grand Coutumier de Normandie*, ch. XXIX :
« Nullus autem potest justiciam facere super feodum aliquod, nisi tenetur
de eodem »; *ibid.*, XXX, sur la tenure en parage : « Potest autem antenatus in
postnatos justitiam exercere pro redditibus et faisantiis ad dominos feodi
pertinentibus. Pro aliis autem occasionibus nequaquam nisi solummodo in
tribus casibus, videlicet pro injuria personæ ipsius irrogata vel primogenito
suo vel uxori. » — Cf. Beaumanoir, ch. L, *Des bones viles*, n°s 15, 16 : « Çascuns
doit defendre son heritage par devant le segneur de qui il muet. Tout
nous avons dit que çascune personne de commune singulerement se pot
acroistre en heritages vilains, se le communetés se voloit acroistre, il ne li
seroit pas à sofrir; car malvesement porroit justicier un petit sires l'eritage
dont le proprieté seroit à une commune. » Il faut remarquer que dans ce
chapitre Beaumanoir, parlant des bonnes villes en général, ne s'attache pas
uniquement à la coutume de Beauvoisis, d'après laquelle tout seigneur de
fief avait haute justice.

2. *Coutumier d'Artois*, III, 17 : « Robers qui est tes couchans et tes levans, fu
adjornés par devant son signeur pour chateux et moebles ; et à ce jour
meisme avoit jour par devant. j. sien autre sigueur d'iretage qu'il tenoit de lui...
Mout gringneur reverence doit il a le court son sigueur, desous qui il couce
et liève que à celui de qui il tient la terre à cens sans plus. » — Boutillier,
Somme rurale, I, 84, p. 489 : « Terre qui n'est tenue en fief, que ruralement
qu'on appelle entre les coutumiers terre vilaine... doivent à leur seigneur service d'eschevinage. Car le seigneur de tels tenants peut faire ses eschevins
pour traiter et demener les héritages entre tels subjects. »

3. *Grand Coutumier de Normandie*, ch. LIII, p. 136 : « Sciendum est quod
nullus tenens feodum verum per vile servitium potest habere curiam super

Par là est tranchée une question souvent agitée, celle de
savoir si originairement la possession d'un fief n'entraînait pas
toujours le droit de justice dans l'étendue des terres qu'il
comprenait : je réponds affirmativement en ce qui concerne la
justice féodale et négativement en ce qui concerne la *justice
seigneuriale*[1]. Cela n'empêche pas d'ailleurs que, dans certaines
régions, tout fief entraînait la justice seigneuriale et même la
haute justice[2] ; mais ce sont là des coutumes particulières,
non une conséquence nécessaire des principes féodaux. Disons
maintenant comment étaient organisés les tribunaux des seigneurs.

Le seigneur pouvait lui-même présider sa cour, ou la faire
tenir par un officier qu'il nommait et qui portait ordinairement
le titre de prévôt ou de bailli[3] : mais ni l'un ni l'autre ne siégeaient seuls. Les règles qui déterminaient la composition du
tribunal variaient selon la qualité de la personne qui y comparaissait comme défendeur.

S'il s'agissait d'un homme de fief, par les principes de la justice féodale il ne pouvait être valablement actionné que devant
son seigneur de fief; mais celui-ci, en réalité, n'était pas son
juge. Le vassal avait droit à être jugé par ses pairs, c'est-à-dire
que le tribunal était composé d'un certain nombre de vassaux
du même seigneur, et c'étaient eux qui faisaient le jugement :

tenentes de eodem, bordarii [scilicet] et servientes ad saccum et sommam et
alii qui vilia debent servitia. »

1. C'est par rapport à la justice seigneuriale qu'il faut entendre la maxime :
« Fief et justice n'ont rien de commun », en tant qu'elle indique l'indépendance naturelle de la justice et du fief.

2. Il en était ainsi en Beauvoisis, d'après Beaumanoir, X, 2; LVIII, 1. — On
trouve pourtant des passages de textes anciens qui semblent considérer la
pleine justice comme une dépendance nécessaire du fief ou de l'alleu. *Grand
Coutumier de Normandie*, ch. II : « Feodalis (jurisdictio) est illa quam habet
responsione feodi sui. Unde ad ipsum pertinet jus inhibere de querelis ex
feodo procreatis, et etiam super omnibus aliis querelis quæ contra residentes
feudi procreantur, exceptis tamen illis quæ specialiter pertinent ad ducatum. » Pour l'alleu, voyez Flach, *Les origines*, I, p. 204. Mais cela doit s'entendre ou d'un régime particulier, spécial à une région, comme celui qu'on
trouve en Beauvoisis, ou de la justice simplement féodale. — Cf. Boutillier,
Somme rurale, I, 84, p. 490 : « Les tiennent les tenans franchement de Dieu
et y ont toute justice basse. »

3. Beaumanoir, ch. I; — *Livre de Jostice et de Plet*, I, 17, 19. Parfois, pour
une justice seigneuriale importante, on distinguait la prévôté et le bailliage ou
assise, certains actes graves ne pouvant se faire qu'en assise, au moins avec
une valeur définitive. »

le seigneur ou son bailli n'avait d'autre rôle que de présider
et de prononcer la sentence [1]. Il en était ainsi non seulement
lorsque le poursuivant était un covassal ou un homme étranger au groupe féodal, mais aussi lorsque la demande était intentée par le seigneur lui-même, à raison du fief et des obligations qui en découlaient [2]; c'était même dans ce cas que le
jugement par les pairs constituait la garantie la plus précieuse
pour l'homme féodal. Il ne faut pas croire d'ailleurs que,
pour une procédure valable, le groupe entier des vassaux dût
être réuni : le service dû par eux de ce chef était fort lourd,
très périlleux, comme on le verra bientôt. On se contentait
d'un petit nombre; quatre, trois, ou même deux paraissent
avoir été considérés comme suffisants [3]. Si le seigneur n'avait
pas assez d'hommes, il devait en demander à son propre seigneur pour compléter sa cour, et l'on considérait que la règle
du jugement par les pairs était encore respectée [4].

Lorsqu'il s'agissait, non d'un homme de fief, noble par conséquent, mais d'un roturier, le principe était différent. Celui-ci
n'avait pas droit au jugement par les pairs, qu'il comparût en
vertu de la justice féodale ou de la justice seigneuriale, et alors,
selon les régions, le tribunal était constitué suivant l'un ou
l'autre des types que voici : tantôt c'étaient encore les hommes
de fief qui siégeaient et jugeaient, comme s'il se fût agi d'un
vassal [5]; tantôt le bailli ou prévôt tenait seul le tribunal [6].
Cependant, même dans ce dernier cas, il ne jugeait pas seul.
Selon une tradition, très ancienne et constante, dérivée sans
doute du fonctionnement des rachimbourgs et *scabini* dans la
monarchie franque, le juge devait consulter, avant de pronon-

---

1. Beaumanoir, I, 13, 15; X, 2; — *Grand Coutumier de Normandie*, ch. IX :
« Barones autem per pares suos debent justiciari; alii vero per eos omnes
qui non possunt a judiciis a moveri. » — *Établissements de saint Louis*, I,
76. — Cf. Esmein, *Histoire de la procédure criminelle en France depuis le
XIII° siècle jusqu'à nos jours*, p. 4 et suiv.

2. Beaumanoir, I, 15.

3. Pierre de Fontaines, *Conseil*, XXI, 29; — *Établissements de saint Louis*, I,
76; — Beaumanoir, LXVII, 2, 3; — *Coutumier d'Artois*, LVI, 32.

4. Beaumanoir, LXVII, 3; — Pierre de Fontaines, *Conseil*, XXI, 19.

5. Beaumanoir, I, 15 : « Li homes... doivent juger l'un l'autre et les que-
relles du commun peuple. »

6. Beaumanoir, I, 13 : « Il y a aucuns liex la u on fet les jugements par le
bailli et autre lieu la u li home qui sunt home de fief font les jugements. »
— *Coutumier d'Artois*, LII, 12.

cer, les hommes notables et sages de l'assistance [1]. Il les appelait à son conseil, sans être, semble-t-il, obligé de suivre leurs avis [2]. Ceux qui composèrent ainsi le conseil du juge, ce furent naturellement les praticiens de profession, dès qu'il s'en forma dans les diverses juridictions. Cette règle, qui mettait presque le vilain à la discrétion du seigneur justicier ou de son bailli, s'appliquait aux procès concernant la tenure, comme aux autres causes [3]. Cependant sa condition pouvait être améliorée, et il pouvait avoir droit localement et exceptionnellement au jugement par les pairs. Cela pouvait provenir de la coutume qui dans bien des lieux instituait, pour juger les roturiers, un tribunal composé de leurs pareils, habitants de la même seigneurie : cela se présentait surtout quand il s'agissait de la justice féodale, qui était souvent rendue, quant à la tenure, par d'autres tenanciers [4]. En second lieu, le seigneur pouvait, par une charte, accorder à ses vilains le privilège d'être jugés par leurs pairs [5]. Enfin, lorsque le roturier put acheter un fief sur lequel il résidait, alors même qu'il ne devenait pas noble, il avait droit à être jugé quant à son fief par les autres vassaux du seigneur [6].

Le serf était, au point de vue judiciaire, traité comme le vilain; même dans la rigueur du droit, il ne pouvait intenter aucune action contre son seigneur [7]. On trouve aussi dans

1. Beaumanoir, I, 13 : « Es liex u les baillis font les jugements... il doit appeler à son conseil des plus sages et fere le jugement par lor conseel. » — Coutumier d'Artois, III, 20.

2. C'est du moins ce qu'on trouve au xive siècle, très nettement; Esmein, Histoire de la procédure criminelle, p. 36, note 1.

3. Pierre de Fontaines, Conseil, XXI, 8 : « Selon Dieu tu n'as mie plénière posté sur ton vilain; dont, se tu prens dou suen fors les droites redevances, qu'il te doit, tu les prens contre Deu et sur le péril de t'âme, comme robierres... mes par nostre usage n'a-t-il entre toi et ton vilein juge fors Deu, tam com il est tes couchans et tes levans, s'il n'a autre loi vers toi que la commune. » — Cf. Coutumier d'Artois, LVI, 11-13.

4. Boutillier, Somme rurale, I, 2 : « Selon la coutume des lieux conjure, d'hommes ou d'eschevins, ou de juges hostes ou cottiers. » Ibid., I, 3, p. 13; I, 84, p. 490.

5. C'est ce qu'indique de Fontaines, dans le passage cité plus haut, où il parle du vilain qui ne peut invoquer que la loi commune.

6. Beaumanoir, XLVIII, 7 et suiv.; — Pierre de Fontaines, Conseil, III, 4, 5.

7. Beaumanoir, XLV, 31 : « Li uns des serfs sont si souget à lor seigneurs que lor sires pot penre quanque il ont à mort et à vie et lor cors tenir en prison toutes les fois qu'il lor plait, soit à tort soit à droit, qu'il n'en est tenus à répondre fors à Dieu. » — Livre des serfs de Marmoutiers, no 106 : « Iste Gaudelbertus aliquando cum se servum nostrum non bene recognosceret, cepit eum illico Odo prior noster et ad majus monasterium adduxit, ibique tamdiu eum

certaines coutumes l'expression de cette idée, qu'à moins d'une concession émanée du souverain les serfs ne pouvaient actionner en justice les franches personnes [1].

Les justices féodales et seigneuriales différaient profondément entre elles, soit quant à leur nature, soit quant à leur importance ; mais elles se ressemblaient toutes en un point. Dans le pur droit de la féodalité, c'étaient toutes des juridictions souveraines ; elles statuaient toujours en dernier ressort. L'appel proprement dit, né dans l'empire romain, avait déjà disparu dans la monarchie franque, à plus forte raison n'existait-il pas dans la jurisprudence des cours féodales. La conception de l'appel, en effet, n'est pas simple ; c'est un produit de l'expérience, mais elle répugne naturellement à l'esprit populaire. Soumettre à un nouveau juge une cause déjà tranchée par un premier, parce qu'une erreur a pu se commettre, c'est mettre de parti pris la justice en suspicion ; et, si le premier juge a pu se tromper, pourquoi n'en serait-il pas de même du second [2] ? Mais si la procédure féodale, essentiellement coutumière et populaire, ignorait l'appel, elle connaissait au contraire deux voies de recours, qu'elle qualifiait même de ce nom, mais qui étaient toutes spéciales. La première était l'*appel de défaute de droit*. Elle supposait un déni de justice : le seigneur, ou le bailli qui le représentait, fermait sa cour à un demandeur,

in carcere tenuit donec illum se servum esse confessus est. » — *Livre de Jostice et de Plet*, ll, 4, § 2 : « Li rois deffent que... serf (fasse semondre) son seigneur » ; ll, 15, § 2 : « L'en ne doit pas por serf semondre son segnor ce n'est por sa cruauté. »

1. Boutillier, *Somme rurale*, I, 9, p. 42 : « Si est à sçavoir qu'en demandant en cort laie n'est à recevoir homme de serve condition contre homme de franche condition, s'il n'estoit par adventure autorisé du prince. »

2. Cependant il résultait de la désorganisation politique et judiciaire comme un succédané de l'appel. Les tribunaux ne pouvant point imposer le respect de leurs décisions aux parties qui ne les acceptaient pas, et les compétences étant mal déterminées dans un milieu où la justice avait un caractère arbitral très prononcé, le plaideur mécontent d'un jugement pouvait porter à nouveau la cause devant une autre cour, si celle-ci voulait l'accueillir et si l'adversaire y consentait. C'est ainsi que, dans un procès rapporté au *Livre des serfs de Marmoutiers* (n° 116, a. 1064-1100), le différend est soumis successivement à trois tribunaux distincts avant de se terminer par une transaction. Il y est dit expressément après le premier jugement : « Sed illi non *contenti diffinitione illa*, violentia comitis domni sui recuperare credentes, quod in placito supradicto non poterant, retulerunt ad ipsum comitem vim fieri sibi et injuriam. Cum vero de eodem ageretur in curia ipsius, etc. » — Cf. *Cartulaire de Baigne*, édit. Cholet, n° 26.

refusait d'accueillir son action, bien qu'il fût, dans l'hypothèse, le juge compétent. Le plaideur éconduit pouvait alors saisir le seigneur immédiatement supérieur dans la hiérarchie féodale; si là il subissait un nouveau refus, il pouvait remonter plus haut encore, au degré supérieur, et même jusqu'au souverain de degré en degré. Cet appel était ouvert à tous, et le déni de justice était prouvé, sans qu'intervînt contre le seigneur ou le juge aucune provocation au duel judiciaire. D'ailleurs, lorsque cet appel était bien intenté et réussissait, il entraînait de graves conséquences. Si c'était un vassal auquel son seigneur avait dénié la justice, le seigneur, ayant manqué à l'un des devoirs essentiels du contrat féodal, perdait sa suzeraineté : le vassal était délié de ses obligations et gardait cependant le fief concédé, mais il le tenait dorénavant du seigneur supérieur, dont il devenait le vassal. Si l'appelant était un roturier, le seigneur perdait en lui simplement un justiciable[1]. L'autre voie de recours était l'*appel de faux jugement*. C'était une application grossière et brutale d'une voie de droit, que nous connaissons encore sous le nom de *prise à partie*. Celui qui intente la prise à partie ne soutient pas seulement qu'il y a mal jugé, il accuse le juge de prévarication, d'injustice voulue, ou tout au moins de faute grave. Dans l'appel de faux jugement, le plaideur reprochait au juge d'avoir rendu sciemment un jugement *faux et mauvais*. C'est là un acte que comprend très bien la conscience populaire. Mais, dans la procédure féodale, cette prise à partie avait un caractère particulièrement grave : elle se vidait par le duel judiciaire. Le plaideur provoquait un jugeur, on constituait des gages de bataille, et le duel se déroulait devant la cour du seigneur immédiatement supérieur : suivant l'issue de la bataille, le jugement était confirmé ou cassé[2]. Mais l'appel de faux jugement n'était pas une voie de droit commun, ouverte à tous. C'était un privilège réservé à ceux qui avaient droit au

1. Sur l'appel de défaute de droit, Beaumanoir, LXI, 53, 65; LXII, 3-5; — *Établissements de saint Louis*, I, 56. — Cf. Esmein, *Histoire de la procédure criminelle*, p. 25.

2. Beaumanoir, LXI, 45 et suiv.; LXVII, 7-9; — Pierre de Fontaines, ch. XXII; — *Établissements de saint Louis*, I, 83 ; — *Livre de Jostice et de Plet*, XX, 16 ; — *Coutumier d'Artois*, VII, 8 ; LVI, 27 ; — *Assises de Jérusalem, Livre de Jean d'Ibelin.* ch. CLXXXVII. — Cf. Esmein. *Histoire de la procédure criminelle*, p. 26.

jugement par les pairs : il n'était donc pas ouvert en principe
à d'autres qu'à l'homme de fief[1]. Il constituait, en dehors
même du duel, une procédure subtile et délicate[2].

La procédure des cours féodales était, d'ailleurs, très remarquable quant à ses traits généraux. Elle était orale et essentiellement formaliste, subtile et grossière à la fois[3]. La théorie
des preuves était encore très influencée par les principes qui
s'étaient dégagés dans la monarchie franque. Cependant un
certain nombre de règles nouvelles ou de modifications importantes sont à signaler. Le principe qui domine, c'est que le
fardeau de la preuve incombe au demandeur et que cette preuve
doit se faire par des témoins d'une espèce particulière, qui
viennent affirmer en pleine cour, sous la foi du serment, une
formule arrêtée d'avance par un jugement; l'adversaire peut
essayer de faire tomber le témoignage en *faussant* ou en
levant le témoin, c'est-à-dire en le provoquant au duel judiciaire[4]. Par suite, les ordalies unilatérales, *judicium aquæ
aut ferri*, très répandues encore au xii° siècle et qui apparaissent très souvent dans les chartes de commune, disparaissent
peu à peu au cours du xiii° siècle; le serment purgatoire et les
cojurantes se conservent plus longtemps dans certaines régions[5]. Enfin le duel judiciaire, la *bataille*, prend une extension considérable; il devient le principal mode de preuve au
civil comme au criminel. Parfois il intervient d'emblée, par
une provocation directe du demandeur; souvent il se greffe,
au cours du procès, par un *faussement* du témoin ou du juge.
Le droit criminel s'est également transformé en partie; le
système des compositions proprement dites a peu à peu disparu. Tous les crimes et délits sont punis ou de peines afflictives cruelles, ou d'amendes véritables payées, non au gagnant,

1. Pierre de Fontaines, *Conseil*, XXII, 3 : « Vileins ne puet fausser le jugement son seigneur ne de ses homes, s'il n'est garniz de loi privée par quoi il
le puisse fere. »

2. Voyez sur ce point Brunner, *Wort und Form im altfranzösischen Process*,
dans les *Sitzungsberichte der k. Akademie der Wissenschaften* de Vienne
t. LVII, p. 738 et suiv.

3. Sur cette procédure, consulter le travail de Brunner cité à la note précédente; il a été traduit dans la *Revue critique de législation et de jurisprudence*, 1871-1872.

4. Esmein, *Études sur les contrats dans le très ancien droit français*, p. 4f
et suiv.

5. Esmein, *Histoire de la procédure criminelle*, p. 46 et suiv., 324 et suiv.

mais au seigneur justicier. Cependant, la vieille idée de la
vengeance privée domine encore la procédure criminelle. En
principe, la poursuite d'office, par le juge, n'existait pas, en dehors du cas de flagrant délit : elle n'appartenait qu'au particulier lésé ou à ses représentants. Par suite, la procédure criminelle suivait en général les règles de la procédure civile,
n'étant qu'un débat entre deux particuliers[1]; et les parties
pouvaient s'entendre pour faire la paix et se réconcilier. Ce
sont d'ailleurs des points sur lesquels je reviendrai plus tard,
en exposant, dans ses grandes lignes, le développement ulté-
rieur du droit criminel.

§ 3. — LES DROITS FISCAUX

La fiscalité développée nous est apparue dans l'empire romain comme la caractéristique d'un État très centralisé et
d'une administration savante. Il semblerait, par conséquent,
que l'on ne dût rien trouver de semblable dans la société féodale, où la notion de l'État s'est profondément dénaturée, et
où l'organisme administratif est redevenu tout à fait rudimentaire. Il n'est pas de société cependant où plus de prestations
pécuniaires aient été exigées des hommes par l'autorité publique, et où le contribuable ait été plus durement exploité.
Mais cette fiscalité avait un caractère tout particulier; elle
était organisée non dans l'intérêt public, pour la satisfaction
des besoins généraux, mais dans l'intérêt particulier des seigneurs et pour leur profit personnel. Le droit de lever des
contributions s'était transformé en propriété féodale, et, avec
le droit de rendre la justice, dont il formait d'ailleurs une
dépendance, il constituait le principal attribut des seigneuries. En réalité, dans la société féodale; il faut parler non des
impôts, mais des droits fiscaux des seigneurs, qui constituaient
pour eux une exploitation légitime de leurs sujets, une source
normale de revenus, comme le produit de leurs terres. Sans
doute les seigneurs justiciers, représentant presque tout ce qui
restait de la puissance publique, rendaient des services au
public, mais entre ces services et les contributions qu'ils per-

1. Esmein, *Histoire de la procédure criminelle*. 1re part., tit. II, ch. i, p. 43 65.

cevaient il n'y avait plus aucune relation nécessaire et juridique. On ne peut donc parler à cette époque d'un système de contributions publiques ; tout ce qu'on peut faire, c'est de classer en diverses catégories les revenus fiscaux des seigneurs. d'après leur source et leur nature. J'en distingue trois classes :

1° *Les profits de justice*. La justice est avant tout considérée par le seigneur comme une source de revenus, et ces profits sont eux-mêmes de deux sortes. C'étaient d'abord les amendes, qui tantôt intervenaient comme peines des délits et tantôt comme sanction des ordres légitimes émanés du seigneur ou de son juge. Tout seigneur percevait les amendes prononcées par sa justice ; mais, seules, celles de la haute justice étaient véritablement abondantes. Parfois elles étaient arbitraires, c'est-à-dire que le taux en était laissé à la discrétion du juge[1]. Le plus souvent elles étaient coutumières, c'est-à-dire que le taux, dans chaque cas, en était fixé par la coutume. Dans cette fixation, les traditions de l'époque précédente avaient exercé une grande influence. Souvent, c'était l'ancien *bannus* royal qui avait fourni la mesure[2]. De l'époque franque venait aussi cette règle fort répandue que, pour le même fait, l'amende variait d'après la condition et la qualité des personnes ; chacun « amendait selon sa loi »[3]. En particulier, on peut remarquer que l'amende infligée au noble et celle payée par le roturier étaient différentes ; mais ici, et cela était fort logique, le privilège était pour le roturier ; lorsqu'il payait un certain nombre de sous, le noble souvent payait le même chiffre de livres[4]. En seconde ligne venaient les confiscations. La confiscation de tous les biens du condamné, comme conséquence des condamnations capitales, avait été introduite par le droit de l'empire romain ; elle s'était conservée au profit du roi dans la monarchie franque. La coutume féodale la maintint et en fit un attribut de la haute justice[5]. Cela était logique,

1. Beaumanoir, XXX, 20 ; — Loisel, *Institutes*, VI, 2, 2.

2. Viollet, *Les Établissements de saint Louis*, t. I, p. 245 et suiv.

3. Viollet, *Les Établissements de saint Louis*, loc. cit.

4. Beaumanoir, XXX, 21 et suiv.; — Loisel, *Institutes*, VI, 2, 30. — Cf. *Livre de Justice et de Plet*, XVIII, 24, § 64 : « Feme, se ele forfet ne mahins forfez, si come de lédanges, de férir et de sanc et de chable, et d'amendrer forfez, l'amende n'est que la moitié mendre d'ome. »

5. Beaumanoir, XXX, 2 : « Quiconque est pris de cas de criemc et ataint du cas... il doit estre trainez et penduz et si meffet tout le sien quanques il »

car seule la haute justice pouvait prononcer la condamnation
principale qui entraînait la confiscation, d'où la maxime : « Qui
confisque le corps, il confisque les biens[1]. »

2° La seconde catégorie de droits fiscaux représentait de
véritables impôts[2]. En principe, le droit de les lever appartenait à tout seigneur haut justicier et n'appartenait qu'à lui
sur son territoire[3] ; nous savons aussi que les nobles étaient
exempts de ces impôts, auxquels étaient seuls soumis les roturiers et les serfs[4]. Les uns se présentaient sous la forme
d'impôts directs : telles étaient la taille servile et la taille roturière, qui parfois était réduite à un nombre de cas déterminé,
correspondant aux aides féodales, mais qui souvent aussi était
arbitraire, à la volonté du seigneur, dans les temps anciens[5].
On peut aussi ranger dans cette catégorie les droits de gîte et
de procuration, c'est-à-dire le droit pour le seigneur de se faire
gratuitement loger et héberger avec sa suite[6]. Mais le gîte et
la procuration étaient surtout réglés par des coutumes très
locales, et souvent la charge pesait sur des nobles ou des établissements ecclésiastiques. Les autres contributions se présentaient sous la forme de l'impôt indirect. C'étaient ces in-
nombrables péages, droits de marché, droits de vente, qui

vaillant, et vient le forfeture au seigneur desoz qui il est trovez ; et en a
çascuns sires ce qui est trovez en sa signorie. »

1. Loisel, *Institutes*, VI, 2, 19.

2. Voyez, quant à leur origine, Flach. *Les origines de l'ancienne France*,
t. II, ch. XVI et suiv.

3. Flammermont, *De concessione legis et auxilii tertio decimo sæculo*, p. 40
et suiv. Dans ses Coutumes générales, Simon de Montfort reconnaît le droit
de lever des impôts au profit des seigneurs qui dépendent de lui. Mais il
veut que le chiffre en soit fixé dans des lettres accordées par les seigneurs
et confirmées par lui-même, et les seigneurs n'auront pas le droit de lever
une plus forte somme d'impôts. C'était le principe féodal reconnu, mais limité
et tempéré, dans cette féodalité que venait d'établir la conquête. Voyez ces
coutumes, *loc. cit.*, p. 221 : « Item nullus baro, miles, aut quilibet alius dominus, cui comes dederit terram in partibus istis, poterit exigere ultra mensuram talliæ statutam et confirmatam literis eorumdem dominorum et comitis, sive nomine talliæ, aut quæstus, aut bonitatis, vel cujuscumque alterius
causæ, salvis tamen censibus et aliis redditibus terrarum, vinearum, domo-
rum et aliarum rerum et justitiæ. Hæc enim tallia pro omni alia tallia, sive
quæstu, sive demanda constituta est et commensurata, ultra quam non licet
aliquid exigere aut extorquere amplius ab aliquo. »

4. Ci-dessus, p. 182, 222.

5. Flach, *op cit.*, t. II, ch. XVII.

6. Flach, *op. cit.*, t. II, ch. XVIII.

apparaissent dans les chartes ; c'étaient aussi les *banalités*[1].
Ces dernières étaient des monopoles profitables établis au
profit du seigneur ; leur nom venait de ce que les seigneurs les
avaient créées en édictant la défense de se servir ou de s'appro-
visionner ailleurs, par un règlement ou *ban* seigneurial. Les
principales étaient le droit de four et de moulin banal et le
droit de banvin, par lequel le seigneur se réservait, pendant
un certain temps après la récolte, le droit exclusif de vendre
du vin dans son territoire.

3° La dernière catégorie de droits fiscaux représentait le
produit pécuniaire résultant de droits régaliens autres que
celui de lever l'impôt. Ces droits régaliens, qui, démembrés du
pouvoir royal, s'étaient également inféodés, peuvent se ramener
à deux groupes. Les uns appartenaient seulement en principe
aux grandes seigneuries supérieures, à moins que la prescription, la grande régulatrice au moyen âge, ne les eût rattachés
à des seigneuries moindres. C'étaient, par exemple, la régale,
ou droit de percevoir les revenus des évêchés vacants[2], et le
droit de battre monnaie, si lucratif aux mains de ceux qui le
possédaient[3]. Les autres, au contraire, étaient l'attribut de

1. Flach, *op. cit.*, l. II, ch. xvi.
2. Voyez plus loin, deuxième partie, ch. iv, § 1, n° II.
3. Sur les origines du droit de monnaie féodal, voyez la remarquable étude
pe M. Prou, dans son *Introduction au Catalogue des monnaies carolingiennes
de la Bibliothèque Nationale*, Paris, 1896, ch. iii, *Le droit de monnaie*, p. xlvi
et suiv. M. Prou démontre que le droit de frapper les monnaies, qui sous
les Mérovingiens avait en grande partie perdu le caractère régalien, pour devenir une industrie privée, simplement contrôlée, fut au contraire énergiquement revendiqué et exercé comme un droit royal sous les premiers Carolingiens. Les ateliers monétaires fonctionnaient alors sous l'autorité du comte,
pour le profit du roi, le comte ayant seulement droit à une part des bénéfices
de l'atelier. Mais, avec la décadence carolingienne, cet état de choses se modifia profondément. Les comtes tendirent à s'attribuer, comme propre et patrimonial, l'exercice de cette prérogative du pouvoir royal. Dès les premières
années du x° siècle, il en est ainsi dans un certain nombre de cités. Cependant le droit ne cesse pas encore d'être royal en apparence : « la monnaie était
encore royale quant au type, mais elle était fabriquée par les comtes et à leur
profit »; quand le droit de battre monnaie était, par donation, transféré à une
Église, la donation émanait encore du roi, mais avec le concours et le consentement du comte. Dans la seconde moitié du x° siècle, le droit devient féodal ;
« quelques comtes osent inscrire leur nom sur les monnaies, d'abord à côté,
puis à la place de celui du roi ». Bientôt, et c'est le dernier terme de l'évolution, ils fixeront eux-mêmes le titre et le poids des monnaies et en détermi-
neront le cours. Les ducs ou comtes ne furent pas les seuls qui conquirent
ainsi le droit de monnaie. Les Églises, sous les Mérovingiens, paraissent avoir

toutes les hautes justices. Ceux-là découlaient de cette idée fondamentale qui fait adjuger à l'autorité publique les biens sans maître. C'étaient les droits de déshérence, d'épave, d'aubaine et de bâtardise[1].

Dans ce système fiscal, les impôts généraux et nationaux avaient disparu. Le roi n'avait droit à des contributions qu'en qualité de seigneur. Sur le territoire qui formait son domaine, et où ne s'étaient pas constituées des seigneuries supérieures, il exerçait les mêmes droits qu'un duc ou un comte sur son grand fief; là où il avait conservé la haute justice sur les habitants, il avait les revenus du seigneur haut justicier.

---

largement frappé monnaie; Pépin et Charlemagne laissèrent subsister ce privilège au profit d'un certain nombre d'Églises, en en contrôlant l'exercice. A partir du règne de Louis le Débonnaire, le droit de monnayer est transféré par des actes spéciaux à un certain nombre d'Églises. Mais d'abord l'évêque est purement substitué au comte dans l'exploitation d'un atelier public. A partir du xe siècle, c'est le droit même de battre monnaie, en leur nom et où bon leur semble, qui est concédé aux Églises et aux abbayes.

1. Le droit d'aubaine permettait au seigneur d'imposer des taxes à l'étranger et de recueillir ses biens lorsqu'il mourait; le droit de bâtardise était semblable par rapport au bâtard.

CHAPITRE IV

L'Église

Dans la société féodale, l'Église maintint et consolida les droits politiques qu'elle avait obtenus dans la monarchie franque. Elle conserva et étendit ses privilèges et les exerça dans une indépendance presque complète à l'égard du pouvoir civil. Cela provint de deux causes principales. En premier lieu, la féodalité fut le produit de l'anarchie et eut pour conséquence l'obscurcissement momentané de la notion de l'État : dans cette perturbation profonde, l'Église, au contraire, comme jadis à la chute de l'empire d'Occident, conserva intactes son organisation et ses traditions. D'autre part, l'Église était devenue le plus grand propriétaire foncier du royaume, et nous savons quel rôle prépondérant joua la propriété foncière dans la formation des institutions féodales. Les évêques et les abbés, au nom des églises et des couvents, concédèrent des terres et eurent leurs vassaux et tenanciers : les établissements ecclésiastiques devinrent ainsi le centre de groupes féodaux. Souvent aussi, aux évêchés et aux abbayes, se rattacha la seigneurie souveraine ou justicière, le droit d'exercer les attributs de l'autorité publique sur tout un territoire; les chartes d'immunité furent, en particulier, l'origine d'une quantité de justices ecclésiastiques. C'était, pour l'Église, la source d'une grande et nouvelle puissance; mais c'était aussi l'acceptation forcée de certains devoirs et d'une certaine dépendance. Ces seigneuries ecclésiastiques obéissaient, comme les autres, aux principes du droit féodal. Elles se distinguaient seulement quant à leur mode de transmission, qui n'était pas l'hérédité; elles passaient, avec le titre et le bénéfice, au nouvel évêque ou au nouvel abbé[1]; elles entraînaient, pour leur titulaire,

---

1. *Grand Coutumier de Normandie*, ch. xxv *bis* : « Ex gratia autem fit successio quando episcopus vel abbas vel alius succedit alteri ad feoda ad bene-

la vassalité, au moins envers le roi ; il devait la fidélité, et, tout au moins par représentant, les services du vassal[1]. Mais si par là l'Église était entrée dans la hiérarchie et dans la dépendance féodales, quant à l'exercice de ses privilèges anciens elle avait acquis une indépendance, que n'avaient admise ni la législation des empereurs chrétiens, ni le gouvernement des monarques francs, tant qu'il ne fut pas atteint d'une irrémédiable faiblesse. La juridiction ecclésiastique proprement dite, celle qui s'exerçait dans chaque diocèse, non pas en vertu des principes féodaux, mais par application des règles canoniques, prit une immense extension, empiétant largement sur la justice séculière. La législation propre de l'Église, le droit canonique, acquit par là une valeur et une portée toutes nouvelles. Alors qu'il n'y eut plus, pendant deux siècles environ, de lois générales promulguées par le pouvoir séculier, l'Église continua à légiférer, par l'organe des conciles et des papes, pour toute la chrétienté, et elle légiféra en toute liberté. Dorénavant, en effet, les conciles s'assemblent spontanément, sur la convocation de l'autorité ecclésiastique, sans avoir besoin de l'autorisation du pouvoir civil : tout au plus, doivent-ils éviter de s'assembler sur certaines terres, lorsqu'elles appartiennent à un seigneur en conflit avec la papauté[2]. Les ecclésiastiques, au profit desquels la coutume a reconnu les privilèges que leur accorde le droit canonique, et, en particulier, l'exemption d'impôt, constituent une classe de personnes semblables aux nobles et fort différentes des roturiers. Voilà les traits généraux de cette condition nouvelle. Je me propose maintenant d'examiner spécialement deux points, qui ont fait aussi l'ob-

---

ficium pertinentia, ad quod per gratiam provectus est. » — Loyseau, *Des seigneuries*, ch. xv, n° 26 ; — P. Bertrandi, *De origine jurisdictionum* (xive siècle), n° 8, dans le *Tractatus tractatuum*, III, 1 : « De cæteris prælatis in regno Franciæ et Teutoniæ et in pluribus aliis mundi partibus constitutis notorium est quod... cum potestate spirituali et ecclesiastica, obtinent ducatus, comitatus et baronias cum potestate temporali. »

1. Voyez mon étude sur la *Question des investitures dans les lettres d'Yves de Chartres*, dans la *Bibliothèque de l'École des Hautes-Études* (Section des sciences religieuses), t. I, p. 154 et suiv.

2. Voyez une lettre de Grégoire VII de l'année 1077 à son légat Hugues de Die (Jaffé, *Monumenta Gregoriana*, p. 273): « Admonemus fraternitatem tuam ut concilium in partibus illis convocare et celebrare studeas, maxime quidem cum consensu et consilio regis Francorum, si fieri potest. »

jet d'un examen spécial pour les périodes précédentes : le patrimoine et la juridiction ecclésiastiques.

§ 1. — LE PATRIMOINE DE L'ÉGLISE ET LES BÉNÉFICES

Le patrimoine de l'Église doit être envisagé à deux points
de vue. Il faut indiquer d'abord quelle était la consistance et
la condition des biens de l'Église ; il faudra exposer ensuite
comment la jouissance en était répartie entre les membres du
clergé.

I

Le patrimoine ancien de l'Église, celui qu'elle possédait
lorsque la féodalité se constitua, comprenait trois choses :
1° des biens déjà acquis, et en particulier des immeubles ;
2° le droit de percevoir la dîme ; 3° la faculté d'acquérir librement de nouveaux biens.

L'Église, sauf les déprédations auxquelles personne n'échappait dans un âge de violence, conserva les biens qu'elle avait
acquis ; et même ses terres anciennes ne subirent point, en
principe, l'inféodation ; elles restèrent entre ses mains avec
la propriété pleine et entière, ne payant de redevance à personne [1]. C'était ce qu'on appela le franc alleu ecclésiastique,
ou encore la tenure en franche aumône. Seules, les seigneuries justicières annexées à ces terres furent ramenées dans la
suite à la règle du ressort féodal [2], comme cela eut lieu pour
le franc alleu laïque [3].

L'Église conserva aussi le droit de percevoir la dîme. Les
capitulaires l'avaient introduite dans le droit public ; la coutume l'y maintint, fixant les produits qui y étaient soumis.
Toutes les terres, nobles ou roturières, la subissaient, et
lorsque l'organisation ecclésiastique fut complète, ce fut en

1. Beaumanoir, LVIII, 1 : « Tuit li home de le conté qui tiennent de fiel ont
en lor fiés hautes justices et basses : et aussi ont les églises, *qui tiennent héri
tages francs et de lonc tans* sans faire redevance nule à nului. »
2. La Poix de Fréminville, *Traité historique de l'origine et de la nature de
dixmes et des biens possédés par les ecclésiastiques en franche aumône*, Paris
1762, p. 257 et suiv.
3. Ci-dessus, p. 217.

principe le curé de chaque paroisse qui eut le droit de la percevoir; mais, souvent, par la coutume ou par la prescription,
d'autres autorités ecclésiastiques empiétèrent à leur profit
sur la dîme paroissiale. Un certain nombre de dîmes sortirent
pourtant du patrimoine de l'Église. Acquises à des laïcs, par
usurpation ou autrement, elles furent concédées par eux à
titre de fief à d'autres laïcs; c'est ce qu'on appelle les dîmes
inféodées[1].

Mais les établissements ecclésiastiques ne conservèrent
point sans restriction la faculté d'acquérir de nouveaux biens.
Les restrictions qui furent apportées par la coutume féodale
ne procédèrent pas, d'ailleurs, d'un esprit de défaveur à l'égard
de l'Église; elles ne furent pas non plus dictées par la préoc-
cupation de l'intérêt général, qui ne se fera jour que bien plus
tard. Ce fut l'intérêt féodal, l'intérêt pécuniaire des seigneurs,
qui fut ici en conflit avec l'intérêt ecclésiastique. Ce qui montre bien que telle fut la cause de ces restrictions, c'est que les
établissements ecclésiastiques conservèrent le droit illimité
d'acquérir librement de l'argent, des meubles, même des immeubles allodiaux; la prohibition ne porta que sur les tenures
féodales[2]. L'acquisition d'une de ces tenures par une église
ou par un couvent portait un trouble incontestable dans le
système. S'il s'agissait d'un fief, l'évêque ou l'abbé, qui en devenaient ainsi les titulaires, avaient des devoirs professionnels
souvent incompatibles avec les obligations du vassal; sans
doute, ils pouvaient faire remplir par un remplaçant, qui les
représentait, la plupart de ces obligations; c'était là, néanmoins, une situation irrégulière et peu satisfaisante. Mais il y
avait une autre raison, qui s'appliquait aussi bien aux tenures
roturières qu'aux fiefs et qui avait surtout du poids. Un des
profits les plus importants que les tenures rapportaient aux
seigneurs, quand elles furent devenues patrimoniales, c'étaient
les droits qu'ils percevaient en cas de transmission héredi-
taire ou d'aliénation entre vifs de ces tenures. Or, si elles
passaient aux mains de l'Église, cette source de revenus
était complètement tarie. Il n'y avait plus de transmis. ior.

---

1. La Poix de Fréminville, *op. cit.*, p. 66 et suiv.
2. Le principe est nettement posé dans une lettre de Louis IX aux bourgeois de Tournay de l'année 1235, dans Wauters, *Libertés communales*, Preuve
p. 129.

héréditaire, car le propriétaire, personne morale et non physique, ne mourait jamais; d'autre part, il était de règle que les établissements ecclésiastiques ne devaient pas aliéner les biens qu'ils avaient acquis. Cependant la coutume féodale n'alla pas jusqu'à interdire absolument aux établissements ecclésiastiques le droit d'acquérir des tenures féodales; elle chercha une conciliation entre les intérêts opposés de l'Église et des seigneurs, et, dans ce but, s'introduisirent trois combinaisons diverses :

1° L'une consistait à permettre provisoirement l'acquisition; mais l'Église, ou le couvent, était forcée de se défaire de la tenure, dans un délai déterminé, au profit d'une personne privée. Elle pouvait revendre et garder ainsi, non le bien en nature, mais sa valeur : dans ce cas, il n'était pas dû de droit de mutation pour cette revente forcée[1]. Si, d'ailleurs, l'Église n'avait pas mis dans l'an et jour la tenure féodale hors de ses mains, la commise était prononcée au profit du seigneur de qui cette tenure relevait.

2° Le second système était la constitution d'un *homme vivant et mourant*. Le principal inconvénient de ces acquisitions, c'était que le propriétaire ne mourait jamais, car le seigneur ne pouvait jamais compter sur une aliénation volontaire de la part du tenancier. On écarta juridiquement cette dérogation aux lois naturelles, en obligeant l'Église à mettre fictivement la tenure acquise par elle sur la tête d'une personne déterminée : celle-ci, quant aux rapports avec le seigneur, était considérée comme le véritable propriétaire, et, à son décès, le relief était dû[2].

3° La troisième combinaison, la plus ingénieuse, et celle qui devait généralement faire disparaître les deux autres, consistait à permettre et à confirmer l'acquisition, mais en indem-

1. Beaumanoir, XLV, 33. C'est aussi le régime visé dans les lettres de saint Louis aux bourgeois de Tournay citées plus haut, p. 268, note 2.
2. Boutillier, *Somme rurale*, I, 84, p. 490 : « Supposé que le don ne soit fief consenti n'amorti du souverain pour ce ne demeure que le don ne soit tenu de l'Église; mais il y convient avoir homme vivant et mourant qui soit responsable de ce tenement. » Ce système se maintiendra jusqu'au bout dans quelques coutumes. Montfort, art. 57; Bar, art. 10; Bourbonnais, art. 390; Laon, art. 209; Péronne, art. 70; Bretagne, art. 368. Sur toute cette matière, voyez *Œuvres de feu messire Gilles Le Maistre*, édit. Paris, 1653, 2° partie, *Des amortissements*, spécialement p. 229 et suiv.

nisant le seigneur de qui relevait la tenure. Moyennant une somme une fois payée, considérée comme l'indemnité de tous les profits dont il perdait l'occasion, le seigneur consentait à ce que la terre devînt *bien de mainmorte* : c'était l'amortissement[1]. Mais, en vertu des principes féodaux déjà exposés, le consentement de ce seigneur ne suffisait pas : l'amortissement avait des répercussions plus éloignées ; il diminuait le domaine utile ou le domaine éminent des seigneurs supérieurs. On exigea donc aussi le consentement de ceux-ci, en remontant jusqu'au seigneur souverain, qui seul, en définitive, put consentir l'amortissement[2]. Ce souverain, ce fut, suivant les cas et les régions, le baron, le comte, le duc ou le roi[3]. Mais, à la fin du xiii° siècle, la royauté prétendit tirer un profit général de cette théorie : le roi, invoquant sa qualité de souverain fieffeux du royaume, affirma son droit d'intervenir toutes les fois qu'un bien était amorti et de percevoir une finance à cette occasion. C'est le système que contient une ordonnance de 1275[4]. Cependant, cette ordonnance admettait encore des restrictions au droit royal. D'un côté, le roi renonçait à tout droit d'amortissement pour les terres qui avaient été déjà

1. Dans le droit féodal postérieur, la question se posait pour beaucoup de coutumes de savoir si le seigneur direct n'avait pas le droit d'exiger à la fois l'indemnité et la constitution d'un homme vivant et mourant, et le président Le Maistre enseigne que tel était le droit commun quand il s'agissait d'un fief : « Chopin et Bacquet le désirent tous les deux, et tel est l'usage. » Il déclare au contraire que, sauf un texte formel, pour une ceusive, l'homme vivant et mourant n'était pas exigé (*Œuvres de Gilles Le Maistre*, p. 231, 245).

2. Boutillier, *Somme rurale*, I, 84, p. 491 : « Car sans appeler le seigneur moyen, le seigneur souverain ne peut ne doit amortir quelque possession, si de luy n'est tenue a pur, ne si le seigneur moyen, et qui y a interest, ne s'y consent et que son droict y soit gardé... »

3. D'après Beaumanoir, c'est le baron qui peut amortir, XLVI, 5 : « Quant aucuns qui tient mains franquement que li barons, donne aucun héritage a Eglise et le fet amortir par le baron, il ne pot puis demauder garde en ce qu'il dona à l'Église. » — *Grand Coutumier de Normandie*, ch. xxxii : « Ex hoc etiam notandum est quod, cum dux justitiam et jura principatus sui in omnium terris habeat subditorum, ipse solus elemosinas potest liberas facere sive puras. »

4. *Ord.*, I, 301. Sur cette ordonnance, voyez M. Langlois, *Le règne de Philippe le Hardi*, p. 206 et suiv. Cependant, je ne suis pas de l'avis de M. Langlois, lorsqu'il dit : « On aurait tort de croire que ce fut là une innovation théorique ; ce droit, le prince l'avait toujours eu en vertu des principes essentiels de la constitution féodale. » D'après les principes féodaux, le droit avait toujours appartenu *au souverain*: mais le souverain, ce n'était pas toujours le roi : il s'en fallait de beaucoup.

amorties par trois seigneurs successivement superposés à
l'aliénateur[1]; d'autre part, il maintenait à un certain nombre
de barons, ducs ou comtes, le privilège d'amortir souverainement[2]. Mais c'étaient là des réserves destinées à disparaître. Le système définitif se fixera en ce sens que, pour l'a-
mortissement, n'interviendront plus que deux personnes : le
seigneur direct, qui touchera l'indemnité, le roi, qui percevra
le droit d'amortissement. Les seigneurs intermédiaires dis-
paraîtront de l'opération, avec l'affaiblissement des principes
féodaux. Mais alors la théorie de l'amortissement avait été
profondément modifiée : elle ne reposait plus sur le pur principe féodal, mais essentiellement sur un droit royal inventé
après coup et introduit dans le système ancien, qu'il transforma, comme on le verra dans la suite[3].

Comme les biens personnels des clercs[4], et à plus forte raison, les biens de l'Église étaient soustraits à l'impôt; c'est un
privilège qu'avait proclamé le droit canonique et que la coutume avait accepté : d'ailleurs, les chartes d'immunité avaient
tout naturellement conduit, dans bien des cas, à ce résultat.

II

Comment était répartie, entre les membres du clergé, la
jouissance de cet immense patrimoine? C'est la théorie des
bénéfices ecclésiastiques qui fournit la réponse à cette question[5]. Le bénéfice n'était pas autre chose, en effet, que le revenu de certains biens de l'Église, affectés, comme dotation,
à une fonction ecclésiastique déterminée : celui qui était

1. Art. 2 : « Precipimus quod ubi ecclesiæ acquisierint possessiones, quas
habent amortisatas a tribus dominis, non computata persona quæ in Ecclesiam
transtulit possessiones easdem, nulla eis per justiciarios nostros molestia
inferatur. »
2. Ord., I, 305 ; — Langlois, op. cit., p. 207.
3. Voyez ci-dessous, troisième partie, tit. II, ch. vi, § 1, n° I.
4. L'immunité des clercs quant aux impôts est nettement inscrite dans les
Coutumes générales données par Simon de Montfort, loc. cit., p. 213 :
« Nullus clericus talliabitur occasione etiam hereditatis si quam habuerit,
nisi esset mercator aut uxoratus. » Les clercs marchands et les clercs mariés
(au dessous de l'ordre de sous-diacre) perdaient en partie le privilège clérical.
5. L'ouvrage capital sur les bénéfices est encore le traité du P. Thomassin,
Vetus et nova Ecclesiæ disciplina circa beneficia et beneficiarios. L'ouvrage
parut d'abord en français en 1678, puis en latin en 1688.

nommé à la fonction et en était régulièrement investi avait, par là même, le droit de percevoir ces revenus. On distinguait deux grandes classes de bénéfices : les bénéfices séculiers, affectés aux fonctions du clergé proprement dit ou clergé sé- culier, et les bénéfices réguliers, dotation des ordres monas- tiques. Cette constitution des bénéfices ne s'était faite d'ailleurs que lentement et progressivement.

Pour le clergé séculier, dont l'unité constitutive avait été l'épiscopat, l'évêque eut primitivement l'entière disposition de tous les biens ecclésiastiques qui dépendaient de son évê- ché, sauf la défense de les aliéner, si ce n'est dans de certaines conditions, qui fut édictée de bonne heure. Tout naturellement, il prit l'habitude de déléguer la jouissance de quelques-uns de ces biens aux membres du clergé qui l'assistaient dans son ministère, soit dans la cité même, soit dans les campagnes où ils étaient détachés. Cette délégation était faite *pro stipendio*, pour l'entretien de ces clercs ; parfois, elle est dite faite à titre de *precarium* ou de *precaria*, sans être, à proprement parler, une application exacte de ces institutions. Elle fut, d'abord, pure- ment précaire, révocable à la volonté de l'évêque ; puis elle tendit constamment à se consolider, à devenir viagère, et enfin à se transformer en une dotation fixe de la fonction. La théorie des bénéfices féodaux exerça sur elle une influence incontestable, et c'est à eux peut-être qu'elle emprunta son nom définitif. A partir du ixe siècle, la formation des béné- fices séculiers est dégagée dans les grandes lignes : elle se compléta aux xe et xie siècles et reçut son expression juridique et scientifique à partir du xiie [1]. Pour le clergé régulier, où l'unité constitutive fut le monastère, la forma- tion des bénéfices fut plus lente et moins complète ; la vie en commun, qui était l'un des traits de la règle monastique, sem- blait l'exclure. Cependant, la plus grande partie des revenus du couvent fut attribuée à l'abbé, dont elle forma le bénéfice ; quelques bénéfices se constituèrent aussi pour les autres di- gnitaires ou fonctionnaires de l'abbaye, sous le nom de *béné- fices claustraux*.

La collation de ces divers bénéfices était la source d'une

1. Ce développement a été exposé d'une façon magistrale par M. Carl Gross, *Das Recht an der Pfründe*, 1887. p. 16-93.

immense influence pour l'autorité qui en disposait. Cette collation résultait, en principe, de la nomination à la fonction ecclésiastique dont le bénéfice constituait la dotation ; mais, à raison de l'importance des biens temporels appartenant à l'Église, des considérations purement temporelles devaient fatalement intervenir.

Dans l'organisation ecclésiastique du moyen âge, la collation des bénéfices reposait en principe sur l'indépendance des églises locales et des corps ecclésiastiques. Pour les bénéfices séculiers, dans chaque évêché, l'évêque, suivant l'ancienne tradition, en était le collateur ordinaire : tous, en principe, étaient à sa nomination ; son droit, cependant, était restreint de deux côtés. Les chapitres des cathédrales ou des églises collégiales, dont les dignitaires et les membres obtenaient des bénéfices assez importants sous le nom de *prébendes*, avaient souvent le droit d'élire, sauf la confirmation de l'évêque, les titulaires de ces prébendes[1]. D'autre part, pour beaucoup de bénéfices, s'exerçait le *jus patronatus*, c'est-à-dire le droit pour une personne de présenter, en cas de vacance, le nouveau titulaire, que l'évêque était tenu de nommer et d'investir, à moins qu'il ne manquât des qualités exigées par les canons. Ce droit de patronage, qui souvent était aux mains des laïcs, avait pour origine la plus commune la fondation des églises et des chapelles, le fondateur s'étant réservé cette prérogative pour lui et ses successeurs[2].

L'évêque lui-même, comment était-il nommé ? L'ancien principe de l'élection des évêques s'était conservé, et, pour procéder à l'élection, il fallait toujours la permission du souverain séculier. Mais le collège électoral changea au cours du temps. Anciennement il était composé du peuple et du clergé, dans leur ensemble, *clerus et populus*, bien que le rôle du peuple se bornât le plus souvent à acclamer un candidat présenté par les clercs. Au XIIIe siècle, il se réduisit définitivement aux chanoines de l'église cathédrale[3] ; en France, c'était la règle

---

1. Thomassin, *Vetus et nova Eccles. discip.*, part. II, lib. I, c. xxxvi, nos 10, 16, 17 ; c. ii, X, *De concess. præb.*, III, 8 ; c. xxxi, li, X, *De elect.*, I, 6. Le signe X désigne la collection des décrétales de Grégoire IX.

2. X, *De jure patronatus*, III, 38.

3. C. xlii, X, *De elect.*, I, 6 (concile de Latran de 1215) ; c. xlviii, l, li, lvi, *ibid.* — Sur les élections d'évêques au moyen âge, voyez Luchaire, *Histoire*

admise dès la fin du xı° siècle ou le commencement du xıı°ᵗ. Cette élection, dont les formes en même temps se précisaient, devait toujours, pour devenir définitive, être confirmée par le supérieur ecclésiastique du prélat élu, l'archevêque, le primat ou le pape ᵃ: c'était alors seulement que l'élu pouvait être consacré. Mais l'évêque dûment élu n'était pas, par là même, mis en possession des biens temporels qui constituaient son bénéfice : la souveraineté séculière, qui s'était déjà manifestée en autorisant l'élection, intervenait ici par deux droits très efficaces, la *régale* et l'*investiture*.

La régale, c'était pour le prince le droit de prendre possession du temporel des évêchés, pendant la vacance du siège épiscopal, et d'en percevoir les revenus à son profit pendant ce temps. Cela avait commencé par un simple droit de garde que nous constatons dans les capitulaires carolingiens : le comte devait prendre en main les biens de l'évêché, pendant la vacance, mais c'était uniquement pour les préserver des dilapidations ᵃ. Cela se changea dans la suite du temps en un droit de jouissance intérimaire ⁴, très précieux pour les premiers Capétiens, puisqu'il mettait périodiquement entre leurs mains l'administration des seigneuries épiscopales. Le temporel de l'évêché étant ainsi entre les mains du prince, l'évêque élu devait lui demander la mise en possession. Le souverain accordait cette investiture, mais seulement lorsqu'il avait donné à l'élection son assentiment, *assensus*, droit ancien ⁵ qui s'était conservé sans interruption à son profit. En même temps il exigeait de l'évêque un serment de fidélité, même un hom-

---

des institutions monarchiques sous les premiers Capétiens, t. II, ch. u; — Imbart de La Tour, *Les élections épiscopales dans l'Église de France du ıx° au xıı° siècle*, Paris, 1891.

1. Cela ressort des lettres d'Yves de Chartres, *Ep. LIV, CXXXVIII, CXXXIX, LVIII*.

2. C. xliv, X, *De elect.*, I, 6.

3. Capitulaire de Kiersy de 877, ch. vıı. C'est ce que rappelle exactement une lettre de Boniface VIII à Philippe le Bel, du 23 février 1299, dans Raynald, *Annales ecclesiastici*, ad an. 1299, n° 23 (éd. Theiner t. XXIII, p. 250) « Bonorum ecclesiasticorum custodia sive gardia, quocumque nomine nuncupatur, vacationum ecclesiarum tempore, pro utilitate ipsarum ecclesiarum extitit introducta et per Ecclesiam tolerata. »

4. Quant à l'époque où, par cette transformation, s'introduisit le droit de régale proprement dit, voyez mon *Étude sur la question des investitures dans les lettres d'Yves de Chartres*, p. 145. note 1.

5. Voyez ci-dessus, p. 159.

mage proprement dit lorsque l'évêché représentait une seigneurie temporelle[1]. L'investiture permettait en réalité un contrôle assez sérieux du pouvoir séculier sur le recrutement du
haut clergé ; c'était la garantie efficace des droits traditionnels
qu'il exerçait à l'occasion de l'élection des évêques. C'était, on
peut le dire, le dernier lien qui retenait encore l'Église dans
la dépendance de l'État, quoique bien affaiblie. Aussi essaya-
t-elle au xie siècle de le rompre par un suprême effort. Les
investitures et le serment des évêques furent solennellement
condamnés par les conciles de Rome (1078 et 1080)[2], de
Clermont (1095), de Troyes (1107), de Reims (1119), et de là
sortit la célèbre querelle des investitures, fertile en épisodes
tragiques, qui divisa pendant cinquante ans la papauté et
l'Empire. En France, la lutte n'eut point la même acuité. La
papauté, dans la plupart des phases de cette querelle, fit au
contraire alliance avec la monarchie capétienne. Le clergé
français se plia, sans beaucoup de résistance, à l'investiture du
temporel par la main royale : seules, certaines formes, la tradition par la crosse et l'anneau, paraissent avoir excité de vives
objections et furent mises de côté[3].

Les droits qu'avait conservés le pouvoir civil quant aux élections épiscopales, droits de régale, d'*assensus*, d'investiture,
s'étaient démembrés en France, comme les autres prérogatives du pouvoir royal. Ils étaient assez souvent exercés par
de grands feudataires, ducs et comtes; nous les voyons ainsi
revendiqués et possédés par le duc de Bretagne, les comtes
de Champagne, de Nevers et d'Anjou[4]. Cependant sur ce point
la royauté s'était mieux défendue que sur d'autres ; elle exerçait ces droits non seulement sur ses domaines propres, mais
souvent aussi en dehors, sur le domaine de plus d'un grand
feudataire[5].

Pour les bénéfices réguliers, l'unité bénéficiale était l'abbaye,
le monastère. L'abbé, conformément aux règles canoniques,

---

1. Esmein, *La question des investitures*, p. 144, 174 et suiv.

2. C. xii, xiii, C. xvi, qu. 7.

3. Sur tous ces points, voyez mon *Étude sur la question des investitures.*

4. P. de Marca, *De concordia sacerdotii et imperii*, l. VIII, c. xxv.

5. Luchaire, *Histoire des inst. monarch. sous les premiers Capétiens* (1re édit.)
t. II, p. 61, 69; — Luchaire, *Les communes françaises sous les Capétiens directs*,
p. 265 ; — Imbart de la Tour, *op. cit.*, p. 233 et suiv.

devait être élu par les moines du couvent, sauf confirmation
par l'évêque[1]. Mais, ici encore, pour procéder à l'élection, il
fallait la permission du souverain temporel, qui devait aussi
approuver l'élection opérée. Souvent le droit de patronage,
spécialement le droit de patronage royal, s'appliquait[2]. Sous
les derniers Carolingiens et les premiers Capétiens, on était
allé jusqu'à mettre à la tête des abbayes, pour jouir de leur
temporel, des abbés laïques[3]. L'abbé conférait librement les
bénéfices claustraux, dont quelques-uns, les prieurés, étaient
parfois très importants; seulement, certains prieurés, sous le
nom de prieurés conventuels, étaient devenus des unités indépendantes, et le prieur, comme un abbé, était alors élu par
les moines du couvent[4].

§ 2. — LA JURIDICTION ECCLÉSIASTIQUE

I

Nous avons vu les premières origines de la juridiction ecclésiastique et son développement dans la monarchie franque. Elle
atteignit son apogée dans la société féodale; l'époque de sa plus
grande puissance doit, pour la France, être fixée au xiie siècle.
Elle avait acquis une compétence très étendue, statuant sur
les causes civiles et criminelles, tantôt à l'exclusion de la
justice séculière, tantôt en concurrence avec elle. Dans la
mesure où elle s'exerçait, elle était devenue complètement
indépendante du pouvoir civil; il n'y avait contre elle aucun
recours devant la justice séculière. Cette exaltation de la juridiction ecclésiastique tenait à deux causes principales. C'était,
avant tout, l'abaissement du pouvoir civil, l'obscurcissement
de la notion de l'État qui l'avait rendue possible. Le seigneur
féodal ne tenait à la justice qu'à raison des profits qu'elle rapportait, à raison des amendes et des confiscations, et, tant que

1. C. XLIX, X, De elect., I, 6.
2. Thomassin, l'etus et nova Eccl. discip., part. II, l. II, c. XXXIX; c. LI, X,
De elect., I, 6; c. II, X, De statu mon., III, 35; c. XXV, X, De jure patr., III, 38.
3. Luchaire, Histoire des institutions monarchiques sous les premiers Capétiens (1re édit.), t. II, p. 83 et suiv.
4. Thomassin, o.. cit., part. I, l. III, c. LXIX, n° 12.

la justice de l'Église n'empiétait pas sur ce terrain, il voyait
sans jalousie ses empiétements ; il ne résista que lorsqu'elle
menaça (et ce fut l'exception) ses intérêts pécuniaires. En
second lieu, les tribunaux ecclésiastiques avaient pour eux
l'opinion publique au moyen âge [1]. Ils avaient, en effet, une
supériorité incontestable sur les juridictions séculières. La
procédure qui y était suivie était plus raisonnable et plus
savante, fortement imprégnée de droit romain. L'Église, bien
qu'elle eût accueilli dans certains cas le système de preuves
germanique, ne l'avait pas accepté sans réserve. Elle n'avait
jamais admis le duel judiciaire ; et elle élimina, au commencement du xiii° siècle, les autres *judicia Dei* [2]. Elle avait conservé
et développé l'appel du droit romain, et sa hiérarchie fournissait des degrés d'appel multipliés. De l'évêque, on pouvait
appeler à l'archevêque ou métropolitain ; de celui-ci, parfois au
primat ; enfin, on pouvait toujours appeler au pape, et le principe s'était même introduit qu'on pouvait appeler directement
à lui, *omisso medio*, de toute sentence rendue par un autre
juge [3]. Le juge de droit commun était l'évêque, de là le nom
d'*ordinaire* qui lui est donné, *judex ordinarius*. Il rendit d'abord
la justice en personne, assisté d'assesseurs pris dans son clergé ;
mais, dans la suite, surchargé d'affaires, il dut se faire suppléer.
Son suppléant fut d'abord l'archidiacre ; mais les archidiacres
profitèrent souvent de cette suppléance pour la transformer à
leur profit en un droit de juridiction propre [4]. Aussi, dans le
dernier tiers du xii° siècle, les évêques prirent-ils l'habitude
de faire tenir leur cour par un délégué spécial, toujours révocable, qui n'eut point de pouvoir propre dans leur église, et

---

1. C'est ce qu'attestent les prélats dans la célèbre dispute de Vincennes où,
devant Philippe de Valois, l'on discuta les droits respectifs des deux ordres
de juridictions. — *Libellus domini Bertrandi*, dans Durand de Maillane, *Les
libertés de l'Église gallicane*, t. III, p. 470 : « Consuetudo videtur introducta
magis ex voluntate et electione populi recurrentis ad judicium ecclesiasticum potius quam ad judicium seculare. » P. 486 : « Et hoc est pro communi
utilitate, quia multi magis eligunt vinculum Ecclesiæ quam vinculum tem-
porale, et ante dimitterent contractus facere, sine quibus vivere non possunt,
quam se supponerent curiæ temporali. »
2. X, *De Purg. vulgari*, V, 35.
3. Beaumanoir, LXI, 65.
4. Voyez des exemples dans les *Privilegia curiæ Remensis* (a. 1269), publiés
par M. Varin, *Archives législatives de la ville de Reims*, Iʳᵉ partie, Coutumes,
p. 6, 7.

qu'on appela l'*officialis*, l'official. Cette organisation s'étendit
à tous les tribunaux ecclésiastiques, et de là ceux-ci prendront
en France le nom d'*officialités*[1] ; mais la dénomination le plus
souvent usitée pour les désigner aux xiiiᵉ et xivᵉ siècles était
cour d'Église ou *cour de chrétienté*. Ces juridictions ecclésiastiques doivent être soigneusement distinguées d'autres tribunaux que possédaient aussi les évêques, les abbés et autres
dignitaires ecclésiastiques. Ces derniers étaient les justices
temporelles dépendant des biens ecclésiastiques qui composaient leurs bénéfices; mais, sauf que leurs titulaires étaient
des ecclésiastiques, elle ne différaient en rien des justices appartenant aux seigneurs séculiers : elles étaient tenues par un
bailli ou un prévôt; la procédure qui y était suivie était la
procédure des cours féodales; le droit qui était appliqué était
la coutume locale; on ne pouvait appeler de leurs sentences
que par l'appel de faux jugement ou de défaute de droit, et le
recours était porté devant le supérieur féodal[2]. Les cours
d'Église, au contraire, tiraient leur autorité de tout autres principes : s'adressant à tous les chrétiens, elles étaient tenues par
l'official; la procédure qui y était suivie était la procédure canonique; le droit qui s'y appliquait était le droit canonique;
l'appel de leurs sentences était porté devant le supérieur ecclésiastique. C'est de ces juridictions qu'il s'agit maintenant de
déterminer la compétence[3].

II

L'Église[4] prétendait d'abord connaître seule, à l'exclusion
des justices séculières, de toutes les poursuites à fins civiles
ou répressives intentées contre les membres du clergé,
et quel que fût le demandeur. C'est ce que les canonistes
appellent le *privilegium fori*, ou droit pour le clerc défendeur

---

1. Paul Fournier, *Les officialités au moyen âge*, p. 4 et suiv.
2. Beaumanoir, XI, 12.
3. La source de renseignements la plus abondante sur ce point, en dehors
des textes canoniques, est le chapitre xi de Beaumanoir, *Des cours d'Église*.
Voyez aussi les documents rassemblés par Friedberg, *De finium inter Ecclesiam et civitatem regundorum judicio quid medii ævi doctores et leges sta-
tuerint*.
4. Sur ce qui suit, consulter Paul Fournier, *Les officialités au moyen âge*,
p. 61-82.

de revendiquer la juridiction ecclésiastique, et ce que nos anciens auteurs appelaient le *privilège de clergie*. Il s'était fait recevoir par la coutume, et il couvrait tous les membres du clergé séculier, même ceux qui appartenaient aux ordres mineurs, et, d'autre part, tous les religieux profès. Le droit canonique n'admettait pas que le membre du clergé pût y renoncer; cependant, les clercs inférieurs, au dessous de l'ordre de sous-diacre, pouvaient le perdre indirectement. Ces clercs avaient gardé le droit de contracter mariage[1], et, lorsqu'ils avaient usé de cette faculté, ils ne conservaient le privilège de clergie qu'à de certaines conditions[2].

Le privilège de clergie, pour les poursuites criminelles intentées contre les clercs et religieux, était une règle absolue, qui ne comportait pas d'exceptions, et cela leur assurait, non seulement une procédure plus raisonnable et des juges plus bienveillants, mais encore une répression plus douce. Tandis que devant la justice séculière les peines étaient afflictives et cruelles, les peines du droit canonique étaient d'un tout autre caractère. L'Église repoussait toutes celles qui entraînaient l'effusion du sang, et la plus afflictive qu'elle prononçât était la longue prison. Cependant, dans des cas très rares, prévus par les canons, la juridiction ecclésiastique, trouvant sa pénalité insuffisante, dégradait le clerc coupable et le livrait alors, dépouillé du *privilegium fori*, au juge séculier, qui lui infligeait les peines de droit commun. On avait même douté que le pouvoir séculier eût le droit d'arrêter le clerc pris en flagrant délit[3]; cependant, cela avait été admis, à condition qu'il fût immédiatement rendu à la cour d'Église[4]. Une autre question très importante était aussi agitée. Si un accusé se prétendait clerc, et que ce caractère lui fût contesté, qui devait connaître de sa qualité? Ce fut la juridiction ecclésiastique qui se prétendit seule compétente, et même elle fit admettre que

---

1. Esmein, *Le mariage en droit canonique*, t. II, p. 297 et suiv.
2. C. 1, VI°, *De cler. cong.*, III, 2. Il fallait qu'ils portassent l'habit ecclésiastique et vécussent *clericaliter*; il fallait aussi qu'ils n'eussent contracté mariage qu'une seule fois et pas avec une veuve, *cum unica et virgine*.
3. *Libellus domini Bertrandi* (xive siècle), art. XLV (Durand de Maillane, *op. cit.*, III, p. 494).
4. Beaumanoir, XI, 40 et suiv. — Panormitanus (xve siècle), sur le c. x, X, *De judic.*, II, 1.

l'accusé devait alors lui être rendu immédiatement s'il portait les marques extérieures de l'état clérical, par exemple la tonsure[1]; et, en fait, lorsqu'elle obtenait cette restitution, elle jugeait le procès quant au fond. Il en résulta ce fait attesté par des textes nombreux : souvent les malfaiteurs se faisaient tonsurer, pour profiter de la juridiction ecclésiastique, quand ils étaient poursuivis. Au xiv⁴ siècle, la justice séculière en France commença à se montrer de moins facile composition : elle prit le droit d'examiner si les signes extérieurs, d'où l'accusé prétendait tirer sa qualité de clerc, n'étaient pas manifestement trompeurs, s'il n'y avait pas là un subterfuge trop grossier[2]. Au civil, le privilège de clergie n'était pas absolu. Le clerc, poursuivi à raison d'une dette ou d'une question de propriété mobilière, pouvait bien revendiquer la cour d'Église[3]; mais il n'en était plus ainsi quand il était actionné à raison d'une tenure féodale[4]. Ici l'intérêt féodal l'avait emporté; c'était la justice féodale qui était toujours et seule compétente, et le droit canonique lui-même avait admis cette règle[5].

Lorsque s'appliquait le privilège de clergie, la compétence de la juridiction ecclésiastique était fondée sur la qualité du défendeur; c'était ce qu'on appelle une compétence *ratione personæ*. Elle possédait aussi une compétence de la même nature à l'égard d'autres personnes : les principales étaient les *miserabiles personæ*, c'est-à-dire les veuves et les orphelins, et les croisés. Mais ici la compétence n'existait qu'en matière civile, et elle n'excluait point la compétence concurrente des juridictions séculières[6].

L'Église avait d'autre part très largement étendu sa compétence sur les laïcs; elle n'exerçait pas seulement sur eux une juridiction disciplinaire ou arbitrale, comme aux époques précédentes; souvent elle était l'autorité judiciaire qui

1. Beaumanoir, XI, 45; c. xii, VI°, *De sent. excom.*, V, 11.
2. Esmein, *Histoire de la procédure criminelle en France*, p. 18 et suiv.
3. Beaumanoir, XI, 7, 23.
4. Beaumanoir, XI, 7 : « Excepté les héritages qu'ils tiennent de fief lai ou à cens ou à rente de seigneurs; car quiconques teigne tex héritages le juridictions en appartient as segneurs de qui li héritages est tenus. » Cf. XI, 35.
5. C. vi, X, *De foro compet.*, II, 2; c. xiii, X, *De jud.*, II, 1.
6. Beaumanoir, XI, 8, 9; c. xi, xv, X, *De foro compet.*, II, 2.

tranchait souverainement leurs procès civils ou criminels. Sa compétence se fondait alors sur la nature du débat ou de l'objet en litige. Elle existait *ratione materiæ*. Le procédé par lequel elle avait été créée ou développée était des plus simples. Dès que le débat touchait à une question d'ordre religieux, l'Église prétendait intervenir, comme ayant seule la garde des principes de la religion, et nous savons que ces interventions dans la monarchie franque avaient été plus d'une fois sollicitées par le pouvoir royal. S'étant ainsi saisie de la question religieuse, elle connaissait, par voie de conséquence, des questions temporelles qui y étaient connexes ; et souvent la cause de cette immixtion était bien peu sérieuse et la connexité bien lâche. Tantôt, d'ailleurs, la compétence ecclésiastique excluait celle de la juridiction séculière ; tantôt elle était seulement concurrente ; les deux juridictions étaient alors également compétentes et pouvaient être valablement saisies, l'une ou l'autre.

L'Église, en premier lieu, connaissait seule de toutes les questions qui touchaient aux sacrements et aux articles de foi[1]. C'est par là qu'elle avait acquis, dans le cours du xe siècle, compétence exclusive quant aux causes matrimoniales, le mariage ayant été reconnu par elle comme un sacrement[2]. Logiquement cela n'aurait dû comprendre que les actions portant sur l'existence, la validité ou la nullité du mariage, car elles seules mettaient en jeu l'existence du sacrement ; mais, par voie de conséquence, elle avait peu à peu élargi le cercle de sa compétence en cette matière. Elle connaissait des fiançailles, parce qu'elles étaient la préparation naturelle du mariage et entraînaient même l'obligation de le contracter ; elle connaissait des effets du mariage quant aux personnes des époux et quant à leur séparation possible, car il s'agissait de devoirs dérivant du sacrement. Elle connaissait enfin des questions de légitimité, parce que la naissance en légitime mariage est une des conditions essentielles de la filiation légitime, et des rapports des époux quant aux biens, parce que l'accessoire doit suivre le principal. En France, d'ailleurs, la justice sé-

---

1. Bertrandi, *De origine jurisdictionum* dans le *Tractatus tractatuum*, t. III, 1, p. 30 : « De se et jure suo (jurisdictio ecclesiastica) extenditur ad cognoscendum et judicandum... de illis quæ sunt contra fidei articulos et sacramenta in quibus principaliter fundatur religio christiana. » — Beaumanoir, XI, 28.

2. Esmein, *Le mariage en droit canonique*, I, p. 25 et suiv., 73 et suiv.

culière retenait la connaissance de la question de légitimité,
quand elle était incidente à une succession féodale[1], et les
juridictions séculières connaissaient des conventions matrimoniales concurremment avec les cours d'Église[2]. Toujours
à raison de l'objet en litige, les cours ecclésiastiques connaissaient seules des questions sur les bénéfices, qui, il est vrai,
sauf le droit de patronage, ne mettaient en scène que des
membres du clergé[3], et des dîmes, à l'occasion desquelles
l'action était dirigée contre des laïcs. Seules, les causes concernant les dîmes inféodées étaient portées devant le seigneur
de qui elles relevaient[4].

L'Église, en matière criminelle, connaissait seule de tous
les crimes ou délits qui consistaient dans la violation de la
foi[5], et ils étaient nombreux, étant donnée l'intolérance naïve
et épouvantable du moyen âge. Les principaux étaient l'hérésie, le sacrilège[6] et la sorcellerie[7]. La plupart du temps,
l'Église en ces matières se contentait de reconnaître la culpa-
bilité des accusés, et elle livrait ensuite les coupables au bras
séculier, qui leur infligeait les peines cruelles portées par la
coutume. La poursuite de l'hérésie donna lieu à une institution particulière : l'*inquisitio hæreticæ pravitatis*, ou tribunal
de l'Inquisition. Elle consista en ce que pour ces procès une
délégation particulière fut donnée par la papauté à des juges
spéciaux, pris parmi les Dominicains et les Franciscains : et,
par suite, il s'établit dans ces poursuites des règles exorbi-
tantes de la procédure canonique du droit commun[8]. L'*inquisitio hæreticæ pravitatis* fit son apparition dans le premier

1. Beaumanoir, XI, 24; XVIII, 1 et suiv.
2. Beaumanoir, X, 12 ; — *Établissements de saint Louis*, I, 13, 20.
3. Beaumanoir, XI, 4.
4. Beaumanoir, XI, 38.
5. Beaumanoir, XI, 2.
6. Beaumanoir, XI, 15.
7. Beaumanoir, XI, 25. Tout en admettant les poursuites à raison de la sorcellerie, notre grand jurisconsulte du XIIIe siècle émet, sur ce point, des
doutes qui montrent l'élévation de son esprit. XI, 26 : « Moult sont deceu cil
qui de tix sorceries s'entremetent et chil qui y croient, car paroles n'ont pas
tel pooir come il cuident ne tex manieres de fes come il font... donques pot
on bien veoir que les paroles qui sont dites por mal fere par le bouce d'une
vielle, si ont petite vertu. »
8. Molinier, *L'Inquisition dans le midi de la France aux XIIIe et XIVe siècles*
1881 ; — Henri-Charles Lea, *A history of the Inquisition in the middle ages*,
3 vol., New-York ; — Tanon, *Histoire des tribunaux de l'Inquisition en France*

tiers du xiii° siècle, à l'occasion des grandes hérésies qui
s'étaient développées au xii° siècle, celles des Vaudois et des
Albigeois en particulier[1]; mais elle ne put s'établir définitivement dans notre pays. Elle y fonctionna activement pendant
la durée d'un siècle environ; puis, devant les résistances du
clergé séculier, du Parlement et de la Sorbonne, elle s'affaiblit
et tomba en désuétude à la fin du xv° siècle ; le jugement des
procès contre les hérétiques fut rendu aux tribunaux ecclésiastiques ordinaires[2], ou plutôt transporté aux juridictions royales.

La juridiction non plus exclusive, mais simplement concurrente des cours d'Église, était aussi fort étendue. Outre les
exemples que j'ai déjà cités, elle s'appliquait à des institutions
très importantes de droit privé. Il en était ainsi, en premier
lieu, en ce qui concerne les testaments. Nous savons que
l'Église avait pris dans la monarchie franque le testament sous
sa protection et avait puissamment contribué à en conserver,
à en répandre l'usage. Cependant le droit canon n'en réclamait expressément la connaissance pour les juridictions ecclésiastiques qu'en ce qui concerne les legs pieux[3]. La coutume,
en France, alla plus loin et permit toujours de saisir le tribunal ecclésiastique[4]. Il est vrai que normalement le testament,
au moyen âge, contenait toujours des legs de cette nature, si

1. Le premier cas certain d'inquisition déléguée au sens propre du mot se
trouve dans une lettre de Grégoire IX, de l'année 1227, adressée à Conrad de
Marburg (Fredericq, *Corpus documentorum inquisitionis hæreticæ pravitalis
neerlandicæ*, t. I, n° LXXIII, p. 72). On la voit ensuite établie en Allemagne
et en Italie, puis dans le midi de la France à partir de 1233. Elle ne s'établit
pourtant dans notre pays qu'avec difficulté et rencontra de vives résistances.

2. Fleury, *Institution au droit ecclésiastique* (xvii° siècle). édit. Boucher
d'Argis, 1771, t. II, p. 79 ; — Lea, *A history of the Inquisition*, l. II, ch. ii, t. II,
p. 113 et suiv.; — Tanon, *op. cit.*, p. 549 et suiv.; — *Preuves des libertés de
l'Église gallicane*, édit. 1731, ch. vii, n° 35; ch. xxviii, n°° 13, 15, 20. — Au
xvii° siècle, Jacques de Marsollier écrivait dans son *Histoire de l'Inquisition et
son origine* (Cologne, 1693, p. 152): « On voit encore à Toulouse et à Carcas-
sonne les maisons de l'Inquisition. Il y a même encore dans ces villes des Dominicains qui portent la qualité d'inquisiteurs. Mais c'est un titre tout pur et
sans fonctions. »

3. C. iii, vi, xvii, X, *De test.*, III, 26; Panormitanus, sur le c. xi, *ibid.*, n° 8 :
« In relictis ad pias causas potest etiam adire judicem ecclesiasticum, sive
hæres sit secularis sive ecclesiasticus. Dic tamen quod est mixti fori. Nam est
in optione actoris quem judicem velit adire, sæcularem scilicet, seu ecclesiasticum. »

4. Beaumanoir, XI, 10, 11 ; XII, 60; — *Libellus domini Bertrandi*, art. 65, 66.

sien que, dans un de ses sens, le mot *aumône* signifiait alors
legs[1]. L'Église en faisait une obligation pour les fidèles; parfois elle refusait la sépulture religieuse à ceux qui mouraient
sans faire de semblables legs, ou revendiquait les meubles des
intestats, pour en disposer dans l'intérêt de leur âme[2]. En matière de contrats, l'ancienne tradition, qui permettait aux parties de saisir d'un commun accord la juridiction ecclésiastique,
subsistait encore[3]; mais l'Église avait des prétentions plus
étendues. Considérant que toute violation de contrat pouvait
contenir un péché, elle prétendait qu'on pouvait toujours agir
de ce chef devant la juridiction ecclésiastique, si on la préfé-
rait à la juridiction séculière; le choix aurait été au demandeur[4]. Cela ne fut point admis par la jurisprudence française.
Elle admit seulement que les parties pouvaient, en contractant,
se soumettre à la juridiction ecclésiastique[5], et que celle-ci
devenait compétente par ce seul fait que le contrat avait été
corroboré par le serment, acte religieux, ce qui d'ailleurs était
une pratique presque constante[6].

L'Église enfin connaissait, en concurrence avec la juridiction séculière, de certains délits commis par les laïcs : le
délit d'usure[7], par exemple, et le délit d'adultère[8]. Il s'agissait

1. Voyez ce passage des Coutumes générales données par Simon de Montfort, *loc. cit.*, p. 216 : « Cuilibet sive militi sive rustico licitum erit *legare in
eleemosyna* de hæreditate propria usque ad quintam partem. »

2. *Établissements de saint Louis*, I, 93; — *Grand coutumier de Normandie*,
ch. XXI; — Beaumanoir, XI, 10; — *Libellus domini Bertrandi*, art. 64, 65; — Lu-
cius, *Placitorum summæ apud Gallos curiæ libri XII*, l. I, tit. V, nos 7, 8; —
Johannes Gallus, qu. 102; — Fevret, *Traité de l'abus*, l. IV, ch. VIII; — Loyseau
Des seigneuries, ch. V, n° 63.

3. Beaumanoir, XI, 32.

4. Bertrandi, *De origine juridictionum, loc. cit.*, p. 30 : « Si enim actor voluerit,
poterit reum trahere ad judicium sæculare, et tunc judex laïcus cognoscet.
Si autem eum vult trahere ad judicium Ecclesiæ potest, præcipue intentando
actionem injuriæ vel peccati, quia quilibet laïcus christianus est utrique judicio subditus, sive subjectus, uni ut civis, alii ut christianus. Et quælibet
potestas potest in eum exercere judicium suum, si ad illud evocatur. Sed in
optione actoris est evocare reum ad hoc vel ad illud judicium et non ad
utrumque. »

5. Esmein, *Mélanges*, p. 259.

6. Esmein, *Le serment promissoire en droit canonique*, dans la *Nouvelle revue historique de droit*, 1888, p. 248, 319.

7. Beaumanoir, LXVIII, 5; — *Établissements de saint Louis*, I, 91; — *Libellus
domini Bertrandi*, art. 38, 46, 54; cf. Panormitanus, sur le c. VIII, X, *De foro
compet.*, 11, 2.

8. Panormitanus, sur le c. XIX, X, *De convers. conj.*, III, 32; c. 1, X, *De officio*

alors de la violation de certains principes qu'elle avait pris
sous sa protection spéciale.

Cette juridiction si développée et si puissante avait pourtant sa faiblesse cachée. Les tribunaux ecclésiastiques, pour
assurer l'exécution de leurs sentences en matière de droit
privé, ne disposaient de voies d'exécution ni sur les personnes, ni sur les biens. Ils n'avaient qu'un moyen de contrainte indirecte, l'excommunication lancée contre la partie
récalcitrante. Mais, quelle que fût, au moyen âge, la crainte
de l'excommunication, celle-ci n'était pas toujours efficace.

L'Église avait conservé dans la société féodale le droit d'a-
sile; il était même d'une application très étendue, car tous
les édifices consacrés au culte étaient lieux d'asile[1]. On allait
jusqu'à se demander si les croix des chemins ne participaient
pas à ce privilège[2]. Cependant, certaines restrictions avaient
été apportées à ce droit par les diverses coutumes du moyen
âge[3].

jud. ord., I, 31; — Libellus domini Bertrandi, art. 39; — Registre de l'officia-
lité de Cerisy (xive-xve siècles), édit. G. Dupont, nos 13 b; 163 f, g; 366 m; 370 f,
h, l; 375 k; 384 q; 385 f; 387 f; 390 h; 391; 394 d; 406; 414.

1. Beaumanoir, XI, 14 et suiv.; — Boutillier, Somme rurale, II, 9; — Jean
des Mares, Decis. 99, 100.

2. Beaumanoir, XXV, 24.

3. Beaumanoir, XI, 15 et suiv.; — Grand Coutumier de Normandie, ch. LXXXI;
— Jean des Mares, Decis. 4-7; — Le livre des usaiges et anciennes coustumes de
la conté de Guysnes, édit. Tailliar (xiiie-xive siècles), ch. cccLXXXIV, p. 191.

CHAPITRE V

Les villes[1]

Le régime féodal, lorsqu'il s'établit, embrassa au début les villes comme les campagnes. La ville était comprise dans une seigneurie, administrée par un bailli ou prévôt seigneurial qui y rendait la justice et percevait les droits fiscaux. Les habitants étaient répartis entre les diverses classes qui composent la société féodale, nobles, roturiers et serfs : la population servile était souvent l'élément le plus important, comprenant presque toute la classe ouvrière. Tantôt le seigneur était laïque; tantôt c'était un seigneur ecclésiastique, l'évêque ayant souvent conquis la seigneurie dans les villes; il arrivait enfin que la ville était partagée entre diverses seigneuries[2].

---

1. Depuis les ouvrages classiques d'Augustin Thierry et de Guizot, il a été publié de nos jours toute une série d'études très importantes sur les institutions municipales de la France au moyen âge. — Les unes sont des monographies consacrées à l'histoire d'une municipalité ou d'une charte déterminée, et ce sont surtout des travaux de cette nature qui ont introduit dans la question des éléments nouveaux. Les principales de ces monographies sont : A. Giry, *Les établissements de Rouen*, 1883-1885 ; — A. Giry, *Histoire de la ville de Saint-Omer et de ses institutions jusqu'au xiv⁰ siècle*; — E. Flammermont, *Histoire des institutions municipales de Senlis*, 1881 ; — Bonvalot, *Le tiers État d'après la loi de Beaumont et ses filiales*, 1884; — Maurice Prou. *Les coutumes de Lorris et leur propagation aux xiiᵉ et xiiiᵉ siècles*, 1884. — On trouvera, d'ailleurs, une bibliographie complète de ces monographies jusqu'en 1885, dans l'excellent recueil de M. Giry : *Documents sur les relations de la royauté avec les villes en France de 1180 à 1314*, Paris, 1885, introduction, p. xxxi et suiv. — Il a été publié également des ouvrages d'ensemble d'une grande valeur : A. Wauters, *Les libertés communales*, essai sur leur origine et leurs premiers développements en Belgique, dans le nord de la France et sur les bords du Rhin, 1878; — A. Luchaire, *Histoire des institutions monarchiques sous les premiers Capétiens*, l. IV, ch. iii ; — A. Luchaire, *Les communes françaises à l'époque des Capétiens directs*, 1890; — Karl Hegel, *Städte und Gilden der germanischen Völker im Mittelalter*, 2 vol., 1891.

2. M. Flach, dans ses *Origines de l'ancienne France*, t. II, p. 237 et suiv., a montré, mieux qu'on ne l'avait encore fait, ce qu'étaient devenues la configuration matérielle et l'administration des principales villes dans le haut moyen âge.

Mais, dès la fin du xi⁰ siècle, les villes commencèrent à conquérir en France, à l'encontre des pouvoirs seigneuriaux, une condition favorable et privilégiée¹. Cette émancipation, qui se poursuit et se propage principalement au cours des xii⁰ et xiii⁰ siècles, aboutit à des franchises municipales, qui forment un trait important de la société féodale. Ce n'est point là, d'ailleurs, un phénomène propre à la France ; le même fait s'est produit au moyen âge, un peu plus tôt, un peu plus tard, dans tous les pays où s'était établie la féodalité occidentale, en Italie, en Espagne, en Allemagne, dans les Flandres, en Angleterre. Cela montre que ce phénomène avait une cause profonde : l'incompatibilité naturelle et fondamentale entre la vie urbaine et le système féodal. D'un côté, le contact constant des hommes et l'échange continu des idées engendrent naturellement dans les villes l'esprit de liberté, qui devait vite faire sentir les rudesses de l'exploitation féodale, et l'esprit d'association, qui devait fournir le moyen pour lutter contre l'oppression. D'autre part, la concession de la terre et les rapports qu'elle engendrait étaient la clef de voûte de la constitution féodale : or, dans les villes, bien que les tenures féodales

1. Quels sont les faits essentiels par lesquels a commencé la différenciation juridique des villes et des campagnes. C'est un point très difficile à déterminer. Pour M. Flach (*Origines de l'ancienne France*, t. II, p. 329, 335, note 3; 337, note 3), il semble que les fortifications soient le trait essentiel qui distingue la ville du plat pays, bien qu'il y joigne d'autres caractères. Mais c'est là un élément plutôt de fait que de droit. Pour M. Pirenne (*L'origine des constitutions urbaines au moyen âge*, dans la *Revue historique*, sept.-oct. 1893, p. 67), « ce qui constitue la ville du moyen âge au sens juridique du mot, ce n'est pas un degré plus ou moins complet d'autonomie, c'est l'acquisition d'un droit municipal distinct de celui du plat pays. Les organes chargés de l'application de ce droit peuvent être fort différents, seigneuriaux ici, là communaux : cette différence importe peu ». Enfin M. Hegel, *op. cit.*, II, p. 506, s'exprime ainsi : « La vie et la qualité même de la ville reposent sur le commerce et l'industrie ; c'est par là qu'elle se distingue et s'élève au dessus du plat pays ; c'est par là que naissent le mouvement de son marché, ses relations avec les étrangers et les hôtes. Mais c'est le seigneur qui lui a conféré son droit et sa première constitution. Le point de départ est la formation d'une circonscription judiciaire distincte pour la ville et pour les biens de la ville ou ceux qui en dépendent. Nous trouvons partout cette séparation qui s'opère entre la juridiction de la ville et celle de la campagne, aussi bien en Angleterre et dans les royaumes scandinaves que dans les villes du continent. C'est un caractère essentiel des villes, que de posséder une juridiction à part et municipale, comme c'est un droit essentiel des bourgeois de ne pouvoir être actionnés que devant cette juridiction ». Là me paraît être la vérité.

s'appliquassent aux maisons, cet élément n'avait qu'une importance tout à fait secondaire; ce qui représentait surtout
la fortune, c'était le produit du commerce et de l'industrie; le
marchand et l'artisan, au point de vue économique, n'avaient
pas besoin du seigneur, dont l'intervention pour eux ne représentait qu'une gêne. Enfin, la protection militaire, que
fournissait aux roturiers et aux serfs des campagnes le pouvoir seigneurial, était moins précieuse dans les villes, où l'on
était moins exposé et où l'on pouvait mieux se défendre. Par
là même, on peut voir combien peu était fondée la thèse jadis
classique, reproduite dans le préambule de la Charte de 1814[1],
d'après laquelle l'émancipation des villes en France aurait
été une œuvre voulue et spontanée de la monarchie capétienne, aurait été due à son initiative et à son action. Le caractère général et européen de l'émancipation des villes au
moyen âge suffit à montrer qu'il y a là un produit naturel de
la société féodale, une réaction que devait nécessairement
engendrer ce système. On peut constater également, par le
détail, que la monarchie capétienne chercha plutôt à réduire l'émancipation municipale sur son propre domaine :
elle la favorisa, il est vrai, sur les domaines de ses vassaux directs, mais sûrement parce qu'elle y voyait un affaiblissement de ces derniers[2]. Elle chercha, d'ailleurs, de bonne
heure à se faire la protectrice et en même temps la tutrice des
villes privilégiées par tout le royaume; c'était étendre son
pouvoir, et elle sentait aussi instinctivement qu'entre elle et
les villes il se ferait une alliance naturelle et tacite contre l'ennemi commun, c'est-à-dire contre les pouvoirs seigneuriaux,
démesurément développés dans notre pays. Elle intervint pour
approuver et confirmer les chartes de franchises accordées
par les seigneurs. Cela se fit d'abord, non par application
d'un principe reconnu, mais parce que les villes, pour plus de
sécurité, s'adressèrent au roi et lui demandèrent sa confirmation et sa garantie[3]. A la fin du xiiie siècle, cela aboutit à une

1. « Nous avons considéré que, bien que l'autorité tout entière réside en
France dans la personne du roi, nos prédécesseurs n'avaient point hésité à
en modifier l'exercice, suivant la différence des temps; que c'est ainsi que les
communes ont dû leur affranchissement à Louis le Gros, la confirmation et
l'extension de leurs droits à saint Louis et à Philippe le Bel. »
2. Luchaire, *Les communes françaises*, p. 264 et suiv.
3. Luchaire, *Les communes françaises*, p. 270 et suiv.

théorie précise et générale : l'assentiment du roi était toujours
nécessaire pour créer une ville libre, c'est-à-dire une nouvelle
personnalité politique. C'est ce que déclare Beaumanoir pour
les communes[1], et, au xiv° siècle, la même règle est énoncée
pour les villes de consulat[2]. Cela était d'ailleurs logique,
étant donnée l'extension qu'avaient reçue les principes féo
daux au profit de la royauté, en ce qui concernait l'affranchissement des serfs, le droit de francs fiefs et l'amortissement. Le
seigneur, en accordant les franchises, renonçait à certains
droits de sa seigneurie èt, par suite, diminuait la valeur de son
fief. Après ces considérations générales, examinons successivement comment ont été établies les franchises municipales,
quelles en ont été la consistance et les formes principales.

I

J'ai indiqué quelle avait été la cause générale et profonde
qui amena l'émancipation des villes; mais il y eut aussi
d'autres causes, plus précises et plus proches, qui en furent
l'occasion et le moyen. Il est certain que des institutions antérieures servirent de point d'appui à la population urbaine ;
ce ne furent pas partout les mêmes; mais il y a lieu d'examiner
successivement ici les principales, qui ont été signalées comme
ayant eu une influence sérieuse :

1° On a plus d'une fois prétendu établir entre le régime
municipal romain et certaines municipalités du moyen âge
un rapport de filiation[3] : le premier, quoique très affaibli, se
serait perpétué jusqu'au moment où il aurait eu, dans des circonstances favorables, une renaissance et subi une transforma-

---

1. Beaumanoir, L, 2 : « De novel nus ne pot fere vile de commune sans
l'assentement du roy, fors que li roys. »

2. *Appendice* à la *Pratique* de J.-P. de Ferrariis, tirée de la *Praxis* de Pierre
Jacobi, édit. 1616, tit. XXXIV, n° 11 : « Sed an baro per se poterit concedere
consulatum in terra sua? Dico quòd ad consulatum pertinet licita congregatio
populi, pro consulibus creandis et pro pluribus aliis. Item ad consulatum pertinet jus publicandi aliquas res, pro muris faciendis et ad theatra et ad stadia
designanda, quæ sunt in dispositione solius principis vel senatus. Cum ergo
baro non possit illa concedere, ergo nec consulatum. » D'ailleurs, l'auteur
a dit précédemment, n° 10 : « Sed an rex poterit de jure concedere consulatum in terra baronis, non consentiente barone ? Et dico quod non, etiam si
illa terra teneatur in feudum a rege. »

3. Voyez surtout Raynouard, *Histoire du droit municipal en France*, l. III
t IV.

tion. Mais, comme nous l'avons dit précédemment[1], tout porte
à croire que les derniers vestiges des institutions municipales
romaines disparaissent en Gaule sous la dynastie carolingienne. On n'a encore établi d'une façon précise cette filiation
pour aucune cité de la France au moyen âge[2]. Tout ce qu'on
peut admettre, c'est que, dans certaines grandes villes, la tradition populaire, souvent si persistante et si vivace, conserva,
en l'exaltant, le souvenir d'un passé de liberté municipale et
fournit ainsi un élément de rénovation.

2° Nous avons étudié précédemment l'institution carolingienne des *scabini* ; nous savons que c'était un collège permanent d'assesseurs judiciaires, chargés de dire le droit et choisis
par le comte parmi les notables. Dans les campagnes, cette
institution disparut en général, et nous savons que la composition des cours féodales ne la comprenait pas en principe.
Mais, dans les villes, surtout dans la région du nord et de
l'est, elle se maintint au contraire assez généralement et
fournit souvent la base même des institutions municipales. La
transformation consista en deux choses : 1° rendre électifs
les *scabini*, qui, auparavant, étaient choisis par le seigneur, et
en faire ainsi les véritables représentants de la population ;
2° leur conférer, à côté de leurs fonctions judiciaires, des attributions administratives, c'est-à-dire la libre administration de
la cité. Que cette transformation se soit accomplie, il y en a
des preuves multiples. C'est d'abord le nom d'échevins ou
scabini, que porte dans bien des villes le principal groupe de
magistrats municipaux. Dans certains lieux, nous voyons nettement le collège des échevins se diviser en deux, dont l'un
garde les fonctions exclusivement judiciaires, l'autre prenant
des attributions administratives[3]. Parfois, bien qu'ils exercent

---

1. Ci-dessus, p. 74.
2. Cf. Luchaire, *Institutions monarchiques*, t. II (1re édit.), p. 152 et suiv. ;
— Flach, *Les origines de l'ancienne France*, II, p. 227-237.
3. Wauters, *Les libertés communales*, p. 604. Cela est vrai surtout pour les
villes de la Flandre, du Hainaut et du Brabant; Hegel, *Städte und Gilden*, II,
p. 115-231. Voici comment il résume l'évolution, p. 227: « Aussi bien dans les
villes de Flandre que dans celles du Brabant le gouvernement des échevins
existait de haute antiquité et l'échevinat était à vie ; le comte nommait les
échevins. Un changement s'opéra par le renouvellement annuel des échevins,
qui s'introduisit à Arras en 1194, puis à Ypres en 1209, et devint ensuite le
droit commun. La libre élection des échevins fut aussi accordée ensuite au
collège des échevins ou aux bourgeois, la confirmation en étant seule réser-

les deux ordres d'attributions, leur rôle judiciaire est de beaucoup le plus important[1]. Parfois enfin, ils partagent, suivant certaines règles, le jugement des procès avec une catégorie de magistrats municipaux d'origine différente : les *jurati* ou *vere jurati*[2]. Cela montre que souvent le scabinat, datant de l'époque carolingienne, a exercé une influence considérable dans le développement de la liberté municipale, que tantôt il est devenu le principal représentant de la cité pour son libre gouvernement, tantôt l'un de ses organes, en concours avec d'autres[3].

3° Des corps d'une autre nature ont joué, dans cette évolution, un rôle presque toujours important, parfois prépondérant. Ce sont les corporations d'artisans, et surtout celles de marchands, et les associations spontanément formées entre les habitants. Les corps de marchands, que nous avons signalés dans l'administration romaine[4], ne disparurent point avec la chute de l'empire d'Occident : ils subsistèrent, au contraire, sans doute plus libres qu'autrefois, et maintenus par l'intérêt commun de leurs membres[5]. Quoique imposés, ran-

vée au seigneur. » — Cf. Pirenne, *Histoire de la constitution de la ville de Dinant au moyen âge*, p. 18 et suiv.

1. Prost, *L'ordonnance des majeurs de Metz*, dans la *Nouvelle revue historique de droit*, 1878, p. 189 et suiv., 283 et suiv.

2. Wauters, *Les libertés communales*, t. II, Preuves, p. 18, 172 ; — Hegel, *Städte und Gilden*, II, p. 227 (villes de Flandre et du Brabant) : « Le prévôt ou bailli du comte était le juge et avait le pouvoir exécutif; les échevins, qui étaient les jugeurs au tribunal, avaient aussi l'administration de la ville. Bientôt l'accroissement des affaires conduisit à un partage, soit que les échevins se divisassent en deux collèges qui présidaient alternativement l'un à la justice, l'autre à l'administration ; soit que, comme c'est le droit commun au xiiie siècle, des jurés ou conseillers (*jurati, consiliarii*) fussent associés aux échevins dans l'administration. Ceux-là, toujours en nombre restreint, étaient pris également parmi les grands bourgeois et, par conséquent, ne peuvent être considérés comme les représentants spéciaux du reste de la commune. » — Pirenne, *op. cit.*, p. 21 : « Dans les villes flamandes, la bourgeoisie intervint de bonne heure dans la nomination des échevins, qui prirent ainsi le caractère d'une magistrature communale. Sur les bords de la Meuse il n'en a jamais été de même. Ici justice seigneuriale et échevinage ont toujours eu une signification identique. L'autonomie urbaine n'a pas, comme en Flandre, trouvé son expression dans les échevins, mais dans les jurés. »

3. Wauters, *Les libertés communales*, p. 604 et suiv. ; — Bonvalot, *Le tiers état d'après la loi de Beaumont*, p. 48, 122; — Luchaire, *Les communes*, p. 173 et suiv.

4. Ci-dessus, p. 21.

5. Greg. Tur., *Historia Francorum*, III, 34; c'est un évêque qui s'adresse au roi Théodebert : « Rogo, si pietas tua habet aliquid de pecunia, nobis commo-

çonnés par l'autorité seigneuriale, ils purent vivre et parfois prospérer, et prirent presque partout une forme d'association libre introduite par la coutume germanique, et qu'on appelle la *gilde* [1]. Il y avait là un instrument puissant pour la défense des intérêts corporatifs, qui, d'ordinaire, coïncidaient avec ceux de la cité elle-même. Dans une certaine mesure, les associations d'artisans, qui s'étaient maintenues ou organisées de la même manière, agirent dans le même sens. Ce furent les agents les plus actifs pour la conquête des franchises municipales, et souvent même ils les conquirent en quelque sorte pour leur propre compte, devenant seuls, dans l'organisation établie, les représentants de la ville. Pour certains pays, l'Angleterre, par exemple, on a été jusqu'à soutenir qu'il y avait toujours identité à l'origine entre la gilde des marchands et le corps municipal, et, si cette thèse paraît trop absolue, elle contient cependant une grande part de vérité [2]. En France, l'orga-

dis... cumque hi negucium exercentes responsum in civitate nostra, *sicut reliquæ habent*, præstiterint, pecuniam fuam cum usuris legitimis reddimus. »

1. Sur la gilde, voyez Drioux, *De la gilde germanique*, Paris, 1883; — Charles Gross, *The gild merchant*, Oxford, 1890 ; et surtout le bel ouvrage de M. Hegel, *Städte und Gilden*. Selon M. Hegel, la gilde aurait été le produit à la fois des coutumes germaniques et des idées chrétiennes, dans un milieu où la sécurité faisait défaut. Elle présenterait trois caractères distinctifs et essentiels : 1° l'association se réunissait périodiquement dans des banquets, auxquels devaient prendre part les associés (ce serait un souvenir des sacrifices et des banquets du paganisme germanique); 2° tous les associés devaient se considérer comme des frères et l'association se livrait à des pratiques pieuses (ce serait la part des idées chrétiennes dans l'institution) ; 3° les associés étaient tenus de se soutenir et se défendre les uns les autres, l'association exerçant sur tous une juridiction disciplinaire; enfin le plus souvent l'association et les obligations des associés sont garanties par la foi du serment (t. I, p. 7 et suiv., 27 et suiv., 102 et suiv., 250 et suiv.; t. II, 168, 169, 501 et suiv.). L'existence des gildes est tout d'abord attestée par les prohibitions séculières et canoniques dirigées contre elles à l'époque carolingienne (t. I, p. 1-4). Elles se développent largement chez les Anglo-Saxons, jusqu'à la conquête normande, et en Danemark, où peut-être elles avaient été importées d'Angleterre. Au moyen âge, c'est la forme que prennent le plus souvent les corporations de marchands ; à ce type se rattachent également les associations si intéressantes qui existent dans certaines villes flamandes sous le nom de *caritates* (charité), t. II, p. 147 et suiv., 172. — Cf. W. Sickel, *Die Privatherrschaften im fränkischen Reiche, loc. cit.*, I, p. 168.

2. Voyez, contre cette thèse, M. Gross, *op. cit.*, ch. v-vii, qui résume tous les travaux sur la question, et App. A, B. — M. Hegel combat également cette idée; il n'admet l'identité de la gilde des marchands et de la municipalité anglaise que dans quelques cas exceptionnels, pour Preston et Worcester par exemple; encore cette assimilation serait-elle un état, non originaire, mais

nisation municipale révèle très souvent la part considérable
qu'ont eue les corporations dans la conquête des franchises[1],
en ce que les officiers municipaux sont nommés par ces corporations, qui constituent ainsi le collège électoral[2]. Parfois,
c'est un corps de marchands qui concentre entre ses mains
tout le pouvoir municipal[3]. Pour la ville de Saint-Omer, on a démontré que la gilde marchande est directement devenue la
commune[4], et le même phénomène s'est produit pour la municipalité de Paris. On sait, en effet, que celle-ci fut d'abord
concentrée dans la corporation des *marchands de l'eau*, qui
faisait l'importation des marchandises par le cours de la Seine,
et dont on a voulu souvent faire remonter les origines à une
corporation de *nautæ Parisienses*, que l'on trouve à l'époque
romaine[5]. Le maire de Paris, dans l'ancien régime, portera
jusqu'au bout le titre de prévôt des marchands, et l'emblème
de la vieille corporation figure encore dans le blason de la
ville de Paris. Enfin, d'autres associations jouèrent souvent un
rôle prépondérant dans le mouvement d'émancipation : celles-
là sont toutes politiques, bien que souvent elles se déguisent
sous la forme de confréries religieuses. Ce sont des sociétés de
secours et de défense mutuels, formées spontanément entre
les habitants d'une ville Ces associations avaient dû être tentées de bonne heure, car ce sont elles, sans doute, que prohibent les capitulaires carolingiens sous le nom de *geldoniæ
et conjurationes*[6]. Au moyen âge, dès la seconde moitié du

second (t. I, p. 93 et suiv., 113). Mais dans son travail si complet et si conscien-
cieux, M. Hegel a relevé nombre de faits qui montrent que, si la gilde est
rarement devenue toute l'organisation municipale, elle en a été souvent partie intégrante et importante ; voyez, par exemple, t. II, p. 157-160 (Saint-
Omer), 162 (Arras). — Cf. Pollock et Maitland, *The history of the english law be-
fore the time of Edward I*, t. I, p. 648 et suiv.

1. Ch. Gross, *op. cit.*, App. F., *The continental gild merchant*, p. 282 et suiv.
2. Luchaire, *Les communes*, p. 154 et suiv., 30 et suiv.
3. Cela explique bien le caractère aristocratique de certaines constitutions
municipales.
4. Giry, *Saint-Omer*, p. 153, 275, 278, 281, 282. — En sens contraire, Hegel,
op. cit., II, p. 158 et suiv.
5. Voyez Hegel, *Städte und Gilden*, II, p. 86 et suiv.
6. Waitz, *Deutsche Verfass.*, IV, p. 434 et suiv. Il y a là les deux traits caractéristiques de l'association politique : la cotisation (*geldonia*) et le serment (*conjuratio*). M. Hegel voit dans les *conjurationes* que prohibent les capitulaires
carolingiens et les règlements canoniques contemporains de véritables gildes
(t. I, p. 1-11). Il refuse, au contraire, de reconnaître ce caractère aux associations jurées pour la défense mutuelle et le respect de la paix, qui se produi-

xi° siècle, elles se multiplient ; nous les retrouverons un peu
plus loin en parlant des communes jurées. On sent vraiment
qu'elles constituent la plus grande force de résistance, qui reste
aux populations agglomérées, contre les pouvoirs féodaux.
Aussi ceux-ci et l'Église cherchent-ils à les étouffer. Prohi-
bées, nous l'avons dit, aux viii° et ix° siècles, elles le sont encore
aux xii°, xiii° et xiv° [1]. Voilà les principaux précédents qui ont
préparé l'émancipation des villes [2] : voyons comment elle s'est
accomplie.

II

Les franchises des villes n'ont pas été toutes acquises de la
même manière. Comme elles entraînaient pour le seigneur

sent au moyen âge et dont souvent sont sorties les communes jurées. Même
là où l'analogie est pressante, comme pour la *Lex amiciliæ* d'Aire (t. II,
p. 166-170), il écarte l'idée de gilde, parce qu'il manque deux des traits qui ca-
ractérisent essentiellement cette dernière : la confrérie religieuse et le *convi-
vium*. Ces *conjurationes* politiques me paraissent cependant constituer une
application dérivée de la gilde. Elles en retiennent un trait essentiel, le
devoir de mutuelle assistance, et un autre caractère important, le lien du serment. Si elles ne reproduisent pas les autres traits, c'est qu'ils ne s'adaptaient pas au milieu nouveau et élargi dans lequel elles se formaient. Tous les
habitants d'une ville ne pouvaient pas se réunir en banquet, comme les membres d'une confrérie. Cf. Flach, *Les origines*, II, p. 376, note 1.

1. Concile provincial de Rouen, janvier 1189, ch. 25, visant probablement
d'une façon spéciale la commune de Rouen (Hegel, t. II, p. 14; cf. p. 503). —
En janvier 1231, sentence des princes de l'Empire rendue à Worms, sur la
demande de l'évêque de Liège, et abolissant les *communiones, constitutiones,
confœderationes seu conjurationes aliquas quocumque nomine censeantur* (Pirenne, *op. cit.*, p. 29). — Enfin les Coutumes générales données par Simon de
Montfort, *loc. cit.*, p. 224 : « Nulli barones, milites, burgenses sive rurales audeant aliquo modo se colligare, mediante fide aut sacramento, aut conjura-
tionem aliquam facere, etiam sub prætextu confratriæ, nisi de assensu et voluntate domini. Quod si aliqui fuerint comprobati taliter conjurasse contra
dominum, tam ipsi quam res eorum (erunt) in manu et voluntate domini. Si
vero conjurati fuerint, licet non contra, tantum in aliorum damnum, si inde
fuerint convicti aut confessi, dabunt singuli decem libras si fuerint barones,
si simplices milites centum solidos, si burgenses sexaginta solidos, si rurales viginti solidos. Excipiuntur autem ab hujusmodi pœna negotiatores aut
peregrini qui sibi jurant pro societate sua servanda. »

2. Récemment des travaux remarquables, se rapportant à l'Allemagne, ont
attribué, dans ce pays, aux marchés et à la protection des marchés une influ ace
prépondérante dans le développement du droit municipal. Voyez, en particulier, Sohm, *Die Entstehung des deutschen Städtewesens*, 1890. En France, les
marchés sont également, par la force même des choses, un des éléments importants de la vie urbaine, et les chartes des villes ont souvent des dispositions qui s'y rapportent. Mais on ne saurait voir là, chez nous, l'une des

une perte pécuniaire, elles ont été rarement concédées par lui
spontanément ou gratuitement. Souvent, c'est une insurrec-ᴌ
tion triomphante qui les a obtenues. Parfois aussi, elles ont été
achetées au seigneur par les habitants; c'est ainsi qu'on voit
des municipalités prendre à bail du roi ou du seigneur la prévôté de la ville pour une somme déterminée. Par cette opération, qui normalement constituait un bail perpétuel, la cité
acquérait le droit d'exercer sur elle-même, par ses représentants élus, et à son profit, les droits de justice et d'administration qui, jusque-là, appartenaient au prévôt. Cette combinaison, très fréquente en Angleterre[1], se produisit aussi parfois
en France[2]. Enfin, il arriva quelquefois que les seigneurs, bien
avisés et par bonne politique, accordèrent à leurs villes, spontanément et sans les faire payer, des privilèges et des franchises : c'était alors dans l'espoir que, la prospérité de la ville
augmentant avec sa liberté, les droits pécuniaires qui leur
restaient dus seraient plus productifs et leur fourniraient une
compensation suffisante. C'est ce qui se produisit surtout pour
les villes de fondation nouvelle, où les seigneurs désiraient
attirer de nombreux immigrants, et qui prirent, dans le nord
et dans le centre, le nom de *villes neuves*, et, dans le midi,
celui de *bastides*[3].

Juridiquement, les franchises furent aussi sanctionnées de
diverses manières. Le plus souvent, ce fut un titre formel, une
charte, qui les constata et les garantit. C'était un titre capital
et précieux, dont l'interprétation se faisait d'après des règles
précises[4]. C'est surtout par ces chartes que nous connaissons

causes de l'affranchissement municipal. Cf. Flach, *Les origines de l'ancienne
France*, II, p. 223.

1. Voyez l'ouvrage classique de Madox : *Firma burgi, or an historical es-
say concerning cities*, 1726; — Pollock et Maitland, *The history of the english
law*, t. I, p. 635 et suiv.

2. Charte de Philippe-Auguste (1201-1202) au profit de la commune de Mantes ;
charte du même au profit de la commune de Chaumont (1205), dans Giry,
Documents, p. 48, 49. — Borelli de Serres, *Recherches sur divers services publics
du xiiiᵉ au xviiᵉ siècle*, p. 14, note 2; 657, note 6.

3. E. Menault, *Les villes neuves, leur origine et leur influence dans le mouvement communal*, 1868 ; — Curie-Seimbres, *Essai sur les villes fondées dans le
sud-ouest de la France sous le nom générique de bastides*, 1880 ; — Flach, *Les
origines de l'ancienne France*, II, p. 161-203.

4. Beaumanoir, L, 1 ; — Lettres de Louis VII à la ville de Beauvais (1151),
Ord., XI, p. 198; — Arrêt des Grands Jours de Troyes, dans Brussel, *Usage des
fiefs*, II, p. 27.

le droit municipal du moyen âge ; d'ailleurs, elles ne contiennent point d'ordinaire toutes les règles de l'organisation municipale ; elles laissent dans l'ombre, le plus souvent, un grand
nombre de détails. Ce qu'elles enregistrent au contraire avec
la plus grande précision, ce sont les droits fiscaux et judiciaires
auxquels le seigneur renonce au profit de la ville et ceux qu'il
conserve pour lui [1]. A côté des chartes, nous avons, pour certaines villes, de véritables coutumiers municipaux, c'est-à-
dire des recueils rédigés par des particuliers, et plus riches
en détails [2]. Enfin, Beaumanoir, dans ses *Coutumes du Beauvoisis*, a consacré un chapitre aux *bonnes villes*, c'est-à-dire
aux villes privilégiées, et c'est à proprement parler la seule
exposition théorique et d'ensemble que le moyen âge français nous ait transmise sur cette matière [3].

Parfois les franchises municipales ont existé pendant assez
longtemps sans être consacrées par une charte : elles étaient
alors simplement déterminées et sanctionnées par la coutume.
On peut même constater que souvent les chartes supposent
un état antérieur du droit municipal, sans doute assez rudimentaire, dont elles sont le développement [4].

III

Ce qui caractérise le droit municipal du moyen âge, c'est la
particularité et la diversité. Chaque ville acquiert isolément
ses privilèges et reçoit son organisation particulière : dans
l'ensemble du *plat pays*, qui reste soumis aux rigueurs du
régime féodal, ce sont autant d'îlots qui émergent et dont
chacun a sa physionomie propre [5].

1. On trouve les chartes des villes éparses dans les recueils d'anciennes
ols françaises ou dans les monographies consacrées à l'histoire des différentes villes. Un grand nombre sont insérées au tome XI de la collection des
Ordonnances. Des types choisis se trouvent dans Giry, *Documents*.

2. Par exemple, Roisin, *Franchises, lois et coutumes de la ville de Lille*,
(xiiie siècle et suiv.), édit. Brun-Lavainne, Lille, 1842.

3. *Coutumes de Beauvoisis*, ch. L. Ce chapitre et les autres passages du livre
de Beaumanoir qui se rapportent au droit municipal ont été réédités d'après
un manuscrit important par M. Giry, *Documents*, p. 113 et suiv.

4. Voyez spécialement pour la ville de Rouen, Hegel, *Städte und Gilden*,
tI, p. 13, 14.

5. Cette distinction entre la ville et le plat pays est générale dans l'Europe
féodale. Voyez, pour l'Angleterre du xiiie siècle, Pollock et Maitland, *The history of the english law*, t. I, p. 625.

La diversité n'existe pas que dans la forme, elle existe aussi et surtout dans le fond. Les franchises accordées aux diverses villes n'ont pas, en effet, la même consistance et la même étendue : elles contiennent des doses de liberté très variables. On peut cependant dégager, dans leurs traits généraux, deux types qui représentent, l'un le *minimum* et l'autre le *maximum* des franchises municipales.

Les villes qui obtinrent le moins ne conquirent guère que ce qu'on peut appeler la liberté civile. Elles obtinrent une condition favorable pour leurs habitants roturiers et serfs, au point de vue du droit fiscal, pénal et privé. Le servage et les tailles arbitraires furent abolis; la charte contint une fixation précise des droits pécuniaires et taxes qui restaient dus au seigneur; la personne des citoyens fut garantie contre les arrestations et les emprisonnements arbitraires, leurs biens contre les réquisitions et les amendes arbitraires. Enfin, ces villes eurent le droit de posséder et d'acquérir des biens et d'en utiliser les revenus [1].

Les villes qui obtinrent le plus, outre les droits et avantages que je viens d'énumérer, acquirent véritablement la liberté et l'autonomie politiques. Voici, en effet, les principaux droits qui leur furent reconnus :

1° *Le droit de justice*, par lequel dans la société féodale se manifestait principalement la puissance publique. Les villes qui l'avaient obtenu revendiquaient les poursuites dirigées contre leurs bourgeois, et, comme cette justice s'exerçait par les officiers municipaux, le bourgeois acquérait par là un privilège semblable à celui que réclamait l'homme de fief, dans le jugement par les pairs. Mais il ne faudrait pas croire que ce droit de justice ait été généralement complet, entraînant la compétence à tous égards. Les seigneurs, même à l'égard des villes largement privilégiées, se réservèrent souvent deux choses : 1° la justice féodale, c'est-à-dire la connaissance des tenures qui relevaient d'eux, alors même qu'elles étaient aux mains des bourgeois [2]; 2° les cas criminels les plus graves,

1. Hegel, *Städte und Gilden*, II, p. 77-80.

2. Par exemple, charte de Villeneuve-le-Roi (Louis VII, 1175), *Ord.*, XI, 227, art. 3 : « Si de censu suo forisfecerint homines nostri Ville Nove militibus vel de venditionibus, in curia militum se super hoc justiciabunt. » Cf. charte de Laon (Louis VI), art. 33. — *Établissements de Rouen* (Giry, t. II), art. 24 : « Si

ceux qui entraînaient la confiscation[1]. D'autre part, les juridictions municipales n'eurent pas toujours la même origine :
elles se fondèrent, au contraire, sur des précédents et des
principes différents.

Les unes, celles dont généralement la compétence fut la
plus étendue, sortirent de l'ancienne administration de la justice avec l'intervention des *scabini*. Les échevins avaient jadis
administré dans la ville la justice au nom du seigneur qui les
nommait; devenus les représentants de la cité, ils continuèrent à l'administrer, sous la présidence d'un officiel municipal,
et au nom de la cité, sauf le respect des droits réservés au
seigneur[2].

Dans les communes jurées, la justice municipale eut souvent un autre fondement. Les communes, comme on le verra
bientôt, eurent pour origine des associations conclues entre
les habitants d'une ville, sous la foi du serment, pour maintenir la paix au dedans et faire cesser les violences intestines et
pour repousser les violences du dehors. Il en résulta tout
naturellement qu'elles exercèrent d'emblée sur leurs membres
une juridiction disciplinaire[3] des plus énergiques, comme
toutes les associations politiques qui veulent se suffire à elles-
mêmes. Les pénalités disciplinaires, prononcées par l'association ou par ses représentants élus, existaient déjà; on
peut en saisir la trace, lorsque la société n'était qu'une confrérie privée et ne s'était pas encore fait reconnaître comme
pouvoir municipal[4]; après cette reconnaissance, elles conti-

quis requisierit curiam suam de terra, concedetur ei. » Décision de Philippe-
Auguste de 1190 concernant la commune de Noyon (Delisle, *Catalogue des
actes de Philippe-Auguste*, App., p. 499 : « Si episcopus habuerit querimoniam
adversus communiam vel aliquos vel aliquem de communia, liberi homines
episcopi judicium facient. »

1. Flammermont, *Histoire des institutions municipales de Senlis*, p. 16 :
« Lorsque Philippe-Auguste confirma en 1202 la charte octroyée en 1173 par
le roi son père, il donna à la commune toute la justice qu'il avait à Senlis à
l'exception de trois cas, « eo excepto quod nobis retinemus multrum, ra-
ptum et homicidium. » — *Établissements de Rouen*, art. 11 (Giry, II, p. 18).

2. C'est ce qu'on trouve dans les villes où les échevins apparaissent dès le
début comme exerçant seuls la justice et à tous égards. Voyez, par exemple,
la confirmation des privilèges d'Arras (vers 1180), dans Wauters, Preuves,
p. 32. — Cf. Prost, *L'ordonnance des majours de Metz*.

3. Cf. Luchaire, *Les communes*, p. 167.

4. Voyez les curieuses *chartes et ordenanches de la Frarie de la halle des*

nuent à être appliquées, désormais, comme l'expression du droit public, et souvent, dans une large mesure, cette juridiction écarta complètement la justice du seigneur[1]. Parfois elles présentent une forme caractéristique : c'est l'expulsion du bourgeois coupable et récalcitrant, qui est rejeté de la commune, ou la destruction de sa maison. Cette justice, dans les communes, paraît avoir été administrée d'abord par des représentants spéciaux de la commune appelés *jurés* ou *voir-jurés* (*jurati, vere jurati*), que l'on voit dans certaines chartes anciennes exercer une juridiction distincte de celle des échevins, ces derniers représentant encore la justice seigneuriale[2]. On conçoit aussi que cette justice disciplinaire de la commune pouvait intervenir même à l'occasion des crimes graves, dont le seigneur s'était réservé la connaissance : les deux juridictions statuaient alors successivement, chacune à son point de vue particulier[3]. Conformément à son origine, la justice des communes pouvait aussi servir de moyen de défense contre le dehors. Elle citait, en effet, devant elle l'homme du dehors qui avait commis un délit contre un bourgeois dans la ville ou dans sa banlieue; et, s'il ne comparaissait pas, la commune, pour se venger, employait la force, si elle le pouvait[4]. C'est sans doute en vertu du même principe que, suivant plusieurs chartes, la justice communale devient compétente même pour

draps de Valenciennes (vers 1070), dans Wauters, Preuves, p. 255 et suiv., et dans Caffiaux, *Mémoire sur la charte de la Frairie de la halle basse de Valenciennes*, dans les *Mémoires de la Société des Antiquaires de France*, t. XXXVIII (1877). Sur cette *charité* : Hegel, *Städte und Gilden*, II, p. 148 et suiv.; — Flach, *Les origines de l'ancienne France*, II, p. 380 et suiv.

1. M. Hegel a très bien montré ce caractère propre aux juridictions des communes; il appelle cette juridiction justice de paix, justice extraordinaire, justice privée, justice subsidiaire; tome II, p. 44, 48 (Rouen); 57 (Amiens); 62 (Beauvais); 143 (Valenciennes); 159 (Saint-Omer); 162 (Arras).

2. *Charte de franchise de Soignies* (1142 et 1200), dans Wauters, Preuves, p. 18 : « Si quis incolarum in causam ducitur, coram ministro Ecclesiæ et villico, vere juratorum judicio causa terminetur. Si vero de rebus extrinsecis agatur, scabinorum judicio decidatur. » — Voyez le rôle des jurés de la paix, dans la loi de la ville du Quesnoy (vers 1180), dans Wauters, Preuves, p. 36; — Flach, *Les origines de l'ancienne France*, p. 378, note 1.

3. *Établissements de Rouen*, art. 11, p. 18 : « Si juratus communiæ juratum suum occiderit, et fugitivus vel convictus fuerit, domus sua prosternetur (voilà la justice de la commune) et ipse reus cum castallis suis tradetur justiciis domini regis, si potuerit teneri (voilà la justice du roi). »

4. Esmein, *Histoire de la procédure criminelle*, p. 16 et suiv.

les cas réservés à la justice seigneuriale, si celle-ci n'a pas voulu faire droit au bourgeois [1].

Enfin les juridictions municipales se fondèrent aussi sur trois principes dont nous trouvons l'explication très nette dans .es documents sur le *Parloir aux Bourgeois* du vieux Paris. — A. Là où la municipalité était représentée par une corporation de marchands privilégiés, celle-ci avait naturellement compétence pour statuer sur les règlements du négoce et sur leur violation [2]. — B. En matière civile, les habitants pouvaient, s'ils le voulaient, porter leur litige, par voie d'arbitrage, devant les officiers municipaux, alors même que ceux-ci n'avaient pas la juridiction en cette matière, et nous voyons qu'à Paris ils usaient de cette faculté [3]. — C. Parmi leurs biens, les villes avaient souvent des terres sur lesquelles elles avaient concédé des censives, car elles jouaient le rôle de seigneur; et, par application de la justice féodale, la municipalité connaissait alors des procès auxquels donnaient lieu ces tenures [4].

2° *La législation municipale.* Ce droit, tout exorbitant qu'il paraisse, était une conséquence du droit de justice, dans les idées du moyen âge. L'idée de la législation générale avait disparu; mais chaque titulaire d'une justice pouvait faire des règlements pour l'administration de sa justice, dans la mesure où celle-ci était compétente [5].

1. *Établissements de Rouen*, art. 24 : « Si quis requisierit curiam suam de terra, concedetur ei, et nisi fecerit rectum clamanti in duabus quindenis, communia faciet. » Cf. art. 25. — Charte de Laon, art. 7 : « Si fur quilibet interceptus fuerit, ad illum, in cujus terra captus fuerit, ut de eo justiciam faciat adducetur; quam si dominus terræ non fecerit, justicia in furem a juratis perficiatur. » Cf. art. 6. — Lettres de Louis VII (1151) reconnaissant qu'à Beauvais la justice appartient à l'évêque, non à la commune (*Ord.*, XI, 198) : « Sed si forte, quod absit, in eo remanserit, tunc ipsi cives licentiam habeant suis concivibus faciendi, quia melius est tunc ab eis fieri quam omnino non fieri. »

2. *Le livre des Sentences du parloir aux bourgeois* (1268-1325), publié par Leroux de Lincy. *Histoire de l'hôtel de ville de Paris*, 1846, p. 104, 105, 107, 119, 120, 126.

3. *Le livre des Sentences du parloir aux bourgeois*, p. 107, 108.

4. *Le livre des Sentences du parloir aux bourgeois*, p. 117. Il faut dire qu'en 1220 Philippe-Auguste accorda expressément aux marchands de l'eau, moyennant le paiement d'une redevance annuelle, la basse justice et la justice foncière dans la ville. Delisle, *Catalogue*, n° 1959 : « Magna justitia nobis remanet. Alia autem parva erit mercatorum et laudes et vende erunt mercatorum ad usus Parisienses. »

5. Flammermont, *Institutions municipales de Senlis*, p. 14 : « Les magistrats

3° *Le droit d'imposition.* En même temps que la ville échappait au pouvoir fiscal du seigneur, dans les conditions fixées par la charte, elle acquiérait le droit de s'imposer elle-même, d'établir librement par ses organes des taxes sur les habitants[1]. Au xvi° siècle encore, ce droit apparaissait comme un attribut naturel des villes municipales, comme un de ceux qui les distinguaient des simples communautés d'habitants[2].

4° *Le droit d'avoir une force armée.* Cette force, composée souvent des bourgeois eux-mêmes, conduits et commandés par des officiers municipaux, servait à deux fins. D'un côté, les habitants devaient le service militaire au seigneur justicier ou au roi en vertu des principes féodaux, et l'affranchissement laissa subsister cette obligation, en la limitant et la précisant comme les autres[3]. D'autre part, la ville libre et privilégiée avait le droit de faire elle-même des expéditions contre ses ennemis propres[4]. C'est ainsi qu'elle partait en corps pour aller détruire la maison de l'étranger, qui était venu porter la violence chez elle et n'avait pas voulu répondre devant ses magistrats[5]. Il n'y a là d'ailleurs rien de bien surprenant, dans une société où les guerres privées étaient licites[6].

Tous ces droits politiques, c'étaient les attributs naturels de la seigneurie, et les villes privilégiées furent incontesta-

municipaux avaient des attributions législatives très importantes ; ils faisaient des bans ou règlements... Il semble que ces attributions étaient très larges et qu'elles comprenaient à peu près toutes les matières susceptibles d'être réglées par la loi. » — Dans le *Livre Roisin*, on trouve une grande quantité de ces règlements portant sur les matières les plus diverses, par exemple, p. 52, 61, 63, 69, 77, 99, 110, 169. Parfois le comte de Flandre intervient (p. 63, 77), mais c'est l'exception. — Lorsque l'on voulait enlever ce pouvoir à la ville ayant droit de justice, la charte le disait expressément; charte d'Amiens, art. 50 : « Bannum in villa nullus potest facere nisi per regem et episcopum. » — Hegel, *Städte und Gilden*, II, 55 (Saint-Quentin); 81 (Beaumont). — Sur le droit de législation qui appartient aux villes anglaises du xiii° siècle, voyez Pollock et Maitland, *The history of the english law*, I, p. 644 et suiv.

1. Flammermont, *De concessu legis et auxilii*, p. 43 et suiv.; — Hegel, *Städte und Gilden*, II, p. 55, 64. Voyez les curieux détails que donne Beaumanoir sur la taille municipale, tantôt établie par la ville de sa propre autorité, tantôt exigeant le consentement du seigneur (ch. L, *Des bones viles*, 4, 11).

2. Boerius, *Decisiones*, decis. 60.

3. Luchaire, *Les communes*, p. 177 et suiv.

4. Charte de Beauvais, art. 11 ; — charte de Soissons, art. 14.

5. Sur ce point, voyez en particulier le *Livre Roisin*, p. 4 et suiv. — Cf. Esmein, *Histoire de la procédure criminelle*, p. 16.

6. Ci-dessus, p. 243 et suiv.

blement considérées comme des seigneuries. Parfois, cela se
traduisait par une forme précise, par un hommage que le principal officier municipal faisait au roi, au nom de la ville[1]; mais
partout cette idée était la base de la pleine franchise municipale. On ne se figurait pas alors les droits politiques sous
une autre forme que celle du fief ou de la seigneurie. Celle-ci
d'ailleurs pouvait avoir pour titulaire réel une personne morale, comme le prouve l'existence des seigneuries ecclésiastiques. Elle pouvait de même appartenir à une collectivité
d'habitants, constituant un être de raison, et représentés par
des officiers municipaux[2].

Quelque étendue qu'eussent d'ailleurs les privilèges d'une
ville, alors même que celle-ci ne devenait pas une personne
publique, support d'une seigneurie, ses habitants, ceux qui
étaient couverts par ses privilèges, appartenaient dès lors
à une nouvelle classe de personnes. Le bourgeois, ou citoyen
de la ville privilégiée, représente vraiment un nouvel état dans
la société féodale; il se distingue des autres roturiers et se
rapproche sensiblement du noble; c'est un privilégié, comme
ce dernier et comme l'ecclésiastique.

IV

Autant que par l'étendue de leurs privilèges, les villes affranchies variaient par la forme de leur organisation municipale :
ici encore, c'était l'individualisme qui dominait. Cependant,
sous cette diversité apparente et d'ailleurs réelle, on constate
une certaine unité partielle. Divers groupes de villes arrivèrent
à avoir des chartes, qui ne présentaient guère que les variantes d'un même type. Cela se fit en premier lieu par la
propagation directe des chartes. Une charte rédigée pour une
seule ville se trouva répondre aux besoins d'une région tout
entière ou, tout au moins, d'un certain nombre d'autres cités.
Elle fut copiée ou même parfois transplantée presque sans

1. Flammermont, *De concessu legis et auxilii*, p. 33 et suiv.
2. Dans les documents se rapportant aux villes, il est aussi question très
souvent des *murs* ou *remparts*. La ville se présentait naturellement comme
une enceinte fortifiée, et c'était là encore un des traits qui la distinguaient du
plat pays : mais avoir des remparts en bon état était pour elle tout autant
une obligation qu'un droit.

modifications[1]. La charte qui a eu ainsi la propagation la plus étendue, ce sont les établissements de Rouen que les monarques anglais accordèrent aux principales villes, dans leurs possessions de l'ouest de la France, depuis Rouen jusqu'à Bayonne[2]. Eurent également une large diffusion les chartes d'Amiens, de Laon, de Saint-Quentin ; la loi de Beaumont en Argonne[3]; la coutume de Lorris en Gâtinais[4]; la charte enfin qui fut donnée, en 1270, aux habitants de Riom, par Alphonse de Poitiers[5] et que l'on appela l'Alphonsine.

En dehors de cette propagation directe, il arriva, par le jeu des lois naturelles, qu'un certain type d'organisation municipale tendit à se reproduire dans la même grande région du pays : c'est ainsi que s'étend et se limite l'action des dialectes, et que dans chaque province s'établit un type spécial pour le costume des habitants et la structure des habitations. Je n'ai point l'intention de présenter ici la géographie politique de la France du moyen âge quant à l'organisation municipale[6], mais je voudrais esquisser trois formes d'organisation municipale, qui sont particulièrement nettes et qui ont été historiquement les plus importantes : la commune, le consulat et la ville de prévôté.

V

Le mot « commune » a deux sens dans la langue du moyen âge. Dans un premier sens large, il désigne toute ville ayant une organisation municipale complète, constituant une personne publique et exerçant des droits politiques. La commune ainsi conçue s'oppose alors aux villes, qui ne forment pas un corps municipal, et les textes indiquent les principaux signes extérieurs qui permettent de la reconnaître : c'est le fait, pour la ville, d'avoir un sceau particulier, une cloche pour

1. Ch. Gross, The gild merchant, App. E, Affiliation of medieval boroughs; — Luchaire, Les communes, p. 136 et suiv.; — Hegel, Städte und Gilden, II, p. 65, 67, 75, 77-80, 81 et suiv.
2. Giry, Les Établissements de Rouen.
3. Bonvalot, Le tiers état d'après la loi de Beaumont et ses filiales.
4. Prou, Les coutumes de Lorris et leur propagation aux xiie et xiiie siècles.
5. Ord., XI, p. 495.
6. Augustin Thierry a tracé ce tableau sous le titre : Tableau de la France municipale; il sert d'introduction au tome I des Documents sur l'histoire du tiers état.

convoquer les bourgeois, une caisse commune, des magistrats municipaux et une juridiction municipale[1].

Dans un sens étroit, le mot « commune » désigne la *commune jurée*, c'est-à-dire une forme particulière d'organisation municipale, qui coïncide généralement avec le *maximum* des franchises, mais qui a ses traits distinctifs et son domaine géographique. Elle paraît avoir pris naissance dans le nord de la France et dans les Flandres et représente une réaction proprement dite contre les pouvoirs féodaux. Comme je l'ai dit plus haut, c'est avant tout une association sous la foi du serment, entre habitants d'une ville, pour se défendre mutuellement contre les agressions et les oppressions et pour empêcher entre eux les désordres et les violences[2] : elle porte souvent un nom caractéristique, *pax, amicitia, fœdus pacis*[3]. Elle a généralement pour origine une *conjuratio* entre les habitants, qui lutte et triomphe et se fait reconnaître définitivement par le seigneur, comme une institution légale et permanente[4]. Le trait essentiel, c'est le serment exigé de tous les membres, et, très logiquement, il résulte de l'origine et de la conception de la commune que celle-ci ne comprend pas né-

---

1. Marcel Fournier, *Les statuts et privilèges des Universités françaises*, t. 1, nº 71, p. 61 (arrêt du Parlement) : « Licet Nivernis (Nevers) sit magna multitudo habitantium, tamen ipsi non faciunt universitatem, seu etiam unum corpus, sed ibidem ut singulares commorantur nec habent communiam, nec sigillum, nec campanam, nec bona communia, nec archam communem. » — Arrêt du Parlement qui supprime la commune de Laon (1296) ; Giry, *Documents*, p. 148 : « Privantes eos omni jure communitatis et collegii, quocumque nomine censeatur, campanam, sigillum, archam communem, cartas, privilegia, omnem statum justicie, jurisdictionis, judicii, scabinatus, juratorum officii... ab eis penitus et in perpetuum abdicantes. »

2. Voici la définition très exacte que M. Hegel donne de la commune, *Städte und Gilden*, II, p. 66 : « Elle se présente comme une union jurée des bourgeois dans le but de protéger la liberté des personnes et le droit de propriété contre l'arbitraire et les exactions du seigneur et des fonctionnaires ; il s'y joint l'établissement d'une juridiction extraordinaire avec des chefs librement choisis, maire et jurés ou échevins, juridiction qui punit par le bannissement, la destruction de la maison ou la confiscation des biens, les délits publics, et qui fonctionne en même temps comme autorité administrative pour les affaires de la ville. »

3. Luchaire, *Les communes*, p. 45 et suiv. ; — Hegel, *Städte und Gilden*, II, p. 64, note 1 (Soissons) ; 142 et suiv. (Valenciennes) : 166 et suiv. (Aire) ; 170 (Lille) ; 172 (Tournay).

4. Luchaire, *Les communes*, p. 26 et suiv. ; — Flach, *Les origines de l'ancienne France*, II, p. 414 et suiv., 391 et suiv.

cessairement tous les habitants de la ville. Les roturiers sont
bien tenus d'en faire partie, sauf à être expulsés[1]; mais, au
contraire, les nobles et les ecclésiastiques en sont exclus, tout
en étant forcés de jurer le respect de ses privilèges[2]; les serfs
n'y sont point non plus admis en principe.

Les communes ont, d'ailleurs, un organisme municipal très
varié. Partout il existe un collège de magistrats, qui portent
les noms d'échevins (*scabini*), de pairs (*pares*) ou de jurés
(*jurati*)[3], qui constituent le principal organe et dont les membres fonctionnent, à la fois, comme conseil délibérant, comme
agents d'exécution et comme jugeurs au tribunal municipal.
A leur tête est un officier qui les préside, *maire* ou *mayeur*
(*major*); parfois, il y a plusieurs maires. Mais, à côté de ce
collège, il y en a souvent plusieurs autres, dont l'intervention
est exigée, soit pour les actes d'administration, soit pour le
fonctionnement de la justice : ce sont des collèges de *conseillers* et de *jurés* ou *voir-jurés*[4]. Parfois, enfin, il y a à la base un
corps nombreux de *pairs*, dans lequel sont pris tous les magistrats[5]. Il est difficile de trouver la clef de toutes ces organisations : il est probable que ces corps divers furent des créa-
tions successives, qui se sont produites dans la période où les
droits municipaux étaient progressivement conquis, et chacun d'eux représentait une nouvelle conquête; on les a maintenus et combinés dans la constitution définitive.

Ces différents officiers municipaux étaient, en principe, électifs, sans qu'on puisse retrouver exactement toutes les règles
de ces élections. En général, cependant, le suffrage universel et
direct ne paraît pas avoir fonctionné; c'est le suffrage restreint,

1. Charte de Beauvais, art. 1; — charte de Soissons (1181), art. 17; — Hegel,
op. cit., II, p. 7 (Rouen).
2. Luchaire, *Les communes*, p. 64 et suiv. ; — Hegel, *Städte und Gilden*, II,
p. 6-7 (Rouen); 54 (Saint-Quentin); 74. Cependant à Aire les clercs et hommes
de fief sont admis, p. 168.
3. Le mot *jurati* s'emploie dans trois sens distincts : tantôt il désigne tous
les membres de la commune jurée; tantôt il est porté par les magistrats principaux, et alors il n'y a pas d'échevins; tantôt il désigne un collège de magistrats distinct de celui des échevins, et dont l'action se combine avec la
sienne.
4. On peut voir un exemple clair et détaillé de cette organisation complexe,
dans le *Livre Roisin* de Lille, p. 129 et suiv.
5. Luchaire, *Les communes*, p. 152; voyez dans Giry. *Établissements*, ce qui
concerne les cent pairs de Rouen et des chartes similaires.

E. 20

compliqué par plusieurs degrés d'élection, qui paraît la forme
dominante, ou l'élection par les corps de métiers[1]; la coopta-
tion des nouveaux officiers par les anciens joue aussi un rôle,
parfois important[2]. La durée des fonctions, d'abord, semble-
t-il, assez longue, tendit à se réduire à une ou deux années. Enfin l'assemblée des habitants intervient aussi à côté des officiers élus. Sans doute, bien que les renseignements précis
manquent sur ce point[3], on réservait à sa décision les objets
les plus importants. Il semble, tout au moins, que les règlements, qui constituaient la législation municipale, ne se faisaient pas sans elle : dans le *Livre Roisin*, nous voyons qu'à
Lille, aux XIIIe et XIVe siècles, les ordonnances de cette nature
ne sont jamais faites sans qu'on constate qu'elles ont été arrêtées en pleine halle et acceptées *par tout le commun* ou *par
une grande plenté du commun*[4].

VI

Le consulat n'est pas, comme la commune jurée, un produit
natal de notre pays; c'est une institution étrangère importée
en France. C'est la forme sous laquelle s'organisèrent d'abord
les cités italiennes, de l'Italie centrale et septentrionale, quand
elles s'affranchirent dans le cours du XIe siècle : son nom venait de celui des magistrats élus ou *consuls*, qui, en nombre
variable, y exerçaient l'ensemble des pouvoirs[5]. Il ne faudrait pas croire, d'ailleurs, que, même en Italie, le consulat
soit résulté du maintien ininterrompu des municipes romains, dont les magistrats portaient parfois le nom de *consules*. Cette opinion, jadis soutenue, est totalement abandonnée aujourd'hui, et l'origine du consulat municipal est tout

1. Luchaire, *Les communes*, p. 151 et suiv.
2. Bonvalot, *Le tiers état d'après la loi de Beaumont*, p. 374.
3. Luchaire, *Les communes*, p. 171 et suiv.
4. Voyez les passages cités ci-dessus, p. 300, note 5.
5. Pertile, *Storia del diritto italiano*, § 47, 48. Le terme « consulat » n'est pas
celui dont se servent les auteurs italiens pour désigner cette organisation
municipale; ils disent la commune, *comune*. La commune italienne n'est
pas d'ailleurs sans présenter certaines analogies dans son développement
avec la commune française. Voyez l'excellent résumé des études critiques
consacrées aux communes italiennes dans Salvioli, *Manuale di storia del
diritto italiano*, 2e edizione, 1892, n° 123 et suiv., *Origine, vicende, natura del
comune*.

autre. Les cités italiennes, lors de l'établissement du régime féodal, étaient presque toutes tombées sous la seigneurie des évêques, et ceux-ci, pour y diriger l'administration et y rendre la justice, choisissaient dans la population un certain nombre de conseillers et d'auxiliaires appelés *consules, consoli*. « Tout d'abord, dans leur travail d'émancipation les cités obtinrent que l'évêque investît de l'administration de la ville une commission d'hommes élus par la commune ; et dans cette période les citadins ne réclamaient que la sécurité personnelle, la libre jouissance des biens communaux et une juridiction propre. C'est seulement depuis Henri IV (dernier tiers du xi° siècle) que les citadins furent reconnus comme une corporation en forme de commune, eurent des représentants élus à périodes fixes, avec des privilèges. Les consuls ne pourvoyaient qu'aux affaires courantes, spécialement au maintien de la paix intérieure, étant responsables des vengeances exercées par les particuliers ou par la commune. Dans une seconde période la commune proclama son autonomie ; les consuls de la commune se séparent alors des consuls des trêves (*consoli treguani*) auxquels reste l'administration de la justice, tandis que les premiers dirigent la chose publique ; l'accord avec les évêques est rompu ; l'autorité consulaire est reconnue par l'empereur, en tant qu'elle reconnaît le droit éminent de celui-ci. Dans une troisième période, l'autonomie de fait est sanctionnée par le traité de Constance. Les cités prennent la position d'ordres libres de l'empire, assimilées en principe, en droit et en fait, aux grands vassaux de la couronne, sans cependant fournir les services féodaux, et alors elles se constituent en pleine liberté républicaine[1]. »

D'Italie, le consulat municipal gagna d'abord la Provence et le Comtat-Venaissin ; puis il se répandit dans tout le Languedoc au cours du xii° siècle. Dans cette région, les cités consulaires acquirent, en général, le *maximum* des franchises municipales : droit de justice, de législation, d'imposition et de guerre. De grandes cités, Marseille, Arles, Avignon, constituèrent de petites républiques presque indépendantes. Mais,

---

1. Salvioli, *Manuale d'istoria del diritto italiano*, p. 217. Cf. Pertile, *Storia do diritto italiano*, t. II, p. 34 et suiv. — Salvioli, *Storia delle immunità dellel signorie e giustizie delle chiese in Italia*, p. 153 et suiv.

dans ce midi de la France, plus riche et plus civilisé que le
nord, où l'émancipation urbaine avait été souvent plus facile,
le régime consulaire ne prit pas d'ordinaire ce caractère d'hos-
tilité et de réaction contre les pouvoirs féodaux, que présentent, si tranché, les communes jurées. Cela se traduit, en particulier, par ce fait que, souvent, une portion des places de
consuls est réservée aux nobles, qui ont ainsi leur représentation assurée dans le gouvernement municipal[1].

Les consuls étaient élus pour une courte durée. En Italie,
ils avaient été d'ordinaire désignés par un suffrage indirect et
restreint[2]. En France, à en croire certains documents, le suffrage universel et direct eût été la règle[3]. Mais, d'après un
système très répandu, les consuls sortants désignaient eux-
mêmes et sous leur responsabilité les nouveaux consuls, en
étant tenus d'ailleurs de les prendre parmi des candidats choisis par leurs conseillers ou parmi ces conseillers eux-mêmes[4].
Ces conseillers, appelés aussi *curiales*, formaient un collège
dont les consuls devaient prendre l'avis dans certains cas, et
spécialement pour l'administration de la justice[5]. Il est pro-

1. Flach, *Les origines de l'ancienne France*, II, p. 417; — Gasquet, *Précis des institutions politiques et sociales de l'ancienne France*, t. II, p. 182 et suiv. — Cf. De Maulde, *Coutumes et règlements de la république d'Avignon au xiii siècle*, dans la *Nouvelle revue historique de droit*, t. I, p. 186 et suiv., 330.

2. Pertile, *Storia del diritto italiano*, § 48, p. 36 et suiv.; — Salvioli, *Manuale*, n° 125.

3. *Appendice* à la *Pratique* de Petrus de Ferrariis, tiré de la *Pratique* de P. Jacobi, tit. XIX, n° 7 : « Et in istis consulibus eligendis per singulos annos, ut mos est, vocabuntur omnes municipes per tubam vel per campanam, vel per preconem, et si duæ partes venerint, quod est necesse, certe sufficit; et tunc quod major pars illarum duarum partium fecerit in creandis consulibus et syndicis, omnes videntur fecisse. »

4. Privilèges de Nîmes (1254), dans Giry, *Documents*, p. 83 : « Consules unius anni, imminente electione consulum futurorum, suos consiliarios congregabant, et habito de successorum electione tractatu, dicti consiliarii personas XVI eligebant, scilicet quatuor de quolibet quarterio civitatis, et licebat consulibus, qui tunc erant, de dictis XVI, vel aliis de consilio, sibi eligere quatuor successores et eos publice recitare. » — Charte de Riom, art. 10 : « Si contigerit quod electi consules ab aliis consulibus in se nollent onus consulatus suscipere, bajulus seu præpositus noster... ipsos ad hæc compellere teneantur. » — Voyez, au xvi siècle, des arrêts constatant ce système et en tirant des consé-quences intéressantes, dans La Roche-Flavin, *Arrêts notables du Parlement de Toulouse*, l. I, tit. XXXVIII, art. 2 et suiv.

5. P. Jacobi, *loc. cit.*, tit. XVIII, n° 1 : « Consiliarii civitatum vocantur decu-riones... Sed potest dici, quod verum credo, quod consules seu *consiliarii* civitatum, vulgariter non vocantur decuriones. » — Pertile, *Storia del diritto*

bable qu'ils devaient leur origine à cette tradition que nous
avons constatée, et d'après laquelle le juge prenait toujours
conseil d'un certain nombre de prud'hommes. Enfin, ici, comme
dans les villes de commune, l'assemblée générale des habitants
était parfois appelée à statuer[1].

Le consulat ne resta pas confiné à la Provence et au Lan
guedoc. Il remonta plus haut, en Auvergne, dans la Marche
et le Limousin. Mais, dans cette nouvelle région, d'ordinaire
les villes n'ont pas, dans sa plénitude, la justice et la législation. Il faut savoir enfin qu'au lieu du titre de consuls on
trouve souvent dans les villes du Midi ceux de *jurats* ou de
capitouls; mais l'organisation municipale n'en reste pas moins
la même.

VII

Les villes de prévôté sont celles qui, après les franchises
accordées, continuent cependant à être administrées et justi-
ciées par un prévôt seigneurial ou royal. Mais elles ont obtenu,
par leur charte, ces règles fixes pour le droit fiscal, pénal ou
privé dont j'ai parlé plus haut; et le prévôt, en entrant en charge,
doit jurer solennellement le respect de ces franchises[2]. Elles ont
aussi et peuvent acquérir des biens communs. Parfois, il est dit
que, dans l'administration de la justice, le prévôt devra s'adjoindre un certain nombre de notables, *boni viri*, pris dans la
population[3], ce qui, d'ailleurs, n'est peut-être que la confirmation des usages antérieurs.

Le plus souvent, la ville de prévôté n'avait pas ce qu'on
appellera plus tard un corps de ville, c'est-à-dire des officiers
municipaux en titre et permanents. Lorsqu'il s'agissait de dé-
cider quelque acte intéressant la ville, se rapportant par exemple
aux biens qu'elle pouvait posséder, il fallait alors réunir l'as-

italiano, § 43, p. 49 et suiv.; — René de Maulde, *Coutumes et règlements de la
république d'Avignon, loc. cit.*, p. 188 et suiv.
1. De Maulde, *Coutumes et règlements de la république d'Avignon, loc. cit.*,
p. 188 et suiv.
2. Esmein. *Études sur les contrats dans le très ancien droit français*, p. 102;
— Hegel, *Städte und Gilden*, II, 77-80, 84 et suiv.
3. Esmein, *Histoire de la procédure criminelle*, n. 17.

semblée générale de tous les habitants[1], ce qui ne pouvait se
faire que par l'autorité du prévôt[2] ; l'assemblée statuait et pouvait même nommer un ou plusieurs syndics pour suivre l'affaire[3]. On trouve cependant des villes de prévôté ayant un corps
de ville ; mais alors il y avait une véritable dualité administrative ; c'est ce que l'on constate à Paris, où l'administration et
même, nous l'avons vu, la justice étaient partagées entre le
prévôt de Paris et le prévôt des marchands[4].

1. Mandement de Philippe le Bel de 1312, dans M. Fournier, *Statuts et privilèges*, t. I, n° 42 : « Cum datum sit nobis intelligere quod cives Aurelianenses,
qui corpus et communiam non habent, sepe ut sepius, pro sue libito voluntatis, faciant inter se congregationes et tractatus, non servata forma per privilegium nostrum ab antiquo concessa, quomodo et qualiter ipsi inter se de-
bebant congregari pro negociis communibus dicte ville. » — C'est ainsi que
la ville de Nevers, *qui communiam non habebat*, traite avec les docteurs qui
veulent quitter Orléans, *ibid.*, t. I, n° 47 : « Inter nos unanimiter vocatis per preconem ipsius Nivernensis civitatis more solito ipsius civitatis habitatoribus. »
— Hegel, *Städte und Gilden*, II, 85-86 (Orléans).

2. Boerius *Decisio* 60 : « Imo nec sic congregari sine superioris licentia pro
faciendo et constituendo procuratorem, ad evitandum fraudes et machinatio-
nes. »

3. Ainsi, dans la suite de l'affaire concernant la ville de Nevers, et rapportée
plus haut (p. 304, note 1), quatre *electi* avaient été nommés par les habitants.
M. Fournier, *Les statuts*, t. I, n° 71 : « Commissarii, virtute mandati nostri,
fecerunt cum proclamatione debita et solemni evocari habitantes dicte ville et
singulos eorumdem et maxime quatuor electos per habitatores dicte ville, qui
tunc temporis habebant tractare negotia dicte ville. »

4. Extraits du registre civil du Châtelet de Paris (xive siècle), publiés par
M. Fagniez, dans les *Mémoires de la Société de l'Histoire de Paris*, t. XVII,
p. 108 : « A Paris est la prévosté de Paris et celle des marchans... pour lesquelles exercer a deus places, le chastelet pour celle de Paris et pour la demeure du prévost de Paris... *similiter* les prévosts des marchans ont accous-
tumé de demourer en la maison de la ville assise en Grève. » — Hegel, *Städte
und Gilden*, II, 86 et suiv. Il faut ajouter que la corporation des marchands de
l'eau, qui d'abord avait acquis seule l'administration de la cité, fit place dans
la suite à un certain nombre de corporations, comprises dans les six corps
des marchands qui fournissaient les échevins (II, 108). La représentation de
la ville par les échevins et les prévôts des marchands fut supprimée de 1383
à 1411.

TROISIÈME PARTIE

LE DÉVELOPPEMENT DU POUVOIR ROYAL ET L'ANCIEN RÉGIME

·

TITRE PREMIER

L'unité nationale et l'État progressivement reconstitués sous les rois de la troisième race

---

CHAPITRE PREMIER

La reconstitution de l'unité nationale

La féodalité avait brisé en France l'unité nationale et profondément altéré la notion de l'État : l'une et l'autre devaient être progressivement reconstituées sous les rois de la troisième race, et cette restauration organique va être, dans cette troisième partie, l'objet même de notre étude. Mais, avant de l'étudier dans le détail, en suivant une à une les principales institutions publiques, je voudrais ici l'envisager dans ses traits généraux et signaler les moyens juridiques par lesquels elle s'est accomplie.

§ 1. — L'ANNEXION DES GRANDS FIEFS

La France féodale était divisée entre un grand nombre de

seigneuries supérieures ou grands fiefs, dont les titulaires exerçaient dans leur plénitude les droits régaliens. A la fin de la dynastie carolingienne, le roi de France n'exerçait plus ces droits que sur une partie très restreinte du territoire, où ne s'était constituée aucune de ces seigneuries supérieures, et que l'on appellera dans la suite son domaine propre, ou domaine de la couronne[1]. La plupart de ces grands fiefs relevaient, il est vrai, de la couronne de France ; leurs titulaires étaient les vassaux du roi ; mais celui-ci n'avait sur eux que l'autorité d'un seigneur sur son vassal. Souvent cette vassalité n'était qu'une simple apparence ou même une fiction, et il arrivait que le vassal était plus puissant que le seigneur. Un certain nombre des grandes seigneuries comprises dans les limites naturelles de la France ne relevaient pas de la couronne de France : celles-là étaient principalement situées à l'est ; par suite des partages opérés au ixe siècle entre les descendants de Charlemagne et des transformations politiques qui s'opérèrent ultérieurement dans cette région, elles furent comprises successivement dans le royaume de Lorraine, puis dans ce qu'on appela les royaumes de Bourgogne et d'Arles, et féodalement elles relevaient de l'Empire germanique, d'une façon plus ou moins effective selon les lieux et les époques[2]. D'autres seigneuries, comprises dans la monarchie carolingienne, mais très éloignées, contiguës à l'Espagne, étaient devenues complètement indépendantes : ce fut le cas du Béarn et de la Navarre[3].

Pour reconstituer l'unité nationale, il fallait que le roi se substituât successivement aux titulaires de toutes ces seigneuries, qu'il englobât celles-ci dans son domaine, de telle sorte que le domaine de la couronne et le territoire français se recouvrissent exactement. Cette œuvre, qui fut accomplie sous les rois de la troisième race, est ce qu'on appelle ordinairement la réunion ou l'annexion des grands fiefs à la couronne de France. Elle commença dès l'avènement de la dynastie capétienne. Le domaine des derniers Carolingiens était, en réa-

---

1. A. Longnon, *Atlas historique de la France*, texte, p. 216 et suiv.

2. Longnon, *op. cit.*, p. 215, 223 et suiv.; — Paul Fournier, *Le royaume d'Arles et de Vienne*.

3. Longnon, *op. cit.*, p. 227; — Léon Cadier, *Les États de Béarn*, Ire partie, ch. v.

lité, réduit à quelques villes; par l'accession de Hugues Capet
au trône cette situation se modifia sensiblement. Le nouveau
roi avait, en effet, une double qualité : il succédait aux prérogatives et au domaine du dernier Carolingien, mais il était en
même temps le chef d'une puissante famille féodale et possédait en propre d'importantes seigneuries. Son domaine particulier, celui du duc de France, fut un apport considérable
au domaine royal et en commença la reconstitution. On peut
le considérer comme la première annexion, quoique, dans la
réalité des faits, ce fut plutôt la couronne qui fut alors annexée
au duché de France. Dès lors, les rois de la troisième race travaillèrent à accroître ce premier fonds par l'acquisition de seigneuries nouvelles ; c'est une œuvre qui fut poursuivie avec
une persévérance et un esprit de suite admirables, et qui se
continuera jusqu'au xviii° siècle, jusqu'à la fin de l'ancien
régime[1]. Ce fut, avant tout, une œuvre politique, dont la diplomatie et la guerre furent les principaux moyens ; mais ce fut
aussi une œuvre juridique, en ce sens que les principes juridiques y jouèrent un rôle important, facilitant son accomplissement, fournissant des raisons à la diplomatie et des prétextes
à la guerre, et empêchant qu'elle ne se défît, une fois accomplie.

I

Pour l'annexion des grands fiefs, la royauté française tourna
contre la féodalité les principes mêmes du droit féodal, dans
deux séries d'applications distinctes.

Pour les grands fiefs qui relevaient de la couronne de France,
les principes féodaux fournissaient par eux-mêmes des causes
directes de réunion : c'étaient tous les cas dans lesquels le
fief concédé devait régulièrement faire retour au seigneur, et
deux surtout furent utilisés par la politique royale. L'un était
la réversion, c'est-à-dire le cas où le vassal mourait sans
héritiers et sans avoir valablement disposé du fief : un certain
nombre de seigneuries, dès les premiers temps, échurent ainsi
aux Capétiens. L'autre cas était la commise, et c'est par droit

1. Sur l'histoire de ces annexions, consulter : Longnon, *op. cit.*, p. 225 et
suiv.; — Vivien de Saint-Martin, *Dictionnaire de géographie universelle*, art.
France; — Brunet, *Abrégé chronologique des grands fiefs de la couronne de
France*, Paris, 1769.

de commise que furent adjugées à Philippe-Auguste, en 1203, les possessions de Jean sans Terre. La théorie de la confiscation fut plus profitable encore ; toutes les fois qu'un vassal du roi commettait un crime capital entraînant confiscation de tous ses biens, alors même que l'on ne pouvait y voir un cas de commise, les fiefs du condamné relevant de la couronne étaient nécessairement confisqués au profit du roi[1].

La patrimonialité des fiefs pleinement établie fournit une autre ressource pour l'annexion des grands fiefs. Par elle, ils étaient entrés dans le commerce, et, à ce point de vue, toutes les seigneuries étaient de même condition, les plus grandes comme les plus petites ; ce fut seulement pour de véritables royaumes, représentant une réelle unité nationale, que l'inaliénabilité du domaine princier s'introduisit, mais fondée sur de tout autres principes que ceux du droit féodal. Les rois de France purent donc acquérir des seigneuries importantes par tous les modes de droit privé, achat, donation, legs, succession. Les contrats de mariage des héritiers présomptifs de la couronne purent, en particulier, fournir une cause d'acquisition, lorsque la future reine de France, représentant quelque grande maison féodale, apportait en dot une seigneurie considérable.

Les acquisitions de cette espèce se réalisaient sans difficulté et produisaient pleinement l'effet désiré, lorsqu'elles s'appliquaient à des fiefs relevant de la couronne de France. Il en était de même lorsqu'il s'agissait de principautés, qui, après avoir été vassales, avaient secoué tout lien de suzeraineté et étaient devenues souveraines et indépendantes. Mais on sait qu'à l'Est une série de seigneuries importantes, appartenant naturellement au territoire français, avaient été placées dans la mouvance féodale de l'Empire germanique. Pour celles-là, l'annexion par voie d'achat ou de donation semblait devoir être impossible ou incomplète : d'un côté, en Allemagne, le vassal n'avait point acquis le droit d'aliéner son fief sans le consentement du seigneur ; d'autre part, l'acquisition fût-elle autorisée ou tolérée au profit du roi de France, celui-ci n'allait-il pas se trouver le vassal de l'Empire? L'œuvre d'annexion exigeait ici que, d'une façon ou d'une autre, les seigneuries dont il s'agit fussent détachées de l'Empire, féo-

1. Chopin, *De domanio regni Franciæ*, l. I, tit. VII.

dalement émancipées de sa suzeraineté. C'est à cela que travaillèrent de ce côté pendant plusieurs siècles les rois de France; pour beaucoup de ces pays, d'ailleurs, la suzeraineté de l'Empire avait été le plus souvent simplement nominale; elle ne se réveillait qu'à de certains moments, parfois sous l'influence de la papauté[1]. La royauté française devait réussir à écarter ces obstacles, et c'est ainsi que, par des modes et des procédés divers, furent réunis au domaine la ville de Lyon, le Dauphiné, la Franche-Comté et le comté de Provence[2].

Les principes féodaux furent aussi un obstacle pour la pleine consolidation des conquêtes postérieures effectuées à la fin du xvi° siècle et au cours du xvii° siècle, dans les Trois-Évêchés et en Alsace. Là, en effet, étaient des seigneuries qui avaient relevé immédiatement de l'Empire, avec des droits effectifs de quasi-souveraineté, et qui prétendirent parfois à une situation semblable sous la domination française. Mais ces prétentions, appuyées sur les principes de la féodalité politique, ne pouvaient triompher dans un État, comme notre monarchie absolue, où la féodalité n'était plus guère qu'une forme très particulière de la propriété foncière ; et, sauf le respect de certains usages locaux, la souveraineté du roi s'établit dans toute son étendue[3].

1. C'est ainsi qu'au cours de son conflit avec Philippe le Bel Boniface VIII, par une bulle du 31 mai 1303, rattacha expressément à l'Empire d'Allemagne ous les pays du sud-est qui en avaient jadis relevé et sur lesquels s'étendait l'influence française. Voyez *Notices et extraits des manuscrits de la Bibliothèque impériale*, t. XX, Ire part., p. 147, n° XVII : « (Omnes) per Tarentisiensis, Bisuntinensis, Ebredunensis, Aquensis, Arelatensis, Viennensis et Lugdunensis civitatum et dioeceses et provincias et per totam Burgundiam, Lotharingiam, comitatum Barrensem, terram Delphini et comitatum Provinciæ et Forcalquerii et principatum Auraisiæ et totum regnum Arelatense constitutos. »

2. Voyez Paul Fournier, *Le royaume d'Arles et de Vienne, passim*, et spécialement p. 267, 301 et suiv., 313-336, 436 et suiv. Il est intéressant de voir comment Philippe le Bel faisait exposer les droits fondamentaux de la France sur la ville de Lyon, dans son conflit avec la papauté : *Scriptum contra Bonifacium*, n°° 15 et suiv., dans *Acta inter Bonifacium VIII, Benedict. XI, Clement. V et Philippum Pulchrum*, Paris, 1614, p. 140.

3. Boulainvilliers, *État de la France, Extrait des Mémoires dressés par les intendans du royaume, par ordre du roi Louis XIV, à la sollicitation de M. le duc de Bourgogne*, éd. de Londres, 1737, III, p. 424 et suiv. — On faisait, d'ailleurs, en faveur de la France des raisonnements d'un autre genre. Lebret, *De la souveraineté du roi*, l. III, ch. II : « Je me suis autrefois servi de semblable raison, pour justifier les droits que le roi a sur les villes de Metz, Toul et Ver-

II

Les principes juridiques avaient rendu possible, parfois même directement opéré l'annexion des grands fiefs; il fallait qu'ils consolidassent aussi l'œuvre accomplie, en écartant les causes possibles d'affaiblissement et démembrement. Dans ce but s'établirent deux séries de règles : celles sur la transmission de la couronne, et celles sur l'inaliénabilité du domaine.

Sous les Mérovingiens et tout d'abord sous les Carolingiens la monarchie avait été véritablement héréditaire, et même patrimoniale; seul, ce dernier caractère explique les partages du royaume entre les fils du roi mérovingien et les *divisiones imperii* du ix⁰ siècle, sous Charlemagne et ses successeurs. Sous les derniers Carolingiens, la monarchie était en réalité devenue élective; l'installation solennelle par les grands du royaume, qui n'était auparavant qu'une simple forme, avait pris, avec l'affaiblissement du pouvoir royal, la valeur d'une élection véritable. Le roi était élu par un collège comprenant les principaux vassaux et prélats, ceux qui avaient pu se réunir à cette occasion. C'est ainsi qu'avant l'avènement de Hugues Capet deux membres de sa famille avaient été élus déjà et étaient montés sur le trône, Eudes en 888 et Robert en 922; c'est ainsi que Hugues fut élu roi de France en 987.

La monarchie capétienne allait-elle rester élective? De là dépendait son avenir et peut-être celui de notre pays. Pour lutter contre la féodalité, pour accomplir en particulier l'annexion progressive des grands fiefs, il fallait qu'elle devînt héréditaire, accumulant de génération en génération les profits réalisés. Elle le devint par l'effet de la coutume, le bonheur et l'habileté des premiers Capétiens[1]. Ceux-ci eurent le rare bonheur de laisser tous après eux un ou plusieurs fils, désignés naturellement pour leur succéder, et ils surent leur assu-

dun, qui sont de l'ancien domaine de la couronne, après avoir été reconquises sur ceux qui les avaient usurpées sur la France. Ce que l'on peut dire aussi de toutes prétentions que nos rois ont sur le royaume de Navarre, de Naples, de Portugal, sur la Flandre, sur le Milanais et sur une partie de la Savoie et du Piémont, qui, aians esté autrefois aquis à la couronne de France, n'ont pu estre alienez, ni prescrits par aucun tems. »

1. Luchaire, *Histoire des institutions monarchiques sous les premiers Capétiens*, t   ch. ii.

rer la succession par une pratique très habile. Cette pratique consista en ce que le roi, de son vivant, associa au royaume et fit couronner par avance le fils qui devait lui succéder, son fils aîné, considéré comme *rex designatus*. Cette association n'était pas chose absolument nouvelle, il y avait en ce sens des précédents de l'époque carolingienne; mais, en la pratiquant par un système suivi, les premiers Capétiens lui donnèrent une tout autre portée. L'habileté de cette pratique consistait en ce qu'elle respectait dans la forme le principe électif, qu'elle tournait en réalité. Dans la cérémonie du sacre il y avait une partie, toute laïque et politique, dans laquelle le roi prêtait divers serments, et où figuraient aussi les prélats et les grands vassaux, qui, comme toute l'assistance, donnaient leur approbation à l'avènement du nouveau roi : l'onction et le couronnement n'étaient donc pas tout. Il y avait là, dans la forme, un simulacre d'élection par acclamation[1], et le sens primitif de cet acte se conservera très tard dans la tradition[2].

1. Couronnement de Philippe Ier (*Historiens de Gaule et de France*, XI, 32) : « Post milites et populi tam majores quam minores uno ore consentientes laudaverunt, ter proclamantes : Laudamus, Volumus, Fiat. » — Le procès-verbal du sacre de Philippe-Auguste, pièce d'ailleurs d'une authenticité douteuse, porte : « Audientes autem prælati et principes voluntatem regis, omnes unanimiter clamaverunt, dicentes : Fiat, Fiat. »

2. Piganiol de la Force, *Nouvelle description de la France*, I, p. 58 (il s'agit du sacre de Louis XIV) : « (L'archevêque de Reims) demanda ensuite aux seigneurs assistans et au peuple s'ils l'acceptoient pour leur roi, et, ceux-ci ayant fait connoître par leurs acclamations qu'ils le souhaitoient, ce prélat prit de Sa Majesté le serment du royaume. » — Lebret, *Traité de la souveraineté du roi*, éd. Paris, 1689, p. 8 : « Et je dirai en passant que ceux-là sont ridicules qui ont escrit que ce roiaume semble être électif pour ce que, au sacre des rois, les évêques de Laon et de Beauvais ont accoutumé de les élever de leurs chaires et de demander au peuple s'il les accepte pour leurs rois, et qu'après avoir reçu le consentement de l'assistance l'évêque de Rheims reçoit d'eux le serment accoutumé. Car on observe cette cérémonie, non pas pour faire l'élection du prince, mais pour présenter au peuple celui que Dieu lui donne pour son roi, afin qu'il lui fasse l'honneur et l'hommage qu'il est obligé de lui rendre et pour remarquer aussi la différence qu'il y a entre un roi légitime et un tiran. » Ceux qu'attaque ici Lebret sont les écrivains du XVIe siècle qui ont essayé d'établir en France les principes de liberté politique, et dont il sera dit un mot plus loin. S'efforçant de démontrer que le principe de la souveraineté résidait dans la nation et que le roi n'était que son premier magistrat et son représentant, ils tiraient parti en ce sens des cérémonies et des serments du sacre : ils y voyaient une investiture donnée au nouveau roi par le peuple et des engagements précis du monarque envers la nation. — Sur les serments du sacre, voyez encore Bossuet, *Politique tirée des*

Mais cette élection était dans la main du roi qui y faisait procéder en faveur de son fils : en choisissant avec soin le lieu et
l'heure de ce sacre anticipé, il pouvait faire en sorte que seuls
des hommes de confiance, vassaux et prélats, y assistassent. Il
faut ajouter, d'ailleurs, que, malgré ce sacre du roi désigné,
il fallait encore que celui-ci, après la mort de son père, se fît
sacrer et couronner de nouveau : mais la première cérémonie, l'élection préparatoire avait créé un préjugé puissant en
sa faveur. Furent ainsi prématurément sacrés ou associés à la
couronne les six premiers successeurs de Hugues Capet : Ro-
bert, Henri Ier, Philippe Ier, Louis VI, Louis VII et Philippe-
Auguste. A partir de Philippe-Auguste, cette pratique disparut.
Le principe héréditaire, la transmission du père au fils, avait
alors deux siècles de possession, et cette longue série de précédents avait fondé la coutume[1] quant à ce point capital de l'ancien droit public. La monarchie capétienne était devenue héréditaire. En même temps, elle était devenue héréditairement
indivisible. Dans la longue série des précédents, les rois ne
s'étaient jamais associé qu'un seul de leur fils, et, après quelques
hésitations, au début, cela avait toujours été l'aîné : l'indivisibilité et le droit d'aînesse caractérisèrent cette succession.

Par là, le domaine de la couronne était soustrait aux partages
successoraux. Mais une question restait ouverte : si le roi ne
laissait pas d'héritier mâle, s'il n'avait pas de fils, mais seulement des filles, une femme pouvait-elle succéder à la couronne
et monter sur le trône? L'accession des femmes au trône de
France eût été une cause de faiblesse pour la monarchie capétienne : une reine eût mal tenu son rôle dans une société
rude et violente; elle eût pu par un mariage faire passer la
royauté française dans une famille étrangère[2]. Cependant, si

---

propres paroles de l'Écriture Sainte, l. VII, art. 5, proposition 18, et sur les
serments du sacre de Louis XVI, Œuvres de Turgot, éd. Daire, II, 501.

1. Voici comment Yves de Chartres expose ce droit encore en formation, à
propos de l'avènement de Louis le Gros, dont il avait hâté le sacre (Ep.
CLXXXIX) : « Si enim rationem consulimus, jure in regem est consecratus, cui
jure hæreditario regnum competebat, et quem communis consensus episcoporum et procerum jampridem elegerat. » Par ces derniers mots Yves rappelle le premier sacre qui avait été opéré au profit de Louis, du vivant de
son père.

2. Claude de Seyssel, La grant monarchie de France, Paris, 1519, f° 7 :
« Car tombant en ligne féminine elle auroit pu venir au pouvoir d'homme
d'estrange nation qui est chose dangereuse et pernicieuse. » — Du Tillet,

la question se fût posée de bonne heure, peut-être eût-elle été
tranchée en faveur des femmes. Celles-ci, à défaut de mâles,
avaient été admises, en France, à la succession des fiefs,
même les plus grands, comme les duchés et les comtés; n'était-
il pas naturel et logique d'appliquer la même règle pour la
dévolution de la couronne[1]? Heureusement, pendant trois
siècles, la difficulté ne surgit pas, et les rois capétiens jusqu'en
1315 eurent tous le bonheur de laisser après eux un ou plusieurs
fils. Mais, à la mort de Louis X le Hutin, le problème fut posé[2].
Il laissait, au jour de son décès, une fille, Jeanne, née d'un premier lit, et deux frères, fils comme lui de Philippe le Bel. Le roi
d'ailleurs laissait sa seconde femme enceinte, et une assemblée
de barons donna, dans ces conditions, le gouvernement du
royaume à Philippe, premier frère du roi défunt, avec cette
disposition que, si la reine veuve accouchait d'un fils, Philippe
garderait le pouvoir à titre de régent, que dans le cas contraire
il serait reconnu comme roi[3]. La reine accoucha bien d'un
fils, mais celui-ci mourut au bout de sept jours et, comme dit
Loyseau, « n'a pas été porté au catalogue des rois de France »
Philippe se fit sacrer roi de France, mais non sans opposition
de la part du duc de Bourgogne, qui tenait pour la fille de
Louis X, et de la part de son propre frère. Pour plus de sécurité, le roi Philippe, un mois après son sacre (6 janvier, 2 février), réunit à Paris une assemblée de barons, de prélats et

Recueil, p. 214 : « Elles sont perpétuellement excluses par la coustume et loy
particulière de la maison de France, fondée sur la magnanimité des François
ne pouvant souffrir estre dominés par femmes (ne) de par elles ; aussi qu'elles
eussent peu transférer la couronne aux étrangers. »

1. Loisel, *Instit.*, IV, 3, 86 : « Le royaume ne tombe point en quenouille,
ores que les femmes soient capables de tous autres fiefs. » — Paul Viollet,
Comment les femmes ont été exclues en France de la succession à la couronne,
dans les *Mémoires de l'Académie des inscriptions et belles-lettres*, t. XXXIV,
IIe partie (1893), p. 127 et suiv.

2. Voyez Henri Hervieu, *Recherches sur les premiers États généraux*
p. 117 et suiv.

3. La question de droit paraissait extrêmement douteuse ; ce qui le prouve,
c'est le traité intervenu entre Philippe et Eudes de Bourgogne, après la mort
du roi, le 17 juillet 1316 (Dupuy, *Traité de la majorité des rois*, éd. 1722, t. I,
p. 204 et suiv.). Le traité assure à Jeanne et à sa sœur Marguerite le royaume de
Navarre et les comtés de Champagne et de Brie, à condition que « elles feront
quittance par mitant de tout le remanant du royaume de France et de la des-
cendue du père, si bonne comme l'on pourra. » Cela, bien entendu, pour le
cas où la reine-mère n'accoucherait pas d'un fils.

de bourgeois de Paris, et là il fut solennellement déclaré que
« femme ne succède pas à la couronne de France ». On n'a
d'ailleurs que fort peu de renseignements sur cette asssemblée;
mais une tradition constante, et qui s'imposa, rattache à l'invo-
cation de la loi salique la décision qui fut prise[1]. On a souvent
fait remarquer que la loi salique était oubliée depuis bien des
siècles, et que, d'autre part, elle ne contenait aucune disposition
sur la transmission du pouvoir royal[2]. Cependant c'était bien
par une application de la loi salique ou ripuaire que, dans la
monarchie franque, le royaume, considéré comme la terre du
roi défunt, était partagé entre ses fils à l'exclusion des filles[3].
Il ne paraît point invraisemblable qu'on se soit référé à cette
tradition en 1316, car on devait être à court d'arguments juridiques pour exclure la fille de Louis le Hutin, et plusieurs
témoignages montrent que le souvenir, sinon la connaissance
de la loi salique, persistait dans les esprits au cours du moyen
âge[4].

Ce premier précédent écarta les femmes de la succession au

1. Cependant, on peut remarquer que dans le *Songe du Verger*, où la ques
tion est longuement discutée, c'est seulement à la *coutume*, non à la loi salique
que la règle est rapportée. Texte français, l. I, ch. CXLII : « Puisque selon la
coustume femme ne puisse succéder. » — Paul Viollet, *loc. cit.*, p. 126,173-174.

2. Du Tillet, *Recueil*, p. 223 : « De la couronne de France les femelles ont
toujours esté excluses, non par l'auctorité de la loi salique, laquelle dispose
généralement que, s'il y a enfans masles, les femelles n'héritent qu'ès meubles
et acquests, non eu l'ancien patrimoine, qu'il appelle terre salique... Par ladite
loy salique, escrite pour les seuls subjects, quand il n'y avoit fils, les filles héri-
toient en l'ancien patrimoine. » C'est le même raisonnement qui est longuement exposé par Shakespeare, *Henry V*, act I, sc. II ; spécialement, ces deux
vers :

> There doth it well appear the salique law
> Was not devised for the realm of France.

3. Lebret, *De la souveraineté*, p. 10 : « Et combien que plusieurs révoquent,
en doute cet article de la loi salique, pour ce qu'il est extrait du titre *De allo-
diis*, où il n'est point parlé ni de roiaume ni de fief ; néanmoins c'est une objection captieuse, et personne n'ignore qu'anciennement l'on faisoit toujours
un même jugement de la succession du royaume et des terres allodiales qui
ne relevoient que de Dieu et de l'épée. »

4. Un passage des *Libri feudorum*, l. II, tit. XXIX, mentionne la loi saliqu-
comme donnant son nom à une coutume milanaise, le mariage morganatique :
elle est également citée par la glose du décret de Gratien, sur c. 10, C. XII
qu. 2. En France, il semble qu'on appelait loi salique, au XIIe siècle, les principes essentiels du droit public ou féodal; Suger, *Vie de saint Louis*, éd. Lecoy
de la Marche, p. 45 : « Virum nobilem Humbaldum aut ad exequendum justitiam cogere, aut pro injuria castrum *lege salica* amittere. »

trône et fonda la coutume[1]. Une seconde question, voisine mais distincte de la première, se posa bientôt : les mâles, parents du roi par les femmes, pouvaient-ils succéder au trône? En 1328[2] mourut le roi Charles le Bel; il n'avait point de fils, mais laissait sa femme enceinte; comme en 1315, un conseil de barons se réunit pour statuer sur le gouvernement provisoire et sur la régence éventuelle. Deux hommes se présentaient comme candidats, en tant qu'héritiers présomptifs de la couronne, Philippe de Valois et Édouard III d'Angleterre. Le premier était le cousin germain du défunt, mais par son père, Charles de Valois, frère de Philippe le Bel; le second invoquait le rang de neveu, par sa mère Isabelle, fille de Philippe le Bel. Édouard semblait donc le plus proche, mais il était parent par les femmes. L'assemblée, pour cette raison principale, préféra Philippe de Valois, lui conférant le gouvernement provisoire, et, au cas où la reine accoucherait d'un fils, la régence et la tutelle. Si la reine mettait au monde une fille, une nouvelle assemblée devait définitivement désigner l'héritier du trône; mais la première décision faisait, pour cette hypothèse, préjuger en faveur de Philippe de Valois. Ce fut lui, en effet, qui fut choisi, lorsque la seconde éventualité prévue se fut réalisée; et cette décision, bien que tout d'abord acceptée par Édouard III, devait fournir le premier prétexte à la guerre de Cent ans. Ainsi s'établit une seconde règle : pas plus que les femmes, les mâles, parents par les femmes, ne succédaient à la couronne[3]. La raison qui paraît avoir été décisive, c'est que la

---

1. La règle fut en effet appliquée une seconde fois et sans difficulté en 1322, à la mort de Philippe le Long qui laissait plusieurs filles. Ce fut son frère, Charles IV le Bel, qui lui succéda sans contestation. En 1328, Charles IV mourut laissant deux filles, dont une posthume ; aucune prétention à la couronne ne fut soulevée en leur faveur; Viollet, *op. cit.*, p. 148-149 : « C'est ainsi, dit l'auteur, qu'en quatorze ans les femmes furent exclues à trois reprises du trône de France. Le droit public était fixé sur ce point. »

2. Hervieu, *Recherches sur les premiers États généraux*, p. 179 et suiv. ; — Viollet, *op. cit.*, p. 150 et suiv.

3. De curieux mémoires sur la question furent présentés, au nom du roi d'Angleterre, au pape Benoît XII, à qui ce roi s'était adressé et qui, en 1340, se prononça en faveur du roi de France ; plus tard le différend fut soumis, par voie d'arbitrage, au pape Clément VI, et nous avons un récit des débats émanant des envoyés anglais ; voyez Viollet, *op. cit.*, p. 159 et suiv. — La question est longuement discutée dans le *Songe du Verger*, l. I, ch. cxli et suiv. Le texte français du *Songe* est probablement de 1378.

E   21

mère d'Édouard III, n'ayant eu aucun droit à la couronne,
n'avait pu en transmettre aucun à son fils[1]; mais il faut reconnaître que naturellement, sinon nécessairement, la seconde
règle était en germe dans la première. Tous les systèmes lé-
gislatifs ou coutumiers, qui excluent les femmes de la succession, tendent à en exclure également les parents par les femmes.
C'est ce qu'admettaient pour la succession aux fiefs les *Libri feudorum*[2] et la Coutume de Normandie[3]. La succession
à la couronne de France était ainsi devenue absolument agna-
tique[4].

D'autre part se dégageait, d'abord obscurément, puis nettement et dogmatiquement, l'idée que cette succession était d'une
nature particulière, très différente des successions du droit
privé. La monarchie n'était pas, à proprement parler, héréditaire, en ce qu'elle n'entrait pas dans le patrimoine du roi qui
accédait au trône : celui-ci ne la tenait pas de son prédécesseur, mais seulement de la coutume, constituant la loi nationale, qui y appelait, dans un certain ordre, les descendants

---

1. Cette raison en droit ne paraîtrait pas bien forte à un jurisconsulte moderne, quoi que semble en penser M. Viollet (p. 151). En effet, il ne s'agissait
là ni d'une *transmission* héréditaire de la mère au fils, ni d'une *représentation*
de la mère par le fils. Celui-ci prétendait venir à la succession en son nom
personnel, par sa seule vocation propre; il n'est point étonnant que, pour
expliquer l'exclusion d'Édouard, le jurisconsulte Balde ait été obligé de recourir à une explication subtile et abstraite (Viollet, p. 168).

2. *Librid feud.*, I, 8, § 2 : « Filia vero non succedit in feudo. » — II, 11 :
« Proles enim feminei sexus vel ex femineo sexu descendens ad hujusmodi
successionem adspirare non potest. »

3. *Grand Coutumier de Normandie*, éd. Tardif, ch. xxiii, p. 78 : « Procreati
autem ex feminarum linea vel feminæ successionem non retinent dum aliquis
remanserit de genere masculorum. » Cf. *Coutume de Normandie*, art. 248, et
Basnage sur ce texte : « Ces paroles ont terminé cette question : *An sub appel-
latione liberorum vel descendentium masculorum comprehendatur masculus
descendens ex femina?* Du Moulin avait fort bien remarqué que, quand il s'agit
de l'explication de lois, de coutumes et de contrats, sous ce terme de *femelle*
sont compris les mâles descendants des femelles, qui sont également exclus,
quia illud statutum videtur esse agnationis conservandæ causa. »

4. Il faut ajouter que, dans cette succession, la représentation avait lieu à
l'infini en collatérale comme en directe, ce qui avait été aussi admis pour la
succession aux baronnies relevant directement de la couronne (Loisel, *Instit.*,
II, 5, 10). Toutes ces règles se résumaient dans la formule suivante : « La
couronne de France se transmettait de mâle en mâle dans la lignée de Hugues-
Capet, avec exclusion des femmes et des parents par les femmes, et droit
de représentation à l'infini. »

de Hugues Capet[1]. De ce principe découlaient des conséquences très remarquables :

1° Le roi, de son vivant, ne pouvait disposer de la couronne
et désigner son successeur par acte entre-vifs ou par testament[2]. Il ne pouvait déshériter, écarter le successeur qui était
désigné par la coutume nationale[3] ; c'est la règle qu'invoqua Charles VII contre le traité de Troyes[4]. 2° Bien que
l'ancien droit privé admît les renonciations à succession
future, l'héritier présomptif de la couronne ne pouvait y
renoncer par avance ; l'acte de renonciation eût été de nul
effet[5]. 3° Si la descendance de Hugues Capet était venue à
s'éteindre, le dernier roi n'ayant pu disposer du trône, celui-ci
se serait trouvé nécessairement vacant, et la nation eût repris

---

1. Loyseau, *Des seigneuries*, ch. II, n° 92 : « Le royaume de France est la
monarchie la mieux établie qui soit, estant... successive, non élective, non
héréditaire purement ni communiquée aux femmes, mais déférée au plus
proche masle par la loi fondamentale de l'État. » — Cf. *Des offices*, l. II,
ch. II, n° 34 ; — De L'Hommeau, *Maximes générales du droit français*, sur
max. 6 : « Les rois de France ne sont héritiers de la couronne et la succession du royaume de France n'est pas héréditaire ni paternelle, mais légale
et statutaire, de sorte que les rois de France sont simplement successeurs à
la couronne par vertu de la loy et coustume générale de France. »

2. Loyseau, *Des offices*, l. II, ch. II, n° 34 : « Ainsi en usons-nous en France
où il est vrai de dire que la couronne n'est pas purement héréditaire ni
même *ab intestat*. »

3. Car. Degrassalius, *Regalium Franciæ libri duo*, Paris, 1545, l. I, jus 11 :
« Reges Franciæ non possunt privare filios masculos vel propinquiores de
genere habendo respectum ad lineam masculam. » — Pocquet de Livonnière,
Règles du droit français, I, 1, 10.

4. Du Tillet, *Recueil des traites d'entre les roys de France et d'Angleterre*, éd.
1602, p. 197 : « Au dommage et totale éversion de la couronne dont il
(Charles VI) n'estoit qu'administrateur, non seigneur ou propriétaire, et,
quand il eust eu le plus clair et sain entendement du monde, il n'en eust peu
priver ledit sieur Dauphin son fils, auquel il devoit eschoir sans titre d'hoirie ;
pour quoi exhireditation, confiscation ou indignité n'y pouvoient avoir lieu
pour crime ou cas que ce feust. Car, en France, le roy ne peut oster à son fils
ou plus prochain ladite couronne, s'il ne luy oste la vie : encore, luy mort,
elle viendra à ses descendants masles s'il en a. »

5. Cette règle fut invoquée sous Louis XIV dans les négociations du traité
d'Utrecht ; Giraud, *Le traité d'Utrecht*, p. 92 (dépêche de Torcy) : « Suivant
ces lois (fondamentales) le prince le plus proche de la couronne est *héritier
nécessaire*. Il n'est redevable de la couronne ni au testament de son prédécesseur, ni à aucun édit, ni à aucun décret, ni à la libéralité de personne, mais
à la loi. Cette loi est regardée comme l'œuvre de celui qui a établi toutes les
monarchies et nous sommes persuadés en France que Dieu seul la peut abolir.
Nulle renonciation ne peut la détruire. »

le droit de disposer de ses destinées[1]. C'était reconnaître que le roi n'était que le représentant de l'État[2].

III

En établissant que le royaume ne comportait pas la division héréditaire, la coutume avait beaucoup fait pour cimenter l'unité nationale; mais cette règle ne devait pas produire tous ses effets naturels. L'usage s'établit, en effet, que le roi, de son vivant, donnait une compensation à ses fils puînés et même aux filles de France; ou, s'il ne l'avait pas fait, son fils aîné, en accédant au trône, pourvoyait ses frères et sœurs. Cette compensation consistait en apanages, c'est-à-dire en seigneuries importantes, duchés ou comtés d'ordinaire, prises sur le domaine de la couronne et concédées aux puînés. Cette pratique des apanages ne paraît pas avoir été spéciale à la royauté; dans les grandes seigneuries indivisibles, on la constate aussi[3]. Obtenir un apanage n'était pas, d'autre part, un droit ferme pour les fils du roi, mais seulement une prétention reconnue équitable[4]; pourtant cette institution eut pendant longtemps pour résultat de compromettre la reconstitution de l'unité na-

1. Bodin, *Les six livres de la République*, l. IV, ch. v, p. 988. — Nos anciens auteurs ajoutaient cette conséquence, qu'à la mort du roi les traités qu'il avait conclus, les lois qu'il avait édictées étaient caducs, à moins que le nouveau roi ne les confirmât expressément ou tacitement, et l'on admettait facilement la confirmation tacite. Le nouveau roi, n'étant pas en droit le successeur de son prédécesseur, n'était pas tenu des dettes publiques que celui-ci avait contractées. À chaque nouveau règne commençait en droit une souveraineté nouvelle. Sur ces divers points, voyez Bodin, *Les six livres de la République*, l. I, ch. vin, p. 132; l. IV, ch. iv, p. 159, 598; l. V, ch. vi, p. 827. — Loyseau, *Des offices*, l. II, ch. ii, n° 34; — De L'Hommeau, *loc. cit.*

2. Loyseau, *Des offices*, l. II, ch. ii, n° 42 : « La raison de toutes ces particularités est que, comme les offices ne doivent pas estre conférés aux hommes à cause d'eux, mais au contraire les hommes doivent estre donnez aux offices à cause du public; aussi la vérité est que les principautez souveraines n'ont pas esté establies en faveur des princes, mais en considération du peuple, qui a besoin d'un chef pour estre gouverné. »

3. Chopin, *De domanio*, l. II, tit. IV.

4. Du Tillet, *Recueil des rois de France*, éd. 1602, p. 208 : « La loy et coustume particulière de la maison de France, récitée en l'arrêt donné au proffit du roi Philippe tiers pour le comté du Poitou et terre d'Auvergne, contre Charles I⁰, roy de Sicile, frère de saint Louys, au parlement de Toussaincts 1283, reiglant lesdits puisnez ne pouvoir quereller ou demander certaine légitime part ou quotte leur estre deue en la succession du roy leur père, mais seulement provision pour leur vivre et entretien à la volonté et arbitrage dudit roy père. »

tionale. Sans doute, par là, le royaume n'était pas divisé, car les puînés tenaient leurs apanages, non à titre de royaumes, mais en qualité de fiefs relevant de la couronne : le domaine de la couronne n'en était pas moins démembré. Les duchés ou comtés, que la politique habile ou la chance favorable y avaient réunis, en étaient distraits à nouveau au profit des puînés. La réunion des grands fiefs rappelait trop souvent l'œuvre de Pénélope, et c'est par là qu'on peut comprendre comment, pour certains d'entre eux, il fallut trois ou quatre réunions successives avant d'arriver à la définitive. D'autre part, les apanages donnèrent naissance à une féodalité supérieure de seconde formation, qui ne fut pas beaucoup moins redoutable pour la monarchie qui ne l'avait été la première : c'est contre cette féodalité apanagiste que Louis XI aura principalement à lutter.

L'ancien droit public de la France n'arriva jamais à éliminer l'institution des apanages; mais il a réussi à les rendre moins dangereux et plus fragiles. Les apanages tout d'abord furent constitués dans les conditions ordinaires des concessions féodales. Ils constituaient des fiefs et devinrent avec ces derniers pleinement patrimoniaux, héréditaires et aliénables[1]. C'étaient, d'autre part, des duchés, des comtés, des baronnies, et, par suite, ils conféraient au titulaire, sauf l'hommage, la souveraineté féodale dans sa plénitude. Des deux côtés, leur portée fut restreinte dans la suite. Cela se fit par une triple influence : les clauses apposées par les rois dans les concessions d'apanages, la coutume et la jurisprudence, enfin la législation des ordonnances. La transformation paraît avoir commencé dans le premier tiers du XIII° siècle, sous le règne de Louis VIII : elle était terminée à la fin du XVI° siècle[2]. Voici en quoi elle consista.

La réversibilité de l'apanage au domaine de la couronne fut admise toutes les fois que défaillaient des héritiers mâles de l'apanagiste dans la ligne directe. Cela s'établit progressive-

1. Chopin, *De domanio*, l. II, tit. III, n° 8; — Lefebvre de la Planche, *Mémoires sur les matières domaniales ou Traité du domaine*, Paris, 1765, t. I, p. 422 et suiv.

2. Voyez les détails dans Chopin, *De domanio*, l. II, tit. III; — Du Tillet, *Recueil des rois de France*, p. 206 et suiv.; — Lefebvre de la Planche, *op. cit.*, l. XII, ch. III; — Dupin, *Traité des apanages*, Paris, 1835.

ment. Dès le xiiiᵉ siècle, on inséra dans les constitutions d'apanages la clause de retour à la couronne *faute d'hoirs*; elle pouvait recevoir plusieurs interprétations. Il aurait pu sembler
naturel d'y comprendre tous les héritiers, quels qu'ils fussent[1].
Mais on la restreignit d'abord aux héritiers en ligne directe
de l'apanagiste, ceux qui étaient les « hoirs de son corps »[2].
On exclut ensuite les filles et autres descendants du sexe fémi-
nin; cela résulta des clauses et de la loi[3] : mais les auteurs
trouvèrent après coup un raisonnement ingénieux pour justifier ce résultat. Ils admettaient, comme je vais le dire, que
l'apanage n'avait jamais réellement cessé de faire partie du
domaine royal; or, de par la loi salique, celui-ci ne pouvait être
dévolu à une femme[4]. La jurisprudence, en effet, se fixa en ce
sens que la propriété même des terres composant l'apanage
n'avait pas été transférée; d'où la conséquence que l'apanagiste
et ses héritiers ne pouvaient les aliéner ou obliger[5]. Les droits
de l'apanagiste furent également restreints au point de vue

1. Chopin, *De domanio*, l. II, tit. III, nᵉ 8 : « Prius enim tradebatur apana-
gium Mævio ac hæredibus nulla sexus discretione, qualitate vel hæredum
præfinita. In hanc speciem Atrebaticus ager Roberto datus mense Junio
an. 1225. »

2. Du Tillet, *Recueil*, p. 208 : « Le comté de Clermont en Beauvoisis, baillé
en appennage à Monsieur Philippes de France, comte de Bologne, fils puisné
du roi Philippe-Auguste, avoit esté l'an 1248 adjugé audict roy saint Loys
contre ses frères Alphonse de Poitiers et Charles d'Anjou. » Cf. Lefebvre de
la Planche, *op. cit.*, t. III, p. 423. — Cette interprétation dut s'introduire
assez facilement, car c'était elle qui avait donné lieu à nos coutumes dites
souchères, voyez ci-dessus, p. 203, note 1.

3. Du Tillet, *Recueil*, p. 211 : « Depuis Monsieur Louis de France, duc d'Orléans, frère du roy Charles V, en tous les appennages des puinez de France,
le retour à la couronne a toujours esté exprimé au defaut des hoirs masles
descendans de loial mariage, pour oster toutes controverses. » — Édit de
Moulins, fév. 1566, art. 1 (Isambert, t. XVI, p. 286).

4. Du Tillet, *Recueil*, p. 208 : « Puis que les femelles par ladite loy estoient
exclues de l'appennage fait des biens estans du domaine de la couronne, ledit mot hoirs simplement escrit ou prononcé estoit entendu des seuls masles
en chose non transmissible à autres. » — Lefebvre de la Planche, *op. cit.*,
p. 426 : « Cette clause, apposée dans le testament de Philippe le Bel, étoit
d'autant plus juste qu'il étoit contre toute règle, que le domaine de nos rois,
qui est incommunicable aux filles, perdît cette prérogative entre les mains
des appannageurs. »

5. Du Tillet, *Recueil*, p. 209 : « Par la susdite loy ou coustume, la propriété
de ladite provision des puisnez est demeurée par devers ladite couronne, est
le vray domaine d'icelle, car les fils qui en ont l'usufruict ou jouissance sont
estimez partie du roy propriétaire et n'en peuvent aliéner ne obliger ladite
propriété. »

seigneurial. L'habitude s'introduisit, au moins dès la fin du XIV⁰ siècle, que le roi se réservait sur l'apanage la souverai-→ neté, les cas royaux et un certain nombre de droits considérés comme essentiellement régaliens[1]. Cependant, c'était au nom de l'apanagiste que la justice était rendue sur ses terres, et il avait la nomination des officiers publics[2].

Pour les filles de France, la coutume s'introduisit qu'elles devaient être apanagées seulement en deniers, non en terres C'était déjà le règlement fait en 1374[3] par Charles V; cela ressort clairement de l'ordonnance de 1566[4]. Cependant cette règle, étant donnée la pénurie du trésor, ne put pas toujours être observée; on constituait alors l'apanage des filles en terres et seigneuries, mais celles-ci étaient toujours rachetables au profit du domaine pour la somme de deniers à laquelle l'apanage avait dû être d'abord arrêté[5].

IV

Dans la monarchie franque, nous l'avons vu, la notion de l'État s'était profondément altérée, en ce que le royaume et la puissance royale étaient considérés comme le patrimoine du roi, qui pouvait en disposer à son gré : ainsi s'explique la facilité avec laquelle il consentait l'abandon des droits régaliens. La conception féodale, faisant résulter la puissance publique

---

1. Du Tillet, *Recueil*, p. 213 : « Vray est que les droicts royaux qui sont adhérens à la couronne, inséparables d'icelle, sont reservez et ont toujours esté et souloit au duché ou comté qui estoit baillé estre retenue par le roi quelque ville où il érigeoit un bailliage royal pour la connoissance desdits cas royaux. » – Chopin, *De domanio*, l. II, tit. V-VII.

2. Lefebvre de la Planche, III,'p. 433 et suiv. Mais cela ne s'appliquait qu'aux juridictions *ordinaires*, de création ancienne. Le droit de nommer les officiers des juridictions *extraordinaires*, créées postérieurement (élections, greniers à sel, prévôtés des maréchaux, etc.), fut au contraire réservé au roi et ne passa pas à l'apanagiste (Ord. de Blois de 1579) art. 331 ; — Loyseau, *Des offices*, l. IV, ch. IX, n° 10). —De même, tandis que le produit des droits fiscaux anciens appartenait à l'apanagiste les impôts proprement dits (taille, aides, gabelle) continuaient à être perçus au profit du roi.

3. Isambert, *Anciennes lois*, V, p. 439 et suiv.

4. Art. 1 : « Le domaine de nostre couronne ne peut estre aliéné que... pour apanage des puinez masles de la maison de France. »

5. Guy Coquille, *Institution*, p. 11 : « L'apanage est de deux sortes... aux filles des rois pour estre racheptable en deniers à toujours sans aucune prescription. Car la dot ou apanage d'une fille de France est originairement en deniers. »

d'un vaste système de contrats particuliers et de prescriptions accomplies, aggravait encore la confusion. Mais, lorsque la royauté : fut en voie de reconstituer l'État à son profit, une autre idée naturellement se fit jour ; elle se traduisit dans l'inaliénabilité du domaine de la couronne. On entendit d'ailleurs par domaine de la couronne tout ce qui constituait, à un titre quelconque, la dotation, les droits, les privilèges de la royauté : souveraineté territoriale, droits régaliens, droits féodaux, domaines, au sens propre du mot, dont le roi avait la pleine propriété ; tout cela fut englobé sous cette dénomination et déclaré inaliénable [1].

Ce ne fut point un phénomène particulier à la France : il fut, au contraire, général et se produisit dans les diverses principautés européennes, si bien que dès la fin du XIII⁰ siècle une légende se forma, racontant que le principe d'inaliénabilité avait été proclamé dans un congrès des princes de l'Europe tenu à Montpellier en 1275 [2]. Il s'introduisit incontestablement sous l'influence du droit romain qui fit prévaloir une notion de la souveraineté incompatible avec toute aliénation. Mais, d'autre part, le pouvoir royal devenant de plus en plus absolu, la règle de l'inaliénabilité gênait peu le monarque, sauf que son successeur pouvait l'invoquer pour révoquer l'aliénation. Aussi la première sanction, qu'on songea à lui donner, fut-elle de faire jurer au roi, lors de son avène-

1. On peut en donner comme formule ancienne une énumération contenue dans plusieurs articles du traité de Brétigny, art. 11 : « Tous les honneurs, obédiences, hommages, ligeances, vassaux, fiez, service, recognoissance, sermens, droitures, mere et mixte impere, et toutes manières de juridictions, hautes et basses, sauvegardes, seignories et souverainetés qui appartenoient et appartiennent, ou pourroient en aucune manière appartenir au roi ou à la couronne de France. » — Cf. art. 7. Le traité de Brétigny distingue, d'ailleurs, dans les pays cédés à l'Angleterre, ce que les rois tiennent en « demeine » et ce qu'ils tiennent en « fiez et service » (art. 8). — Il faut remarquer que le produit des impôts proprement dits ne fut jamais compris dans le domaine de la couronne ; on l'opposait au contraire traditionnellement, sous le nom de *finances extraordinaires*, aux produits du domaine, qualifiés *finances ordinaires*. Cela vient sans doute de ce que la notion du domaine de la couronne avait été arrêtée avant que fussent établis les impôts permanents.

2. Voyez le *Fleta*, traité de droit composé sous le règne d'Édouard Iᵉʳ, l. III, ch. VI, n° 3 : « Res quidem coronæ sunt, antiqua maneria, regis homagia, libertates et hujusmodi quæ, cum alienantur, tenetur rex ea revocare secundum provisionem omnium regum christianorum apud Montem Pessoloniam anno regni regis Edwardi. filii regis H... quarto habitam. »

ment, qu'il n'aliénerait point le domaine et les droits de sa
couronne. En 1220, Honorius III, consulté sur la valeur d'un
pareil serment prêté par le roi de Hongrie, le déclara absolument obligatoire et déclara nul tout serment postérieur et
contraire[1]. Puis la règle fut sanctionnée par la coutume ou la
loi des différents États.

En France, c'est à partir du XIVᵉ siècle qu'on voit apparaître
ce principe ; encore les premières ordonnances (ou actes royaux)
qui en font l'application, révoquant les aliénations du domaine
accomplies sous les règnes antérieurs, ne le proclament-elles
point comme une règle ferme et absolue ; elles relèvent soigneusement ce trait que les aliénations révoquées ont été
excessives ou captées[2]. C'est à la fin du XIVᵉ et au début du
XVᵉ siècle que les ordonnances deviennent précises et d'une
portée générale[3]. La coutume introduisit aussi en France le
serment prêté par le roi à son sacre de ne point aliéner le domaine[4]. Charles VI, dans un article de l'ordonnance cabochienne, vise ce serment, qu'il a prêté, dit-il, comme ses prédécesseurs[5]. Il n'est cependant point du tout certain qu'il eût
été déjà introduit à l'avènement de Philippe de Valois[6].

Lorsque l'inaliénabilité du domaine eût été ainsi introduite,

1. C. 33, X, *De jurej.*, II, 24.

2. Ord., juin 1318 (Isambert, III, 179), avril 1321 (Isambert, III, 294), octobre 1349 (Ord., II, p. 315), juillet 1364 (Isambert, V, 217).

3. Ord., 1ᵉʳ mars 1388, art. 13 (Isambert, VI, 659) : « que nous ne ferons
aucune aliénation de notre domaine » ; — février 1401 (Isambert, VII, 9)
janvier 1407, art. 32 (Isambert, VII, 166).

4. La formule était (Isambert, V, p. 240) : *Et superioritatem, jura et nobili-
tates coronæ Franciæ inviolabiliter custodiam et illa nec transportabo nec
alienabo.*

5. Art. 89 (Coville, *L'ordonnance cabochienne*, p. 36) ; déjà il l'avait constaté
dans l'ordonnance de 1401.

6. Cela résulte des pièces qui nous ont été conservées sur la célèbre dispute de Vincennes, qui eut lieu sous ce règne. Pierre de Cugnières, pour
exclure certaines prétentions de l'Église, invoque bien le serment que le roi
aurait prêté à son sacre de ne pas aliéner les droits de la couronne : « Quare
cum rex in sua coronatione juravisset jura regni non alienare, et alienata ad
se revocare, si per Ecclesiam aut quemcumque alium erant aliqua usurpata, rex
teneretur per juramentum ad se illa revocare. » Mais l'archevêque élu de Sens,
qui lui répond, conteste l'exactitude de cette affirmation. S'adressant au roi
il lui rappelle qu'il a prêté seulement à son sacre cinq serments, qu'il énumère,
et au nombre desquels n'est point compris celui-là : « *Ista jurasti et non plura,
salva reverentia domini Petri qui vos unum aliud jurasse dicebat.* » — Voyez
Libellus domini Bertrandi adversus Petrum de Cugneriis, dans Durand de
Maillane, *Preuves des libertés de l'Église gallicane*, t. III, p. 456 et 477.

on la ramena à un principe supérieur : ce fut l'idée que le roi
n'était pas propriétaire des biens et droits qui y étaient compris ; voilà pourquoi il ne pouvait pas les aliéner. Mais quel
était le véritable titulaire de ces droits? On personnifia d'abord
la dignité royale, la couronne, qui|en était l'emblème, distincte
de la personne du roi, et c'est elle qu'on donna comme propriétaire au domaine ; c'est ce qu'implique l'expression même
domaine de la couronne [1]. Au xvi° siècle, l'idée s'était éclaircie
et perfectionnée. On disait désormais que le véritable propriétaire du domaine, c'était la nation. Le roi en était dit simplement l'usufruitier, ou l'usager, ou l'administrateur avec des
pouvoirs très larges [2]. Par là on s'était élevé, au moins sur
ce point, à la notion de la personnalité de l'État.

Ce sont les ordonnances du xvi° siècle qui donnèrent à l'inaliénabilité du domaine son expression définitive ; elle se trouve
dans l'édit déjà cité de 1566. Deux exceptions seulement
étaient admises à la règle : la constitution des apanages pour
les fils de France et « l'aliénation à deniers comptants pour
la nécessité de la guerre après lettres patentes pour ce décer-
nées en nos parlements, auquel cas il y a faculté de rachat
perpétuel ». Cette dernière aliénation portait le nom d'*engagement*, et l'on tenait qu'elle ne transférait en réalité ni la
propriété, ni même la possession civile des biens engagés [3].
En même temps que l'inaliénabilité, s'était introduite l'im-
prescriptibilité du domaine [4].

Telles s'étaient dégagées ces règles, sages et protectrices [5],

1. C'est la même idée qui se montre dans l'institution des *grands officiers de la couronne*, telle qu'elle sera indiquée plus loin. Cette personnifica-
tion de la couronne se retrouve dans le droit public anglais des xiii° et
xiv° siècles, où elle produit des effets remarquables ; voyez Pollock et Maitland,
History of the english law. t. I, p. 495 et suiv.

2. Du Moulin sur la Coutume de Paris, *Des Fiefs*, art. 3, glose 3, n° 17 ; — Journal de Bodin aux États généraux de 1576, dans le recueil intitulé : *Des États
généraux et autres assemblées nationales*, 1789, t. XIII, p. 299 : « L'avis commun
étoit que le roi n'était que simple usager du domaine... quant au fonds et
propriété dudit domaine, il appartenoit au peuple. »

3. Poulain du Parc, *Principes du droit français*, t. III, p. 8.

4. *Ibidem*, p. 2.

5. La théorie de l'inaliénabilité du domaine avait été construite afin d'empêcher l'aliénation de la souveraineté territoriale (duchés, comtés, seigneuries)
et des droits régaliens ; elle était trop rigoureuse en ce qui concerne les domaines proprement dits (maisons, champs ou forêts).

mais non toujours respectées. Elles ne s'appliquaient proprement qu'aux aliénations que le roi aurait voulu consentir au
profit de quelqu'un de ses sujets ou vassaux. Le démembrement du royaume, faisant perdre au roi la souveraineté d'une
province ou d'une ville pour les faire passer sous une souveraineté étrangère, était également interdit par l'ancien droit
public, mais en vertu de principes différents, qui dérivaient en
partie de la conception féodale [1] et rappellent aussi par avance
certaines idées affirmées au xix° siècle. De bonne heure on
soutint qu'une cité ne pouvait point être cédée à un souverain
étranger sans le consentement des habitants [2]. Par une thèse
de droit public un peu différente, on soutint plus tard que le
royaume ne pourrait être démembré sans l'assentiment des
États généraux [3]. Ici encore c'étaient des règles que la politique de la monarchie absolue devait violer plus d'une fois.
Cependant elles contribuèrent, dans une certaine mesure, à
conserver à la France le duché de Bourgogne que le traité de
Madrid avait cédé à l'empereur [4].

V

En admettant la théorie du domaine de la couronne, le droit
public des xv° et xvi° siècles n'avait pas exclu la possibilité pour
le roi d'avoir un domaine privé. Le premier comprenait toutes
les acquisitions qui supposaient nécessairement chez lui la
qualité de roi et se réalisaient à ce titre (par exemple, la commise ou la confiscation des fiefs relevant directement de la cou-

1. Ci-dessus, p. 209. Lefebvre de la Planche, *op. cit.*, t. III, p. 393 et suiv.
2. Degrassalius, *Regalium Franciæ*, l. I, p. 27 : « Rex Franciæ non potest
alienare unam de civitatibus regni sui, invitis civibus, secundum Baldum,
Hostiensem et Johannem Andreæ in novella, quos sequitur Jason. »
3. Loyseau, *Des offices*, l. II, ch. II, n° 39 : « La royauté ou souveraineté est
encore moins aliénable et plus inhérente à la personne que le simple office.
Car, bien que l'office soit résignable en certains cas, la souveraineté ne l'est
jamais, estant très certain que quelque monarque que ce soit ne peut, sans
consentement des Estats de son pays, valablement et pour toujours céder son
Estat à famille estrangère. Car c'est une obligation réciproque, comme au
sujet d'obéir à son prince, aussi au prince de maintenir son sujet, et, comme
le sujet ne peut se distraire de l'obéissance du prince, aussi un prince ne peut
aliéner ses sujets. »
4. Lefebvre de la Planche, *op. cit.*, III, p. 395 : « On peut citer le traité de
Madrid de 1526, à l'occasion duquel François II déclara qu'il n'avait pu abandonner ses sujets du duché de Bourgogne sans leur consentement. »

ronne) ; dans le second pouvaient rester les acquisitions accomplies au profit du roi en vertu d'un titre qui aurait pu également
opérer au profit d'un particulier (par exemple, par achat, donation ou legs). Le domaine privé, comme le domaine public,
pouvait contenir des seigneuries, puisque celles-ci étaient devenues patrimoniales, et cependant il n'était pas soumis à la règle
de l'inaliénabilité ; les biens qu'il comprenait restaient dans le
commerce et le roi pouvait valablement en disposer[1]. Il y
avait là une règle contraire au bien public lorsque les acquisitions consistaient en seigneuries destinées naturellement à
rentrer dans l'unité nationale. Des correctifs furent introduits,
afin d'amener la réunion de ces acquêts au domaine de la
couronne : deux sont à signaler. L'Édit de 1566 (art. 2) décida que cette union résulterait nécessairement du fait que
pendant dix ans ils auraient été tenus et administrés par les
receveurs et officiers publics, comme les autres biens de la
couronne. Une seconde règle est très célèbre, c'est celle d'après
laquelle tous les biens que possédait le roi de France, au jour
de son avènement, étaient de plein droit et nécessairement
incorporés au domaine de la couronne. On justifiait cela en
disant que le roi, par son avènement, contractait une union
perpétuelle et indissoluble, pour lui et pour les siens, avec la
couronne, et que la réunion de ses biens personnels au domaine était la dot de ce mariage[2]. Cependant cette règle de
droit, comme maxime impérative, ne s'établit que relativement
tard[3]. On en fit bien d'assez bonne heure une application à
l'apanage qu'avait reçu un fils de France, qui succédait sur le
trône à son frère mort sans enfants[4] ; mais, pour le surplus, elle
ne passa en loi que sous le règne d'Henri IV. Louis XII en

1. Poulain du Parc, *Principes*, t. III, p. 2. — Voyez cependant F. Hotman,
Franco-Gallia, éd. 1573, p. 59 ; les *Vindiciæ contra tyrannos*, éd. Ursellis, 1600,
p. 107.

2. Édit de 1607 (Isambert, t. XV, p. 528) : « La cause la plus juste de laquelle
réunion a pour la plupart consisté en ce que nos dits prédécesseurs se sont
dédiés et consacrés au public, duquel ne voulans rien avoir de distinct et de
séparé, ils ont contracté avec leur couronne une espèce de mariage communément appelé saint et politique, par lequel ils l'ont dottée de toutes les seigneuries qui à titre particulier leur pouvoient appartenir, mouvantes directement d'elle. » Ici la couronne est encore personnifiée.

3. Lefebvre de la Planche, *op. cit.*, t. I, p. 86 et suiv.

4. Du Tillet, *Recueil*, p. 211 : « Ledit Valois (Philippe de) avoit frère..., fut
douté si les terres de l'apennage tenues par lesdits roys avant que la cou-

écarta expressément l'application, quant au comté de Blois qui lui appartenait avant son avènement : il établit même une Chambre des comptes spéciale à Blois, pour bien marquer la séparation[1]. Henri IV voulut en faire autant, pour tout son domaine ancien, « même pour les duchés, comtés, viscontés, terres et seigneuries enclavées au royaume de France »[2]. Mais il se heurta à la résistance du Parlement de Paris, qui refusa d'enregistrer les lettres patentes contenant cette distraction[3]; il céda et confirma la doctrine du Parlement par un édit de juillet 1607. Il faut observer que cette réunion de plein droit ne s'appliquait qu'aux seigneuries qui relevaient de la couronne de France ; celles qui n'en relevaient point, et qui étaient ainsi situées en dehors du royaume, en restaient distinctes, unies seulement à lui par une union personnelle, jusqu'à ce qu'un acte de souverain établît l'union réelle[4]. Une fois cette évolution accomplie, il restait, quant aux seigneuries, peu de chose du domaine privé. Aussi les auteurs des xviie et xviiie siècles disaient-ils volontiers que ce domaine n'existait plus en droit français, « qu'en France le bien du roi et celui de la couronne ne font plus qu'un seul corps et une

---

.onne leur eschent retournoient à icelle ou estoient à leurs puiznez,... attendu que le retour pour les appennages n'estoit qu'à défaut de masles qui duroient. Mais fut observée la réunion et retour desdites terres à la couronne, parce que par l'adoption d'icelle lesdits roys ne les avoient perdues et estoient rentrées en elle et rejointes au lieu dont elles estoient parties, la jouissance consolidée avec la propriété. »

1. Dans son testament de 1505 (Dupuy, *Traité de la majorité des rois*, t. I, p. 428), Louis XII lègue à sa fille Claude de France « nos dits duchez de Milan et de Gennes, comtez de Pavie et d'Ast et autres terres et seigneuries que nous avons delà les monts en Lombardie, et semblablement nos comtez de Blois, seigneuries de Chaulny, Coucy, Pierrefonds, vicomté de Soissons et autres nos terres et seigneuries quelconques étans en nostre royaume de France, et autres biens quelconques à nous appartenans, et desquels nous pouvons traiter et disposer et qui ne sont venus de l'appanage de France. » Ce texte prouve, et cela est confirmé par d'autres témoignages, que les pays conquis par le roi pouvaient encore à cette époque rester dans son patrimoine privé. Plus tard, le droit changea, la conquête enrichissait nécessairement et de plein droit le domaine de la couronne; Lefebvre de la Planche, I, p. 106.

2. Lefebvre de la Planche, *op. cit.*, p. 90 et suiv.

3. Voyez les remontrances auxquelles donnèrent lieu les diverses tentatives d'Henri IV à cet égard dans *Les remontrances de messire Jacques de la Guesle, procureur général du roy*, p. 92 et suiv.

4. Lefebvre de la Planche, *op. cit.*, t. I, p. 101.

seule masse » [1]. Mais il y avait là quelque exagération. Pour les seigneuries acquises par le roi, *ut privatus,* après son avènement au trône, on devait admettre, d'après l'édit de Moulins de 1566, qu'il pouvait au moins les aliéner dans les dix ans qui suivaient l'acquisition.

[1]. Lebret, *De la souveraineté,* l. III, ch. I, p. 93; — *Lefebvre de la Planche,* I, p. 16, 78, 85.

CHAPITRE II

La souveraineté reconstituée au profit de la royauté

Pour reconstituer l'État, en France, il ne suffisait pas que, par l'annexion des grands fiefs au domaine de la couronne, le roi se substituât aux grands feudataires et éliminât ainsi la féodalité supérieure. En effet, par suite de la structure féodale, telle qu'elle a été plus haut décrite, le haut feudataire sur son grand fief, le roi sur son domaine, voyaient une légion de seigneurs inférieurs s'interposer entre eux et la population. Ceux-ci, dont le type était le haut justicier, absorbaient et exerçaient à leur profit les attributs les plus effectifs de la souveraineté : le droit de guerre, la justice et l'impôt. Les habitants n'étaient les sujets que de leur seigneur direct. Pour que le roi redevînt souverain et que tous les Français devinssent ses sujets, il fallait que le pouvoir royal éliminât cette féodalité inférieure, ou que tout au moins il la rendît inoffensive et, passant par dessus, pût directement commander à tous. Cette restauration, comme l'annexion des grands fiefs, fut le résultat d'un travail persévérant et continu : ce fut aussi principalement une œuvre de sage politique; mais ici, comme pour la réunion des fiefs et plus encore, les principes juridiques jouèrent un rôle important, et c'est ce que je voudrais exposer dans ce second chapitre. D'ailleurs, pour faire saisir la portée de ce travail bien des fois séculaire, il faut ajouter deux observations. D'un côté, cette reconstitution de la souveraineté ne se poursuivit pas seulement à l'encontre des pouvoirs féodaux : elle s'opéra aussi, par les mêmes moyens ou par des moyens analogues, contre l'Église et contre les villes affranchies, dans la mesure où elles avaient empiété sur les attributs nécessaires de l'État. D'autre part, c'est seulement, comme je l'ai dit, la féodalité inférieure dont le pouvoir royal rogna ainsi les at-

tributs : ce qu'elle gagna sur la souveraineté des grandes seigneuries tardivement réunies à la couronne, comme la Bourgogne et la Bretagne, fut en réalité fort peu de chose; mais ces
provinces ne restèrent pas pour cela en dehors de ce mouvement. Comme la royauté agissait sur son domaine, ainsi, sous
l'empire des mêmes causes, les ducs et les comtes agissaient
dans leurs grands fiefs, refoulant et disciplinant à leur profit
la féodalité inférieure, et, lors de l'annexion, le roi, succédant
au duc ou au comte, n'eut qu'à recueillir les fruits de ce travail
particulier. Parfois même la reconstitution de la souveraineté
fut plus prompte et plus énergique dans tel grand fief que sur
le domaine de la couronne et put servir de modèle au pouvoir
royal : c'est en particulier ce qui arriva dans le duché de
Normandie.

I

Trois ordres de principes juridiques jouèrent un rôle dans
cette restauration; mais l'influence la plus ancienne et la plus
profonde fut celle du droit romain. Chacun sait, c'est une
phrase toute faite, que les légistes ont été les auxiliaires les
plus actifs du pouvoir royal : or, dans la langue du moyen âge,
le mot légistes, *legistæ*, désigne précisément ceux qui se sont
livrés à l'étude des *lois*, c'est-à-dire du droit romain.

Comme nous le verrons en étudiant le développement du droit
privé, le droit romain, au cours du moyen âge, n'était jamais
tombé en Occident dans un complet oubli. Il s'était maintenu
dans la pratique judiciaire de certaines régions. L'étude même,
et peut-être l'enseignement, n'en avait jamais complètement
cessé, même aux ix , xᵉ et xiᵉ siècles; mais cette étude était
bien rudimentaire. Elle eut, dans la seconde moitié du xiᵉ siècle,
une renaissance vigoureuse, qui paraît s'être d'abord développée parallèlement en France et en Italie, mais qui eut sa pleine
floraison dans l'école que fonda à Bologne le célèbre Irnerius,
à la fin du xiᵉ siècle. Ce qui caractérisa l'école bolonaise, ce
qui fit son originalité et sa puissance, c'est que ses maîtres se
mirent à étudier directement, minutieusement et intégralement
la compilation de Justinien. Ce fut la découverte d'un nouveau
monde, immense et fécond en trésors, et le succès de cet en-

seignemeut ainsı conduit fut prodigieux. Dès le xii° siècle, les étudiants, venus de tous les points de la chrétienté, affluèrent à l'école de Bologne; puis des maîtres se détachèrent pour aller porter dans d'autres contrées le nouvel évangile; des écoles se fondèrent en Italie et en France pour enseigner le droit romain. Cette rénovation devint un des facteurs les plus importants de la civilisation européenne; elle n'eut pas seulement une grande influence, comme on le verra plus loin, sur le développement du droit privé; elle en exerça une non moins profonde sur le droit public et sur la pensée même des nations occidentales. C'est là un fait de premier ordre, au point de vue scientifique et politique à la fois.

Le moyen âge jusque-là n'avait point été dénué de culture intellectuelle; mais ce qui représentait la haute spéculation, celle qui fournissait à la société les principes dirigeants, c'était une science purement religieuse et ecclésiastique, la théologie. Elle régnait en maîtresse sur le monde des idées, et toutes les autres branches des connaissances humaines rampaient à ses pieds et dans son ombre. Avec la renaissance des études de droit romain, cette royauté fut fortement entamée[1]. Une science nouvelle naquit, indépendante et laïque, la science de la société civile, telle que l'avaient dégagée les Romains, et qui pouvait passer pour le chef-d'œuvre de la sagesse humaine. L'autorité des lois romaines remises en lumière s'imposa à l'Occident naturellement et sans lutte. Le grand renom de l'Empire romain n'était jamais sorti de la mémoire des hommes, et l'on sait quelle force avaient sur les esprits du moyen âge les textes anciens : un texte, une *auctoritas* valaient mieux que toutes les raisons. Il en résulta qu'à côté du théologien se plaça le légiste, qui avait, comme lui, ses principes et ses textes, et qui lui disputa la direction des esprits avides de savoir. L'influence de la nouvelle science laïque se fit même sentir sur les sciences ecclésiastiques : le droit canonique fut pénétré profondément par le droit romain restauré. L'Église sentit bien cette concurrence redoutable qui lui était faite; elle essaya, mais vainement, de défendre la théologie, de lui conserver la suprématie. En 1180, Alexandre III interdit l'étude

1. Esmein, *Nouvelle revue historique de droit*, 1886, p. 430-431; — Marce Fournier, *L'Église et le droit romain au xiii° siècle*, ibid., 1890, p. 80 et suiv.

du droit romain à tous les moines[1]. En 1219, Honorius III étendit la prohibition aux prêtres et à tous les clercs jusqu'aux archidiacres[2]. Enfin le même pape défendit absolument d'enseigner le droit romain à l'Université de Paris et dans les lieux voisins[3] : l'Université de Paris, c'était le foyer principal de la théologie; la papauté en bannissait la science rivale.

Par cette influence doctrinale, le droit romain devenait, comme je l'ai dit, un facteur social important, car toute nouvelle orientation scientifique, quand elle prévaut, amène fatalement une modification dans la constitution même de la société. Mais il eut une action politique plus directe et immédiate. Les légistes, en effet, ne considérèrent pas seulement les lois romaines comme la science et le droit du passé; ils s'employèrent, avec une foi profonde, à leur rendre la vie, à les faire passer dans la pratique, soit pour le droit privé, soit pour le droit public. Les uns, comme les maîtres de l'école de Bologne, n'hésitaient pas à demander qu'on les appliquât telles quelles; d'autres, comme nos romanistes de la première moitié du XIVe siècle, comme Bartole et son école, les adaptaient au milieu, les infusaient, comme un sang nouveau, dans les institutions anciennes. Mais, au fond, la tendance était la même, et l'œuvre s'accomplissait rapidement, dans une large mesure; car, en France surtout, le personnel gouvernemental et administratif se recruta bientôt principalement parmi les légistes. Or voici la conséquence quant au droit public.

Dans la compilation de Justinien, ils trouvaient l'image d'une monarchie absolue et administrative, d'où la liberté était absente, mais d'où étaient également bannies les violences et la grossièreté de la société féodale, où régnaient l'ordre et la justice et où la notion de l'État était pleinement développée avec toutes ses conséquences. Ils y trouvaient la pleine souveraineté dans la personne de l'empereur, qui seul faisait la loi et par elle commandait à tous, levant seul les impôts et les levant sur tous les sujets de l'empire, exerçant seul le droit de rendre la justice par lui-même ou par des magistrats, dominant enfin jusqu'à l'Église, malgré les grands privilèges que celle-ci

1. C. 5, X, *Ne clerici*, etc., III, 50.
2. C. 10, X, *Ne clerici*, etc., III, 50.
3. C. 28, X, *De privilegiis et exces.*, V, 33. Sur ce texte diversement interprété, voyez Esmein, *Nouvelle revue historique*, 1886, p. 430.

avait déjà obtenus. Les légistes français s'efforcèrent de faire
passer cet idéal dans la vie réelle et de reconstituer la puissance de l'empereur romain au profit du roi. Incessamment
ils invoquaient à son profit les textes du Digeste et du Code,
comme nous le verrons en parlant du pouvoir législatif, de
l'impôt, de la justice[1], et alors il n'était pas de plus haute
autorité. Cependant, en ce qui concerne le roi de France, ce
travail de placage rencontra une objection subtile et d'ordre
juridique. Les glossateurs de Bologne, qui, les premiers,
avaient imaginé ce procédé d'adaptation et de restauration, par
une interprétation littérale, avaient appliqué les textes de lois
qui visaient l'empereur romain à l'empereur d'Allemagne,
au chef du Saint-Empire romain. Il y en avait pour eux une
double raison : en tant qu'Italiens, ils dépendaient de l'Empire,
et l'empereur allemand était, à leurs yeux, le continuateur
légitime de l'Empire romain. Si ces textes de lois visaient
naturellement et uniquement l'empereur, comme le pensaient
les Bolonais, comment pouvait-on les appliquer au roi de
France, qui n'était pas empereur[2]? Ce fut, semble-t-il, un
Italien, Balde, qui trouva la réponse à cette objection, dont
on ne s'était point d'ailleurs beaucoup préoccupé en dehors de
l'école. Elle consistait à dire que le roi de France était empereur dans son royaume, car il ne reconnaissait pas de supérieur[3]. La difficulté se rattachait à une autre question, qui,
heureusement, ne fut pas sérieusement agitée en dehors de
l'école, c'était de savoir si le roi de France était un souverain
complètement indépendant, s'il ne dépendait pas de l'Empire.
Tout un parti de légistes et de canonistes soutenaient que
l'empereur était maître du monde et que, par suite, nécessairement le roi de France lui était soumis. Dans ce sens étaient

1. Voyez encore toute la série des applications dans Degrassalius, *Regalium
Franciæ*, lib. I, p. 102 et suiv.
2. L'objection est encore prévue par Degrassalius, *op. cit.*, p. 316 : « Ad id
quod dicit (Petrus Jacobi) quod in rege non cadit crimen majestatis quia non
dicit se imperatorem, quamvis vellet esse; respondetur quod illud falsum,
quia rex Franciæ est imperator in suo regno. »
3. Balde, sur la loi 7, C. *De probat.*, IV, 18; — Boutillier, *Somme rurale*, II,
tit. I, p. 646 : « Puisque dict et montré ay des droicts et constitutions impériaux... dire et monstrer veux des droicts royaux. Si sçachez que le roi de
France, qui est empereur en son royaume, peut faire ordonnances qui tiennent et vaillent loy... et généralement faire tout et autant que à droict impérial appartient. »

spécialement la glose du *Corpus juris civilis*, la glose du décret
de Gratien et celle des décrétales de Grégoire IX[1] ; Bartole
était un des tenants les plus fermes de cette opinion. Ils invoquaient des textes du Digeste, du Décret ou même de l'Évangile. Mais le roi de France avait aussi ses partisans parmi les
docteurs. Le texte capital invoqué en sa faveur était une décrétale d'Innocent III, déclarant expressément « rex Franciæ su-
periorem in temporalibus minime recognoscit »[2]. Sans doute,
c'était là une pure dispute scolastique, mais telle est la force
de la tradition que Loyseau sous Henri IV[3], Lebret sous
Louis XIII[4], croient encore devoir affirmer, avec preuves à
l'appui, que le roi de France est indépendant de l'empereur.

L'appui du droit romain eut ainsi une efficacité merveil-
leuse pour le développement du pouvoir royal ; mais en même
temps il contribua puissamment à reformer celui-ci sur le
type du pouvoir absolu. L'Empire romain avait été la monarchie la plus absolue qui fut jamais, et l'on s'efforçait de faire
la monarchie française à son image[5].

II

Les jurisconsultes, qui construisaient peu à peu le nouveau
droit public à l'encontre des principes féodaux, n'invoquaient
pas seulement les lois romaines ; ils faisaient appel à un principe supérieur, compris aisément de tous, accessible aux igno-
rants comme aux savants : l'idée de l'intérêt public, auquel ils
donnaient le roi comme représentant. Beaumanoir, dans sa
théorie du pouvoir législatif de la royauté, ne s'inspirait pas

1. L. 9, D. *De leg. Rhodia*, XIV, 2 : « Respondit Antoninus : ego quidem
mundi dominus. » — Glose sur l. 3, C. VII, 37, v° *Omnia* : « Omnia principis,
etiam quoad proprietatem ut dicit M(artinus) principi apud Roncagliam timore
vel amore. » — C. 22, D. LXIII, glose, v° *Per singulas.* — Voyez dans Degrassalius, *op. cit.*, lib. I, p. 53 et suiv., la liste des docteurs dans l'un et l'autre sens.

2. C. 13, X, *Qui filii*, IV, 17 ; il est vrai que la glose ajoute (v° *Minime)* : « De
facto, de jure tamen subest Romano imperio. »

3. *Des seigneuries*, ch. II, n°ˢ 68 et suiv. : « C'est une fausse opinion de
notre vulgaire de penser que tous les rois chrestiens doivent reconnoistre
l'Empire, quoique la plupart des docteurs estrangers l'aient escrit, notamment
Bartole. »

4. *De la souveraineté du roi*, l. I, ch. III : *De l'erreur de ceux qui disent que
la France doit dépendre de l'Empire.*

5. Cf. Luchaire, *Manuel des institutions françaises*, période des Capétiens
directs, p. 463.

seulement du droit impérial, il invoquait surtout le « commun profit du royaume ». A la même époque, Durantis fondait sur le même principe une thèse importante, qui devait restreindre beaucoup les guerres privées. Si au nom du droit romain il condamnait la guerre qu'un seigneur ferait à son roi[1], au nom de l'intérêt public il déclarait que tous les hommes de fief devaient se rendre à l'appel du roi qui les convoquait pour la défense de la patrie, quand même leur seigneur direct les eût requis en même temps pour une guerre privée[2]. Dans la seconde moitié du xiii° siècle, l'auteur du *Grand Coutumier de Normandie* dégageait déjà l'une des applications les plus fécondes de ce principe. Il considérait le souverain (dans l'espèce, le duc de Normandie) comme le représentant et le gardien de la paix publique, et il en tirait cette conséquence, que toute violence, troublant cette paix, était une attaque contre le souverain et relevait de sa justice[3].

III

Enfin ce sont les propres principes du droit féodal que les juristes exploitèrent au profit du roi en les tournant contre la féodalité. Cela se fit de plusieurs manières. Parfois ils ne firent que dégager les conséquences logiques des principes féodaux, que le démembrement féodal avait arrêtées en chemin, au profit de seigneurs inférieurs au roi, mais véritablement souverains. Ainsi s'établirent les diverses prérogatives acquises au roi en tant que souverain fieffeux du royaume : le

---

1. *Speculum*, tit. *De feudis*, n° 29, p. 309 : « Quid igitur si aliquis baro regis Franciæ facit guerram ipsi regi, baro ipse præcepit ex debito sacramenti fidelitatis hominibus suis quod ipsum juvent ; numquid tenetur eum contra regem juvare... Dicendum est contra. Nam baro insurgens contra dominum videtur incidere in legem Juliam majestatis. »

2. *Speculum*, tit. *De feudis*, n° 30 : « Nam rex qui habet administrationem regni vocat eos *pro communi bono*, scilicet pro defensione patriæ et coronæ ; unde sibi jure gentium obedire tenentur. Nam pro defensione patriæ licitum est patrem interficere, *et publica utilitas includens in se privatam præferenda est privatæ*. Si tamen rex vocaret eos pro aliquo negotio non tangente *publicam utilitatem*, potius tenentur obedire baroni domino suo. »

3. *Grand Coutumier*, ch. lii, p. 132 : « Vis est injuria alicui violenter irrogata, lædens pacem patriæ et principis dignitatem. Cum enim ad principem pertineat sub pacis tranquillitate populum sibi regere subrogatum, ad ipsum pertinet pacis fractores corrigere violentos. »

droit de francs-fiefs et nouveaux acquêts[1], le droit d'amortissement[2], le droit d'affranchissement[3]; on peut rattacher encore à la même source le droit d'autoriser les affranchissements des villes[4], et celui d'accorder la naturalisation aux aubains, tant que le droit d'aubaine fut considéré comme un droit seigneurial.

D'autres fois, l'effort consista à dénaturer les relations féodales, de manière à permettre au roi de passer par dessus les seigneurs pour atteindre leurs sujets. L'exemple le plus frappant se trouve dans l'histoire de l'impôt royal. D'après la théorie féodale, le roi avait droit dans certains cas à exiger de ses vassaux, comme tout seigneur, l'aide féodale; mais il n'avait point le droit de lever des impôts sur les sujets de ces vassaux. Seulement, en pareil cas, la coutume permettait aux vassaux, tenus de contribuer en faveur du roi, de lever à leur profit une taille ou impôt compensatoire sur leurs propres sujets[5]. La royauté en prit prétexte pour lever directement l'impôt sur ces derniers, lorsqu'on se trouvait dans un cas d'aide féodale. Il semblait qu'au fond rien n'était changé; il y avait dans la procédure simplement un circuit de moins : en réalité, le roi, comme autorité, s'était substitué au seigneur.

Enfin, dans d'autres hypothèses, on superposa le droit royal au droit seigneurial, celui-ci paraissant encore en première ligne et le droit du roi sur les sujets des seigneurs n'apparaissant que comme un complément et ne se manifestant qu'extraordinairement. Ainsi Durantis, tout en déclarant que les hommes des barons ne sont pas les hommes du roi, ajoute que celui-ci a cependant sur eux un certain droit général de juridiction et de puissance[6]. Ce ne fut pas là seulement une idée féconde pour l'avenir; on y rattacha de bonne heure des prérogatives importantes. Tel est le droit d'arrière-ban, c'est-à-dire le droit pour le roi, lorsque le service militaire qui lui était dû par ses

1. Ci-dessus, p. 225.
2. Ci-dessus, p. 270.
3. Ci-dessus, p. 240.
4. Ci-dessus, p. 289.
5. *Grand Coutumier de Normandie*, ch. XLIV.
6. *Speculum*, tit. *De feudis*, n° 28, p. 309 : « Tamen homines ipsorum baronum non sunt homines ipsius regis. Bene tamen omnes homines qui sunt in regno Franciæ, sunt sub potestate et principatu regis Franciæ *et in eos habet imperium generalis jurisdictionis et potestatis.* »

vassaux propres se trouvait insuffisant, de requérir directement les hommes de ses vassaux, et, d'une façon générale, tous
les habitants du royaume en cas de péril national[1]. Mentionnons
encore le droit de garde général que Beaumanoir reconnaît
déjà au roi sur toutes les églises du royaume et qui devait
s'exercer à côté ou à la place du droit de garde des seigneurs[2].
Ce droit supérieur du roi, planant au dessus des pouvoirs féodaux, est d'abord bien vague, on le présentera plus tard d'une
façon avantageuse en disant que les droits des seigneurs n'ont
été que des concessions de la volonté royale, et que celle-ci
a retenu tout ce qu'elle n'avait pas concédé expressément.
Cette idée, qui sera familière aux jurisconsultes à partir du
xvie siècle, apparaît dès le xiii[e][3].

Dès la fin du xve siècle, la reconstitution de l'autorité royale
à l'encontre de la féodalité inférieure était un fait accompli
sur tous les points principaux. Les recueils de maximes juridiques, qui seront faits au commencement du xviie siècle, en-
registreront toute une série de dictons, contenant l'expression
de ce triomphe, et vieux sûrement de plus d'un siècle[4]. Mais
la consolidation du pouvoir royal n'en continuera pas moins
dans les trois siècles suivants, et, si l'on envisage cette œuvre

---

1. *Grand Coutumier de Normandie*, ch. xxv, p. 67 : « Feoda autem loricæ in
comitatibus vel baroniis, quæ ad servitium ducatus non fuerunt instituta, non
debent servitium exercitus nisi dominis quibus supponuntur. Excepto tamen
retrobannio principis, ad quod omnes qui ad arma sunt convenientes sine
excusatione aliqua tenentur proficisci. » — Cf. Coutumes données par Simon
de Montfort, *loc. cit.*, p. 219 : « Ad bellum campale, sive nominatim, vel ad
succurendum comiti, si fuerit obsessus, vel *ad rereban*, tenentur omnes ire
communiter barones, milites, majores et minores, qui fuerint citati; quod si
baro, miles vel alius dominus terræ in hac suprema necessprobatusitate com
fuerit non venisse ad comitem auxilium daturus, nisi sufficienti causa (excu-
sari) possit, bona mobilia ipsius erunt in manu et voluntate comitis et domini
sub quo manebit, per medium. »

2. Beaumanoir, XLVI, 1.

3. *Grand Coutumier de Normandie*, ch. liii, p. 134 : » Habet (dux Normanniæ)
etiam principaliter curiam de omnibus injuriis... exceptis tamen illis, quibus
principes Normanniæ de hujusmodi habendis placitis curiam concesserunt
prout per instrumenta vel per prescriptionem diuturnam est apparens. »

4. « Si veut le roy, si veut la loy. Tous les hommes de son royaume lui sont
sujets. Au roy seul appartient de prendre tribut sur les personnes. Toute justice émane du roy. Toutes guerres sont défendues au royaume de France, il
n'y a que le roy qui puisse en ordonner. Le roy est protecteur et gardien des
églises de son royaume. Le roy seul peut frapper monnaie d'or et d'argent. »
Loisel, *Inst. coutumières*, I, 1, règles 1, 4, 5; VI, 1, règle 30; — L'Hommeau,
Maximes générales du droit français, I, 3, 5, 9, 11, 12, 13.

de reconstitution dans ses résultats derniers, on doit reconnaître qu'elle fut à la fois incomplète et exagérée. Elle fut incomplète en ce que la royauté sut asservir la féodalité et lui enlever toute indépendance et valeur politique, mais elle ne parvint pas à l'éliminer. Les petits seigneurs féodaux subsistèrent et continuèrent même à exercer à leur profit, sous le contrôle du pouvoir royal, certains attributs de la puissance publique : le droit de justice et le droit de fisc ; les tenures féodales restèrent la forme commune de la propriété foncière. La féodalité, ainsi survivante, fut un mal social des plus gênants dans l'ancien régime ; c'était un organisme qui n'avait plus de fonction utile, qui ne rendait plus de services, qui au contraire gênait ou entravait le fonctionnement normal et qui cependant devait encore être alimenté aux dépens du corps social. L'Église, quoique soumise à l'autorité effective du roi, conservait encore d'immenses privilèges à l'encontre de l'État. D'autre part, la royauté, en développant ses attributs, avait dépassé la mesure ; elle avait atteint l'absolutisme le plus complet ; l'État, en définitive, s'était trouvé reconstitué à son profit, plus qu'à celui de la nation.

Dans la longue histoire de la dynastie capétienne, on peut distinguer trois formes successives de monarchie, et il sera fait souvent allusion à cette distinction dans l'histoire qui va suivre des principales institutions publiques, bien que j'étudie successivement chacune d'elles dans tout le cours de son développement. La première forme, c'est la *monarchie féodale* : elle va du règne de Hugues Capet à celui de Philippe le Bel. Sans doute, à la fin de cette longue période, la monarchie capétienne, vieille déjà de trois siècles, avait accompli d'immenses progrès surtout dans l'ordre judiciaire ; mais ses moyens d'action étaient encore enserrés et limités par les cadres féodaux ; c'était le jeu des institutions féodales qui lui fournissait presque exclusivement ses ressources : il n'y avait encore ni impôts généraux, ni armée propre de la royauté ; les États généraux n'étaient pas nés ; la législation générale commençait à peine ; le conseil du roi, à la fin du XIII⁰ siècle, n'avait pas nettement acquis son caractère propre, c'était autant un pur conseil privé qu'un organe de l'État ; et le Parlement lui-même était en voie de formation.

La *monarchie tempérée* représente la seconde forme histo-

rique : elle va du règne de Philippe le Bel à celui d'Henri IV.
En la qualifiant de tempérée, je ne veux point dire qu'elle repo-
sât sur les principes qui font les libertés modernes, la souveraineté nationale et la liberté individuelle : mais il existait dans
la nation, à côté du pouvoir royal pleinement développé, des
forces plus ou moins indépendantes qui lui faisaient contre-
poids[1]. C'étaient les restes de la féodalité transformée, ou des
corps constitués, créés par le pouvoir royal lui-même, mais qui
avaient acquis des privilèges et exerçaient une action politique.
De là une certaine somme de libertés générales ou locales, qui
n'étaient point coordonnées et agissaient parfois à contresens,
mais qui n'en limitaient pas moins l'autorité royale : telles
étaient les tenues d'États généraux, l'institution des États provinciaux, les franchises municipales, les privilèges et assemblées du clergé, les droits politiques des parlements et cours
souveraines. Dans la seconde moitié du XVIᵉ siècle, une école
remarquable se forma en France, qui eut pour but de dégager
et de répandre les principes de la liberté politique. Elle affirma
le principe de la souveraineté nationale et voulut faire de la
monarchie française une monarchie vraiment représentative
et soumise au règne de la loi. Les écrivains de cette école, que
l'on appelle souvent les *monarchomaques*[2], sont tous d'ailleurs
dominés par des passions religieuses. Ce sont ou des protestants, qui veulent avant tout conquérir la liberté religieuse, ou
des catholiques fougueux, qui soutiennent la Ligue et combat-
tent contre Henri III ou contre Henri IV. Protestants et catholiques concordent d'ailleurs sur les principaux points de la doctrine politique[3]. Mais, en face de cette école libérale, s'élevait

1. Un exposé des principes de cette monarchie tempérée se trouve dans le
livre de Claude Seyssel, *La grant monarchie de France*, 1519.

2. Ce nom leur fut donné en 1600 par Barclay, dans un livre intitulé : *De regno et regali potestate adversus Buchananum, Brutum, Boucherium et reliquos
monarchomachos,lib. VI.* — Cf. Treumann, *Die monarchomachen*, Leipzig, 1895.

3. Les principaux ouvrages où se trouve cette doctrine sont les suivants :
1º François Hotman, *Franco-Gallia*, 1573; 2º un ouvrage anonyme et très
remarquable composé en 1573 ou 1574, et intitulé : *De jure magistratuum in
subditos et officio subditorum erga magistratus*; 3º *Vindiciæ contra tyrannos
sive de principis in populum populique in principem legitima potestate*; ce
traité célèbre, composé entre 1573 et 1576, fut publié sous le pseudonyme de
Stephanus Junius Brutus; l'opinion la plus commune l'attribue au protestant
Hubert Languet; 4º Jean Boucher, le prédicateur bien connu de la Ligue, *De
justa Henrici tertii abdicatione a Francorum regno libri IV*, 1589; 5º *De justa*

une école opposée, développant les principes de la monarchie absolue, et même de la monarchie de droit divin. Son principal représentant est Jean Bodin, qui publia en 1576 ses *Six livres de la République*. Ce puissant esprit, dont les vues sur d'autres points ont devancé la pensée moderne, est le premier constructeur d'une théorie complète et harmonique de la souveraineté. Il la conçoit comme un pouvoir absolu et indivisible, excluant et discréditant la théorie des États mixtes. C'était cette école qui devait triompher, secondée par les faits. La troisième et dernière forme de la monarchie française est, en effet, la *monarchie absolue*[1] *et administrative* des xvii. et xviii° siècles. La transformation qui la produisit s'accentue à partir du règne d'Henri IV[2]. Elle se caractérise par deux traits. D'un côté, les forces sociales, dont j'ai indiqué l'indépendance relative dans la période précédente, perdent leur pouvoir de résistance. Les organes par lesquels elles s'exerçaient ne disparaissent point cependant pour la plupart. Si les États généraux ne sont plus réunis après 1614 et tombent en désuétude[3]; si, au xviii° siècle, la plupart des municipalité cessent de représenter toute liberté locale; les États provinciaux, les assemblées du clergé, les droits politiques des parlements subsistent au contraire et continuent à fonctionner. Mais, sauf les parlements, brisés eux-mêmes en 1771, les autres corps ont renoncé à une lutte impossible et n'agissent plus qu'avec l'agrément de la royauté. D'autre part, l'organisation administrative se complète et se régularise par la forte constitution des conseils du roi et l'institution des intendants des provinces. Cette forme

reipublicæ christianæ in reges impios et hæreticos authoritate, 1590; ce traité ne porte aucun nom d'auteur reconnaissable, mais il est généralement attribué à Guillaume Rose, évêque de Senlis, l'un des hommes de la Ligue.

1. On faisait à la France un titre de gloire de cet absolutisme. Piganiol de la Force, *Nouvelle description de la France*, 1718, t. I, p. 41 : « Le roi de France est le premier potentat et le monarque le plus puissant et le plus absolu qu'il y ait en Europe. » C'est là une des idées chères à Bodin.

2. Dans l'ouvrage cité à la note précédente (t. I, p. 211), Piganiol de la Force, qui décrit cette forme de gouvernement, prend le règne d'Henri IV pour point de départ: « Le gouvernement de la France ne fut pas d'abord porté au point de perfection où nous le voyons aujourd'hui... je me contenterai de le prendre à Henri IV. »

3. Piganiol de la Force, dans son exposé, en parle comme d'une institution du passé (t. I, p. 204) : « Ils ont eu, dit-il, tant de part au gouvernement de l'État jusqu'à Henri IV, que j'ai jugé à propos de faire un peu connoître ces anciennes et puissantes assemblées. »

de gouvernement a d'ailleurs ses théoriciens, sur qui l influence persistante et profonde de Bodin est aisément reconnaissable. Ils lui donnent de plus le caractère d'une monarchie de droit divin, dont la conception s'accentue progressivement. Si Charles Loyseau, sous Henri IV, voit encore dans le roi l'officier du peuple en même temps que le lieutenant de Dieu, il constate en revanche que les rois ont acquis par une longue possession la propriété même de la souveraineté et que la monarchie française est vraiment absolue[1]. D'autres, à la même époque, parlaient plus clairement encore[2]. Lebret, sous Louis XIII, n'hésite pas sur la doctrine[3]. Enfin la monarchie

1. *Des offices*, l. II, ch. II, n° 21, 22 : « Mais je dis qu'il (le roi) est officier et feudataire tout ensemble et à l'égard de Dieu et à l'égard du peuple. Premièrement il est officier de Dieu en tant qu'il est son lieutenant, qui le représente en tout ce qui est de la puissance temporelle... et semblablement, à l'égard du peuple, il est vrai que les roys sont officiers et seigneurs, je dis souverains officiers... et souverains seigneurs... Il est bien vray que du commencement ils n'estoient que simples princes, c'est-à-dire simples officiers, n'ayans que l'exercice et non pas la propriété de la souveraineté, mais le peuple qui les élisoit et préposoit sur soy demeuroit en sa liberté naturelle tout entière... il y a desjà longtemps que tous les roys de la terre, qui par concession volontaire des peuples, qui par usurpation ancienne (laquelle fait loy en matière de souverainetez qui n'en peuvent recevoir d'ailleurs), ont prescrit la propriété de la puissance souveraine et l'ont jointe avec l'exercice d'icelle. » — *Des seigneuries*, ch. II, n° 92 : « Le royaume de France est la monarchie la mieux établie qui soit et qui ait jamais été au monde, estant en premier lieu une monarchie royale et non pas seigneuriale, une *souveraineté* parfaite, à laquelle les Estats n'ont aucune part. »

2. L'Hommeau, *Maximes générales du droit français*, sur la maxime 5 : « Il arriva à un advocat du Parlement de Paris de dire en plaidant que le peuple de France avoit donné la puissance aux roys, alléguant ce qui est dit en la loy première en ces termes : « lege regia, quæ de ejus imperio lata est, populus ei « et in eum suam potestatem contulit. » Lors messieurs les gens du roy se levèrent et demandèrent en pleine audience que ces mots fussent rayez du plaidoyé de l'avocat, remonstrant que jamais les roys de France n'ont prins leur puissance du peuple : sur quoi la cour fit deffense à l'avocat d'user plus de tels propos et discours, et de regret l'avocat ne plaida oncques cause. » Ce passage est d'ailleurs emprunté à Bodin.

3. *De la souveraineté*, ch. II, p. 4 : « D'où l'on peut inférer que nos rois ne tenant leur sceptre que de Dieu seul, n'estant obligez de rendre aucune soubmission à pas une puissance de la terre et jouissant de tous les droits que l'on attribue à la souveraineté parfaite et absolue, qu'ils sont pleinement souverains dans leur roiaume... » — Ch. IX, p. 19 : « Mais l'on demande si le roi peut faire publier tous ces changements de loix et d'ordonnances, de sa seule autorité, sans l'avis de son conseil ni de ses cours souveraines. A quoi l'on répond que cela ne conçoit point de doute, parce que le roi est seul souverain dans son roiaume. »

catholique de droit divin trouve dans Bossuet son théoricien
définitif[1], et, dans une occasion solennelle, Louis XV viendra
lui-même, en plein parlement, en prononcer la formule[2].

1. *Politique tirée des propres paroles de l'Écriture Sainte, à Monseigneur le
Dauphin.*
2. Édit de décembre 1770 (Isambert, *Anc. lois*, XXII, 506) : « Nous ne tenons
notre couronne que de Dieu. Le droit de faire des lois, par lesquelles nos
sujets doivent être conduits et gouvernés, nous appartient à nous seul sans
dépendance et sans partage. »

TITRE II

Histoire des principales institutions publiques
(xIᵉ-xVIIIᵉ siècles).

CHAPITRE PREMIER

La justice

Je commence l'étude historique du droit public de l'ancien régime par l'exposé de l'organisation judiciaire, telle qu'elle se développa sous l'action du pouvoir royal. Il y a deux raisons principales de suivre ce plan. C'est d'abord par la justice que le pouvoir royal se maintint et s'accrut dans la société féodale. D'autre part, les autorités judiciaires ont été à diverses époques associées à l'administration proprement dite ou à la législation : il est donc bon d'exposer leur histoire avant d'aborder ces derniers sujets. Ce chapitre sera divisé en trois parties : dans la première, je suivrai depuis le xIᵉ siècle jusqu'à la Révolution le développement organique des juridictions royales ; dans la seconde, j'exposerai la contre-partie, c'est-à-dire l'abaissement parallèle des justices seigneuriales ; dans la troisième, j'étudierai l'intervention directe et personnelle du pouvoir royal dans l'administration de la justice, c'est-à-dire la justice retenue et ses diverses manifestations.

SECTION PREMIÈRE

DÉVELOPPEMENT ORGANIQUE DES JURIDICTIONS ROYALES

Dès le xi° siècle, on voit que la justice royale a deux sortes d'organes, des juridictions locales et une juridiction centrale, et dans le dernier état on retrouve, encore visibles malgré d'immenses transformations, ces antiques fondements. Je vais donc décrire l'évolution entière de ces deux éléments ; j'indiquerai ensuite les juridictions d'exception qui avaient, au cours du temps, été créées à côté des tribunaux ordinaires.

§ 1. — JURIDICTIONS ROYALES PRÉVÔTÉS, BAILLIAGES ET SÉNÉCHAUSSÉES [1]

A l'avènement des Capétiens, la royauté n'exerçait plus la justice territoriale que sur son domaine et là où la juridiction n'avait point été absorbée par les justices féodales et seigneuriales [2], là où le roi avait conservé la justice directe sur les habitants. Dans ces lieux, au moins à partir du règne de Robert le Pieux [3], la justice fut rendue par un officier royal nommé ordinairement prévôt (præpositus). Les prévôts furent certainement une création des premiers Capétiens ; les anciens comtes et vicomtes carolingiens ayant inféodé à leur profit les justices qu'ils tenaient, une nouvelle inféodation était à craindre, si la royauté ne confiait pas à des fonctionnaires nouveaux et plus humbles les villes qui avaient échappé à la première. Probablement, pour la création de ces nouveaux officiers, la royauté prit-elle exemple sur l'Église, dans les seigneuries de laquelle se trouvaient depuis longtemps des sortes d'intendants appelés præpositi. Quoi qu'il en soit, les prévôts, placés chacun à la

1. Sur ce qui suit, consulter Pardessus, *Essai sur l'organisation judiciaire* (*Ord.*, t. XXI).

2. Ci-dessus, p. 251 et suiv.

3. Luchaire, *Manuel des institutions*, p. 540. — Pour Paris, c'est à partir du règne d'Henri I⁰ʳ qu'on voit apparaître les prévôts. Le dernier comte de Paris fut Bouchard le Vieux, à qui Hugues Capet avait conféré cette charge, mais à vie seulement ; Hegel, *Städte und Gilden*, II, p. 86-87.

tête d'une circonscription, furent d'abord et pendant longtemps les seuls juges locaux de la monarchie capétienne. Leur compétence, par là même, se trouvait illimitée, quant aux personnes qui étaient leurs justiciables. Mais de bonne heure certains habitants de leur circonscription y échappèrent, je veux dire les bourgeois des villes qui obtinrent le droit de justice. Je crois même que de tout temps les vassaux du roi, petits ou grands, épars dans le domaine, furent soustraits à la juridiction du prévôt et qu'au début ils pouvaient demander à être jugés par la *curia regis*. Des textes du xiiiᵉ siècle semblent encore constater ce droit[1], et la règle, qui s'établira plus tard et durera jusqu'au bout, d'après laquelle les nobles défendeurs n'étaient jamais justiciables des prévôts, mais seulement des baillis royaux, me semble être la continuation en même temps que la transformation de ce droit ancien.

Mais les prévôts n'étaient pas seulement des juges. Conformément à la tradition antérieure et à la loi naturelle des gouvernements peu développés, ils concentraient entre leurs mains tous les pouvoirs : ils avaient des attributions administratives, militaires et financières. Représentants du roi dans leur circonscription, ils étaient chargés de transmettre ses ordres et d'en assurer, s'il était possible, l'exécution. C'étaient eux qui transmettaient les semonces aux hommes qui devaient le service militaire à l'ost du roi, et ils conduisaient les contingents ainsi réunis. Enfin, ils étaient chargés de faire rentrer, d'encaisser et de verser au trésor royal tous les revenus du roi, c'est-à-dire les revenus du domaine, dans leur prévôté[2]. Ces dernières attributions étaient même considérées comme les plus importantes de toutes, et elles expliquent la manière dont anciennement étaient choisis les prévôts. Tout d'abord la charge tendit, semble-t-il, à s'inféoder ; mais, pour résister à cette tendance, les rois ne la conférèrent que pour un temps peu long et à un titre tout spécial. Les prévôtés étaient données à ferme, vendues (à temps), comme disent les vieux textes. Un ad-

---

1. *Établissements de saint Louis*, I, ch. LXI et LXXVI ; — *Livre de Joslice et de Plet*, I, 17, § 4 : « Duc, comte, barons ne devent pas estre tret en plet devant prévot dou fet de lor cors ne de lor demeine ; quar chascune tele persone ne doit estre jugiez que par le roi, qui lui doit foi, ou par ses pers. »

2. Brussel, *Traité de l'usage des fiefs*, ch. xxxii ; — Vuitry, *Études sur le régime financier de la France avant la Révolution*, t. I, p. 479 et suiv.

jugeait à une personne, pour un temps déterminé et pour une certaine somme, le droit de percevoir tous les revenus royaux de la prévôté ; et l'adjudicataire, pour le temps du bail, était nommé prévôt. Au fond, c'était là une opération qu'on retrouve en des temps et en des lieux fort divers ; c'était une application de la ferme de l'impôt ; mais, en même temps, cela prouve que le rôle financier des prévôts était considéré comme leur fonction essentielle. A partir du xiii° siècle, les ordonnances s'appliquent à réglementer cette adjudication des prévôtés, prenant des précautions pour que le système n'aboutisse pas à de trop mauvais choix et n'entraîne pas des abus trop criants [1]. Mais en lui-même il était vicieux, le prévôt fermier cherchant à faire produire à la prévôté le plus possible, afin de réaliser un profit [2]. Le seul moyen de purifier l'administration des prévôts était de donner les prévôtés non pas à ferme, mais en régie, de les donner *en garde*, comme on disait anciennement. Les rois prenaient parfois cette mesure, qui anciennement paraît n'avoir été adoptée que lorsqu'on ne trouvait pas de fermier [3] : Joinville a raconté comment, sous saint Louis, la prévôté de Paris cessa d'être donnée à ferme, pour être confiée en garde à Étienne Boileau et quels merveilleux effets eut cette transformation [4]. Mais ce régime de progrès ne se répandit que bien

---

1. Voyez, en particulier, l'importante ordonnance de saint Louis, de 1254 (*Ord.*, I, 65). — Sur la ferme des prévôtés, voyez le colonel Borelli de Serres, *Recherches sur les divers services publics du xii° au xvii° siècle*, Paris, 1895, p. 12 et suiv., 556 et suiv.

2. Une ordonnance célèbre de Philippe le Bel, de 1302, enlève au prévôt fermier le droit de fixer les amendes, le plus souvent arbitraires ; il y avait là pour lui une trop forte tentation (*Ord.*, I, p. 360, art. 19) : « Inhibentes de cætero ne præpositi ad firmam præposituras tenentes *taxare vel judicare præsumant emendas*, sed tantummodo senescalli et baillivi, homines aut scabini dumtaxat. » Mais, pour le reste, leur pouvoir judiciaire subsistait.

3. Borelli de Serres, *Recherches*, p. 14.

4. *Vie de saint Louis*, édit. de Wailly, ch. cxli, § 715-719. — Le colonel Borelli de Serres s'est efforcé de diminuer la portée de ce passage de Joinville qu'il considère comme interpolé. Voyez, dans ses *Recherches*, *Une légende administrative, la réforme de la prévôté de Paris et Étienne Boileau*, p. 531 et suiv. Mais au fond, c'est bien sous l'administration d'Etienne Boileau, d'abord lui-même prévôt-fermier, que M. Borelli de Serres place, en 1263, un régime nouveau, en tant que définitif, pour la ville de Paris ; p. 564 : « Voilà la réforme accomplie, la prévôté de Paris en régie, comme toujours depuis lors. » D'autre part, le texte de Joinville, sincère ou retouché, montre comment on appréciait une semblable transformation.

lentement : à la fin du xv⁵ siècle encore il y avait des prévôtés
en ferme¹. Dans toute l'étendue du domaine royal, il y avait
des officiers tels que ceux qui viennent d'être décrits, mais ils
ne portaient pas toujours le nom de prévôts; dans certaines
régions, ils s'appelaient châtelains, ailleurs viguiers (*vicarii*).

Pendant longtemps, ai-je dit plus haut, les prévôts furent
les seuls juges locaux de la royauté. Ils étaient sous la surveillance du grand sénéchal, qui faisait des tournées d'inspection annuelles pour les contrôler². D'ailleurs, les habitudes
ambulatoires des premiers Capétiens et l'étendue restreinte du
domaine rendaient faciles leurs rapports directs avec la cour
du roi. Mais, dans la suite du temps, on sentit les inconvénients
de ce système, et, dans le cours du xii⁵ siècle, apparaissent les
baillis et *sénéchaux royaux*, qui sont les supérieurs et les surveillants locaux des prévôts : les deux termes sont, en droit,
synonymes; la qualification de sénéchal était usitée principalement dans le midi et l'ouest de la France, celle de bailli dans
le reste du pays³. On ne peut dire au juste à quelle date furent
créés les baillis. Ils apparaissent pour la première fois d'une
manière certaine dans l'acte de 1190, appelé testament de Phi-
lippe-Auguste⁴ : mais là c'est déjà une institution générale et
dont le fonctionnement est régulier. Il est probable que,
comme la plupart des institutions anciennes, celle-ci ne fut
pas le résultat d'un plan d'ensemble et d'un système préconçu,
mais qu'elle eut pour point de départ des faits particuliers et
accidentels, puis se généralisa peu à peu. Voici l'hypothèse
qui me paraît la plus vraisemblable⁵. Les seigneurs impor-

1. L'ordonnance de Blois, de mars 1498, art. 60, 61 (*Ord.*, XXI, 188), suppose
encore qu'à côté des prévôtés en garde il y avait des prévôtés en ferme.

2. Brussel, *op. cit.*, I, p. 508, 510.

3. Les deux qualifications étaient si bien devenues synonymes que l'on voit
parfois le même officier prendre indifféremment l'un ou l'autre titre, colonel
Borelli de Serres, *Recherches*, p. 208, 209.

4. C'est l'ordonnance par laquelle Philippe-Auguste, partant pour la Croisade,
réglait le gouvernement du royaume pendant son absence (*Ord.*, I, 18). Les dispositions qui concernent les baillis sont les articles 1, 2, 4, 5, 6, 7, 16, 17. —
Il faut remarquer d'ailleurs que M. Léopold Delisle, dans son *Catalogue des
actes de Philippe-Auguste*, mentionne plusieurs actes antérieurs à 1190 et où
des baillis déjà sont visés: n° 202, adressé aux prévôts et baillis du roi (1187);
n° 224, aux prévôts et baillis de Jauville, Dourdan et Poissy (1188); cf. n° 203,
au connétable du Vexin et à tous ses prévôts et baillis.

5. Voyez d'autres hypothèses dans Luchaire, *Manuel des institutions*, p. 541
et suiv.; cf. p. 266

tants, ceux dont le fief représentait un petit État, avaient ordinairement un officier supérieur appelé sénéchal ou bailli, qui
surveillait les officiers inférieurs, comme le roi avait le grand
sénéchal surveillant les prévôts[1]. Or il arriva que plusieurs
des seigneuries ainsi constituées furent réunies à la couronne,
et assez naturellement le pouvoir royal fut conduit à leur laisser, après l'annexion, l'organisation qu'elles avaient auparavant.
vant. C'est sûrement ce qui se produisit sous Louis VII,
lorsque, en 1137, il fut, par son mariage avec Éléonore de
Guyenne, devenu maître du Poitou, de la Saintonge et du
Bordelais. Le sénéchal de Poitou fut maintenu comme officier royal, au dessus des prévôts[2]. Dans la suite du temps, on
dut sentir l'avantage d'une semblable organisation et la création des baillis sous Philippe-Auguste en fut la conséquence.
Quoi qu'il en soit, ce fut une création féconde : les baillis et
sénéchaux aux XIIIe, XIVe et XVe siècles devaient être la force
principale de la royauté à l'encontre de la féodalité du domaine,
les instruments au moyen desquels s'accomplirent ses progrès.

Les baillis étaient, avant tout, les surveillants des prévôts,
mais ils avaient aussi des fonctions propres à remplir. Comme
les prévôts[3], ils réunissaient entre leurs mains l'ensemble des

1. En Angleterre aussi, au XIIe siècle, le sénéchal était le principal officier
du baron. Le dialogue de l'Échiquier (Stubbs, Select charters, 3e édit., p. 240)
parle du « generalis œconomus quem vulgo seneschallum dicunt ». — On sait
que, du temps de saint Louis, Joinville était sénéchal du comte de Champagne.

2. Luchaire, Histoire des inst. monarch., I, 218. — Les sénéchaux de première formation, conservés par la royauté après une annexion, gardèrent
d'abord le caractère marqué d'officiers féodaux. Luchaire, Manuel, p. 549-551.

3. Le colonel Borelli de Serres, dans ses Recherches, p. 195 et suiv., 549 et suiv.,
présente une théorie nouvelle et intéressante sur l'origine des baillis royaux. Il
montre que ce furent tout d'abord des commissaires extraordinaires délégués
par le roi pour tenir des assises et surveiller les prévôts dans une région
déterminée, le terme baillivus ayant d'abord un sens large. Ces premiers
baillis, dont aucun n'était attaché à une circonscription déterminée, auraient
été de compagnie, deux, quatre ou cinq ensemble, par les provinces qui leur
étaient désignées. C'est seulement dans une seconde phase que le groupe se
serait dissocié, chacun d'eux gardant à poste fixe une circonscription (bailliage)
sous son autorité. En même temps les baillis seraient devenus agents financiers et comptables, ce qu'ils n'étaient pas d'abord. Ils auraient en premier
lieu recueilli les revenus extraordinaires non compris dans la ferme des prévôtés, puis auraient concentré et versé au Trésor royal les recettes de leurs
prévôts. Ce développement paraît appuyé par des preuves. Mais le colonel
Borelli de Serres ne s'en tient pas là. Il veut aussi que les baillis aient été des
membres délégués de la curia regis. Celle-ci, au XIIe siècle, surchargée de besogne, aurait député quelques-uns de ses membres pour tenir, à sa décharge,

pouvoirs. Préposés à une vaste circonscription comprenant un certain nombre de prévôtés, ils y représentaient à tous égards le pouvoir royal. C'étaient eux dorénavant qui convoquaient les contingents dûs par les vassaux du roi et par les villes. C'étaient eux qui concentraient les recettes effectuées par les prévôts, et, devenus comptables pour tout leur bailliage, devaient verser au trésor royal les sommes par eux recueillies, à des dates déterminées[1]. Enfin les baillis avaient aussi des attributions judiciaires, mais celles-ci, très claires un peu plus tard, sont difficiles à déterminer au début. En effet, dans la suite leur juridiction sera abondamment alimentée par les causes qui, sous le nom de *cas royaux*, seront enlevées à la connaissance des prévôts aussi bien qu'à celle des seigneurs; et surtout ils seront juges d'appel par rapport aux prévôts et aux justices seigneuriales de leur bailliage[2]. Mais, dans le dernier tiers du XIIᵉ siècle, la théorie des cas royaux n'était pas née et le système de l'appel, dans la plupart des régions, n'était pas encore développé. Il semble donc que dans les premiers temps il n'y avait point place pour leur juridiction à côté de celle du prévôt. Cependant on peut trouver, dès le début, deux objets très importants à leur activité judiciaire. Premièrement, le bailli, étant le supérieur et surveillant du prévôt, non seulement recevait les plaintes élevées contre celui-ci, mais encore pouvait et devait accueillir les plaideurs qui prétendaient que le prévôt leur déniait justice; peut-être même pouvait-il, sans condition, accueillir toutes les causes que ceux de sa baillie voulaient porter

des assises locales, où figureraient avec eux les prévôts, les principaux seigneurs du pays : « Cette cour féodale (p. 200), substituée à la *curia regis* centrale, agissait en son nom dans tous les cas qu'un intérêt particulier ne lui faisait pas réserver, procédait pour elle à des enquêtes, recevait les appels contre les jugements prévôtaux, pacifiait les différends ou les tranchait. » Mais cette dernière hypothèse me paraît se heurter à des objections décisives. Elle suppose d'abord qu'au XIIᵉ siècle la *curia regis* était un corps constitué et organisé. Or c'était encore simplement le roi statuant dans sa cour, c'est-à-dire entouré de ses conseillers. Parmi ceux-là, il n'y avait guère de permanents que les grands officiers de la couronne et quelques conseillers en titre. Dans les grandes assises solennelles, constituant la tenue proprement dite de la *curia regis*, s'ajoutait un personnel nombreux et flottant composé des vassaux et des prélats. Une semblable *curia* n'a pas de membres qu'elle puisse déléguer; elle n'a qu'un pouvoir de conseil auprès du roi. L'hypothèse de M. Borelli suppose aussi l'institution de l'appel prématurément développée.

1. Vuitry, *op. cit.*, I, p. 487 et suiv.
2. Ci-après section II, § 2, I, III.

devant lui[1]. En second lieu, lorsque la circonscription du bailliage contenait quelque seigneurie, jadis non absorbée dans le domaine royal, et où, avant l'annexion, les hommes du seigneur se réunissaient en cour féodale pour procéder au jugement par les pairs, le bailli continua à réunir ces hommes, devenus les vassaux directs du roi, pour leur administrer la justice selon les anciens principes[2]. Cette pratique contribua sans doute à faire recevoir la règle d'après laquelle les nobles étaient les justiciables directs des baillis.

Les baillis, pour remplir leurs multiples fonctions et principalement celle de surveillants, n'étaient point anciennement sédentaires au chef-lieu du bailliage. Ils étaient, au contraire, des juges ambulants, parcourant leur circonscription et tenant périodiquement aux principaux lieux des assises solennelles[3], où ils rendaient la justice et où étaient convoqués les prévôts

1. Ordonnance de 1190, art. 3 : « In bailliviis suis singulis mensibus ponent unum diem, qui dicitur assisia, in quo omnes illi qui clamorem facient recipient jus suum per eos et justitiam sine dilatione, et nos nostra jura et nostram justitiam. » — Cf. Boutillier, *Somme rurale*, I, tit. III, p. 9, 10 : « En assise doivent estre tous procez décidez si faire se peut bonnement..., s'y doit chascun estre ouy en sa complainte, soit sur nobles, non nobles, sur officiers, sergens ou autres... Et est entendue assise aussi comme purge de tous faits advenus au pays. » Voyez aussi la description que donne de l'ancien sénéchal ducal le *Grand Coutumier de Normandie*, ch. x, p. 33 : « Solebat autem antiquitus quidam justiciarius prædictis superior per Normanniam discurrere qui seneschallus principis vocabatur. Ille vero corrigebat quod alii inferiores reliquerant, terram principis custodiebat, leges et jura Normanniæ custodiri faciebat et quod minus juste fiebat per baillivos corrigebat. »

2. Ordonnance du 7 janvier 1278 (édit. Guilhiermoz, *Enquêtes et procès*, p. 610), art. 30 : « Chascuns baillis en cui court l'on juge par hommes contraigne les hommes au plustost qu'il pourra à jugier les causes amenées par devant eus. » — *Coutumier d'Artois*, tit. LIII, n° 12 : « Et ce enten je quant aucuns baillus conjure les hommes dou prince, que il dient droit d'aucune queriele a le requeste des parties. » — Boutillier, *Somme rurale*, II, tit. LXXXII, p. 485 : « Par monseigneur le baillif de Tournesis et par les hommes du roy jugeans au conjurement dudit baillif, qui est son seigneur, lesquels hommes sont pers audit d'Ailly, seigneur de Rume. »

3. *Grand Coutumier de Normandie*, p. 34 : « Singulas partes Normanniæ et baillivas visitabat. » — Boutillier, *Somme rurale*, p. 9 : « Assise est une assemblée de sages juges et officiers du pays, que fait tenir ou tient le souverain baillif de la province. Et y doivent estre tous les juges, baillifs, lieutenans, sergens et autres officiers de justice et prévosté royale sur peine de l'amende, se ils n'ont loyal exoine. Et doit estre l'assise publiée par toutes les villes ressortissans à ladite assise, par sergent et commission du souverain baillif le lieu et le jour des présentations. »

et tous les officiers royaux. C'est encore la pratique suivie au cours du xv° siècle [1].

Pour en finir avec ces baillis de l'ancien type, disons que la royauté choisissait avec soin ces fonctionnaires importants et faisait en sorte de les avoir toujours dans sa main. Elle ne donna jamais à ferme les bailliages comme elle donnait les prévôtés [2], et ne nommait point les baillis à titre viager ou pour un temps déterminé; elle les laissait même d'ordinaire assez peu longtemps en fonctions dans le même bailliage [3].

Tels étaient les baillis primitifs; mais, tout en subsistant, ils devaient subir au cours du temps de profondes transformations. Elles consistèrent surtout en ce que la confusion des pouvoirs, signalée plus haut [4], cessa peu à peu; chaque fonction distincte reçut un fonctionnaire spécial, et les baillis et sénéchaux gardèrent la moindre part des attributions qu'ils avaient jadis cumulées.

Ce qu'ils perdirent d'abord, ce furent leurs attributions financières; cela se fit localement, progressivement, avant d'aboutir à une mesure générale [5]. Lorsque saint Louis avait mis en garde la prévôté de Paris, il y avait institué un receveur royal pour percevoir, à la place du prévôt, les revenus du domaine; mais ce receveur resta longtemps seul de son espèce. Ailleurs, les baillis continuaient à percevoir, mais d'ordinaire, pour se décharger d'une partie de leur tâche, ils avaient un commis pour opérer ces recettes; celui-ci devait naturellement se trans-

---

1. De Rozière, *L'assise du bailliage de Senlis en* 1340 *et* 1341, dans la *Nouvelle Revue historique de droit*, 1891, p. 622, 730. — Même à la fin du xv° siècle le prévôt de Paris (qui, en réalité, était un bailli) tenait encore des assises à Corbeil. Faguiez, *Extrait des registres du Châtelet de Paris*, dans les *Mémoires de la Société de l'histoire de Paris*, t. XVII, n° 83 : « Sur le diférant qui est entre les lieutenans civil et criminel de la prévôsté de Paris, touchant les assises d'icelle prévôsté de Paris qui estoient assignées mesmement au lieu de Corbueil à lundi prochain... » (22 juin 1495, Parlement, Conseil).

2. Certains textes pourraient faire penser le contraire; Ordonnance de 1254, art. 24 : « Eos sane qui baillivias nostras tenuerint aliis easdem *revendere* prohibemus. » Mais il s'agit là des prévôtés, parfois appelées baillies; d'autres articles de la même ordonnance le prouvent. Art. 7 : « (Jurabunt senescalli) quod in venditionibus bailliarum... partem non habebunt. » Cf. art. 17 : «...inferiores baillivi. » Cf. ci-dessus, p. 353, note 4; 356, note 1.

3. Luchaire, *Manuel des institutions*, p. 548.

4. Ci-dessus, p. 354.

5. Vuitry, *Études sur le régime financier de la France avant la Révolution*, nouvelle série. 1, p. 291 et suiv.

former en un officier royal, en receveur nommé par le roi et
seulement surveillé par le bailli. Philippe le Bel créa ainsi un
certain nombre de receveurs royaux dans divers bailliages ;
mais c'est seulement en 1320 que la mesure devint générale.
Nous trouvons cette année-là deux ordonnances, dont l'une
défend aux sénéchaux et baillis de faire aucune recette, laissant ce soin aux receveurs[1], et l'autre détermine les fonctions
de ces derniers[2]. Dès lors, la séparation est opérée ; malgré
quelques vicissitudes[3] les receveurs subsisteront.

Les baillis perdirent semblablement leurs attributions judiciaires. Lorsque leur compétence s'élargit, l'administration de
la justice devint, pour eux, un pesant fardeau. Pour s'en sou-
lager, ils se faisaient remplacer par des lieutenants, qui jugeaient à leur place : c'était déjà une pratique commune dans
la seconde moitié du XIIIe siècle[4]. En cela, ils ne faisaient
qu'user d'un droit général, reconnu au *judex ordinarius* par
les légistes et les canonistes sur le fondement des lois romaines : il pouvait déléguer à un particulier sa *jurisdictio*, le
droit de rendre la justice à sa place[5]. Ces lieutenants n'é-
taient que de simples commis, des mandataires du bailli[6] :
c'était lui qui les constituait, et il pouvait également à volonté
les destituer, révoquer leurs pouvoirs. Mais lorsque cette pratique se fut enracinée et que communément la justice fut
rendue, non par le bailli, mais par des lieutenants permanents,
ceux-ci virent peu à peu leur situation se consolider et définitivement devinrent des officiers royaux en titre. Les ordonnances commencèrent par leur assigner des gages payés par

1. Janvier 1320, art. 14 (*Ord.*, I, p. 705).
2. Mai 1320, *Sur les fonctions des receveurs des droits royaux* (*Ord.*, I,
p. 712).
3. Vuitry, *op. cit.*, I, p. 257.
4. Ordonnance de 1254, art. 10 : « Vicarios autem, quos senescalli quandoque pro se substituunt, nolumus ab ipsis institui, nisi prius sub forma prædicta præstiterint juramentum. »
5. *Livre de Jostice et de Plet*, I, 19, § 8 : « Li baillis pot bailler sa juridiction
à autre ou mander ; mès li saires ne la peut bailler à autre ne envoier. »
Beaumanoir, I, 26 et suiv. — Voyez l. 6, § 1, D. I, 16, et Dig., I, 21, *De officio
ejus cui mandata est jurisdictio.*
6. Johannes Faber les classe parmi les mandataires en examinant la question
de savoir dans quelle mesure le mandataire oblige le mandant (*Ad instituta*,
IV, 7, 11, n° 13) : « Quod si instituit aliquem vicarium vel locumtenentem,
videtur quod talis eum obliget. » — Ordonnance de février 1368, art. 2 (Isambert. *Anciennes lois*, VI, p. 645).

les receveurs royaux[1] et pris sur les gages des baillis[2]. Puis
ils furent directement nommés par le pouvoir royal et le bailli
perdit le droit de les destituer[3]. Enfin les baillis furent complètement dépossédés de leurs attributions judiciaires au profit de leurs lieutenants ; il leur fut interdit de tenir le tribunal
du bailliage et de participer aux jugements. Ils n'eurent plus
que le droit et le devoir de faire exécuter les sentences rendues
en leur nom[4].

Ce que les baillis gardèrent jusqu'au bout, ce furent leurs
attributions militaires ; mais celles-ci ne se rapportaient qu'au
service féodal, qui était devenu dans le cours du temps un
service dû au roi seul par les possesseurs de fiefs sous le nom

1. Ordonnance de Montil-les-Tours, 1453, art. 89, 90 (Isambert, *Anciennes
lois*, IX, 239).

2. Ordonnance de Blois de 1498, art. 49 (Isambert, *Anciennes lois*, XI, p. 347).
La même ordonnance (art. 48) veut que les lieutenants généraux ne puissent
être « élus ou commis sinon qu'ils soient docteurs ou licenciés *in altero jurium*
en université fameuse ». — Le 13 juin 1495 le procureur général rappelle au
Parlement de Paris que « le roi avait ordonné qu'en chaque bailliage et sénéchaussée il y eût un *lieutenant général* et en chaque siège d'assise un *lieutenant particulier* pour remplacer au besoin le bailli ou le sénéchal » (Aubert,
*Le ministère public de saint Louis à François I*ᵉʳ, dans la *Nouvelle revue historique de droit*, 1894, p. 520, note 3).

3. Chassanæus, *Catalogus gloriæ mundi*, part. VII, cons. 24 : « De locumte-
nentibus generalibus qui resident et præsunt in loco principaliori sedis bail-
livatus seu seneschalliæ cum habeant officium a rege... quoniam tales habent
eamdem potestatem quam ordinarius ex codicillis, hoc est, litteris officii et
per statuta seu ordinationes regias. » — Degrassalius, *Regalium Franciæ*, lib. l,
p. 110 : « Imo (rex) et locumtenentes ipsorum magistratuum creat et instituit.
Hodie extat ordinatio per quam omnes locumtenentes sunt officia formata a
principe conferenda quæ multos turbavit. » — Guy Coquille, *Histoire de Nivernois* (Œuvres, Paris, 1666, I, p. 396) : « Avant cent ans les baillifs establis-
soient lesdits lieutenans, et en ce temps-là ils se disoient lieutenans des
baillifs, mais depuis les roys ont commencé à y pourvoir et ils se nomment
conseillers et lieutenans pour le roy ès bailliages et sénéchaussées. » — Ordonnance de 1498, art. 47.

4. Chassanæus n'admettait pas encore cette règle (*Catalogus*, part. VII
cons. 24) : « Sed an tales baillivi seu senescalli habentes locumtenentes possint exercere jurisdictionem in absentia suorum locumtenentium aut commis-
sorum vel etiam in præsentia? Dic quod sic, quando ambo sunt a lege. » Mais
Guy Coquille la constate (*Histoire de Nivernois, loc. cit.*, p. 396) : « Et de présent les baillifs et seneschaux des provinces continuent à estre de robe courte,
mais ne peuvent s'entremettre à juger en jurisdiction contentieuse avec connoissance de cause. Ainsi fut dit contre du Vandel, baillif de Saint-Pierre-le-
Moustier en robe courte, ès Grands Jours de Moulins, le 26 octobre de l'an 1550,
ains la connoissance appartient à leurs lieutenans qui doivent estre de robe
longue et gradués en droit. »

d'arrière-ban. C'étaient les baillis qui convoquaient et conduisaient l'arrière-ban[1].

Pendant que cette évolution s'accomplissait, la juridiction
du bailliage avait augmenté d'importance et en partie changé
de caractère. Elle était devenue sédentaire, dans la principale
ville de la circonscription ; le système des assises ambulatoires disparut au cours du xvi siècle[2]. D'autre part, son personnel judiciaire avait augmenté : au lieu du bailli, désormais
écarté, il y avait plusieurs lieutenants. C'étaient d'abord le
lieutenant général et le lieutenant particulier, le second destiné à suppléer ou décharger le premier. Ils devaient leur nom
et leur origine aux anciennes habitudes des baillis : l'un était
le délégué qu'il choisissait pour exercer tous ses pouvoirs judiciaires, tenir ordinairement sa place ; l'autre avait pris la place
des délégués extraordinaires que choisissait le bailli pour telle
affaire déterminée[3]. A ces deux s'ajouta le lieutenant criminel,
auquel on donna dans la suite un assesseur. Les lieutenants
criminels furent créés dans toutes les bailliages par François Ier
en 1522[4] ; mais, comme l'indique l'ordonnance créatrice, il en
existait auparavant dans quelques sièges, à Paris en particulier : ils réduisirent les lieutenants général et particulier à la
juridiction en matière civile.

Pendant longtemps au tribunal du bailliage siégea un officier unique, d'abord le bailli, puis un de ses lieutenants. Cependant ce magistrat ne jugeait pas seul. Nous savons que, dans
certains lieux et dans certains cas, le bailli ne faisait que convoquer et présider la cour féodale, et alors, d'après les principes
exposés plus haut[5], c'étaient les hommes qui arrêtaient le jugement. Mais là même où l'on ne jugeait pas « par hommes », et

---

1. Guy Coquille, *loc. cit.* : « Tellement qu'aujourd'huy les baillifs et seneschaux
ne sont employez que pour tenir main forte à l'exécution des jugements de
justice et pour la conduite de l'arrière-ban de leurs provinces, comme capitaines nais. »

2. Elles se conservèrent localement en vertu de la coutume. — Guyot, *Répertoire*, v° *Assises*.

3. Cependant d'après le texte ci-dessus, p. 359, note 2, il semble que les
lieutenants particuliers aient été à l'origine des suppléants que le bailli établissait dans un lieu déterminé, siège d'une assise périodique, en dehors du
chef-lieu. Cf. Basnage, sur l'art. 572 de la Coutume de Normandie.

4. Isambert, *Anc. lois*, XII, 197.

5. Ci-dessus, p. 254.

toujours conformément aux anciennes traditions, le bailli devait
s'entourer d'un conseil, dont il prenait les membres parmi les
notables qui assistaient à l'assise, spécialement parmi les praticiens estimés, avocats ou procureurs [1]. Il devait en être de
ces conseillers temporaires et improvisés comme des lieutenants primitifs ; ils devaient se transformer en magistrats permanents. Cette création de magistrats conseillers eut lieu sous
François I[er][2]. De l'ancienne organisation il ne resta plus que
cette règle, encore en vigueur aujourd'hui, d'après laquelle,
en cas d'absence d'un magistrat, les avocats étaient appelés,
par ordre d'ancienneté, à compléter le tribunal[3]. C'était au fond
une grande transformation ; au lieu d'un juge unique, qui
n'était pas lié par l'avis de son conseil[4], on avait un tribunal
composé d'un certain nombre de magistrats et statuant à la
pluralité des voix.

Sous le règne d'Henri II, en 1551, un certain nombre de
bailliages et sénéchaussées reçurent une qualité et une importance nouvelles, sous le nom de sièges *présidiaux*[5]. Ils
obtinrent le droit de juger sans appel, en dernier ressort, les
causes civiles dont le taux était peu élevé[6], et, dans cette mesure, chaque siège présidial reçut les appels d'un certain
nombre de simples bailliages de la région[7]. Cette organisation
nouvelle avait pour but de remédier à certains vices que présentait le système d'appel développé dans l'ancienne France,

---

1. *L'assise de Senlis en* 1340 et 1341 (*Nouvelle revue historique de droit*, 1891,
p. 762) donne la liste des conseillers d'une assise, sous ce titre : « Présenz aux
jugemenz, conseillers » ; De Rozière, *ibid.*, p. 720 ; — Esmein, *Histoire de la
procédure criminelle en France*, p. 36.

2. Chassanæus, *Catalogus*, part. VII, cons. 26 : « Debent (locumtenentes) præce-
dere assessores et alios consiliarios noviter creatos... » — 27 : « Aliquos habemus
in Gallia ordinarios in plerisque curiis regiis qui habent tantummodo consu-
lere in præsentia judicis ordinarii et majoris. Et in aliquibus locis vocamus
assessores, ut in senescallia Pictaviensi ubi est assessor et etiam consiliarii
noviter a paucis annis a rege nostro Francisco creati, sine quibus assessore
et consiliariis non potest judicare locumtenens senescalli, imo nec assessor
in absentia locumtenentis sine consilio dictorum consiliariorum judicare non
potest. »

3. Esmein, dans le *Recueil des lois et arrêts de Sirey*, 1886, I, p. 257.

4. Esmein, *Histoire de la procédure criminelle*, p. 36.

5. Édit de janvier 1551 (Isambert, *Anc. lois*, XIII, 248).

6. Jusqu'à « 250 livres tournois pour une fois, ou 10 livres tournois de
rente ». Édit de 1551, art. 1.

7. Édit de 1551, art. 2.

et dont il sera question plus loin. Les sièges présidiaux recevront aussi compétence particulière pour certaines causes criminelles ; des retouches seront apportées à cette institution dans le cours du temps, mais elle subsistera jusqu'au bout, et sur les bases qu'avait établies l'édit d'Henri II.

Les prévôtés, dont je n'ai montré que la physionomie première, s'étaient transformées, comme les bailliages. Le prévôt, comme le bailli, avait perdu le caractère d'officier à tout faire, aux fonctions multiples. Mais, à la différence du bailli, les seules attributions qu'il retint furent les judiciaires. La prévôté restera jusqu'au bout à l'étage inférieur des juridictions royales, et le prévôt y siégera, selon les anciens principes, c'est-à-dire comme juge unique. Il sera seulement créé des assesseurs aux prévôts en 1578[1]. Mais il ne sera pas créé là de conseillers en titre d'office, sauf dans certaines grandes prévôtés, qui, comme le Châtelet de Paris, étaient en droit de véritables bailliages.

Telles furent les juridictions locales de droit commun qu'eut la royauté dans les provinces : la liste cependant n'en est point complète ; il y manque les plus importantes, les parlements provinciaux. Mais ceux-ci résultèrent d'une multiplication et décentralisation de la juridiction centrale, d'abord unique ; c'est donc l'histoire de celle-ci qu'il faut d'abord présenter.

§ 2. — LE PARLEMENT DE PARIS ET LES PARLEMENTS DE PROVINCE[2]

I

Dès les premiers temps de la dynastie capétienne, on voit le

1. Édit d'avril 1578 (Isambert, *Anc. lois*, XIV, 343).
2. La Roche-Flavin, *Treize livres des Parlements de France* (1617) ; — Estienne Pasquier, *Recherches de la France* (1560) ; — Le Paige, *Lettres historiques sur les fonctions essentielles du Parlement*, etc. (1753) ; — Langlois, *Textes relatifs à l'histoire du Parlement depuis les origines jusqu'en 1314* ; — Le même, *Les origines du Parlement*, dans la *Revue historique*, t. XLII ; — Beugnot, *Préface des Olim* ; — Boutaric, *Actes du Parlement de Paris* (Introduction) : — Luchaire, *Histoire des institutions monarchiques*, t. I, ch. II, III ; — Le même, *Manuel des institutions*, p. 558 et suiv. ; — Aubert, *Le Parlement de Paris de Philippe le Bel à Charles VII* ; — Guilhiermoz, *Enquêtes et procès, étude sur la procédure et sur le fonctionnement du Parlement au XIVe siècle*.

roi rendre à certains jours la justice en personne, assisté des
officiers de la couronne, de vassaux et de prélats. Ces assises
s'appellent la *curia regis*, et c'est à la fois la suite des traditions carolingiennes et la conséquence logique des principes
féodaux.

On a vu précédemment[1] comment dans la monarchie franque
le roi rendait lui-même la justice ; cela se maintint sous les
derniers Carolingiens et continua sous les premiers Capétiens.
La forme du tribunal resta la même, sauf que ceux qui y siégeaient principalement, les ducs, les comtes et les évêques,
n'étaient plus des fonctionnaires, mais des seigneurs à peu
près indépendants ; mais ce qui changea grandement, ce fut
sa compétence. Rigoureusement toutes les causes que revendiquaient les justices seigneuriales et féodales ne pouvaient
plus être portées devant lui, et il ne pouvait pas non plus fonctionner comme tribunal d'appel, puisque l'appel n'existait pas
dans la procédure féodale[2] : tout au plus pouvait-on songer à
remonter jusqu'à lui, par l'appel de faux jugement ou l'appel
de défaute de droit, lorsque la sentence attaquée ou le déni de
justice émanaient d'un vassal direct du roi ; et encore n'en
trouve-t-on des exemples qu'assez tard[3]. Cependant la *curia
regis* garda quelque chose de son ancienne compétence générale. La royauté avait conservé une autorité un peu vague,
plutôt morale qu'impérative : elle en profita pour attirer
devant elle des litiges, qui féodalement n'en auraient peut-être
pas relevé. Elle revendiqua les causes qui mettaient en jeu les
intérêts temporels des églises et des couvents, que le roi prenait sous sa garde ; lorsque les villes auront été émancipées, elle
se fera juge des procès où leurs droits seront en cause. D'une
façon générale, par cette action judiciaire, le roi cherchait à
se poser comme médiateur entre les forces féodales[4]. Mais,
pendant plusieurs siècles, bien souvent, en réalité, il ne pourra
agir que par voie d'arbitrage, lorsque les deux parties consen-
tiront à accepter son jugement[5].

1. Ci-dessus, p. 66.
2. Ci-dessus, p. 257.
3. Langlois, *Textes*, n° 7 ; cf. p. 35, 38, 39 ; — Luchaire, *Histoire des instit.*,
I, p. 292 ; — Esmein, dans la *Nouvelle revue historique de droit*, 1884, p. 679.
4. Luchaire, *Manuel*, p. 557.
5. Voyez, par exemple, Langlois, *Textes*, p. 21 (a. 1156) : « Priusquam ingre-
derentur causam Guillermum fidem dare fecimus quod nihil in posterum

En vertu des purs principes féodaux la cour du roi avait
une compétence plus exactement déterminée. C'était une
règle, nous le savons, que tout vassal devait trouver près de
son seigneur, pour le juger, un tribunal composé de ses covas-
saux. Or le roi avait beaucoup de vassaux, les uns, grands feudataires relevant de la couronne, les autres, seigneurs moins
importants, dont les seigneuries étaient comprises dans le
domaine royal ou relevaient des possessions anciennes de la
famille capétienne. Tous devaient être jugés par leurs pairs
sous la présidence du roi[1]. Il résultait de là que, juridiquement, la juridiction du roi comprenait deux éléments distincts :
une cour royale proprement dite, un tribunal du palais,
comme dans la monarchie franque, et une cour, ou plutôt
plusieurs cours féodales. Mais il ne paraît pas qu'anciennement cela ait abouti à des assises distinctes ; c'était au contraire devant la même *curia* que comparaissaient tous les plaideurs, quelle que fût leur qualité ; lorsque le jugement
devait se faire conformément aux principes féodaux, on avait
soin sans doute d'avoir présents plusieurs véritables pairs du
défendeur, et, ainsi, la règle était respectée[2].

Le personnel de ces assises n'était point fourni d'ailleurs par
un corps constitué et permanent. C'étaient simplement les personnes que le roi réunissait à certaines époques pour tenir un
conseil politique et délibérer sur les affaires du royaume, c'est-
à-dire des prélats et des vassaux, auxquels s'adjoignaient les officiers de la couronne. Cette réunion était proprement ce qu'on
appelait la *curia regis,* et, comme la plupart des institutions de
cette époque, elle servait à plusieurs fins, fournissant à la fois
le conseil délibérant et la cour de justice. La *curia* était convoquée à intervalles irréguliers, sans périodicité fixe, mais d'or-

clamaret... supra quam adjudicaret ei curia nostra. » — P. 27 (a. 1165-1166) :
« Rex autem rogabat comitem ut compositioni acquiesceret secundum consilium comitis Henrici. » — P. 33 (a. 1216) : « Hoc autem judicium prædictum
concesserunt prædicti Erardus et Philippa. »

1. Voyez les textes réunis par Le Paige, *Lettres historiques,* t. II, p. 47 et
suiv.

2. *Établissements de saint Louis,* I, 76 : « Se li bers est appelez en la cort
le roi d'aucune chose qui apartaigne à héritage, et il die : « Je ne vueil pas
estre jugiez fors par mes pers de ceste chose ; adonc si doit l'en les barons
semondre à tout le moins jusques à III ; et puis doit la joustice feire droit *o
ces et o autres chevaliers.* »

dinaire à l'occasion des grandes fêtes de l'année, tantôt dans
un lieu, tantôt dans un autre. Il résultait de là que la cour du
roi, juridiction centrale, avait un personnel variable, changeant selon les sessions et parfois selon les causes. Mais, en
droit, peu importait : en réalité (sauf quand on devait appliquer
le principe du jugement par les pairs), cette juridiction résidait tout entière en la personne même du roi; les prélats et
les barons, comme les officiers royaux, ne formaient qu'un
conseil, dont le monarque s'appropriait l'avis pour prononcer
la sentence : c'était lui seul qui statuait en vertu de son autorité propre.

Telle fut, dans ses traits généraux, la cour du roi primitive :
mais elle devait se transformer et donner naissance au
parlement de Paris, et cette transformation, préparée sous
la monarchie féodale, devait aboutir au xive siècle, sous la
monarchie tempérée. Le parlement de Paris devait d'ailleurs
jusqu'au bout contenir accouplés les deux éléments que j'ai
montrés plus haut dans l'ancienne *curia* : une cour féodale
et une cour royale de justice. Le premier élément est représenté par les pairs de France, le second par les magistrats du
parlement.

II

D'après la langue et les principes du droit féodal, pouvaient
se qualifier pairs de France tous ceux qui étaient vassaux de
la couronne de France, c'est-à-dire relevaient directement du
roi, auquel, pris en cette qualité, ils devaient hommage. Sans
doute le terme dut être d'abord employé dans ce sens. Mais, dans
le premier tiers du xiiie siècle, il prend une autre acception. Il
désigne alors un collège fermé, arrêté à un nombre déterminé de membres et qui présente deux traits distinctifs. Il est
composé de douze pairs de France, et, sur ce nombre, six
sont des prélats et six des grands feudataires laïques. Ce sont
l'archevêque de Reims, les évêques de Laon et de Langres,
portant de par leurs seigneuries ecclésiastiques le titre de duc,
et les évêques de Beauvais, de Noyon et de Châlons, portant le
titre de comte, — les ducs de Bourgogne, de Normandie et de
Guyenne, et les comtes de Flandre, de Champagne et de Toulouse. Le collège des pairs est donc constitué mi-partie, comme
la cour du roi elle-même, par les représentants de l'Église

et par ceux de la féodalité laïque : les pairs de France sont le
noyau même de cette cour et, comme on le verra, pour eux
seuls se maintiendra le principe du jugement par les pairs.

Quand et comment se constitua ce collège des douze pairs ?
C'est un problème historique qui n'est pas encore résolu[1]. Voici
seulement ce qu'on peut constater comme données certaines.
Le collège des douze pairs de France n'était pas encore formé
lors du sacre et du couronnement de Philippe Ier en 1059, car les
pairs n'y apparaissent pas, et l'une de leurs fonctions essentielles sera de jouer un rôle à part dans la cérémonie du sacre[2].
En 1171, un texte donne à l'archevêque de Reims, qui sera le premier pair ecclésiastique, le titre de *par Franciæ*[3]. En 1216, cinq
pairs ecclésiastiques et le duc de Bourgogne tiennent à la cour
du roi une place distincte à côté des autres prélats et barons[4].
Enfin, dans la seconde moitié du xiiie siècle au plus tard, le collège est énuméré au complet[5]. D'après cela il est probable qu'il
se constitua progressivement, par l'action combinée de la coutume[6] et de la volonté royale, à partir du règne de Louis VII[7].

1. M. F. Lot a cherché récemment à résoudre ce problème [*Quelques mots sur
l'origine des pairs de France*, dans la *Revue historique* (janvier-février 1895),
t. LIV, p. 34 et suiv.]. Mais son travail, intéressant d'ailleurs, ne me paraît
pas fournir une solution vraiment nouvelle.

2. Du Tillet, *Recueil des rois*, p. 189; p. 253 : « Les pairs de France (j'en-
ends les douze anciens susdits) n'estoient encore constituez, joinct le sacre
du roy Philippe premier faict en l'église du dit Reims l'an 1059, auquel ne se
trouvèrent l'évêque de Beauvois, les ducs de Normandie, comtes de Champagne et de Toulouse ; et les autres qui y furent ne tinrent rang et ne firent
office que de prélats et de barons. »

3. *Historiens de Gaule et de France*, t. XVI, p. 473; cf. Lot, *loc. cit.*, p. 52. —
Peut-être le titre de comte palatin joua-t-il un rôle dans cette formation. Le
comte de Champagne, qui sera l'un des pairs de France, porte le titre de
comes palatinus dans les lettres d'Yves de Chartres (fin du xie siècle), *Epist.*
XLIX, LXXXVI. — Cf., quant aux comtes palatins d'Angleterre, Pollock et
Maitland, *History of the english law*, I, p. 570.

4. Langlois, *Textes*, n° XIX.

5. Luchaire, *Manuel*, p. 561.

6. M. Lot, *loc. cit.*, p. 53 et suiv., attribue à la seule coutume la formation
du collège des douze pairs. Elle leur aurait donné d'abord un titre nu, n'entraînant aucun privilège particulier. Puis ils auraient revendiqué le droit d'être
jugés les uns par les autres à la cour du roi (p. 50), quand les grands vassaux
« au xiie siècle perdirent peu à peu l'habitude d'assister aux assemblées royales
et furent remplacés par des praticiens, clercs et petits chevaliers; on comprend que leur orgueil refusât d'être jugés par ces humbles successeurs et
qu'ils exigeassent d'avoir pour juges les princes leurs égaux, leurs vrais
pairs ». Cette hypothèse paraît bien hasardée et assez peu solide.

7. Du Tillet croyait que les douze pairs avaient été institués par Louis I, VI

Nous ne pouvons distinguer un à un les faits particuliers qui firent entrer chacun des pairs dans la liste, mais les causes générales de cette évolution ne sont peut-être pas impossibles à saisir. En premier lieu, la formation, près d'une haute cour féodale, d'un collège limité de pairs n'est point un phénomène unique ; il se produisit ailleurs qu'à la cour de France. Ainsi, en Béarn, en 1220, est instituée une cour féodale supérieure, ou « court majour » composée de douze barons ou jurats hérédi- taires[1]. Dans la Navarre espagnole, on trouve aussi une *cort mayor* composée de douze *ricos hombres*[2]. De même, dans cer- taines seigneuries de France : il y avait sept pairs du comté de Champagne[3] et six pairs du comté du Vermandois[4]. Il

(*Recueil des rois*, p. 234) : « Le roy Louis le Jeune sacré an 1179 donnant à l'église de Reims la prérogative de sacrer et couronner les roys, au- paravant débatue, créa lesdits douze pairs pour lesdits sacre et couronne- ment et pour juger avec le roy les grandes causes audit parlement. » Mais cela est inadmissible ; il n'est pas prouvé qu'ils figurent au sacre de Philippe- Auguste, Luchaire, *Histoire des institutions*, t. II[1], p. 394. A l'inverse, M. Mo- linier, *Histoire du Languedoc*, VII, p. 315 et suiv., croit que le collège ne fut complet, par l'adjonction du comte de Toulouse, que sous le règne de saint Louis. On a souvent admis que le collège des pairs avait participé au jugement de Jean sans Terre. C'était déjà ce que rapportait, au XIIIe siècle, Mathieu de Paris. Un document de l'an 1224, émané de Louis VIII, paraît être dans le même sens ; Du Tillet, *Recueil des traictez entre les roys de France et d'Angleterre*, p. 31 : « Certification du roy Louis VIII, fils dudit roy Philippe, que, régnant son dit pere, ledit roy Jean avoit, par jugement de la cour des pairs de France, donné avecques conformité d'opinions, confisqué tout ce qu'il avoit deça la mer... datée en may M. II. C. 24. — Au Trésor, registre 33, lettre LI. » Cf. Lot, *loc. cit.*, p. 49, 53.

1. Léon Cadier, *Les États de Béarn*, p. 52 et suiv.

2. Léon Cadier, *op. cit.*, p. 27 et 54. M. Lot n'a pas tenu compte de ces faits importants, lorsqu'il écrit, *loc. cit.*, p. 49 : « Ce qui déroute, c'est la prétention qu'eurent en France un certain nombre de seigneurs laïques et ecclésiasti- ques de faire bande à part et d'exiger, pour qu'un jugement fût valable, qu'il fût rendu avec le concours d'un certain nombre de leurs pairs. *Cela paraît d'autant plus inexplicable qu'on ne retrouve rien de semblable ailleurs.* »

3. Du Tillet, *Recueil des rois*, p. 256 : « En l'arrest des royne Blanche et conte de Joigny donné le penultième aoust mil trois cens cinquante quatre est narré que le conte de Champagne estoit décoré de sept contes, pairs et principaux membres de Champagne, assis avec le dit conte en son palais pour le conseiller et décorer. » — Pierre Pithou, *Le premier livre des Mémoires des comtes héréditaires de Champagne et de Brie*, à la suite des Coutumes de Troyes, 1609, p. 566 et suiv.

4. Du Tillet, *Recueil des rois*, p. 251 : « Par l'arrest de la commune de Ham donné le dernier avril 1361... est narré que le sieur dudit Ham estoit l'un des six pairs du comté de Vermandois. » — Voyez aussi les douze pairs qu'Arnoul institua à Ardres an XIe siècle : « Duodecim pares vel barones castro Arde æ

semble donc qu'il y ait là une sorte de sélection et de régularisation naturelle aux institutions féodales. Quant au nombre douze, auquel on s'arrêta, il me paraît s'expliquer, outre la force de suggestion propre à ce chiffre[1], par l'influence que dut exercer la légende des douze pairs de Charlemagne, pleinement populaire aux xi° et xii° siècles, comme l'atteste la *Chanson de Roland*[2].

Les douze pairies étaient une représentation exacte de la haute féodalité. Attachées à d'importantes seigneuries laïques ou ecclésiastiques, elles se transmettaient avec celles-ci et suivant les mêmes règles. Il en résultait, pour les pairies laïques, que, les fiefs qui les supportaient étant transmissibles aux femmes, il pouvait arriver que la pairie résidât aussi sur la tête d'une femme. La logique féodale n'avait point répudié cette conséquence; elle admettait qu'une femme, héritière de l'un des six duchés ou comtés, pouvait avoir la qualité de pair de France et même en faire les fonctions en siégeant au parlement : il y en eut un certain nombre d'exemples[3].

Mais la pairie, tout en subsistant, devait changer de nature. Le collège des douze était nécessairement destiné à se modifier. Les pairies ecclésiastiques devaient rester immuables, les sièges épiscopaux qui les emportaient n'étant point supprimés. Mais les six pairies laïques devaient disparaître successivement, par la réunion à la couronne des grands fiefs auxquels elles étaient attachées. A la fin du xiii° siècle, il y avait déjà des vides importants ; le duché de Normandie, les comtés de Toulouse et de Champagne étant réunis à la couronne, le corps des pairs laïques était réduit de moitié. Philippe le Bel voulut le rétablir au complet et, en 1297, il érigea en pairies l'Anjou, la Bretagne et l'Artois[4]. Cette fois, c'était manifestement la

appenditios instituit » (Chronique de Lambert d'Ardres, citée par Flach, t. II, p. 337, note 1).

1. Le chiffre douze ou ses multiples revenant souvent dans les systèmes de compositions, — les douze membres du jury anglais.

2. *Chanson de Roland*, v. 262, 547, 2187. — M. Lot, *loc. cit.*, p. 50, adopte aussi cette manière de voir, qu'on trouve déjà dans la première édition de ce *Cours* (1893), p. 358. — Guy Coquille, *Traité des pairs de France* (Œuvres, I, p. 524) : « L'opinion commune, qui ordinairement n'est pas plus vraie, est que les pairs ont leur origine de Charlemagne. »

3. Du Tillet, *Recueil des rois*, p. 258; cf. c. iv, X, *De arbitris*, I, 13.

4. Isambert, *Anc. lois*, II, 710 : « Considerantes etiam quod duodecim parium qui in prædicto regno nostro antiquitus esse solebant, est adeo numerus

volonté royale et non la coutume qui avait fait des pairs.
C'était une création nouvelle, distincte de l'ancienne formation ;
dès lors il n'y avait pas de raison pour que le roi s'arrêtât à
l'ancien chiffre de douze et, en effet, il fut bientôt dépassé[1]. Au
procès de Robert d'Artois, en 1336, « encores qu'il n'y eust en
la main du roy que trois anciennes pairies, y en avoit huict
nouvellement créées qui faisoient le nombre de unze payries
laïques »[2]. Mais, jusqu'au xvi⁰ siècle, il ne fut érigé de pairies
qu'en faveur des enfants de France et des princes du sang. La
première personne d'une qualité différente qui fut faite pair
de France fut Claude de Lorraine, pour qui le duché de Guise
fut érigé en pairie en 1527[3]. Il fut ainsi créé un assez grand
nombre de pairies au xvi⁰ siècle[4] ; et il ne restait plus alors
aucune des six anciennes pairies laïques[5]. Au xvii⁰ siècle, le
nombre augmenta sensiblement ; ce fut l'ambition de tous
les ducs d'obtenir la pairie et l'on connaît les controverses sur
ce sujet auxquelles fut mêlé Saint-Simon. A la veille de la
Révolution, il y avait trente-huit pairs laïques[6]. Toutes ces pairies de seconde formation, dont on peut faire remonter l'origine première à 1297, étaient, au fond, bien différentes des
anciennes : elles représentaient, non plus la haute féodalité,
mais la haute noblesse. C'était, en réalité, une distinction
personnelle conférée par le pouvoir royal, bien que la pairie
fût toujours rattachée à une seigneurie déterminée. Aussi le
roi, dans les lettres patentes d'érection, déterminait-il librement les conditions dans lesquelles la pairie ainsi créée se

deminutus quod antiquus ejusdem regui status ex deminutione ejusmodi de-
formatus multipliciter videbatur. »
    1. Du Tillet, *Recueil des rois*, p. 257 : « Des lays le nombre a souvent esté
accreu, au commencement pour honorer les princes du sang, puis autres :
n'ont les roys les mains liées qu'ils n'en puissent créer tant qu'il leur plaist. »
    2. Du Tillet, *Recueil des rois*, p. 257 ; — Le même, *Recueil des grands*, p. 44.
    3. Cependant, selon Du Tillet, *Recueil des rois*, p. 267, il y aurait eu,
en 1305, érection d'une pairie au profit d'Engilbert de Clèves, qui était bien
cousin-germain de Louis XII, mais par les femmes. En réalité, les lettres de
1505 confirment seulement le titre de pairie au comté de Nevers en faveur
d'Engilbert (*Ord.*, XXI. p. 328). Voyez Guy Coquille, *Histoire de Nivernois*, 1,
p. 456.
    4. Sur ces pairies, Du Tillet. *Recueil des rois*, p. 267 et suiv. ; — Guy Coquille,
Traité des pairs, Œuvres, 1, p. 534 et suiv.
    5. Du Tillet, p. 257 : « Les cinq anciennes pairies laies sont retournées à
couronne.
    6. Boiteau, *État de la France en* 1789, 1ʳᵉ édit., p. 156.
        E.   24

transmettait héréditairement : il pouvait la rendre purement viagère et personnelle [1].

Les pairs de France étaient et restèrent unis au parlement par le lien le plus étroit, et cela dans un double sens. En premier lieu, ils étaient membres de droit du parlement de Paris : ils pouvaient toujours y siéger et opiner comme les conseillers en titre [2]. Pour cela, ils prêtaient, comme ces derniers, un véritable serment professionnel [3]. D'autre part, ils avaient et gardèrent en partie le privilège du jugement par les pairs, l'un d'eux ne devant alors être jugé que dans un tribunal où siégeraient les autres. Au XIIIe siècle, les pairs de France avaient même tenté de dégager complètement la cour des pairs ainsi entendue de la cour ordinaire du roi : leur prétention était que les pairs ne devaient être jugés que par les pairs. C'est ainsi qu'ils voulurent exclure du jugement de ces causes les grands officiers de la couronne [4] et dénier complètement la compétence de la cour du roi [5]. Mais ces entreprises n'aboutirent pas. La cour des pairs se confondit dans le parlement, s'unit avec lui; et la règle fut seulement reconnue que, dans certains cas, pour les procès où un pair était partie, au parlement devaient se joindre les autres pairs de France, ou du moins ceux-ci devaient être régulièrement convoqués. Après des incertitudes et des discussions assez longues, le droit se fixa en ce sens [6] qu'en matière civile cette règle s'appliquait seulement lorsqu'il s'agissait de procès qui concernaient la pairie, qui avaient avec elle une liaison nécessaire; dans les autres cas, au contraire, les pairs étaient justiciables des tribunaux ordinaires. Quand un pair était poursuivi criminellement, il pouvait toujours revendiquer la juridiction du parlement, les autres pairs convoqués. Bien que

---

1. Du Tillet, *Recueil des rois*, p. 257 : « Ont les roys honoré des pairies aucuns princes, tant de leur sang que autres, ou grands sieurs ayant beaucoup mérité de la chose publique pour les prérogatives et prééminences qui sont es dites pairies. Les unes sont créées à vie seulement et sont personnelles ; les autres, pour les seuls masles descendans; les autres, pour tous. »

2. Loyseau, *Des offices*, l. II, ch. II, n° 44 : « C'est le parlement qui s'appelle aujourd'huy cour des pairs; donc partant les pairs de France sont les plus anciens conseillers. Mais pour estre tels il faut qu'ils en fassent le serment, sans lequel nul ne peut estre officier. »

3. Voyez la formule dans le *Recueil des rois*, de Du Tillet, p. 259.

4. Langlois, *Textes*, n° XXI.

5. Langlois. *Textes*, n°ˢ XXXII, XXXIII bis, CXIII.

6. Guyot, *Traité des droits, fonctions*, etc., II, p. 159 et su .

la portée exacte de cette règle ait été débattue jusqu'à la fin de l'ancien droit[1], elle avait reçu, dans des circonstances solennelles, une expression des plus précises[2].

Voilà ce que devint la cour féodale du monarque capétien; voyons ce que devint la cour royale, qui était aussi contenue dans l'ancienne *curia regis* et qui forma le parlement de Paris.

III

Nous avons vu plus haut ce qu'étaient les assises de la *curia regis* : le roi jugeait assisté d'un conseil que fournissait un personnel changeant de prélats et de vassaux, et où les officiers de la couronne constituaient seuls un noyau presque fixe. Mais bientôt apparut un autre élément, germe véritable du futur parlement. Les monarques capétiens eurent de bonne heure, attachés à leur personne et vivant au palais, des conseillers privés et intimes, qu'ils choisissaient de préférence parmi les clercs instruits et, lorsque l'étude des lois fut remise en honneur, parmi les légistes[3]. Ces *consiliarii* n'étaient point des officiers et des fonctionnaires; ils ne rentraient pas dans le cadre de la vieille constitution : c'étaient, en réalité, des serviteurs domestiques. Mais leur influence souvent était prépondérante[4]; les rois les admirent dans le personnel de la *curia regis* et les firent participer aux assises judiciaires qui s'y tenaient, avec les prélats et les vassaux. Aucun principe ne s'opposait à cela; car (sauf le cas où il s'agissait d'un pair) c'était du roi seul qu'en droit émanait la sentence, les prélats et les nobles ne formant qu'un conseil. Le rôle de ces conseillers dans le jugement des affaires devint très important de Louis VII à Philippe-Auguste[5]. Ce sont eux vraiment qui commencent à avoir l'action directrice, et cela se conçoit aisément; car, dans le cours du xiie siècle, le droit romain et canonique commence à pénétrer la procédure de la cour, qui se fait plus

1. Du Tillet, *Recueil des rois*, p. 268 et suiv. ; — Guyot, *Traité des droits, fonctions*, II, p. 162 et suiv.
2. Remontrances du parlement de Paris de 1724.
3. Luchaire, *Manuel*, p. 534, 553.
4. Par exemple : Rigord, *Histoire de Philippe-Auguste*, ad. an. 1183 : « Idem rex ad preces multorum et maxime ad suggestionem cujusdam servientis qui eo tempore fidelissimus in negotiis regiis pertractandis esse videbatur. »
5. Luchaire, *Manuel*, p. 553 et suiv.

savante, plus difficile à comprendre à ceux qui ne sont point
des hommes de métier[1]. Mais le fait qui devait donner véritablement une direction nouvelle à l'institution fut la création
des baillis, avec les conséquences qu'elle entraîna. Comme
on le verra plus loin, les baillis devinrent juges d'appel par
rapport aux prévôts et aux justices seigneuriales, et la cour
du roi devint juge d'appel par rapport aux baillis. La cour du
roi, qui jusque-là n'avait été qu'un tribunal sans compétence
bien déterminée, jugeant en première et dernière instance un
petit nombre de procès[2], devint par là même une cour d'appel
souveraine, ayant un ressort très étendu, largement alimentée
par les appels intentés contre les baillis. Pour accomplir la
tâche, tâche lourde et toujours renaissante, qu'elle avait désormais à remplir, elle dut prendre une activité régulière, tenir
des sessions périodiquement fixes, puis devenir enfin permanente; il lui fallut un personnel assuré, qui, lui aussi, tendit
naturellement à la permanence[3]. En même temps il était naturel
qu'elle devînt sédentaire, et il était inévitable qu'elle acquît
une autorité propre, déléguée une fois pour toutes par le roi,
au lieu de constituer le simple conseil du souverain, qui ne

---

1. Luchaire, *Histoire des institutions*, I, ch. III, p. 310 et suiv.

2. Esmein, *Nouvelle revue historique*, 1884, p. 679.

3. Le colonel de Borelli de Serres a, sur l'origine du parlement, une théorie
(*op. cit.*, p. 289 et suiv.) qui fait corps avec sa théorie sur l'origine des baillis, ci-
dessus, p. 354 note 3. Les premiers baillis, suivant lui, étant des délégués de
la *curia regis*, destinés à suppléer celle-ci (p. 290), pendant un demi-siècle
ces fonctionnaires ambulants ont présidé en son nom au règlement de tout
ce qui était d'intérêt privé et d'administration intérieure. Aussi ne voit-on
alors à peu près d'autre trace de la *curia in parlamento* que par convocation
spéciale à l'occasion de débats exceptionnellement importants. La juridiction
des baillis aurait été alors en dernier ressort : « les procès-verbaux des enquêtes de 1247 et 1248 ne sont presque uniquement que la relation d'actes de
baillis contre lesquels les particuliers lésés n'avaient évidemment pu avoir
aucun recours depuis une quarantaine d'années ». Mais les baillis étant devenus
des « fonctionnaires de carrière » attachés chacun à une circonscription, individuellement responsables et comptables, n'avaient « pas tardé à commettre
eux-mêmes les abus que leur institution primitive avait eu pour but de réprimer... Le besoin d'une juridiction supérieure à la leur s'est fait alors sentir et
la curie a repris la tradition de ses sessions judiciaires en Parlement pour recevoir les appels formés contre ses propres représentants... La curie y a donné
satisfaction en se réunissant de nouveau dans ce but hautement annoncé périodiquement, *in parlamento*, à jours et en lieux fixés à l'avance ». N'ayant pas
admis la première hypothèse, nous n'admettons pas non plus la seconde, qui
nous paraît encore méconnaître ce que nous savons sur le développement de
l'institution de l'appel.

pouvait plus intervenir ordinairement en personne dans l'administration d'une justice aussi développée. Cette transformation, largement préparée sous Louis IX et Philippe III, se compléta sous les rois du xive siècle. C'est aussi au xiiie siècle, sous le règne de saint Louis, que la cour du roi change de nom et prend celui de parlement[1]. Mais c'est là un trait extérieur, qui ne paraît avoir aucun rapport avec les modifications fondamentales dont je parle. Le terme *parlamentum, parlement*, était employé dans la langue du moyen âge pour désigner toute assemblée délibérante, toute réunion où l'on parlait en public[2]. Disons d'abord les changements qui s'accomplirent dans le personnel du parlement aux xiiie et xive siècles.

Sous le règne de saint Louis, il semble que la composition des divers parlements tenus périodiquement soit la même que par le passé : on y voit toujours siéger des évêques, des chevaliers et des conseillers du roi. Mais, en y regardant de près, on remarque un fait très important : c'est que, sur les listes relatant en divers cas la composition de la cour, les mêmes noms reviennent souvent[3]. On voit par là que, pour chaque parlement, le roi s'assurait d'avance le concours d'un certain nombre de personnes, qui devaient y siéger et y expédier les affaires[4]; ceux qui venaient en outre, et qui avaient la qualité nécessaire pour siéger, formaient un personnel complémentaire. On doit

1. D'après M. Langlois, il apparaît pour la première fois dans un compte de 1239 (Langlois, *Textes*, n° XXII). Mais le colonel Borelli de Serres donne des textes (*op. cit.*, p. 291, 292) où le terme est employé pour des sessions de 1252. Quant au parlement d'Alphonse de Poitiers, voyez le même auteur, p. 292, note 6.

2. C. 2 (Alex. IV), VI, *De imm. Eccles.*, III, 23 : « Cessent in locis illis universitatum et societatum quarumlibet concilia, conciones et publica parlamenta. » — Joinville, *Vie de saint Louis*, § 74 : « A ce parlement que li baron firent à Corbeil... establirent li baron qui la furent que li bons chevaliers li cuens Pierres de Bretaigne se releveroit contre le roi. » Cf. § 607, 726.

3. Voyez, à cet égard, les listes publiées par M. Langlois dans son recueil de textes, et les documents condensés par M. Aubert (*op. cit.*, II, p. 297 et suiv.). La table des noms de personnes du premier volume des *Olim* (édit. Beugnot) fournit à cet égard des renseignements précieux, depuis l'année 1254 jusqu'à la fin du règne de saint Louis : il suffit de chercher par exemple aux noms Petrus de Fontanis, Gervasius de Sezannis, Stephanus Tastesaveur, Simon de Pogueiis, archiepiscopus Senonensis, Radulphus de Trapis, Johannes de Ulliazo, etc.

4. Le Paige, *Lettres historiques*, II, p. 185 et suiv., soutient même, avec une certaine vraisemblance, qu'il y avait déjà à cette époque des présidents.

remarquer aussi que, dès cette époque, les baillis étaient tenus de comparaître aux sessions du parlement, car ils répondaient en personne aux appels intentés contre leurs jugements ; et, lorsqu'ils n'étaient pas ainsi mis en cause, ils faisaient naturellement partie du conseil, qui arrêtait les sentences [1] ; ils figuraient tantôt comme parties et tantôt comme conseillers.

Sous le règne suivant, l'ordonnance célèbre de 1278, qui pour la première fois règle législativement le fonctionnement du parlement, montre encore les choses dans le même état. Le corps qui arrête chaque sentence est encore appelé le conseil, et il comprend des chevaliers et des clercs [2]. Mais il y a déjà une personne qui fait l'office de président suprème [3], et à la même époque le personnel désigné pour faire le service de la session prend un caractère professionnel, en ce que des gages lui sont alloués pour ce service [4]. Avec Philippe le Bel, le système va se préciser, et le parlement sera débarrassé des assistants inutiles, gardant seulement les membres choisis pour la session. Cependant, tout d'abord, on ne voit point de changement [5]. Même l'ordonnance de 1291 apporte une seule retouche ; elle décide que les baillis ne resteront pas à la délibération des arrêts, à moins d'être en outre conseillers en titre du roi ; et, dans ce dernier cas, s'ils sont personnellement mis en cause dans une affaire, ils devront se retirer [6]. Mais, dans un règlement célèbre, postérieur à l'année 1296 [7], le système nouveau se dégage nettement. Il est nommé (art. 7) un certain nombre de présidents ou souverains qui sont pris parmi les hauts barons et les prélats, et dont

---

1. Voyez, par exemple, Langlois, *Textes*, p. 39, 44, 62, 224. — *Olim*, I, p. 783 : « Dominus Julianus de Perona baillivus ipsius loci, scire volens quid super hoc esset facturus, alios consiliarios domini regis super hoc consuluit. » — Le Paige, *Lettres historiques*, II, p. 200, 248, 269 et suiv. Certains d'entre eux avaient d'ailleurs la qualité de conseiller du roi proprement dite.

2. Le texte dans Guilhiermoz, *Enquêtes et procès*, p. 604 et suiv., art. 13 : « Cil du conseil qui la seront metent à cuer et à oevre d'estude de retenir ce que devant eus sera proposé. » — Cf. art. 19. — Art. 27 : « Li chevalier et li clerc qui sont du conseil soient ententif à depescher les besoignes du parlement. »

3. Art. 12, et la note de M. Guilhiermoz, p. 605.

. Langlois, *Textes*, n° LXXXIX, compte de 1285.

. Langlois, *Textes*, n° CIV, liste des jugeurs dans un arrêt de 1290

5. Art. 6, Langlois, *Textes*, p. 158.

7. Langlois, *Textes*, n° CXV. La date précise n'est pas déterminée; voy .t note, p. 161.

deux, un baron et un prélat, seront tenus d'être « continue-
ment » au parlement. De même, sont désignés limitativement
et nominativement dix-huit chevaliers ou personnes laïques
(art. 8) et seize clercs, qui devront aussi résider « continue-
ment au parlement, espéciaument en la Chambre des Plez ».
Sont exclues de la session et de la délibération des arrêts
toutes autres personnes, sauf quelques exceptions (art. 11).
pourront encore entrer et auront alors voix délibérative les
barons et prélats qui font partie du conseil du roi[1], quelques
autres de ses conseillers, cinq ecclésiastiques et deux prévôts.
Voilà donc le parlement avec une composition bien arrêtée[2].
A la vérité, ce personnel n'était pas encore fixe. Chaque année,
le roi déterminait la composition du parlement prochain, et,
si un certain nombre de membres se perpétuaient de session
en session, il y avait aussi chaque fois beaucoup de changements[3]. Cependant, peu à peu, la fonction de conseiller ou de
président au parlement tendait à devenir permanente, à constituer un office et une magistrature. Sans doute, en 1342, on
arrête encore, à la fin de chaque parlement, la composition
du parlement suivant; mais, en réalité, on continue de session
en session presque toujours les mêmes conseillers[4]; certains
même recevaient déjà leurs gages à vie[5]. Ce fut seulement en
1344 que légalement la position de conseiller au parlement de
Paris devint un état et un office[6]. Le roi nomma alors un nombre
déterminé de personnes « pour exercer et continuer les dits états

---

1. Ici le mot *conseil* désigne évidemment le grand conseil ou conseil étroit,
dont il sera parlé plus loin.

2. Les baillis ne devaient assister aux arrêts que s'ils étaient spécialement
mandés par les présidents (art. 12).

3. Voyez les listes suivantes : liste postérieure à 1307 (Langlois, *Textes*,
n° CXXIV) comparée à celle contenue dans le règlement précédemment cité
(*ibid.*, n° CXV); liste de 1310 (*Olim*, III, p. 610); listes de 1314, 1315, 1316, 1317,
dans Du Tillet, *Recueil des grands*, p. 38 et suiv.

4. Ordonnance du 8 avril 1342 (*Ord.*, II, 173), art. 7 : « Quand nostre dit parlement sera finy nous manderons nostre dit chancelier, les trois maistres pre-
sidens de nostre dit parlement et dix personnes tant clercs comme lays de
nostre conseil... lesquels ordonneront selon nostre volonté de nostre dit parlement, pour le parlement advenir. Et jurront par leurs sermens qu'ils nous
nommeront des plus suffisans. »

5. Voyez les listes de 1340 et de 1341 données par M. Aubert, *op. cit.*, p. 368
et suiv.

6. Cela résulte de l'art. 1 de l'ordonnance du 15 mars 1344.

aux charges accoutumées ». Cela coïncidait avec une réduction sensible du nombre des membres du parlement, et
l'ordonnance décidait que ceux des conseillers antérieurement en fonctions, qui ne faisaient pas partie des nouveaux
élus pourraient bien assister encore aux séances et opiner,
mais sans gages, jusqu'à ce qu'ils fussent nommés à un office
de conseiller en titre devenu vacant[1]. Les conseillers dorénavant étaient des magistrats permanents, mais non point encore
inamovibles ; ils ne conquerront l'inamovibilité qu'au cours
du xvie siècle, comme on le verra plus loin. Cependant, encore
au milieu du xve siècle et au commencement du xvie siècle,
nos anciens auteurs avaient conservé le souvenir qu'en principe
ces magistratures étaient annuelles, et ils se demandaient si, en
droit, les conseillers du parlement étaient véritablement permanents[2]. Ces transformations avaient éliminé peu à peu du parlement la haute noblesse et les prélats, sauf les pairs ; il conserva cependant toujours un trait qui rappelait sa composition
première. Il était composé mi-partie de laïques et d'ecclésiastiques. Un certain nombre de sièges, ceux des *conseillers
clercs*, étaient nécessairement attribués à des ecclésiastiques,
tandis que les autres, ceux des *conseillers lais*, ne pouvaient
être occupés que par des laïques.

En même temps que s'accomplissaient ces transformations
successives dans le personnel de la cour, les sessions du parlement prenaient une périodicité de plus en plus régulière.
Sous saint Louis, il se tenait plusieurs parlements par an, généralement quatre ; puis, sous Philippe le Hardi, le nombre
fut habituellement de trois et tendit à se réduire à deux.
Presque toujours ils se tenaient à Paris[3]. Cet état de choses
purement coutumier fut rendu légal sous Philippe le Bel par
les ordonnances qui suivirent les années 1296 et 1302 ; en
temps de paix il dut y avoir deux parlements par an, à Paris :
l'un à l'octave de la Toussaint, l'autre trois semaines après

---

1. Ordonnance du 15 mars 1344, art. 1, 4, 5 (*Ord.*, II, p. 220).
2. Guy Pape (xve siècle), *Decisiones*, qu. 195 ; — Boerius. *Decisiones*, dec. 149,
n° 11 : « Officiarii qui sunt in aliquo officio etiam ad bene placitum ipsius
principis, prout in omnibus officiis solet apponi « quamdiu nobis placuerit »
censentur perpetui. »
3. Voyez Langlois, *Textes*, p. 229, tableaux des parlements tenus de 1255
à 1314.

Pâques ; en temps de guerre, le premier se tenait seulement[1].
C'est là ce qu'on appelait autrefois le parlement rendu sédentaire à Paris par Philippe le Bel. Ce règlement, d'ailleurs, fut
assez mal observé et, à partir de l'année 1308, on ne trouve plus
qu'un seul parlement par an, mais dont la session durait une
grande partie de l'année[2], commençant à la Saint-André, à la
Saint-Martin d'hiver ou à l'octave de la Toussaint. Dans le cours
du xive siècle, la règle s'établit que le parlement siège sans
interruption depuis la Saint-Martin d'hiver jusqu'à la fin de mai;
plus tard ce sera jusqu'à la mi-août[3]. En réalité, c'était devenu
une juridiction permanente et non plus des assises : le temps
pendant lequel le parlement ne siégeait pas, mais était représenté par une chambre des vacations, constituait simplement
des vacances judiciaires[4]. De bonne heure, un ordre régulier
avait été fixé pour l'expédition des affaires, à partir de l'ouverture du parlement. Il avait été trouvé tout naturellement.
Le parlement étant éminemment la cour d'appel par rapport
aux baillis, on appelait successivement toutes les causes d'un
même bailliage; et les divers bailliages se succédaient dans un
ordre déterminé. Chaque bailliage avait ses jours, arrange-
ment qui est déjà supposé dans l'ordonnance de 1278[5]. Nous
avons cet ordre pour l'année 1308[6], et le système subsista jusqu'au bout pour les rôles ordinaires du parlement de Paris ;
la liste resta même ce qu'elle était en 1308, sauf les changements qu'y firent introduire la création des parlements de province et la formation successive du territoire national[7].

1. Langlois, *Textes*, n° CXV, art. 1, 2, 4 ; n° CXXIV ; — ord. du 23 mars 1303,
art. 62, *ibid.*, p. 174.

2. Le Paige, *Lettres hist.*, p. 285 et suiv., 306 et suiv.

3. Aubert, *op. cit.*, t. I, ch. vii ; — Schwalbach, *Der civil Process des Pariser
Parlaments*, § 2 ; — Boyer, *Le stile de la cour de parlement*, édit. 1610, p. 94.

4. Néanmoins le parlement conserva jusqu'au bout certains traits qui rappelaient l'ancien système de sessions; Le Paige, *op. cit.*, II, 297 : « Nous
avons encore un reste de cette économie pour la chambre des vacations. Car
il n'y a que le nombre limité par les lettres patentes qui ait des gages. Les
autres conseillers n'en ont point, quoiqu'ils puissent siéger s'ils le veulent. »
— Boyer, *Le stile de la cour de parlement*, p. 94 : « Le parlement se renou
velle tous les ans le lendemain de la Saint-Martin d'hyver, 12 novembre, auquel jour tous les officiers de la cour font serment de garder et observer les
ordonnances. »

5. Art. 20 ; cf. ord. de 1291, art. 7.

6 Langlois, *Textes*, n° CXXV.

7. Voyez la liste donnée par Boyer, *Le stile de la cour de parlement* (1610).

La cour du roi, nous l'avons vu, n'avait point anciennement d'autorité propre : c'était le roi jugeant, assisté d'un
conseil. Cependant parfois le roi déléguait la présidence de la
cour au sénéchal, au chancelier ou à quelque autre personne
de son entourage. A partir du règne de Louis VII, ces déléga-
tions deviennent plus fréquentes, mais la règle reste que le
roi siège à sa cour[1]. Sous le règne de saint Louis, c'est la cour
elle-même qui a, tacitement et par mesure générale, le pouvoir de juger, comme si le roi était présent, toutes les fois
qu'il n'est pas en cour. Ce pouvoir nouveau, qui constitue le
parlement en juridiction indépendante de la personne royale,
apparaît avec une netteté parfaite dans les cas, nombreux dès
la seconde moitié du xiiie siècle, où le roi plaide devant sa cour,
comme demandeur ou comme défendeur, en personne ou par
procureur (par ex. Olim, II, p. 112, n° VIII, a. 1278); le roi
n'est plus alors que partie. En 1284, le parlement fut ainsi
appelé à juger un procès célèbre portant sur l'attribution du
comté de Poitiers, et où les parties en cause étaient le roi de
Sicile et le roi de France lui-même[2]. Mais malgré cela, pendant
tout le xiiie et même le xive siècle, l'action du roi sur la cour se
fait toujours sentir, quoique de plus en plus relâchée. Sous
saint Louis, les anciens registres du parlement, les Olim (1254-
1318), nous montrent très fréquemment le roi tenant son parlement ou en dirigeant l'action[3]. Dans les affaires importantes, la
cour ne donne encore qu'un conseil et réserve la décision au roi[4].
Au xive siècle, la présence du roi au parlement, pour le jugement
des procès, devient plus rare, mais son intervention se fait
encore sentir[5]. Dans le cours du xve siècle, ces pratiques disparaissent; de l'ancienne juridiction personnelle du roi il ne
restera que les manifestations que nous décrirons plus loin en

---

p. 92 v°; — Lange, La nouvelle pratique civile, criminelle et bénéficiale, 1710,
I, p. 74; — Guyot, Répertoire (1785), v° Rôles.

1. Luchaire, Histoire des institut., I, ch. ii, p. 309 et suiv.

2. Langlois, Textes, n° LXXXVI; — Boutaric, Actes du parlement, I, 389 et suiv
La cour juge le roi lui-même et prononce son absolution : Ipsum dominum
Philippum regem absolvit curia ab impetitione Caroli regis prænotati.

3. Le Paige, Lettres historiques, II, 183.

4. Langlois, Textes, n° XXXIX (1261) : « Expedita fuit in hoc parlamento
quantum ad consilium et non quantum ad regem cum quo erat super hoc
loquendum »; ibid., n° XLIII, 1263.

5. Aubert, op. cit., I, 191.

parlant de la *justice retenue* et du *lit de justice*[1]. Aussi, quoique
le parlement rendît ses sentences au nom du roi, source de
toute justice, dans les arrêts qu'il prononçait, c'était la cour
qu'on faisait parler (*la cour ordonne, condamne*), tandis que,
dans les arrêts du conseil du roi, le roi parlait toujours en
personne (*par le roi en son conseil*)[2].

IV

Le parlement n'était point un corps simple; c'était au contraire un organisme complexe, comprenant plusieurs sections
ou *chambres*, qui remplissaient des fonctions diverses, quoique
l'ensemble fût ramené à une certaine unité. Ces sections étaient
au nombre de quatre, successivement formées. La *grand'-
chambre*, autrefois appelée *chambre aux plaids*, représentait
le parlement primitif; c'était le noyau central auquel les autres chambres s'étaient rattachées, comme des organes auxiliaires et subordonnés. Sa fonction principale consistait à être
le moteur et le régulateur du parlement; elle était aussi restée
par excellence la chambre des plaidoiries; pendant longtemps
on ne plaida que devant elle; enfin, c'était là que se jugeaient
certaines causes privilégiées[2]. La *chambre des enquêtes* avait
une origine très ancienne[4]. Lorsque dans la procédure, qui
d'abord avait été purement orale, les pièces écrites prirent
une place très importante, au cours du XIII° siècle, cela com-

1. Loyseau, *Des offices*, l. I, ch. IX, n° 22 : « En France, le roy est le vray
chef du parlement; c'est pourquoy on laisse toujours en la grand'chambre
d'iceluy la première place vuide, comme estant la place du roy, appelée le
lict de justice où Sa Majesté sied, quand il luy plaist. »
2. Degrassalius, *Regalium Franciæ*, lib. I, p. 117 : « Est notandum quod in
pronuntiatione arrestorum, præsidentes nomine curiæ loquuntur, dicendo :
Curia condemnat vel absolvit. In quo differunt a magno concilio regis, in quo
præses, dignissimus scilicet cancellarius, pronuntiat sub nomine regis, dicendo : *Le roy ordonne.* » — Noël Valois, *Inventaire*, p. CXXIV; — de Boislisle,
Mémoires de Saint-Simon, IV, p. 422.
3. Benedicti (fin du XV° siècle), *Repetitio capituli Raynutius, De testamentis*
édit. Lyon, 1643, I** part., p. 98) : « In prima quam Franci cameram vocant
præsidentes quatuor et consiliarii triginta causas et lites audiunt, dilationes
et quæ ad juris cognitionem attinent constituunt, leviora quædam et tem-
poranea finientes. »
4. M. Guilhiermoz a le premier nettement dégagé l'histoire de la chambre
des enquêtes dans son beau livre, *Enquêtes et procès*, p. VII et suiv., 158 et
suiv.

pliqua singulièrement la tâche du parlement. Dans beaucoup
de procès, il fallait dépouiller avec soin les volumineuses enquêtes qui avaient été faites par ordre du parlement ou par
ordre des premiers juges : un personnel spécial et compétent
devenait nécessaire pour cela. On le trouva dans la combinaison suivante : on adjoignit au parlement un certain nombre
de clercs, comme *visores et reportatores inquestarum*; ils
étaient chargés de dépouiller les enquêtes et d'en présenter la
substance dans un rapport, puis, joints à un certain nombre
de membres ou maîtres du parlement, jugeaient l'affaire, sauf
le contrôle possible de la grand'chambre[1]. En 1307, cela se
transforma en une véritable section du parlement fonctionnant
avec l'assistance des clercs rapporteurs. A partir de 1316, ces
derniers sont agrégés à la chambre des enquêtes, dont ils font
partie, mais avec un rang inférieur à celui des jugeurs; enfin,
vers 1336, tous sont mis sur le même pied, remplissant tour
à tour les fonctions de rapporteurs et de juges[2]. La chambre
des enquêtes était définitivement constituée, composée, comme
la grand'chambre, de conseillers clercs et de conseillers lais;
mais, si elle jugeait les procès dont elle était saisie, ce
n'était point elle qui prononçait l'arrêt : il était prononcé par
la grand'chambre, qui pouvait reviser le procès[3]. La chambre
des enquêtes connaissait de toutes les causes qui devaient être
jugées sur une enquête ordonnée par le parlement, ou qui
avaient fait devant les premiers juges l'objet d'une instruction
par écrit et qui devaient être jugées sur ces pièces. Mais c'était
de la grand'chambre qu'elle recevait ces procès; c'était la
grand'chambre qui les accueillait, les mettait en état et déclarait les appels recevables. Aussi, pendant longtemps toutes
les plaidoiries qui étaient nécessaires, soit pour introduire les
procès, soit pour trancher les incidents auxquels ils donnaient
lieu, se produisaient devant la grand'chambre[4]. Mais, dans le
cours du XVIᵉ siècle, on commença à plaider devant les enquêtes

---

1. Voyez les diverses combinaisons successivement essayées pour le fonctionnement de ce système dans les ordonnances de 1278, 1291, 1296 (Guilhiermoz, *op. cit.*, p. 158-160).

2. *Ibid.*, p. 160.

3. Guilhiermoz, *op. cit.*, p. 163-164; — Benedicti, *loc. cit.* : « Inquestarum, id
est inquisitionum consiliarii dicuntur... sententias dictant, quas statutis diebus alter præsidentium in prima curia palam enuntiat. »

4. Guilhiermoz, p. VII, 158.

sur les procès qui leur étaient renvoyés[1], et elles prononcèrent elles-mêmes leurs arrêts. Les enquêtes étaient vraiment la partie du parlement qui faisait le plus de travail utile ; aussi, au lieu d'une chambre des enquêtes, en trouve-t-on deux au xv⁴ siècle, puis une troisième, une quatrième et une cinquième au xvi⁴ siècle[2] ; leur nombre était réduit à trois à la veille de la Révolution[3]. Malgré tout, la grand'chambre conservait encore sur elles une supériorité de rang, et les conseillers des enquêtes y passaient par ordre d'ancienneté[4].

La *chambre des requêtes* avait une autre origine. Le monarque capétien dans les temps anciens ne rendait pas seulement la justice dans la *curia regis*, il la rendait aussi d'une façon moins solennelle et plus patriarcale ; il accueillait fréquemment les requêtes, dans lesquelles on lui demandait justice, et, faisant comparaître les parties devant lui, il expédiait en personne leur cause ou la faisait expédier par quelques-uns de ses conseillers. En droit, cela ne faisait aucune difficulté, puisque, même quand la *curia regis* était assemblée, la sentence ne procédait que de l'autorité du roi. Cette juridiction s'appelait sous saint Louis « les plaids de la porte » (parce que c'était à la porte du palais que les requêtes étaient reçues), et un peu plus tard « les requêtes »[5] : son fonctionnement a été très exactement décrit par Joinville, et, lorsqu'il nous montre saint Louis rendant la justice dans le bois de Vincennes, assis au pied d'un chêne, cela en est simplement une application particulière[6]. C'étaient alors en général les familiers du roi, ses conseillers ordinaires, qui l'assistaient pour les jugements[7]. Mais il y eut aussi dès le xiii⁴ siècle des fonctionnaires, appelés maîtres de l'hôtel du roi et vivant au palais, qui étaient chargés de recevoir les requêtes présentées par les particuliers et de les expédier ou d'en référer au roi. Ils avaient déjà une juridic-

1. *Répertoire* de Guyot, v° *Enquête.*
2. La Roche-Flavin, *Treize livres des parlements*, l. I, ch. xix.
3. *Répertoire* de Guyot, v° *Enquête.*
4. La Roche-Flavin, *op. cit.*, l. I, ch. xvi ; — Lange, *op. cit.*, I, p. 72.
5. Joinville, *Vie de saint Louis*, § 57 : « Il (saint Louis) avoit sa besoigne aürie en telle manière que messire de Neele et li bons cuens de Soissons, et nous autres qui estiens entour li... aliens oïr les plaiz de la porte que on appelle maintenant les requestes. »
6. *Vie de saint Louis*, § 57-59.
7. Dans les séances du bois de Vincennes, rapportées par Joinville (§ 59),

tion établie à cette époque[1]. Ces maîtres des requêtes, qu'on appelait aussi *poursuivans*, parce qu'ils devaient suivre la personne du roi, furent d'abord deux, puis cinq, et enfin six. Ils restèrent longtemps à ce chiffre qu'ils avaient atteint dans la première moitié du XIVe siècle. Mais, à partir de François Ier, leur nombre alla rapidement croissant; au commencement du XVIIe siècle, il y en avait cent vingt[2]; il fut quelque peu réduit dans la suite. Outre leurs autres fonctions, dont il sera parlé plus loin[3], les maîtres des requêtes tinrent jusqu'au bout une juridiction importante, qui s'appelait les *requêtes de l'hôtel du roi*[4]. Ils étaient de plus reçus de droit au parlement, comme conseillers, mais ils n'y pouvaient siéger que quatre à la fois[5].

Mais, dès la fin du XIIIe siècle, on constate aussi une manière différente de traiter les requêtes dont il vient d'être parlé. Lorsqu'elles se présentaient pendant la session du parlement, on profitait de l'occasion pour les faire examiner et expédier par le personnel réuni à cette occasion, sans d'ailleurs les comprendre dans le rôle ordinaire. L'ordonnance de 1278 a déjà une disposition à cet égard[6]. Dans l'ordonnance de 1296, on députe à cet emploi deux clercs et deux laïques[7]. Dans le règlement de 1307, il est constitué, à côté de la grand'chambre et des enquêtes, une section particulière des requêtes, qui comprend cinq membres pour les requêtes de la langue d'oc et six pour celles de la langue française[8]. Dès lors, la chambre

ce sont Pierre de Fontaines et Geoffroy de Villette que désigne le roi pour faire droit aux parties.

1. *Livre de Jostice et de Plet,* I, 28, § 1 : « Li mestre de l'ostel le roi ont plenier poïr par dessuz toz autres. Et aucunes foiz avient qu'ils deivent porter les granz causes pardevant le roi, comme de cels qui convient jugier par pers. On octroie l'en que l'en puisse de cels appeler. »

2. Sur ces origines et ce développement, La Roche-Flavin, *op. cit.,* I, ch. XXIII.

3. Ch. II, à propos du conseil du roi.

4. La Roche-Flavin, *op. cit.,* p. 31 (édit. Bordeaux, 1707) ; — Lange, *op. cit.,* I, p. 46 et suiv.

5. Lange, *op. cit.,* p. 47.

6. Art. 16 : « Les requestes seront ouïez en la sale par aucun des mestres, et seront portées au roi celles qui contandront grâce; et des autres l'an comandera au baillif ce que l'an devra comander. » — Cf. ord. 16 novembre 1318, art. 4.

7. Art. 28 : « A oïr les requestes seront deux clercs et deux lais... et ce qu'ils ne pourront délivrer, ils le rapporteront à ceux de la chambre. »

8. Langlois, *Textes,* p. 179.

des requêtes était créée; sous Philippe de Valois, elle sera
comme les autres constituée avec son personnel de conseillers
en titre d'office. Elle fait partie intégrante du parlement sous
le nom de *requêtes du palais*; et, dans la suite, au lieu d'une
chambre, il y en aura deux [1]. Mais, dans le cours du temps, les
requêtes du palais, comme celles de l'hôtel, avaient grandement changé de destination. Elles étaient devenues des juridictions privilégiées, où certaines personnes, en vertu de leur
charge ou par une concession du pouvoir royal, pouvaient attirer les causes qui les concernaient [2]. Aussi et très naturellement
la chambre des requêtes ne statuait pas en dernier ressort, et
l'on pouvait, de ses sentences, appeler au parlement proprement dit [3].

La *chambre de la tournelle*, ou chambre criminelle, n'était
pas une section du parlement au même titre que les précédentes; elle n'avait pas, en effet, de personnel distinct. Elle
était composée d'un certain nombre de membres de la grand'-
chambre et d'un certain nombre de conseillers des enquêtes,
qui y servaient à tour de rôle, par un roulement établi [4]; mais
seuls les conseillers lais prenaient part à ce service, les conseillers clercs, en tant qu'ecclésiastiques, ne devant pas participer à des jugements où l'on prononcerait des peines entraînant l'effusion du sang [5]. La tournelle [6], ainsi entendue, existait
comme mesure d'ordre intérieur, pour faciliter le travail, dès

---

1. La Roche-Flavin, *op. cit.*, I, ch. xxiv.
2. Chassanæus, *Catalogus gloriæ mundi*, part. VII, consid. 9 : « Quarta
curia est eorum quos requestarum, id est supplicationum, palatii magistros
vocant, apud quos causa eorum tantum agitur qui regis obsequiis deputati
vel privilegio donati sunt. Et ab his quidem judicibus, provocare ad parlamentum licet. » — Lange, *op. cit.*, I, p. 46-51.
3. Voyez la note précédente. — La Roche-Flavin, *op. cit.*, p. 35 : « Estant
tous les présidens et conseillers des requestes de France... nommés et atti-
trés conseillers lays esdits parlemens avec pareils honneurs, séances et privilèges, gages, prérogatives et prééminences que les autres conseillers lays de
la court n'y ayant d'autre différence que sur leur juridiction particulière en
leurs chambres... pour raison de laquelle juridiction ordinaire et en première
instance il y a appel de tous leurs jugemens, en la grand'chambre et aux
enquestes. »
4. Lange, *op. cit.*, p. 72.
5. La Roche-Flavin, *op. cit.*, p. 72.
6. Elle tirait son nom, suivant les uns de ce qu'elle siégeait dans une tour
du palais ; suivant les autres, de ce que les conseillers y servaient par tour.

la fin du xiv⁰ siècle¹; mais elle ne fut légalement érigée en chambre distincte qu'au xvi⁰ siècle².

Pour compléter cette histoire de l'organisation du parlement, disons qu'à une certaine époque il y eut aussi une section distincte appelée *auditoire du droit écrit*, pour les procès des pays de droit écrit. Elle fonctionna dans la seconde moitié du xiii⁰ siècle et au commencement du xiv⁰ et même « fut rétablie plusieurs fois, mais toujours d'une façon éphémère, au milieu de ce dernier siècle »³.

L'unité du parlement reparaissait d'ailleurs dans certaines séances où il siégeait « toutes chambres assemblées », soit pour juger certaines causes, soit pour exercer d'autres attributions⁴.

V

Le parlement originairement fut unique. Il ne pouvait en être autrement lorsque la juridiction centrale était la *curia regis*; il en fut encore ainsi lorsque le parlement de Paris s'en fut dégagé. Mais lorsqu'il se fut séparé complètement de la personne du roi pour devenir une cour de justice constituée, il n'y avait plus de principe qui empêchât la création de juridictions semblables dans diverses parties du royaume. Cette création fut réclamée par des besoins impérieux et les parlements de province furent successivement établis du xv⁰ au xviii⁰ siècle. Cela était nécessaire, en effet, avec l'agrandissement progressif du royaume, pour la bonne administration de la justice. Il devint impossible de concentrer le jugement en dernière instance de toutes les causes, qui allaient jusque-là, sur un seul point. Le parlement de Paris eût été absolument surchargé de travail et cela eût obligé bien souvent les parties à des voyages, qui anciennement étaient longs, difficiles, coûteux et dangereux. Mais cette raison, si juste et puissante qu'elle fût, n'amena pas seule la création des parlements provinciaux : celle-ci fut préparée et commandée par des précé-

1. Elle est mentionnée dans le Registre criminel du Châtelet de Paris qui est de cette époque (Esmein, *Histoire de la procédure criminelle*, p. 37).

2. En 1515. selon La Roche-Flavin, *op. cit.*, l. I, ch. xvii.

3. Guilhiermoz, *Enquêtes et procès*, p. 157, et Appendices II et III.

4. La Roche-Flavin, *op. cit.*, I, ch. xvi, n⁰ 10; — Boyer, *Stile de la cour de parlement*, p. 3.

dents historiques. Ils furent moins une création proprement
dite qu'une transformation. Ils furent établis dans des grands
fiefs ou principautés réunis à la couronne, et dans lesquels avait
existé, avant l'annexion, une juridiction seigneuriale supérieure et centrale, dont le parlement provincial fut la continuation à un titre nouveau. Lorsque ces seigneuries ou principautés étaient avant l'annexion complètement indépendantes,
ne relevant pas féodalement de la cour de France, leur juridiction centrale était alors parfaitement souveraine; il était
naturel que la royauté laissât aux habitants annexés le même
avantage, en leur accordant un parlement. Lorsque, au contraire, le pays réuni au domaine était précédemment un grand
fief relevant de la couronne, tant que la réunion n'avait pas été
opérée, l'effort de la royauté avait été de soumettre la juridiction
féodale supérieure au ressort du parlement de Paris, à l'appel
ouvert devant ce parlement; et, dans une certaine mesure, elle
y avait réussi pour la Bretagne, pour les possessions anglaises
en Guyenne avant le traité de Brétigny, pour le duché de
Bourgogne[1]. Mais, une fois l'annexion accomplie, il n'y
avait plus de raison politique pour maintenir ce ressort et ces
appels : on pouvait doter la région d'un parlement souverain,
puisque ce seraient dorénavant les juges du roi qui y siégeraient. Parfois, cependant, il s'écoula un temps assez long
entre l'annexion de la seigneurie et la création du parlement
provincial; dans l'intervalle, fonctionna un système mixte.
Pour remplacer l'ancienne juridiction supérieure du duc ou
du comte, des membres du parlement étaient envoyés sur les
lieux en qualité de commissaires pour y tenir des assises et
recevoir les appels; cependant la règle était qu'on pouvait
appeler de la sentence de ces commissaires au parlement de
Paris. C'est ainsi que se tenaient, au xiiie siècle, l'Échiquier
de Normandie, les Assises de Toulouse et les Grands Jours
de Troyes[2]; ces derniers, d'ailleurs, ne donnèrent pas naissance à un parlement de province.

1. Voyez, pour la Bretagne, traité de 1231, entre le roi de France et le duc
de Bretagne, dans Isambert, *Anciennes lois*, I, p. 238, et le texte latin dans
Ferrault, *De juribus et privilegiis regni Franciæ, sive lilliorum*, priv. 11; Langlois, *Textes*, p. 168, 171; — pour la Guyenne, Langlois, *Textes*, p. 121, 130, 135,
137; — pour la Bourgogne, Langlois, *Textes*, p. 101, 107; *Ancienne Coutume de
Bourgogne*, édit. Giraud, nos 90 et suiv.
2. Langlois, *Textes*, p. 108, 155, 159, 162, 174.

E. 25

Les parlements de province successivement créés furent
les suivants[1], chacun d'eux souverain dans son ressort,
comme le parlement de Paris l'était dans le sien :

1° Le *parlement de Toulouse* est le premier qui apparaisse.
Le Languedoc avait eu un parlement particulier et seigneurial sous le gouvernement d'Alphonse de Poitiers; puis, sous
Philippe le Bel, des délégués du parlement de Paris vinrent
périodiquement tenir, comme on l'a dit, des assises à Toulouse jusqu'en 1291[2]. Enfin, la grande ordonnance de 1303
promit que tous les ans il se tiendrait à Toulouse un parlement, si les habitants consentaient à ne point appeler des
sentences qu'il rendrait au parlement de Paris[3]. Selon les uns,
l'offre n'aurait pas été acceptée ou n'aurait pas eu effet[4]; selon d'autres, l'institution aurait fonctionné, mais d'une façon
éphémère, jusqu'en 1312[5]. C'est seulement au xv° siècle qu'un
parlement proprement dit fut établi pour le Languedoc, et
encore ne fut-il rendu sédentaire à Toulouse qu'en 1443, et
subit-il diverses vicissitudes jusqu'à la fin du xv° siècle.

2° Le *parlement de Grenoble* succéda au conseil delphinal
créé au xiv° siècle par le dauphin Humbert II; il fut érigé
sous Charles VII en parlement royal, à la demande du dauphin de France, le futur Louis XI (actes de 1451 et 1453).

3° Le *parlement de Bordeaux* fut destiné à remplacer le
juge souverain que le pays bordelais avait eu sous la domination anglaise, depuis le traité de Brétigny, dans la personne
du sénéchal de Guyenne. Promis dans la capitulation que
Bordeaux consentit en se rendant au lieutenant général de
Charles VII, le parlement royal fut créé en 1462. Il disparut
lorsque, en 1468, la Guyenne fut constituée en apanage par
Louis XI au profit de son frère Charles; il fut rétabli lorsque,
à la mort de Charles, la Guyenne fut définitivement réunie à
la couronne.

4° Le *parlement de Dijon* succéda à la cour supérieure des

---

1. Sur les parlements de province, voyez La Roche-Flavin, *Treize livres des
parlements*, I, ch. vii-xiii; — *Répertoire* de Guyot, v° *Parlement*.
2. Langlois, *Textes*, n° CXII.
3. Art. 12, Langlois, *Textes*, p. 174.
4. Le Paigé, *Lettres historiques*, II, p. 281 et suiv.; — Langlois, *Textes*,
p. 174, note.
5. *Répertoire* de Guyot, v° *Parlement* (de Toulouse).

ducs de Bourgogne, qui consistait en assises périodiques et
solennelles, les Grands Jours de Beaune et de Saint-Laurent
auxquels on donnait aussi le nom de parlement[1]. Après la
mort de Charles le Téméraire, lors de la réunion du duché de
Bourgogne au domaine de la couronne, les États de Bourgogne
demandèrent au roi, pour leur pays, la création « d'une
cour souveraine de parlement garnie de président et conseillers ». Louis XI, en effet, en mars 1476 (ancien style), créa ce
parlement, qui siégea d'abord à Beaune, puis fut bientôt transféré à Dijon.

5° Le *parlement de Rouen* succéda à la juridiction supérieure des anciens ducs de Normandie appelée l'Échiquier,
laquelle, sous des formes diverses, leur survécut pendant des
siècles. Nous avons vu que sous Philippe le Bel, deux fois par
an, les assises de l'Échiquier étaient tenues par des délégués
du parlement de Paris ; mais l'appel de leurs sentences pouvait
encore être interjeté devant le parlement de Paris[2]. Ce furent
seulement les chartes aux Normands de 1314 et 1315 qui donnèrent à l'Échiquier la juridiction en dernier ressort[3]. C'est
sur ces bases que, dans le cours des xiv° et xv° siècles, il continua à fonctionner, tantôt sous l'autorité royale, tantôt sous
celle des ducs, selon que la Normandie se trouvait réunie au
domaine de la couronne ou qu'elle en était distraite pour
constituer un apanage. Ce n'était pas d'ailleurs une juridiction
permanente, mais des assises périodiques tenues par des commissaires, que nommait le roi ou le duc : en outre, un grand
nombre de dignitaires ecclésiastiques et de seigneurs y avaient
séance et étaient tenus d'y assister; mais les seuls juges étaient
les commissaires[4]. Après la réunion définitive, l'Échiquier fut
rendu permanent et sédentaire à Rouen[5]; en 1515, il reçut de
François Ier le nom de parlement.

6° Le *parlement d'Aix* fut le parlement de Provence. Celle-
ci, principauté devenue indépendante, avait, avant l'annexion,
une cour souveraine qui, dans son dernier état, avait été or-

1. *Ancienne Coutume de Bourgogne*, édit. Giraud, n° 97 : « Par monseigneur
le duc, l'an MCCCIIIXX, en son parlement. »
2. Le Paige, *Lettres hist.*, II, 233 et suiv.
3. Ord. de 1314, art. 13 ; ord. de juillet 1315, art. 17 (Isambert, *Anc. lois*, III,
p. 50, 110).
4. Houard, *Dictionnaire de droit normand*, v° *Échiquier*.
5. Édit de Louis XII, avril 1497 (Isambert, *Anc. lois*, XI, 389).

ganisée au commencement du xv⁵ siècle par Louis III, comte de Provence. Lorsque le roi de France eut acquis, en 1481, le comté de Provence, Forcalquier et terres adjacentes, la situation changea. La « grand sénéchaussée et conseil », qui rendait la justice au nom du roi, n'était pas une juridiction souveraine, pas plus que les autres sénéchaussées. En 1501, Louis XII la transforma en une cour de parlement pour la Provence[1]

7° La *Bretagne* avait eu, sous l'autorité de ses ducs, une juridiction supérieure, mais qui ne s'était point maintenue comme souveraine. C'étaient les *Grands Jours de Bretagne*, des assises périodiques et assez courtes, dont on pouvait, dans certains cas, appeler au parlement de Paris[2]. Cet état de chose dura après la réunion à la couronne, sauf que les Grands Jours étaient tenus par des conseillers délégués du parlement de Paris. Henri II, en 1553, les transforma en un parlement qui présentait deux traits particuliers : il devait être composé mi-partie de Bretons et de Français; il tenait deux sessions, l'une à Rennes et l'autre à Nantes[3]. Mais, dans le cours même du xvi⁵ siècle, après une lutte prolongée entre les deux villes, le *parlement de Bretagne* fut fixé sédentaire à Rennes.

8° Le Béarn indépendant avait un conseil souverain, qui était la transformation d'une ancienne cour féodale[4] et qui résidait à Pau. Louis XIII, lorsqu'il opéra, en 1620, l'union réelle de la Navarre et du Béarn à la France, érigea le conseil en parlement, siégeant à Pau, pour ces pays[5].

9° Le *parlement de Metz* fut érigé pour les Trois-Évêchés, qui, lorsqu'ils dépendaient de l'Empire, ressortissaient à la chambre impériale de Spire, comme juridiction souveraine. Après l'occupation de Metz, sous Henri II, et jusqu'à l'établissement du parlement, la juridiction supérieure exercée au nom du roi paraît avoir eu une organisation rudimentaire, e[t]

---

1. Isambert, *Anc. lois*, XI, 422. On peut noter que, d'après ce texte, « le grand seneschal du pays présent et futur demeure à toujours le chef et principal ludit parlement. »
2. Préambule de l'édit de 1553 (Isambert, *Anc. lois*, XIII, p. 362).
3. Édit de mars 1553, art. 1 et 2.
4. Cadier, *Les États de Béarn*, p. 16, 293.
5. Joly et Girard, *Traité des offices*, I, 594.

c'est pour faire cesser cet état de choses que Louis XIII, en 1633, établit à Metz un parlement, création déjà projetée par Henri IV[1].

10° La *Franche-Comté*, ou comté de Bourgogne, avait eu, sous ses comtes, un parlement souverain, qui avait été d'abord ambulatoire, puis sédentaire à Dôle depuis le règne de Philippe le Bon. Lors de la première annexion à la France, il fut confirmé comme juridiction souveraine par Louis XI. A la fin du xv° siècle, la Franche-Comté passa à la maison d'Autriche, mais le parlement de Dôle fut maintenu et plusieurs fois confirmé par les princes de cette maison. Il le fut à plusieurs reprises par Louis XIV, selon les vicissitudes des guerres et des traités, qui lui donnaient ou enlevaient cette province, et enfin, le 22 août 1676, après la réunion définitive, il fut transféré à Besançon où il resta.

11° Le *parlement de Douai* ne fut établi dans cette ville qu'au xviii° siècle, en 1713; mais il succédait à une série de juridictions souveraines. Lors de la réunion de Tournay à la France, il fut créé, en 1668, un conseil souverain comme ceux dont il sera bientôt parlé, lequel reçut la qualité de parlement en 1686. Après la perte de Tournay, ce parlement fut transféré à Cambrai en 1709, puis de là à Douai.

12° Le *parlement de Nancy* fut le résultat de la dernière annexion importante qu'opéra l'ancien régime : il succéda à la cour souveraine de Lorraine et de Barrois, mais non sans difficulté. En effet, pendant que le duché de Lorraine était occupé par nos armes, sous Louis XIII et Louis XIV, le ressort en avait été attribué au parlement de Metz ; lorsque, à la mort du roi Stanislas, le duché fut définitivement réuni à la France, le parlement de Metz réclama le ressort sur la Lorraine et le Barrois. En 1771, pour trancher la difficulté, il fut réuni et fondu avec la cour souveraine de Lorraine et établi à Nancy. Mais, en 1775, cette union fut dissoute, le parlement de Metz rétabli dans sa ville et dans son ancien ressort, et, en même temps, la cour souveraine de Lorraine fut érigée en parlement et fixée à Nancy.

(1) Cela donna lieu à des plaintes de la part de l'empereur, mais qui n'eurent point d'effet, la souveraineté sur les Trois-Évêchés ayant été reconnue à la France par le traité de Munster (Boulainvilliers, *État de la France*, Londres, 1737, t. II, 394, 412).

Ces divers parlements avaient été en général créés sur le type
réduit du parlement de Paris. Cela est vrai exactement de tous
ceux qui furent établis jusqu'à la fin du xvie siècle : ils avaient
tous une grand'chambre, une ou plusieurs chambres des enquêtes, une chambre des requêtes et une tournelle criminelle[1].
Pour ceux créés aux xviie et xviiie siècles, il y eut souvent des
organisations spéciales. Mais les parlements de province différaient de celui de Paris en ce qu'ils n'étaient pas en même
temps Cour des pairs, n'ayant point un collège féodal joint au
corps de conseillers. Cependant, au xviiie siècle, à l'époque où
se dégageait une doctrine, dont il sera parlé plus loin, d'après
laquelle tous les parlements ne formaient qu'un seul corps,
divisé en plusieurs classes, certains parlements de province
prétendirent qu'ils pouvaient connaître des délits commis
par un pair dans leur ressort, les autres pairs étant présents
ou dûment convoqués[2].

Outre les parlements, il fut créé dans diverses provinces,
au xviie siècle, des cours de justice qualifiées *conseils souverains*. C'étaient des juridictions souveraines et qui, sous
un autre nom, remplissaient les mêmes fonctions que les parlements. Ce furent le *conseil souverain de Roussillon*, continuant une cour établie avant l'annexion par les rois d'Espagne,
et siégeant à Perpignan ; et le *conseil souverain d'Alsace*,
érigé en 1679, et siégeant à Colmar. Il y avait aussi le *conseil
provincial d'Artois*, créé originairement par Charles-Quint,
mais il n'avait qu'en partie la juridiction en dernier ressort[3].

§ 3. — LES TRIBUNAUX D'EXCEPTION. — LE MINISTÈRE PUBLIC

I

Les juridictions royales, dont il a été parlé jusqu'ici, étaient

---

1. La Roche-Flavin, *Treize livres*, l. I, ch. xv, n° 7 : « Au parlement de Tho-
lose, nous n'avons que six présidens en la cour, la grand'chambre, la tournelle, deux chambres d'enquestes, première et seconde, une chambre des
requestes, et aux autres parlemens de même. »

2. Guyot, *Traité des droits, fonctions*, etc., II, p. 176 et suiv. ; arrêtés des
parlements de Rouen et de Toulouse, 1764.

3. *Répertoire* de Guyot, v° *Conseil provincial d'Artois*.

, des juridictions de droit commun, en ce sens qu'elles possédaient la compétence dans sa plénitude, pouvant juger tous
les litiges dont la connaissance ne leur avait pas été enlevée
par la loi. Mais il y avait à côté d'elles des juridictions d'exceptions nombreuses et importantes. Je veux désigner ainsi,
non point des tribunaux d'occasion ou des justices privilégiées,
mais des juridictions permanentes et régulières; seulement,
c'étaient des tribunaux d'exception en ce sens qu'ils avaient
été créés pour juger seulement une certaine classe de procès :
leur compétence était réduite et limitée en vertu même de leur
institution.

Les plus importantes de ces juridictions avaient été établies
pour connaître de matières administratives. Il y avait parmi
elles des cours souveraines, soit isolées, soit ayant sous elles
une hiérarchie de cours inférieures dont elles recevaient les appels. Elles avaient en même temps une compétence criminelle
accessoire, pour punir les délits qui se commettaient en violation des règles administratives dont elles avaient la garde.
Au premier rang de ces tribunaux étaient les cours des
comptes et les cours des aides. La *Chambre des comptes* de Paris
était aussi ancienne, certains disaient plus ancienne, que le
parlement de Paris et elle avait la même origine [1]. Les rois
capétiens, lorsque leur domaine eut grandi, furent amenés à
faire vérifier périodiquement par des délégués spéciaux les
comptes de leurs agents financiers. Cela avait lieu tout naturellement lors d'une réunion de la *curia regis*. Les délégués aux
comptes étaient pris dans le personnel de cette *curia*, et ils
étaient chargés, non seulement de vérifier les comptes, mais
de trancher, sous l'autorité du roi, tous les incidents que soulevait cette vérification, tous les litiges qui y étaient connexes.
Ces délégués, les *gens des comptes*, comme on les appela, siégeaient anciennement au Temple, où se trouvait le trésor
royal. Mais ce n'étaient point des fonctionnaires spéciaux et
permanents. A la fin du XIIIe siècle et au commencement du
XIVe, le système est le même. Ce sont quelques-uns des maîtres
du parlement qui sont délégués pour entendre et juger les

1. Sur les origines de la cour des comptes, voyez Le Paige, *Lettres hist.*,
II, p. 217 et suiv. ; — de Boislisle, *Premiers présidents de la cour des comptes*;
— R. Dareste, *La justice administrative en France*, p. 7 et suiv. — Colonel
Borelli de Serres, *Recherches*, p. 188 et suiv.

comptes. Dans les listes se rapportant au début du xiv⁰ siècle, qui nous sont parvenues, des membres sont choisis pour les comptes comme d'autres sont désignés pour la grand'chambre et les enquêtes[1]. Mais, dans l'ordonnance de Philippe le Long de 1319, la chambre des comptes apparaît comme un corps permanent composé de membres en titre, de dignité diverse[2]. La *Cour des aides* était une cour souveraine établie pour statuer sur le contentieux en matière d'impositions. Elle avait sous elle diverses séries de tribunaux, dont elle recevait les appels : élections, greniers à sel, maîtres des ports et bureaux des traites. Nous étudierons leurs origines en exposant l'histoire des impôts. Comme le parlement, la cour des comptes et la *cour des aides* de Paris étaient d'abord uniques de leur espèce. Mais, comme le parlement, et pour des raisons analogues, elles se multiplièrent. A la veille de la Révolution, il y avait douze chambres des comptes[3]. Il fut aussi créé successivement un assez grand nombre de cours des aides ; mais le nombre en fut peu à peu restreint. En 1770, il n'y en avait plus que cinq ; en 1789, restaient seulement celles de Paris et de Montpellier[4]. Très souvent la cour des aides avait été réunie à la cour des comptes ou au parlement.

A côté des juridictions d'exception en matière administrative, dont je n'ai indiqué que les plus célèbres[5], il y en avait d'autres dont la compétence principale empiétait sur la justice en matière civile, commerciale ou criminelle. De celles-là était d'abord le *Grand conseil*, dont l'origine sera indiquée plus loin[6]. C'était aussi le cas des *Amirautés* de France. Les

---

1. Liste postérieure à 1307, dans Langlois, *Textes*, p. 180 ; liste de 1316, dans Du Tillet, *Recueil des grands*, p. 41.

2. *Ord.*, I, 703. — On disait couramment jadis et souvent on dit encore que le parlement, le conseil du roi et la cour des comptes résultèrent de démembrements successifs de la *curia regis*. Il est plus exact de dire que ces trois corps se sont formés successivement pour remplir trois ordres de fonctions auxquelles suffisait d'abord le personnel de la *curia*.

3, P. Boiteau, *État de la France en* 1789, p. 326.

4. En 1770, Paris, Montpellier, Bordeaux, Clermond-Ferrand, Montauban (*Almanach royal* de 1771). Pour 1787, voir Boiteau, *op. cit.*, p. 327.

5. Je signale seulement la juridiction des eaux et forêts, la connétablie et maréchaussée de France au siège de la table de marbre, la cour des Monnaies ; voyez Lange, *Pratique*, 1re partie ; — R. Dareste, *La justice administrative en France*, pp. 7-58.

6. Ci-après, ch. II, à propos des attributions judiciaires du conseil du roi. — Sur la compétence du Grand conseil, Lange, *op. cit.*, I, p. 77.

amirautés étaient des tribunaux où la justice était rendue au
nom du grand amiral de France et par ses lieutenants; elles
comprenaient des sièges généraux ou supérieurs, en petit
nombre, et des sièges particuliers ou inférieurs, ressortissant
aux premiers, dans tous les ports de quelque importance. Leur
compétence avait été fixée définitivement, par l'édit de 1669,
qui avait rétabli la charge de grand amiral, et par l'ordonnance
sur la marine de 1681 : elle comprenait, comme droit public,
tout ce qui concernait la police et l'administration de la
marine, et, comme droit privé, tout ce qui concernait le
commerce maritime[1]. Les *juges consuls*, ou tribunaux consulaires, jugeaient aussi en matière commerciale, mais pour le
commerce de terre. Ce fut en 1563 seulement que l'institution proprement dite des juges consuls fut établie pour la
ville de Paris[2]; puis, par des décisions particulières, des juridictions semblables furent successivement créées dans les
principales villes commerçantes[3]. Mais, en réalité, les origines
de ces juridictions, propres aux marchands d'une ville, sont
beaucoup plus anciennes. Elles remontent à d'anciennes juridictions municipales, et le nom de consuls, répandu dans
toute l'Europe latine, avec cette acception, en est une marque
extérieure[4]. Les juges consuls de Paris, qui furent institués
les premiers, avaient pour prédécesseurs les juges du Parloir
aux Bourgeois, dont il a été dit un mot précédemment[5]. Lyon
avait eu aussi antérieurement sa juridiction des foires[6]. De

1. Sur les amirautés, voir Piganiol de la Force, *op. cit.*, I, p. 438, et Lange,
op. cit., I, p. 62 et suiv.
2. Édit de novembre 1563 (Isambert, *Anc. lois*, XIV, 153).
3. Voyez le tableau de ces villes avec les dates des érections, Boiteau, *op.
cit.*, p. 324. On peut constater qu'il y eut deux générations pour ainsi dire de
tribunaux consulaires, créés, les uns dans la seconde moitié du xvi° siècle à
partir de 1563, les autres de 1704 à 1720.
4. Jean Toubeau, *Institutes du droit consulaire*, Paris, 1682, l. II, tit. II.
5. Ci-dessus, p. 300. Ce qui montre bien le précédent, c'est que la juridiction du prévôt des marchands et des échevins de Paris, qui subsista, continua
à connaître « des causes des marchands pour fait de marchandise arrivée par
eau sur les ports de la ville de Paris... des délits commis par les marchands ».
Lange, *Pratique*, I, p. 71.
6. Édit de juillet 1669, portant règlement sur la juridiction des foires de
Lyon (Isambert, *Anc. lois*, XVIII, 211), préambule : « La juridiction de la con-
servation desdits privilèges est une des plus anciennes et considérables justices du royaume sur le fait des foires et du commerce; *elle a servi d'exemple
pour la création des juridictions consulaires de notre bonne ville de Paris et*

cette origine municipale, les tribunaux consulaires prirent aussi, probablement, un de leurs traits distinctifs, l'élection des consuls par les notables commerçants.

Les tribunaux des *prévôts des maréchaux de France* étaient des juridictions d'exception très importantes en matière criminelle; elles sont restées célèbres sous le nom de *justice prévôtale*. Les maréchaux de France avaient, de haute ancienneté, une juridiction importante sur les hommes composant l'armée, qu'ils faisaient exercer par un prévôt : mais cette juridiction, qui subsista[1], ne fut point l'origine des tribunaux criminels dont je m'occupe ici[2]. Les maréchaux eurent, en outre, sous leurs ordres, dans le cours du xive siècle, des troupes d'archers conduites par des capitaines, lieutenants ou prévôts, chargés de maintenir l'ordre dans les pays où séjournaient les troupes, et spécialement de saisir les pillards et maraudeurs qui suivaient l'armée[3]. Les ordonnances du xive siècle et de la première moitié du xve nous montrent ces prévôts et capitaines faisant acte de juridiction, non seulement à l'égard des maraudeurs, mais encore à l'égard des habitants, qu'ils cherchent souvent à distraire de leurs juges naturels; il y a là des abus contre lesquels proteste le pouvoir royal, mais en même temps une juridiction qui s'établit[4]. Cependant, à la fin du xive siècle, cette juridiction était encore extraordinaire et passagère, car les prévôts des maréchaux n'avaient point été établis à poste fixe, avec des cir-

---

des autres de notre dit royaume. » En 1655, cette juridiction avait d'ailleurs été unie et incorporée au corps consulaire de Lyon créé en 1595.

1. Boutillier, *Somme rurale*, I, tit. XVII, p. 75 ; — Benedicti, *Repetitio*, part. I, p. 101 : « Qui etiam in exercitu (marescalli) præpositum habent, qui præpositus marescallorum vulgari eloquio nuncupatur, crimina belligerum coercens. » Lange, *Pratique*, I, p. 60.

2. Cependant il est certain qu'au xve siècle les agents dont il s'agit étaient parfois choisis par le prévôt central des maréchaux comme ses délégués ou lieutenants. Nous voyons ainsi le fameux Tristan Lhermite, qui, de 1467 à 1477, exerça la charge de prévôt central des maréchaux de France, se nommer des lieutenants pour instruire ou juger une affaire; voyez les documents publiés par M. Lecoy de la Marche dans la *Revue de l'art chrétien*, 1892, t. II, 5e livraison.

3. Benedicti, *Repetitio*, part. I, p. 101 : « Habent etiam marescalli capitaneos sub se seu armigerum duces. Quorum quidam vocantur tribuni quorum quilibet præest mille hominibus, alii sunt centuriones..., alii dicuntur quinquagenarii..., alii decani. »

4. Lettres du 18 août 1351 (*Ord.*, IV, 95); ordonnance de 1356, lettres du 5 mai 1357 (*Ord.*, III, p. 112, 161); règlement du 22 juin 1373 (*Ord.*, V. p. 616).

conscriptions déterminées [1]. Cette transformation s'accomplit
dans la seconde moitié du xv· siècle ; elle résulta peut-être de
la création d'une armée permanente, représentée par les com-
pagnies d'ordonnance. Les prévôts des maréchaux devinrent
des fonctionnaires répartis dans les provinces où logeaient les
troupes, et chargés avec leurs hommes, les archers de la maréchaussée, de maintenir l'ordre et la paix publique [2]. Ils devinrent, en même temps, juges criminels, non point avec compétence générale, mais pour certains crimes et délits, dont
quelques-uns rappelaient leurs fonctions originaires dont beaucoup n'avaient aucun rapport avec les choses de la guerre. Dès
lors, ce fut une partie importante du droit criminel que la dé-
termination des *cas prévôtaux*, c'est-à-dire des infractions, que
pouvaient juger les prévôts des maréchaux. On les divisa en
deux classes [3]. Les uns étaient cas prévôtaux par la *qualité
du délit*, quelle que fût la personne qui l'eût commis ; c'étaient
les graves attentats contre la sûreté publique, dont le type
principal se trouvait dans les excès commis sur les grands
chemins à main armée. Dans les ordonnances du xvi· siècle,
figurent toujours aussi le pillage et la maraude, commis par
des soldats ou rôdeurs, « les gens d'armes tenans les champs
et mangeans la poule du bonhomme, et vivant sur le peuple ».
Les autres cas prévôtaux l'étaient par la *qualité des accusés* :
c'étaient les crimes et délits, quels qu'ils fussent, commis par
les vagabonds et gens sans aveu, et par les repris de justice.
Cette justice prévôtale avait dans l'ancienne France un renom
terrible. Elle le devait en partie à la sévérité naturelle du
juge, qui était soldat en même temps que magistrat, et qui
avait le plus souvent comme justiciable la lie de la population,
ce qu'on appelait le « gibier des prévôts des maréchaux » ; mais
elle le devait aussi à certaines règles juridiques qui lui étaient
propres. La procédure, en principe, devait y être la même que

1. Papon, *Recueil d'arrêts notables*, l. IV, tit. XI, n° 2. — Le règlement de
1373 (*Ord.*, V, p. 617) veut que « nos subgez ne soient adjournez pardevant
nos dits mareschaux, leurs lieutenans, prevos ou officiers forquez en notre
dicte ville de Paris, et non ailleurs, affin que mieux leur bon droit leur soit
gardé et deffendu. »
2. Règlement du 20 janvier 1514, spécialement art. 15 et 34 (Isambert, *Anc.
lois*, XII, p. 2 et suiv.).
3. Esmein, *Histoire de la procédure criminelle*, p. 42, 218 et suiv., 385.

devant les tribunaux criminels de droit commun[1] ; mais elle
présentait ce caractère particulier, que le jugement était sans
appel. Cette exclusion de l'appel s'expliquait historiquement
par des considérations dans lesquelles je ne puis entrer ici[2] ;
mais elle ne présentait pas moins un contraste frappant avec
la procédure des autres tribunaux criminels, où l'appel était
toujours de droit et même était devenu nécessaire, obligatoire,
lorsque la peine prononcée était grave. Cependant, certaines
garanties restaient aux accusés contre les abus de cette justice.
D'abord, les prévôts des maréchaux n'étaient pas juges de
leur propre compétence ; ils devaient la faire juger et reconnaître, dans chaque affaire, par le siège présidial le plus voisin.
De plus, ils ne jugeaient pas seuls ; ils devaient s'adjoindre un
certain nombre de magistrats royaux, pris dans un bailliage,
ou, à leur défaut, de gradués en droit. Enfin, les cas prévôtaux
pouvaient aussi être portés devant les présidiaux, qui avaient à
cet égard une compétence concurrente à celle des prévôts, et,
pour cette raison, on les appelait également *cas présidiaux*.

L'organisation des justices royales, telle que j'en ai montré
le développement complet, resta en vigueur jusqu'à la fin de
l'ancien régime. Deux retouches partielles d'une assez grande
importance furent seulement tentées, l'une en 1771, lors du
coup d'État du chancelier Maupeou, l'autre en 1788, à la veille
de la Révolution. Mais la première fut éphémère ; les institutions qui en avaient été le résultat disparurent à l'avènement
de Louis XVI ; la tentative de 1788 resta sur le papier et
n'aboutit point à une application effective. L'une et l'autre
sont des incidents qui se rapportent à l'activité politique des
parlements et aux conflits qu'elle entraîna : j'en réserve
l'étude pour le chapitre où j'exposerai cette question. Mais il
est un organe auxiliaire qui, de bonne heure, vint compléter
l'organisation judiciaire que j'ai décrite et dont il faut parler

---

1. Mais il fut bien difficile en fait d'amener les prévôts des maréchaux a
respecter les règles qui leur étaient dictées ; voyez les arrêts contenus dans
le recueil de Papon, l. IV, tit. XI ; Imbert, *Pratique*, édit. Guénois, Paris, 1616,
p. 827 : « Jaçoit que par arrest de la cour donné le 9ᵉ jour de février 1524
il soit enjoint auxdits prévosts d'exercer par eux-mêmes leurs offices et de non
y commettre lieutenans ; néantmoins ils font tous les jours le contraire. »
2. Esmein, dans la *Revue critique de législation et de jurisprudence* mai
1884, pp. 363-364.

ici. Ce sont les procureurs et avocats du roi, qui ont donné naissance à l'institution du ministère public.

II[1]

Le mot procureur, *procurator*, désigne en droit la personne qui en représente une autre en justice. Mais, dans la procédure des cours féodales, qui, comme l'ancienne procédure romaine des *legis actiones*, exigeait en principe la comparution personnelle des parties, le droit de se faire représenter en justice constituait un privilège. En principe, il appartenait aux seigneurs laïques ou ecclésiastiques, mais à eux seulement[1]; quant aux autres, ils ne l'obtenaient que par une grâce, une concession particulière de l'autorité souveraine[3]. Les seigneurs importants usaient de cette prérogative et se faisaient représenter par un procureur lorsqu'il s'agissait de faire valoir leurs droits devant des tribunaux autres que les leurs[4], parfois même devant leurs propres justices : cependant, en ce dernier cas, anciennement, c'était d'ordinaire le juge lui-même qui faisait valoir les droits de son seigneur devant son conseil. Les procureurs ainsi choisis étaient tantôt *spéciaux*, tantôt *généraux*[5], suivant qu'ils avaient reçu pouvoir de représenter le seigneur dans une seule affaire ou dans toutes celles qu'il pourrait avoir devant une juridiction déterminée; mais tous étaient simplement des mandataires et des hommes d'affaires. Pendant longtemps on ne voit point le roi de France employer de tels procureurs: il ne requérait que devant sa cour ou devant les justices seigneuriales de son domaine; et, dans un cas comme dans l'autre, il était représenté par ses officiers de

---

1. Aubert, *Le parlement de Paris*, t. I, ch. ix: *Les gens du roi* ; — Du même, *Le ministère public de saint Louis à François I*[er], *dans la Nouvelle revue historique de droit*, 1894, p. 487 et suiv.

2. Même devant la cour du roi de France cela n'allait pas sans difficultés pour les plus grands seigneurs ; voyez, pour le duc de Guyenne, Langlois, *Textes*, p. 107.

3. Au xiv°, siècle. les lettres de grâce étaient encore nécessaires. Aubert, *op. cit.*, I, p. 250.

4. Voyez les procureurs du duc de Guyenne à la cour de France, Langlois, *Textes*, p. 65, 92, 113, 133, 146 ; — Le Paige, *Lettres hist.*, II, p. 194 et suiv.

5. *Privilegia curiæ Remensis*, dans Varin, *Archives législatives de la ville de Reims*, Coutumes, I, p. 6.

justice, baillis ou prévôts [1]. Mais, vers la fin du XIIIe siècle, on voit aussi apparaître des procureurs du roi proprement dits, spéciaux [2] ou généraux. A cette époque et au commencement du XIVe siècle, les procureurs généraux eux-mêmes ne sont pas encore des fonctionnaires publics; ils sont de la même condition que les procureurs des seigneurs ou des particuliers [3]. Mais, dans le premier tiers du XIVe siècle, cela devint une fonction, un organisme régulièrement constitué; il y eut des procureurs du roi dans tous les bailliages ou sénéchaussées. L'institution cependant ne s'était point établie sans opposition; même en 1318 les procureurs du roi furent supprimés par une ordonnance, sauf dans les pays de droit écrit [4]. Mais ce ne fut qu'une réaction éphémère, et l'institution prit racine définitivement. En même temps, le terme de *procureur général* prit une acception nouvelle et qu'il a gardée. Tous les procureurs du roi en titre étaient devenus des *procureurs généraux* au sens ancien du mot, puisque, dans leur circonscription, ils étaient chargés de faire valoir tous les intérêts du roi, mais on réserva ce titre au procureur du roi près d'un parlement ou autre cour souveraine [5]. Les procureurs du roi, originairement,

1. Le Paige, *Lettres hist.*, II, 195.
2. Aubert, *op. cit.*, I, p. 201 et suiv. C'est certainement un procureur de cette espèce qui figure en 1278 au parlement; *Olim*, II, p. 112, n° VIII. — Tanon, *Histoire des justices des anciennes églises de Paris*, p. 387; p. 360 : « L'an de grâce MCCIIII[xx] et IX, le samedi après la Nativité Nostre-Dame, feusmes admonestez par Renaut de la Monnoie, *procureur especial nostre seigneur le roi*, de fere enteriner le commandement nostre seigneur le roi de la monnoie. » — Quant à Julianus de Perona et Johannes de Ulliaco, que M. Aubert (*Le ministère public de saint Louis à François Ier*, loc. cit., p. 488, note 2) donne comme ayant exercé la charge de procureur du roi en parlement en 1259 et 1260, s'ils parlent souvent au nom du roi, il est visible, cependant, que ce sont simplement deux membres du parlement. Voyez *Olim*, I, spécialement p. 75, 76, XXIX; p. 128, VI; plusieurs fois ils interviennent conjointement.
3. Le Paige, *Lettres hist.*, II, 196, 197. Ils devaient, comme les particuliers, prêter dans la cause qu'ils intentaient, le serment de calomnie. Ordonnance du 23 mars 1302, art. 20 (*Ord.*, I, p. 360).
4. Esmein, *Histoire de la procédure criminelle*, p. 101 et suiv.; — Aubert, *op. cit.*, I, p. 202.
5. Selon Le Paige (II, p. 99), le terme « procureur général » avec ce sens technique ne paraît qu'en 1344; mais le *Stylus curiæ parlamenti* de Guillaume du Breuil (ch. IV, § 14, édit. Du Moulin), à propos d'une revendication dirigée contre le roi, distingue très bien le « procurator regius generalis per referm constitutus in parlamento » et le « procurator regius patriæ in qua res sita est », en se rapportant à un arrêt de 1325. — Cf. Aubert, *op. cit.*, I, p. 206.

n'avaient point de subordonnés et n'avaient point de supérieurs, mais une hiérarchie s'établit qui comportait l'un et l'autre. Trop chargés de besogne, ils se choisirent des suppléants qu'ils substituaient en leur lieu et place[1] : ces substituts, d'abord simples délégués, agréés par le tribunal devant lequel ils devaient requérir[2], devinrent plus tard des officiers en titre sous l'autorité du procureur du roi. D'autre part, les procureurs du roi était d'abord complètement indépendants du procureur général près la cour souveraine dont dépendaient les tribunaux auxquels ils étaient attachés[3]; mais, dans la suite, ils furent mis sous l'autorité et la surveillance du procureur général[4]. Peu à peu, il y eut des procureurs du roi non seulement devant les juridictions royales de droit commun, mais aussi devant les juridictions d'exception et des procureurs généraux près de toutes les cours souveraines. Le roi eut aussi des procureurs près des juridictions ecclésiastiques ou officialités, où ils étaient chargés de veiller à ce que les droits royaux ne fussent pas entamés[5]. Il n'y eut pas cependant de procureur du roi devant les juridictions seigneuriales : les seigneurs avaient des *procureurs fiscaux* qui y remplissaient un rôle analogue, et qui étaient contrôlés par les officiers royaux.

En même temps qu'apparaissent les procureurs du roi, on voit

1. Cette faculté de se substituer quelqu'un paraît avoir toujours appartenu au procureur du roi, car elle dérivait de la théorie du mandat et elle apparaît dans l'ordonnance du 23 mars 1302, art. 20 (*Ord.*, I, p. 360) : « Et si contingat ipsos (procuratores nostros) facere substitutos ipsis substitutis satisfaciant. » Dans ce sens, M. Aubert (*op. cit.*, I, p. 206) a donc raison de dire : « Les substituts ont été, très probablement, institués en même temps que les procureurs. » Mais cela serait faux, s'il entend par là les substituts en titre d'office. Les substituts du procureur général ne furent créés en titre d'office qu'en 1585, et ceux des procureurs du roi en 1616 (Isambert, *Anc. lois*, XIV, 601 ; XX, 266).

2. Fagniez, *Fragments d'un repertoire de jurisprudence parisienne* (dans *Mémoires de la Société de l'histoire de Paris*, XVIII), nos 15, 131, a. 1425 et 1396.

3. Le Paige, *Lettres hist.*, II, 198 : « Il subsiste encore actuellement un monument de cette ancienne fraternité entre le procureur général et les autres procureurs du roi dans le cérémonial des lettres qu'il leur écrit; il les termine par ces mots : « Je suis, Monsieur le procureur, votre frère et ami. »

4. Aubert, *Le ministère public de saint Louis à François Ier*, loc. cit., p. 507, note 2 : « Au xvie siècle, le procureur général appelle souvent les procureurs généraux des bailliages et sénéchaussées ses substituts. »

5. Jacques Du Hamel, *De la police royale sur les personnes et les biens ecclesiastiques*, dans les *Traites des droits et libertés de l'Église gallicane*, édit. 1731, t. I, p. 321 et suiv.

aussi apparaître des avocats du roi. En 1302, le célèbre Pierre
Dubois était avocat royal du bailliage de Coutances[1]. Pendant
longtemps, ce ne furent point des fonctionnaires, mais simplement des avocats ordinaires, ǝɟ sɟǝnbxnɐ roi donnait sa clientèle. La grande ordonnance de 1498 leur défendit seulement
de consulter au profit d'autres personnes contre les intérêts
royaux[2]. Cependant, dès le commencement du xvi° siècle, le
pouvoir royal tendait à interdire aux avocats du roi de consulter pour le public[3]; cela devint une règle ferme pour les avocats royaux des cours souveraines par l'ordonnance de Blois
de 1579; mais les avocats du roi près des cours inférieures
purent encore postuler et consulter pour les particuliers dans
les causes où le roi n'était pas intéressé[4]. Néanmoins, les uns
et les autres étaient devenus des fonctionnaires royaux.

Les procureurs du roi avaient pour fonctions générales d'intenter les actions au nom du roi lorsqu'il y avait lieu, et de
défendre à celles qui étaient dirigées contre lui; en outre, d'intervenir et de requérir dans toutes les causes où le roi était
intéressé. Cela faisait que tantôt ils figuraient comme partie
principale, tantôt comme partie jointe, lorsqu'ils appuyaient
un plaideur, partie principale. L'intérêt royal qu'ils étaient
chargés de faire valoir fut d'ailleurs successivement entendu
de diverses manières. Tout d'abord, on ne prit en considération
que les droits pécuniaires de la royauté; puis, le roi étant considéré comme le représentant de l'intérêt public, c'est l'intérêt
public même que ces procureurs et avocats furent appelés à
défendre devant les tribunaux.

---

1. *De recuperatione Terræ Sanctæ*, de Pierre Dubois, édit. Langlois, p. v, vii.
Sur les avocats du roi, voyez Aubert, *Le ministère public de saint Louis à
François Ier*, loc. cit., p. 516 et suiv.
2. Isambert, *Anc. lois*, XI, 344.
3. On a une lettre de 1526, de François Ier au célèbre avocat Pierre Lizet,
qui faisait les fonctions d'avocat général. Le roi lui avait, à ce titre, promis
une pension annuelle de 500 livres, outre ses gages ordinaires, « à ce qu'il
n'allât aux consultations des parties ». Mais la pension ne pouvant être payée,
vu la pénurie du trésor, le roi lui rendit le droit de consulter pour les particuliers (Isambert, *Anc. lois*, XII, 273).
4. Art. 115.

§ 4. — LA VÉNALITÉ ET L'HÉRÉDITÉ DES OFFICES [1]

On n'aurait pas une notion complète de l'ancienne organisation judiciaire, si l'on ne savait comment étaient conférées cette multitude de charges qui avaient été successivement créées dans les justices royales. Elles étaient devenues vénales et héréditaires ; c'est là un fait d'une importance capitale, dont il faut rechercher les origines et la portée.

La vénalité précéda l'hérédité, qui compléta le système. Elle se présenta d'ailleurs successivement sous des formes diverses. Ce qui apparut d'abord, ce fut l'usage par les officiers royaux de céder leur charge moyennant un prix : cette pratique, occulte en ce sens que le prix payé restait dans l'ombre, la cession paraissant gratuite, n'était qu'un abus, non une institution publique ; elle était simplement tolérée par le pouvoir royal. Puis, la vénalité apparut au grand jour et devint officielle : elle fut pratiquée par le pouvoir royal lui-même, qui prit finance de ceux auxquels il conférait des charges vacantes ; il permit aussi, moyennant un droit à son profit, la cession à titre onéreux de la part des officiers en place.

I

La cession des offices de judicature par les officiers qui les occupaient paraît avoir commencé par le haut de la hiérarchie, c'est-à-dire par les conseillers au parlement. Cela vint surtout de ce que les charges de ces derniers furent les premières consolidées et rendues perpétuelles, au milieu du XIVᵉ siècle. Les prévôtés étaient, nous l'avons vu, soumises à cette époque à un régime spécial de fermes à temps ; les baillis étaient des hommes de confiance qui restaient d'ordinaire peu longtemps dans la même circonscription. Deux causes amenèrent ou favorisèrent cette pratique. Ce fut, en premier lieu, l'exemple de ce qui se passait pour les bénéfices ecclésiastiques. Le droit canonique

---

1. Loyseau, *Traité des offices*, l. I, ch. XI; l. II, ch. I; l. IV, ch. VII; — Pasquier, *Recherches de la France*, l. II, ch. IV; l. IV, ch. XVII; — La Roche-Flavin, *Treize livres des parlements*, l. II, ch. VI et VII; l. VI.

avait admis la faculté pour le titulaire d'un bénéfice ecclésiastique de s'en démettre en faveur d'une personne déterminée.
capable de le tenir : cette *resignatio in favorem alicujus* était
valable pourvu qu'elle fût approuvée par le pape, afin d'écarter tout soupçon de simonie[1]. Rien ne parut plus naturel que de
traiter l'office de judicature comme le bénéfice ecclésiastique
et de permettre ici aussi la *resignatio in favorem*. Il y avait bien
une différence importante, en ce que la *resignatio* du bénéfice
devait être essentiellement gratuite ; mais cette différence n'apparaissait pas au dehors ; car, comme on le verra plus loin, le
magistrat, pendant longtemps, dut jurer, lors de son installation, qu'il n'avait rien donné ni payé pour être pourvu de son
office. Ce qui montre clairement l'influence de la théorie bénéficiale sur la cession des offices, c'est que celle-ci fut aussi désignée par le terme de *resignatio*, et l'on transporta purement
et simplement à cette dernière résignation certaines règles que
la chancellerie apostolique avait édictées pour la *resignatio in
favorem* des bénéfices. — La seconde cause agissante résulta
d'une mesure libérale prise par le pouvoir royal et dont le but
était tout autre. Pour pourvoir aux charges vacantes du parlement, les ordonnances de la seconde moitié du xiv⁰ siècle
demandèrent à ce corps lui-même des présentations, et même,
dans les dix-huit premières années du xv⁰ siècle, cela devint
une élection proprement dite ; le parlement élisait ses
membres[2]. Ce système d'élection, étant donnée la force de
l'esprit de corps, favorisa grandement la vénalité, et même
l'hérédité ; à la place du conseiller démissionnaire, la cour
élisait celui au profit duquel il avait résigné ; à la place du conseiller défunt, elle élisait son héritier[3].

Lorsque Charles VII, vainqueur des Anglais, ramena à Paris
son parlement qui, pendant la lutte, avait siégé à Poitiers, il
rétablit la nomination directe des conseillers par le roi ; mais
la pratique des résignations n'en subsista pas moins : elle
était répandue sous ce règne et parfaitement établie sous le

1. Friedberg, *Lehrbuch des Kirchenrechts*, 3⁰ édit., p. 318.
2. Pasquier, *Recherches de la France*, l. IV, ch. xvii, p. 189 ; — La Roche-Flavin, *Treize livres*, l. X, ch. xxx, p. 610 ; — Hémar, *Les élections au parlement*
(discours de rentrée du 3 nov. 1874) ; — Aubert, *op. cit.*, t. I, ch. iii.
3. Aubert, *op. cit.*, t. I, p. 63 et suiv.

règne suivant¹. Elle s'était étendue aux offices des baillis (et de leurs lieutenants) et des prévôts, lorsqu'ils furent devenus perpétuels. Il fallait, pour cela, que le pouvoir royal les admît; mais, cédant au courant et à l'opinion, il les admettait en effet. On trouve dans les textes officiels la constatation de cet abus aussi bien sous Charles VII² qu'au début du règne de François Ier ³. Mais, jusque-là, c'était simplement une tolérance, et le trafic même était dissimulé. François Ier transforma cela en un système légal, s'étalant au grand jour, et où la royauté elle-même donnait l'exemple. La cause du régime qu'il institua et des développements ultérieurs qu'il devait recevoir fut des plus simples : le désir de satisfaire aux besoins du trésor, sans créer de nouveaux impôts. Mais cette organisation monstrueuse n'aurait pas pu s'établir sans les précédents qui ont été signalés. François Ier commença ouvertement à vendre,

---

1. Commines, *Mémoires*, l. I, ch. vi : « Offices et estats sont plus désirés en ceste cité qu'en nulle autre du monde; car ceux qui les ont les font valoir ce qu'ils peuvent et non pas ce qu'ils doivent. Et s offices sans gages qui se vendent bien huit cens escus, et d'autres où il y a gages bien petits qui se vendent plus que les gages ne sauroient valoir en quinze ans. Peu souvent advient que nul ne se desapointe et soutient la cour de parlement, cet article. »

2. Arrêt du conseil du roi, du 16 mai 1455 (dans Noël Valois, *Le Conseil d'État*, p. 288) : « Sur la requeste faicte par M. Anthoine Malbosc, notaire royal... qu'il plust au roy recevoir la résignation que Me Pierre Foult, procureur de l'inquisicion des hereges à Carcassone, veut faire dudit office au proufit dudit Malbosc : combien que l'on pourroit dire que, en ceste partie les ordonnances se devroient garder, et que, selon icelles, on devroit escripre aus officiers, toutes voyes, pour ce que ce n'est pas office de grant pris... a semblé que, ces choses considérées, la dite résignation peut bien estre receue pour ceste fois. » — Ordonnances de Montil-lez-Tours, 1453, art. 84) : « Pour ce que nous avons entendu que plusieurs pour avoir et obtenir de nous aucuns offices de judicature au temps passé durant les guerres et divisions ont offert et payé plusieurs sommes de deniers à plusieurs de nos officiers et conseillers et par ce moyen ont obtenu les dicts offices. » — Lorsque sous Charles VIII, conformément au vœu des États de Tours, on revint momentanément au système de l'élection ou présentation pour le choix des magistrats les résignations durent être admises d'autant plus facilement par le pouvoir royal, car en cas de résignation il n'y avait pas lieu à élection; le roi nommait directement le résignataire. Aubert, *Le ministère public de saint Louis à François Ier*, loc. cit., p. 491, 492.

3. Parmi les pouvoirs que François Ier confère, en 1515, à sa mère pendant son absence (Dupuy, *De la majorité des rois*, I, p. 437), figure celui « de recevoir et admettre les résignations de ceux qui tiendront aucuns offices ». Cf. les pouvoirs de la régente en 1523 (Isambert, *Anc. lois*, XII, p. 211).

c'est-à-dire à conférer, moyennant finance, les offices royaux nouvellement créés ou devenus vacants, et établit, dans ce but, en 1522, une administration particulière, sous le nom de Bureau des parties casuelles [1]. Au début, ce ne furent cependant que les offices se rapportant aux finances qui furent ainsi conférés; mais, bientôt, il en fut de même pour les offices de judicature. Pour ces derniers, pourtant, on prit un détour : on présenta comme un emprunt forcé la finance que le roi exigeait des pourvus [2]. En même temps, un édit de 1529 enlevait au parlement, pour l'attribuer au grand conseil, la connaissance des procès concernant les offices [3], afin d'avoir un instrument plus docile aux volontés du roi.

La pratique des résignations continuait ; mais elle ne fut pas reconnue comme légale dans la première moitié du xvi° siècle; elle contrariait les intérêts du trésor, en diminuant le nombre des cas où le roi pouvait librement disposer des offices. Mais le pli était pris, et, comme dit Loyseau, « le roi, ayant vendu un office, ne pouvait pas, par puissance ordinaire, et selon justice, en refuser après la résignation faite à temps opportun et à personne capable » [4]. Aussi, Charles IX se décida-t-il à la permettre ouvertement et légalement, moyennant le paiement d'un droit très fort au trésor royal [5].

---

1. Loyseau, *Offices*, l. III, ch. i, n° 91. — « Le roi François Ier, successeur de Louis XII, pratiqua tout ouvertement et sans restriction la vénalité publique des offices... érigeant le bureau des parties casuelles en l'an 1522 pour servir de boutique à cette marchandise. »

2. Loyseau, *Offices*, l. III, ch. i, n° 93 : « Enfin toutefoys, sous luy (François Ier) ou ses successeurs, la vénalité s'est glissée même à l'égard des offices de judicature, qui ont été mis en taxe aux parties casuelles, non pas du commencement comme ceux des finances, mais par forme de prest seulement; mais c'estoit un prest à jamais rendre et plustost une vente déguisée de ce nom; aussi à la fin et de nostre temps seulement on a confondu es parties casuelles la vente des offices de finance avec ceux de judicature. »

3. Édit du 25 octobre 1529 (Isambert, *Anc. lois*, XII, 332).

4. Loyseau, *Offices*, l. III, ch. iii, n° 12. Il ajoute : « Aussi cette faculté de résigner a toujours esté permise depuis que la vénalité des offices a esté introduicte, mesme estoit autrefoys pratiquée... gratuitement et sans payer finance. » — Tessereau, *Histoire chronologique de la grande chancellerie de France*, Paris, 1676, rapport de Poyet, le futur chancelier, p. 91 : « Il se voit que depuis l'an 1535 jusqu'en 1539 il signa les taxes de résignation des offices arrêtées au conseil. »

5. Voyez ordonnance du 12 novembre 1567, déclaration du 22 juillet 1568 et édit de juin 1568 (*Ordonnances* de Fontanon, II, p. 561, 563, 564). Loyseau observe (*Offices*, *loc. cit.*) : « De sorte que, comme les guerres d'Italie ont été

Dès lors, le système de la vénalité était complet; mais il ne
s'était point établi sans protestations. Dès 1356, on trouve des
plaintes formulées à cet égard par les États généraux [1]. Mais
c'est surtout aux États si remarquables de 1484 que les critiques furent vives et précises, et le parlement, d'ailleurs, s'y
associa [2]. Aussi, les grandes ordonnances de 1493 et de 1498,
qui furent rendues sur les cahiers de ces États, prohibèrent
absolument la vénalité et rétablirent, pour le choix des magistrats, un système d'élection ou plutôt de présentation par les
corps où la vacance s'était produite [3]. Aux États généraux de la
seconde moitié du xvi° siècle, les protestations reparurent plus
ardentes, puisque la vénalité avait grandi et s'était affirmée [4].
Les ordonnances d'Orléans et de Moulins, sous Charles IX,
et de Blois, sous Henri III, condamnèrent formellement la vénalité et établirent, soit l'élection, soit la présentation des magistrats par les corps judiciaires [5]. Mais, comme dit Étienne
Pasquier, « tous ces derniers esdicts ont été esdicts de parade,
sans effet, car jamais la vénalité des estats ne fut en si
grand desbord, comme sous le règne d'Henri III » [6]. Cependant,
pendant tout le cours du xvi° siècle, le magistrat dut prêter le
serment qu'il n'avait acheté sa charge ni directement, ni
indirectement, ce qui l'obligeait à commencer sa carrière par
un parjure. « Mais le parlement, ayant reconnu qu'il ne falloit
plus en ce siècle espérer de réformation à cet esgard, a justement aboli ce serment en l'an 1597, peu après l'assemblée
tenue à Rouen pour la réformation de la justice » [7].

II

Les charges étaient ainsi devenues complètement vénales,
tantôt vendues par les officiers en fonction, tantôt par le pou-

cause de la vente des offices, aussi les guerres civiles ont causé la vente des
résignations. »

1. Picot, *Histoire des États généraux*, I°, p. 114.

2. Picot, *op. cit.*, II°, 29 et suiv.

3. Ordonnance de 1493, art. 70, 73; ordonnance de 1498, art. 31, 32, 40, 47,
60 (Isambert, *Anc. lois*, XII, p. 238, 343 et suiv.).

4. Picot, *op. cit.*, II°, 256 et suiv.; III°, 181 et suiv.

5. Ordonnance d'Orléans, art. 34, 39, 40; ord. de Moulins, art. 9, 10, 11, 12;
ord. de Blois, 1579, art. 100, 101, 102, 133, 134.

6. *Recherches de la France*, p. 390.

7. Loyseau, *Des offices*, l. III, ch. i, n° 94.

voir royal, mais elles n'étaient point encore héréditaires. Elles
vaquaient, par la mort du titulaire, au profit du roi qui pouvait alors en disposer librement. Une mort subite empêchait
l'homme en place de vendre son office au moyen d'une résignation, et même celui qui voyait venir la mort ne pouvait
pas résigner utilement pendant sa dernière maladie. On avait,
en effet, étendu aux résignations des offices une règle que la
chancellerie pontificale avait édictée, pour la résignation des
bénéfices ecclésiastiques, la règle des quarante jours[1] : elle rendait la résignation nulle et de nul effet, si le résignant mourait dans les quarante jours qui suivaient[2]. Mais les charges,
par la vénalité, étant devenues patrimoniales, en vertu d'une
loi naturelle elles tendaient forcément à devenir héréditaires.
Cela se fit d'abord par des décisions et des grâces individuelles : le roi accordait à tel officier la survivance de son
office au profit de telle personne déterminée, qui devait en être
pourvue après sa mort, ou même concédait aux héritiers le droit
de résigner la charge du défunt, laquelle survivait à celui-ci.
C'était une pratique commune sous le règne de François I[er][3], qui
pourtant, en 1521, révoqua toutes les survivances accordées[4].
Cette pratique persista dans le cours du xvie siècle, troublée
seulement par des révocations périodiques des survivances
accordées, révocations dont le seul but était sans doute d'obtenir de nouveaux droits pour le trésor royal[5]. Au commencement du xviie siècle, en 1604, l'hérédité fut introduite par mesure générale et permanente. Elle fut établie, non point par une
ordonnance en forme, mais simplement par un arrêt du conseil,

1. Dans les règles de la chancellerie apostolique, elle portait la rubrique *De
infirmis resignantibus.*
2. Loyseau, *Des offices,* l. II, ch. xii, n° 2 : « Condition selon le style de la
grande chancellerie de France est apportée es provisions des offices faictes
sur résignation : pourvu que le résignant vive quarante jours après la date
des présentes. De sorte que le roi n'admet la résignation que sous ceste condition, comme de vérité sans icelle les offices deviendroient presque héréditaires. »
3. Parmi les pouvoirs que François Ier accorde à la reine-mère en 1521, en
lui confiant l'administration du royaume pendant son absence, figure celui
« d'accorder (les offices) en survivance du consentement desdits résignants »
(Isambert, *Anc. lois,* XII, p. 213).
4. Édit de juillet 1521 (Isambert, *Anc. lois,* XII, 189).
5. On trouve de ces résignations en 1541, 1559, 1577, enfin en 1579 dans l'ordonnance de Blois, art. 111 ; Loyseau, *Des offices,* l. II, ch. x, n° 13.

qui fut dirigé conformément au plan proposé par un secrétaire du roi nommé Charles Paulet, et le système reçut du public le nom de *Paulette*, bien qu'il portât officiellement celui de droit annuel[1]. Voici en quoi il consistait : en payant chaque année au trésor un droit équivalant au soixantième du prix de l'office, le titulaire obtenait deux avantages : s'il résignait pendant sa vie, le droit de résignation était diminué de moitié ; s'il mourait en fonctions, le droit de résigner restait dans sa succession, et les héritiers pouvaient l'exercer[2]. Cela fut naturellement une mesure profondément favorable aux magistrats et aux officiers de finances[3] ; mais, en même temps, ce n'était pas un régime assuré ; il eût suffi de la volonté du roi, sans loi proprement dite, pour suspendre la perception du droit annuel et, par là, l'hérédité des offices, qui en était la conséquence. De fait, la royauté plusieurs fois en fit la menace. Mais, en réalité, il eût été impossible de remonter le courant[4].

1. Loyseau, *Des offices*, l. II, ch. x, n°° 15, 16 : « Cette invention fut premièrement auctorisée par arrêt du privé conseil du 7 décembre 1604, sur lequel le 12 du mesme mois fut faicte une déclaration du roy en forme d'édit, qui fut seulement publiée en la grande chancellerie et non au parlement... l'édict de Paulet, *ab inventore*, pour ce que M. Charles Paulet, secrétaire de la chambre du roy, en a donné l'advis ou au moins en a présenté les mémoires. »

2. Loyseau, *Des offices*, l. II, ch. x, n° 14.

3. Voyez l'amusante et pittoresque boutade de Loyseau, *Des offices*, l. II, ch. x, n° 1 : « Au commencement du mois de janvier dernier 1608, pendant les gelées, je m'advisay, estant à Paris, d'aller un soir chez le partisan du droict annuel des offices, pour conférer avec luy des questions de ce chapitre. Il estoit lors trop empesché : j'avois mal choisy le temps. Je trouvay là dedans une grande troupe d'officiers se pressans et poussans, à qui le premier luy bailleroit son argent ; aucuns d'eux estoient encore bottez, venans du dehors, qui ne s'estoient donné le loisir de se débotter. Je remarquay qu'à mesure qu'ils estoient expédiez, ils s'en alloient tout droict, chez un notaire assez proche, passer leur procuration pour résigner, et me sembloit qu'ils feignoient de marcher sur la glace, crainte de faire un faux pas, tant ils avoient peur de mourir en chemin. Puis, quand la nuit fut close, le partisan ayant fermé son registre, j'entendis un grand murmure de ceux qui restoient à depescher, faisant instance qu'on receust leur argent, ne sçachans, disoient-ils, s'ils ne mourroient point ceste mesme nuict. » Le *partisan*, c'est le fermier de cet impôt.

4. Mentionnons un autre droit que le roi percevait à propos des offices ; c'était le *marc d'or* ; Piganiol de la Force, *op. cit.*, I, p. 310 : « Henri III, ayant institué l'ordre du Saint-Esprit, assigna les appointemens des chevaliers sur un droit qui seroit payé par tous les officiers qui obtiendroient des provisions de Sa Majesté ; ce droit est très considérable, et appelé marc d'or, qui est 100 écus d'or. »

III

Il ne faut pas exagérer la portée de la vénalité et de l'hérédité de offices des finance et de judicature. Ce qui était dans
le commerce, c'était seulement la valeur pécuniaire du droit
de résignation. Mais l'officier, magistrat, était toujours
nommé par des lettres du roi, qui seules pouvaient en faire
un fonctionnaire public; la *provision* de l'office ne pouvait
émaner que de la volonté royale. Il est vrai que, dans la mesure où le droit de résignation s'exerçait, le roi avait par là
même renoncé à choisir les fonctionnaires; il devait pourvoir
le résignataire s'il présentait la capacité voulue par la loi. Pour
que cette capacité fût certaine, on avait même cherché des
garanties, les sentant plus nécessaires dans le régime de la vénalité[1]. Pour être pourvu d'un office de judicature, il fallait
avoir au moins l'âge de vingt-cinq ans, être licencié ou doc-
teur en droit : il fallait, en outre, être examiné et reçu par le
parlement, au ressort duquel on allait appartenir, au point de
vue de l'honorabilité et de la capacité[2]. Pour ce qui concerne
cette dernière, le candidat passait un examen devant le parlement, portant sur la théorie, c'est-à-dire sur le droit romain, puis sur la pratique et les ordonnances, les officiers de
finances n'étant examinés que sur ces dernières. Mais ces précautions, en réalité, étaient inefficaces. Les dispenses d'âge
s'obtenaient aisément[3], et les examens subis devant le parlement, très difficiles en apparence, étaient peu sérieux en
réalité, surtout quand il s'agissait des fils de magistrats[4].

1. La Roche-Flavin, *Treize livres*, l. VI, ch. xxviii, n° 8 : « Depuis les eslec-
tions abolies et l'introduction de la vénalité des offices, et les parties casuelles estant establies, pour esviter que les parlemens ne se remplissent de
gens ignorans et meschans, par esdict ou lettres patentes données à Moulins au
mois d'aoust en 1546..., fust establi une forme assez rigoureuse et un règlement aux examens, ordonnant que aucun ne feust receu président ou conseiller aux parlemens, sans avoir atteint l'âge de trente ans et sans préalable
information de ses vie et mœurs; et qu'il seroit procédé à leur examen toutes
les chambres de la cour assemblées... à la fortuite ouverture des livres sur
chacun des livres du droict et après sur la practique. »
2. Sur les réception et examen des magistrats, voyez Loyseau, *Des offices*,
l. I, ch. iv; — La Roche-Flavin, *Treize livres*, l. VI, en entier; l. XIII, ch. lv.
3. *Répertoire* de Guyot, v° *Juge* : « On ne pouvait autrefois être reçu juge
avant vingt-cinq ans; mais depuis que les charges sont devenues dans les
familles de robe une espèce de patrimoine, on accorde facilement des dispenses d'âge, qui, à la vérité, ne donnent pas pour cela voix délibérative. »
4. La Roche-Flavin, *op. cit.*, l. VI, ch. xxviii, n°s 8, 27; ch. xlvi, n° 3.